KB269393

국제경제체제의 위기와 위험관리

안덕근
박지형
이지홍
편저

진인진

국제경제체제의 위기와 위험관리

초판 1쇄 발행 2014년 6월 23일

지은이 · 안덕근, 박지형, 이지홍 외 8인
발행인 · 김영진
발행처 · 진인진
등록 · 제25100-2005-000003호
본문 편집 · 배원일
표지 · 오동준
주소 · 경기도 과천시 별양동 1-14 과천오피스텔 614호
전화 · 02-507-3077~8
팩스 · 02-507-3079
홈페이지 · http://www.zininzin.co.kr
이메일 · pub@zininzin.co.kr

ⓒ 진인진 2014
ISBN 978-89-6347-177-8   93300

* 2013년도 서울대학교 아시아연구소의 아시아연구기반구축 사업의 지원(#SNUAC-2013-001)과 연구재단 SSK사업의
  지원(NRF-2011-330-B00063)을 받아 수행된 점을 밝힙니다.

* 이 책 내용의 전부 또는 일부를 다시 사용하려면 반드시 자료 제공 협조기관과 출판사 모두의 동의를 얻어야 합니다.
* 책값은 표지 뒷면에 표시되어 있습니다.

::: 머리말

서울대학교 아시아연구소 산하 위험관리연구프로그램은 개발도상국의 약진과 맞물려 진행되는 국제경제질서의 재편이 초래하는 위험을 분석하고 이를 토대로 아시아 및 세계 경제를 위한 국제경제정책 관련 연구를 진작하는 것을 목표로 2013년 설립되었다. 국제 무역체제 및 법제도에 대한 기존의 연구들은 대부분 경제학 분야와 법학 분야에서 독립 적으로 수행되어 왔고, 미국과 유럽 국가들을 중심으로 형성된 현재의 세계무역체제 및 법제도가 주 연구대상이 되어왔다. 이에 비해 위험관리연구프로그램은 세계무역질서에 대하여 경제학과 법학 분야의 연구를 종합하는 학제적·융합적 연구를 지향하는 한편, 아 시아를 중심으로 변화해 갈 세계무역질서의 모습을 예측하는데 필요한 연구를 수행하고 자 한다. 특히 이러한 기존 체제 및 법제도에 대한 이론적·실증적 연구를 기반으로 하여 아시아를 중심으로 진행될 국제경제질서의 재편과 관련된 '계산된 위험성'의 증가에 적절 히 대응하면서 지속적 발전을 가능하게 할 세계무역체제 및 법제도의 이상적 모습을 설 계해 나갈 수 있는 연구 집단^{Think Tank}의 형성을 중·장기적 목적으로 하고 있다.

이러한 중장기적인 연구 계획의 일환으로서 위험관리연구프로그램의 연구진들은 본 저서를 통해 기존 연구성과를 재점검하고 보다 널리 활용하는 한편, 후속 연구 계획과 내 용을 새롭게 검토함으로써 향후 센터 운영에 대한 이정표로 삼고자 한다. 또한 연구재단 의 SSK사업을 통해 확충된 연구 역량을 보다 건설적으로 종합함으로써 향후 심화할 다학 제간 연구에 선도적인 지침으로 활용하고자 한다.

제1부 "국제경제체제의 구조적 위기 요인"에서는 국제통상체제상 제기되는 다양한 구조 적 쟁점들과 체제 설립 및 운용에 관한 이론적 연구 틀을 제시한다. 안덕근 교수는 제1장에 서 현 국제경제체제에서 주목을 받는 국제통상분쟁의 현황과 문제점을 최신 국내외 연구를 포괄적으로 정리하였다. 이지홍 교수는 제2장에서 경제학 이론 발전으로 최근 심화되고 있 는 분쟁과 협상이론 분야의 시사점을 토대로 국제무역협상과 분쟁해결절차에 관해 협상이 론적 관점에서 경제적 유인과 동기를 이해하는 체계를 설명한다. 제3장에서 신원규 연구원

은 국제통상체제의 핵심기능으로 간주되는 세계무역기구[WTO] 분쟁해결제도의 법률적 성과를 통계적으로 분석하여 소송을 통한 분쟁해결의 실질적 효과를 재평가하는 연구방식을 제시한다.

제3장 이하의 부분에서는 국제통상체제에서 현안이 되고 있는 구조적 쟁점들에 대한 보다 심도있는 연구 성과를 제시하였다. 제4장에서 이효영 박사는 국제금융위기 이후 가중된 정부 보조금 역할과 통상규범간의 정합성 문제를 검토하고 향후 제기될 문제점들을 지적하였다. 제5장에서 김민정 연구원은 최근 WTO 분쟁해결제도에서 가장 논란이 되고 있는 기술장벽 관련 통상 분쟁의 내용과 규범 발전상 제기된 문제점을 분석하고 향후 제도 개선의 방향을 제기하였다. 제6장에서 박지형 교수와 노재연 연구원은 WTO체제 설립과 함께 급격하게 재편된 국제교역구조의 특징과 이러한 교역구조하에서 자유무역협정[FTA]에 의해 확산되는 원산지제도가 초래하는 경제적 문제들을 분석하였다.

제2부 "국제경제체제의 위기 사례 및 분야별 쟁점"에서는 국제경제체제에서 제기되는 보다 구체적인 개별 사안들에 대한 연구 결과를 제시하였다. 특히 제2부에 수록된 논문들은 여타 학술지에서 기출간된 논문들 중에서 관련성이 있는 연구들을 선별하였다. 제7장에서 안덕근 교수와 신원규 연구원은 미국-캐나다간 목재분쟁 사례연구를 통해 농산물교역에서의 국제분쟁과 시사점을 도출하였다. 제8장에서 안덕근 교수와 김민정 연구원은 국제금융체제와 국제통상체제간 연계 구조상 제기되는 다양한 쟁점들을 미국과 중국간 환율정책과 관련된 통상분쟁을 중심으로 분석하였다.제9장에서는 허정 교수와 정지은 연구원이 선진국과 개도국의 보복적 반덤핑 제소에 존재하는 비대칭적 패턴을 경제학적 접근방식을 통해 제시하였다. 제10장에서는 이재형 교수가 기후변화상품에 대한 특별대우와 국제통상규범 차원의 문제점을 분석함으로써 국제통상체제와 국제환경체제간의 잠재적 상충성에 대한 쟁점을 분석하였다. 제11장에서는 이재민 교수가 최근 대법원에서 내린 일제 치하의 강제동원 관련 배상 판결과 한일 양자간 투자협정상 투자분쟁 절차의 적용가능성을 중심으로 국내 사법부의 판결과 국제투자분쟁간의 관련성을 분석하였다. 제12장에서 안덕근 교수는 WTO의 사례를 통해 국제통상체제 지배구조의 문제

점과 중국, 베트남, 러시아 등 비시장경제권의 대거 가입으로 인한 전례없는 회원국 구성의 변화속에서 의사결정체제를 비롯한 지배구조 운용에 관한 향후 발전방안을 제시하였다.

이와 같은 위험관리연구프로그램 연구진과 외부 필진의 연구 성과는 향후 국제경제체제에서 심화되는 내재적 위험성의 연구에 초석이 될 것으로 믿는다. 특히 그간 법학 분야와 경제학 분야의 다학제간 연구방식을 국제경제체제의 다양한 쟁점들에 대해 적용하는 시도가 구체적인 성과를 보이는 점은 연구재단의 SSK 연구사업에서 출발한 연구진의 노력이 이룬 작은 결실이라 앞으로의 발전이 기대된다. 향후 위험관리연구프로그램의 과제는 다학제간 연구방식을 좀 더 아시아와 지역내의 고유한 쟁점들에 대해 적용함으로써 아시아연구소의 여타 센터들과의 학문적 연계성을 제고하는 점이다.

이 자리를 빌어 위험관리연구프로그램의 연구에 물심양면 지원을 아끼지 않은 아시아연구소의 임현진 전 소장님과 강명구 소장님 그리고 실무에 도움을 주신 신혜선 박사님 외 관계자 분들께 깊은 감사의 마음을 전한다. 또한 연구과정에서 항상 최선을 다하며 나름대로의 훌륭한 연구 역량을 키워 온 이효영, 김민정, 노재연, 신원규 연구원들과 이번 출간에 흔쾌히 함께 해주신 고려대학교 법학전문대학원 이재형 교수, 서울대학교 법학전문대학원 이재민 교수, 서강대 경제학부 허정 교수께 감사를 드린다. 그리고 출판을 위해 밤낮으로 수고해 주신 진인진 김영진 사장님과 배원일 팀장님께도 감사를 드리고 싶다. 끝으로 본 연구는 2013년도 서울대학교 아시아연구소의 아시아연구기반구축 사업의 지원(#SNUAC-2013-001)과 연구재단 SSK사업의 지원(NRF-2011-330-B00063)을 받아 수행된 점을 밝힌다.

2014년 4월 관악에서

저자 일동

목 차

■
：
■

국제경제체제의
구조적
위기 요인

01

국제경제체제의 발전과 국제통상분쟁 확산 의미와 시사점

안덕근

- 국제통상체제의 발전

- GATT/WTO 분쟁해결제도의 발전

- 국제통상분쟁의 전개 현황과 특징

- 국제통상분쟁의 확산과 국제통상체제에 대한 시사점

::: 국제통상체제의 발전[1]

2차대전 이후 세계경제 재건을 위해 국제통화기금[IMF]과 세계은행[World Bank]의 설립에 이어 국제무역기구[International Trade Organization, 이하 'ITO']로 출범하도록 예정되어 있던 국제통상체제를 담당하는 국제기구의 설립은 미국 트루먼 대통령이 당시 공화당과 민주당의 충돌 속에서 미국 의회의 동의를 얻는데 실패함으로써 좌초되었다.[2] 특히, 2차대전 직후 냉전체제로 세계정세가 급변하면서 미국을 중심으로 한 민주진영과 러시아를 중심으로 한 공산권 경제권의 대립 구도가 형성되자 ITO를 통한 세계무역체제 설립 구상은 강력한 정치적 저항에 직면하게 된 것이다.[3] 그럼에도 불구하고, 당시 ITO 설립을 위해 노력했던 미국, 영국 등 주요 국가들은 잠정의정서[Protocol of Provisional Application]라는 법적인 합의문을 통해 ITO체제하에서 무역 규범으로 시행될 예정이던 부분을 "관세 및 무역에 관한 일반협정[General Agreement on Tariffs and Trade, 이하 'GATT']"이라는 형태로 한시적이라는 조건하에 적용시켰다.[4] 이러한 다소 특이한 역사적 배경 때문에 GATT체제가 우루과이라운드를 통해 WTO체제로 확대·개편되기 이전까지 약 50년간 유지된 국제통상체제를 이해하기 위해서는 비록 실제로 설립되지는 못하였으나 현재 세계통상체제의 틀을 제공한 ITO의 구조를 살펴볼 필요가 있다.[5]

ITO 설립에 관한 법률적 합의문인 소위 "하바나 헌장[Havana Charter]"에 따르면, 제VII장은 ITO의 구조, 기능, 의사결정, 이사회 운영, 사무총장 및 조직, 여타 국제기구와의 관계 등 전

---

1 이하의 내용은 "세계무역기구의 지배구조 관련 문제점과 한국의 정책대안"(KIEP 무역투자연구시리즈 12-02, 2012년)에서 일부 발췌 수정·보완하였다.

2 GATT 출범 당시의 역사에 관해서는 Douglas Irwin *et al.*, The Genesis of the GATT (2008); William Diebold, The End of the ITO (Princeton University, 1952) 참조.

3 Thomas Zeiler, Free Trade Free World: The Advent of GATT (Univ. of North Carolina Press, 1999).

4 잠정의정서를 통해 한시적인 적용을 조건으로 GATT를 출범시킨 주된 이유는 미국을 비롯한 관련 국가들이 이를 의회나 입법부의 승인을 받지 않아도 되도록 하기 위함이었다. 특히, 잠정의정서에는 GATT보다 선행한 국내 법규에 대해서는 "기존국내법예외 (또는 조부조항예외)"를 인정함으로써 국내법규의 개정 필요성을 제거하여 입법부 승인절차를 회피했다.

5 GATT 출범에 관한 이러한 특이성은 이후 학자들이 GATT체제가 "선천성 기형(birth defect)"을 지니고 있다고 평하는 이유가 되고 있다. J. Jackson, World Trading System (1995).

반적인 거버넌스에 관한 부분을 다루고 있는데 총 6개 절, 21개 조항으로 구성되어 있다.[6]

표 1. ITO와 WTO간의 거버넌스 비교

비교 사안	국제무역기구(ITO)	세계무역기구(WTO)
회원국 자격	외교관계의 공식 행위를 할 수 있는 독립 관세영역	대외통상 행위에 대해 완전한 자주권을 가지는 독립 관세영역
주요 기구	총회(Conference) - 회원국 당 1인의 대표 - 1국 1표 다수결로 의사결정 - 매년 의장 선출	각료회의(Ministerial Conference) - 최소 2년에 1회 소집
	이사회(Executive Board) - 18개국 - 지역 안배 및 경제 규모 반영 - 1국 1표 다수결로 의사결정	일반이사회(General Council)가 주요 의사결정기구로 역할 - 분쟁해결기구와 무역정책검토기구 기능 수행
	위원회(Commission) - 이사회에 의해 결정되는 7인 이하로 구성	이사회(Council) - 상품무역이사회 - 서비스무역이사회 - 지재권이사회 - 산하에 다양한 위원회(Committee) 구성
여타 국제기구와의 관계	정치적인 사안에 대한 적용 배제 - UN헌장 제IV조 또는 제VI조 사안은 ITO 적용대상에서 제외	효과적인 협력체계 구성만 명시
분담금	2년치 이상 분담금 체불 경우 투표권 박탈	체불에 대한 명시적인 벌칙 규정 미비

〈출처: 안덕근, "WTO체제 거버넌스의 구조적 문제점과 개선방안 분석", 『통상법률』, 통권 제97호 (2010)를 수정하여 보완〉

〈표 1〉에서 보여진 바와 같이, ITO의 거버넌스 체제는 이후의 GATT 또는 WTO체제와 비교할 때 일부 유사한 부분도 있으나 특이한 내용이 많아 현 단계에서의 WTO 거버넌스 개편 논의에 중요한 시사점을 제공하고 있다.[7] 일례로, ITO는 UN산하기관으로 구상되었으나 UN 회

---

6 "Final Act of the United Nations Conference on Trade and Employment: Havana Charter for an International Trade Organization". 〈http://www.worldtradelaw.net/misc/havana.pdf〉 (visited 3 Jan. 2011). 하바나 헌장은 전체 9개의 장, 106개 조항 및 16개 부속서로 구성되어 있다.

7 ITO의 역사가 GATT/WTO체제의 발전에 기초가 된 데에는 이견의 여지가 없다. 실질적인 규범이나 체제상 구조 등의 부분 이외에도 그 잔재가 많이 남아있는데 대표적인 예가 공식 언어이다. WTO체제의 공식 언어는 영어와 더불어, 불어와 스페인어가 채택되어있다. ITO헌장에는 당시 공식 언어로 동 3개 국어 이외에 러시아어와 중국어가 채택되었는데 이후 러시아와 중국이 GATT체제에 불참하면서 이들 국가의 언어는 제외되었다.

원국이 아니라 독립된 관세 영역에 대해서 회원국 자격을 인정하고 있는데 이는 후에 GATT 와 WTO체제에서 그대로 채택되고 있다.[8] 또한, ITO는 전체 회원국으로 구성되는 최고 의사결정 기구인 총회Conference를 두는데 의사 결정은 1국 1표에 기초한 투표에 의하도록 되어 있다.

한편, GATT 또는 WTO에서는 채택되지 못한 기구이지만 ITO에서는 이사회 구성이 계획된 바 있다. 이사회는 총회에서 선정된 18개국으로 구성되는데, 지역간 배분을 고려하도록 되어 있으며 당시의 유럽경제공동체를 염두에 두어 관세동맹도 이사회의 일원으로 선정될 수 있다고 규정하고 있다. 특이하게 매 3년마다 출석 2/3 이상 과반수 투표의 지지를 받는 경제적 중요성이 큰 회원국 – 즉, 무역규모가 큰 핵심 선진국 – 8개국을 이사회 회원으로 선정하게 된다. 이는 UN 안전보장이사회와 같이 기구 운영에 관한 핵심적인 기능을 수행하는 의사결정체를 설립하려는 안으로서 사실상 기구의 주요 회원국들에게 특혜를 부여하는 구상안이라고 볼 수 있는데, 당시 국제사회에서의 공감대를 반영하고 있는 것으로 이해된다[9]. 여타 10개 회원국은 출석 2/3 이상의 투표 지지를 받는 국가들로 채우게 된다. 이사회는 ITO의 주요 정책 시행을 책임지게 되어 있으며 위원회 활동을 감독한다.

또한, UN과의 관계와 관련하여 정치적인 사안에 대해서는 ITO협정이 적용되지 않는다는 점을 명확하게 하고 있다. 보다 구체적으로, UN헌장 Chapter IV 혹은 Chapter VI와 관련하여 정치적인 문제로 제기되는 사안은 ITO의 적용대상에서 전적으로 배제하고 있다. 여타 국제협정들과는 조화와 협력을 위해 공동 노력하도록 하고 있으며, 이미 당시에 NGO들과의 협의와 협력을 위해 필요한 절차를 마련할 수 있도록 한 점은 주목할 만하다. 한편, 회원국 권한 밖의 일이 아닌 한, 2년치 이상의 분담금을 납부하지 못한 회원국은 기구의 의사결정을 위한 투표에 참석하지 못하도록 규정하고 있다.

이후 ITO 설립이 무산되고 GATT체제가 대신 들어선 후에는 ITO 창설 협상 당시 고안된 거버넌스 구조는 폐기되고 GATT 제III부의 일부 조항들이 전체 체약국들에 의한 의사결정 등에 대해 규정하게 되었다. 특히, GATT 규정상 1국 1표의 평등한 투표권에 기초한

---

[8] ITO 설립을 위한 하바나헌장은 당시 53개국에 의해 서명되었는데, 당시 서명국 중 중국, 에쿠아도르, 파나마, 요르단의 4개국은 이후 WTO에 가입한데 반해 아프가니스탄, 이란, 이라크, 레바논, 리베리아, 시리아 등 6개국은 아직도 WTO에 가입하지 못하고 있다.

[9] 최근 WTO지배구조 개선 논의에서 일부 국가나 전문가가 제기하는 WTO내 핵심 회원국들로 구성된 소규모 의사결정기구 설립 제안은 사실상 ITO의 이사회와 같은 성격의 기구 설립을 제시하는 것이나 현 시점에서 채택 가능성은 매우 낮다.

투표방식이 제시되고 있으나, 1959년 브라질의 요청으로 시행된 운송보험에 관한 계약 자유 문제에 대한 투표를 마지막으로 더 이상 GATT 회의장에서 GATT 규범 적용이나 시행에 관한 투표는 이루어지지 않았다.[10] 1959년 이후에는 사실상 모든 GATT의 의사결정이 합의consensus에 기초하였으나 1990년 이전의 문서상에는 공식적으로 합의에 대한 정의가 제시되지 않고 있다. 다만 복수간 협정으로 마련된 "소고기협정Arrangement Regarding Bovine Meat"과 "국제낙농협정International Dairy Agreement"상에서 합의에 대한 정의가 제시된 바 있다.[11]

잠정의정서에 기초하여 GATT체제가 출범된 이후에는 국제조약으로서의 성격에 논란이 제기되면서 비록 국제법적 위상은 약했으나 점진적으로 통상법적 규범이 강화되었다. 개발도상국 문제를 다루는 제4부가 GATT에 추가되고 동경라운드 이후에는 반덤핑협정, 보조금협정 등 9개의 부속협정이 마련되면서 엄밀한 법체계에 기반한 통상체제 구축이 진전되었다.

■ GATT체제에서 WTO체제로의 발전

우루과이라운드를 통해 WTO체제가 출범되면서 가장 두드러진 변화는 공식적인 국제기구로서의 WTO 설립이다.[12] ITO 설립이 무산됨에 따라 잠정의정서[13]를 통해 다소 변칙적인 방식으로 시작된 GATT는 국제기구로서의 틀을 갖추지 못하고 있어 GATT 서명국들은 회원국member이 아니라 체약국contracting party이라 불리게 되었다. 그러나 WTO가 설립됨에 따라 기존의 GATT 체약국들은 공식적으로 WTO회원국으로 탈바꿈하게 되었을 뿐만 아니

---

10 GATT, SR. 14/9 at 115 (1959). 이후에는 신규 가입, 자유무역협정, 특별회의의 요청 등의 사유에 의해 시행된 우편에 의한 투표를 제외하고는 GATT체제 운영에 관한 일반적인 문제에 대해서는 더 이상 회의장에서 투표에 의해 의사결정이 이루어진 바가 없다.

11 소고기협정, 제VII:1(c)조; 국제낙농협정, 제V:3조. 자세한 사항은 Richard H. Steinberg, "Consensus Decision-Making at the GATT and WTO: Linkage and Law in a Neorealist Model of Institutions", UC Berkeley: Berkeley Roundtable on the International Economy Working Paper 72 (January 1995) 참조.

12 국제기구로서의 WTO 설립에 대한 의미는 Ann Krueger, The WTO as an International Organization (Univ. of Chicago Press, 2000) 참조.

13 잠정의정서를 통해 1948년 1월 1일자로 "잠정" 적용된 GATT협정은 국내법규와 상충되는 사안에 대해서는 국내법이 우선한다는 소위 "조부조항(Grandfather Clause)"을 통해 주요국들의 국내 비준절차를 회피하였다. 이러한 문제점을 해결하기 위하여 GATT체제 기간 동안 수차례 GATT를 확정적으로 적용(definitive application)하려는 시도가 있었으나 모두 실패하였다.

라 1995년 말을 기점으로 GATT가 공식적으로 종료되면서 과거에 존속되어 오던 "선행 국 내법규 예외Pre-existing Legislation Exception, 또는 조부조항예외 'Grandfather Exception'"도 모두 철폐되었다.[14]

또한, 새로이 출범한 WTO체제에서는 상품무역, 서비스무역, 지적재산권 보호 문제를 다루는 개별 이사회가 구성되고 그 산하에 사안별로 다양한 위원회가 마련되었다.[15] 최고 의사결정기구로서 각료이사회가 있는데 최소 2년마다 한번씩은 회의를 개최하도록 규정되어 있다.[16] 그러나 기구의 운영상 각료이사회에서 권한을 가진 대부분의 사안이 일반이사회에게 위임되어 있다. ITO의 구상안에서는 18개 주요국만 참여하는 이사회가 마련된 바 있으나, WTO체제하에서는 그러한 소수의 회원국이 주도하는 의사결정체는 존재하지 않으며 각료이사회와 일반이사회 모두 회원국 전체가 참여하게 된다.

한편, 일반이사회는 분쟁해결절차를 관장하며 분쟁해결기구로서 역할도 하게 되는데, 산하에는 여타의 행정 기구들로부터 독립성을 보장받은 상설 상소기구가 구성되어 있다. 특히, GATT 분쟁해결제도의 최대 문제점으로 지적된 합의에 의한 분쟁 판결 채택절차를 합의에 의한 분쟁 판결 기각절차로 수정함으로써 사실상 모든 판결이 자동적으로 분쟁해결기구에서 채택되도록 하는 강력한 사법절차를 마련하게 되었다. 이로써 GATT 체제와 비교할 때 훨씬 정교한 조직적 뒷받침과 함께 WTO 규범 시행에 있어 한층 효과적인 분쟁해결제도를 구비하게 되었다.

분쟁해결기구 이외에도 일반이사회는 무역정책검토기구의 역할도 병행하고 있다[17]. WTO체제의 사법기능을 담당하는 분쟁해결기구에서와는 달리 무역정책검토기구에서의 의

---

14 WTO체제로의 원만한 이행을 위해 기존의 GATT를 1995년말에 종료시킴으로써 1년간의 이행기간을 두었다.

15 WTO, WTO Annual Report 2006, 93.

16 WTO설립협정, 제IV:1조. 제3차 시애틀 각료회의가 당시 신라운드 출범을 시도하기 위해 제2차 각료회의 다음해인 1999년에 개최된 바 있으나 그 외에는 대부분 2년만에 개최하고 있다. 한편, 일정상 개최되어야 했던 2007년 각료회의는 개최신청국 부재와 도하협상 모멘텀 상실 등의 사유로 개최되지 못했다. WTO 출범 이후 최초의 각료회의 개최 실패사례인 2007년의 경우 향후 이러한 문제 재발 방지를 위한 명확한 후속대책 또는 해결방안이 마련되지 못하고 있는데 이에 대한 책임이 사무국 – 즉, 사무총장 – 에 있는 것인지 혹은 회원국 전체 – 이런 경우, 궁극적으로 일반의사회 의장 – 에 있는 것인지 논란이 제기될 수 있다. 한편, 2006년 7월 당시 파스칼 라미 WTO사무총장은 회원국들의 협상의지 부족을 근거로 도하협상을 잠정적으로 직권 중단한 바 있다. 이후 2007년 1월 다보스포럼에서 도하협상 재개를 선언하였고 사무총장의 의도는 WTO회원국들로 하여금 도하협상에 대한 주의를 환기하기 위한 것이었다고는 하나 사무총장이 회원국들간의 다자간 무역협상을 중단할 수 있는 법적인 권한이 있는 것인지 여부에 대해서는 논란의 여지가 크다.

17 무역정책검토제도는 1989년 GATT에서 최초로 도입되었는데 이에 의거한 최초의 한국에 관한 무역정책검토 보고서는 1992년 6월에 회부되었다. GATT, C/RM/G/27 (12 June 1992).

결은 회원국에게 어떠한 법적인 의무도 부과하지 않는다. WTO협정의 부속서 3 "무역정책검토체제" A항에서는 명시적으로 무역정책 검토기능은 회원국 무역정책의 영향에 대한 총체적인 평가일 뿐이며 협정상 의무사항의 이행이나 분쟁해결의 근거가 되지 않는다고 규정하고 있다. 즉, 회원국들의 무역정책에 대한 종합보고서 작성과 관련하여 다양한 질의와 논의 등을 통해 사실상 동료간 압력^{peer pressure}을 행사하는 보다 정치적인 성향이 부각되는 기구로서, 일반이사회가 사후적으로 역할을 수행하는 두 가지 기능의 성격을 비교해 볼 때 분쟁해결기구에서와는 정반대의 성격을 가진다는 점에서 주목할 만하다.

이처럼 일반이사회는 일상적으로 WTO체제를 운영하는데 필요한 행정상의 의사결정 이외에도 한편으로는 패널과 상소기구의 사법적인 판결에 실질적인 국제법적 구속력을 부과하는 의결과 다른 한편으로는 전혀 법적인 구속력이 없는 회원국의 무역정책에 대한 보고서 검토 기능을 별개의 기구라는 형태로 수행하고 있다. 따라서, 일반이사회가 수행하는 의사결정의 내용과 그 효과를 감안할 때 일련의 모든 결정절차에 대해 동일하게 합의과정이 채택되는 점은 사실상 기구 운영에 관한 근본적인 문제를 제기하고 있다. 예를 들어, 법적인 의무나 구속과는 무관한 사실상 형식적인 추인 과정에 불과한 무역정책검토기구에서의 의사결정과 국제법상 준수 의무를 발생할 뿐만 아니라 위반시에는 공식적으로 무역보복조치까지 승인하게 되는 분쟁해결기구에서의 의사결정이 원칙적으로 동일한 합의절차를 따르게 되는 부분은 구조적인 비합리성의 여지를 제기하기 때문이다.

한편, 분쟁해결기구에서 채택한 소위 "역합의^{reverse consensus} 방식"은 사실 해당 사안에 대해 항상 찬성하거나 지지하는 회원국이 있다는 점을 감안하면 사실상 합의절차를 유명무실화하는 문제점이 있다. 2014년 3월 현재까지 분쟁해결기구에서 "역합의 방식"에 의해 기각된 판결이 한 건도 없다는 점은 사실상 분쟁해결기구에서의 의사결정절차가 무의미한 것으로 간주될 수 있다는 것을 시사한다. 따라서, 유명무실한 역합의 방식에 의한 분쟁해결기구에서의 합의절차가 여전히 필요한 것인지 여부에 대해서는 향후 논의가 필요한 부분이다. 다른 한편으로는 분쟁해결기구에서 채택한 역합의 방식에 의한 의사결정절차를 여타 위원회나 협상과정에서도 도입이 가능한지 여부를 검토할 필요가 있다. 현재 도하협상 등에서 나타나고 있는 구조적인 WTO체제에서의 의사결정절차상 문제점에 대해 역합의 방식이 적절한 시점에서 도입되는 방안이 신중하게 검토될 수 있을 것으로 보인다.

■ WTO체제의 특이성

WTO체제내에 지적재산권 보호 규범을 도입한 "무역관련지재권보호[TRIPS]협정"의 수용은 통상규범 차원에서 주목할 발전이다. WTO체제의 설립과 함께 GATT, GATS, TRIPS가 세계무역에 관한 규범 체계의 세 축을 형성하게 됨으로써 흔히 세 가지 협정은 무역자유화라는 세계무역체제의 기본취지와 동일선상에서 이해되고 적용된다. 이는 지적재산권 보호 관련 협정으로는 유일하게 최혜국대우[MFN]원칙을 도입하는 이례적인 특징을 WTO 회원국들이 비교적 큰 반발없이 수용하게 된 가장 중요한 이유로 보인다.[18] 1800년대 후반부터 형성되어 적용되던 지적재산권 관련 국제조약들에서 MFN규정이 도입된 사례가 없었다는 점을 감안하면 WTO 설립과 함께 현재 159개 회원국들에게 일괄적인 지재권 보호 의무를 MFN차원에서 적용하는 것은 지재권보호 규범상 가장 획기적인 발전이라 할 만하다.[19]

그러나 상호거래 활성화를 통해 호혜적인 무역상 혜택을 추구하는 상품무역이나 서비스무역과는 다르게, TRIPS협정의 경우 회원국간 시장접근 확대를 통해 상호간 무역상 혜택을 기하는 규범이 아니다. 즉, TRIPS협정은 지재권 보호에 관한 국제협정으로는 최초로 전 회원국들에게 일괄적인 최소보호기준을 설정하여 이를 강제하는 형태로 적용될 뿐만 아니라 다양한 지재권들에 대해 WTO체제를 기초로 통합된 형태의 이행구조를 적용하고 있다. 이처럼 내재적으로 이질적인 특성을 가진 TRIPS협정의 경우 일반적인 무역협정의 원칙을 도입하거나 적용하기 어려운 문제가 제기된다.

---

18 보다 상세한 법적 의미와 해석에 대한 내용은 UNCTAD-ICTSD, Resource Book on TRIPS and Development, 61-91 (2005) 참조.

19 TRIPS협정의 개괄적의 설명은 한국국제경제법학회, 국제경제법 (박영사, 2006), 박덕영, 이일호, 국제저작권과 통상문제 (세창, 2009) 과 C. Correa & A. Yusuf, Intellectual Property and International Trade: The TRIPS Agreement (Kluwer Law International, 2nd ed., 2008) 참조.

예를 들어, 장기적으로 자유무역을 목표로 일관되게 시장접근의 확대를 추진하는 GATT, GATS와는 달리 TRIPS의 경우 일방적으로 지적재산권 보호기준을 강화하는 것이 사회후생의 증가에 유익한 것도 아니며 TRIPS, 나아가 WTO체제의 목표가 될 수도 없다.[20] 또한, WTO의 규범을 바탕으로 회원국 상호간의 시장개방을 지속적으로 추구하기 위해 무역협상이 진행되는 것과는 달리 TRIPS의 경우 시장개방과 관련한 무역협상과는 완전히 유리된 규범협상만이 진행되는데 대부분의 경우 강화된 지재권 보호기준은 개발도상국들에게만 일방적으로 이행 부담을 불균형하게 발생시키는 문제를 초래하게 된다.

더욱이 이러한 근본적인 차이는 시장접근을 다루는 GATT, GATS의 경우 FTA를 통한 전격적인 시장자유화에 대한 MFN 예외를 인정하게 되지만 TRIPS의 경우에는 그러한 FTA 예외를 포함하지 않게 되는 근거가 된다.[21] 주목할 부분은 이러한 MFN과 관련된 비

---

20 경제학적으로도 과도한 지재권 보호는 오히려 사회후생을 감소시킨다는 연구결과들이 제시되고 있다. 예를 들어 A. Deardorff, "Should Patent Protection Be Extended to All Developing Countries?", The World Economy, Vol.13, 497-507 (Dec. 1990); A. Deardorff, "Welfare Effects of Global Patent Protection", Economica, Vol. 59, 35-51 (Feb. 1992) 참조.

21 시장접근에 관한 MFN 의무에 대한 FTA 예외는 GATT 제XXIV조와 GATS 제V조에서 제시되고 있으나 TRIPS 협정에서는 그러한 FTA 예외를 인정하는 규정이 없다. 다시 말하여, TRIPS 관련 FTA 합의사항은 대부분 MFN의 적용을 받게 되므로 모든 WTO회원국에게 동일하게 적용되는 것이다. 자세한 사항은 B. Mercurio, "TRIPS-Plus Provisions in FTAs: Recent Trends", in Regional Trade Agreements and the WTO Legal System 215-237 (L. Bartels & F. Ortino, eds., Oxford Univ. Press, 2006)을 참조. TRIPS의 MFN 규정은 이하와 같다:

With regard to the protection of intellectual property, any advantage, favour, privilege or immunity granted by a Member to the nationals of any other country shall be accorded immediately and unconditionally to the nationals of all other Members. Exempted from this obligation are any advantage, favour, privilege or immunity accorded by a Member:
(a) deriving from international agreements on judicial assistance or law enforcement of a general nature and not particularly confined to the protection of intellectual property;
(b) granted in accordance with the provisions of the Berne Convention (1971) or the Rome Convention authorizing that the treatment accorded be a function not of national treatment but of the treatment accorded in another country;
(c) in respect of the rights of performers, producers of phonograms and broadcasting organizations not provided under this Agreement;
(d) deriving from international agreements related to the protection of intellectual property which entered into force prior to the entry into force of the WTO Agreement, provided that such agreements are notified to the Council for TRIPS and do not constitute an arbitrary or unjustifiable discrimination against nationals of other Members.

대칭적인 규범체계가 WTO체제에서 매우 중요한 문제를 제기하는 것이다. WTO체제가 규범적인 측면에서 뿐만 아니라 회원국 구성의 측면에서도 지속적인 확대를 거듭하면서 WTO 도하협상의 사례에서 명백하게 드러나듯이 다자간 협상보다는 양자간 협상에 대한 의존이 증가될 수 밖에 없는 상황이 초래되고 있다. 그런데 시장개방 분야에서는 FTA 예외를 통해 양자간 협상 내용이 WTO체제의 예외로 인정을 받게 되나 TRIPS 분야에 있어 합의되는 FTA 사안들은 원칙적으로 모두 MFN규범의 적용을 받게 됨으로써 사실상 WTO 규범의 수정을 이루어내는 간접적인 채널이 되는 것이다. 특히, 최근 급속도로 번져가는 소위 "WTO plus"방식의 FTA협상에서 지재권 분야의 추가합의를 도출해 내는 것이 관행화 되고 있는 상황을 감안하면 향후 지재권 보호체계에서의 WTO 역할은 한층 부각될 것으로 보인다. 다시 말하여, WTO보다 오랜 역사와 많은 회원국들을 가지는 지재권보호 전담기구인 세계지적재산권기구^{World Intellectual Property Organization, "WIPO"}[22]가 이루어내지 못한 전면적인 지재권 보호 규범의 강화를 무역자유화를 위해 설립한 WTO에서 달성해 가는 다소 기이한 현상이 초래되는 것이다.

이러한 WTO체제상의 불균형한 규범 체계와 발전행태는 지재권 보호수준의 강화에 대한 타당성 여부 논의와는 별개로 개도국이 압도적으로 다수를 차지하고 있는 WTO의 향후 거버넌스 발전에 논란을 야기할 수 있다. 특히, WTO체제 발전의 기초가 된 GATT에서의 관행과 경험을 GATS와 TRIPS에 대해 일괄적으로 확대 적용하게 되는 과정에서 제기될 다양한 구조적 모순점은 WTO 회원국간에 합의과정 등 체제 운영에 관한 제반 근본적인 문제점에 중첩되어 향후 난제로 대두될 것으로 보인다.

또 다른 측면의 규범의 비대칭성은 상품무역을 다루는 GATT와 서비스무역을 다루는 GATS간에 발생하고 있다. 현재 GATT협정의 경우 지난 GATT체제에서의 약 50년간 경험을 기초로 반덤핑, 보조금, 세이프가드, 기술장벽 등 상당히 세분화된 영역에까지 무역규범이 발전되어 있으나 이러한 규범들은 기본적으로 상품의 국경간 무역에 주로 적용된

---

[22] WIPO는 UN산하기구로서 공식적으로 1967년에 설립되었는데 그 전신인 Burueaux for the Protection of Intellectual Property (불어 약칭으로 "BIRPI")은 1893년에 설립된 바 있다. 현재 184개 회원국으로 가지고 있으며 약 940명의 사무국 직원을 두고 있다.

다. 반면, 우루과이라운드를 통해 최초로 도입된 GATS의 경우 국경간 무역^{서비스무역 Mode 1} 뿐만 아니라, 해외소비^{Mode 2}, 상업적 주재^{Mode 3}와 자연인 이동^{Mode 4}까지 다루고 있다. 더욱이 새로이 도입된 GATS에서의 서비스산업 포괄범위가 155개 세부산업부문을 다루게 되면서 기존의 국경간 무역행위에 대한 규범으로 인식된 국제통상규범이 사실상 非교역행위로 간주되어 오던 국내의 서비스 생산활동 전반에 적용되고 있다.[23]

이는 국가간 상업행위를 규제하는 국제규범에서 몇 가지 중요한 쟁점을 야기하고 있다. 우선, 전통적으로 무역의 심화에 이어 촉발되는 투자 활성화에 대한 국제규범이 제조업 부문에 있어서는 아직 다자간 협정으로 발전되지 못하고 있음에도 불구하고 보다 선진화된 교역형태인 서비스 무역분야에 대해서는 GATS Mode 3을 통해 다자간 규범이 수립되어 있다는 점이다. GATT와 WTO협정을 통해 정교한 다자간 국제규범으로 발전해 온 무역 분야와는 달리 투자에 대한 국제규범은 현재 대부분 양자간 투자보장협정의 형태로 적용되고 있다. 표면상으로는 WTO협정내에 무역관련 투자조치에 관한 협정^{Agreement on Trade-Related Investment Measures, "TRIMs협정"}이 투자를 다루는 다자간 규범으로 마련되어 있으나 그 내용은 GATT 제III:4조상의 국산품사용의무^{local content}금지 규정과 제XI:1조상의 수량제한금지 규정의 재확인에 불과하다.[24] 이에 WTO 설립 직후인 1995년 9월 선진국들을 중심으로 OECD를 통해 다자간 투자협정^{Multilateral Agreement on Investment, "MAI"}을 마련하려고 시도하였으나 결국 1998년 12월 실패로 끝난 전례가 있다.[25] 1996년 12월 WTO 설립 후 최초로 개최된 싱가포르 각료회의를 통해서도 경쟁, 정부조달, 무역원활화 이슈와 함께 투자 문제에 대한 다자규범 확립을 위한 선언이 있었으나 이후 협상의제로 다루던

---

23 GATS에 도입된 서비스산업과 기존의 UN CPC코드간의 대비를 제시한 서비스 산업분류표는 WTO, MTN. GNS/W/120(10 July 1991) 참조.

24 EC - Regime for the Importation, Sale and Distribution of Bananas분쟁에서 패널은 기본적으로 TRIMs협정이 GATT 제III조와 제XI조 규정의 해석과 명확화에 그치고 있으므로 GATT 규정에 대한 판결과 별도의 판결이 요하지 않는다고 결론지었다. WTO, WT/DS27/R, paras.7.183-7.187. 한편, Indonesia - Certain Measures Affecting the Automobile Industry분쟁에서는 패널이 TRIMs협정도 WTO체제하에서 별도의 법적 의무를 갖는 독자적인 무역규범이라는 점을 강조한 바 있다. WTO, WT/DS54,55,59,64/R, paras.14.58-14.92.

25 MAI 협상과정의 전개와 실패요인 등에 대해서는 C. Devereaux et al., Case Studies in US Trade Negotiation, Vol. 1: Making the Rules, 135-186 (IIE, 2006) 참조. MAI협상과 관련된 OECD의 자료는 〈http://www1.oecd.org/daf/mai/〉 (visited 23 Dec. 2010)에서 확인할 수 있다.

도하협상에서 개발도상국들의 반대에 부딪혀 2004년 공식적으로 이를 제외한 바 있다.[26]

이러한 제조업 및 상품교역과 관련된 부문에서의 다자간 투자규범 수립이 진전을 이루지 못하는데 반해, 서비스교역과 관련된 다자간 투자규범은 현재 GATS의 Mode 3 규범을 통해 사실상 WTO체제내에 이미 확립되어 있다. 상품부문에서의 다자간 규범에 비해 서비스 투자규범의 주요한 특징은 서비스협정의 경우 적용대상 산업부문의 결정이 현재 Positive List방식을 채택하고 있어 개별 회원국들의 합의수준에 따라 적용범주에 차이가 발생한다는 점이다. 그러나 이 부분도 최근 FTA가 급증하면서 상당부분 해소되고 있는데, 대부분의 최근 FTA들에서는 서비스시장 개방을 Negative List방식으로 합의하면서 서비스부문 포괄범주가 점차 확대되고 있기 때문이다.[27] 더욱이 최근 서비스 부문을 포함하는 대부분의 FTA협정들에서는 특징적인 사항으로 MFN규정을 도입하고 있다.[28] 이처럼 FTA내에서의 MFN을 통한 서비스시장 개방 확대구조 등으로 서비스부문에 대한 투자규범의 적용범위는 사실상 갈수록 확대되는 추세이다.[29]

GATT와 GATS 관련 투자규범 발전의 차이는 중요한 거버넌스 문제를 초래한다. 제조업 중심의 상품교역에 관한 다자간 투자규범 확립에 주로 반대하는 측은 개발도상국들로서 선진국 자본에 의한 투자의 지나친 보호가 과도한 경제주권 침해를 초래할 수 있다는 우려 때문이다. 그런데 최근 제조업부문에서의 투자는 과거의 선진국 중심의 일방향 상황에서 전격적으로 변화하여 세계경제의 글로벌화 진전과 부품교역의 확대에 따른 공급망 다각화에 의해 개발도상국으로부터의 투자들도 상당 수준 활성화되어 있는 상황이

---

26 투자 이슈는 2004년 7월 제네바 각료회의에서 발표된 소위 "July Package"에 의해 무역과 경쟁, 정부조달의 투명성 의제와 함께 도하협상의 범주에서 제외하기로 결정되었다. WTO, WT/L/579 (2 August 2004).

27 Negative List방식의 서비스시장 개방을 도입한 대표적인 FTA가 한-미 FTA이다. 한-미 FTA에서는 개방하지 않는 서비스시장 보호를 위해 현재유보와 미래유보를 명시한 부속서 I과 부속서 II를 첨부하고 있다. 각기 유보의 내용은 〈http://www.fta.go.kr/korus/pds/kor_us_list.html〉에서 참고할 수 있다.

28 한국의 경우도 현재까지 체결한 FTA들 중에서 EFTA, 인도, 미국, EU, 페루와의 FTA에서는 서비스 규범에 최혜국대우를 규정하고 있다. 한국의 FTA 내용은 〈http://www.fta.go.kr/new/index.asp〉 (visited 15 Dec, 2010) 참고.

29 M. Roy *et al.*, "Services Liberalization in the New Generation of Preferential Trade Agreements (PTA): How Much Further than the GATS?" (WTO Staff Working Paper ERSD-2006-07, Sep. 2006).

다.[30] 따라서, 다자간 투자규범의 필요성은 어느 때보다 절실한 시점이라고 할 수 있으나 투자규범에 관한 한 여전히 개발도상국들의 전통적인 입장 고수로 조만간 다자간 규범 합의는 기대하기 어려운 실정이다.

반면, 주로 선진국으로부터의 일방향 투자가 이루어지는 서비스산업 부문에 대해서는 상당부분 GATS를 통한 투자규범이 확립되어 있다. 여전히 투자보장 차원의 규범은 기존의 양자간 투자보장협정 수준에 이르지 못한 문제점이 있으나 대신 WTO 분쟁해결제도의 매우 효과적인 규범 이행체계를 확보하고 있다. 따라서, 최소한 서비스 투자 진출에 관해서는 GATS Mode 3의 규범이 사실상 투자보장협정의 역할을 수행하고 있으며 앞서 언급한대로 FTA를 통해 그 적용범위가 점차 확대되고 있는 것이다. 이러한 측면에서 최근 WTO에 가입한 신규 WTO회원국들에 대한 가입단계에서의 서비스시장 개방협상은 주목할 만하다. 다양한 세부산업부문에 대해 네 가지 모드로 개방이 이루어지는 바 정확한 계량적 비교는 어려우나, 신규 가입국들의 서비스시장개방 수준은 기존 회원국들의 개방수준에 비해 월등히 높다.[31] 특히, 캄보디아나 네팔과 같은 최빈개도국들에 대해서도 과도하게 높은 수준의 서비스시장 개방을 요구함에 따라 WTO체제의 정당성 문제까지 제기하는 주요한 빌미가 되고 있다.

이와 관련된 쟁점으로 GATS Mode 4의 자연인 이동을 들 수 있다. 국경간 노동인력의 이동은 단순히 노동요소의 이동이라는 경제적 문제 뿐만 아니라 사회보장제도, 교육문제, 이민 등 제반 사회적 문제까지 수반되므로 대부분의 국가들이 매우 보수적인 입장을 취한다. 이러한 측면에서 대부분 낮은 교육수준에 기초한 저임금 노동자들의 공급이 많은 개발도상국의 경우에는 단순 기술이 집중되는 제조업 부문의 인력이동을 선호하게 되나 현재 이러한 부분에 대해서는 WTO규범이 적용되지 않고 대신 매우 엄격한 이민 또는

---

30 2000년대 들어서 확대되는 개도국의 투자 현황에 대해서는 UNCTAD, World Investment Report 2006: FDI from Developing and Transition Economies-Implications for Development, 103-137 (UNCTAD, 2006) 참조.

31 후발 가입국들의 WTO 참여가 기존 회원국들이 우루과이라운드 당시 GATS 시장개방안을 확정한 시점보다 늦다는 점을 고려하더라도 90%에 달하는 서비스산업부문에 대한 시장접근 약속이 이루어지는 부분은 주목할 만하다. WTO, WT/ACC/10/Rev.4 (11 Jan. 2010). 자세한 사항은 R. Adlung and M .Roy, "Turning Hills into Mountains? Current Commitments under the GATS and Prospects for Change", Journal of World Trade, Vol. 39, No.6, 1161-1194 (2005)을 참조.

고용 관련 법규가 적용되고 있다. 반면, 주로 선진국의 고급 노동인력들이 중심이 되는 서비스 부문의 인력이동은 현재 GATS Mode 4를 통해 제한적이나마 다자간 합의를 바탕으로 이동의 원활화를 보장하고 있다. 건설서비스 분야 등 일부 개발도상국 노동자들이 집중된 서비스 부문들도 포함되어 있으나 그러한 분야에서는 언어 장애, 또는 자격증 미비 등의 외생적 요인으로 인해 개도국 노동자들의 해외 진출이 용이하지 않은 경우가 많다. 이를 감안하면 반세기 동안의 GATT 발전과정에서도 제대로 다루어지지 못하던 인력이동 문제가 WTO의 설립과 함께 선진국들이 비교우위가 높은 서비스교역 차원에서 수용된 점은 획기적인 발전이라 할 수 있다.[32]

이처럼 구조적으로 확대되어 가는 WTO규범의 비대칭적 발전은 중장기적으로 WTO체제 개선에 있어 만성적인 장애요인으로 작용할 가능성이 크다. 실제로 WTO 설립 후 협정상 명기된 수많은 기설정의제[built-in issues]들에도 불구하고 최초의 공식 다자간 무역협상 출범에 7년이나 소요된 점이나, 그러한 우여곡절 끝에 개시된 협상이 도하개발아젠다[Doha Development Agenda]로 이름이 지어지면서 개발도상국들의 개발 우려에 대한 의지를 천명하게 된 점 등은 현 WTO체제의 구조적 문제점에 대한 공감대가 회원국 전체에 전반적으로 확산되는 것을 반증하는 것으로 볼 수 있다.

::: GATT/WTO 분쟁해결제도의 발전[33]

■ 발전과정

1948년 3월 24일 United Nations Conference on Trade and Employment에 의해 완성된

---

32 이러한 차원의 문제 제기는 일부 학자들에 의해 조심스럽게 이루어지고 있다. 예를 들어 Rupa Chanda, Movement of Natural Persons and the GATS, 304-314, in Development, Trade and the WTO: A Handbook (B. Hoekman, *et al*. eds, 2002, World Bank) 참조.

33 이하의 절은 저자가 집필하여 『국제경제법』 (고준성 외, 박영사, 2006년)에 수록된 제3편 분쟁해결제도에서 일부 발췌하여 수정·보완하였다.

ITO설립을 위한 Havana Charter의 8장 96조에서 국제사법법원[International Court of Justice]에 의한 국제통상분쟁의 검토를 규정한 이래,[34] ITO 설립의 무산으로 통상분쟁에 관한 구체적인 절차적 규정이 마련되지 못하였다. 1948년 잠정의정서에 의해 GATT가 발효된 이후 1952년 Seventh Session of the Contracting Parties에서 최초로 GATT하에서의 분쟁해결을 위해 panel on complaint를 구성하기로 합의하였고,[35] GATT 분쟁해결제도의 개선을 목적으로 5차례에 걸쳐 GATT 체약국단에 의한 결정문 혹은 양해의 형태로 추가적인 합의사항들이 채택된 바 있다.[36]

분쟁해결제도의 운영에 따라 축적된 관행과 점진적인 개선은 동경라운드 이후 실질적으로 대폭 개선되었다. 특히, 1979년 Understanding Regarding Notification, Consultation, Dispute Settlement and Surveillance이 채택되면서 전반적인 분쟁해결제도의 골격이 갖추어지게 되었다.[37] 이처럼 진화된 GATT체제하의 분쟁해결제도는 우루과이라운드협상을 거치면서 전면적으로 개선되어 Understanding on Rules and Procedures Governing the Settlement of Disputes[분쟁해결양해, 이하 'DSU']가 채택됨으로써 현재의 체제를 갖추게 되었다.[38]

---

34 Interim Commission for the International Trade Organization, Final Act and Related Documents 50 (1948). ITO 설립의 실패에 관하여서는 WILLIAM DIEBOLD, JR., THE END OF THE ITO (1952)와 RICHARD N. GARDNER, STERLING-DOLLAR DIPLOMACY IN CURRENT PERSPECTIVE (1980) 참조.

35 See ROBERT E. HUDEC, THE GATT LEGAL SYSTEM AND WORLD TRADE DIPLOMACY (2d ed. 1990), pp.85-94. See also Robert E. Hudec, The Role of the GATT Secretariat in the Evolution of the WTO Dispute Settlement Procedure, in THE URUGUAY ROUND AND BEYOND: ESSAYS IN HONOR OF ARTHUR DUNKEL 101-20 (J. Bhagwati & M. Hirsch eds., 1998). 현재 널리 사용되는 패널이라는 용어가 여기서 유래되었다.

36 See U.E. PETERSMANN, THE GATT/WTO DISPUTE SETTLEMENT SYSTEM: INTERNATIONAL LAW, INTERNATIONAL ORGANIZATIONS AND DISPUTE SETTLEMENT (1997), p.71.

37 GATT 분쟁해결제도의 법적인 측면에 관한 상세한 설명은 박노형, 『WTO체제의 분쟁해결제도연구』 (박영사, 1996) 참조.

38 보다 상세한 분쟁해결제도에 관한 협상내력에 대해서는 Terence P. Stewart & Christopher J. Callahan, Dispute Settlement Mechanisms, in THE GATT/URUGUAY ROUND: A NEGOTIATING HISTORY (1986-1992), Vol. II (T. Stewart ed., 1993); 김성준, 『WTO법의 형성과 전망』, 4권 (1996) 참조.

■ WTO 분쟁해결제도의 특징

WTO체제하에서 신설된 분쟁해결제도는 GATT체제의 제도에 비해 두드러진 특징을 나타내고 있다. 우선, 통합된 분쟁해결절차에 의한 분쟁해결이 가능하게 됨으로써 전체 WTO협정의 적용에 관한 제도상 일관성이 확보되었다. 즉, WTO체제하에서는 모든 WTO협정들에 관련된 분쟁은 DSU에 의해 규정된 단 하나의 일관된 분쟁해결제도하에서 다루어지게 된다. 이는 GATT체제하에서 동경라운드 이후 9개의 부속협정이 마련되고 각 협정별로 나름대로의 독자적인 분쟁해결절차를 제시함에 따라 GATT 제XXIII조상의 분쟁해결절차와 일관성 문제 및 Forum Shopping 문제를 야기하던 상황이 전격적으로 개선되었음을 의미한다.

다음으로, 패널절차만의 단심제^{短審制}로 되어 있던 GATT 분쟁해결절차가 상소기구의 설립과 함께 상소가 가능한 양심제^{兩審制}로 변화되었다. 따라서, 패널의 법적인 판결이나 해석에 대해서는 재심의 가능성이 확보됨에 따라 통상분쟁 및 WTO협정의 해석에 관한 법적인 엄밀성이 현격하게 제고되었다. 국제재판기구로서는 예외적으로 상소심리의 기회를 제공하는 WTO 분쟁해결제도의 상소절차는,[39] WTO체제하에서 rule-oriented system의 구축이라는 차원에 있어, 분쟁해결제도의 사법적인 기능의 강화를 통해 WTO 법체제의 발전에 핵심적인 역할을 수행하고 있다.[40]

---

[39] 예를 들어, 국제사법법원이나 유럽법원 (European Court of Justice)에는 상소심이 없다. 다만 유럽법원의 경우, 제1심 법원 (Court of First Instance)의 판결이 항소될 수 있다. See generally Giorgio Sacerdoti, Appeal and Judicial Review in International Arbitration and Adjudication: The Case of the WTO Appellate Review, in INTERNATIONAL TRADE LAW AND THE GATT/WTO DISPUTE SETTLEMENT SYSTEM 245 (E.U. Petersmann ed., 1997). 북미자유무역협정 (NAFTA)에서도 전반적인 분쟁해결절차를 규정한 20장에 어떠한 형태의 상소절차도 다루지 않고 있다. 대신 극히 예외적인 경우, 반덤핑과 상계관세에 관한 분쟁해결에 있어 3인으로 구성된 Extraordinary Challenge Committee (ECC)에 의한 재심의 가능성을 19장에서 제시하고 있다. See e.g., Gabrielle Marceau, The Dispute Settlement Rules of the North American Free Trade Agreement: A Thematic Comparison with the Dispute Settlement Rules of the World Trade Organization, in INTERNATIONAL TRADE LAW AND THE GATT/WTO DISPUTE SETTLEMENT SYSTEM 487 (E.U. Petersmann ed., 1997). NAFTA ECC와 WTO 상소기구의 비교 분석은 see Donald M. McRae, The Emerging Appellate Jurisdiction in International Trade Law, in DISPUTE RESOLUTION IN THE WORLD TRADE ORGANIZATION 98 (J. Cameron & K. Campbell, eds., 1998).

[40] See JOHN H. JACKSON, THE WORLD TRADE ORGANIZATION: CONSTITUTION AND JURISPRUDENCE (1998).

또한, WTO 분쟁해결절차에 의한 최종 판결을 담은 패널보고서나 상소기구보고서는 전체 WTO 회원국이 참가하는 분쟁해결기구^{Dispute Settlement Body: 이하 'DSB'41}에 의해 공식적으로 채택됨으로써 WTO 회원국에 대한 법적인 구속력을 가지게 된다. 이러한 최종판결의 채택절차는 WTO의 여타 절차에서와 마찬가지로 합의^{consensus}를 따르게 되는데, GATT 체제하에서는 보고서 채택을 위해 회원국의 긍정적인 합의가 요구된 데 반해 WTO에서는 부정적인 합의방식을 도입하고 있다. 즉, WTO체제하에서는 패널보고서나 상소기구보고서를 기각하고자 하는 합의가 성립된 경우에 한해 분쟁해결기구가 동 보고서를 기각하게 된다. 이는 패널보고서를 채택하고자 하는 합의가 있는 경우에만 동 보고서가 채택되던 GATT의 절차와 뚜렷하게 대비된다. 실제로 GATT체제하에서는 패소국의 집요한 반대에 의해 최종판결을 담은 패널보고서가 결국 공식적으로 채택되지 못함으로써 법적인 구속력을 가지지 못하고 사장되는 사례가 드물지 않게 발생한 바 있다.[42] 현실적으로 어떠한 분쟁에서도 승소국의 입장에서는 동 보고서가 기각되기를 원하지 않게 되므로 WTO 분쟁해결제도하에서 도입된 보고서 채택에 관한 부정적인 합의방식은 사실상 모든 최종판결을 자동적으로 채택되도록 하고 있다.

WTO 분쟁해결절차는 GATT체제에서와 마찬가지로 WTO 회원국들에게만 발동 권한이 주어진다.[43] 예를 들어, 특정 기업이 수출하는데 있어 수입국 정부가 WTO협정 의무를 위반하는 수입규제조치를 부과하는 경우, 동 기업이 직접 WTO협정에 기초하여 수입국 정부를 WTO에 제소할 수는 없으며 자국 정부가 동 기업을 대신하여 WTO에 제소하여야 한다. 이처럼 WTO 분쟁해결제도하에서의 제소 자격이 회원국 정부에게 국한됨으로

---

41 WTO 일반이사회가 분쟁해결에 관한 업무를 담당하게 되는 경우 분쟁해결기구로 이름을 바꾸게 된다.

42 대부분의 초기 GATT 판결은 GATT 체약국단(Contracting Parties)에 의해 채택되었으나, 1980년대 중반부터 공식적인 보고서 채택이 실패하는 사례가 증가하였다. 특히, 우루과이라운드 협상이 한창 진행 중이던 1990년 이후에 확정된 36건의 패널보고서 중에서는 절반에 가까운 17건의 판결이 채택되지 못하기에 이르렀다. 이처럼 채택되지 못한 판결들 중에는 널리 알려진 Tuna-Dolphin사건, Oilseed사건, Banana사건 등 다수의 정치적 비중이 큰 통상분쟁들에 대한 판결들이 포함되어 있다.

43 여기서 회원국은 WTO Member를 의미한다. WTO 회원국이 되기 위한 요건은 UN헌장에서 요구하는 바와 같은 주권국가(nation state)가 아니라 독립된 관세영역(independent customs territory)이다. 따라서, 홍콩, 마카오, 대만이 모두 독립된 WTO 회원국 자격을 가지고 있으며, European Communities도 별도의 회원국 자격을 취득하고 있다. 본 절에서는 편의상 회원국이라고 통칭한다.

써 야기되는 문제점은 실제로 국제무역과 통상을 수행하며 WTO 위반조치에 의해 직접적으로 피해를 입는 기업이나 민간의 경제주체들이 WTO 분쟁해결제도하에서 WTO협정상 보장받아야 하는 권리를 행사하는 데는 전적으로 자국정부의 재량적 판단이 결정적인 역할을 하게 되는 것이다. 미국의 경우 Trade Act of 1974의 301조 하에서 국내 경제주체들에 의한 제소를 기초로 USTR이 분쟁해결절차에 제소 여부를 심사하는 제도가 구비되어 있으며, EC의 경우에도 유사한 취지의 Trade Barrier Regulation 제도가 마련되어 있다. 이처럼 일부 회원국들에서 자국의 국내 법규상 민간의 청원에 기초한 WTO 분쟁해결절차 운용 절차를 확보하고 있는 경우도 있으나, 우리나라를 포함한 대부분의 회원국들에서 그러한 법적인 제도가 마련되어 있지 못하다.

::: 국제통상분쟁의 전개 현황과 특징[44]

WTO 분쟁해결제도는 국제분쟁에 관한 사법제도로서는 예외적으로 매우 활발하게 활용되고 있다. 2014년 2월 현재까지 474건의 분쟁해결을 위한 협의요청이 제기되었는데, 연도별 현황은 〈그림 1〉에서 보여진 바와 같다.

〈그림 1〉에서 보여지듯이 WTO 설립 초기에 분쟁해결 요청이 급증하였는데, 이는 WTO 분쟁해결제도의 설립이 임박한 1990년 이후 GATT체제하에서 보다 발전된 WTO 분쟁해결절차를 활용하고자 분쟁해결 요청을 미루고 있던 사안들이 제소된 것과 새로이 합의된 WTO협정의 세부적인 해석에 대한 회원국들간의 이견에 기인하고 있다. 그러나, 분쟁해결을 위한 판결이 거듭되면서 패널과 상소기구에 의해 WTO협정의 해석에 대한 보다 명확한 기준이 제시되면서 회원국들간의 분쟁해결 신청이 현저히 감소하는 추세를 보였다. 2002년에 분쟁해결 신청이 다시 급증하게 된 데는 미국의 철강 세이프가드조치에 따른 WTO 회원

---

44 이하의 절은 『국제경제법』(고준성 외, 박영사, 2006년)에 수록된 제3편 분쟁해결제도에서 일부 발췌하여 수정·보완하였다.

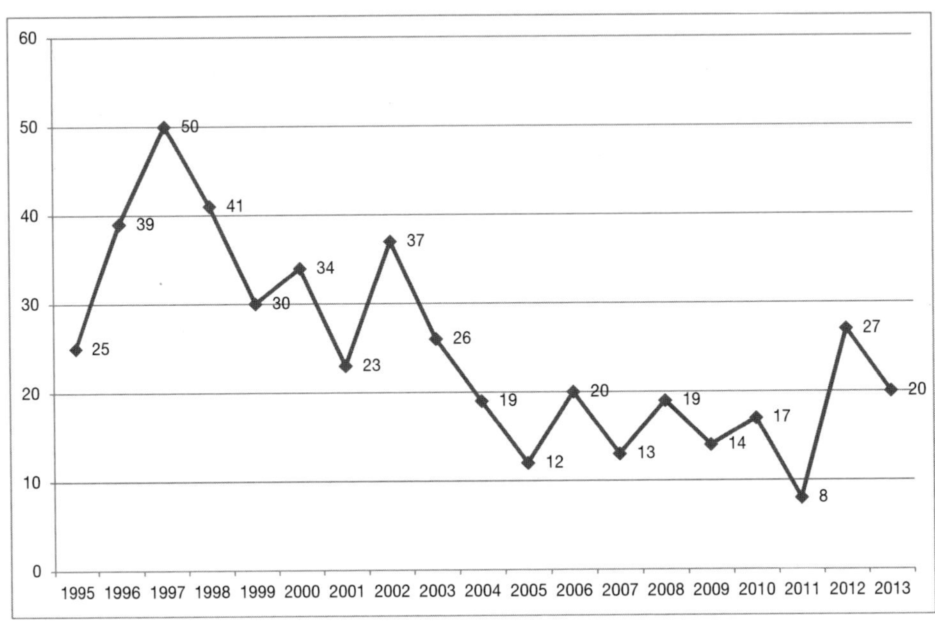

그림 1. 연도별 분쟁해결 요청 현황 (1995-2013년)

국들의 제소가 결정적인 기여를 하고 있는데 미국 조치에 대해 9건, EC의 조치에 대해 1건의 패널 요청이 제기된 바 있다. 2008년 금융위기가 발발된 이후에도 비교적 자제되어 오던 통상분쟁이 2012년과 2013년에 다시 증가하게 된 점은 주목할 만하다.

〈그림 2〉에서는 연도별 상소 현황 추세를 보여주고 있는데, 1998년 4월 22일 Japan Measures Affecting Consumer Photographic Film and Paper (DS44)사건에서 패널보고서가 최초로 상소절차를 거치지 않고 DSB에 의해 채택되기까지 모든 패널보고서는 상소되었다. 그러나, 1998년부터는 차츰 상소하지 않고 DSB 채택이 이루어지는 경우가 증가하여 2013년에는 단 하나의 패널 판정에 대해서만 상소가 이루어진 점은 주목할 만하다.

현재까지 가장 활발하게 WTO 분쟁해결제도를 활용한 국가로는 〈표 3〉에서 볼 수 있듯이 미국과 유럽연합을 들 수 있는데, 각기 2014년 2말까지 106건과 90건의 제소를 한 바 있다. 한편, 동 국가들은 가장 빈번하게 피소의 대상이 되고 있는데 미국이 121건, 유럽연합이 77건의 피소를 당하였다.[45] 그 외에도 캐나다, 브라질, 인도, 멕시코, 일본 등이 WTO 분쟁해결절

---

45 WTO 회원국의 분쟁해결 제소 및 피소 상황은 WTO 분쟁해결 홈페이지 〈http://www.wto.org/english/tratop_
　　e/dispu_e/dispu_by_country_e.htm〉 참조.

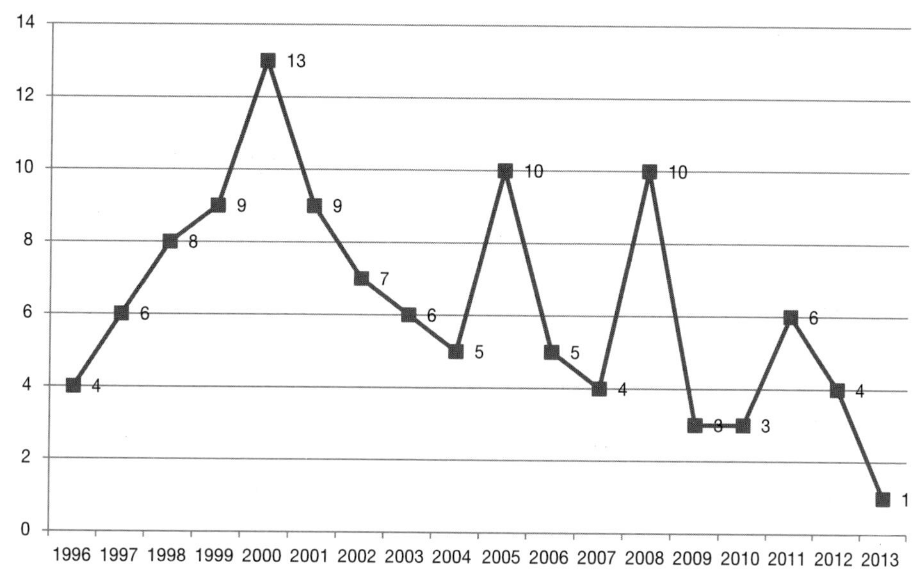

그림 2. 연도별 상소 현황 (1995-2013년)

표 3. WTO 분쟁 제소국별 현황 (1995-2013년)

	1995-99	2000-04	2005-09	2010-12	Total
Brazil	6	16	2	2	26
Canada	15	11	7	0	33
Chile	2	7	1	0	10
China	0	1	5	5	11
European Union	47	21	13	6	87
India	9	7	2	3	21
Japan	8	4	1	4	17
Korea	3	9	2	1	15
Mexico	8	5	8	2	23
USA	60	20	13	10	103
Other-developed	12	6	4	0	22
Other-developing	34	40	20	19	113
Other-least developed	0	1	0	0	1
Total	204	148	78	52	482

차에 왕성하게 참여하고 있다.[46] 비록 분쟁해결절차가 발동된 절대 수치에서는 미국과 유럽연합이 여타 회원국들에 비해 월등하게 높은 빈도 수를 보이고 있으나 무역규모를 감안하는

---

46 아시아 회원국들의 WTO 분쟁해결 경험에 대한 비교는 Dukgeun Ahn, WTO Dispute Settlement for East Asian Countries, in International Trade in East Asia (edited by Takatoshi Ito and Andrew K. Rose, University of Chicago, 2005), pp.287-325 참조.

표 4. WTO 분쟁 피소국별 현황 (1995-2013년)

	1995-99	2000-04	2005-09	2010-12	Total
Brazil	9	3	2	0	14
Canada	10	3	2	2	17
Chile	3	7	3	0	13
China	0	1	16	13	30
European Union	28	23	16	6	73
India	13	4	3	1	21
Japan	12	2	1	0	15
Korea	11	2	1	0	14
Mexico	3	9	2	0	14
USA	39	49	20	11	119
Other-developed	20	4	1	3	28
Other-developing	37	32	11	16	96
Other-least developed	0	0	0	0	0
Total	185	139	78	52	454

표 5. WTO 분쟁대상 협정별 현황 (1995-2013년)

	1995-99	2000-04	2005-09	2010-12	Total
AD	21	38	21	16	96
Agriculture	33	22	9	3	67
ATC	11	5	0	0	16
Customs	6	5	4	0	15
GATS	10	5	4	2	21
GATT	125	115	70	49	359
GPA	44	0	0	0	4
Licensing	25	8	1	4	38
Rules of Origin	3	1	3	0	7
Safeguards	9	22	5	9	45
SCM	31	30	22	12	95
SPS	16	14	6	4	40
TBT	22	11	7	5	45
TRIMs	15	4	6	8	33
TRIPS	20	5	1	5	31

경우 상대적으로 멕시코, 브라질, 인도 등의 개발도상국들이 더욱 활발하게 분쟁해결제도를 활용하고 있는 점은 GATT체제와 뚜렷하게 대비되는 부분이다. 특히, 개발도상국가들 전체 群의 분쟁해결제도 활용은 매우 높은 수준인데, 최빈개도국들의 참여는 아직 미미한 수준이다. 피소국 관점에서도 미국과 유럽연합이 가장 두드러지는 피소 대상국인데 최근 중국에 대한 피소가 급증하는 점은 주목할 부분이다.

표 6. 우리나라 관련 WTO 분쟁 현황 (1995-2014.4)

As Complainant		
US – Imposition of Anti-Dumping Duties on Imports of Color Television Receivers from Korea	DS89	In Consultation
US – Anti-Dumping Duty on Dynamic Random Access Memory Semiconductors(DRAMS) of One Megabit or Above from Korea	DS99	PR
US – Anti-Dumping Measures on Stainless Steel Plate in Coils and Stainless Steel Sheet and Strip from Korea	DS179	PR
US – Definitive Safeguard Measures on Imports of Circular Welded Carbon Quality Line Pipe from Korea	DS202	P/AB Report
Philippines – Anti-Dumping Measures regarding Polypropylene Resins from Korea	DS215	In Consultation
US – Continued Dumping and Subsidy Offset Act of 2000	DS217	P/AB Report
US – Definitive Safeguard Measures on Imports of Certain Steel Products	DS251	P/AB Report
US – Countervailing Duty Investigation on Dynamic Random Access Memory Semiconductors (DRAMS) from Korea	DS296	P/AB Report
EC – Countervailing Measures on Dynamic Random Access Memory Chips from Korea	DS299	PR
EC – Measures Affecting Commercial Vessels	DS301	PR
EC — Aid for Commercial Vessels DS307 In Consultation Japan — Import Quotas on Dried Laver and Seasoned Laver	DS323	PR
Japan – Countervailing Duties on Dynamic Random Access Memory Semiconductors(DRAMS) from Korea	DS336	P/AB Report
US – Use of Zeroing in Anti-dumping Measures Involving Products from Korea	DS402	PR
US – Anti-dumping Measures on Corrosion-Resistant Carbon Steel Flat Products from Korea	DS420	In Consultation
US — Anti-dumping and Countervailing Measures on large residential washers from Korea	DS464	In Consultation

피소 사건

As Complainant		
Korea – Measures Concerning the Testing and Inspection of Agricultural Products	DS3/US&DS41/US	Settled
Korea – Measures Concerning the Shelf-Life of Products	DS5/US	Settled
Korea – Measures Concerning Bottled Water	DS20/Canada	Settled
Korea – Laws, Regulations and Practices in the Telecommunications Procurement Sector	DS40/EC	Settled
Korea – Taxes on Alcoholic Beverages	DS75/EC&DS84/US	P/AB Report
Korea – Definitive Safeguard Measure on Imports of Certain Dairy Products	DS98/EC	P/AB Report
Korea – Measures Affecting Imports of Fresh, Chilled and Frozen Beef	DS161/US&DS169/Australia	P/AB Report
Korea – Measures Affecting Government Procurement	DS163/US	PR
Korea – Measures Affecting Trade in Commercial Vessels	DS273/EC	PR
Korea – Anti-dumping Duties on Imports of Certain Paper from Indonesia	DS312/Indonesia	PR
Korea – Measures Affecting the Importation of Bovine Meats and Meat Products form Canada	DS391/Canada	PR

제소 사건

분쟁 대상이 되는 사안의 차원에서는 〈표 5〉에서 제시된 바와 같이 반덤핑협정과 보조금협정이 최대의 분쟁사안으로 대두되고 있다. 절대적인 빈도수로는 〈표 5〉에서 GATT가 최대의 빈도를 보이고 있으나, 이는 반덤핑협정 관련 사안의 경우 GATT 제6조가 자동적으로 언급되는 사례와 같이 사실상 중복 계산된 결과이다. 또한 WTO체제에서 최초로 도입된 농업협정의 경우에도 매우 빈번하게 분쟁의 대상으로 부각되는 점은 주목할 부분이다.

우리나라는 2013년까지 16건의 제소와 14건의 피소를 경험한 바 있는데 구체적인 분쟁은 〈표 6〉에서 제시된 바와 같다.[47] 우리나라는 WTO 설립 직후 당한 5건의 피소 사건을 모두 합의를 통해 해결하였다. 최초로 우리 정부가 WTO 분쟁해결절차를 통해 실질적으로 소송을 진행한 사건은 Korea Taxes on Alcoholic Beverages (DS75, DS84)사건이며, 이후 주로 미국의 반덤핑조치를 중심으로 WTO 제소건이 증가하였다. 〈표 6〉에서 볼 수 있듯이 최근 EC와 일본을 상대로 한 제소가 이루어지기 전에는 거의 대부분의 제소가 미국의 반덤핑조치에 국한되고 있음을 알 수 있다. 피소 사건의 경우, 분쟁사안이 국내 세제에서부터 정부조달과 무역구제조치에 이르기까지 광범위한 영역에서 문제가 제기되고 있다. 한편, 우리나라는 가장 최근 캐나다에 의해 제소된 분쟁 이전까지 피소된 3건의 분쟁에서 사실상 모두 승소한 바 있는데, 이는 WTO체제에서 매우 드문 사례이다.[48]

::: 국제통상분쟁의 확산과 국제통상체제에 대한 시사점

앞서 설명한 바와 같은 WTO 분쟁해결제도의 개선과 통상분쟁의 증가는 향후 국제통상

---

47 우리나라의 GATT체제하에서의 분쟁해결 내용에 대해서는 Dukgeun Ahn, Korea in the GATT/WTO Dispute Settlement System: Legal Battle for Economic Development, 6 Journal of International Economic Law (2003), pp.597-633 참조.

48 WTO 분쟁해결 신청은 기본적으로 국가간 분쟁에 관한 사법절차가 진행되는 것이므로 대부분의 경우 매우 신중한 사전검토를 통해 제기되므로 일반적으로 제소국이 승소하게 된다. 현재까지 소수의 사건에서만 제소국의 주장이 받아들여지지 않고 있는데, 그 중 3건이 우리나라에 대한 제소건을 포함하고 있다.

체제의 발전에 몇 가지 중대한 시사점을 제공한다.

우선 WTO체제에서의 분쟁해결에 있어 개도국 역할이 괄목할만하게 증대된 점은 제도 개선차원에서 주목할만한 부분이다. GATT체제하에서는 국제통상분쟁을 제도화된 분쟁해결제도를 통해 다룰 수 있는 역량이나 그러한 절차에 따른 판결을 국내정치적으로 수용해 낼 수 있는 구조를 갖춘 개도국이 많지 않아 사실상 분쟁해결제도는 미국, 유럽, 캐나다, 호주 등 사법제도가 선진화된 일부 선진국들 중심으로 운용된 면이 없지 않았다. 예를 들어 GATT에서는 패널에 의한 최종 판결을 전체 체약국들이 분쟁해결기구에서 합의를 통해 채택한 경우에만 적용하는 바, 패소국의 입장에서는 소송에서 패소한 후 마지막 단계에서 판정의 채택을 무산시킬 수 있는 기회를 가지게 된다. 그러나 GATT 패널 판결을 단독으로 합의에 반대함으로써 무력화시킬 수 있는 사실상의 정치·외교적 영향력은 극소수의 체약국에 국한되고 있었으며 실제로 개도국이 패소 판정을 무력화시킨 사례는 없다.

그러나 WTO체제하에서는 이와 같은 최종 판결의 합의를 통한 채택절차가 합의를 통한 기각절차로 수정되면서 사실상 판결의 채택절차를 무의미하게 만들었다. 즉, 최종판결은 사실상 자동적으로 채택되는 상황으로 개편되어 개도국들이 선진국들에 대해 승소하는 경우에도 예외없이 판결이 적용되는 것이다. 이와 같은 제도의 개편은 실제로 개도국들의 분쟁해결제도 활용을 대폭 증가시킴으로써 제도 개선의 효과를 명백하게 입증하고 있다.

이처럼 개도국들의 분쟁해결제도 참여가 증가하게 되면서 향후 WTO체제 발전에 있어 개도국 이해의 반영이 더욱 중요한 의제로 부각될 것으로 보인다. 예를 들어 패널이나 상소기구 판결의 불이행시 제소국에게 보복권한을 부여하게 되는데 현재는 단순히 관련 위법 조치에 의해 제한된 수출의 피해액수에 상응하는 규모의 수입제한조치를 승인하게 된다. 그러나 이러한 방식은 Antigua & Barbuda가 미국에 대해 제소한 United States – Measures Affecting the Cross-Border Supply of Gambling and Betting Services(DS285) 사건의 경우와 같이 분쟁당사국들간의 경제력이 극단적으로 차이를 보이는 상황에서는 판결의 이행을 보장하는데 아무런 효력을 발휘하지 못한다. 당시 WTO 분쟁해결기구는 미국의 패널 판정 불이행에 대해 Antigua & Barbuda에게 연간 2천백만불에 상당하는 수입제한조치를 승인하였는데[49], 이러한 무역보복조치의 효력을 통해 미국으로 하여금 해당 조치를 수정토록 한다는 것은 불가능하기 때문이다.

이러한 상황은 미국과 유럽연합간에 보복조치가 부과되는 것과는 상당한 구조적 차이를 보이는데, 향후 제도 개선 논의에서 개도국들의 이러한 구조적 문제점들이 부각될 것으로 보인다.

둘째, 최근 WTO 분쟁의 특징으로 중국 관련 분쟁이 급격히 증가한 점을 들 수 있다. 일례로, 중국은 2014년 3월까지 WTO 분쟁해결절차에서 31건의 피소를 당했는데, DS339 사건부터 가장 최근의 DS464 분쟁사건까지 총 125건 중 30건이 중국에 대한 피소이다. 특히 중국에 대한 제소 31건 중 15건이 미국에 의해 제기되었는데, 사실상 대부분의 제소에서 미국이 주도하고 여타 회원국들이 합류하는 형태를 취함으로써 사실상 중국에 대한 제소는 거의 미국에 의해 이루어지고 있다고 해도 과언이 아니다.

이러한 미국과 중국의 대립 양상은 WTO체제차원에서도 문제가 되고 있는데 사실상 WTO에서 핵심축으로 역할하는 두 회원국간에 분쟁이 고조되면서 도하협상 등 WTO체제 발전에 매우 중요한 리더쉽간의 협력을 기대하기 어려운 실정이다. 특히 중국 관련 분쟁의 경우 WTO협정 뿐만 아니라 가입의정서상 합의사항에 근거한 사안이 증가하면서 중국의 입장에서는 WTO체제의 정당성과 타당성에 대한 문제까지 제기하고 있는 상황이다. 이와 같은 문제는 중국은 물론이고 WTO에 신규로 가입한 회원국들과 나아가 개도국들의 체제의 합리성과 공정성에 대한 반발을 고조하는데 일조하고 있다.

다음으로 WTO 분쟁해결제도의 중요성이 부각되면서 최근 급속히 확산되는 FTA체제와의 일관성 및 조화 문제가 대두되고 있다. FTA의 경우 거의 예외없이 자체적인 분쟁해결제도를 마련하고 있는데 제도적인 측면에서 상당 부분 WTO 분쟁해결제도를 토대로 하고 있다. 그러나 점차 FTA 회원국들은 FTA를 통해 독자적인 통상규범의 채택과 도입을 시도하고 있는데, 이는 WTO체제와의 정합성과 조화 문제를 초래하는 것이다. 예를

---

49 United States - Measures Affecting the Cross-Border Supply of Gambling and Betting Services: Recourse to Arbitration by the United States under DSU Article 22.6 (WT/DS285/ARB).

들어, 한-미 FTA의 경우 제22장의 FTA 분쟁해결제도에서 패널 판정의 불이행시 현금지급에 의한 보상을 규정하고 있는데 비록 양자간 무역관계 차원에서 활용가능성이 있으나 WTO체제에서는 매우 이질적인 제도라 할 수 있다. 이처럼 이질적인 제도가 확산되는 경우 향후 국제통상규범의 개편시 제도적 불일치 문제가 심화될 수 있다.

또한, FTA 분쟁해결절차가 활용되는 경우 WTO협정과 유사한 규정에 대해 상이한 판결을 내리게 되면 향후 국제통상체제에서의 법적 일관성에도 문제가 초래될 수 있다. 그러나 실무적인 측면에서 볼 때 이와 같은 이론상의 문제점에도 불구하고 실제로는 FTA 확산에 의해 WTO 분쟁해결제도의 역할이 더욱 증대될 것으로 판단된다. 우선 WTO 분쟁해결제도는 잠재적으로 FTA 분쟁해결제도에서 패널로 활동할 수 있는 전문가들을 확산시키는데 핵심적인 역할을 수행할 것으로 보인다. 또한 WTO와는 달리 분쟁해결제도를 지원하는 법률사무국이 미비되어 있는 대부분의 FTA 실정을 감안할 때 FTA 분쟁해결절차가 실제로 발동되는 경우 WTO의 판례법이 가장 중요한 준거법으로 활용될 것으로 보인다. 이처럼 FTA의 확산에도 불구하고 WTO 분쟁해결제도의 중요성은 한층 증대될 것으로 판단되는 바, 현 체제의 지속적인 개선 노력이 이루어져야 할 것으로 판단된다.

::: 참고문헌

Allan Rosas, Implementation and enforcement of WTO dispute settlement findings: an EU perspective, Journal of International Economic Law 2001, 131-144.

Andrew W. Shoyer, The First Three Years of WTO Dispute Settlement: Observations and Suggestions, Journal of International Economic Law1998, 277-302.

*Chad P. Bown, On the Economic Success of GATT/WTO Dispute Settlement, Review of Economics and Statistics, August 2004, Vol. 86, No. 3, Pages 811-823.

Chad P. Bown, Participation in WTO Dispute Settlement: Complainants, Interested Parties, and Free Riders, World Bank Economic Review, Vol.19, No.2, pp.287-310.

Christina Davis and Yuki Shirato, Firms, Governments, and WTO Adjudication: Japan's Selection of WTO Disputes, World Politics, Volume 59, Number 2, January 2007, pp. 274-313.

Debra P. Steger and Susan M. Hainsworth, World Trade Organization Dispute Settlement: the First Three Years, Journal of International Economic Law 1998, 199-226

Ernst-Ulrich Petersmann, From the Hobbesian International Law of Coexistence to Modern Integration Law: the WTO Dispute Settlement System-Editorial, Journal of International Economic Law 1998, 175-198

Ernst-Ulrich Petersmann, WTO Negotiators meet academics: The Negotiations on Improvements of the WTO Dispute Settlement System, Journal of International Economic Law 2003, 237-250.

*John H. Jackson, Dispute Settelment and the WTO: Emerging Problems, Journal of International Economic Law 1998, 329-351.

Joost Pawelyn, Enforcement and Countermeasures in the WTO: Rules are Rules-Toward a More Collective Approach, American Journal of International Law 2000, 94:2, 335-347.

*K. Bagwell, P. Mavroidis, R. Staiger, The case for tradable retaliation rights in WTO dispute settlement, World Bank Policy Research Working Paper 3314, May 2004.

*Kara Leitner and Simon Lester, WTO Dispute Settlement 1995-2008: A Statistical Analysis, Journal of International Economic Law 2009 12(1), 195-208

*Kym Anderson, Peculiarities or retaliation in WTO dispute settlement, World Trade Review 2002, 1:2, 123-134.

Peter Van den Bossche, World Trade Organization Dispute Settlement in 1997 (Part I), Journal of International Economic Law 1998, 161-171.

Peter Van den Bossche, WTO Dispute Settlement in 1997 (Part II), Journal of International Economic Law 1998, 479-490.

Steve Charnovitz, Rethinking WTO Trade Sanctions, American Journal of International Law, 95:4, 2001, 792-832.

Victor Mosoti, Africa in the First Decade of WTO Dispute Settlement, Journal of International Economic Law 2006, 9(2), 427-453.

*William J. Davey, The WTO Dispute Settlement System: the First Ten Years. Journal of International Economic Law 2005, 8(1), 17-50.

02

국제무역협상: 분쟁과 협상이론

이지홍

- 서론
- 합의협상이론
- 다자간 협상
- 결론

세계무역질서 확립을 위한 인류의 노력 중심에 국제무역기구$^{\text{World Trade Organization, WTO}}$가 존재한다. 국가들의 내부 정치, 사회적 이유로 각종 무역장벽들이 집행되고 있는데 이들을 재구성할 필요가 상시 발생하며 따라서 국가들간의 협상들이 진행된다. 이러한 협상들은 무역장벽을 집행하는 수입국과 관련 물품을 그 나라에 수출하는 수출국 양자간에 이뤄지기도 하지만, 많은 경우 무역장벽들이 여러 국가들에 직간접적인 영향을 미치는 바 다자간 협상의 필요성이 발생한다. 이로 인하여 협상과정이 상당히 복잡해지는 경우가 많고 협상과정 자체에 기인하는 많은 문제점들과 비효율성이 대두되곤 한다. WTO에서 제공하는 중요한 역할들 중 한 축이 바로 이러한 무역당사국들의 협상을 조정해주는 기능이라고 할 수 있다. 본 논문은 WTO체재 하에서 국제무역협상과 분쟁해결절차에 관한 경제적 유인과 동기를 분석하는 협상이론과 시사점들을 간략히 소개하고자 한다.

협상이론$^{\text{bargaining theory}}$은 협상의 주체들이 전략적으로 협상에 임할 때 협상 결과에 가장 중요한 영향을 미치는 요소들을 찾아내고 이들이 어떠한 형태로 협상 결과에 반영이 되는지를 분석하는 미시경제, 게임이론$^{\text{game theory}}$의 한 분야이다. 협상이론은 만일 협상 주체들 간에 거래를 통한 이익$^{\text{gains from trade}}$이 존재한다면 합리적인 주체들의 협상이 이러한 이익을 완전히 구현시키지 않을 것인가라는 질문으로부터 시작한다. 이러한 질문에 코즈의 법칙$^{\text{Coase theorem}}$은 협상 주체들이 아무런 거래비용$^{\text{transaction cost}}$을 치르지 않고 협상을 할 수 있다면 외부효과로 인해 초래되는 비효율성을 그들 스스로 해결할 수 있다고 정리하는데, 현실은 이와 상반된 경우가 많으며 따라서 협상이론의 발전은 Coase theorem이 성립되지 않는 여러 이유들을 밝혀내는 과정으로 이루어져 왔다고 할 수 있다.

국제무역에 관한 협상에서 발생하는 비효율성의 반증이 국제무역기구의 존재이다. WTO와 같이 무역분쟁을 조정, 중재하는 기능을 수행하는 중앙기구의 부재시 다양한 형태로 나타날 개인별 협상의 비효율성이 WTO의 한 존재이유를 설명할 수 있는 것이다. 이와 유사하게 한 국가, 또는 사회 내에서도 구성원들의 협상을 보다 효율적으로 이끌기 위하여 법law과 중재arbitration와 같은 정식 규범들이 존재한다. 다만 국제기구가 제공하는 규범들이 국가 내부적인 법과 다른 점이 있다면 규범의 불이행시 가해질 수 있는 제재penalty의 신뢰성credibility에 있는데 이는 정도의 차이라고 볼 수 있다. 무역분쟁시 WTO가 어떠한 결정을 내렸을 때 이를 위반한 국가에 가해질 제재가 전혀 영향력이 없다고 할 수 없으며, 따라서 WTO의 범주에서 일어나는 무역협상을 합의협상이론settlement bargaining theory을 통해 조명할 수 있는 것이다.

WTO는 세계무역질서의 확립을 위하여 여러 역할을 한다. 관세, 수입 쿼터, 수출보조금 등 국제무역에 영향을 줄 수 있는 정부정책을 조율하는 규범을 만드는 한편, 이렇게 만들어진 규범을 이행하는 과정에서 있을 수 있는 무역당사자국간 분쟁에 대하여 판결을 제공하거나DSM: Dispute Settlement Mechanism 회원국들의 무역정책을 검토하고 이를 발표함으로서TRPM: Trade Policy Review Mechanism 규범이행을 돕는다.

본 논문은 WTO의 역할을 협상이론의 관점에서 크게 다음과 같은 두 분야로 나누어 설명하고자 한다. 첫째, 제2장에서는 WTO가 제공하는 분쟁판결메커니즘의DSM 범주에서 일어나는 수출국과 수입국 간의 "합의협상settlement bargaining"의 과정과 결과를 설명할 수 있는 협상이론을 간략히 소개한다. 특히 무역국들의 협상에 있어서 정보의 비대칭성asymmetric information의 역할에 주목한다. 두번째, 제3장에서는 회원국들의 "다자간 협상multilateral bargaining"에 관하여 WTO가 제공하는 협상 조율의 역할에 관한 이론들과 실증분석을 정리한다. 많은 무역분쟁의 경우 수입국의 무역정책이 다수의 수출국에 적용이 될 수 있다. 이러한 외부성externality 때문에 협상의 비효율성이 발생할 수 있는데 WTO가 이를 어떻게 내재화internalization 시키는지에 관한 연구들을 소개한다.

본 논문은 협상이론이 구체적으로 어떻게 국제무역협상 그리고 국제무역기구의 역할과 연관이 있는지에 초점을 두고자 한다. 협상이론에 대해 보다 깊고 자세한 이해도를 구하고자 하는 독자들을 위해 작성된 서베이 논문들이 여러편 있는데 이 중 Ausubel, Crampton, and Deneckere (2002)와 Spier (2007)를 추천하겠다.

::: 합의협상이론

협상이론은 국제무역협상의 과정과 결과를 분석하고 예측할 수 있는 하나의 이론적 토대를 제시한다. 무역협상은 관련 규범을 제정, 집행하고 분쟁을 조정해주는 국제무역기구의 범주에서 이루어 진다. WTO의 중요한 역할 중 하나가 무역분쟁시 판결을 도출하여 집행하는 것인데 무역협상이 항상 분쟁으로 이어져 WTO의 판결로 결론지어지는 것은 아니다. 협상의 결과가 당사자들 스스로의 합의로 이루어진 것이라 할지라도 협상결렬시 기대되는 WTO판결 가능성 자체가 합의에 도달하는 과정과 합의 내용에 반영될 것이다. 다시 말하자면 무역협상에서 많은 부분들은 "제3자의 그림자^{in the shadow of third party}" 하에서 이루어지는 것이고 이는 "합의협상이론^{settlement bargaining theory}"과 깊은 관련성이 있다.

합의협상의 기본 경제 모델은 다음과 같은 요소들로 구성된다. 두 관계자가 어떠한 문제에 대해서 분쟁을 벌인다. 예를 들면 수출국의 수출품에 대해 수입국이 부과하는 관세와 관련하여 수출국과 수입국과 이해 관계가 상충한다. 두 국가들은 제3단체의 영향력 하에서 새로운 관세율에 대한 합의를 도출하기 위해 교섭한다. 어느 한 쪽에 의해 협상이 결렬될 경우 WTO분쟁해결제도^{DSM}와 같은 독립적인 사법기관에 의한 결정으로 이어진다. 자발적인 합의가 이루어질 수도 있으나 이 경우에도 협상 관련 행동과 결과의 세부 사항은 DSM의 가능성에 의해 많은 영향을 받게 되는 것이다.

수출국이 수입국을 상대로 DSM을 개시하려는 판단은 과정에 드는 비용과 잠재적 편익에 의해 결정된다. 수출국의 편익은 DSM이 권고하는 관세 하락에 대한 기대로부터 온다. 소송의 비용은 단순한 법적 비용 뿐아니라 WTO가 판결을 내리기까지 걸리는 시간, 국가 입장에서 외교적 갈등에 대한 국민의 지지를 얻기 위해 필요한 다양한 정치적 비용도 반영할 수 있다.

WTO에 공식적으로 사건을 제소하기 전에 국가들은 자발적 합의를 통해 분쟁을 해결하기 위한 교섭을 할 것을 요구 받는다. 이러한 협상과정은 그 자체만으로도 비용을 발생할 수 있으나 성공적으로 합의를 이끌어낼 경우 DSM 소송에 따르는 상당한 비용을 절감시킨다. 합리적 결정을 기반으로 한 경제 이론^{Coase theorem}에 따르면 무역을 통한 모든 편익이 활용되어 자중손실은 없을 것이며 따라서 분쟁이 DSM소송까지 이어질 일이 없다. 그러나 현실에서는 법적 분쟁의 상당수가 법원 소송으로 이어진다. 무역 갈등 역시 마찬가지로 상당수가 WTO의 판결로 해결된다. 국가들이 자발적 합의보다 공식적 소송과 판결을 구하기로 결정하게 하는 주요 요인들이 과연 무엇일까?

합의 협상 실패와 비효율적 교섭을 설명하는 가장 중요한 요인은 정보의 비대칭성 asymmetric information이다. 협상국들이 소모하는 비용과 WTO판결로 인해 변화할 관세로 인한 편익에 대한 정보는 협상국들 간에 완전히 공개되어 있지 않다. 국제적 무역 분쟁에 참여한 정부들이 계산해야 하는 손익은 상대적으로 투명한 경제적 득실뿐 아니라 자국내의 복잡하고 많은 경우 불투명한 정치적 이해관계들의 조합도 대표한다.

정보의 비대칭 하에 국가들은 WTO소송에 의지함으로써 야기되는 비효율적 비용을 내재화하려는 서로의 요구들을 미세하게 조정할 수 없다. 이 결과로 양국은 양립 불가능한 협상 조건들을 요구하게 되는 것이다. 논의를 구체화 해보자. 수입국 입장에서 WTO가 관세를 감소시키면 L만큼의 후생 감소로 이어질 것이라고 예상한다고 가정하자. 추가적으로 소송비용은 C이다. 수출국이 이러한 상대의 득실을 정확히 알고 있었다면 L+C에 상응하는 새로운 관세수준을 요구할 것이고 수입국 입장에서는 자발적 합의와 예상되는 WTO판결과 차이가 없을 것이다. 그러나 수출국이 L이나 C에 대한 불완전한 정보를 갖고 있을 경우 이러한 제안은 구성될 수 없다. 만일 수출국이 수입국이 예상하고 있는 후생 손실과 소송비용보다 더 큰 규모의 관세감축을 요구한다면 협상은 결렬되고 공식적 소송이 진행될 것이다.

정보의 비대칭성은 이밖에도 다양한 경로로 자발적 합의의 실패와 비효율적 소송을 이끌어 낸다. 이 중 한가지 주목할 만한 점은 무역분쟁은 보통 다수의 국가들과 연결되어 있다는 것이다. 예를 들어 다양한 국가들로부터 물품을 수입하는 큰 국가는 현재 분쟁이 다른 수출국들과 추후 발생할 수 있는 잠재적 분쟁에 어떻게 영향을 끼칠지 관심을 가지게 된다. 까다로운 협상대상자라는 평판을 쌓음으로써 미래의 잠재적 소송을 미연에 방지하기 위하여 굳이 소송까지 갈 필요없는 사건들을 DSM판결로 끌고 갈 수 있는 것이다. Lee and Liu(2013)는 최근 논문에서 이렇게 다자간 반복적으로 일어날 수 있는 합의협상에서 평판reputation의 역할을 이론적으로 규명하고 있다.

합의협상과정에서 존재하는 정보의 비대칭성 및 다른 형태의 거래비용에 대한 서베이로 Spier(2007)를 참고할 수 있다. Ahn, Lee, and Park(2013)과 Guzman and Simmons(2002)는 합의협상이론을 바탕으로 WTO무역분쟁을 실증 분석한다.

::: 다자간 협상

GATT/WTO가 어떻게 회원국들로 하여금 무역관련 정부정책을 조율하도록 유도하는가에 대한 가장 영향력 있는 이론으로는 Bagwell and Staiger(1999, 2002)의 이론이 있다. 이 이론에 의하면 GATT/WTO의 호혜성 원칙[reciprocity principle]과 최혜국 대우 원칙[Most Favored Nation treatment principle]이 무역당사국들로 하여금 다자간 협상을 통하여 소위 "정치적으로 효율적인[politically efficient] 무역정책"을 채택하도록 유도하고 있다.

Grossman and Helpman(1994, 2002)이 분석하는 바와 같이 각국의 정부는 무역정책을 결정하는데 있어서 사회후생적인 고려 이외에 정치적으로 영향력 있는 집단의 이해를 고려하여 이를 결정하게 되는데, "정치적으로 효율적인 무역정책"이란 이러한 무역정책이 가져올 자국내 소득재분배적(즉, 정치적) 고려 이외에 무역상대국의 수출가격에 줄 수 있는 영향은 고려하지 않은 상황에서 결정된 무역정책을 의미한다. 따라서 "정치적으로 효율적인 무역정책"은 각국이 무역상대국에게 교역조건의 변화를 통하여 발생시킬 수 있는 외부효과[terms-of-trade externality]를 내재화[internalization]시킨 무역정책으로서, 이 정책의 채택은 무역정책을 결정할 때 각국 정부가 국내의 정치적인 영향을 받을 수 받게 없다는 것을 인정한 상태에서 회원국들이 도달할 수 있는 가장 효율적인 무역정책의 채택을 의미한다.

Bagwell and Staiger(1999, 2002)의 GATT/WTO 무역협상에 대한 이러한 이론을 검증하기 위하여, 실재로 WTO의 회원국들 간 협상이 교역조건 외부효과의 내재화를 주된 목적으로 이루어 진 것인가에 대한 실증 분석이 필요하다. 이에 대하여 Bagwell and

Staiger(2011)는 WTO의 새 회원국 가입협정을 분석함으로서 GATT/WTO의 협상이 교역조건 외부효과의 내재화를 주요 목적으로 하고 있음을 보이고 있다.

GATT/WTO의 다른 역할은 다자간 협상을 통하여 정해진 규범의 이행을 돕는 역할인데, 이에 대한 이론으로는 우선 Maggi(1999)와 Park(2011)의 논문들을 논의해 볼 수 있다. 이 두 논문은 모두 국제무역 관련 규범의 이행이 국내법의 이행과는 다르게 법적으로 강제될 수 없다는 점을 인식하고, 반복적 게임이론의 틀 속에서 국제무역규범의 불이행이 무역상대국의 보복관세^{retaliatory tariff}부과를 통하여 제한될 수 있는가를 분석한다.

Maggi(1999)는 GATT/WTO과 같은 국제기구가 국제무역규범의 불이행에 대한 정보를 전파함으로서 다자가 참여하는 보복관세의 부과를 가능하게 하고, 이를 통하여 보다 높은 수준의 협력을 가능하게 할 수 있음을 보이고 있다. 하지만, Maggi의 이론은 국제무역규범의 불이행에 대한 정보의 전파에 왜 GATT/WTO와 같은 국제기구가 필요한지를 구체적으로 분석하고 있지 못하고, 다자적(규범 불이행의 피해당사국이 아닌 나라를 포함하는) 보복과세의 부과가 실재로는 일어나지 않는다는 점에서 현실을 설명할 수 있는 이론으로서는 한계를 지니고 있다.

이에 반하여 Park(2011)의 이론은 비관세 장벽 등의 존재 때문에 국제무역규범의 불이행에 대하여 무역 당사국간 이견이 있을 수 있는 상황을 분석하면서, 불완전한 사적 감시하의 반복게임^{repeated game with imperfect private monitoring}을 이용하여 GATT/WTO와 같은 제3자 판결기구가 없을 경우 무역 당사국간 달성할 수 있는 협력을 특징짓고 이를 GATT/WTO가 있는 경우와 비교 분석함으로서 국제무역규범의 이행에 대하여 GATT/WTO가 할 수 있는 역할을 규명하고 있다.

국제무역분쟁의 해결과 관련된 GATT/WTO의 역할에 대한 실증분석으로는 Bown(2004a, b)의 연구가 있는데 GATT/WTO에 제소된 무역분쟁에 대한 실증분석에 근거하여 국제규범의 이행은 기본적으로 고소국가^{plaintiff country}가 피소국^{defendant country}에게 얼마나 강한 보복관세를 부과할 수 있는가에 달려있으며, GATT/WTO 분쟁해결기구^{Dispute Settlement Body}의 제도적인 측면들은 국제규범의 이행에 큰 도움을 주고 있지 못하다는 결론을 도출하고 있다.

::: 결론

본 논문에서 소개한 바와 같이 경제이론 특히 게임이론은 국제무역분쟁을 이해하는데 유용하게 사용될 수 있는 분석의 한 틀을 제공한다. 국제기구라는 거대한 제3자의 범주 아래 많은 무역국가들이 복잡한 분쟁들을 진행 중이고 또한 많은 추가적인 잠재적 분쟁들의 가능성이 열려 있다. 무역분쟁들이 어떠한 형태로 나타나고 해결되는지, 그리고 이들을 결정하는 주요요인들은 무엇인지, 가장 원천적인 질문들과 해답들을 게임이론은 협상이론을 통해 체계적이고 엄밀한 방법으로 분석한다. 이러한 분석은 더 나아가 세계인들에게 가장 유익한 국제기구와 규범을 설정하는데 기여할 수 있을 것이다.

::: 참고문헌

Ahn, D., J. Lee, and J-H. Park. (2013). "Understanding Non-Litigated Distputes in the WTO Dispute Settlement System." *Journal of World Trade*, 47, 985-1102.

Ausubel, L. M., P. Crampton, and R. J. Deneckere. (2002). "Bargaining with Incomplete Information." in R. J. Aumann and S. Hart (eds.), *Handbook of Game Theory*, Vol. 3, Amsterdam: Elsevier.

Bagwell, K. and Staiger, R. (1999). "An Economic Theory of GATT." *American Economic Review*, 89, 215-248.

Bagwell, K. and Staiger, R. (2002). *The Economics of The World Trading System*. Cambridge, MA: MIT Press.

Bagwell, K. and Staiger, R. (2011). "What Do Trade Negotiators Negotiate About? Empirical Evidence from the World Trade Organization." *American Economic Review*, 101, 1238-1273.

Bown, C. P. (2004a). "On the Economic Success of GATT/WTO Dispute Settlement." *Review of Economics and Statistics*, 86, 811-823.

Bown, C. P. (2004b). "Trade Disputes and the Implementation of Protection under the GATT: An Empirical Assessment." *Journal of International Economics*, 62, 263-294.

Grossman, G. and E. Helpman. (1994). "Protection for Sale." *American Economic Review*, 89, 833-850.

Grossman, G. and E. Helpman. (2002). *Interest Groups and Trade Policy*. Princeton, NJ: Princeton University Press.

Guzman, A. T. and B. A. Simmons. (2002). "To Settle or Empanel? An Empirical Analysis of Litigation and Settlement at the WTO." *Journal of Legal Studies*, 31, 205-235.

Lee, J. and Q. Liu. (2013). "Gambling Reputation: Repeated Bargaining with Outside Options." *Econometrica*, 81, 1601-1672.

Maggi, G. (1999). "The Role of Multilateral Institutions in International Trade Cooperation." *American Economic Review*, 89, 190-214.

Park, J-H. (2011). "Enforcing International Trade Agreements with Imperfect Private Monitoring." *Review of Economic Studies*, 78, 1102-1134.

Spier, K. E. (2007). "Litigation." in *Handbook of Law and Economics*, Polinsky, A. M. and S. Shavell (eds.), Amsterdam: Elsevier.

03

국제통상체제의 분쟁해결제도 성과의 재해석

신원규

- 서론

- WTO 분쟁해결제도의 발전과 역할

- WTO 분쟁해결제도에 관한 연구

- WTO 분쟁해결제도 활용 현황 분석

- WTO 분쟁의 법적승소(legal winning)와 경제적 승소(이득: economic gain)

- 결론

저자는 본 연구의 전체적인 방향과 아이디어에 대해 조언을 아끼지 않은 서울대학교 국제대학원의 안덕근·김종섭·박태호 교수, 서울대학교 경제학부의 박지형 교수와 서울대학교 아시아 연구소 위험관리프로그램/SSK 국제경제질서팀의 재정적 지원에 대하여 깊이 감사한다. 또한 질문과 토론을 통해 논문의 완성도를 높여준 파리정치대학(Science Po.)의 Patrick Messerlin 교수와 서울대학교 경제학부의 이석준, 서울대학교 국제대학원 국제통상전략센터의 김민정·김민우 연구원에게 감사를 표하고 싶다.

세계적인 경제 대공황 the Great Depression과 제 2차 세계대전의 교훈을 되새기며, 다자주의 자유무역을 보장하기 위해 설립된 GATT General Agreement on Tariffs and Trade와 이를 계승한 WTO World Trade Organization는 20세기 중반부터 지금까지 국제무역질서를 규율하며 세계무역 발전에 지대한 공헌을 하고 있다. GATT와 WTO의 주요기능 중 하나는 회원국 간 무역 분쟁이 발생하였을 때, 이를 GATT/WTO협정의 설립 목적과 원칙에 따라 해결하는 것이다. GATT 시절보다 한층 보강된 법적 완비성과 실효성을 구비한 WTO의 분쟁해결절차 제도는 WTO 회원국들 사이에서 매우 활발하게 활용되고 있는데, 1995년 WTO 설립 이후 2013년 12월까지 총 474건의 국가간 무역분쟁이 WTO 분쟁해결기구 Dispute Settlement Body: DSB를 통해 협의 종료되거나 동 기구의 판정에 따라 해결되었다.

전반적으로 GATT 시절보다 성공적이라고 평가되는 WTO 분쟁해결제도의 사용과 운영에 있어 최근에 주목되는 특징 중 하나는 WTO 발효 초기(1995~1997년)에는 매우 활발하게 이용되었던 분쟁해결절차의 활용이 1997년을 기점으로 지속적으로 감소하고 있다는 점이다. 예컨대, WTO분쟁이 공식적으로 시작되는 최초단계인 협의요청 request for consultation건수를 기준으로 2013년까지 총 474건의 분쟁사례 건수의 약 70%(324건)가 WTO 출범이후 10년 사이(1995~2004년)에 발생하였고 2005년 이후부터는 분쟁사례 건수가 계속 감소하고 있다.

이러한 현상이 의미하는 바는 무엇인가? 다시 말해, 시간에 흐름에 따라 그 사용 건수가 증가했던 GATT 시절의 분쟁해결제도와는 달리, 최초 3년간은 급증하다 지속적으로 감소하는 추세를 보이는 WTO 분쟁해결 건수가 의미하는 바가 무엇인가? 또한 GATT 시절보다 더 법제도적으로 정교하고 정치·외교적 중립성을 보장받았다고 평가되는 WTO 분쟁해결제도의 중요한 법적 기제인 패널 및 상소기구 활용률이 2004년부터 감소하고 있는 현상은 무엇을 의미하는 것인가?

본고에서는 통계적 분석을 통해 미국과 EU(특히, 제소국으로서 미국)와 같이 전통적으로 분쟁해결제도를 많이 활용하였던 국가의 2000년도 이후의 동 제도 활용의 감소를 위 현상의 주요 원인으로 지적한다. 일견 분쟁해결제도의 주요 사용국의 법적분쟁발생률의 감소는 WTO 분쟁해결기구의 법제도가 협정의 이행과 해석에 따른 회원국 간의 이견을 좁혀주는 등, 내생적으로 불완전한 성격의 WTO협정의 불확정 영역의 간극을 메워주는 역할을 잘 수행하고 있다고도 해석할 수 있다. 즉, 초기에 집중적으로 진행되었던 다수의 WTO 패널과 상소기구의 판정은 법적용에 대한 해석과 법리축적에 기여하여 판정의 정확성과 예측가능성을 높여 회원국의 정보 개선 및 회원국의 분쟁해결제도 사용 개시와 법기능 활용에 신중성 제고에 도움이 되었을 가능성이 크다.

하지만, WTO 분쟁해결제도 역시 본질적으로 현실에 존재하는 우발적인 상황과 불완전 정보(또는 비대칭 정보) 상황에 온전히 자유로울 수 없다. 그러므로 WTO분쟁해결제도의 활용 및 법기능 활용의 감소 현상은 다음과 같은 해석도 가능하다. 즉, 동 제도 자체의 활용률과 WTO 분쟁해결제도의 법적기제인 패널 및 상소기구 판정 보고서를 채택하는 경향이 점점 감소하고 있는 것은 법적 승소에 따른 경제적 실익을 보장하지 못하는 분쟁해결제도의 기능상 한계일 수도 있다. 다시 말해 WTO의 법제도적인 성과와는 별개로 분쟁해결제도를 통한 법적승소에 따른 경제적 이득^{기대수익}의 학습효과가 존재할 수 있을 텐데, 이러한 법적승소에 따른 기대수익의 크기가 회원국들이 지속적으로 분쟁해결제도를 활용하게 만드는 주요한 판단 요소가 될 수 있다. WTO 초기에 많은 분쟁사건에 제소국으로 참여하였던 미국과 EU의 분쟁해결제도 활용의 감소와 이와는 달리 점차 분쟁해결제도의 활용과 법기능 활용이 증가하고 있는 개도국의 최근 행태는 과거 분쟁해결제도를 통한 법적승소에서 얻을 수 있었던 기대수익의 형성과 무관하지 않을 것이다. 이에 우리는 이에 대한 문제를 제기하고, 이를 조명할 수 있는 간단한 개념적 분석의 틀을 제시하고자 한다.

본고의 순서는 다음과 같다. 'WTO 분쟁해결제도의 발전과 역할'에서는 분쟁해결제도의 제도적 발전을, 'WTO 분쟁해결제도에 관한 연구'에서는 분쟁해결제도에 대한 다양한 이론 및 실증연구와 분쟁해결제도의 성과에 대한 연구를 체계적으로 검토하고자 한다. 그리고 'WTO 분쟁해결제도 활용 현황 분석'에서는 분쟁해결제도 건수를 다양한 측면에서 통계적으로 살펴볼 것이다. 마지막으로 'WTO 분쟁의 법적승소^{legal winning}와 경제적 승소^{이득: economic gain}'에서는 분쟁해결제도의 기대수익에 대한 분석의 개념적 틀을, '결론'에서는 본 연구에 시사점 및 결론을 제시한다.

::: WTO 분쟁해결제도의 발전과 역할

■ GATT/WTO 분쟁해결제도의 제도적 발전

WTO 회원국은 WTO 협정과 관련된 모든 무역분쟁에 대해 WTO의 DSU[Dispute Settlement Understanding: 분쟁해결 규칙 및 절차에 대한 양해]를 원용 할 수 있다.[1] 상세함과 정교함 면에서 높은 평가를 받고 있는 WTO 분쟁해결제도(Davey, 2005)가 어떠한 계기를 거쳐 법제도적 발전을 이루었는지를 살펴보자.

GATT는 1947년 설립 이래 대부분의 중요한 의제사항을 모든 구성원의 의견 일치를 요구하는 방식의 '총의(또는 컨센서스[consensus])'로 결정하였다. 당시에는 GATT 협정 위반사항 혐의에 대한 조사도 총의가 있어야 가능하였다. 만약 어떤 분쟁에 대해 패널이 구성되고, 패널 판정이 제소국에게 유리하게 결정되더라도 모든 회원국의 총의적 채택[adoption]없이는 법적효력[force of law]을 가질 수 없었다. 비록 총의로 의결되어 패널의 판정이 법적효력을 얻게 되더라도 이행에 대한 추가적인 총의가 요구되었다. 그렇기 때문에 GATT 협정 위반 국가는 조사단계, 판정의 채택단계, 이행(처벌)요구의 모든 단계에서 그 절차적 진행을 필요시 효과적으로 차단할 수 있었다.[2]

이러한 GATT 체제하에서는 일방적인 자기구제[self-help] 조치로 협정 위반국을 제재 할 수밖에 없었다(Hudec, 1993). 미국과 같은 경우는 GATT 분쟁해결기구에 위반 사건에 대한 판정을 맡기기는 하였으나, 만약 피제소국이 패소 판정에 수긍하지 않고 이행을 거부하면 일방적으로 제재[sanction] 또는 보복조치[retaliation]를 취하였다.[3] 이에 따라 GATT 회원국들은 1989년에 GATT의 분쟁해결기구의 조사발동을 최소한 피제소국에 의해 차단이 되

---

1 WTO는 WTO 협정의 모든 무역 분쟁을 WTO 분쟁해결제도라는 통합적 법기제하에 해결하도록 하였다. 하지만, GATT 시절에는 GATT 조항 XXII와 XXIII를 중심으로 무역규제 조치에 따라 최소 8개의 다른 조항에서 분쟁해결, 재협상 및 보상에 대한 기제가 혼재하였다.

2 간혹 조사나 판정채택이 GATT 회원국의 총의 없이 진행이 되었다고 한다. 하지만, 제재(sanction)와 관련된 경우는 단 한 번의 경우를 제외하고는 진행된 적이 없다(Hudec, 1993).

3 GATT 시절의 일방적인 제재의 효과(efficacy)에 대한 연구결과는 엇갈린다. 하지만 실제 많은 국가가 보복적 제재조치 없이도 패소에 따른 판정 이행을 실시하였다(Hudec, 1993)

지 못하도록 총의 방식을 역총의(또는 역컨센서스: 모든 구성원이 총의적 반대를 하지 않는 한 채택을 하는 형태) 방식으로 개선하였다(당시 GATT 판정채택과 이행단계에서는 기존의 총의 방식을 유지하였다).[4] 그리고 WTO가 출범하면서 본격적으로 분쟁해결제도 사법절차의 모든 단계에서의 역총의 방식을 도입하였다. 이러한 분쟁해결에 새로운 도입방식은 분쟁해결양해[DSU]에 자세히 명문화되어있는데 단계별로 요구되는 사항과 그 기능과 역할에 대해 좀 더 자세히 살펴보자.

■ WTO 분쟁해결제도의 절차적 기능과 역할

WTO의 분쟁해결제도는 WTO협정상 분쟁해결양해를 근거로 한 법절차에 따르며 분쟁해결 신청에서 판정 및 이행까지의 절차는 크게 1) 분쟁당사국들 간의 협의절차 단계와 2) 패널구성 단계 3) 패널의 판정과 상소기구가 분쟁을 법률적으로 검토하는 사법판정 보고서 채택 단계 4) 이행과정 단계로 나눌 수 있다(그림 1 참조).

　WTO의 분쟁해결제도에서는 회원국이 상대국을 제소하려면 반드시 협의절차 단계를 거쳐야 한다(그림 1의 1단계). 협의 단계의 기능은 분쟁당사국들이 분쟁에 관한 사실관계를 상호 확인하며 최대한 양자 간의 입장을 조율할 수 있는 기회를 제공하는 것이며, 이 단계에서 분쟁사건은 공론화 된다. 이 과정에서 제기된 사건과 관련하여 이해관계가 있는 다른 회원국도 같은 문제를 제기 하거나 제 3자[third party]의 지위로 분쟁해결에 참여 할 수 있다.[5] 최대 60일의 기간이 주어지는 협의과정 단계에서 서로 만족할 만한 합의에 이

---

4 GATT의 회원국들(Contracting Parties)은 1989년 이전에도 분쟁해결제도의 개선을 위해 많은 노력을 하였다. 예를 들어, 동경라운드협상 결과를 바탕으로 1979년에 분쟁해결제도 절차의 상세한 기술과 GATT 사무총장과 패널의 중재역할, "일응 무효화와 침해(*prima facie* nullification or impairment)" 개념의 강화 등을 담고 있는 "Understanding Regarding Notification, Consultation, Dispute Settlement and Surveillance"라는 문서를 채택하였다. 1982년에는 패널 판정을 회원국이 총의로 승인하고자 할 때, 패소국이 이에 대한 반대 또는 지연을 못하게 하는 방안을 구상하였다. 하지만, 이러한 노력에도 불구하고 실제 회원국의 관행과 GATT의 분쟁해결의 절차는 크게 개선되지 않았다(Jackson, 1997).

5 여기서 제 3국의 지위는 분쟁이 WTO 패널 판정보고서를 통해 자국의 의견을 피력 할 수 있으나 그 이상의 법적 권리는 없다.

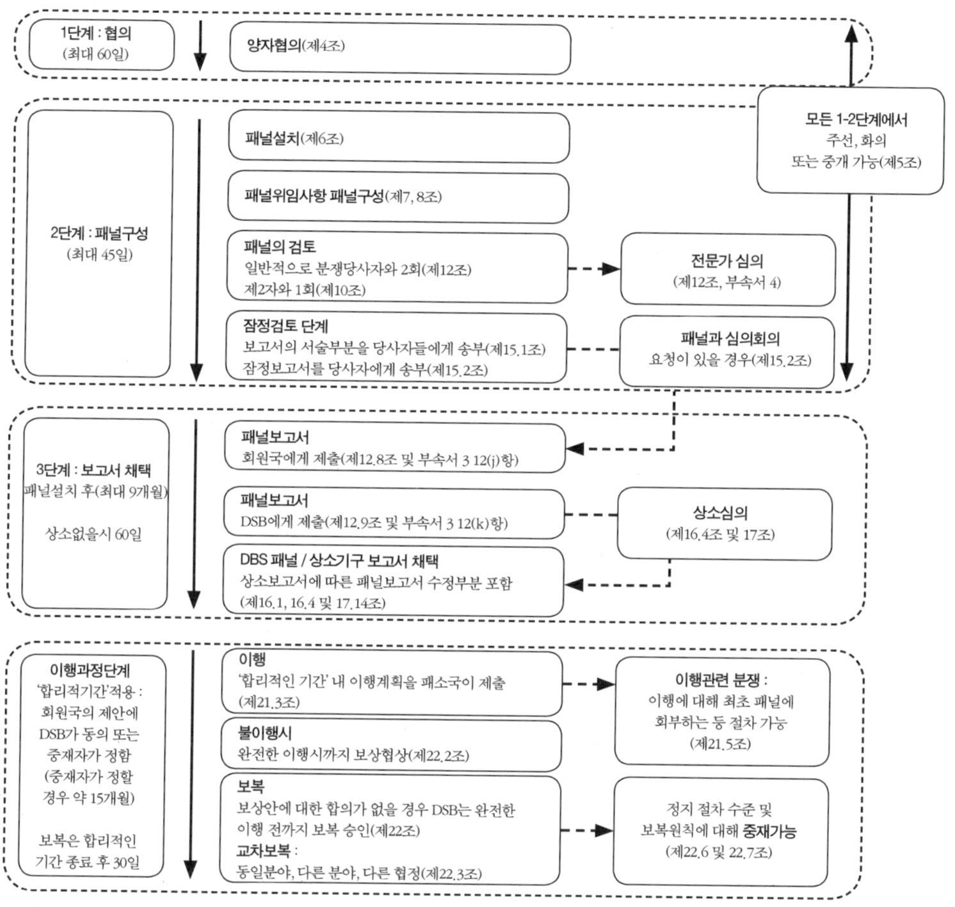

출처: WTO 분쟁해결양해를 토대로 구성
주: 제시된 시한은 최대시한이거나 최소시한일 수 있으며, 전 단계가 의무적인 것은 아님

르지 못하게 되는 경우 제소국은 패널기구 설치(또는 패널위원 임명)를 요청 할 수 있다. 제소국의 패널설치 요청이후, 이를 반대하는 총의가 없는 한 WTO 분쟁해결기구에서는 최대 45일 이내 패널기구를 설치(또는 임명)하게 된다(그림 1의 2단계).

패널이 설치되고 난 이후에는 부패할 우려가 있는 상품과 관련된 사건과 특별히 시기적으로 좀 더 신속한 판정이 요구되는 경우를 제외하고는 패널판정(또는 권고)보고서는 6개월 이내에 분쟁당사국들에게 제출된다.

패널판정 단계에서는 분쟁해결기구가 분쟁해결을 위한 기능을 본격적으로 수행하게 되는데, 특히 패널은 1) 분쟁해결을 위한 사실관계, 2) 각 당사국의 입장, 3) WTO 법과의 합치성을 검토하게 된다. 이러한 일련의 과정을 거친 후, 분쟁해결기구는 패널에서 작성한 잠정보고서Interim report를 당사자들이 비공개적으로 확인 할 수 있도록 하는 과정을 진행한다. 이 과정은 사건에 대한 WTO의 공식적인 입장과 주요한 정보를 당사국들이 확인 할 수 있는 기회를 제공할 뿐만 아니라, 당사국들이 사건의 판정이 예상 가능한 상태에서 재차 양자 간 합의를 검토 할 수 있는 시간을 제공한다. 이 기간 중 패널은 당사국에게 최대 2주간의 검토기간을 주는데, 이 기간 동안에 양자 간 합의가 없으면 최종보고서가 양측에게 제출되고 3주 후에는 모든 회원국들에게 회람된다. 최종보고서에는 분쟁 대상이 된 조치에 대한 WTO 패널의 판정결정과 권고가 제시된다. 만약 해당조치가 WTO 협정 또는 의무에 위반이 되었다고 판정이 날 경우 WTO 규범에 합치하도록 권고하며, 이를 어떻게 이행할 것인지에 대한 제안도 포함 될 수 있다(그림 1의 3단계).

　여타 국제재판소와 비교할 때 WTO 분쟁해결제도가 갖는 특이한 점은 이심제, 즉 상소기구의 존재에 있다(Postner & Davey, 2013). WTO 패널판정에서 패소 한 국가는 물론 제소국 역시 패널 판정의 법적용과 해석에 대해서 상소기구에 검토를 요청 할 수 있다. 분쟁해결기구는 7명의 국제통상 전문가로 구성된 상소기구 위원 중 3명을 임명하여, 패널 법적판단에 대한 이중적인 안전장치를 마련하였다. 상소보고서는 기존 증거를 재검토하거나 새로운 쟁점을 검토하지 않는 선상에서 패널의 법적판정을 유지, 수정 또는 번복할 수 있다. 상소절차는 보통 60일을 넘기지 않고, 최대 90일 이상을 소요하지 않는다. 상소절차 역시 역컨센서스 방식에 의해 분쟁당사국의 상소신청 이후 거의 자동적으로 진행이 되어 보고서 채택이 이루어진다. 여기서 패소국은 보고서 채택 후 30일 이내에 분쟁해결기구를 통해 판정보고서 이행에 대한 의사를 표명해야한다. 만약 권고 또는 판정의 이행이 즉각적으로 어려울 경우, WTO 협정 위반국(즉, 패소국가)은 "합리적 기간Reasonable Period of Time"내에 WTO 위반 조치를 판정에 합치하도록 바꾸어야 한다. 그렇지만 합리적 기간 동안 이행이 효과적으로 이뤄지지 않는 경우가 발생 할 수 있다. 이러한 경우 제소국은 이행에 관한 문제를 전문적으로는 다루는 이행패널에 동 사안을 회부할 수 있고, 이행패널의 판정에 따라 피제소국은 제소국과의 상호합의를 통해 보상안을 결정해야 한다. 만약 30일이 지나도 만족할 만한 보상에 대한 합의가 끝내 성사되지 않을 경우, 분쟁해결기구에서는 제소국에게 피제소국의 만족할 만한 이행이 이루어질 때까지 무역제재/보복(양허 또는 의무의 정지)을 할 수 있는 권한을 승인한다. 제재는 원칙적으로 분쟁 대상이 된 분야와 동일한 분야에 부과되지만, 이러한 제재가 현실적으로 효과가 없는 것으로 증명될 경우 동일한 협정 내 다른 분야(산업간 교차) 또는 여타의 대상협정상(협정간 교차)에 제재가 허용 될 수 있다(교차보복Cross-retaliation).[6] 만약 이러한 교차보복 또한 효과적이지 않고, 상황 또한 충분히 심각하다면 다른 협정 하에서도 보복 조치가 허용될 수 있다.

　분쟁해결기구는 WTO의 사법기능을 통해 채택된 판정에 대해서는 판정결과와 이에 따른 이행여부를 분쟁이 해결될 때까지 감시한다. 한편 모든 단계에서 분쟁해결을 위한 양자 간 협상 및 합의가 가능한데, 보통 분쟁당사자간에 매우 만족스럽고 성공적인 해결이 이루어지는 경우는 WTO에 통보를 하지만, 많은 경우 양자 간 해결 결과는 비공개가 되고, WTO 역시 이에 대한 결과를 감시할 권리나 의무가 없다.

::: WTO 분쟁해결제도에 관한 연구[7]

전통적으로 정치경제학적 관점에서 바라본 무역협정 이론은 게임의 주체인 국가들이 비효율성을 유발하는 보호주의적 무역정책을 우월전략dominant strategy으로 인식하게 되어 최

---

6 WTO 분쟁 실 사례에서 교차보복이 허용되었으나, 이행된 사례는 많지 않다. 최근 교차보복은 협정간 교차보복, 특히 TRIPs 협정을 대상으로 의무 정지를 허용해주는 경우가 주목을 받고 있는데, EC를 상대로 한 "EC-Banana Ⅲ" (DS16) 사건, 브라질이 미국을 상대로 한 "US - Upland Cotton" (DS267) 사건, 앤티구와 바부다가 미국을 상대로 한 "US-Gambling"(DS285)이 있다. 하지만, 모든 경우에서 실제 교차보복이 시행되지는 않았다. 앞의 두 경우는 분쟁당사국의 합의로 마무리 되었으나, "US-Gambling" 사건의 경우는 실효적인 보상을 통한 합의가 이루어지지 않았다.

7 현 세계무역을 관장하고 발전시키고 있는 WTO라는 고유한 국제무역협정체제는 양자 또는 다자간에 상호영향을 주고받는 국가 간 무역관계에 있어 협상을 통해 합의(또는 계약)된 결과를 법제도화한 산물이다. 이러한 제도에 대한 연구와 이 체제의 백미(crown jewel)라 불리는 분쟁해결제도에 대한 연구는 1) 국제법(분쟁해결제도의 법제적 이해를 바탕으로 법리와 해석에 대한 연구), 2) 국제정치경제(분쟁해결제도의 사용개시 요인, 집행(enforcement) 및 효과에 대한 연구), 3) 법경제학(분쟁해결제도 법제/협정의 메케니즘/디자인에 대한 연구)에 걸쳐 이루어졌고 발전해왔다. 우리는 본 장에서 WTO 분쟁해결제도에 대한 연구를 2)와 3)을 중심으로 무역협정(GATT/WTO)에 대한 이론과 함께 살펴보기로 한다.

선책인 자유무역을 달성하지 못하는 수인의 딜레마[prisoners'dilemma] 상황을 상정하고 있다. 여기서 무역협정이라는 협력기제는 국가 간의 협력을 가능케 하여 비효율적인 딜레마 상태를 벗어나게 하는 역할을 한다(Johnson, 1953). 이 이론은 더 나아가 반복게임 내쉬균형[Nash's equilibrium]하 자기집행적[self-enforcing]으로 협력이 일어날 수 있다는 이론적 토대를 마련하였다(Bagwell & Staiger, 2001, 2004; Dixit, 1987).[8]

GATT/WTO와 같은 다자간 무역기구의 존재이유와 역할에 대해 본격적으로 설명한 대표적인 논문은 Bagwell & Staiger의 일련의 연구들인데, 이들은 국제무역협력이 국내정부의 정치적 제약 하에서 교역조건 외부효과[terms-of-trade externality]를 해결하는 정치적 최적계약[Politically Optimal contract]을 달성시킬 수 있다고 주장하였다.[9] 최근에 이들의 이론은 WTO 신진 회원국의 무역협정 이전[pre-negotiation]의 협상 관련변수로 초기 실증연구가 진행되었고(Bagwell & Staiger, 2011)[10], 시변성[time-varying] 무역정책 변수(즉, 미국의 반덤핑 및 세이프가드 관세율)로도 그 증명 범위를 확대하고 있다(Bown & Crowley, 2013).

이와 같은 전통적인 국제 정치경제학적 무역협정 모델은 왜 국가가 국제무역 이슈에 있어 협력이 가능한지에 대한 동인과 GATT/WTO의 자기집행성 및 협력지속 가능성에 대한 매우 중요한 이론적 배경을 제공해주고 있기에 현 세계무역체제에 주는 시사점이 크다. 하지만 이들의 연구는 그 목적상 무역협정제도가 수립될 수 있었던 동인과 협정제도의 역할에 대한 설명에 중점을 두고 있기 때문에 현실적으로 자주 관찰되는 다수의 국제통상 분쟁과 이를 해결하기 위한 WTO 분쟁해결제도(분쟁 비당사자의 판정제도[third party court])의 역할과 기능에는 주목하고 있지 않다(Ceva & Fracasso, 2010; Keck & Schropp, 2008; Park, 2011).

---

8 자기집행적(Self-enforcing) 무역협정이란 두 국가 간의 협력적 무역협상(계약)이 제 3자의 개입 없이 달성된다는 이론인데, 양 무역당사국에 있어 협정체결은 상호간에 이익을 가져다주는 유인을 제공한다.

9 Kyle Bagwell & Robert Staiger는 기존 국제정치학이나 제도경제학의 국제무역협력의 동인을 수인의 딜레마를 해결하기 위한 것이라는 기존 설명에서 나아가, 무역협정이 세계무역에 있어 차지하는 중요한 역할인 "교역조건 외부효과(term-of-trade externality)의 해결"이라는 일관성 있고 체계적인 이론을 제시하였다.

10 Bagweel & Staiger(2011)는 신진 WTO 가입국의 WTO 가입협상 이전의 회원국 데이터(관세, 수입량, 가격과 수출입 탄력성)를 가지고 "교역조건 외부효과(terms-of-trade externality) 이론"을 증명하였다. 즉, 신진 회원국 상품군의 종가양허관세(*ad valorem* bound tariff level)가 WTO 협상 시 정치적 최적조건(efficient politically optimal tariff)에 만족하는 수준으로 정해진다는 것을 실증적으로 증명하였다.

최근에 법경제학적 접근은 이러한 문제에 새로운 시각을 제공하고 있는데, 이들은 WTO 무역협정[11]의 불완전성incompleteness과 정보의 불확실성incomplete information에 주목하고 있다. 즉, 이러한 접근은 국가들의 무역과 관련된 기회주의적 정책 또는 우발적 무역조치에 대한 현실적 제약을 이론적 모델에 반영하고 있다(Beshkar, 2013; Horn, Maggi & Staiger, 2010; Maggi & Staiger, 2011, 2013; Park, 2011). 최근 이러한 법경제학적 접근은 국제법학자들이 제기한 WTO 제도 및 분쟁해결제도의 현실적인 문제들과 이를 뒷받침하고자 하는 이론 및 이에 대한 실증분석을 다시금 재조명하는 계기가 되고 있다. 이하 에서는 시시때때로 변화하는 통상환경을 규율하고 있는 WTO 법의 계약적 성격과 이와 관련된 다양한 연구에 대해 살펴보자.

■ 분쟁해결제도의 이론적 배경: 불완전 계약으로서의 WTO협정[12]과 분쟁해결제도의 역할

국가의 고유한 상황state-contingent에 따른 예측불가능성과 불확실성이 존재하는 국제 환경은 모든 국제협상의 결과물인 국제법을 불완전한 계약의 형태로 만든다(Dixit 2007; Goldsmith & Posner, 2005).[13] 세계경제의 다양한 무역이슈와 각국의 무역관련 정책을 규율하는 WTO 협정도 내생적으로 불완전한 계약endogenously incomplete contract의 성격을 띠고 있다고 볼 수 있는데, 이는 계약당사국인 회원국의 모든 정책이 협상테이블에 제시되거나 협상의 대상으로 되어 계약을 완성할 수 없다는 현실적 제약을 반영하기 때문이다. 또

---

11 무역협정을 계약으로 바라보는 시각은 꽤 일반적이다. 즉, WTO와 같은 국제무역체제를 국가 간에 합의한 협력사항에 대해 국제법이라는 기제를 통해 체결한 계약관계로 바라보고 있다. 따라서 최적계약(optimal contract)을 설계하는 문제와 국제법의 법제화 과정에서 나타나는 문제는 매우 유사하다는 시각이다(Posner & Sykes, 2013). 게다가 WTO에서도 WTO협정의 계약적 성격에 대해 언급하였는데, "Japan-Alcoholic Beverage II" (DS58)은 WTO가 계약으로서의 국제협정임을 명시하였다; *the WTO Agreement is a treaty-the international equivalent of a contract* 저자강조 (WT/DS58, 10,11/AB/R: 16); Dunoff & Trachtman(1999); Posner & Skyes(2013).

12 여기서 불완전 계약이론이란 계약내용에 모든 예상되는 사항을 포함시켜 당사자들의 최적화된 행동을 예상할 수 있는 완전한 형태의 계약을 맺을 수 있다는 단순한 가정에서 벗어나 계약에는 항상 불확정영역이 존재할 수 밖에 없다는 현실적인 제약사항을 반영, 계약의 완전성을 완화한 이론을 지칭한다(Dixit, 2007).

13 만약 모든 가능한 상황을 예측하고 모든 정보를 알아내어 협상테이블에 제시할 수 있다고 하더라도 이러한 내용을 가지고 협상을 하고 협상의 결과를 기록하여 협정문을 만들어내는 비용을 고려하면 현실적으로 완전한 협정(계약)은 존재할 수 없게 된다.

한 사실 협정 체결이후에도 발생할 수 있는 국가별 우발성contingencies과 불확실성은 협정 기간life-time of the agreement에 걸쳐 항상 존재하기 때문에 계약의 성격은 불완전할 수 밖에 없다(Horn *et al.*, 2010).[14]

GATT 시절부터 오랜 경험과 법제도적 기능을 전수 발전시킨 WTO 협정은 협상결과를 법제화하는 과정에서 다양한 기제를 통해 위와 같은 불확정영역의 간극을 메우고 있다. 이러한 역할을 수행하고 있는 대표적인 기제인 WTO 분쟁해결제도는 상세함과 정교함에서 높은 평가를 받고 있으며(Davey, 2005), WTO의 협정의 불완전성을 보완해주는 역할을 잘 감당하고 있다(Ceva & Francasso, 2010; Keck & Schropp, 2008; Maggi & Staiger, 2010; 2013).[15] 예컨대, 1) WTO의 회원국은 회원국(계약당사자) 간에 'WTO 협정의무 이행'과 2)'국내조치의 WTO 합치성(예로, i) 발견되지 않은 WTO 협정 위반적인 국내조치, ii) 새로운 국내조치에 대한 WTO 합치성)'에서 존재하는 이견으로 발생하는 분쟁과 불확정영역에 대해 분쟁해결기구의 판정과 분쟁 해결에 대한 역할이 요구 된다.

하지만 이와 같은 분쟁해결제도 역시도 여러 현실적 요인에 의해 영향을 받고 불확정 영역의 대상이 존재한다. 예를 들어 1) 분쟁해결제도 사용 개시, 2) 분쟁해결제도 절차사용과 단계의 활용, 3) 분쟁해결제도의 판정 이후 이행과 결과에 대한 제약 요인이 있을 것이다. 특히, 분쟁해결제도 절차상 판정 결과에 따른 불확실성은 분쟁해결제도를 통한 당사국간의 합의와 법소송에 대한 유인에 큰 영향을 미칠 것이다. 이하에서는 이와 관련된 분쟁해결제도에 대한 연구를 살펴보고자 한다. 이러한 참고문헌 검토과정은 분쟁해결제

---

14 이들은 불확실성과 우발성의 발원이 정부의 정책개입으로 볼 수 있는 생산외부효과(production externality), 소비외부효과(consumption externality)와 잠재적 수입수요(underlying import demand) 변화로 가정하고 있다. 이들은 협정의 계약 당사자인 WTO회원국의 입장에서는 불완전한 협정을 체결하는 것이 최적화된 선택의 결과라고 설명하고 있는데, 교역조건 이론 선상에서 WTO의 협상결과는 적당한 WTO의 원칙(특히, 내국민 대우) 하에 국내조치의 재량권과 정책 유연성(flexibility)이 보장된 최적화된 계약이라고 주장한다.

15 WTO는 GATT보다 더 광범위한 협정(Agreements)을 통해 GATT/WTO의 원칙과 각국의 합의된 양허사항을 회원국에게 의무로서 지킬 것을 요구하고 있고 실제 GATT 시절 때 보다 더 많이 WTO 회원국의 합의사항(WTO 원칙과 협정) 이행과 이행과정상 충돌을 발견하고 이에 대한 교정이 분쟁해결제도를 통해 발생하고 있다. 그렇기 때문에 각국의 협상의 결과인 GATT/WTO 협정, 즉 WTO 법 해석과 WTO 협정체결 사후의 위반사항에 대한 분쟁을 해결하는 WTO 분쟁해결제도 활용에 대한 역할/기능 및 동학/효과에 대한 연구는 WTO 협상 완료이후(Post-Negotiation)에 더욱 중요문제가 되었다.

도에 대한 이해와 분쟁해결제도가 WTO에 기여하는 역할과 한계를 분석하고, 분쟁해결
제도에 대한 추가연구에 있어 좋은 지침을 제공해 줄 것이다.

■ WTO 분쟁해결제도에 관한 이론 및 연구검토

• 분쟁해결제도 사용개시에 관한 연구

분쟁해결제도 사용개시[initiation]에 대한 체계적인 연구를 위해서는 필연적으로 분쟁발생 자
체 요인에 대한 이해가 선행적으로 필요하다. 이러한 선행적 이해단계가 없이 진행되는
연구결과는 선택편의[selection bias]를 발생시키는데, 분쟁해결제도 사용 요인에 대한 대부분
의 연구는 이러한 한계점을 본질적으로 가지고 있다.[16] 그럼에도 불구하고 분쟁해결제도
사용개시를 종속변수로 많은 연구가 실시되었는데, 분쟁의 발생 및 개시에 있어 대략 세
가지 정도의 요인을 중심으로 선행연구를 정리해 볼 수 있다.

첫 번째는 분쟁당사국의 각 국가적 요인[country-specific]으로서의 경제적 요인이다. 이는 분
쟁해결의 사용, 즉 분쟁을 일으킬 가능성을 높게 만드는 요인으로 분쟁당사국 각 개별국
의 경제크기, 수출입량에 대한 요소이다. 제소국이나 피제소국 공통적으로 경제규모가
크면 더 많은 무역분쟁을 일으킨다. 좀 더 자세히 살펴보면 피제소국의 입장에서는 더 큰

---

16 이러한 선택적 편의(selection bias) 문제는 대부분의 WTO분쟁해결사건이 사건화가 되기 전의 사건에 대한
  정보를 다루지 않기 때문이다. WTO 분쟁 데이터에 대한 실증분석을 실시하는 경우 제소국이 분쟁해결제도
  에 분쟁해결을 호소하는 순간부터의 정보가 가용한데, 많은 분쟁소지가 있는 사건이 WTO 분쟁화가 되기 이
  전에 다양한 요인에 의해 철회될 가능성이 크다. 이에 대한 교정을 위해 두 가지 정도의 방법이 있다. 첫째,
  계량적인 방법으로 분쟁의 발생 가능성이 관찰되지 않은 변수와 높은 상관관계를 보일 가능성을 테스트하
  여 계량모델에 반영하는 방법이 있을 수 있다(Busch, 2002). 둘째, 분쟁해결제도 사용 이전(pre-litigation)의
  자료를 활용하여, 어떠한 사건이 WTO 분쟁으로 제기가 되는지 가능도(우도: likelihood)를 측정 이를 반영하
  는 방법이다. 예를 들어, Young(2005)의 실증분석 연구는 식품 및 동식물검역규제(Sanitary and Phytosanitay:
  SPS) 및 기술장벽(Technical Barrier to Trade: TBT)협정과 관련된 사건은 각 위원회를 통해 국가들이 분쟁해결
  제도 활용 이전에 문제를 제기하고 이에 대한 정보를 공개하는데, 이에 대한 정보를 반영하여 선택적 편의 문
  제를 통제하고자 시도하였다. 또한 무역구제조치의 경우에도 Young(2005)과 같은 접근을 시도 할 수 있다.
  즉, 반덤핑 사용개시에 대한 실증연구에 있어, 우선 1차적으로 국내산업적 이해(naming)를 고려하여 정부의
  반덤핑 개시와 조치의 동인을 파악하고(Blonigen & Bown, 2003), 이러한 반덤핑 조치에 대한 반발로 제기된
  WTO 분쟁의 동인을 밝혀내는 방식은 선택적 편의를 더욱 엄밀히 통제 하는 접근이 될 수 있을 것이다.

수입시장을 보유할수록 이에 상응하는 시장개방에 대한 요구를 받을 확률이 높고, 이에 따른 분쟁 가능성이 높을 수 있다. 무역량이 큰 국가일수록 그 시장개방에 대한 기대수익이 높기 때문에 분쟁이 더 많이 발생할 수 있는데, 이는 무역장벽의 제거를 통해 얻을 수 있는 경제적 이득이 법적소송이나 절차에 따른 비용을 상쇄하고 남아야만 분쟁해결제도의 사용을 한다는 설명이 가능하다(Guzman & Simmons, 2002, 2005; Sattler & Bernauer, 2011). 이러한 면에서 승소에 대한 경제적 이득의 존재는 분쟁해결사용 이전 조사단계에서 중요한 유인이 된다. 한편, Horn, Mavroidis & Nordsrom(1999)은 다양한 수출상품을 수출하는 국가는 분쟁을 더 많이 일으킬 소지를 가지고 있다고 주장하였다.

두 번째는 분쟁당사국 간의 관계[bilateral-pair]에 작용하는 힘의 논리[power] 또는 협상력[bargaining power]에 의한 설명요인이다. 힘의 논리로 설명하려는 접근은 일반적으로 국제정치 및 정치경제학 학자들에 의해 시도되었다. 이들은 특히 분쟁해결기구의 사용개시와 판정이행에 있어 제약이 개도국(특히 작은 군소국가)가 선진국간의 차이가 있다는 점을 주목한다. 이들의 설명에 의하면 작은 군소국가는 분재해결제도 사용 자체를 꺼려하는데, 가장 큰 이유로 제소국이 분쟁해결제도에 대한 판정에 대한 불확실성과 소송이후에 보복에 대한 두려움[threat of retaliation]이 작용하기 때문이라고 한다. 이러한 힘의 논리 또는 힘의 비대칭에 대한 연구는 양자관계[bilateral-pair] 변수를 통해 확인을 할 수 있다. 양자관계를 나타내는 국가쌍의 변수로 국가의 국민소득의 차이, GDP규모로 측정된 경제력의 차이, 무역의존 관계, 또는 ODA관계[양자원조 또는 과거 식민관계] 등이 측정 지표로 사용 될 수 있다. Bown(2004; 2005), Jejan & Bartels(2006)와 Sattler & Bernauer(2011) 등의 실증분석에서 이러한 양자관계 변수는 양자 간 분쟁해결제도 활용개시에 의미 있는 영향을 주는 것으로 나타났다. 즉, 양자 간의 경제력 차이가 클수록, 무역의존도(제소국의 피제소국에 대한 수출비중/수출량)가 높을수록, ODA 등의 협력관계가 높을수록, WTO 통상분쟁을 개시할 확률이 낮아진다.[17]

---

17 제소국 입장에서는 제소하고자하는 국가에 대한 수출량이 많으면, 분쟁이후 예상되는 양자간의 무역관계 악화에 대한 우려로 분쟁개시를 꺼려한다는 것이다. Bown(2004)에 따르면 경제적 보복능력이 가장 큰 미국이 제소국인 경우 뿐 아니라 그 밖에 국가(Non-US plaintiff)도 보복적 영향력이 존재한다고 한다. 한편, 무역구제(반덤핑/보조금/세이프가드) 조치에 대한 대응제소의 경우는 무역구제조치를 사용하는 국가에 대해 제소국이 보복 가능한 충분한 수출량이 있는 경우에 가능하다는 논리이다(Bown, 2005).

세 번째는 법소송 수행능력legal capacity에 대한 요인이다. 이를 뒷받침 하는 주장은 비싼 법적 소송비용이 법적소송을 활용하는데 있어 진입장벽으로 작용한다는 가정에서 출발한다. 법소송 수행능력은 분쟁해결기구의 법소송 단계는 물론, 본격적인 소송에 앞선 사전조사와 사후 이행단계에서도 요구될 수 있는데(Shaffer, 2003), 법제화 기능이 GATT 시절보다 더욱 고도화된 WTO에서 이러한 능력은 더 중요한 역할을 할 수 있다(Davis & Bermeo, 2009; Delich, 2002). 많은 기존연구에서는 이러한 법수행력에 대한 대리변수proxy 로 국가의 소득수준GDP per capita, 정부우수성bureaucratic quality을 사용하였는데, 보다 직접적인 측정지표로 주 제네바 대표단과 WTO 담당파견인원이라는 인적자원의 규모도 활용되었다(Horn et al., 1999; Bown 2005; Busch, Reinhardt & Shaffer, 2009). 하지만 아직까지 기존 실증연구에서는 법수행력에 대한 일관성 있는 충분한 증거를 발견하지 못하였다.

추가적으로 법적소송능력과 관련하여 분쟁사건에 대한 경험적 학습효과에 대한 연구는 법제도의 효과와 국가적 특성 변수와의 상호작용 측면에서 현 분쟁해결제도 활용 경향과 관련하여 주목할 만하다 할 수 있다. Guzman & Simmons(2005)는 WTO의 복잡한 분쟁분쟁해결 절차를 다루기 위해서는 이에 대한 경험적 학습의 중요성을 강조하였다. 이들의 설명에 따르면 더 많은 분쟁개시 또는 피제소국으로서 항변의 경험이 존재한 국가가 법적수행능력이 높다는 것이다. 이러한 과거 분쟁사건에 대한 경험은 특히, 소득수준이 낮은 국가나 개도국이 제소국 입장에서 분쟁개시를 하는데 있어 중요한 역할을 할 수 있다고 한다(Davis & Bermeo, 2009). 이러한 경험적 효과는 산업차원에서도 존재할 수 있는데, Alter & Vargas(2000)는 EU국가를 사례로 다른 산업의 성공적인 분쟁해결과정은 이를 목격한 타 산업의 이해그룹을 집결시키거나 이들의 협조를 얻어내기 용이하다는 것을 사례연구를 통해 밝혀내었다.

• 분쟁해결제도 법제강화 효과에 관한 연구

앞에 분쟁해결개시 요인에 대한 연구를 종합해보면, 결국 WTO 체제라는 법제화rule-based 된 시스템에서도 역시 경제력(또는 법적수행 능력)과 보복능력이라는 힘의 논리powerbased에 의한 변수가 여전히 중요해 보인다. 이것이 힘을 보유한 국가가 상대 무역국의 시장개방과 양허이행을 효과적으로 가능하게 하고, 작고 힘이 약한 국가가 힘이 큰 상대국을 대상으로 WTO 소송을 원활하게 수행하지 못한다는 것을 의미한다는 것인지는 좀 더 체계적인 추가연구가 필요하다. 즉, 우리는 WTO체제 및 분쟁해결제도의 법제기능 강화에 따른 자체의 영향과 이러한 변화가 분쟁해결제도 활용에 영향을 주는 국가적 변수에 미치는 영향 등에 대해 추가적인 고려해봐야 할 것이다. 좀 더 구체적으로 이야기하면 1) 법제도가 힘의 논리 및 국가협상력에 미치는 영향 또는 2) 제소국의 법제도 사용의 경험 등이 WTO분쟁해결제도 활용에 미치는 영향 등에 대한 연구가 필요하다. 예컨대, Jackson(1997)과 Keohane, Morvcsik & Slaughter(2000)에 따르면 WTO와 같은 국제협정 기구의 사법기능과 법제도 강화는 힘의 논리로 설명되는 협상력의 차이를 감소시키는 역할을 할 것이라고 한다.

한편으로, Blonigen & Bown(2003)은 실증분석을 통해 WTO 법에 따른 법제도의 완비가 미국의 일방적인 무역구제조치 미치는 영향에 대한 흥미로운 결과를 제시하였다. 산업계의 요구(naming)와는 달리 덤핑 조사의 개시와 피해판정을 통해 최종 반덤핑 조치를 실시하는 미국정부(미 무역대표부: USTR와 무역위원회: USITC)는 실체적으로 반덤핑 제도를 갖춘 상대국에게는 보복위협threat of retaliation을 느껴 반덤핑 사용을 자제한다는 것이다. 특히, 보복위협 효과는 GATT/WTO 분쟁해결제도가 개선된 1989년을 전후로 유의미하게 증가한다는 연구결과를 제시하였는데, 이에 대해 Blonigen & Bown(2003)은 미국에게 반덤핑 관세를 부과 받은 GATT/WTO 회원국이 미국의 일방적인 반덤핑 조치에 대해 GATT/WTO 차원의 실효적인 법적대응을 할 수 있는 가능성이 증가했기 때문이라고 설명하였다.[18]

반면, WTO 체제의 법제도와 고도화된 분쟁해결 법절차는 오히려 소득수준이 높은 선진국이나 힘이 있는 분쟁당사국의 이해에 대한 투사에 용이하고 법적 소송능력이나 보복

---

18 1989년에는 GATT/WTO 분쟁해결제도의 법제화 강화에 대한 개선작업과 1990년 이후에는 1990년 동경라운드의 반덤핑 협정(Tokyo Round's Anti-dumping Code) 도입 이후에 최초로 GATT 분쟁해결기구가 반덤핑조치 위반에 대한 판정(ruling)을 실시하였다.

위협 능력이 약한 저소득 국가에게는 제약사항으로 작용 할 수 있다는 주장도 있다(Bush & Reinhardt, 2003; Lee, Shin & Shin, 2014; Sattler & Bernauer, 2011). 예를 들어, Bush & Reinhardt(2003)는 양허concession 측면에서 법적 소송능력이나 보복위협 능력이 약한 저소득 국가보다 소득수준이 높은 선진국이 개도국보다 분쟁해결제도의 법제도를 활용하여 얻는 소득이 크고 효과적이라고 한다.

• 분쟁해결제도 단계별 사용에 관한 연구[19]

이하에서 자세히 살펴 볼 것이지만, WTO의 분쟁해결 요청 이후 50%이상 경우가 협의과정에서 종료되었다. WTO의 분쟁해결제도의 단계적 사용에 대한 대부분의 실증연구는 이에 대한 요인을 밝혀내기 위한 다양한 시도로 볼 수 있다. 이들 연구는 크게 두 가지의 이론적 시각에서 분석을 시도 하였는데, 첫째는 분쟁사건의 형태typology of dispute types적인 접근이고, 둘째는 협상Bargaining이론에서 제시하는 불확실성 하에 분쟁당사자간의 정보의 차이에 의한 접근이다.

먼저, 분쟁사건의 형태에 의한 연구를 살펴보자. 이러한 연구의 기본적인 주장은 분쟁사건의 형태(또는 분쟁의 성격)에 따라 분쟁해결제도의 단계적 사용이 정해질 수 있다는 논리이다. 대표적인 연구로 Guzman & Simmons(2002), Bernauer & Sattler(2006)이 있는데, 이들은 분쟁해결제도의 단계별(협의요청, 패널설치, 패널보고서 채택, 이행패널) 사용의 요인을 범주형 종속변수를 사용하는 계량모델을 활용하여 분석하였다. 두 연구는 공통적으로 관세철폐와 같이 즉시 양허가 되는 형태의 분쟁과 달리, 국내법을 개정해야 하고 패소에 따른 정치적 비용이 크거나 금전적 보상side-payments 또는 점진적 양허gradual concessions가 쉽지 않은 사건은 법소송과 이행소송 등 분쟁해결절차의 최종단계까지 이를 것이라는 가설 하에 실증분석을 실시하였다. Guzman & Simmons(2002)는 상대적으로

---

[19] 여기에서 직접적으로 언급하지 않은 GATT시절 분쟁해결기구에 대한 관련 연구로 Busch(2000)가 있다. Busch(2000)는 협의단계에서 원용한 규정의 목적에 따라 분쟁이 합의로 종결되는지 패널판정까지 이어지는지를 분석하였는데, GATT XXII:1조의 '양허의 무효와 침해(nullification and impairment)' 대한 규정의 원용으로 개시된 분쟁이 GATT XXII(정보수집의 목적)로 원용하여 개시된 분쟁보다 GATT 패널판정 제도까지 활용할 가능성이 높은 것으로 나타났다.

관세철폐와 같은 경우의 분쟁이 공공보건 정책과 관련된 규제에 대한 분쟁의 경우보다 손쉽게 합의가 된다는 결론을 내렸다. 반면에 Bernauer & Sattler(2006)는 공공정책 및 규제(예를 들어 환경, 보건 및 안전 등)와 관련된 분쟁이 꼭 다른 분쟁보다 패널분쟁 단계까지 이른다는 증거를 찾기 어렵다고 하였다. 하지만 일단 패널분쟁 단계까지 이르고 난 이후에는 공공규제와 관련된 분쟁이 분쟁해결제도의 최종단계인 이행분쟁까지 치닫는 확률이 높다고 주장하였다.

둘째로, 불확실성 하 정보의 비대칭성을 고려한 분쟁해결제도의 단계적 사용에 대한 연구에 대해 살펴보자. 앞에서 논의한 것과 같이 현실적으로 통상분쟁의 발생은 계약의 불완전성과 불완전정보 하의 계약과정에서 발생한 모호성[ambiguity]이 분쟁해결제도 사용 중에도 태생적으로 발생할 소지가 항상 존재한다. 다시 말해, 회원국 간의 분쟁요인과 분쟁해결과정은 WTO 협정의무 불이행에 대한 이행촉구 보다는 무역 상대국의 조치(예를 들어, 무역에 영향을 줄 수 있는 정책 또는 국내조치)에 따른 분쟁당사국의 WTO 협정에 대한 해석 및 적용에 대한 이견조율과 판정 사후의 비용에 대한 명확성을 높이는 일련의 과정과 관련이 깊다. 그러므로 우리는 분쟁해결제도의 단계적 활용과정에서 양당사국의 불확실성과 비대칭정보문제가 해결 된다면 분쟁의 조기해결에 긍정적 영향을 미칠 것이라는 예상 할 수 있다. 이에 대한 연구로는 Ahn, Lee & Park(2013), Beshkar(2010)와 Park(2011)이 있다. Ahn *et al.*(2013) 연구는 이항[binary] 종속변수를 사용하여 분쟁해결제도의 사법판정 기능을 사용하는 경우와 그 이전에 합의 종료되는 경우에 대한 동인을 실증분석을 실시하였다. 이들은 분쟁당사국의 사적정보[private information]와 법적능력[legal strength]에 대한 인식을 당사국 간 협상에 미치는 주된 요인으로 보았다. 동 연구에서는 분쟁 당사국 간의 GDP 크기 차이로 비대칭 정보의 차이를 측정하였는데, 정보의 차이가 작을수록(클수록) 분쟁해결제도의 패널판정 이상의 사법기능 활용 가능성이 높다(낮다)고 주장한다. 이에 대한 이론적인 연구로는 Beshkar(2010)와 Park(2011)이 있다. 이 두 연구는 WTO 분쟁해결제도 역할을 제소국 정부가 처벌하려는 사적신호를 공적신호기제[public signaling device]화 한다는 이론적 틀을 제시하며, 분쟁해결기구의 역할은 피제소국의 제소된 정책에 대한 위반의 정도에 대한 판단기준reference point을 제공하여 효율적이고 신속한 협상이 가능하도록 해준다고 설명하고 있다.

한편, 분쟁해결의 형태와 불완전 정보를 둘 다 이론적으로 고려하여 WTO 분쟁해결제도의 단계별 동학의 이론적 모델을 제시하고, 예비적인 실증분석결과를 보여준 최근 연구로는 Maggi & Staiger(2013)가 있다. 이 논문은 현실에서 국가 간의 WTO 분쟁해결제도에 제기된 분쟁의 다양한 결과(조기해결, 재협상, 합의종료, 판결이후 합의, 판정이행)에 주목하며, 이러한 결과가 계약환경contracting environment과 최적계약 설계에 따라 예측되는지를 설명하였다. 이들의 설명에 의하면 정부가 무역정책에 대한 협정을 체결 시에는 이 정책을 사용하여 얻을 수 있는 보호주의적 이득의 합(Surplus: the joint benefits of protection- 이것은 정의 값일 수도 음의 값일 수도 있다)에 대해 사전적ex ante으로 불확실성에 직면하는데, 이러한 양자보수는 오직 사후적ex post으로 관찰 될 수 있고, 이 또한 분쟁해결제도를 통해 불완전하게 검증할 수 있는 것이다. 또한 분쟁해결기구도 역시 불완전 정보 하에 있기 때문에 양자보수에 대한 신호signal를 조사기간 중에 관찰하고, 이에 따라 판정을 내린다. 그렇기 때문에 양 분쟁당사국 정부는 분쟁해결기구의 판정에 확신을 갖지 못하게 되는데, 그래서 정부는 판정이 나기 이전in the shadow of the law과 판정 이후after the court has spoken인 두 단계에 걸쳐 협상을 진행하게 된다. 이들은 이론적 모델과 예비적인 실증데이터 검증을 통해 사전적으로 불확실성이 작거나 분쟁해결기구를 통해 정보수집이 가능한 경우의 최적계약형태를 '물권적보호대상 협정property rules'으로, 사전적으로 불확실성이 크고 분쟁해결기구를 통해 얻는 정보에 모호성이 큰 경우의 최적계약 형태를 '법적손해배상대상 협정liability rule'으로 바라보고자 한다. 이들은 실증분석을 통해 물권적보호대상 협정의 경우는 분쟁해결제도의 모든 법적절차를 소진하는 형태로 판정의 이행까지 분쟁이 지속된다는 점을 확인하였다. 반면, 법적손해배상대상 협정의 경우는 분쟁이 발생하면 분쟁의 결과는 단계별로 시기별로 다양한 결과를 예측했는데 즉, 조기해결, 사법기능 활용, 판정이행이나 판정이후의 재협상이 일어 날 수도 있다는 결론을 내리고 있다. 이들 연구에서는 합의를 실시 가능성이 낮은 협정이 물권적보호대상 협정에 대한 분쟁일

때라고 지적하는데, 만약 WTO의 최적계약의 형태가 동태적으로 발전하여 법적손해책임 대상 협정이 물권적보호대상 협정의 형태로 바뀐다면 조기분쟁해결이나 판정사후 합의 가능성이 낮아 질 것이라고 보고 있다.[20]

분쟁해결판정에 대한 이행과 분쟁해결제도 사용의 결과적 효과에 관한 연구는 분쟁의 개시나 분쟁단계에 따른 연구와 달리 상대적으로 많은 연구가 이루어지지 않은 영역이다. 이에 대한 이유로는 판정이행에 대한 측정상의 문제가 있는데, 판정 승소에 따른 이행의 기준을 정하기가 쉽지 않기 때문이다. 사실 판정이행에 대한 측정도 분쟁의 개시나, 분쟁 단계별 절차사용에 대한 연구처럼 이항적 접근 방식으로 단순하게 처리하는 방식도 실증분석 중에 한 가지 방법이 될 수 있으나[21], 피제소국의 패소에 따른 이행, 예를 들어 해당 조치 철회나 수정에 따른 실질적 이행 결과의 체계적인 실증분석을 위해서는 개별사례분석case-by-case적 접근 방법이 필요하다.

판정 이행에 대한 연구는 주로 WTO의 법제화된 판정 이행에 발전과 이행에 대한 개도국과 선진국의 차이(또는 편의발생)에 대한 가능성을 중심으로 이루어졌는데, 이에 대한 연구로는 Busch & Reinhardt(2003)가 있다. 동 연구는 이행concession에 대한 GATT와 WTO 기간의 데이터를 선진국과 개도국으로 나눠 비교하였다. 이 논문에서는 개도국이 제소국일 때 36% 이행률을 보이던 GATT 시절에 비해 WTO의 분쟁해결제도 하에서는 50%

---

20 물권적보호대상 협정(property rules)은 무역자유화로 인한 이득의 소유권이 쌍방의 합의에 의해서만 변경 가능한 경우로, 논문의 저자들은 실증분석에서 내국민대우(National treatment), 반덤핑(Antidumping)/상계관세(countervailing duty), 정부의 무역규제/수수료/절차, 예외조항(except clause), 수출보조금(export subsidies) 협정으로 구분하였다. 그 외 '비위반제소(non-violation)'와 '국내생산보조(domestic subsidies)'관련 협정은 손해배상원칙대상 협정(liability rules) 즉, 수입국이 계약상의 특정 손해배상을 통해 무역자유화 양허 권리를 매수(buy-out)할 수 있는 경우로 구분하고 있다. 한편, Jackson(1997)과 Pauwelyn(2008)을 중심으로 한 WTO 법학자들은 분쟁해결제도의 법제기능강화는 GATT/WTO 의무 위반에 대한 구제 조치가 "특정 행위(specific performance)"형태(즉, Maggi & Staiger(2013)에서 물권적보호대상 협정(property rules)의 개념)로 점차 격상(elevated)되고 있다고 주장한다.

21 예컨대, Davey(2005)은 패널과 상소기구 보고서의 이행에 관한 보고서를 기준으로 판정이행률을 계산하여 긴급수입제한조치(safeguard measure)와 지적재산권에 관한 분쟁의 이행이 무역구제나 SPS, 농업 및 보조금과 같은 문제보다 더욱 잘 이행이 되었다고 결론을 제시하였다.

로 이행률이 증가하여 이행에 있어 WTO 분쟁해결제도가 이행주체에 따른 격차를 줄이는 측면에서 개선을 보였다는 점을 확인하였다. 하지만, 제소국 입장에서 승소를 통해 패소국의 이행을 얻어낼 수 있는 확률 측면에서 계량분석을 통한 예측연구에서는 선진국과 개도국의 차이가 GATT 시절보다 WTO 기간에 더 크게 증가하여 여전히 선진국 편의가 발생하고 있음을 보여주고 있다. 이와 유사한 최근 연구로는 Hoekman, Horn & Mavroidis(2009)가 있는데, 이들은 실제 WTO 분쟁사건의 법소송 결과를 바탕으로 개도국과 선진국 간 법적판정에 따른 결과가 체계적으로 차이가 존재하는지에 대한 기초적인 통계 분석을 실시하였다. 동 연구에서는 WTO 분쟁해결에 기록된 분쟁결과에 대한 정보를 데이터화하여 패널판정 단계에서 개도국과 선진국의 법적판정결과의 차이를 통계적으로 보여주고 있다. 이들은 예비적으로 분쟁의 승소와 패소의 개수를 활용하여 통계적으로 비교하였는데, 예측과는 달리 개도국과 선진국의 승·패소 비중은 체계적 차이를 보이지 않았다. 이 논문은 역설적으로 WTO 분쟁 판정을 사후적 결과로만 판단하기에는 적절한 측정이 어려운 작업임을 강조하고 있다.[22]

한편, 분쟁해결제도 판정이행에 따른 결과_{효과}를 계량적으로 측정하여 체계적인 패턴을 밝혀내는 것 역시 쉬운 문제가 아니다. 회원국 간의 통상분쟁이 WTO 분쟁해결제도의 협의요청에서 이행분쟁까지 이르는 단계를 범주화하는 방식과 이행보고서가 채택되는지의 여부를 단순하게 확인하는 방식을 통해 이행에 대한 결과_{효과}를 판단하는 것은 문제가 있다. 왜냐하면 이러한 접근은 실제로 제소국의 승소가 자국에는 실이 되거나, 오히려 피제소국의 입장에서는 패소가 국내정치적 문제를 해결하여 실질적 이득 상황을 설명하

---

22 Hudec(1993)의 경우 분쟁의 승소는 판정에 따른 제소국의 이행여부로 판단해야 된다고 주장하지만, Hoekman *et al.,*(2009)은 Hudec(1993)의 주장에 대해 분쟁의 사건 별 횡단면적 비교 시에 장점이 있다는 점을 인정하면서도, 이에 대해 여전히 문제가 있다고 주장한다. 예컨대, 제소국은 보통 승소 가능성을 높이기 위해 여러 가지의 법적 쟁점을 제기하는데, 만약 제소국이 대부분 실질적인 쟁점(substantial issue)에서 패소하고, 주된 쟁점사항이 아닌 사소한 부분이나 절차적인 쟁점(procedural issue)에서 승소하였다면 이를 진정한 승소라고 할 수 없다는 것이다. 피제소국의 입장에서 보자면, 피제소국이 대부분의 사소한 쟁점에서 패소를 하여 이에 대한 이행은 모두 실시하였으나, 소수의 실질적인 쟁점사항에 대해서는 이행을 하지 않는다면 법적 판정 이행률은 매우 높아보이나 분쟁판정에 따른 실질적인 효과가 존재한다고 보기에는 문제가 있다는 것이다.

지 못하기 때문이다.[23] 또한 많은 분쟁해결에 제기되는 사건이 WTO 판정사용 이전(또는 이후)에 협의과정에서 해결되거나 공식적인 통보 없이 종결되는 경우가 상당수 존재하는데, 이러한 경우 WTO의 해당 분쟁해결 건의 이행에 대한 요구나 평가를 할 수 있는 공개적인 경로가 부재하기 때문이다.[24] 이러한 측면에서 GATT/WTO 분쟁 승소에 따른 무역개방을 측정지표로 사용하여 경제적 성과economic success를 분석한 Bown(2004)의 연구는 주목할 만하다. Bown(2004)은 분쟁사건의 결과를 범주형 변수를 사용한 기존연구와 차별화 된 접근을 시도하였다. 동 논문은 실증연구에서 종속변수로 무역자유화라는 수입침투도 또는 수입증가도import penetration를 활용하고 분석 국가를 확대하였다. 하지만 결론적으로 그의 분석은 기존분석의 차별성을 강조한 가설(즉, 분쟁해결제도의 법제화에 따라 법적 승소와 무역자유화의 연계 강화)에 대해서는 아쉽게도 제한적인 영향만이 있다는 결론을 내리고 있다.[25]

Bown(2004)의 연구는 연구결과의 강건성robustness과 추가연구과제 측면에서 세 가지 정도의 추가사항을 고려하여 발전시킬 여지가 있다. 첫째, WTO기간의 데이터 추가이다. 대부분의 실증분석에 사용된 데이터가 GATT시절에 해당(1973~1998년)하는 그의 연구는 이후로 많은 분쟁사건이 축적된 현 시점에서 WTO체제의 분쟁해결제도의 경제적 성과를 재조명해야 할 필요성이 있다. 둘째, 그는 모든 분쟁사건의 종속변수를 수입침투도를 기준으로 사용하였는데, 무역자유화가 목적이 아닌 형태의 분쟁 건을 연속변수와 같이 고려할 수 있는 계량적 분석모델을 사용해 볼 수 있다. 셋째, 종속변수를 분쟁 당사자의 양자 간의 무역변수의 변화와 함께(또는 개별적으로) 제 3의 국가의 수출입 무역량의 변량variation 또는 분쟁대상 상품의 분쟁 전후 가격의 변화를 고려하는 계량모델을 통해 WTO 및 WTO 분쟁해결제도의 진정

---

23 최근 Brewster & Chilton(2013)는 국내정치적 요소(the source of domestic policy measures)가 미국이 WTO 분쟁 패소시 WTO 판정 이행 여부에 있어 중요한 역할을 한다는 실증분석결과를 제시하였다. 하지만, 역으로 판정 이행의 결과가 국내정치적으로 어떠한 영향을 주었는지에 대한 연구는 부족한 실정이다.

24 1995년부터 2010년까지 총 230건이 WTO의 패널판정이상 활용하는 법소송 이전에 해결 (또는 철회) 되었는데, 이에 대한 해결조건(publicized terms of settlement)을 공식적으로 WTO에 통보한 경우는 단 53건(23%)이며, 그 외 177건(약 76%)가 WTO에 공식적인통보를 하지 않았다(Ahn *et al.*, 2013).

25 Bown (2004)는 주요 가설 이외 기존에서 확인된 보복위협효과(threat of retaliation)를 미국이 제소국일 경우 이외에도 무역자유화에 영향을 주고 있다는 사실을 강조하고 있다(본 논문의 각주 17 참조).

한 의미에서 다자주의적 무역자유화 효과(WTO의 경제적 성과)를 살펴 볼 수 있을 것이다.

::: WTO 분쟁해결제도 활용 현황 분석

본 장에서는 WTO 분쟁의 이론적 문제제기와 사례검토에 앞서 WTO의 분쟁해결기구에 보고된 협의요청 건수와 WTO 보고서 채택 건수 등을 기준으로 WTO 분쟁해결제도의 활용정도에 대해 알아보고자 한다.

■ WTO 분쟁해결제도 활용의 추세 분석

우선, 전체적인 큰 흐름을 살펴보기 위해 시계열적 추세를 분쟁해결제도가 존재한 GATT 시절(1948년)부터 협의과정에서 종료되거나, WTO 패널 또는 상소기구의 판정이 완결된 2010년까지의 분쟁사건을 협의요청 건수를 기준으로 살펴보았다.

〈그림 2〉는 분쟁사건의 장기적 추세를 통해 크게 두 가지 통계적 경향을 보여주고 있다. 첫째, GATT/WTO 분쟁은 전반적으로 점점 증가하였는데 특히, WTO 체제에 진입하며 구조적으로 큰 증가를 보였다. 앞 장에서 검토한 것과 같이 GATT 시절보다 훨씬 법제도적으로 발전한 WTO 분쟁해결제도는 그 사용면에서 GATT를 크게 압도한다. 예컨대 반 세기 동안의 세계무역을 관장한 GATT 시절의 분쟁이 약 330건인 반면 WTO가 출범한 지 10년만인 2004년까지 WTO 분쟁건수는 327건수를 기록하였다.

둘째, WTO 체제 기간인 1997년을 정점으로 분쟁건수가 감소하고 있다. 이 현상은 통상적으로 통상분쟁 건수의 증가가 회원국의 증가(즉, 회원국의 무역증가)와 분쟁에서 다루는 사안의 다양성의 증가와 관련 있다는 주장(Horn *et al.*, 1999; Bush & Reinhart, 2002)을 고려하면, WTO 분쟁해결제도의 사용이 감소하고 있다는 점은 더욱 자명해진다. 왜냐하면 이러한 경향은 WTO 신진회원국이 연루된 분쟁을 제외할 경우 그 경향이 더욱 두드

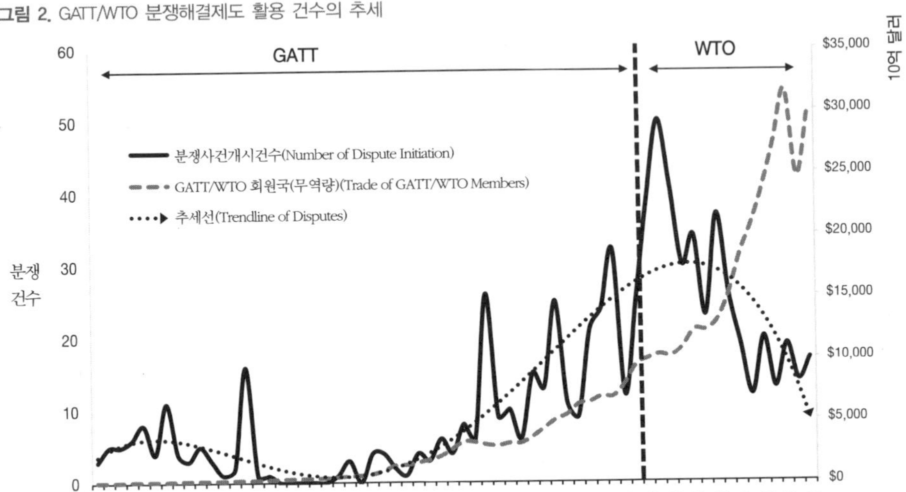

자료: GATT 분쟁건수는 Reinhardt(2000), WTO 분쟁건수와 GATT/WTO 회원국 무역량은 WTO 홈페이지 무역데이터와 분쟁해결 데이터 활용하여 작성

러지기 때문이다(VanGrasttek, 2013).

그림의 오른쪽 세로축을 기준으로 표시한 GATT/WTO 회원국의 무역액에서 보듯이 중국이 WTO에 가입한 2001년부터 WTO 회원국의 무역액은 매우 가파르게 증가하였다. 하지만, WTO 분쟁건수는 회원국의 무역량 증가와는 다른 양상을 보이고 있다. 예컨대 중국이 WTO 가입이후 WTO 분쟁해결제도에 주요 당사국으로 부상하였음에도 불구하고, 전체 WTO 분쟁해결 협의요청건수를 보면 중국의 WTO 가입 이전 년도인 1995년부터 2001년까지의 건수(242건)가 중국의 WTO 가입 이후 9년간의 기록(177건) 보다 훨씬 크다.[26]

WTO 분쟁해결제도를 활용이 감소하는 추세가 지속적일지는 좀 더 지켜봐야 할 것이나, WTO 출범이후 18년간의 행태는 초기사용이 집중적이었다는 잠정적인 결론을 내릴

---

26 1995년부터 2010년까지 24개의 신진회원국이 WTO에 가입하였다. 대부분의 국가가 소규모 경제(예를 들어, 앙골라, 베닌, 차드, 감비아, 콩고, 피지, 하이티, 몰도바 등의 군소국가임)임에 반해 중국을 필두로 베트남, 러시아, 우크라이나 등은 무역규모가 상당하고, 실제 WTO 분쟁 당사국으로 참여하는 경우 꽤 있다. 특히, 2001년 12월 11에 WTO에 가입한 중국은 2002년부터 2010년까지 제소국(7건) 또는 피제소국(22건) 총 29건의 WTO 분쟁해결제도의 주요 당사국으로 활동하였다.

수 있다.[27] 왜 이러한 현상이 발생 한 것일까? 우리는 이에 대한 추가적인 정보 수집을 위해 횡단면적인cross-sectional 통계적 분석 즉, WTO 분쟁에는 어떠한 국가들이 제소국 또는 피제소국으로 참가하는지, 어떤 국가쌍이 서로 분쟁해결제도의 당사국이 되는지, 또한 WTO의 어떠한 협정을 원용하고 주로 어떠한 산업에 문제를 제기하는지 등을 추가로 살펴보았다.[28]

■ **WTO 분쟁해결제도 활용 국가의 횡단면적 분석**

WTO 모든 회원국이 분쟁해결제도를 사용하는 것은 아니다. 2010년 기준으로 WTO 153개 회원국 중에 실제 제소국 또는 피제소국으로 WTO 분쟁에 1회라도 참가한 경험이 있는 국가는 회원국의 절반에도 미치지 않는 약 60개 국가이다. 이중에서 14개국은 제소국의 자격으로만 참여를 하였고, 18개국은 오직 피제소국의 자격으로만 분쟁에 참여하였다 (부록 1 참조). 이와 같은 현상은 WTO의 분쟁해경제도 활용에 대한 국가 경제적 실익과 큰 관련성이 있는데, 대부분의 군소(섬)국가나 저개발도상국가들은 무역액이 미미하고 WTO 분쟁해결제도를 활용하여 법적승소를 하여도 경제적 실익이 없는 경우가 많다.[29] 그렇다면 누가 WTO 분쟁해결제도를 가장 많이 활용하고, 분쟁의 당사자가 되는 것일까? 우리는 〈표 1〉와 〈표 2〉에서 확인 할 수 있듯이 무역량이 가장 많은 미국과 EU가 제소국

---

27 반면, GATT의 경우는 GATT 도입 시기 초기보다는 후기로 갈수록 그 사용이 점점 증가하였다. 단, WTO출범에 앞서 새로운 체제에 대한 기대로 1994년에는 그 사용이 잠시 주춤하였다.

28 본고에서는 횡단면적인 분석과 양자 간의 사용에 대한 분석만 실시한다. 협정과 산업적 특성으로 본 WTO 분쟁해결제도는 GATT 시기와 큰 차이가 없다(Bown, 2009; VanGrasttek, 2013). 전통적으로 GATT/WTO 분쟁 시 가장 많이 단독적으로 원용되는 협정은 무역구제책(반덤핑 〉 보조금 〉 세이프가드)이고, 산업은 식품을 포함한 농수산품이 가장 큰 비중을 차지하고 있다(이하는 철강 〉 금속 〉 섬유 및 의류 순).

29 경제적 실익도 실익이지만 실제 WTO 분쟁해결절차 제도를 활용 할 정도의 인적 및 제도적 인프라가 부족한 경우도 많다. 하지만 간혹 무역액이 미미한 군소국가가 분쟁에 참여하는 경우가 있는데, 이는 그 국가가 분쟁 대상이 되는 상품에 경제적 이해관계가 집중적일 경우이다. 예를 들어 미국을 상대로 한 "US-Gambling" (DS285) 사건의 경우, 앤티가 바부다의 도박서비스에 취해진 미국의 시장접근금지 조치는 관광과 서비스업을 주업으로 하는 그 국가의 핵심적 경제소득원이었다. 단, 이 건 역시 앤티가 바부다를 대신하여 법소송을 진행한 인력은 미국 출신의 변호사였다.

또는 피제소국 모든 경우에 가장 많이 WTO 분쟁해결제도를 활용하고 있는 것을 알 수 있다.[30] 그 뒤로 캐나다와 인도, 브라질, 멕시코, 아르헨티나와 같은 중남미 국가, 일본, 한국 순을 기록하고 있다.

그럼 앞에서 제기한 최근의 분쟁건수 감소와 관련지어 좀 더 자세히 WTO 분쟁해결제도를 사용하는 국가를 살펴보자. WTO 분쟁해결제도 사용을 앞에서와 동일하게 협의신청[request for consultation] 건을 기준으로 집계하였고 공동제소건은 국가쌍[bilateral-pair]으로 구분하여 개별 집계하였으며[31], 조사기간인 16년도를 8년 단위로 전기와 후기로 나눠보았다. 2002년부터 본격적으로 분쟁해결제도 사용의 감소경향이 나타났기 때문에 최초 8년간과 2002년 이후 8년간의 구분은 개략적인 비교분석이 가능케 해줄 것으로 판단된다. 〈표 1〉에서 보면 미국이 97건, EU가 82건으로 공세적 위치(제소국 입장)에서 DS를 가장 활발히 사용하였으며 그 뒤로 캐나다(33건), 브라질(25건), 멕시코(21건), 인도(19건), 아르헨티나(15건), 일본(14건), 한국(14건), 태국(13건), 칠레(10건), 과테말라(8건), 호주(7건), 중국(7건), 온두라스(7건), 뉴질랜드(7건) 순이다(이들 16개 국가가 총 447건에서 약 85%을 차지하고 있다). 이 국가들은 몇몇을 제외하고는 모두 세계의 주요수출국이며 GDP 규모가 상대적으로 큰 미국과 일본을 제외하고는 무역이 GDP에서 차지하는 비중 큰 편이다. 여기서 분쟁해결제도 활용의 감소와 관련해서 주목할 점은, 선진국과 개도국 둘 다 전반기에 비해 후반기에 동 제도의 활용을 감소시켰고, 상대적으로 보면 한국을 제외한 선진국들은 분쟁해결제도 활용이 초기 8년에 집중하였고, 전반기에는 그 활용이 활발하던 인

---

30 미국과 EU는 전통적으로 WTO 분쟁해결제도의 주요사용국이다. 예를 들어 1948년부터 2010년 12월까지 756건 중 85% 가량은 미국(50%)과 EU(35%)가 제소국 또는 피제소국으로 참여하였다.

31 공동제소의 경우 제소국들이 상호간 사전 조율을 통해 WTO 분쟁해결기구에 소송을 제기한 것이라 간주하기 어렵다. 대신 WTO 분쟁해결기구에서 분쟁의 사안과 각 제소국의 제소시기(협의요청 시기)에 따라 하나의 피제소국을 대상으로 요청된 여러 국가의 협의사안을 1건의 분쟁해결(DS)건으로 묶어서 처리를 하는 경우가 있다-예를 들어 DS16/27: "EC-Banana"; DS58 "U.S-Shrimp"; DS217: "US-Offset Act"는 같은 사안에 대한 여러 국가의 제소를 한 건으로 취급하였다. 한편, DS177/178: "US-Lamb", DS179~183: "US-Stainless Steel" DS248/249, DS251~254, DS258/259: "US-Steel Safeguards", DS375-377 "EC-IT Products" 경우는 같은 사안이만 하나의 국가쌍(제소국-피제소국)의 분쟁을 1건으로 취급하였다. 본 분석에서는 기존 문헌과 동일하게 제소국과 피제소국 및 분쟁당사국의 양자 간의 통계적인 특성을 보고자하기 때문에 공동제소건을 하나의 건수로 집계한다(Bown, 2004, 2009; Busch & Reinhardt, 2003; Horn *et al.*, 1999).

도, 브라질, 칠레를 제외한 다른 개도국들은 후기 8년에 집중하였다는 사실이다. 이는 분쟁해결제도 사용건수를 선진국과 개도국으로 나누어 보면 더욱 쉽게 관찰할 수 있다. 즉, 선진국의 사용 건수는 절대적 수치에서나 전체에서 차지하는 상대적인 비중에서 전기보다 후기에 그 사용이 줄어든 것으로 나타났으나, 개도국은 사용건수가 후기에 줄어들었고 오히려 후반기 전체에서 차지하는 상대적 비중은 증가하였다. 이러한 경향은 무엇보다 미국과 EU, 두 국가에게서 두드러지게 나타나는 경향인데 우리는 분쟁해결제도 사용의 최근 감소경향이 이 두 국가의 사용 감소경향과 연관되었다는 것을 쉽게 알 수 있다.

표 1. WTO 분쟁해결제도 활용국가(제소국 기준)[32]

제소국	계	(%)	전반기 (1995-2002)	(%)	후반기 (2003-2010)	(%)
계(Total)	447	100.0	307	68.68	140	31.32
선진국(Developed)	276	61.74	201	65.47	75	53.57
개도국(Developing)	149	33.33	106	34.53	65	46.43
미국(US)	97	21.70	73	23.78	24	17.14
유럽연합(EU)	82	18.34	60	19.54	22	15.71
캐나다(Canada)	33	7.38	23	7.49	10	7.14
브라질(Brazil)	25	5.59	22	7.17	3	2.14
멕시코(Mexico)	21	4.70	10	3.26	11	7.86
인도(India)	19	4.25	15	4.89	4	2.86
아르헨티나(Argentina)	15	3.36	8	2.61	7	5.00
일본(Japan)	14	3.13	11	3.58	3	2.14
한국(Korea)	14	3.13	7	2.28	7	5.00
태국(Thailand)	13	2.91	8	2.61	5	3.57
칠레(Chile)	10	2.24	8	2.61	2	1.43
과테말라(Guatemala)	8	1.79	4	1.30	4	2.86
오스트레일리아(Australia)	7	1.57	6	1.95	1	0.71
중국(China)	7	1.57	1	0.33	6	4.29
온두라스(Honduras)	7	1.57	4	1.30	3	2.14
뉴질랜드(New Zealand)	7	1.57	6	1.95	1	0.71

32 WTO 분쟁해결제도를 제소국의 자격으로 1건만 사용한 국가들(안티구와&버부다, 방글라데시, 체코, 니카라과, 싱가포를, 스리랑카, 우크라이나, 우루과이, 베네수엘라, 베트남, 엘살바도르, 홍콩)은 생략하였다. 공동제소(joint complaining)건은 전반기에만 7건이 존재한다(6건은 선진국이 참여한 사건이고-미국: 5건, EU: 1건, 개도국끼리(인도, 말레이시아, 파키스탄, 태국) 참여 1건).

제소국	계	(%)	전반기 (1995-2002)	(%)	후반기 (2003-2010)	(%)
콜롬비아(Colombia)	5	1.12	4	1.30	1	0.71
코스타리카(Costa Rica)	5	1.12	3	0.98	2	1.43
헝가리(Hungary)	5	1.12	4	1.30	1	0.71
인도네시아(Indonesia)	5	1.12	2	0.65	3	2.14
파나마(Panama)	5	1.12	2	0.65	3	2.14
필리핀(Philippines)	5	1.12	4	1.30	1	0.71
노르웨이(Norway)	4	0.89	1	0.33	3	2.14
스위스(Switzerland)	4	0.89	4	1.30	0	0.00
타이완(Chinese Taipei)	3	0.67	1	0.33	2	1.43
에콰도르(Ecuador)	3	0.67	2	0.65	1	0.71
파키스탄(Pakistan)	3	0.67	2	0.65	1	0.71
페루(Peru)	3	0.67	2	0.65	1	0.71
폴란드(Poland)	3	0.67	2	0.65	1	0.71
터키(Turkey)	2	0.45	1	0.33	1	0.71

자료: WTO 분쟁해결 데이터 활용 계산
주: 선진국과 개도국 구분은 World Bank (2010) 기준 사용(자세한 내용은 부록 1 참조)

다음으로 피제소국 기준으로 분류한 분쟁해결제도의 활용에 대해 살펴보자. 피제소국 기준으로 살펴본 분쟁 참여경향은 큰 그림에서는 제소국의 경우와 비슷하지만 내용적으로는 차이가 있다. 우선 앞의 제소국 기준과 유사한 경향은 피제소국 기준으로 보더라도 선진국이 주요 당사국이라는 것이다(전체의 약 65%). 또한 후기보다 전기에 감소한다는 점에서 동일 경향을 보인다. 하지만 개별 국가단위로 보면 피제소국 상위 16개국(미국, EU, 중국, 인도, 아르헨티나, 캐나다, 일본, 브라질, 한국, 멕시코, 칠레, 호주, 터키, 도미니카 공화국, 헝가리, 필리핀)이 전체에서 차지하는 비중은 약 98%로 제소국보다 크다. 특히 미국과 EU의 경우 제소를 당한 건수가 두 국가를 합쳐 214(약 48%)건으로 총 분쟁건수에서 약 절반을 차지한 다는 점과 중국이 WTO 가입이후 단기간에 주요 피제소국으로 부상하였다는 점은 주목할 만한 사실이다.

피제소국	계	(%)	전반기 (1995-2002)	(%)	후반기 (2003-2010)	(%)
계(Total)	447	100.0	307	68.7	140	31.3
선진국(Developed)	289	64.7	211	68.7	78	55.7
개도국(Developing)	158	35.4	96	31.3	62	44.3
미국(US)	122	27.29	87	28.34	35	25.00
유럽연합(EU)	92	20.58	61	19.87	31	22.14
중국(China)	21	4.70	0	0.00	21	15.00
인도(India)	20	4.47	14	4.56	6	4.29
아르헨티나(Argentina)	17	3.80	15	4.89	2	1.43
캐나다(Canada)	16	3.58	12	3.91	4	2.86
일본(Japan)	15	3.36	13	4.23	2	1.43
브라질(Brazil)	14	3.13	12	3.91	2	1.43
한국(Korea)	14	3.13	12	3.91	2	1.43
멕시코(Mexico)	14	3.13	7	2.28	7	5.00
칠레(Chile)	13	2.91	10	3.26	3	2.14
오스트레일리아(Australia)	10	2.24	8	2.61	2	1.43
터키(Turkey)	8	1.79	7	2.28	1	0.71
도미니카 공화국 (Dominican Republic)	7	1.57	0	0.00	7	5.00
헝가리(Hungary)	7	1.57	7	2.28	0	0.00
필리핀(Philippines)	6	1.34	4	1.30	2	1.43
이집트(Egypt)	4	0.89	2	0.65	2	1.43
인도네시아(Indonesia)	4	0.89	4	1.30	0	0.00
페루(Peru)	4	0.89	4	1.30	0	0.00
콜롬비아(Colombia)	3	0.67	1	0.33	2	1.43
에콰도르(Ecuador)	3	0.67	2	0.65	1	0.71
슬로박 공화국 (Slovak Republic)	3	0.67	3	0.98	0	0.00
남아프리카(South Africa)	3	0.67	1	0.33	2	1.43
태국(Thailand)	3	0.67	1	0.33	2	1.43
체코(Czech Republic)	2	0.45	1	0.33	1	0.71
과테말라(Guatemala)	2	0.45	2	0.65	0	0.00

33 〈표 1〉과 동일하게 피소를 1건만 당한 국가들(아르메니아, 크로아티아, 프랑스, 아일랜드, 말레이시아, 파나마, 폴란드, 포르투갈, 영국)은 생략한다.

피제소국	계	(%)	전반기 (1995-2002)	(%)	후반기 (2003-2010)	(%)
니카라과(Nicaragua)	2	0.45	2	0.65	0	0.00
파키스탄(Pakistan)	2	0.45	2	0.65	0	0.00
루마니아(Romania)	2	0.45	2	0.65	0	0.00
트리니다드 토바코 (Trinidad and Tobago)	2	0.45	2	0.65	0	0.00
베네수엘라(Venezuela)	2	0.45	2	0.65	0	0.00

자료: WTO 분쟁해결 데이터 활용 계산
주: 선진국과 개도국의 구분은 World Bank(2010) 기준(자세한 내용은 부록 1 참조)

전기와 후기로 나누어 살펴보면 분쟁해결제도의 활용이 제소국과 피제소국 간에 참여 양상이 내용상으로 많이 다르다는 것을 알 수 있다. 제소국의 경우와 달리 미국과 EU는 피제소국의 입장에서는 이들에 대한 타국의 분쟁해결제도 활용 집중도가 전기나 후기에서 큰 변동이 없다(앞에서는 이 두 국가들은 전기에 비해 후기에 분쟁해결제도 활용건수를 줄였다). 예를 들어 두 국가가 피제소국으로 참여하는 절대적 건수는 줄어들었으나 상대적인 비중은 약간 줄었거나, 오히려 EU의 경우는 늘어났다(반면, 다른 선진국(캐나다, 일본, 한국, 호주)은 피소를 당한 건수가 후기에 절대/상대적으로 줄어들었다). 개도국의 경우는 멕시코를 제외하고는 대부분 절대적인 건수와 상대적 비중도 감소하였다. 하지만 신진회원국의 건수와 피소집중도, 특히 WTO 가입이후에 선진국(미국, EU)의 주요한 피소 표적이 된 중국(21건: 15%)과 2000년 중반 이후 미국과의 자유무역협정체결과 자유무역지대[Free Zone] 확장 등으로 무역이 크게 증가한 도미니카공화국이 개도국의 피소건수와 비중의 약진에 기여한 것으로 나타났다.

우리는 WTO 분쟁해결제도 활용의 경향을 제소국과 피제소국의 각각의 경우로 살펴보았다. 위 통계적 사실을 정리하면 다음과 같다. 첫째 WTO 분쟁해결제도를 공세적으로 많이 사용하는 국가가 일반적으로 피소도 많이 당한 것으로 나타났다. 둘째로 2002년 이후인 후반기에는 주요 제소국의 분쟁해결제도 사용이 감소하였고, 특히 미국과 EU의 분쟁해결제도 활용이 눈에 띄게 줄어들었다. 한편 개도국은 제소 및 피소의 절대 건수는 줄어들었지만 사용비중은 후반기에 증가하였다.

■ WTO 분쟁해결제도 활용의 국가쌍^{Bilateral pair} 분석

이와 같은 현상은 일견 상호맞대응^{tit-for-tat}의 논리로도 설명이 가능한데, 만약 미국이 EU
를 상대로 WTO에 제소를 하면 EU역시 미국에게 맞대응 차원에서 WTO에 미국을 제소
할 가능성이 높다는 것이다. 실제 많은 WTO 분쟁사례에서 이 같은 경우를 발견 할 수 있
는데, 대표적인 사례가 미국 vs. EU와 브라질 vs. 캐나다간의 항공기 분쟁사례이다(Shin
& Lee, 2013).[34] 예컨대, 미국은 2003년 항공기에 대한 불법보조금에 대한 문제로 WTO에
EU를 제소하였고, 그 이듬해인 2004년에는 EU가 미국을 같은 문제로 수차례 제소하였
다.[35] 이러한 현상은 개도국 간에도 예외는 아니다.[36]

그렇다면 결국 여기서는 미국과 EU가 누구를 상대로 분쟁해결기구의 제소기능을 활용했

---

[34] 일반적으로 우리는 이와 같은 상호 맞대응(tit-for-tat)을 하는 경우를 두 가지 형태로 나누어 설명할 수 있다.
첫째는 동종 경쟁 산업에 있어 상호간 취해진 보호주의 산업정책을 문제를 삼는 경우와, 둘째로 수출상품에
서 경쟁관계는 아니지만 제소를 당한 경우 피제소국이 향후 맞대응 보복차원에서 상호적으로 문제를 삼는
경우다(이러한 사례는 많은 경우 WTO분쟁의 피제소국의 일방적인 조치가 선행되는 경우가 많다; 예를 들어
미국의 철강수입품에 대한 반덤핑, SCM, 또는 세이프가드 조치에 대한 맞대응을 WTO에 하는 경우). 첫 번째
의 경우는 동종상품에 대한 맞대응이기 때문에 실제 일정기간의 양자 간의 분쟁관계를 통해 쉽게 관찰 할 수
있으나, 두 번째의 경우는 산업이 다르기 때문에 쉽게 상호간 일정간격을 두고 이루어진 소송이 보복적 맞대
응이라고 결론내리기 쉽지는 않다. 하지만 우리는 두 번째 경우를 차치하고서 첫 번째 경우만 고려하더라도
실제 WTO분쟁에서 꽤 많이 찾아 볼 수 있다. 예를 들어 1년 간격으로 캐나다와 브라질 역시 경쟁수출품목
에 있어 수출보조금을 서로 문제 삼은 "Brazil - Aircraft" (DS46)과 "Canada - Aircraft" (DS70)이 있고, 철강제품
에 대한 세이프가드를 두고 미국과 EU이 번갈아 가며 제소를 한 사례 "US-Steel Safeguards"(DS248) v.s. "EC-
Provisional Steel Safeguards"(DS260)가 있다. 또한 WTO 출범 초기 많은 경우 미국과 EU는 무역과 관련된 정
책(특히 관세조치, 산업보조정책, 지적재산권)에서 서로 문제 삼았고, 후반기에는 미국과 EU가 가격경쟁력
을 앞세운 중국의 수입에 대해 제소하고, 이에 중국이 맞대응으로 제소하는 경우가 종종 발생하였다(미국과
EU가 중국을 상대로 자동차 부품수입이 중국의 국내산 자동차 산업진흥 정책을 2006년에 WTO 문제를 제
기하였고(DS339/DS340 : "China – Auto Parts"), 중국은 3년 뒤 미국과 EU를 상대로 중국산 자동차 부품인 철
강 나사류(steel fasteners)와 타이어(tires)에 대한 미국과 EU의 반덤핑관세조치를 WTO에 제소하였다(DS397:
"EC-Fasteners" / DS399: "US-Tyres").

[35] 미국이 EU를 상대로 한 사건이 DS301: "EC - Commercial Vessels"와 DS347: "EC and certain Member States -
Large Civil Aircraft (2nd complaint)"이고, EU가 미국을 상대로 한 사건이 DS317: "US - Large Civil Aircraft",
DS353: "US-Large Civil Aircraft (2nd complaint)"이다.

[36] 개도국의 경우 중남미 국가 중 주요 수출 국가인 칠레 vs. 중남미경쟁국 즉, 경쟁관계에 있는 아르헨티나, 페
루, 과테말라, 콜롬비아와 같은 중남미 국가가 서로 맞대응 형태로 농산품에 대해 WTO에 제소하였다. 대
표적인 사례로는 DS207, DS227, DS228, DS230, DS238, DS255, DS261, DS272, DS278, DS303, DS351, DS356,
DS393을 들 수 있다. 이러한 현상에 대해 Bown(2004b)은 통계적 분석을 통해 개도국이 제소국 입장에서
GATT 시절보다 WTO에 들어와서 보복가능성이 두 배나 높다고 설명한다.

었는가가 중요할 수가 있는데, 주목할 만한 것은 미국과 EU는 전반기에는 상호간 제소가 많았으나, 후반기에는 서로 간의 제소를 자제하였다는 것이다. 예를 들어 미국은 EU를 상대로 WTO 분쟁해결기구에 제기한 분쟁이 전반기 24건(단일제소 21건)에서 후반기에 6건으로, EU의 경우는 미국을 상대로 25건(단일제소 24건)에서 6건으로 줄었으며, 그 기간 동안 전체 건수 대비 상호간 사용비중 역시 크게 감소한 것 나타났다. 즉, 미국은 33.8%에서 25.0%로 EU는 40.7%에서 27.3%로 상호간 분쟁해결제도 사용비중을 감소시켰다. 또한 미국은 기타 선진국을 대상으로도 WTO분쟁해결제도 사용을 크게 감소시켰는데, 전반기 26(35.1%)건에서 후반기에 단지 1건(4.2%)을 기록하였다.[37] EU 역시 전반기 선진국을 대상으로 하던 WTO 분쟁해결제도 사용을 13건(22.0%)에서 3건(13.6%)으로 줄였다. 대신 이들은 개도국에 사용을 집중시켰는데, 미국의 경우 대 개도국 제소건수가 23건에서 17건으로 줄어들었지만, 오히려 비중은 31.1%에서 70.8%로 EU는 37.7%에서 59.1%로 대 개도국의 제소 비중을 증가시킨 것으로 나타났다. 특히 두 국가는 WTO 신규회원국이며 거대 수출시장인 중국에게 후반기 7년 동안에만 15건(미국: 11건, EU: 4건)을 제기하며 이들의 WTO 분쟁해결제도 활용역량을 신흥국에 집중시킨 것으로 나타났다.

표 3. 양자 간 WTO 분쟁해결제도 활용 경향[38]

제소국	총계	피제소국									
		1995-2002					2003-2010				
		US	EU	선진	개도	소계	US	EU	선진	개도	소계
US	98	–	25 (33.8)	26 (35.1)	23 (31.1)	74 (100)	–	6 (25.0)	1 (4.2)	17 (70.8)	24 (100)
EU	81	24 (40.7)	–	13 (22.0)	22 (37.3)	59 (100)	6 (27.3)	–	3 (13.6)	13 (59.1)	22 (100)
선진국	97	31 (45.6)	8 (11.8)	16 (23.5)	13 (19.1)	68 (100)	7 (24.1)	12 (41.4)	7 (24.1)	3 (10.3)	29 (100)
개도국	171	31 (29.2)	29 (27.4)	8 (7.5)	38 (35.8)	106 (100)	22 (33.8)	13 (20.0)	1 (1.5)	29 (44.6)	65 (100)
총계	447	86 (28.0)	62 (20.2)	63 (20.5)	96 (31.3)	307 (100)	35 (25.0)	31 (22.1)	12 (8.6)	62 (44.3)	140 (100)

자료: WTO 홈페이지 분쟁해결제도 협의요청 건수활용 계산
주: 선진국은 US와 EU를 제외한 것임. 건수 아래 ( )는 해당 기간을 기준으로 한 상대적 비중

---

[37] 1건은 DS338이다. 미국은 캐나다의 미국산 옥수수에 대한 잠정 상계관세 조치에 대해 WTO 분쟁해결기구를 통해 협의를 요청하였다.

[38] 양자 간 WTO 분쟁활용에 대한 자세한 사항은 부록 2 참조.

한편, 미국과 EU를 제외한 기타 선진국은 미국을 상대로는 절대적 건수와 상대적 제소 비중을 줄였으나, EU에 대한 상대적 비중은 13.3%에서 41.4%로 크게 늘린 것으로 나타났다. 단, 기타 선진국이나 개도국을 대상으로는 전기와 비교하여 약간 증가시켰거나 감소시켰다.

마지막으로 후기에 활용된 분쟁해결제도 총 사용건수인 140건 중 65건을 기록한 개도국의 상대적 약진은 주목할 만하다. 개도국은 대 미국을 상대로 한 분쟁해결제도 활용은 후기에도 크게 줄지 않았고, 상대적 비중은 오히려 소폭 증가(26.2%에서 33.8%)했으며, 개도국 vs. 개도국간의 사용도 비중 면에서 증가하는 경향을 보였다. 반면, 기타 선진국과 EU를 상대로는 그 활용비중이 감소되었다.

::: WTO 분쟁의 법적승소^{legal winning}와 경제적 승소(이득^{Economic gain})

■ 이론적 검토 및 문제제기: 최근 WTO 분쟁해결제도 활용 경향

우리는 앞에서 통계적으로 살펴본 WTO 분쟁해결제도활용 현황을 통해 다음과 같은 두 가지 사실을 알 수가 있다. 우선 첫 번째로 주목할 만한 사실은 분쟁해결제도 활용의 확대이다. GATT 시절에 기원을 두고 있는 WTO 분쟁해결절차 제도는 현 다자무역체제의 전신인 GATT 시절부터 세계무역의 증가와 함께 그 사용이 점차 증가하였다. 특히, WTO 시절에는 제도적인 큰 발전과 함께 그 활용도 급격히 확대되는 구조적 변화를 보였다. 이에 대해 전통적으로 많은 학자들은 WTO 체제 하에 있어 분쟁해결제도 활용도(건수)의 증가는 곧 WTO 분쟁해결제도의 신뢰성이 공공하게 구축되었고 신장되고 있다는 가장 단순하고 명확한 증거이며, WTO 회원국은 WTO 분쟁해결제도의 제소 기능을 통해 다자주의 자유무역을 공세적으로 실현하고 있다고 설명한다(Hudec, 1993; Jackson, 1998; Moore, 2000; Petersmann, 2005). 예를 들어 Hudec(1993), Jackson(1998) 과

Petersmann(2005)은 GATT시절부터 전 세계 교역이 증가하면서 무역분쟁이 발생하는 것은 자연스러운 것인데, 이러한 상황에서 GATT/WTO 회원국들이 정치외교 및 경제적 영향력을 떠나 국가 간 분쟁해결을 WTO 분쟁해결제도에 의탁한다는 것은 WTO 분쟁해결절차 제도가 객관성과 공정성을 보장하는 법제적 사법기능을 잘 수행하고 있다는 증거이며 다자주의 무역체제에 긍정적인 것이라 평가하였다.

반면, Reinhardt(2000)와 Busch & Reinhardt(2002)는 GATT 시절과 보다 증가한 WTO 분쟁해결 건수의 증가는 WTO 출범이후 급격히 성장한 기관의 규모(즉, 회원국의 증가)와 관련성이 크며, 단순히 분쟁해결제도 사용건수가 증가하는 형태는 오히려 동 제도의 문제점을 역설하고 있다는 증거라고 주장한다. 이들은 또한 WTO의 체제로 들어오면서 보강된 분쟁해결제도의 기능(예를 들어 분쟁판정결과 채택의 역컨센서스 방식) 그 자체가 WTO 체제가 근본적으로 결핍되어있는 사법집행력judicial enforcement power을 강화하고 사법기능의 성공적인 운영을 보장해주는 것은 아닐 수 있다는 기존과는 차별화된 시각을 제시하였다. 예컨대, "EC-Banana"사건이나 "US-Zeroing"사건들만 보더라도 패소국의 불만족스러운 이행에 대해 지속적으로 문제를 제기하고 구제책을 모색하는 과정에서 제기된 사건건수가 분쟁건수의 증가분에 기여하였고, 앞에서도 살펴보았지만 여러 건의 보복형태counter-suit의 분쟁건수는 규칙기반rule-based의 제도정착의 좋은 예로 볼 수 없다는 것이다.[39] 무엇보다도 분쟁건수의 증가가 오히려 시스템의 문제라고 보는 이유로 WTO가 결국 힘의 논리로 귀결되는 상황이 분쟁의 개시에서부터 이행에 걸쳐 두루 발생하고 있다는 점이다(Bown, 2004b; Busch & Reinhardt, 2003; Lee *et al.*, 2014). 이는 분쟁해결제도 사용과 결과의 비대칭을 통해 이해 할 수 있는데, 앞에서 살펴 본 바(표 1)와 같이 선진국과 개도국의 분쟁해결활용의 차이는 후반기에는 조금 줄어든 면이 있지만, 그럼에도 불구하

---

39 WTO의 EC-Banana(DS16; DS27) 사건은 최초 GATT 시절의 EC-Banana 사건의 패소국인 EC의 불이행으로 인해 추가적으로 다수의 Banana(DS105; DS158; DS361; DS364)사건을 불러일으켰다. 또한 미국의 제로잉 관행의 폐지를 두고 지속적으로 문제가 된 US-Zeroing 사건의 경우도 패소국인 미국의 체계적인 불이행으로 많은 건수를 기록하고 있다. 직접적으로 관련된 법적이슈를 다룬 사건만 해도 9건이고, 끝내 미국의 불이행으로 이에 대한 구제를 받기 위한 사건으로만 15건이다(Ahn & Messerlin, 2014). 이 외에도 유사한 이슈나 유사한 품목에 지속적으로 문제를 제기하는 사례와 패널과 상소보고서 채택이후 이행과 관련된 건수들은 대부분 패소국의 판정 불이행에 따라 소요된 사건이다.

고 그 차이는 시작부터 크다. 이러한 비대칭이 발생하는 이유로 Horn *et al.*,(1999)는 개도국 중에 특히 군소국^{Small developing countries}과 저개발국가^{Least Developed Countries}는 세계에 차지하는 무역비중, 수출포트폴리오^{export portfolio}와 시장크기가 작기 때문에 분쟁해결제도를 활용하고자하는 경제적 유인이 작다는 점을 꼽고 있다. 하지만 문제는 이러한 요인을 고려한다하더라도, 이들 국가의 WTO의 분쟁해결제도 활용이 현저히 낮다는 것이다. 이행과 불이행에 대한 시스템 측면을 살펴보면 개도국의 힘의 논리에 의한 비대칭은 더욱 문제가 되는데, 이는 불이행에 대한 보복조치 허용이라는 법제도의 문제를 차치하고서도 실제 이행에 있어 국가의 특정요인-즉, 보복능력(시장크기, 경제력, 정치 및 외교력)-의 역할이 크게 작용하고 있기 때문이다(Bown, 2004a; 2004b; 2005; 2007; Kennedy & Hudec, 2002; Sattler & Bernauer, 2011). 가장 대표적인 사례로 "US-Gambling"사건은 큰 경제적 규모의 차이로 발생하는 비대칭적 무역구조가 현 WTO 체제하에서 실효성 있는 피제소국의 판정이행을 강제하거나, 제소국의 보복조치가 무용하게 될 수 있다는 것을 잘 보여주고 있다.[40]

한편, 분쟁해결제도 사용 현황을 통해 발견 할 수 있는 두 번째 사실은 분쟁해결제도의 활용이 WTO 설립 초기 3년(1998년)을 정점으로 하여 계속 감소하고 있다는 점이다. 우리는 앞 장의 통계적 분석을 통해(GATT 시절보다 크게 법제적으로 발전하였다고 인정받는) WTO 분쟁해결제도가 중국 및 신진회원국의 WTO 참여로 무역량이 크게 증가하는 등, 그 사용의 증가에도 불구하고 설립 직후 3~5년간을 제외하고 지속적으로 감소하고

---

[40] 미국은 WTO 판정을 통해 제소국인 앤티구아 바부다에 도박(경마) 서비스 시장을 재개하라는 WTO의 패널 및 이행패널 등의 수차례의 판정을 불이행하고 제소국의 보복조치를 허용하였는데, 미국의 경제보다 약 1,500배나 작은 안티구와 바부다가 할 수 있는 실효적인 보복은 없었다. 하지만 이와는 반대 사례로 미국이나 EU와 같이 경제력과 보복능력을 구비한 국가는 시장크기가 큰 인도네시아나 인도의 경우라도 분쟁해결제도를 통해 이들의 시장개방의지를 관철시키는 경우가 대부분이다. 실제 "Indonesia-Auto"사건과 "India-Auto" 사건에서 미국과 EC와 같은 거대 선진국은 WTO 분쟁해결제도를 십분 활용하여 이 두 개도국의 국내 산업정책을 철회시켰고 관련 산업의 완전한 개방과 WTO판정의 완전한 이행을 이끌어 냈다(Lee *et al.*, 2014). 한편, 협정간 보복조치(cross-retaliation)는 이러한 경제적 비대칭에도 불구하고 WTO의 법기제의 유효성을 보여주는 사례라고 할 수 있다. 하지만, 그럼에도 불구하고 지금껏 이러한 보복조치는 실제 이행이 된 적이 없고, 이러한 보복 위협이 분쟁당사국간의 원만한 분쟁해결에 중추적인 역할을 하고 있다는 증거는 없다(Lakatos & Walmsley, 2014).

있다는 것을 발견할 수 있었다. 그리고 이와 관련하여 국가별 제도의 사용 현황을 통해, 우리는 어느 국가보다 미국과 EU가 2000년 이후로 각 제소국 입장에서 분쟁해결제도의 활용과 상호간의 사용에 좀 더 신중해하고 있음을 통계적으로 관찰 할 수 있었다.

그렇다면 이러한 현상이 의미하는 바가 무엇인가? 분명 GATT 시절보다는 그 사용이 확대된 분쟁해결제도가 초기 3년을 정점으로 감소하는 형태를 보이는 이유는 무엇일까? 동 현상이 일시적 외생요인 의한 단기적 현상이 아니라면, 우리는 WTO 분쟁해결제도가 GATT 시절과 법제적인 측면에서 크게 차별화된 효과를 얻지 못하였다고, 또는 분쟁해결제도의 사용감소(앞에서 설명했듯 사용증가가 제도의 성공적인 정착과 운영의 증거로 본다면)는 이 또한 제도적 한계로 간주 할 수 있을까? 아니면 WTO 체제하에서 분쟁해결제도의 신뢰도가 향상되고 각 회원국의 신중성이 높아졌기 때문에 WTO 분쟁의 감소 현상은 제도의 성공적인 정착과정으로 받아들여야 할 것인가?

아직까지 이러한 현상을 체계적으로 검토하고 구체적으로 밝힌 연구가 거의 없는 실정인데[41], 만약 이러한 분쟁해결제도 사용의 최근 경향이 일시적인 외생요인(예를 들어 경기주기)에 의한 것이 아닌 체계적이고 일관성이 있는 현상이라면, 이는 분쟁해결제도의 내생적 요인 즉, WTO 회원국의 분쟁해결제도 활용의 인센티브 체제변화와 관련성이 높을 수 있다.

---

41 Bown & McCulloch(2010)는 WTO분쟁해결제도의 초기 사용 증가와 후기 감소경향에 대해 가설적으로 요인을 제시하였는데, i)'우루과이 라운드협상 타결이후에 미완(unresolved)된 이슈를 분쟁해결제도를 통해 해결하려는 노력', ii) 'WTO라는 새로운 분쟁해결제도에 대한 학습과 기대수익에 대한 테스트 차원'을 초기 WTO 분쟁해결제도 사용의 증가요인으로 보았고, 동 제도의 후기 감소요인으로는 '세계 수출성장에 따른 시장접근(market access) 확대 기회를 확보하기 위한 WTO회원국의 WTO위반정책(WTO-inconsistent policy)의 선제적 수정 노력'이라는 가설적인 설명을 제시하고 있다.

■ WTO 분쟁해결제도의 법적절차 활용 분석[42]

앞의 기존문헌을 통한 이론적 검토로 우리가 알 수 있는 사실을 요약하자면 다음과 같다. 규칙을 기반$^{Rule-based}$으로 하는 것이 아닌 힘의 논리$^{Power\ game}$또는 판정 불이행에 따른 분쟁사건의 단순한 증가는 제도의 실패 내지 한계로 볼 수 있다. 일단 개시나 이행의 비대칭의 경우는 차치하고서, 역으로 힘의 논리가 아닌 규칙을 기반으로 한 분쟁의 증가는 제도운영의 성공으로 해석할 수 있다. 즉, WTO의 보고서의 채택률이 증가하거나 최소 양자합의 형태로나마 법에 따른 이행이 보장된다면, 우리는 WTO 분쟁해결제도 사용이 감소하더라도 이를 일정선 상에서 제도운영의 성공적인 정착이라고 해석할 수 있다.

이에 이하에서는 (국가의 비대칭적인 경제력과 보복능력을 포함한 국가의 능력에는 큰 변화가 없이 일정하다는 것을 가정하고), WTO 분쟁해결기구 협의에서 WTO 분쟁해결제도의 법제적 기능을 나타내는 보고서 채택 현황을 나누어서 살펴보고자한다.

표 4는 WTO체제 하에서 발생된 분쟁사건을 WTO의 법제도적 절차 단계별로 살펴본 것이다. 우리는 이 통계자료를 통해 분쟁해결제도 절차의 외교·정치적인 협의 기능$^{Non-litigation}$과 법제화^{legalization}기능[43]의 두 가지 측면을 나누어서 연도별로 살펴보고자 한다. 일견, 우리는 GATT 시절에 비해 법제적인 요소, 특히 역컨센서스 방식의 도입$^{소송의\ 단계의\ 자동적\ 채택}$으로 보장된 제소국의 법절차 사용은 WTO분쟁해결기구의 사법적 판정^{Rulings}기능

---

42 WTO 분쟁해결제도의 법절차 사용에 대한 이론 및 실증 연구는 본고의 3.3 참조. 법절차 사용은 역으로 비사법적 절차(Non-litigation)로 해석할 수 있다. 비사법적 절차의 범주를 1) consultation, 2) after panel request, 3) after panel establishment 단계에서 분쟁해결(settlement)이 일어나는 경우를 보고 있고, 분쟁해결(settlement)의 경우를 1) 분쟁해결(settlement)/termination(종료)/withdrawal(철회)의 비공식적 통보, 2) 분쟁해결/종료/철회의 조건을 비공개하 공식적 통보, 3) 분쟁해결의 조건을 공개하 상호간합의(mutually agreed settlement) 공식통보로 구분할 수 있다(Ahn *et al.*, 2013).

43 WTO분쟁해결기구의 법제화 기능을 제소국의 소송과 WTO 분쟁해결절차에 따른 협의 이후의 과정, 즉 WTO 분쟁해결절차에 따른 보고서(패널/상소기구) 채택과 이행 보고서 채택 및 보상(보복) 수권과정을 지칭하기로 하자(Ahn *et al.*, 2013).

활용률을 높여줄 것으로 예상 할 수 있다.[44]

표 4. 연도별 WTO 분쟁해결절차 단계 및 사법(패널/상소기구) 기능 활용률

사건개시년도 (협의요청)	(A) Con Req.	(B) Pan Est Req.	(C) Pan Est.	(D) Pan Ado.	(E) AB Ado.	(B)/(A) Pre-Panel Est. 법소송 이전 합의률(%)	(C)/(A)	(D)/(A) Post-Panel Est. 사법/판정 활용률(%)	(E)/(A)
1995	28	15	12	8	7	53.6	42.9	28.6	25.0
1996	51	35	26	24	19	68.6	51.0	47.1	37.3
1997	50	24	21	17	15	48.0	42.0	34.0	30.0
1998	42	18	14	14	10	42.9	33.3	33.3	23.8
1999	35	19	16	16	11	54.3	45.7	45.7	31.4
2000	40	25	20	19	14	62.5	50.0	47.5	35.0
2001	24	11	8	8	3	45.8	33.3	33.3	12.5
2002	37	28	23	21	19	75.7	62.2	56.8	51.4
평균 (95~02)	38.4	21.9	17.5	15.9	12.3	56.4	45.0	40.8	30.8
2003	26	17	16	12	8	65.4	61.5	46.2	30.8
2004	19	10	9	7	6	52.6	47.4	36.8	31.6
2005	12	6	5	4	1	50.0	41.7	33.3	8.3
2006	20	15	15	9	8	75.0	75.0	45.0	40.0
2007	13	10	5	5	3	76.9	38.5	38.5	23.1
2008	19	10	10	7	2	52.6	52.6	36.8	10.5
2009	14	12	9	3	1	85.7	64.3	21.4	7.1
2010	17	12	10	6	1	70.6	58.8	35.3	5.9
평균 (03~10)	17.5	11.5	9.9	6.6	3.8	66.1	55.0	36.7	19.7
전체평균 (1995~2010)	27.9	16.7	13.7	11.3	8.0	61.3	50.0	38.7	25.2

자료: WTO 분쟁해결 데이터 및 Horn & Mavroidis (2008) 활용 작성[45]
주: (A)-ConReq (협의요청 건수), (B)-PanEst Request (패널설치요청 건수), (C)-PanEst (패널설치 건수),
 (D)-PanAdo (패널보고서 채택 건수), (E)-ABAdo (상소기구 보고서 채택 건수)
※ WTO 사법(패널 이상)기능 활용률(Panel Adoption Rate): (D/A)*100

하지만 우리가 데이터를 통해 살펴 본 WTO 분쟁해결기구의 사법적 판정[Rulings]기능 활용률은 예상과는 달리 GATT에서와 WTO 시절을 비교하였을 때 큰 차이가 없었다. WTO 사법[패널 이상]판정 기능 활용률은 연도별로 요청된 협의[사건개시]건이 각 단계를 거쳐 패널

---

44 GATT체제 하에서는 1960~1970년 초기에는 외교·정치적인 암묵적 동의에 따라 대부분의 GATT 보고서가 채택이 되었다. 하지만 1980년대부터 WTO출범까지는 GATT 분쟁해결제도의 판정을 채택하지 않는 경우가 많아지게 된다. 특히 미국의 일방주의(unilateral)적 상호주의원칙에 기반을 둔 무역개방 및 무역보복 조치가 만연하고, 우루과이라운드가 출범하기로 합의한 시점인 1980년대 중반 이후부터 더욱 GATT 보고서 채택에 거부권을 행사하는 경우가 비일비재하게 되었다(VanGrasstek, 2013). 예컨대 WTO출범 직전인 1991부터 1995년간에는 GATT 패널보고서 31건 중에 오직 17건만 채택이 되었고, 나머지는 피제소국에 의해 거부가 되는 등 GATT 분쟁해결절차는 신뢰성에 큰 손상을 얻게 된다. 미국의 일방주의적 무역조치법인 'Super 301법'에 대한 GATT 패널의 불법판정에 대해 미국이 거부권을 행사한 경우가 대표적인 사례이다.

45 "The WTO Dispute Settlement System Data Set"(www.worldbank.org/trade/wtodisputes).

판정까지 이른 건의 비중을 나타낸 것인데, GATT 시절과 WTO 시절의 패널판정 활용률의 전체평균이 각 35.4%와 38.7%로 WTO 체제에서 약 3.3%포인트 가량만이 높다. 여기서 주목할 점은 GATT시절인 1948~1994년 동안에는 패널판정 활용률이 점차 증가하여 GATT의 분쟁해결제도 개선시점인 마지막 5년(1989~1994년)에는 WTO의 그 것과 유사하게 36.9%로 증가한 반면, WTO 시절에는 패널판정 활용률이 전반기(1995~2002년)에는 증가하다가 후반기(2003~2010년)에는 갈수록 감소하는 경향^{Inverted-U shape}에 있다는 것이다. 즉, GATT 시절과 달리 WTO 출범이후 전반기 때는 협의요청건수와 함께 WTO의 사법^{패널판정 이상}기능 활용률도 높았지만, 후반으로 갈수록 사법^{패널판정 이상}기능 활용도가 줄어들었다는 사실이다.[46] 이를 달리 표현하면 분쟁 협의요청건수가 WTO 분쟁해결절차 단계별로 진행될 때마다 합의^{early settlement}로 사건을 해결하는 비중이 점차 증가하는 것으로 볼 수 있는데, 절반가량의 분쟁이 협의 요청에서 패널설치 요청 단계로 넘어갈 때 합의해결 종료(또는 철회종료)가 된다고 볼 수 있다.[47] 최대 60일 이내 양자협의 기간을 주는 점을 감안하면 협의요청 이후 두 달 이내 35~45%가량의 분쟁이 양자 간 협의를 통해 분쟁이 해결되는 양상을 보이는 것이다. 이러한 현상은 평균적으로 전반기(56.4%)보다 후반기(66.1%)에 두드러지게 나타났는데, 이는 전반기에 협의 요청 건수는 많았지만, 실제 분쟁해결제도의 절차가 추가적으로 진행되면서 양자협의과정에서 분쟁을 해결(또는 종결)시키는 사례가 많았다는 것을 의미한다. 하지만 후반기와 최근의 분쟁사건일수록 협의요청 및 패널 설치 요청에서 패널 설치로 이어지는 경우가 많게 되었는데, 후반기(55.0%)의 경우가 평균적으로 협의요청 건수는 작았으나 패널 신청까지 진행되는 사건의 비중이

---

[46] 사법기능 활용이 높(낮)다는 것은 반대로 조기 분쟁합의(early settlement)가 낮(높)다는 것을 의미한다.

[47] 물론 패널설치 이후와 패널보고서 채택 이후에도 양자 간에 합의해결(settlement) 또는 철회 종료(추가조치 불필요: no further action required 또는 당사국의 요청에 의한 패널 권한 상실: authority for panel lapsed도 포함)가 가능하다. 본 연구에서는 패널보고서 채택이후에 합의 해결 사례인 "EC - Scallops"(DS7; 12; 14), "EC - Hormones"(DS26), "EC - Butter"(DS72), "India - Quantitative Restrictions"(DS90), "US - DRAMS" (DS99), "Canada - Dairy"(DS103; 113), "Australia - Automotive Leather II "(DS126), "US - Section 129(c) (1) URAA"(DS221), "EC - Sardines" (DS231), "US - Softwood Lumber" (DS236; 257; 264; 277), "Japan - Apples"(DS245), "US - Antidumping Measures on Oil Country Tubular Goods"(DS282), "EC - Approval and Marketing of Biotech Products"(DS292; 293), "US - Canada Continued Suspension" (DS320; 321), "Japan - Quotas on Laver"(DS323), "Japan - DRAMs"(DS336), "India - Additional Import Duties"(DS360), "Korea - Bovine Meat"(DS391), "US — Tyres"(DS399)는 기능상 WTO 사법(패널)판정을 활용한 것으로 취급하였다.

전반기(45.0%)보다 높은 것으로 나타났다. 반면, 패널보고서 채택률은 전반기(40.8%)보다는 후반기(36.7%)에 감소한 것으로 나타났다. 또한 후반기에 협의 요청된 WTO 분쟁이 모든 분쟁해결절차를 거쳐 패널 판정에서 상소기구까지 연결되는 경우가 전반기(30.8%)에서 19.7%로 크게 감소한 경향이 있었는데, 이는 일견 실제 법소송 절차 이행과 연계된 패널보고서 채택에 있어 최근 국가들이 WTO 사법 판정기능 활용에 신중성의 증가와 패널 판정에 대한 신뢰성이 높아진 것으로도 볼 수 있다.

연도별 및 분쟁해결단계별로 살펴본 조기합의(역으로 사법기능)활용 경향은 대체적으로 선진국^{미국과 EU}이 제소국 또는 피제소국인 경우, 개도국이 제소국 또는 피제소국인 경우에 따라 차이가 있는데, 이를 〈표 5〉를 통해 좀 더 구체적으로 각 그룹별과 그룹쌍^{group-pair}별로 살펴보자. 국가군 그룹쌍별 분석의 경우 피제소국의 입장보다는 사법기능^{패널판정} 이상 채택에 대한 재량권이 WTO 체제하 역컨센서스 방식으로 강화된 제소국의 입장에서 살펴보자.[48]

표 5. 그룹별 WTO 분쟁해결절차 사법(패널)기능 활용률(%) 현황

제소국 \ 피제소국	기간	모든 국가 건수(평균) 협의요청	모든 국가 건수(평균) 패널채택	모든 국가 사법기능활용(%)	선진국(미국/EU제외) 건수(평균) 협의요청	선진국(미국/EU제외) 건수(평균) 패널채택	선진국(미국/EU제외) 사법기능활용(%)	개도국 건수(평균) 협의요청	개도국 건수(평균) 패널채택	개도국 사법기능활용(%)	미국 건수(평균) 협의요청	미국 건수(평균) 패널채택	미국 사법기능활용(%)	EU 건수(평균) 협의요청	EU 건수(평균) 패널채택	EU 사법기능활용(%)
모든 국가	95~02	38.4	15.9	40.8	7.9	3.4	39.8	12.0	3.4	26.6	10.9	7.0	61.7	7.6	2.1	32.1
	03~10	17.5	6.6	36.7	2.0	0.7	33.3	7.8	2.6	32.7	4.4	1.8	36.1	4.7	3.0	45.8
	95~10	27.9	11.3	38.7	4.9	2.0	36.5	9.9	3.0	29.6	7.6	4.4	48.9	6.1	2.6	39.0
선진국 (미국/EU 제외)	95~02	8.5	4.4	51.5	2.7	0.8	39.4	2.2	0.7	26.7	4.4	3.3	55.2	1.6	0.6	46.7
	03~10	3.6	1.5	35.3	1.2	0.3	33.3	1.0	0.3	33.3	1.4	0.4	26.7	1.7	1.0	42.9
	95~10	6.1	2.9	43.4	1.9	0.6	36.4	1.6	0.5	30.0	2.9	1.8	40.9	8.1	4.0	44.8
개도국	95~02	13.3	5.1	35.4	1.6	0.4	30.0	4.8	1.0	19.6	4.4	3.0	66.4	3.6	1.3	40.6
	03~10	8.1	2.6	30.6	1.0	1.0	100	3.6	1.0	24.0	2.8	1.1	32.5	1.6	0.4	20.8
	95~10	10.7	3.9	33.0	1.3	0.7	65.0	4.2	1.0	21.8	3.6	2.1	49.5	2.6	0.8	30.7
미국	95~02	9.1	3.1	28.9	7.0	3.0	49.8	3.8	1.2	36.1				3.0	0.5	16.7
	03~10	3.0	1.6	54.2	2.3	1.1	46.9	2.1	1.1	53.1	–			1.2	0.8	60.0
	95~10	6.1	2.4	41.6	4.6	2.1	48.4	3.0	1.1	44.6				2.1	0.7	38.3
EU	95~02	7.5	3.3	39.8	2.6	1.2	48.7	3.7	1.3	30.1	3.6	1.7	40.7			
	03~10	3.1	1.0	23.8	1.0	0.3	33.3	1.9	0.4	16.7	1.5	0.8	58.3	–		
	95~10	5.3	2.1	36.2	1.8	0.8	41.0	2.8	0.9	23.4	2.5	1.2	49.5			

자료: WTO 분쟁해결 데이터 및 Horn & Mavroidis (2008) 활용 계산
주: 해당 기간의 평균값이 아닌 해당 기간 내에서 분쟁해결 협의요청 년도를 기준으로 패널보고서 채택까지 진행된 건수의 평균값을 나타낸 것임. 그러므로 협의요청 건수가 없는 년도는 해당기간 평균값에 고려되지 않음. 공동제소건은 국가쌍의 성격을 고려, 앞의 〈표 1〉 ~ 〈표 3〉의 분석과 동일하게 처리함. 자세한 사항은 각주 35) 참조.

---

48 역컨센서스 방식으로 진행되는 분쟁해결제도의 각 절차는 제소국이 사법기능을 활용에 대한 의지가 중요하겠지만, 실제 사법기능의 채택률은 피제소국의 합의 의지와 상호작용(interactive)의 결과로 양방향의 해석이 가능할 것이다. 편의상 여기에서는 제소국의 입장에서만 해석하여 분석을 실시하고자 한다.

우선 전체 국가가 각 국가 그룹별로 실시한 분쟁해결제도 사용에서 사법기능을 활용한 경우는 다음과 같은 특징을 갖는다. 미국과 EU를 제외한 대 선진국을 대상으로 한 제소에서는 전체기간 평균은 36.5%이고, 전기보다는 후기에 사법기능 채택률이 낮다. 반면, 개도국을 대상으로 한 경우는 사법기능 활용률이 전 기간 평균이 30% 미만인데, 후기에 증가한 편이다. 개별국가로 WTO 주요 분쟁대상국인 대 미국과 EU 현황은 약간은 대조적인데 대 미국의 경우는 사법기능 활용률이 전체 평균기준(48.9%)으로 매우 높은 편이다. WTO 출범 초기인 전기에는 61.7%의 대 미국 분쟁이 패널보고서를 채택한 것으로 매우 높은 것으로 나타났다. 하지만 후기에는 20%포인트 이상 크게 줄어들었다. 한편, 대 EU의 경우 모든 국가들이 전기에 비해 후기에 사법기능 활용을 증가시켰다.

다음으로 각 국가그룹별로 실시한 사법기능 활용률의 특징을 살펴보자. 우선 미국과 EU를 제외한 선진국과 개도국이 제소국 입장으로서 각 국가그룹별 실시한 WTO 사법기능 활용률을 살펴보자. 선진국의 경우는 앞의 전체국가의 경우와 유사한데, 평균적으로 사법기능 활용률(43.4%)이 가장 높은 그룹이며 대 그룹별로 편차가 작은 편이다. 앞의 전체 그룹과 차이점은 EU의 경우가 후기에 감소하였다.

한편, 개도국의 경우는 제소국의 입장에서 평균적으로 낮은 사법기능 활용률을 보이고 있다는 것이 특징이다. 주목할 점은 대 선진국과 미국의 제소에서 선진국의 경우보다 전 기간에 높은 사법기능 활용을 보여주고 있다는 것이다. 이는 개도국이 개도국 상호간에는 사법기능 활용이 작으나 대 선진국과 미국과의 분쟁에서는 일단 협의를 개시하면 사법기능을 활용할 가능성이 높다는 것을 의미한다.[49]

모든 국가군에서 전기보다 후기에 사법기능 채택률이 감소되었다(전 국가: 40.8%→36.7%, 선진국:51.5%→35.3%, 개도국: 35.4%→30.6%). 한편, 주요 WTO 분쟁 국가인 대 미국과 EU를 개별적으로 살펴보면 미국은 평균적으로 사법기능 활용이 높고, 전기보다 후기에 사법기능 활용을 높인 것으로 나타났다. 미국의 경우 주목할 만한 사실은

---

[49] 하지만, 개도국이 미국과 EU를 제외한 선진국을 대상으로 사법기능을 활용한 경우는 매우적다. 예컨대, 후기에 개도국의 대 선진국 사례는 1건으로 인도네시아가 한국을 대상으로 제소를 한 "Korea-Certain Paper"(DS312)이다.

미국이 제소국인 경우에는 전반기와 후반기 모두 대부분의 그룹을 대상으로 높은 사법기능 활용률을 유지하고 있다는 사실이다. 반면, 미국이 피제소국의 입장에서는 EU와의 분쟁을 제외하고는 후반기에 사법기능 활용을 감소시킨 것으로 나타났다. 특히 미국은 대개도국을 대상으로 사법기능 활용을 높였는데, 이는 후반기 중국을 대상으로 한 집중적인 분쟁에서 미국이 WTO 사법판정 기능을 활용한 것이며, 총 5건(DS372, DS394, DS395, DS445, DS446)이다.[50] 한편, 제소국 입장에서의 EU는 미국보다 사법기능 활용률이 낮았고, 대 미국을 상대한 제소를 제외한 대 선진국과 개도국 사법기능 활용률은 오히려 후기로 오며 감소하였다. 즉, EU가 제소국인 경우에는 대 미국 제소를 제외하고 다른 국가군에서 후반기와서는 사법판정 기능보다는 합의 해결하는 경우가 많았다.

■ 개념적 분석의 틀 제시: WTO 분쟁의 법적승소와 경제적 이득

• WTO 분쟁해결제도 절차 사용의 행동요인

WTO 분쟁해결제도를 활용하고자 하는 국가는 그 절차의 활용형태를 결정하기에 앞서 피제소국으로부터의 특정한 경제적 이익(또는 보상)을 기대 할 것이다. WTO 협의단계를 거쳐 결국 WTO 분쟁해결제도의 법제화 단계인 패널 판정 활용까지 이른 분쟁에서 제소국은 분명 승소$^{legal\ winning}$를 통해 시간을 포함한 경제적 비용 이상의 보상을 예상할 것이다. 여기서 논의하는 보상(또는 이득)은 WTO 분쟁의 특성상 경제적 이득^{gain}이 될 수도, 혹은 국내외 정치·외교적인 이득이 될 수도 있을 것이다. 이러한 이득의 크기는 사건이 다루고 있는 사안의 경중에 따라 정해질 텐데, 일반적으로 국내적으로 이해관계가 큰 수입 또는 수출산업과 연관될 가능성이 크다. 때로는 경제적 파이가 크지는 않지만 정치적으로 민감성이 존재하는 분쟁은 실제 분쟁해결을 통해 얻을 수 있는 보이는 이득^{explicit}

---

50 중국의 WTO 가입 초기 양허이행과 중국의 시장개방에 부분에 있어 기대수준이 미치지 못한 부분을 WTO 분쟁해결제도를 통해 요구한 것으로 보이는데, 5건중 3건(DS372, DS395, DS446)은 중국의 요청에 의해 상소기구 판정까지 진행이 되었다.

^{gain}이 작을 수도 있다. 그렇지만 이 경우도 이면에 숨겨진 정치적 비용과 이에 따른 보상을 고려해서 제소국과 피제소국이 분쟁해결절차의 여러 단계에서 진행되는 협상, 합의 및 소송과정에서 양 국가의 기대이익을 극대화하고자 노력을 한다고 이해해야 한다.[51]

소송으로부터 얻게 되는 각 제소국과 피제소국의 경제적 보상에 대한 기대치는 각국이 소송과정에 투입되는 노력에 따라 달라질 수 있을 것이다. 우리는 이러한 노력을 비용으로 보고, 제소국이 WTO 분쟁해결제도를 활용하여 이득을 얻고자하는 노력을 C_c^{DSB}으로 피제소국의 노력을 C_r^{DSB}로 나타내면, 제소국이 소송을 통해 피제소국으로부터 얻게 될 것이라 예상하는 보상의 크기와 피제소국이 소송의 결과에 따라 제소국에게 지불하게 될 것이라 예상하는 보상의 크기는 다음과 같이 표현할 수 있다.

$$\Pi_c^{DSB}(C_c^{DSB}, C_r^{DSB}) \qquad\qquad \Pi_r^{DSB}(C_c^{DSB}, C_r^{DSB})$$

제소국의 기대보수   피제소국의 기대보수
(승소에 따른 이득)   (패소에 따른 손해)

여기서 Π_c^{DSB}와 Π_r^{DSB}의 크기가 반드시 같아야 할 필요는 없다. 자유무역에 대한 수익의 분배(제소국에서는 수출이고 피제소국 입장에서는 수입에 대한 분배)를 두고 진행되는 WTO 분쟁의 특성상 사후적으로 피제소국이 제소국에게 지불하게 되는 경제적 보상과 제소국이 피제소국으로부터 받게 되는 경제적 보상의 크기는 이론상 같아야 하지만, 사전적으로 각 국이 예상하는 기대수익의 정도는 주관적^{subjective}이기 때문에 서로 다를 수 있다. 제소국이 소송을 통해 예상하는 기대보수는 위에서 제시된 기대보상(Π_c^{DSB})에서 소송과정에 투입한 노력(또는 비용)의 크기(C_c^{DSB})를 제한 값이 될 것이다. 하지만, 피제소국 입장에서 소송으로부터 예상하는 기대비용은 기대보상(Π_r^{DSB})에서 소송과정에

---

51 WTO 분쟁해결제도 단계에서 법적 절차까지 가는 경우는 양국의 이해관계가 첨예하게 대립하거나 양국의 경제적 이해 및 정치적 민감성 둘 다 관련된 경우가 다반사이다. 예컨대, 미-캐나다간 연목분쟁(DS236; DS257; DS264; DS277)과 미국과 EU간 항공기 보조금 분쟁(DS316; DS317; DS347;DS353)은 경제적 규모면이나 국내 이해관계자의 정치적 민감성이 둘 다 큰 경우로 분쟁이 매우 오랜 기간 지속되었고 관련된 분쟁사안도 매우 다양하였다(안 & 신, 2012; Shin & Lee, 2013).

서 투입한 노력 비용(C_r^{DSB})을 더한 값이 될 것이다. 이를 수식으로 나타내면 다음과 같다.

$$\Pi_c^{DSB}(C_c^{DSB}, C_r^{DSB}) - C_c^{DSB} \quad (1)$$

$$\Pi_r^{DSB}(C_c^{DSB}, C_r^{DSB}) + C_r^{DSB} \quad (2)$$

그러므로 제소국이 분쟁해결제도를 활용하여 얻을 수 있는 기대 보수(보상: gain)는 (1)이 되고, 피제소국의 경우 손해로 나타낸 기대 보수(손해: loss)는 (2)가 된다. 우리는 여기서 한계생산성의 개념을 적용하여 간단한 분석을 실시 할 수 있는데, 위 기대보수 함수를 각 제소국과 피제소국의 노력비용으로 미분하여 각 국가의 입장에서 노력비용에 대한 한계생산성을 나타낼 수 있다. 즉, 제소국 입장에서는 소송으로부터 기대하는 경제적 보상은 자국의 노력에 비례하고, 상대국^{피제소국}의 노력에 반비례 할 것이라는 것이 합리적인 예상인데, 제소국은 $\partial \Pi_c^{DSB} / \partial C_c^{DSB} > 0$인 경우가 피제소국은 $\partial \Pi_c^{DSB} / \partial C_r^{DSB} < 0$ 경우가 노력비용에 대한 기대 이득 생산성이 높다고 할 수 있다. 반면에 피제소국이 소송을 통해 예상 할 수 있는 경제적 손해는 자국의 노력에 반비례할 것이고, 타국의 노력에 따라 증가한다고 볼 수 있다. 이는 $\partial \Pi_r^{DSB} / \partial C_r^{DSB} < 0, \partial \Pi_r^{DSB} / \partial C_c^{DSB} > 0$로 나타낼 수 있다.

한편, 각국이 소송에 투자할 노력(C_c^{DSB}, C_r^{DSB})의 크기는 식 (1)과 (2)를 극대화(제소국의 입장에서는 극대화이나, 피제소국 입장에서는 극소화)하는 선에서 결정될 것이다. 제소국의 최적노력의 크기를 결정하는 1계 조건$^{FOC\ First\ Order\ Condition}$을 아래와 같이 나타내어, 제소국의 노력이 제소국의 보수에 직접적으로 미치는 "직접효과"와 제소국의 노력에 따른 영향으로 피제소국의 노력이 변하여, 다시 제소국의 보수에 미치는 "간접효과"를 아래와 같이 나타낼 수 있다.

$$\underbrace{\frac{\partial \Pi_c^{DSB}}{\partial C_c^{DSB}}}_{직접효과} + \underbrace{\frac{\partial \Pi_c^{DSB}}{\partial C_r^{DSB}} \frac{\partial C_r^{DSB}}{\partial C_c^{DSB}}}_{간접효과} = 1 \qquad (3)$$

유사한 방법으로 피제소국의 최적노력의 크기를 결정하는 1계 조건식 또한 구할 수 있다. 위 식은 제소국이 투여하는 최적 노력의 크기는 노력을 통해 얻게 되는 한계 효용과 노력을 투입함으로써 드는 한계비용이 같아지는 지점에서 결정됨을 잘 보여주고 있다.[52] 노력비용은 WTO 분쟁과 같이 제소국 vs. 피제소국, 제소국 및 피제소국과 vs. 분쟁해결 기구가 비대칭적인 정보상황과 사실관계에 대한 정보가 불완전[incomplete]한 경우, 각자가 가지고 있는 정보[private information]에 대한 중요한 시그널[signaling]을 제공한다(Ahn *et al.*, 2013; Maggi & Staiger, 2013; Park, 2011). 이런 면에서 WTO 분쟁해결제도에 협의과정은 이러한 비대칭적 정보와 불완전 정보 상황을 개선시키는 역할을 주도하며, 한편 적극적으로 당사국의 사정과 사실관계를 WTO 분쟁해결기구에 피력하는 등 노력비용 지불을 많이 하려고하는 당사국(특히, 제소국)에게는 협의과정에서부터 법소송 절차가 진행되는 동안 본인들에게 유리한 결과가 나오도록 분위기를 조성할 수 있다(Beshkar, 2013; Bown & Pauwelyn, 2010; Grossman & Sykes, 2007). 또한 이 과정에서 소송의 양 당사국들은 분쟁 요인에 관해 보다 정확한 사실관계를 파악하고, 사전진단에 따라 추가적으로 법소송 단계를 진행 할지 여부를 신중히 결정 할 수 있게 된다.

그렇다면 당사국들이 어떠한 경우에 협의과정부터 법소송 이전의 여러 분쟁해결 단계에서 합의를 하게 되고, 어떠한 경우에 합의에 실패하여 법소송에 호소 할 수 있게 되는지를 살펴보도록 하자.[53] 앞에서 제시한 바와 같이 제소국이 소송을 통해 기대하는 보상은 식 (1)과 피제소국이 소송을 통해 지불하게 될 것이라 기대하는 손해는 식 (2)를 활용

---

[52] 식 (3)에서 $\partial C_r^{DSB} / \partial C_c^{DSB}$은 피제소국의 노력이 제소국의 노력에 따라 반응하는 정도를 나타내는 부분이다. 이 항을 고정 즉, $\partial C_r^{DSB} / \partial C_c^{DSB} = 0$으로 가정하는 것은 소송과정에 있어 제소국과 피제소국이 내쉬 균형(Nash's equilibrium)의 가정에서와 같이 타국의 노력 정도를 주어진 것으로 보고 자신의 노력을 결정한다고 가정하는 것과 같다. 이러한 가정은 또한 분쟁 당사국의 전략적 행동의 가능성을 배제하고 분석의 용이성을 위해 필요하다.

[53] 이 분석의 틀에서는 기대보상에 대한 분석에 초점을 맞추기 위해 다양한 현실적 고려를 배제하기로 한다. 가령, 피제소국이 WTO 판정에 대한 패소 위험이 매우 크더라도, 외교적인 평판이나 국내적 위신을 위하여 소송까지 무리하게 사건을 끌고 간다거나, 제소국이 자신의 승소가 확실함에도 불구하고 피제소국과 여러 경제·정치·외교 등의 다양한 요인에 의해 합의를 해주고 사건을 공론화 하지 않을 수 있다. 이러한 요인과 같은 현실적 고려는 계량적 분석에서 통제변수화 하여 엄밀한 분석을 실시 할 수 있다. 이에 대한 연구는 향후 과제로 남겨둔다.

하여, 제소국과 피제소국이 분쟁해결제도를 통해 부여하는 양자간의 가치의 크기를 아래와 같이 나타낼 수 있다(즉, 식 (1)에서 식 (2)를 제한 값이다).[54]

$$\text{법소송(패널이상) 활용 가치} = (\Pi_c^{Panel} - C_c^{Panel}) - (\Pi_r^{Panel} + C_r^{Panel}) \quad (4)$$

법소송을 하는 대신 분쟁 당사국은 협의과정이나 법판정 활용 이전의 단계에서 양자간 합의settlement를 도출 할 수 있는데, 이러한 합의에서는 일종의 거래비용이 든다고 가정하자. 양자 간 합의가 도출 될 경우는 피제소국은 제소국에게 일정한 보상을 제공할 것이다. 여기서 피제소국이 제소국에게 지불하는 보상의 크기와 제소국이 피제소국에 받게 되는 보상의 크기는 같기에 당사자의 보수, 즉 제소국과 피제소국이 합의에 부여하는 가치의 크기는 아래와 같다.

$$\text{합의해결의 가치} = -(C_c^{Settlement} + C_r^{Settlement}) \quad (5)$$

예컨대, 이제 당사국들은 만약 협의과정에서 합의 도출에 실패하여 종국적으로 패널판정 소송을 진행할 경우, 이들은 양자합의 종료 시에 얻을 수 있는 식 (5)의 합의해결의 가치를 기준으로 식 (4)의 법소송(패널판정 이상) 활용의 가치와 비교하여 협의과정에서 합의와 패널판정 단계이상으로의 법소송 진행을 결정하게 될 것이다. 그러므로 양자합의에 따른 기대가치와 법소송으로 가는 경우의 차이(분쟁의 잉여(또는 초과)가치 = 합의해결의 가치 – 법소송 활용의 가치) 즉, 분쟁당사자가 느끼는 초과가치를 나타내면 아래와 같다.

$$\text{Surplus} = \left\{ (C_c^{Panel} + C_r^{Panel}) - (C_c^{Settlement} + C_r^{Settlement}) \right\} + (\Pi_c^{Panel} - \Pi_r^{Panel}) \quad (6)$$

---

54 협의과정에서 드는 비용을 앞 (1)과 (2)에서 사용한 위 첨자 DSB 대신 Settlement로, 패널 판정 이상의 법절차 단계의 경우는 Panel로 표기하기로 하자.

앞의 항의 $\left\{(C_c^{Panel} + C_r^{Panel}) - (C_c^{Settlement} + C_r^{Settlement})\right\}$는 당사국의 법소송에서의 비용과 합의의 비용의 차이를 나타내고, 뒤의 항인 $(\Pi_c^{Panel} - \Pi_r^{Panel})$는 제소국과 피제소국이 예상하는 기대보상과 지불하게 될 기대손해의 차이를 나타낸다. 우리는 식 (7)~(9)를 통해 양자합의는 합의의 가치가 법소송의 가치를 초과하는 수준(또는 잉여수준)의 정도가 양의 값을 지닐 경우이고, 음의 값이 될 때에는 합의에 이르지 못하고 소송으로 이어진 다는 것을 알 수 있다. 즉, 7)는 양자합의, 8)는 무차별한 지점인 티핑 포인트^{tipping point}, 9)은 패널판정과 같은 법소송 활용을 하는 경우이다.

$$(\Pi_r^{Panel} - \Pi_c^{Panel}) > -\left\{(C_c^{Panel} + C_r^{Panel}) - (C_c^{Settlement} + C_r^{Settlement})\right\} \quad (7)$$

$$(\Pi_r^{Panel} - \Pi_c^{Panel}) = -\left\{(C_c^{Panel} + C_r^{Panel}) - (C_c^{Settlement} + C_r^{Settlement})\right\} \quad (8)$$

$$(\Pi_r^{Panel} - \Pi_c^{Panel}) < -\left\{(C_c^{Panel} + C_r^{Panel}) - (C_c^{Settlement} + C_r^{Settlement})\right\} \quad (9)$$

실제 소송에 들어가는 거래비용이 협의과정에서 합의에 이르는 과정에서 발생되는 비용보다는 훨씬 크다는 것을 가정하면[55], 식(7) ~ (8)에서 중요한 요소는 당사국들이 소송을 통해 지불하고자 하는 대가의 크기^{노력비용}와 예상하는 이득의 크기이다. WTO 분쟁에서 피제소국이 승소(즉, 해당조치의 비위반 판정)를 통해 얻을 수 있는 이득(Π_r^{Panel})은 해당되는 특정 산업정책이나 무역보호주의 조치(예를 들어, 무역구제조치)의 계속적인 사용을 인정받는 것이다. 다시 말해, 피제소국의 기대이득은 소송을 통해 보상받을 수 있는 직접적인 이득이 아닌 패소로 인해 초래될 수 있었던 손해의 개념으로 생각해보면 이해하기가 쉽다. 그렇다면 결국 분쟁해결절차의 협의기능 또는 소송기능 사용의 선택 여부는 승소를 통해 실현될 수 있는 시장진출 이득(Π_c^{Panel})과 패소로 인해 예상되는 손해(Π_r^{Panel})

---

[55] 실제 모든 단위의 소송에 있어 시간을 포함한 법소송 비용은 합의과정에 들어가는 거래 비용을 훨씬 크다: $\left\{(C_c^{Panel} + C_r^{Panel}) - (C_c^{Settlement} + C_r^{Settlement})\right\} > 0.$

의 상대적인 크기가 될 것이다.[56] 예를 들어 제소국이 승소를 통한 이득이 미미하거나 크게 의미^{significant}있는 수준이 아니지만, 피제소국의 입장에서는 패소로 인해 예상되는 손해_{정책이나 특정 무역조치의 폐지에 따른 정치·경제적 비용}가 매우 크고 양국의 법적 노력비용(예를 들어, 법적 이견이 작은 경우) 작다면, 양자 간의 잉여가치^{Surplus}를 나누는 방식으로 상호간 합의하여 분쟁을 종료시킬 가능성이 크게 될 것이다. 이와 반대로 제소국이 법소송에 걸린 경제적 이득(즉, 시장진출에 따른 수출생산자 잉여분)이 피제소국의 법소송에 걸린 손해(즉, 국내생산자 잉여감소분) 보다 크다 느끼고, 상대적으로 양국의 법적 노력비용이 큰 경우(예를 들어, 법적 이견이 큰 경우) 분쟁이 법적 소송으로 이어질 가능성이 증가할 것이다.

• WTO 분쟁해결제도 사용 결과(기대수익)의 효과

우리는 앞에서 분쟁해결건수의 활용과 법제도적인 기능인 보고서 채택률의 감소 경향이 현 분쟁해결절차 제도의 한계를 드러내는 것일 수 있다는 가능성을 살펴보았다. 하지만 한편으로 우리는 협의 기능이야말로 분쟁해결절차제도의 또 하나의 원칙인 원만하고 신속한 분쟁해결이라는 것을 고려할 때 섣불리 이러한 감소 경향이 분쟁해결제도 자체의 문제라고 결론 내리기는 어렵다.[57] 그렇다면 우리는 어떤 요인을 고려하여야 현 상황을 제대로 이해할 수 있는 것일까? 이처럼 분쟁을 해결하는데 있어 두 가지 상반되는 절차가 허용되는 경우 최선의 방법은 아마도 분쟁해결절차제도의 사용의 결과를 통해 제도의 효과성 또는 제도의 성공(또는 실패)을 입증하는 방식일 것이다(Hudec, 1993; Bown, 2004a; 2005). 다시 말해 협의와 조정을 통한 양자합의 방식 또는 법적 판정과 이에 따른 이행방

---

56 예컨대, 상품수입과 관련된 분쟁인 경우, 제소국이 시장진출을 통해 얻을 수 있는 이득(제소국 측면에서는 수출로 발생한 추가적인 생산자 잉여분)과 피제소국이 시장진입을 막고 관련산업 보호를 통해 얻을 수 있는 이득(피제소국 측면에서는 무역으로 인해 발생하는 국내생산자 잉여의 감소분)의 크기가 비교대상이 될 것인데, 실증분석 연구차원에서는 시장진출에 따른 추가적 이익이 얼마나 의미 있는 양(+)의 크기인지가 분쟁 승소에 대한 기대보수를 나타내는 중요한 잣대가 될 것이다.

57 WTO 분쟁해결 양해(DSU)는 GATT/WTO의 분쟁해결제도의 원칙과 절차를 국가 간 무역분쟁 해결을 "공정하고 신속하게, 분쟁국 간에 수용 가능하게 모색하는 과정"라고 묘사하고 있다. DSU 3조4항과 3조7항에서는 WTO 권고와 판정은 분쟁당사국이 만족스러운 해결을 모색할 수 있도록 도움을 주는 것이라 규정하고 있다. 게다가 WTO DSU 3조7항에서는 회원국이 분쟁사건을 분쟁해결기구에 호소하기에 앞서, 이 절차를 활용하는 것이 유익한지 분별하고 양자 간에 수용할 수 있는 해결책을 우선적으로 장려한 다고 규정하고 있다.

식인지를 떠나서 제소국이 피제소국에게 요구하는 시장개방(무역제한 조치의 철회)이 달성 되었느냐가 중요한 성공의 척도가 될 수 있다는 것이다. 이는 사후적으로는 제소국과 피제소국 각자의 기대보수가 얼마나 컸는지를 실증적으로 알려주는 지표로 과거의 경험을 통해 향후 분쟁사건에 대한 개시, 협의, 합의 및 판정 등의 중요한 결정요인이 될 수 있다.[58] 예컨대, 최소한 제소국(또는 수출국)의 입장에서는 WTO 분쟁해결제도를 통해 상대국의 WTO협상양허 된 시장개방이나 무역제한 조치의 철회에 따른 기대수익(해당지역에 대한 수출시장 확대) 실현여부가 WTO 분쟁해결제도 사용의 성공을 판단하는 기준이 될 것이다. 이러한 경우에는 제소국의 입장에서는 단계별로 진행되는 분쟁해결제도의 절차적 요건 보다는 신속한 목표의 달성이 가능하다면 양자 간 합의 종결이 선호될 수도 있다.[59]

---

[58] Davis & Bermeo(2009)에 의하면, 선진국의 경우와는 달리 개도국의 경우 과거의 분쟁사건 참여 경험은 향후 사건 개시의 중요한 결정요인이라고 한다. 본고에서는 분쟁사건에서 사후적으로 판단된 경험적 보수가 분쟁당사국의 소득수준이나 그 밖에 변수를 고려 향후 분쟁사건 개시와 단계적 법기능 활용에 중요한 변수로 작용 할 수 있다는 것을 강조하고자 한다.

[59] 단, 이와 같은 경우에도 분쟁해결제도의 법제화된 사법기능이 작용할 것이라는 선의적인 기대가 전제되어야 할 것이다. 한편, 다자주의 자유무역을 지향하는 WTO 차원에서는 위법성이 문제가 된 무역제한 조치 (WTO-inconsistent measures)가 WTO의 사법적 판단과 이행권고를 통해 철회되고, 다자주의 차원에서 시장개방(즉, 최혜국대우 조항의 승수효과: the multiplier effect of the MFN clause)이 일어난다면 그 경우가 더욱 바람직 할 수 있다. 왜냐하면 상호간 합의 종료의 결과가 양자 간의 입장에서는 최선책일지는 몰라도 반드시 다주주의차원의 시장개방이라는 전 세계경제 차원의 후생증대 효과를 보장하는 것은 아니기 때문이다 (Maggi & Staiger 2013). 예컨대, 미국과 캐나다의 연목분쟁(US - Softwood Lumber: DS236; 257; 264; 277) 사건의 경우와 수차례의 지나한 법적분쟁을 거치며 WTO 사법 판정기능과 거대한 법적소송 비용을 치루고, 미국은 패소에 따른 조치로 위반으로 내려진 조치의 판정의 철회 대신 캐나다와 양자합의인 '미-캐나다간 연목협정(US-Canada Softwood lumber Agreement)'를 채택하였다(자세한 분쟁의 내용은 안 & 신 (2012); 본 저서의 2부의 "농산물교역에서의 국제분쟁과 시사점: 미국-캐나다간 목재분쟁 사례를 참조). 동 양자합의는 캐나다의 수입 연목의 수량제한(quota)을 직접적으로 명시하는 등 WTO에 반하는 정책을 담고 있다. 이는 양자 간 원만한 합의라는 미명하에 미국과 캐나다는 미국으로 수입되는 캐나다의 연목가격은 물론 세계 연목 가격에 영향을 미칠 수 있는 협정을 체결한 것이며, 이는 전 세계적 후생의 부정적 영향은 물론 WTO 체제의 근간을 훼손할 수 있는 사례가 될 가능성이 존재한다. 또한 이와 유사한 경우로 "미국-EU 민항공기 분쟁사건 (US-EU civil aircraft disputes: DS316; 317; 348; 353)"가 있는데, 이 사례 역시 미국과 EU는 양국의 불법 생산보조금(R&D 보조금)에 대한 WTO 패널과 상소기구의 판정에도 불구하고 동 조치를 철회하지 않고, 협상과 합의를 반복하며 WTO 판정을 불복하며 대립상태를 유지하고 있다. 이러한 형태의 분쟁사건은 장기간에 걸친 법소송 진행에 따른 경제적 비용, 전 세계 후생의 부정적 외부효과와 결국 판정 이후에 합의를 통해 WTO 판정의 불이행에 따른 WTO 사법기능의 신뢰성을 손상시키는 등 다자주의 무역체제에 미치는 부정적 외부효과라고 볼 수 있다(분쟁에 대한 정리된 내용과 이에 대한 시사점은 Shin & Lee, 2013를 참조).

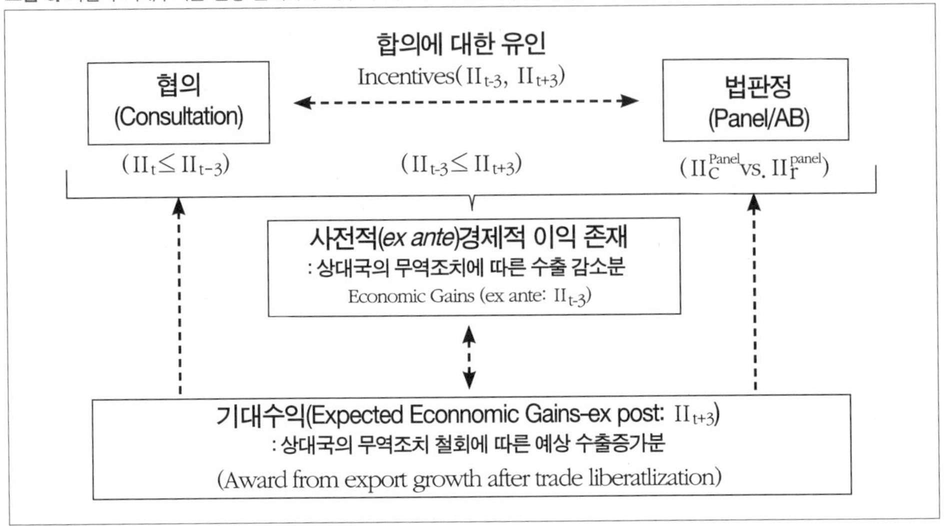

주: 무역상대국의 우발적인 보호주의조치에 대한 분쟁사례에 대응하는 형태의 제소

예를 들어 그림 3과 그림 4의 경우는 제소국(또는 수출국)의 입장에서 WTO 분쟁해결 제도를 통해 예상되는 분쟁의 사전(또는 사후) 기대수익[수출액]이 법소송 진행 여부를 결정하는 인센티브로서 작용할 수 있다는 것을 개념화한 것이다. 그림을 통해 WTO 분쟁해결 제도 사용 행태를 실증적으로 측정 가능한 기대수익(수·출입) 측면에서 대표적인 WTO 분쟁 형태로 나눠 이해해보자. 첫 번째는 그림 3은 대부분의 상대국의 무역구제조치[trade remedy measures]와 같이 일시적 무역제한조치[trade-restrictive measures]의 반발에 따른 분쟁으로 분쟁의 사전 기대수익(상대국의 무역조치에 따른 수출 감소분)에 대한 정보가 존재하고, 사후의 기대수익(상대국의 무역조치 철회에 따른 예상 수출 증가분)은 불완전[incomplete] 또는 불비[unknown]한 경우이다.[60]

이 경우 제소국의 입장에서는 상대국의 조치가 실시 이전의 수출량[61]을 얼마나 감소시켰는지가 중요한데, 이 경우 제소국은 WTO 분쟁해결제도의 협의요청과 사법기능 활용을 통

---

60 많은 경우 미국 또는 EU 등의 선진국이 피제소국인 경우로 가격경쟁력을 잃은 산업의 국내생산자의 요구에 의해 실시한 반덤핑, 상계관세 및 세이프가드 등이 이에 해당할 수 있다.

61 그림에서는 약 3년간의 누적(또는 평균) 수출량을 나타낸다는 의미에서 $\sum_{\tau=t-3}^{t-1} \Pi_\tau$으로 표시해야하나, 그림에서는 간단히 Π_{t-3}이라 하자. t는 현재시점으로 상대국의 무역제한 조치(즉, 수출국의 무역 감소)와 이에 따라 분쟁이 진행되는 기간을 나타낸다고 정의하자.

해 최소한 상대국의 수출제한 조치의 해제 또는 수출감소분을 상쇄하고도 남을 수출증가[62]를 기대할 것이다. 반면, 피제소국 입장에서는 증가된 수입량(즉, Π_{t-3})과 만일에 있을 패소로 인해 예상되는 피해(Π_{t+3}: 보상해줘야 하는 손해)를 대략적으로 예상 할 것이다(이것이 피제소국 입장에서의 기대보상으로 볼 수 있다). 피제소국은 특히, Π_{t+3}을 크게 예상하는 경우 협의과정에서 합의를 통해 분쟁을 종료시키고자 하는 유인이 클 것이다. 그러나 여기에서는 기대되는 수출증가분($\Pi_{t+3} - \Pi_t \equiv \Delta \Pi_{t+3}$)에 대한 정보는 협의 및 소송 단계에서 밝혀지는 사항이 아니기 때문에 수출 감소분($\Pi_{t-3} - \Pi_t \equiv \Delta \Pi_{t-3}$)이 제소국의 기대수익의 기준이 될 것이고, 피제소국의 입장에서는 패소에 따른 예상 수입증가분($\Delta \Pi_{t+3}$)의 크기가 기대수익이 될 것이다. 그러므로 제소국 입장에서 최초 분쟁의 시작단계인 협의요청은 기존수출과 무역제한 조치 이후 수출감소의 비교(Π_{t-3}와 Π_t)로 결정되고, 협의과정에서 합의해결^{settlement}과 추가적인 법소송의 진행 여부는 협의요청을 받은 피제소국의 국내산업으로 요구된 정치적 비용[63]인 $\Delta \Pi_{t-3}$와 피제소국이 패소에 따라 보상해야하는 수입의 정도 $\Delta \Pi_{t+3}$의 비교에 따라 추가적인 법소송을 진행할 것이다. 즉, 피제소국이 무역제한조치를 통해 얻게 되는 이익이 패소로 인해 지불해야하는 손해^{보상}보다 크면 법소송을 진행하고(식 (9)의 경우), 작으면 합의에 응할 것으로 예상할 수 있다(식 (7)의 경우).

두 번째의 경우는 사전적 기대수익에 대한 정보가 불완전(또는 불비)하고 사후적인 기대수익에 대한 정보 역시 불완전한 경우이다. 이런 경우는 WTO의 양허내용에 대한 이행을 요구하는 형태의 제소, 즉 공세적 무역자유화^{aggressive multilateral trade liberalization}를 위한 분쟁이라고 볼 수 있는데, WTO 출범 이전부터 존재했으나, 분쟁대상이 되기 이전에는 WTO의 협상대상이 아니었거나 WTO에 보고되지 않았던 무역 제한적 국내조치와 관련된 분

---

[62] 여기에서는 분쟁해결 이후 이행 기간을 고려하여 분쟁해결(판정) 이후 약 3년간의 누적(또는 평균) 수출량의 의미로 $\sum_{\tau=t+1}^{t+3} \Pi_\tau$으로 표시해야하나, 그림에서는 간단히 Π_{t+3}이라 한다.

[63] 일반적으로 무역구제조치는 자유무역에 따른 피해(즉, 생산자 잉여 감소)를 보상받기 위해 특정 산업에 이해관계자가 정부(또는 의회)에게 해당 조치를 요구에 의해 발동되는 경우가 많다. 그런 의미에서 이들의 요구를 정치적 비용으로 이해 할 수 있다.

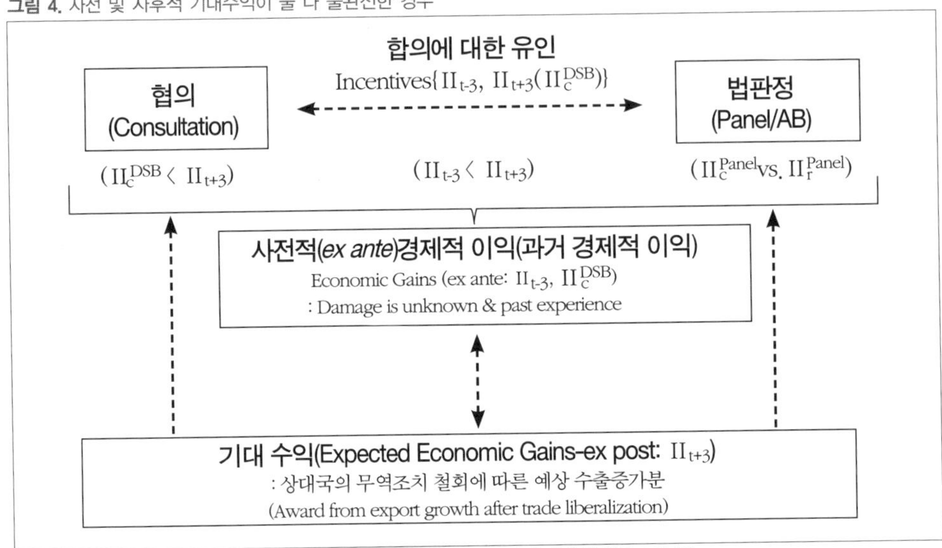

주: 무역상대국의 기존(또는 새로운)의 WTO 협정 위반적인 국내조치에 대한 철회를 요구하는
공세적 제소 분쟁 형태로 주로 분쟁해결제도 초기에 활용

쟁이 이에 해당된다고 볼 수 있다.[64]

제소국 입장에서는 협의요청을 거쳐 양자합의와 법소송에 따르는 노력비용과 기대이익을 최대한 합리적으로 고려해서, 분쟁해결제도의 단계별 절차를 진행시켜야 할 것이다. 즉, 이 경우는 사전 기대수익에 대한 정보가 없기 때문에 사후적으로 인식될 수 있는 기대수익의 경험이 중요한 기준이 될 수 있고, 이러한 경험적 판단은 과거의 사건이나 유사한 사건을 통해 관찰된 사후적 실현된 이익(여기에서는 이것을 Π_c^{DSB}로 나타내자)을 판단하는 기준으로 활용 될 수 있을 것이다.[65] 예컨대, 분쟁에서 사후적으로 기대되는 이득

---

[64] 이러한 경우 때문에 WTO를 불완전 계약(Incomplete contract)이라 지칭하고, WTO 분쟁해결제도를 불완전 계약을 완성해가는 과정이라고 본다(Maggi & Staiger 2013; Posner & Sykes, 2013). WTO의 경우는 WTO 출범이후 다자적인 관세철폐로 기대했던 수출성장이 예상보다 크지 않을 때, 이의 원인이 될 법한 수입국의 국내조치(비관세 장벽)에 대한 철폐에 대해 WTO 분쟁해결제도를 통해 공세적으로 시장개방을 얻고자한 형태의 사례들로 미국과 EU의 WTO 출범 초기 5년에 집중되었다. 최소 공세적 자유무역을 요구하는 두 번째의 경우가 첫 번째의 경우보다 해당 조치에 대한 당사자 간에 법적공방에 이견이 크고, 사전적인 정보가 불완전하다고 가정하자.

[65] 여기서 Π_c^{DSB}은 비용대비 기대수익의 판단기준으로 활용할 수 있는 값으로 절대적 수치의 개념보다는 WTO의 분쟁해결제도 활용을 통해 얻은 효과 및 성과(대략적인 기준값: rule of thumb)으로 봐야 한다. WTO의 사건은 대부분 모든 개별사건(case-by-case)의 기대이득이 다르지만, 최소 제소국 입장에서는 과거나 유사한 사건을 통해서 관찰할 수 있었던 비용대비 유의미(significant)한 수익의 여부는 향후 진행하고자 하는 사건의 기준으로 활용 될 수 있다. WTO 시절 초기에는 GATT시절에서 평균적으로 관찰된 기대이익의 값이나, 미국의 경우 일방적 조치를 통해 얻어낸 경제적 이득으로 형성된 값이 존재 가능하다.

의 크기가 과거 또는 유사한 사건에서의 평균적으로 관찰된 기대이득보다 클 것이라고 예상하는 경우만 협의요청을 통해 해당조치의 시정 및 시장개방을 요구 할 것이고(그림에서는 이를 $\Pi_c^{DSB} < \Pi_{t+3}$로 나타내기로 하자), 협의단계에서 제소국의 노력비용(즉, 해당 정책 및 조치 철회에 따른 정치비용)의 정도를 기준으로 Π_{t+3}을 예상 할 수 있을 것이다.[66]

예를 들어, 무역상대국^{피제소국}의 특정 산업에 대한 조치에 대해 제소국이 과거의 사례나 다른 국가를 상대로 한 유사한 사건(또는 이웃국가의 승소사건)에서 실현된 이득을 근거로 해당 조치 폐지에 따른 수출증가를 크게 예상한다면, 협의 과정에서 동 조치에 대한 철회 또는 이에 대한 보상을 강력히 요구 할 것이다. 일견 이와 같은 분쟁의 경우는 첫 번째 경우보다 상대적으로 합의해결보다는 법판정으로 분쟁이 확대될 공산이 크다. 왜냐하면 이러한 분쟁은 보통 분쟁당사국의 서로의 입장에서 문제가 제기된 조치에 대한 이견이 크고, 제소국이 느끼는 기대수익이 크기 때문이다(식 (9)의 경우).[67] 하지만, 앞에서 실시한 분석에 의하면 피제소국의 패소에 따른 손해(국내 법제를 WTO 판정 또는 권고에 맞게 재정비하거나, 정책을 수정해야하는 등의 사회·정치적 비용)가 크기 때문에 합의의 잉여가치가 판정소송의 가치보다 상대적으로 클 가능성이 높기 때문에 합의가 법소송보다 선호 될 수도 있다(식 (7)의 경우).

앞의 두 경우가 모두 분쟁해결의 사후적 기대이득(Π_{t+3})에 대한 불확실성과 이에 따른 결과를 강조하고 있다. 우리는 Π_{t+3}의 불확실성을 통해 왜 분쟁 당사국들이 협의과정에서 분쟁의 사안과 사실관계 정보를 공유를 통해 비대칭 정보 상황을 해소하더라도

---

[66] 미국과 EU는 WTO 초기(1995~2000)에 유사한 사건을 통해 무역상대국을 대상으로 공격적인 시장개방을 요구하여 이를 관철시켰다. 예를 들어, 무역상대국의 자동차 산업에 대한 국내 산업정책 및 조치에 대한 제소로는 "Indonesia-Auto"(EU: DS54 / 미국: DS59), "Australia - Automotive Leather II"(미국: DS106), "Canada-Autos"(EU: DS142), "India-Auto"(미국: DS175), "Philippines - Motor Vehicles" (미국: DS195)가 있고, 주류품목에 대한 국내 소비세에 대한 사건은"Japan - Alcoholic Beverages II"(EU: DS8 / 미국: DS11), "Korea - Alcoholic Beverages"(EU: DS75), "Chile - Alcoholic Beverages"(EU: DS87/DS110), 섬유, 신발 및 의류에 대한 관세조치 및 수입제한 조치 대한 사건은 "Argentina - Textiles & Apparel"(미국: DS56), "Argentina - Textiles & Clothing"(EU: DS77), "Argentina - Footwear" (미국: DS164) 등이 있다.

[67] 피제소국의 입장에서는 첫 번째 사례와 같이 일시적 무역구제조치가 WTO법에 합치해서 실시되었는가를 판단하는 문제보다는 국내법 또는 정책 자체가 WTO 위반소지가 있는지를 판단하는 문제이기 때문에 법적 판단의 이견 또는 제소국 주장에 대한 반발이 클 가능성이 높다(즉, 식 (9)의 우항인 분쟁 당사국의 노력 비용의 합이 첫 번째 형태인 무역구제조치에 대한 분쟁보다 상대적으로 클 수 있다는 의미이다).

분쟁이 합의로 종결되지 않고, 결국 법소송으로 치닫는 경우가 빈번하게 발생하게 되는지 이해할 수 있다. 예컨대, 첫 번째 무역구제(반덤핑 및 상계관세 조치) 경우와 같이 부과조건에 따라 시행되는 관세조치라도 인과관계와 피해에 대한 객관적 사실을 법리적으로 증명하는 것이 쉽지 않고, 피제소국에서 합의나 승소를 통해 보장 받을 수 있는 Π_{t+3}에 대한 정보가 불완전 상태는 항상 분쟁의 여지를 남기는 것이다. 한편, 두 번째와 같이 동태적인 경험을 고려한 경우에서는 사후적으로 관찰된 Π_{t+3}에 대한 학습효과(Π_c^{DSB})와 양허된 무역자유화를 확보하기 위한 WTO 원칙에 대한 법리축적의 효과를 강조할 수 있다. 이러한 관점은 최근에 감소하고 있는 WTO의 분쟁해결제도 활용 건수의 감소현상과 사법판정 이전에 합의해결이 증가하는 WTO 회원국의 행동을 이해하는데 도움을 줄 수 있다.[68]

---

[68] 만약, 초기에 분쟁해결제도를 통해 무역상대국의 해당 무역조치를 제거하였으나, 사후적으로 실현된 이득(Π_{t+3}를 통해 축적한 Π_c^{DSB})의 크기가 예상보다 작다면, 점차적으로 이와 유사한 분쟁 자체를 개시 할 유인과 법소송을 활용 할 유인이 줄어들 것이다. WTO 출범 초기에 미국이 제소한 많은 분쟁사례에서 예상과 달리 미국의 법적 승소가 경제적 이득으로의 연계가 쉽지 않았을 수 있다. 이에 대한 이유로 우리는 몇 가지 요인을 생각해 볼 수 있다. 첫째, 미국의 WTO분쟁해결절차를 활용한 법적승소에 따른 미국의 일방적인 경제적 이득은 WTO분쟁해결제도의 "다자주의적 자유무역효과(multilateral free trade effect from the WTO DSB rulings)"에 의해 상쇄 될 가능성이 있다. 둘째, 미국이 제소국으로서 제기하는 분쟁 산업은 일반적으로 가격경쟁력이나 수출경쟁력을 잃어가는 산업일 가능성이 크다. 예컨대, 첫 번째와 두 번째 요인은 "Argentina–Textiles & Apparel"(DS56), "Argentina - Footwear" (DS164), 또는 "India Quantitative Restrictions"(DS90) 사건에서 이에 대한 실마리를 찾아 볼 수 있다. 미국은 자국의 수출경쟁력이 점점 약해지는 상품군(신발 및 의류)에 대한 WTO 분쟁해결제도를 통한 법적 승소를 통해 개도국인 아르헨티나의 무역자유화를 이끌어 내었으나, 결과적으로 패소국 시장에 대한 수출확대 효과를 크게 얻어 내지 못하였다. 이는 가격경쟁력이 있는 제 3국으로부터의 수입을 증가에 따른 효과에 기인한다는 할 수 있는데, 결국 이와 같은 이유로 미국의 법적 승소가 경제적인 큰 이득으로 연결 되지 않을 수 있는 것이다. 셋째, 패소에 따른 시장개방에 대응하고자하는 국내생산자(피제소국)의 경쟁력 제고 효과에 따른 수입시장의 감소 등이 있을 수 있다. 이에 대한 정확한 분석을 위해서는 각 개별 사건에 대한 엄밀한 사례분석이나 정교한 계량적 분석 필요한데 이는 추가 연구과제로 남긴다.

우리는 WTO 분쟁해결제도의 제도적 발전과정 및 기능, 이론적배경, 국가의 제도 활용에 대해 다양한 동인 및 한계를 살펴보았다. 분쟁해결제도는 불완전한 계약인 WTO 협정의 불확정영역의 간극을 메우고, 현실에 존재하는 다수의 다양한 통상분쟁을 효과적으로 처리하는 측면에서 높은 평가를 받고 있다. 통계적으로도 그 분쟁처리 건수 면에서 더욱 고도화된 법제적 수준에 걸맞게 GATT 시절보다 훨씬 큰 성과를 거둔 것으로 나타났다. 하지만, GATT 시절과 차별된 점으로 강조되는 사법판정기능 강화의 효과는 예상만큼 의미 있는 수준의 변화가 있는 것은 아니었다. 또한 WTO 설립 초기에 집중되었던 분쟁해결제도 활용 건수는 최근에 급격한 감소 경향을 보이고 있다. 특히, 미국과 EU의 분쟁해결제도의 활용률이 감소하고 있다는 점은 주목할 만하다. 앞에서 살펴본 바와 같이 미국과 EU는 GATT시절(1948년~)부터 WTO시절 초반인 2002년까지 두 국가가 분쟁해결제도에 직접적인 당사자(제소국 또는 피제소국)로 참여한 경우가 총 사용건수에서 약 85%를 차지하는 분쟁해결제도 활용의 가장 큰 이해관계자였기 때문이다(미국이 약 50%이고 EU(EU개별회원국 제외)의 경우가 35%이다). 이 두 국가는 분쟁해결제도 사용을 GATT 시절에는 점차 늘려나갔지만, WTO 체제에 들어와서는 초기 3년간을 제외하고는 계속 줄여나가고 있는 것으로 나타났다.[69] 한편으로 GATT 시절과 달리 WTO 분쟁해결제도에 새로운 경향으로는 개도국의 참여율의 증가를 손꼽을 수가 있다. 개도국들의 분쟁해결제도 활용 역시 전반적으로는 전기보다 후기에 줄어들었지만, 참여비중은 점차 증가하는 추세에 있다. 특히,

---

[69] 두 국가가 1948년 GATT 시절부터 WTO 최근 2010년까지 약 50%와 35%를 차지하는 분쟁해결제도의 활용률이 후반기(2003~2010년)에 미국은 42.1%(제소:17.14%+피소:25.0%)로 EU가 37.9%(제소: 15.71%+피소:22.14%)로 기록되었다. 미국은 후반기가 분쟁해결제도 전체 평균기준으로 약 8%포인트 가량 참여를 낮춘 것이지만, EU는 장기적 평균수치 봤을 때는 조금 증가하였거나 큰 변화가 없는 것으로 보인다. 하지만 두 국가의 경우 모두 제소국 자격으로는 분쟁해결제도 사용을 확연하게 감소시킨 것으로 나타났다(표1~2 참조). 반면, GATT 시절에는 참여가 드물었던 개도국은 WTO 체제에서 분쟁해결제도 보다 적극적으로 활용하여 사용비중이 증가하였다. 앞에서 살펴본 바와 같이 개도국의 경우는 WTO 전기(1995~2002)와 후기(2003~2010)로 나누어 보아도 분쟁해결제도 사용이 감소하기는 하였지만, 국가별로 차이가 있고 미국 및 EU와 같이 큰 폭으로 감소한 것은 아니다.

2004년에 가입한 신진 회원국인 중국은 피제소국 입장 뿐 아니라 제소국 입장에서도 참여율이 증가하고 있다.

이러한 미국/EU 및 개도국의 GATT/WTO 분쟁해결제도 활용 경향의 변화에는 이들의 WTO 분쟁해결제도를 통한 기대수익 실현과 관련성이 있을 공산이 크다. 즉, 앞에서 살펴본 바와 같이 WTO 분쟁사건이 감소한다는 것은 국가 간의 분쟁의 발생이 체계적으로 감소함을 의미할 수도 있지만, WTO 설립 이래 회원국 간 무역량이 계속 증가한 것을 감안하면, WTO 분쟁해결제도를 통한 분쟁해결 유인이 지속적으로 감소하고 있다는 것으로도 해석할 수 있다. 이는 그림 3과 그림 4에서 살펴본 바와 같이 법소송에 따른 경제적 이득에 대한 불확실 영역은 분쟁해결제도를 사용하는 국가의 제도사용과 법기능 활용에 대한 유인에 큰 영향을 주기 때문이다.[70] 따라서 WTO 분쟁해결제도 성과를 적절히 조명하기 위해서는 분쟁소송에 대한 이익^{award}인 수출입 시장의 확보라는 경제적 기대수익과의 연계성이 중요한 고려 사항이 될 수 있다.

앞에서 논의한 바와 같이 WTO의 분쟁해결제도의 판정에 따른 학습효과로 WTO협정에 대한 해석과 적용 법리의 축적을 통해 분쟁당사국이 처한 불확정 영역을 제거하는 것은 법적승소에 대한 확신과 신중성에 영향을 줄 것이다. 이는 중장기적으로 분쟁해결제도 활용 자체의 감소를 가져올 수 있고, 법기능 활용 측면에서는 합의 가능성을 높여줄 수 있을 것이다. 한편, WTO의 분쟁해결제도를 통한 분쟁해결은 특성상 법소송에 의한 기대수익을 사후적으로 관찰할 수 밖에 없기 때문에 실제 판정을 통해 얻을 수 있는 기대수익^{시장개방 효과}의 크기 또한 분쟁해결제도를 통한 합의와 법기능 활용 결정에 중요한 역할을 할 것이다. 또한 판정 이후 다자주의적 무역효과로 인해 기대수익을 측정하기 어렵거나 예상에 미치지 못하는 수준일 수 있는 불확실성이 존재하기 때문에 분쟁해결제도 활용 자체의 사용감소는 물론 특히 사법기능 활용에 대한 유인에 부정적인 영향을 줄 수 있다.

---

70 우리는 'WTO 분쟁해결제도 활용의 국가쌍(Bilateral pair) 분석' 장의 통계적 분석을 통해서, 미국과 EU가 다른 국가에 대한 분쟁을 건수와 상대적 비중면에서 감소시켰지만, 2002년에 WTO에 가입한 중국에 대해서는 이들의 WTO 분쟁해결제도 활용 역량을 집중시킨 것을 알 수 있었다. 본 연구의 분석에 따르면 미국과 EU의 이러한 행위는 분쟁해결제도를 통해 중국으로부터 얻어낼 것이라 예상하는 초기 기대수익이 존재하기 때문일 것이다.

본 연구는 WTO 체제의 백미라고 불리는 분쟁해결제도의 성과에 대해 그 간의 연구와 통계적 분석을 통해 살펴보았고, 감소현상에 있는 분쟁해결제도의 활용과 동 제도의 법기능 활용의 감소 경향에 대해 문제를 제기하고 이에 대한 나름의 해석을 제시하였다[71]. 한편 본 연구는 현재 WTO 분쟁해결에 대한 대안으로 논의되는 FTA^{Free Trade Agreement} 지역주의 체제나 투자분쟁해결^{Investor-State Dispute Settlement: ISD} 절차(국가 간 또는 다국적 기업 대 국가 간의 양자체제의 분쟁해결제도)가 주목받고 있는 시점에서 다자주의 무역개방의 중요한 기제인 WTO 분쟁해결기구에 시사하는 바가 클 것으로 판단된다. 하지만 이에 앞서 본 연구에서 제기된 문제와 나름의 결론을 확증하기 위해서는 보다 엄밀한 추가 분석과 심층 연구가 필요할 것이다.

---

71 본 연구에서는 기존연구의 검토와 WTO 분쟁데이터 통계분석을 통해, WTO 분쟁해결제도 활용 감소 현상에 대해 분쟁해결제도 자체의 내생적인 요인을 중심으로 내용을 전개하였다. 하지만, 외생적인 요인(예를 들어, WTO 체제와 공존하는 FTA 체제나 통상환경 변화에 따른 외부 환경적 요인)에 의해 WTO 분쟁건수나 분쟁해결제도 활용이 감소할 수 있는 가능성도 존재한다. 예를 들어, 1) 국제사회차원의 집단적 보호주의 자제 노력과 같은 정치이벤트성 요인, 또는 2) 현행 세계무역체제의 한 축을 차지하는 지역주의 체제 확대와 다양한 형태의 양자 및 지역 간 투자무역 협정 활용에 따른 감소 가능성을 생각해 볼 수 있다. 특히, 2)번 가설은 최근 FTA 폭발적 증가와 함께 주목을 받고 있는데, 이에 대해서는 체계적인 추가 연구가 필요할 것이다. 하지만, 일견 이와 같은 견해는 다음과 같은 한계를 가지고 있다. 첫째, EU, NAFTA를 제외하고는 지금껏 실효적으로 FTA 분쟁해결제도를 구비하거나, WTO 분쟁해결체제를 대체할 수 있을 만큼의 높은 수준의 FTA 분쟁해결제도 체제가 존재하지 않는다. 그리고 실제로도 NAFTA의 19장(무역구제)과 11장(ISD) 분쟁을 제외하고 빈번하게 발생된 FTA 분쟁은 찾기 어렵다. 그러므로 최근에 증가한 FTA 분쟁해결 체제로 WTO 분쟁 건이 분산되었다는 주장을 하기에는 그 주장이 현실적이지 않거나 아직까지는 이른감이 있다. 둘째, 만약 WTO 분쟁해결제도의 관할권(jurisprudence)이 미치는 영역에서 NAFTA 분쟁해결제도가 활용(일반적으로 WTO와 NAFTA의 관할권은 다르다. 즉, NAFTA와 같은 FTA는 국내법에 비추어 문제된 조치가 정당한지를 사법검토를 하는 것임)되더라도 FTA 분쟁해결 채널이 WTO 체제보다 특별히 선호될 이유가 없다. 이유는 FTA 체제와 WTO 분쟁해결체제까지 동원될 정도의 분쟁은 매우 첨예한 법적공방이 진행될 것인데, 이러한 경우는 현 단계에서는 FTA 체제가 WTO 체제를 대체하는 것보다는 보완적인 역할을 할 가능성이 크기 때문이다(NAFTA 분쟁해결제도와 WTO 분쟁해결제도의 이러한 관계가 목격된 실제 사례가 "미국-캐나다 간 연목분쟁"(Softwood Lumber)이다. 이에 대한 자세한 내용은 안 & 신 (2012) 참조).
한편, 그럼에도 불구하고 FTA라는 보다 격상된 정치·외교적인 협력관계와 FTA협정 내에 존재하는 추가적인 양자협의 기제로 인해 회원국 간 분쟁 자체가 감소하거나 WTO로 확산되는 것을 자제되는 효과가 존재할 수 있다(Bown, 2005). 그러므로 이런 측면을 고려할 때, 현재 추진 중에 있는 환태평양경제동반자협정 (TPP: Trans-Pacific Partnership)나 범대서양무역투자동반자협정(TTIP: Transatlantic Trade and Investment Partnership) 같은 거대 FTA가 WTO 분쟁해결제도 체제에 미치는 효과는 추가연구 대상이 될 수 있다. 하지만, 우선 이러한 연구 역시 2000년 중반부터 경쟁적으로 체결되며 확장된 FTA 지역주의 현상이 다자주의 협상의 한계(예를 들어, WTO DDA (Doha Development Agenda) 협상의 반복된 실패)에서 비롯되었을 내재적 요인을 염두하고 진행되어야 할 것이다.

::: **참고문헌**

안덕근 & 신원규. (2012). 농산물 무역구제 분쟁의 문제점 고찰: 미국-캐나다간 연목 분쟁을 중심으로. 통
상법률, 통권 제 104호(No. 1), 10-48.

Ahn, D., Lee, J., & Park, J.-H. (2013). Understanding Non-Litigated Disputes in the WTO Dispute
Settlement System. *Journal of World Trade*, 47.

Ahn, D., & Messerlin, P. (2014). United States - Anti-Dumping Measures on Certain Shrimp and Diamond
Sawblades from China: never ending zeroing in the WTO? *World Trade Review*, FirstView, 1-13.

Alter, K. J., & Vargas, J. (2000). Explaining Variation in the Use of European Litigation Strategies European
Community Law and British Gender Equality Policy. *Comparative Political Studies*, 33(4), 452-482.

Bagwell, K., & Staiger, R. W. (2001). Domestic policies, national sovereignty, and international economic
institutions. *The Quarterly Journal of Economics*, 116(2), 519-562.

Bagwell, K., & Staiger, R. W. (2004). *The economics of the world trading system*: MIT Press.

Bagwell, K., & Staiger, R. W. (2011). What do trade negotiators negotiate about? Empirical evidence from
the World Trade Organization. *American Economic Review*, 101(4), 1238-1273.

Bernauer, T., & Sattler, T. (2006). *Dispute-Escalation in the WTO: Are Conflicts Over Environment, Health
and Safety Regulation Riskier?* : Center for Comparative and International Studies (ETH Zurich and
University of Zurich).

Beshkar, M. (2013). Arbitration and Renegotiation in Trade Agreements. *mimeo*.

Blonigen, B. A., & Bown, C. P. (2003). Antidumping and retaliation threats. *Journal of International
Economics*, 60(2), 249-273.

Bown, C. P. (2004a). On the Economic Success of GATT/WTO Dispute Settlement. *The Review of
Economics and Statistics*, 86(3), 811-823.

Bown, C. P. (2004b). Developing Countries as Plaintiffs and Defendants in GATT/WTO Trade Disputes.
The World Economy, 27(1), 59-80.

Bown, C. P. (2005). Participation in WTO Dispute Settlement: Complainants, Interested Parties, and Free
Riders. *World Bank Economic Review*, 19(2), 287-310.

Bown, C. P. (2009). *Self-enforcing trade: developing countries and WTO dispute settlement*: Brookings
Institution Press.

Bown, C. P., & Crowley, M. A. (2013). Self-Enforcing Trade Agreements: Evidence from Time-Varying
Trade Policy. *American Economic Review*, 103(2), 1071-1090.

Bown, C. P., & Hoekman, B. M. (2007). *Developing countries and enforcement of trade agreements: why dispute settlement is not enough* (Vol. 6459): World Bank Publications.

Bown, C. P., & McCulloch, R. (2010). Developing countries, dispute settlement, and the Advisory Centre on WTO Law. *The Journal of International Trade & Economic Development*, 19(1), 33–63.

Bown, C. P., & Pauwelyn, J. (2010). *The Law, Economics and Politics of Retaliation in WTO Dispute Settlement*: Cambridge University Press.

Brewster, R., & Chilton, A. (2013). Supplying Compliance: Why and When the United States Complies with WTO Rulings. *Yale Journal of International Law*, forthcoming.

Busch, M. L. (2000). Democracy, Consultation, and the Paneling of Disputes under GATT. *Journal of Conflict Resolution*, 44(4), 425–446.

Busch, M. L., & Reinhardt, E. (2003). The evolution of GATT/WTO dispute settlement. *Trade Policy Research*, 143–183.

Busch, M. L., Reinhardt, E., & Shaffer, G. (2009). Does legal capacity matter? A survey of WTO Members. *World Trade Review*, 8(4), 559–577.

Ceva, E., & Fracasso, A. (2010). Seeking mutual understanding: a discourse–theoretical analysis of the WTO Dispute Settlement System. *World Trade Review*, 9(03), 457–485.

Davey, W. (2005). *Evaluating WTO Dispute Settlement: What Results Have Been Achieved Through Consultations and Implementation of Panel Reports?* Illinois Public Law Research Paper(05–19).

Davis, C. L., & Bermeo, S. B. (2009). Who Files? Developing Country Participation in GATT/WTO Adjudication. *The Journal of Politics*, 71(03), 1033–1049.

Delich, V. (2002). Developing countries and the WTO dispute settlement system. I: I: B. Hoekman, A. Mattoo og P. English (red.), *Development, Trade and the WTO. Washington, DC*: The World Bank.

Dixit, A. K. (2007). *Lawlessness and economics: alternative modes of governance*: Princeton University Press.

Dunoff, J. L., & Trachtman, J. P. (1999). Economic analysis of international law. *Yale Journal of International Law*, 24, 1.

Goldsmith, J. L., & Posner, E. A. (2005). *The limits of international law*: Oxford University Press.

Grossman, G. M., & Sykes, A. O. (2007). WTO Case Law: The American Law Institute Reporter's Studies United States–Definitive Safeguard Measures on Imports of Certain Steel Products. *World Trade Review*, 6(01), 89–122.

Guzman, A. T., & Simmons, B. A. (2002). To settle or empanel? An empirical analysis of litigation and settlement at the WTO. *Journal of Legal Studies*, 31, S205–S235.

Guzman, A. T., & Simmons, B. A. (2005). *Power plays and capacity constraints: the selection of defendants in WTO disputes*. Paper presented at the American Law & Economics Association Annual Meetings.

Horn, H., Maggi, G., & Staiger, R. W. (2010). Trade Agreements as Endogenously Incomplete Contracts. *American Economic Review*, 394–419.

Horn, H., & Mavroidis, P. C. (2008). The WTO Dispute Settlement Data Set 1995-2006. *World Bank.* *http:siteresources.worldbank.orgINTRESResources469232-1107449512766DisputeSettlementData* *Manual, 3062008.*

Horn, H., Mavroidis, P. C., & Nordström, H. (1999). *Is the use of the WTO dispute settlement system biased?* : Centre for Economic Policy Research.

Hudec, R. E. (1993). *Enforcing international trade law: The evolution of the modern GATT legal system (Vol. 7)*: Butterworth Legal Publishers Salem, NH.

Jackson, J. H. (1997). *The world trading system: law and policy of international economic relations*: MIT press.

Jackson, J. H. (1998). *The world trade organization: constitution and jurisprudence*: Royal Institute of International Affairs London.

Keck, A., & Schropp, S. (2008). Indisputably essential: the economics of dispute settlement institutions in trade agreements. *Journal of World Trade, 42*(5), 785-812.

Kennedy, D. L., & Hudec, R. E. (2002). *The political economy of international trade law*: Cambridge University Press.

Keohane, R. O., Moravcsik, A., & Slaughter, A.-M. (2000). Legalized dispute resolution: Interstate and transnational. *International Organization, 54*(3), 457-488.

Lakatos, C., & Walmsley, T. (2014). Dispute Settlement at the WTO: Impacts of a No Deal in the US-Brazil Cotton Dispute. *The World Economy, 37*(2), 244-266.

Lee, K., Shin, W., & Shin, H. (2014). How large is the Policy Space? WTO Regime and Industrial Policy. In J. A. Ocampo & J. A. Alonso (Eds.), *New global rules and governance for the post-2015 era: Ensuring an enabling environment for development.* forthcoming: United Nations publication.

Maggi, G., & Staiger, R. W. (2011). The Role of Dispute Settlement Procedures in International Trade Agreements. *The Quarterly Journal of Economics, 126*(1), 475-515.

Maggi, G., & Staiger, R. W. (2013). *Trade Disputes and Settlement.* working paper.

Moore, M. (2000). *WTO's unique system of settling disputes nears 200 cases in 2000.* PRESS/180. Geneva: World Trade Organization.

Park, J.-H. (2011). Enforcing international trade agreements with imperfect private monitoring. *The Review of Economic Studies, 78*(3), 1102-1134.

Pauwelyn, J. (2008). *Optimal Protection of International Law: Navigating between European Absolutism and American Volunteerism*: Cambridge University Press, Cambridge UK.

Petersmann, E.-U. (2005). Addressing Institutional Challenges to the WTO in the New Millennium: A longer-term perspective. *Journal of International Economic Law, 8*(3), 647-665.

Posner, E. A., & Sykes, A. O. (2013). *Economic Foundations of International Law*: Harvard University Press.

Sattler, T., & Bernauer, T. (2011). Gravitation or discrimination? Determinants of litigation in the World Trade

Organisation. *European journal of political research*, 50(2), 143–167.

Shin, W., & Lee, W. (2013). Legality of R&D Subsidies and Its Policy Framework under the World Trading System: The Case of Civil Aircraft Disputes. *STI Policy Review*, 4(1), 27–53.

VanGrasstek, C. (2013). *The History and Future of the World Trade Organization*: World trade organization.

Young, A. R. (2005). Picking the wrong fight: why attacks on the World Trade Organization pose the real threat to national environmental and public health protection. *Global Environmental Politics*, 5(4), 47–72.

Zejan, P., & Bartels, F. L. (2006). Be Nice and Get Your Money–An Empirical Analysis of World Trade Organization Trade Disputes and Aid. *Journal of World Trade*, 40(6), 1021–1048.

선진국 (Developed Countries)	GDP Per capita ($)		GDP (Million $)		개도국 (Developing Countries)	GDP Per capita ($)		GDP (Million $)	
	1995	2010	1995	2010		1995	2010	1995	2010
오스트레일리아	29,476	41,114	529,857	884,590	안티구아 바부다[C]	12,570	14,486	864	1,257
벨기에[R]	27,828	35,557	282,607	370,624	아르헨티나	8,323	12,340	293,588	510,189
캐나다	28,486	37,104	845,771	1,252,607	아르메니아[R]	1,916	5,411	5,879	16,054
크로아티아[R]	9,186	14,675	41,308	65,844	방글라데시[C]	817	1,371	99,226	214,040
체코	15,079	23,396	155,673	238,679	브라질	6,646	8,324	1,086,980	1,674,062
덴마크[R]	28,939	33,705	151,424	185,902	칠레	7,971	12,525	113,234	209,746
유럽연합	25,724	28,409	9,621,510	14,252,740	중국	1,931	7,130	2,349,146	9,483,328
프랑스[R]	26,497	31,299	1,582,214	2,027,204	콜롬비아	6,167	7,536	225,280	333,147
그리스[R]	17,878	25,216	186,959	271,075	코스타리카[C]	8,076	11,500	27,820	51,937
홍콩[C]	26,606	38,685	165,632	274,263	도미니카 공화국[R]	5,604	10,503	43,480	103,179
헝가리	11,368	16,557	116,871	165,441	에콰도르	4,799	6,227	54,058	92,098
아일랜드[R]	22,249	34,877	80,406	161,232	이집트[R]	3,119	4,854	183,851	390,597
일본	28,970	31,447	3,631,149	3,987,648	엘살바도르[C]	4,993	6,169	27,359	37,333
한국	15,889	26,609	716,683	1,294,164	과테말라	4,970	6,091	49,840	82,539
네덜란드[R]	29,484	38,191	455,792	640,957	온두라스[C]	2,956	3,580	16,410	28,599
뉴질랜드[C]	21,524	27,790	78,396	118,169	인도	1,611	3,477	1,483,308	4,079,259
노르웨이[C]	38,399	50,488	167,385	236,095	인도네시아	2,891	3,966	571,829	963,622
폴란드	8,772	16,705	338,616	642,542	말레이시아[R]	8,487	11,956	172,612	338,054
포르투갈[R]	16,319	19,782	164,256	212,380	멕시코	9,123	11,939	847,347	1,342,810
싱가포르[C]	31,250	55,862	110,713	262,613	니카라과	1,823	2,290	8,025	12,833
슬로박 공화국[R]	10,218	19,284	54,783	105,491	파키스탄	1,706	2,297	228,857	423,588
스웨덴[R]	25,665	36,132	227,853	327,867	파나마	6,330	10,857	16,700	37,030
스위스[C]	33,007	39,978	236,234	304,770	페루	4,553	7,415	108,658	214,648
타이완[C]	18,542	32,105	394,771	739,214	필리핀	2,362	3,194	171,475	319,071
트리니다드 토바고[R]	12,081	30,749	15,274	37,781	루마니아[R]	5,624	9,378	127,591	205,926
영국[R]	24,686	34,268	1,436,417	2,136,557	남아프리카[R]	5,389	7,513	227,553	368,966
미국	33,560	41,365	8,936,337	12,832,781	스리랑카[C]	2,288	4,063	41,054	85,671
					태국	6,105	8,065	359,459	534,984
					터키	7,100	10,438	439,787	812,117
					우크라이나[C]	3,781	7,044	193,773	319,924
					우루과이	7,976	11,718	25,124	38,681
					베네수엘라	8,873	9,071	191,213	246,931
					베트남[C]	1,188	2,780	87,673	249,012

자료: WTO 분쟁해결 데이터 및 Penn World Table 7.1 (PPP Converted GDP Per Capita (Chain Series), at 2005 constant prices)로 작성

주: 국가 이름 옆에 위 첨자 C와 R은 각 제소국과 피제소국의 입장에서만의 참여를 의미함. 그 외 첨자표시가 없는 국가는 모두 제소국과 피제소국의 입장에서 분쟁해결제도 참여한 경험이 있음.

부록 2. 양자(Bilateral-pair) 간 WTO 분쟁해결제도 참여 현황(1995~2010)

피제소국(열) / 제소국(행)

제소국	총계	아르헨티나	아르메니아	호주	브라질	캐나다	칠레	중국	콜롬비아	크로아티아	체코	도미니카공화국	에콰도르	이집트	유럽연합	프랑스	과테말라	헝가리	인도	인도네시아	아일랜드
앤티가바부다	1																				
아르헨티나	15				1			6							3			1			
호주	7														2			1		1	
방글라데시	1																		1		
브라질	25	2				3									7						
캐나다	33			1	1			2							9			1	1		
칠레	10	1											1		2						
중국	7														2						
대만	3														1				1		
콜롬비아	5						2								1						
코스타리카	5											2									
체코	1																	1			
에콰도르	3														1						
엘살바도르	1											1									
유럽연합	82	7		1	4	5	3	4											10	1	
과테말라	8					1	1					1			3						
온두라스	7											3			3						
홍콩	1																				
헝가리	5								1	1											
인도	19	1			1										7						
인도네시아	5	1																			
일본	14				1	2									1					2	
한국	14														3						
말레이시아	1																				
멕시코	21							3					2		3		2				
뉴질랜드	7			1		1									1			1	1		
니카라과	1																				
노르웨이	4														3						
파키스탄	3													1							
파나마	5								2						3						
페루	3	1													2						
필리핀	5			2	1																
폴란드	3										1										
싱가포르	1																				
스리랑카	1				1																
스위스	4			1															1		
태국	13								1					1	4			1	1		
터키	2													1							
우크라이나	1		1																		
우루과이	1														1						
미국	97	4		4	4	5	1	11						1	30	1		1	4	1	1
베네수엘라	1																				
베트남	1																				
총계	447	17	1	10	14	16	13	21	3	1	2	7	3	4	92	1	2	7	20	4	1

부록 2. 양자(Bilateral-pair) 간 WTO 분쟁해결제도 참여 현황(1995~2010) (앞장에 이어서)

제소국	총계	일본	한국	말레이시아	멕시코	니카라과	파키스탄	파나마	페루	필리핀	폴란드	포르투갈	루마니아	슬로바키아	남아프리카	태국	트리니다드토바고	터키	영국	우루과이	미국	베네수엘라
앤티가바부다	1																				1	
아르헨티나	15								1												3	
호주	7		1																		2	
방글라데시	1																					
브라질	25				1				1									1			10	
캐나다	33	1	2																		15	
칠레	10				1				2											1	2	
중국	7																				5	
대만	3																				1	
콜롬비아	5					1															1	
코스타리카	5																2				1	
체코	1																					
에콰도르	3																	1			1	
엘살바도르	1																					
유럽연합	82	6	4		3		1			1						1					31	
과테말라	8				2																	
온두라스	7					1																
홍콩	1																	1				
헝가리	5												1	1				1				
인도	19										1				1			1			7	
인도네시아	5		1												1						2	
일본	14																				8	
한국	14	2								1											8	
말레이시아	1																				1	
멕시코	21							1													9	1
뉴질랜드	7																				2	
니카라과	1				1																	
노르웨이	4																				1	
파키스탄	3																				2	
파나마	5																					
페루	3																					
필리핀	5															1					1	
폴란드	3															1						
싱가포르	1			1																		
스리랑카	1																					
스위스	4													1							1	
태국	13																	1			5	
터키	2														1							
우크라이나	1																					
우루과이	1																					
미국	97	6	6		6		1			4			1	1				2	1			1
베네수엘라	1																				1	
베트남	1																				1	
총계	447	15	14	1	14	2	2	1	4	6	1	1	2	3	3	3	2	8	1	1	122	2

자료: WTO 분쟁해결 데이터 활용 작성

주: 공동제소건은 국가쌍으로 구분하여 개별 건수로 취급하였음(각주 31 참조).

04

국제경제체제의 위기확산 상황에서의 정부 역할과 국제통상규범간 충돌

이효영

- 서론
- 국제경제위기 상황에서의 세계 경제 동향
- 국제경제위기 상황에서의 정부 조치
- 경제위기 극복을 위한 정부조치 관련 WTO 분쟁 사례
- 경제위기 상황에서 제기되는 국제규범 간 충돌 문제
- 결론

1997~98년의 동남아시아 지역의 경제위기와 최근의 선진국발 글로벌 금융위기 등 세계 경제위기 상황은 보호무역주의 정책의 확산에 대한 우려를 증폭시키고 있다. 국제경제 위기에 따른 세계적 경기침체에 대처하기 위하여 각국 정부는 자국의 산업보호와 국내경기 부양을 위해 다양한 조치를 취하게 되는데, 이와 같은 경기부양 조치는 자국산업의 보호 및 육성을 위한 보조금 지급, 관세인상 및 수입금지 등의 형태를 띄고 있어 세계무역을 위축시켜 세계경제의 회복 속도를 더욱 늦출 수 있어 문제가 되며, 근본적으로는 무역자유화의 기조를 후퇴시킬 수 있어 문제가 된다. 또한 국제통상법의 관점에서는 이와 같은 경기부양 조치들은 일방적인 보호무역조치로 간주되어 국제통상 분쟁으로도 비화될 수 있다. 국제 경제위기 상황에서의 일견 정당해 보이는 정부의 자국 산업보호 및 경기부양을 위한 정책들이 교역 상대국에 의하여 불공정 무역조치로 인식되어 분쟁대상이 되는 경우 소송비용이나 국제적 평판 등의 경제사회적 비용이 초래될 뿐 아니라, 추후 해당 정부조치가 국제통상규범에 위반된다는 판정을 받는 경우에는 이를 철회하기 위한 직간접적 경제사회적 비용 또한 만만치 않을 것이다. 이에 따라 정부 입장에서는 국가경제적 타당성이 있는 정책을 입안 및 이행하는 단계에서 사전에 국제통상규범과의 마찰 여부를 파악하여 경제정책 운용상의 안정성을 제공하는 것이 바람직할 것이다.

이에 따라 본 연구에서는 2008~2009년의 글로벌 금융위기 이후 세계 각국 정부가 도입하게 된 무역 관련 조치들을 살펴보고 이와 같은 경제위기 상황에서의 정부 조치가 WTO 체제 하의 다자적 무역규범과 어떠한 부분에서 충돌하고 있는지 문제점과 쟁점을 살펴보았다. 이를 위해 WTO에 제소된 관련 분쟁에서의 판정결과를 분석하여 현재 WTO 분쟁해결제도에서 관련 규범들이 어떻게 해석 및 적용되고 있는지 살펴보았다. 이를 통해 향후 경제위기 상황 발생시 WTO 다자적 무역규범에 부합하며 무역자유화의 추세를 거스르지 않는 범위 내에서 정부가 정당하게 취할 수 있는 통상정책에 대한 함의를 제공하고자 한다.

::: 국제경제위기 상황에서의 세계 경제 동향

2009년 4월 이후 보고된 WTO Trade Policy Review Body[TPRB] 보고서[1]에 의하면 2008년 4분기 이후 세계 경기의 위축 및 무역금융 부족으로 인하여 세계무역 성장률은 −33% 수준까지 떨어지는 등 마이너스 성장률을 기록한 이후 2009년 4분기 이후 회복세를 보이기 시작하였다. 이후 세계무역량은 다소 주춤하다 2010년 4분기 이후 지속적으로 증가한 이후 2011년 4분기이후 다시 감소하기 시작하여 계속 크게 늘어나고 있지 않은 상황이다.[2] 특히 2008년 경제위기 발생 직후 개도국의 무역 감축폭이 선진국에 비해 더 큰 것으로 나타나고 있는데, 2009년말 이후에는 회복속도 또한 더 큰 것으로 나타나고 있다 (그림 1).[3]

그림 1. 2008~2012년 세계무역 성장률 동향

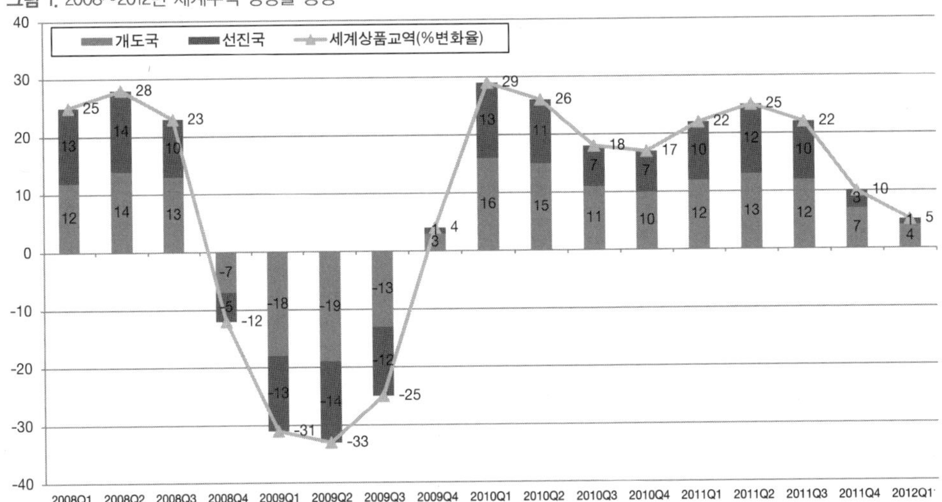

출처: 2009~2013년 TPRB 보고서

---

1 2009년 2월 9일 개최된 비공식 TPRB 회의에서 WTO 사무총장은 회원국들에게 2008년 9월 이후 각국에서 채택한 무역 및 무역관련 조치에 대해 정보를 제공할 것을 촉구함. 이에 24개 회원국들이 동참하였으며, 이중 13개국은 G20국가임. Report to the TPRB from the Director-General on the Financial and Economic Crisis and Trade-Related Developments, WT/TPR/OV/W/1 (20 April 2009).

2 2011년 이후 세계무역규모의 성장을 더디게 하는 불안요인으로는 석유 등 원자재 가격의 상승, 일부 유로회원국들의 지속적인 국가부채위기, 일본의 지진 및 원전사고 등이 원인으로 지적되고 있다.

3 Report to the TPRB from the Director-General on Trade-Related Developments (Mid-October 2011 to mid-May 2012), WT/TPR/OV/W/6 (28 June 2012).

반면, 2000년 이후의 전체적인 수출입 동향을 살펴보면 지속적인 증가세를 보이던 세계 수
출 및 수입량은 2008년 금융위기 발생 직후 크게 떨어진 것으로 나타나고 있다. 2009년 이후 세
계 무역량은 다시 회복세를 나타내고 있으며, 특히 신흥 개발도상국들이 지속적으로 선진국보
다 높은 수출입 동향을 보이고 있으며 회복세 또한 더욱 빠른 것으로 나타나고 있다 (그림 2).

그림 2. 2000~2011년 수출 및 수입규모

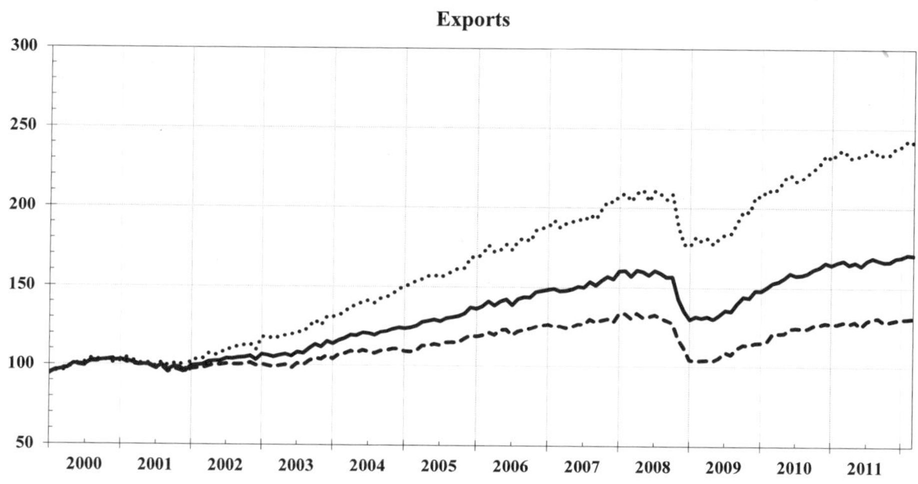

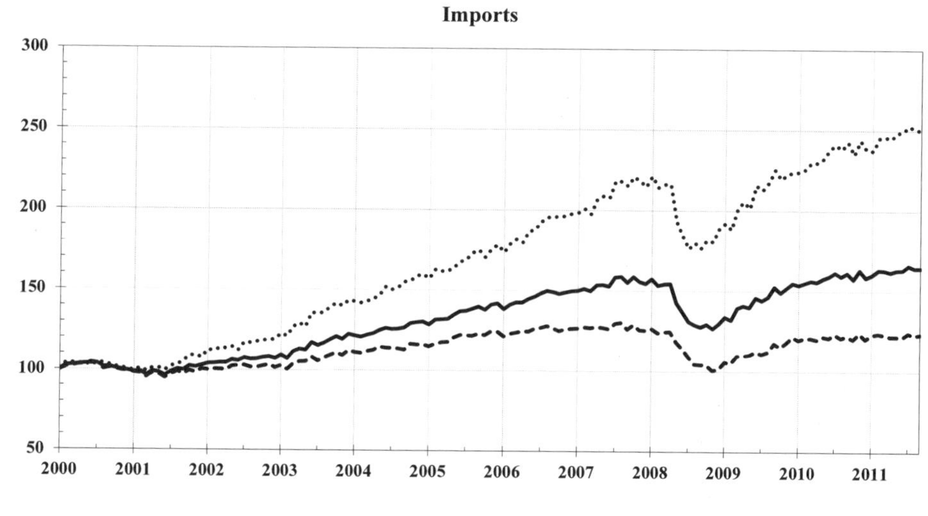

출처: TPRB(2012) 보고서

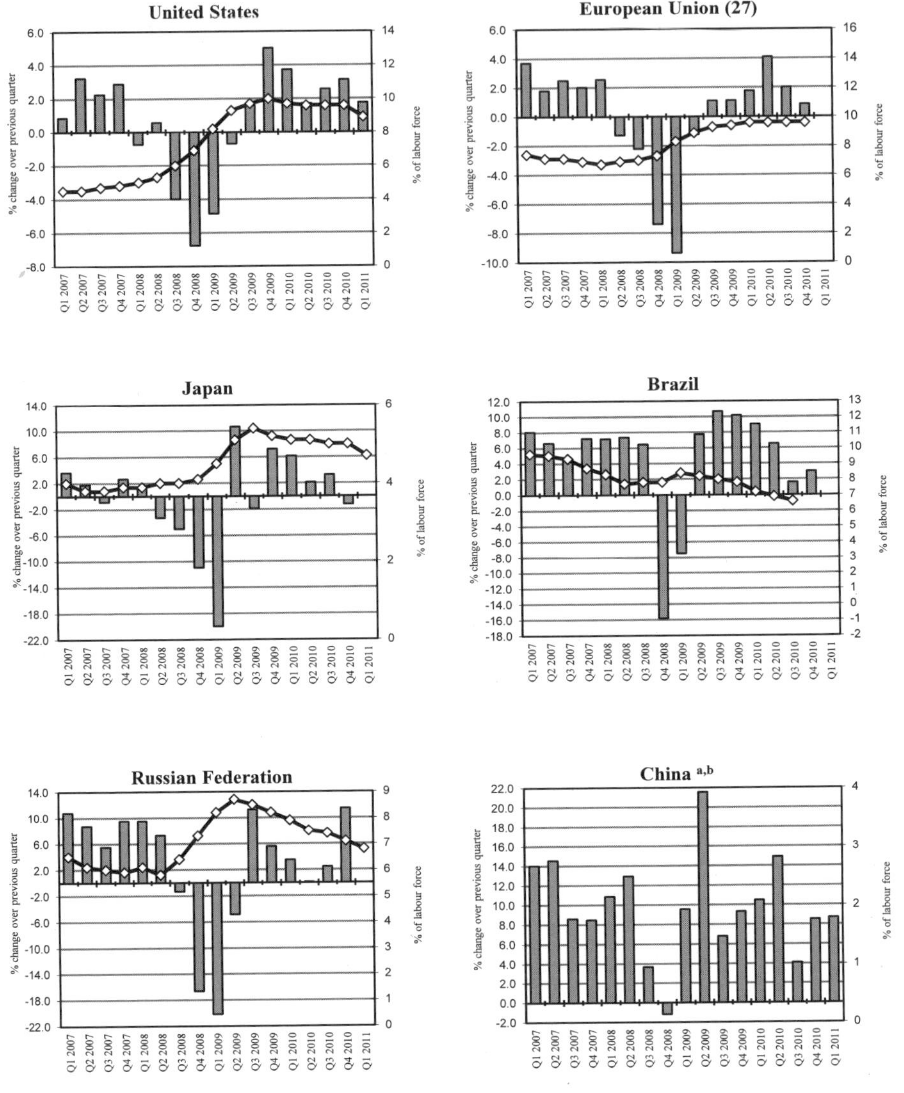

출처: TPRB(2011.6) 보고서

2007년 이후 주요국별 GDP 및 실업률 동향을 살펴보면 대부분의 국가들이 2008년 2~3분기 이후 전분기 대비 마이너스 GDP 성장률 및 실업률의 급격한 증가를 보인 것으로 나타나고 있다. 이는 특히 미국, 유럽연합 및 일본과 같은 선진국에서 공통적으로 두드러진 현상이었다. 반면, 중국은 유일하게 예외적으로 경제위기 상황으로 인한 GDP 성장률이 2008년 4분기에만 급격하게 떨어진 후 2009년 2분기에는 21%를 상회하는 매우 높은 성장률을 기록한 것으로 나타나고 있다. 브라질 또한 경제위기의 여파로 인해 2008년 말과 2009년 초반에 성장률의 급격한 감축을 기록한 이후 경제위기 발생 전보다 높은 수준의 경제 성장률을 기록한 것으로 나타나고 있다. 실업률 또한 크게 증가하지 않았으며, 2009년 이후에는 완만한 감소세를 보이고 있다(그림 3).

::: 국제경제위기 상황에서의 정부 조치

■ 무역에 영향을 미치는 일반적 정부 조치

OECD(2010)에서는 각국의 경제정책 지원 차원에서 정부가 취하게 되는 다양한 조치를 아래와 같이 구분하고 있다. 우선 가장 크게는 무역에 직접적 영향을 미치는 조치와 무역에 간접적 영향을 미치는 조치로 구분하고 있는데, 후자의 정부조치는 일반적 지원 조치와 특정적 지원 조치로 구분할 수 있다.

• 수입 관세

관세는 수입되는 제품의 단위에 부과되는 세금으로서 가장 흔한 형태의 무역조치라 할 수 있다. 특히 개발도상국에게는 세수의 원천으로서 관세인상 유인이 있지만, 국내의 소비자에게는 제품 가격인상의 부정적 효과가 있는 반면 국내 생산자에게는 수입 대체의 긍정적 효과도 있다. 특히, 중간재 무역의 경우, 국제 생산 네트워크의 특성상 중간재를 많이 함유하고 있는 최종재일수록 관세인상의 효과가 크다고 볼 수 있다. 또한 중간재는 국경을 여러 차례 통과하기 때문에 관세 누적의 효과가 있으며, 국내에서 생산하는 최종재에 비하여 수입 중간재에 대한 관세가 상대적으로 높을 경우 국내 생산자에 대한 실효

보호율이 높아지게 된다.[4]

• 무역구제조치

반덤핑 및 상계관세와 같은 무역구제조치는 의도적인 무역보호의 목적을 갖고 있지 않다 하더라도, 무역구제조치의 사용 증대는 피제소국의 해당 기업에 대한 반덤핑 및 상계관세 조사 등의 증가를 의미하므로 부담이 될 수 있으며, 일반적으로 통상관계가 원활하지 않음을 의미하는 것으로 간주될 수 있다.

• 무역관련 재정 및 금융지원 조치

무역관련 지원조치는 무역업자에게 직접자금 형태로 제공하는 보조금 또는 세액공제 등의 재정지원 조치와 수출금융 및 수출신용보증 등 무역관련 금융지원 조치가 있다. 이 중 보조금 형태의 재정지원 조치는 정상적 시장행위가 아닌 정부의 개입으로 인한 무역왜곡 효과로 인하여 교역 상대국으로부터 불공정 무역행위로서 공격을 받을 수 있다.

• 비관세장벽

무역에 직접적 영향을 주는 다양한 비관세장벽으로는 수출입에 대한 수량적 제한조치, 수출입 허가 조건, 각종 기술규정 또는 위생검역규정 및 기타 제도적 조치 등이 있다. 이와 같은 비관세 조치는 무역비용의 증대와 무역흐름의 불확실성을 초래한다는 측면에서 무역에 부정적인 영향을 미친다.

• 소비지출 증대를 위한 일반적 지원 조치

소득세 감액 또는 복지지급액 증대 등을 통한 소비지출의 증대를 위한 일반적인 정부 조치는 국내 및 수입 제품·서비스에 대한 수요가 동일하다는 전제하에 무역 증대 효과를

---

4 OECD (2010), p. 39. 일례로, 철강재에 대한 관세는 자동차 산업과 같은 관련 산업의 경쟁력을 저하시키며 해당 산업의 일자리 상실효과가 더 커질 수 있다.

창출할 수 있으며 특정성을 지니고 있지 않아 무역왜곡적인 효과가 적을 수 있다.

• 특정 산업 및 제품에 대한 특정적 지원 조치

특정 국내산 내구재 및 소비재의 소비를 지원하는 조치 등은 동일 품목의 수입재를 대체하는 효과를 지니고 있으며, 비효율적인 생산업체의 시장퇴출을 지연시키며 이로 인한 부정적 효과를 창출하게 된다.

■ 세계경제위기 상황에서의 정부 조치

2009년부터 2012년까지 발간된 TPRB 보고서에 의하면 2008년 9월 직후 전 세계적으로 보호무역 성격의 정부 조치가 뚜렷한 증가 움직임을 보인 것으로 보고되고 있다. 특히 2009년 중반 이후 관세 인상, 새로운 비관세조치의 도입, 반덤핑관세 등 무역구제조치 조사개시 등이 늘어난 것으로 나타나고 있다. 비록 전반적으로 G20 국가를 중심으로 경제위기에 대한 정책대응에 있어 국제적인 공조를 모색하여 급격한 보호무역주의의 확산은 통제되는 모습을 보이긴 하였지만, 경기부양책의 일환으로 추진된 재정지원 조치 중 특히 '국산품 우대Buy National' 조치는 지속적인 무역제한 효과를 지니고 있어 우려대상이 되었다. 또한 금융위기의 여파가 가장 컸던 선진국 정부에 의한 자동차 및 철강 산업 등에 대한 보조금 등 재정지원 조치가 경제위기 초반인 2009년 초에 많이 도입된 것으로 보고되고 있다.[5]

표 1. 무역제한조치 사용 동향 (2008~2011)

종류	2008.9-2009.10	2009.11-2010.10	2010.11-2011.10
무역구제조치	184	122	129
국경조치	105	62	126

---

5 Report to the TPRB from the Director-General on Trade-Related Developments, WT/TPR/OV/W/3 (14 June 2010).

종류	2008.9-2009.10	2009.11-2010.10	2010.11-2011.10
수출관련 조치	20	25	64
기타 조치	15	13	20
총계	324	222	339

출처: TPRB(2011.9, 2012) 보고서

표 1에서 나타나는 바와 같이 전 세계의 무역제한조치 사용 동향을 종류별로 살펴보면 반덤핑관세 및 세이프가드 등 무역구제조치의 사용은 2008~09년 기간 동안 급격히 증대하였다가 2009년 하반기 이후 점차 줄어드는 추세를 보이고 있다. 반면, 수입관세 및 수입허가제 등의 국경조치는 2009~2010년에는 전년도 동기대비 감소하였다가 2010년 이후 다시 증가하는 양상을 보이고 있다. 수출금지 및 수출쿼타 등 수출관련 조치 역시 점차 늘어나고 있는 것으로 나타나고 있다. 비록 무역구제조치의 발동 건수가 감소하고 있긴 하지만, 무역제한조치 중 국경조치와 함께 반덤핑관세 등의 무역구제조치는 여전히 높은 비중을 차지하고 있다. 또한 무역제한조치의 사용 총계로 보았을 때에도 2011년 말 현재 2008년 경제위기 발생 초기보다 약간 상회하는 수준의 무역제한조치가 사용되고 있는 것으로 나타나고 있다.

표 2. 주요국별 비관세조치 (2008.9~2009.8)

국가	GDP대비 경기부양 조치(%)	정부 조치 (2008.9~2009.8)					
		정부지출	민간소비 지원	국내투자 지원	외국인 투자지원	생산지원 보조금	신용보증
미국	5.5	●	●◑	◑	●	◑	◑
캐나다	-	●	●		●	◑	◑
멕시코	4.7		◑		●	●	
호주	0.9	●	●		●	◑	◑
뉴질랜드	3.7	●	●				
한국	1.1	●	●◑		●	●◑	●
일본	2.3	●	●◑		●◑	●◑	●
중국	6.9	●	●◑	●	●	◑	●
벨기에	0.6			●		◑	●

국가	GDP대비 경기부양 조치(%)	정부 조치 (2008.9~2009.8)					
		정부지출	민간소비 지원	국내투자 지원	외국인 투자지원	생산지원 보조금	신용보증
프랑스	1.3	●	●◑	●		●◑	●◑
독일	1.6	●	●◑	●	●	●◑	●
헝가리	4.0						●
이탈리아	0.3	●	●◑			●◑	●
네덜란드	1.0	●	◑	●		●◑	●
포르투갈	1.3	●	◑			●◑	●
스페인	8.1	●	●◑			●◑	●◑
영국	0.9	●	●◑			●	●
브라질	0.2	●	●◑	●	●	◑	◑
인도	0.3	●	●◑		●	●	●
러시아	1.1	●	◑			●◑	◑
남아공	3.8	●	●		●		

● 경제전반에 대한 일반적 지원　◑ 특정산업 지원　●◑ 일반 및 특정산업 지원

출처: OECD(2010)

앞서 설명한 바와 같이 직접적인 무역제한조치 외에도 국제경제위기 상황에서는 경기부양을 위한 각종 정부조치를 도입하게 된다. 표 2에서 나타나는 바와 같이 정부 조치 중에서도 주요국별 비관세조치(2008~2009년)를 살펴보면 대부분의 국가들이 교통 및 각종 인프라 건설 및 지방정부에 대한 교부금 등 정부지출 조치 뿐 아니라 민간소비를 증대시키기 위한 세금감면 등의 지원조치, 일반 및 특정 산업에 대한 직접적인 보조금 및 정부보조 대출금 지원 등 생산지원 보조금, 신용보증 조치 등을 광범위하게 사용하고 있는 것으로 나타나고 있다. 특히 직접적인 정부지출은 경제전반에 대한 일반적 지원의 형태를 띠고 있지만, 국내소비 진작을 위한 지원조치 및 생산활동을 지원하는 보조금 조치는 특정한 산업에 지원하는 형태를 많이 나타내고 있다.

• 무역구제조치

앞서 살펴본 바와 같이 세계경제위기 상황에서 각국 정부가 취하게 되는 정부 조치 중에서

도 무역에 직접적 영향을 미치는 조치를 더욱 구체적으로 살펴보면 무역을 제한하는 조치 중 반덤핑관세 및 세이프가드 등의 무역구제조치가 큰 비중을 차지하고 있는 것으로 나타난다.

그림 4에서 나타나는 바와 같이 2008년 금융위기 발생 직후 반덤핑관세 부과를 위한 조사개시 및 조치 부과 건수는 2009년까지 전년도 수준을 유지하다 2010년 이후 떨어졌으며, 2012년 이후 다시 증가세를 나타내고 있다.

그림 4. 반덤핑관세 조사개시 및 조치부과 동향 (2006~2012년)

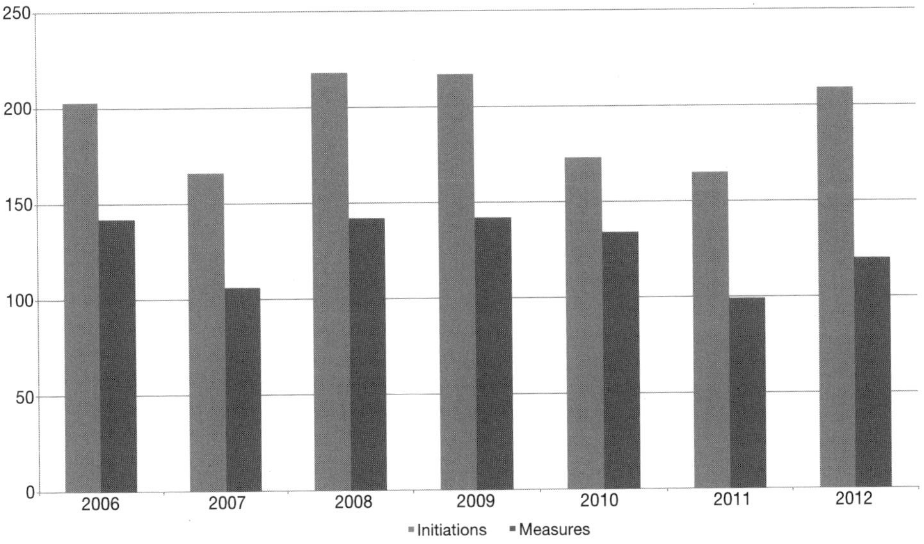

자료: WTO

표 3. 주요 국가별 반덤핑관세 조사 건수 (2009~2012년)

구분	보고국	2009.10-2010.4	2010.10-2011.4	2011.10-2012.4
선진국	미국	10	9	12
	EU	9	8	13
	캐나다	2	0	3
	호주	7	2	4
	뉴질랜드	0	2	0
	한국	2	0	–

구분	보고국	2009.10-2010.4	2010.10-2011.4	2011.10-2012.4
아시아	중국	6	4	3
	인도	20	15	8
	대만	2	1	0
	인도네시아	3	0	8
	태국	1	0	-
중남미	아르헨티나	12	11	4
	브라질	9	25	16
	칠레	2	0	-
	멕시코	1	2	2
	콜럼비아	3	0	-
	파나마	4	0	-
	페루	2	0	-
기타	터키	1	1	3
	우크라이나	1	5	1
	파키스탄	0	7	4
	이스라엘	4	0	0
	이집트	1	2	1
	남아공	1	0	1
	자메이카	2	0	-
총계		105	96	83

출처: TPRB(2011.9, 2012) 보고서

주요국별 반덤핑관세 조사 개시 동향을 살펴보면 (표 3), 브라질의 경우 2010년 10월 ~ 2011년 4월의 기간 동안 25건으로 상당히 높은 사용율(약 26%)을 보였던 반면, 다른 주요 국의 경우 전년 동기대비 반덤핑관세 조사의 개시 건수가 다소 감소한 것으로 나타났다.[6] 그러나 2011년 이후에는 미국, EU, 인도네시아, 터키 등의 국가들 중심으로 반덤핑 조사 개시 건수가 증가한 것으로 나타난다. 그러나 전반적인 반덤핑관세 조사의 개시 건수는 2009년~2012년의 기간동안 지속적으로 감소한 것으로 나타난다.

---

6 2009.10월~2010.4월의 기간동안에는 금속류(25%) 및 화학재(15%)에 대한 반덤핑관세 조사 건수가 가장 높았
  으며, 2010.10월~2011.4월에는 화학재(30%), 제지류(17%), 금속류(15%)에 대한 조가 건수가 가장 높은 것으로
  나타난다.

세이프가드^{긴급수입제한} 조치에 대한 조사 개시 건수는 2009년 25건으로 2008년 10건에 비해 두 배 이상 증가한 것으로 나타나며, 2010년~2011년 기간에는 감소하였다가 2012년 이후 다시 증가한 것으로 나타난다(표 4). 또한 상계관세 조치의 경우에도 2009년 28건의 조사가 개시되어 전년도 대비 크게 증가한 후 2010년 이후 감소했다가 다시 증가하는 양상을 나타내고 있다(표 5).

표 4. 세이프가드조치 조사 개시 및 부과 건수 (2006~2013년)

	2006	2007	2008	2009	2010	2011	2012	2013
조사개시	13	8	10	25	20	11	24	18
조치부과	7	5	6	10	4	11	7	9

자료: WTO

표 5. 상계관세조치 조사 개시 및 부과 건수 (2006~2013년)

	2006	2007	2008	2009	2010	2011	2012	2013
조사개시	8	11	16	28	9	25	23	33
조치부과	3	2	11	9	19	9	10	13

자료: WTO

• SPS/TBT 등 기술규정 관련 조치

그림 5. SPS 조치 통보 (2006~2011년)

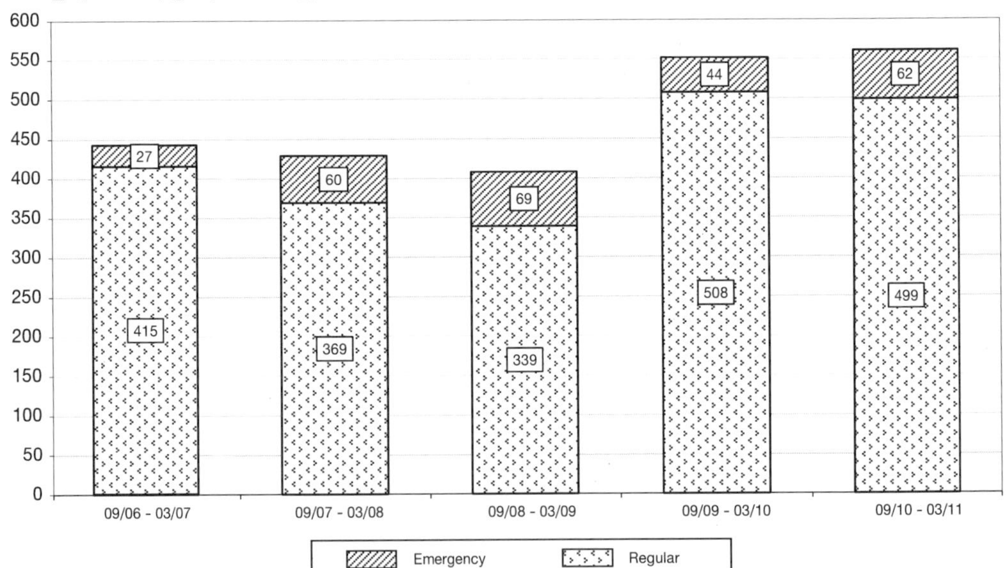

출처: TPRB(2011.9) 보고서

WTO SPS^{위생 및 식물위생조치}협정에 의거하여 각 회원국은 새로 도입하는 위생검역 규정에 대하여 WTO에 통보해야 한다. 이에 따라 모든 WTO 회원국은 새로 도입하고자 하는 위생검역 조치에 대하여 WTO에 사전 통보하거나 긴급조치에 대해서는 조치 도입 후 사후에 통보해야 한다. 그림 5에서 나타나는 바와 같이, 2009년 이후 WTO에 통보된 신규 SPS 조치 건수가 크게 증가한 것으로 나타나는데, 이중 일반 SPS 조치는 약 50% 증가한 반면, 긴급 SPS 조치는 약 36% 감소한 것으로 보고되었다. 특히 2009년 11월과 2010년 5월 동안 WTO에 통보된 SPS 조치 중 개도국에 의해 통보된 조치는 79% 인 것으로 보고된 바 있다.[7]

WTO에 통보되는 기술규정 등의 TBT 조치는 2005년 이후 꾸준한 증가세를 보이다가 2010년 이후 약간 감소하는 추세를 나타내고 있다(그림 6). 특히 선진국에 의한 TBT 조치의 통보는 2000년 이후 큰 변화가 없었으나, 개도국의 경우 2000년 전체 TBT 조치 통보건수의 40%를 차지하였으며 2009년-2011년 4월의 기간 동안 약 80%를 차지하고 있는 것으로 보고되고 있다.[8]

그림 6. TBT 조치 통보 (1995~2011년)

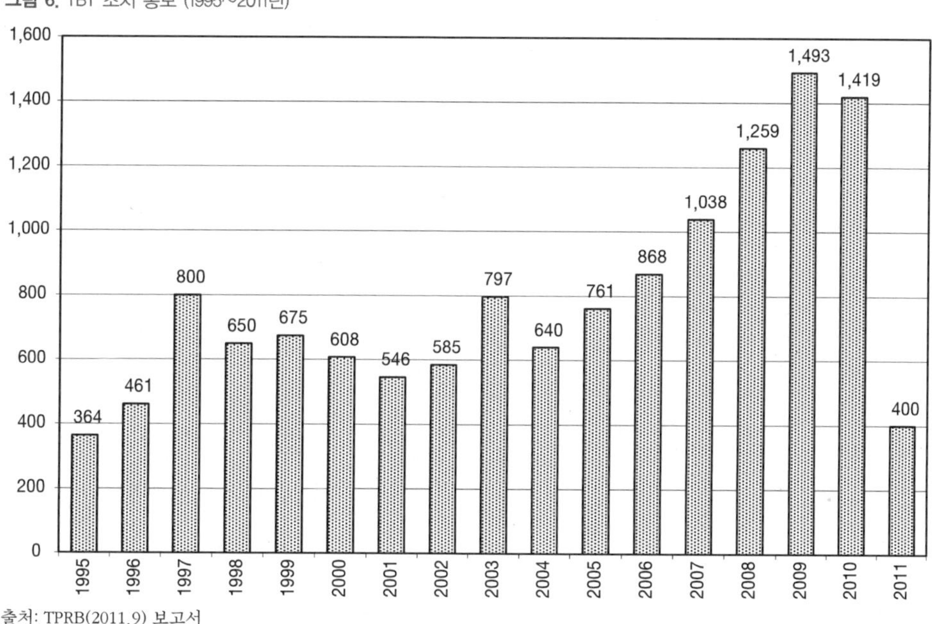

출처: TPRB(2011.9) 보고서

---

7 TPRB(2010) 보고서, p. 22.

8 TPRB(2011.9) 보고서, p. 13.

세계경제위기의 영향을 최소화하고 경제성장을 진작시키기 위한 정부지원조치는 특히 선진국에 의해 도입된 것으로 보고되고 있는데, 특히 G20 국가들은 2009~2010년 동안 농업, 금융 및 자동차 부문에 대한 수출신용보증 등의 재정지원 및 경기부양 조치를 취한 것으로 보고되고 있다. 대부분의 경기부양 조치는 중소기업에 대한 지원 조치를 포함하고 있는 것으로 나타났다.[9] 또한 정부조달 관련 관행 등은 의도하지 않은 무역제한 및 경쟁왜곡 효과를 초래할 수 있어 교역 대상국들의 우려 대상이 되기도 하였다.[10] 반면, 대부분의 정부지원조치는 국내 금융시장의 안정화, 국내 산업에 대한 국제수요 창출 및 경제위기의 피해가 큰 산업에 대한 직접적인 자금 지원 등을 목적으로 도입되고 있었다. 특정 산업에 대한 지원조치는 대부분 국내산업의 생산증대 및 소비를 진작하기 위한 지원조치의 형태를 나타내고 있는데, 특히 수입경쟁 산업에 대한 생산지원 보조금은 수입의 감소로 인한 세계무역의 감축을 초래하게 되며, 경쟁력이 떨어지는 산업에 대한 지원에 의해 외국 공급업체를 포함한 여타 생산업자에 대한 시장을 잠식하여 무역왜곡 효과를 초래하게 된다.

다음의 표 6은 2008년 10월 글로벌 금융위기 발생 직후부터 2010년 10월까지 WTO 회원국에 의해 보고된 생산활동 지원을 위한 보조금 조치의 내용이다. 각국별 생산보조금의 지원 형태는 다소 차이가 있는 것으로 나타나지만, 일반적으로 직접 교부금, 세금감면, 신용보험·보증 등의 형태로 지원되고 있다. 또한 대부분의 회원국은 '일반적general' 인 보조금을 지원하고 있다고 보고하여 구체적인 지원 대상을 파악할 수 없었지만, 일부는 '농업·임업', '자동차 생산', '중소기업' 및 '수출' 등 보조금 지원 대상을 명시하기도 하였다. 특히 중소기업과 수출 산업에 대한 보조금 조치는 신용보험·보증 형태의 보조금 지원이 이루어진 것으로 보고되고 있다. 이와 같은 보조금 조치에 대한 WTO 보고 건수는

---

9 TPRM(2010.6) 보고서, p. 30.

10 특히 미국의 경기부양법안(American Recovery and Reinvestment Act 2009)에서의 "Buy American" 조항에 대한 우려가 많았으나, 미 오바마 대통령이 국제협약상의 의무를 성실히 이행하겠다는 약속을 함으로써 동 규정의 무역왜곡 효과에 대한 국제적 우려를 불식시킬 수 있었다고 평가되고 있음. TPRM(2009) 보고서, p. 16.

위기 발생 직후 최고점을 기록한 이후 세계경기가 회복되면서 점차 감소하고 있는 것으로 나타나고 있다.

국가	보고된 조치 건수	조치 유형	지원 대상
아르메니아	1	재정지원	농업부문
호주	3	경기부양책, 특별 재정지원	일반, 인프라, 자동차
방글라데시	1	경기부양책	농업, 발전, 기타
베네수엘라	1	정부원조	수입대체, 수출
브라질	7	공적신용보증, 공적투자	일반, 농업, 자동차 생산, 자본재 수출
캐나다	8	경기부양책, 정부보증, 공적신용보증, 공적투자, 가격조치	일반, 임업, 자동차 생산, 제지생산, 항공교통, 발전
중국	9	직접 교부금, 공적신용보증, 보험/보증, 세금감면, 공적 투자	중소기업, 수출, 농업, 바이오산업, 영화제작, 항공교통, 기타
코스타리카	1	경기부양책	중소기업, 기타
크로아티아	1	정부보조금 감축	농업
이집트	1	경기부양책	제조업, 생산
EU	128*	직접 교부금 등 국가보조금, 공적신용보증/보험, 세금감면, 공적 투자	일반, 중소기업, 농업, 임업, 식품가공, 녹색식품, 자동차 생산, 철강/알루미늄 생산, 조선, 항공교통, 수출
홍콩	2	공적신용보증, 마케팅	중소기업, 수출
인도	4	경기부양책, 부문별 원조	일반, 가죽/의류, 항공교통, 수출
인도네시아	1	공적신용보증	수출업자
이스라엘	1	보조금, 세금감면	첨단과학기술
자메이카	1	공적신용보증	중소기업
일본	4	경기부양책, 부문별 원조, 공적신용보증	일반, 임업, 항공교통
요르단	1	세금감면	일반
카자흐스탄	1	비용환불	수출
한국	3	경기부양책, 구조조정지원, 공적신용보증	일반, 중소기업, 선박
말레이시아	4	경기부양책, 공적신용보증	일반, 마이크로, 중소기업
멕시코	2	경기부양책, 공적신용보증	일반, 관광, 자동차 생산
모잠비크	1	공적신용보증	농업
뉴질랜드	2	경기부양책, 공적보험	일반, 수출

국가	보고된 조치 건수	조치 유형	지원 대상
나이지리아	1	경기부양책	일반
노르웨이	2	경기부양책, 부문별 원조, 공적보증	일반, 다양한 산업부문, 수출
파키스탄	1	공적신용보증	무역업체
페루	2	경기부양책, 공적신용보증/보험	일반, 중소기업, 수출
필리핀	1	공적금융	중소기업, 수출
러시아	6	공적원조, 보조금, 공적신용보증	중소기업, 자동차 생산, 수출
싱가폴	2	경기부양책, 공적보험	일반, 수출
남아공	3	부문별 원조	의류, 기타
스위스	2	공적원조	농업, 중소기업, 수출
대만	1	경기부양책(공적신용보증)	일반, 수출
탄자니아	1	공적원조	농업, 중소기업, 수출
태국	2	경기부양책	일반, 중소기업, 다양한 산업부문
터키	3	경기부양책(공적신용보증)	일반, 중소기업
미국	7	경기부양책, 직접 교부금, 공적신용보증, 세금감면, 공적투자	일반, 자동차 생산, 중소기업
우루과이	1	부문별 원조	의류

* 오스트리아(6), 벨기에(4), 불가리아(2), 사이프러스(1), 체코공화국(2), 덴마크(2), 에스토니아(1), 핀란드(3), 프랑스(13), 독일(17), 그리스(4), 헝가리(5), 아일랜드(2), 이탈리아(6), 라트비아(6), 리투아니아(2), 룩셈부르그(4), 말타(1), 네덜란드(6), 폴란드(8), 포르투갈(1), 로마니아(3), 슬로카비아(7), 슬로베니아(4), 스페인(5), 스웨덴(3), 영국(7)

출처: TPRM(2011.6) 보고서

::: 경제위기 극복을 위한 정부조치 관련 WTO 분쟁 사례

위에서 살펴본 바와 같이 글로벌 경제위기 상황에서 취하게 되는 각종 정부조치는 경제 위기 극복을 위한 정부의 의도와 상관없이 무역상의 피해를 입은 교역상대국에 의하여 WTO에 제소되어 통상 분쟁으로 발전할 수 있다. 특히 수출 연계성이 있는 특정 산업에 대한 보조금 지원 및 수입대체 효과를 지닌 정부 조치는 무역왜곡 효과에 대한 우려로 인 해 제소 대상이 된다. 이에 본 장에서는 최근 미국과 유럽연합 간에 제기된 대형 민간 항공기에 대한 보조금 분쟁과 캐나다 신재생 에너지 발전사업 분쟁을 중심으로 경제위기 극복을 위한 정부조치와 관련하여 WTO 보조금 규정과의 합치성 여부를 살펴보고자 한다. 비록 이들 분쟁에서 다루고 있는 정부조치가 금번 글로벌 경제위기 상황과 직접적인 연관은 없으나, 경제위기 상황에서 대부분의 국가들이 도입하는 정부 조치와 관련 있기 때문에 이들 WTO 분쟁사례 분석을 통하여 관련 쟁점 및 시사점을 파악해 보고자 한다.

● 유럽연합 항공기 보조금 분쟁

■ 분쟁 개요

동 분쟁은 미국이 유럽연합과 일부 회원국^{프랑스, 독일, 스페인, 영국}에 대하여 대형 민간항공기 생산업체업인 에어버스^{Airbus}사에게 약 40년 동안 300개 이상의 다양한 형태의 보조금을 지급하여 WTO 보조금협정을 위반하였다고 주장하며 WTO 분쟁해결기구^{DSB}에 제소한 분쟁이다. 특히 동 분쟁에서는 아래의 다섯 가지 종류의 보조금 조치에 대하여 문제가 제기되었다.

- 착수지원금^{Launch Aid/Member State Financing}: 프랑스, 독일, 스페인 및 영국 등 유럽연합 각국이 대형 민간항공기의 설계 및 개발을 위해 에어버스사에 제공한 금융지원 조치임. 이에 따라 수혜기업은 지원금에 대한 이자 상환시 시장금리보다 낮은 수준의 이자율을 적용받았으며 판매실적이 있는 경우에만 원금을 상환하는 등의 혜택을 받음.

- 설계·개발 관련 금융지원^{Design and Development Financing Loans}: 에어버스사의 항공기 설계 및 개발을 장려하기 위해 유럽연합 및 일부 회원국들이 유럽투자은행^{European Investment Bank}을 대출 특례 등 금융지원을 제공함.

- 사회간접자본시설 관련 교부금^{Infrastructure and Related Grants}: 유럽연합 및 각국 정부가 에어버스사의 사용을 위한 사회간접자본시설의 설립, 확장 및 업그레이드 하도록 지원함.

- 채무조정 조치^{Corporate Restructuring Measures}: 착수지원금^{Launch Aid} 제공 및 항공기
의 개발·생산에 필요한 기타 금융지원 조치로 발생한 채무 변제 및 정부소유
또는 정부의 통제를 받는 은행을 통한 지분이전 등 형태의 지원 조치.

- 연구개발^{Research and Technology Development} 보조금: 에어버스사의 항공 관련 연구
개발 사업을 지원하기 위한 다양한 재정지원 조치.

한 가지 주목할 점은 동 분쟁에서 제기된 다양한 형태의 보조금 조치가 WTO 보조금 협정에서 분류하고 있는 네 가지 유형의 재정적 기여에 모두 해당된다는 사실이다.[11] 즉, 위의 보조금 조치는 (i) 자금의 직접이전(대출 및 지분참여 등), (ii) 세금 및 부과금의 감면(세액공제 등), (iii) 일반적 사회간접자본 구축사업을 제외한 상품 또는 서비스의 제공, (iv) 여타 민간기관에 대한 위임 또는 지시를 통한 간접적인 지원의 제공 항목에 모두 해당된다.[12] 이는 유럽연합 회원국과 미국 등 주요 국가들의 정부가 실로 다양한 형태의 지원 조치를 자국의 민간 기업에 제공하고 있음을 보여주고 있는 방증이라 할 수 있다.

▪ 판정 내용

동 분쟁에 대한 주요 판정은 크게 정부의 재정적 기여 및 특정성의 존재로 인한 보조금의 존재 여부, 부정적 효과의 존재 여부, 수출 보조금의 존재 여부 등에 대한 내용으로 구분될 수 있다.

정부의 재정적 기여 및 특정성의 존재여부

착수지원금(LA/MSF)

사업개시를 위한 금융지원조치에 대하여 WTO 패널은 기본적으로 보조금 협정 제1조 및 제

---

11 이재민, "미국·유럽연합 대형 민간항공기 보조금 분쟁", 국제거래법연구 제20권 제1호 (2011), p. 212 참조.
12 WTO 보조금협정 제1조 참조.

2조가 규정하는 '정부로부터의 재정적 기여'와 '특정성'이 존재하는 것으로 인정하였다. 특히 A300, A310, A320, A330/340, A330-200, A340-500/600 및 A380 기종에 대한 항공기 제작 사업에 시장 기준보다 낮은 금리로 금융지원이 이루어져 '재정적 기여'로 인한 '경제적 혜택'이 주어진 것으로 판정하였다.[13] 또한 에어버스사의 항공기 제작을 위한 착수지원금이라는 점에서 모두 특정성을 지닌 보조금이라고 판정했다. 이에 대하여 유럽연합은 항소하였으나, WTO 상소기구는 이와 관련한 패널 판정의 주요 내용을 모두 지지하였다.[14]

유럽투자은행(EIB) 대출 지원조치

패널은 에어버스사에 대한 유럽투자은행[EIB]의 대출특례 조치는 보조금협정 제2조의 특정성 요건을 충족하지 못하였다고 판정하였다. 비록 정부소유 금융기관에 해당하는 EIB로부터의 대출은 정부로부터의 재정적 기여에 해당하며 대부분의 대출도 당시의 시장금리보다 낮게 이자율이 책정되어 경제적 혜택이 존재하는 것으로 확인되었으나, 패널은 제소국인 미국이 동 대출지원이 특정기업인 에어버스에게 지배적으로 제공된 사실을 입증하지 못하였다고 판단하여 해당 지원조치는 보조금에 해당하지 않는다고 판정하였다.[15]

사회간접자본시설 관련 교부금

동 분쟁에서는 사회간접자본시설의 구축 문제가 처음으로 주요 쟁점으로 대두되었다. WTO 보조금협정 제1.1(a)(iii)조는 "일반적 사회간접자본[general infrastructure]을 제외한 물품과 서비스의 제공은 정부로부터의 재정적 기여에 해당"한다고 규정하고 있는데, 이와 관련하여 패널은 독일 함부르크 산업단지[Muhlenberger Loch Industrial Site] 구축사업, 독일 브레멘 공항 활주로 증축사업 및 프랑스 항공산업단지[ZAC Aeroconstellation Site] 조성 사업에 대하여 각각 에어버스사에 대한 특정성이 인정되어 일반적 사회간접자본시설 구축에 해당하지 않기에

---

13 Panel Report, *European Communities and Certain Member States - Measures Affecting Trade in Large Civil Aircraft*, WT/DS316/R (June 30, 2010) ("*EC-Aircraft*"), at para. 7.489.

14 Appellate Body Report, *European Communities and Certain Member States - Measures Affecting Trade in Large Civil Aircraft*, WT/DS316/AB/R (June 1, 2011) ("*EC-Aircraft*"), at paras. 924~929.

15 *EC-Aircraft (Panel), supra* note 13, at paras. 7.978~7.996.

보조금 협정을 위반하는 보조금 교부 조치에 해당한다고 판정하였다.[16] 반면, 상소기구는 패널의 판정결과를 받아들이지 않았는데, 특히 독일 함부르크 산업단지 구축을 위한 토지임대 조치는 '경제적 혜택'에 해당할 수 있지만, 동 분쟁의 경우 미국이 시장 비교기준을 제시하지 않아 증거의 불충분으로 해당 조치가 보조금에 해당하는지 여부에 대한 판정을 내리지 못하였다. 마찬가지로 브레멘 공항 활주로 증축사업 및 프랑스 산업단지 조성사업의 경우에도 임대시설 및 구입토지에 대한 적합한 시장 비교기준이 부재하여 보조금 여부에 대한 최종판정 결과를 제시하지 못하였다.[17]

연구개발 보조금

연구 및 기술개발[R&TD]을 위한 보조금 지원조치와 관련하여 패널은 해당 지원조치가 정부소유 은행으로부터의 자금대출 형태로 이루어진 점을 근거로 재정적 기여 요건이 충족되며, 대출 금리 또한 시장 금리보다 낮은 수준으로 경제적 혜택 역시 존재하는 것으로 판정하였다. 또한 이러한 지원조치들이 대부분 에어버스사에 국한되어 제공되었으므로 특정성 요건도 충족되는 것으로 판정하였으며,[18] 동 결정은 상소기구에 의해 채택되었다.[19]

채무조정 지원조치

동 분쟁에서는 유럽연합 각 회원국 정부가 에어버스사의 채무조정 과정에 적극 관여한 여러 지원조치가 분쟁 대상으로 제기되었다. 우선 패널은 독일 정부가 1989년 경영난에 처한 도이치 에어버스사의 지분을 20% 매입한 조치는 보조금에 해당한다고 결정하였다. 특히 정부에 의한 자금투입 형태의 보조금은 전형적인 '정부로부터의 재정적 기여'에 해당하고, 또한 도이치 에어버스의 주식을 시가보다 높게 구입하여 '경제적 혜택'을 제공하였으며 동 조치는 도이치 에어버스에 대해서만 이루어져 특정성을 보유한다고 인정되었다. 반면, 독일정부가 1998년 도이치 에어

---

16 *Id*, at paras. 7.1046~7.1196. 요약된 내용으로는 이재민, 2011, p. 214~215 참고.

17 *EC-Aircraft (Appellate Body)*, *supra* note 14, at para. 983.

18 *EC-Aircraft (Panel)*, *supra* note 13, at paras. 7.1496~7.1566.

19 *EC-Aircraft (Appellate Body)*, *supra* note 14, at para. 952.

버스의 채무 면제 조치(도이치 에어버스가 17.5억만 마르크를 독일 정부에 지불하는 것으로 기존의 모든 채무에 대한 변제로 갈음)는 시장기준에 따라 채무 재조정이 이루어져 '경제적 혜택'에 해당하지 않으며,[20] 따라서 보조금에 해당하지 않는다고 결정하였다. 마지막으로 프랑스 정부가 Dassault Aviation에 대해 보유하고 있던 45.76%의 지분을 민간기업인 Aerospaciale에 이전한 조치에 관해서는 항공기 개발 관련 주요사업에 Aerospaciale이 에어버스 컨소시엄 형태로 추후 참여한 것을 근거로 정부로부터의 '재정적 기여'에 해당하며 해당 시장가격과의 차액만큼 '경제적 혜택'도 존재하고 특정성도 존재하므로 보조금에 해당한다고 패널은 결정하였다.[21] 이와 관련하여 상소기구는 후자의 패널 결정만 번복하였는데, 해당 지분이전 조치가 경제적 혜택에 해당하는지 여부에 대하여 상소기구는 지분이전과 관련된 투자비용과 예상수익이 일상적인 투자 관행과 성격이 달라 경제적 혜택을 부여한 것으로 판단할 수 없다고 결정하였지만, 입증자료에 대한 분쟁국간 이견으로 상소기구는 최종판결을 제시하지 못하였다.[22]

부정적 효과의 존재 여부

상기와 같이 패널은 유럽투자은행[EIB]을 통한 대출 지원금을 제외하고는 다른 모든 보조금 조치에 대해서는 특정성을 지닌 보조금이라고 판정한 뒤, 동 보조금 조치들이 미국의 대형 민간항공기 사업에 보조금협정 제5(c)조와 제6조상의 '부정적 효과'를 초래했는지 여부를 검토하였다. 그 결과 패널은 유럽연합의 보조금 프로그램으로 인해 2001년~2006년 동안 미국 보잉사의 대형 민간항공기에 대하여 EC 시장을 비롯하여 호주, 브라질, 중국, 대만, 한국, 멕시코 및 싱가폴 등 제3국의 시장으로부터 수입이 배제되었으며 또한 판매의 손실을 보았다고 판정하였다.[23] 이에 대하여 상소기구는 제3국 시장에서의 수입 배제와 관련하여 브라질, 멕

---

20 사실 도이치 에어버스의 기존 채무금액은 동사가 독일정부에 지급하기로 한 금액을 훨씬 상회하고 있어 그 차액만큼 사실상 '경제적 혜택'이 존재하는 것으로 간주될 수 있으나, 패널은 최종 변제금액을 산정하는 작업이 시장기준에 따라 진행된 점을 감안하여 결과적으로 시장기준에 따라 채무재조정이 이루어진 한도 내에서 '경제적 혜택'이 존재하지 않아 보조금협정상 보조금에 해당되지 않는 것으로 결정함.

21 *EC-Aircraft (Panel), supra* note 13, at paras. 7.1291~7.1302, 7.1318~7.1322, 7.1414.

22 *EC-Aircraft (Appellate Body), supra* note 14, at paras. 1023~1027.

23 *EC-Aircraft (Panel), supra* note 13, at paras. 7.1790~7.1791.

시코, 싱가폴 및 대만에서 미국 항공기의 수입 배제가 충분히 입증되지 않았기에 동 판결 내용은 기각하였지만, 나머지 패널 판정은 대부분 채택하였다.[24]

수출 보조금의 존재 여부

동 분쟁은 보조금의 '사실상의 수출 연계성^{de facto export contingency}'에 대한 개념을 더욱 명확하게 제시하여 향후 금지보조금인 수출보조금의 존재여부에 대한 명확한 판단기준을 제공한 것으로 평가된다. 특히 패널은 유럽연합 및 회원국 각국이 A380, A340-500/600 및 A330-200 기종에 대하여 지급한 착수지원금이 수출 보조금에 해당된다고 판정함에 있어 '실제 또는 예상되는 수출실적을 조건으로 하거나 이에 달려있어야^{conditional or dependent upon actual or anticipated export performance}' 한다고 지적하며, 즉 수출 연계성을 입증하기 위해서는 '보조금의 지급 이유가 실제 또는 예상되는 수출실적^{actual or anticipated export performance}' 때문이어야 한다고 판정하였다.[25] 그러나 상소기구는 이러한 패널 판정을 기각하였는데, 해당 보조금 조치가 사실상의 수출 연계성이 존재하는지 여부를 판단하기 위해서는 '보조금의 수혜자가 보조금 지급으로 인해 수출 동기^{incentive to export}가 생기게 되는지' 여부를 파악해야 한다고 해석하였다.[26] 그러나 증거의 불충분으로 인하여 해당 보조금 조치의 금지보조금 여부에 대한 최종 판정은 제시하지 못하였다.

▪ 시사점 및 쟁점

동 분쟁은 유럽연합의 주요국들이 대형 민간항공기 생산기업인 에어버스에게 제공한 다양한 형태의 보조금 조치에 대하여 미국이 WTO 보조금협정에 위배된다고 주장하며 제기된 분쟁이다. 특히 동 분쟁을 통해 WTO 규범 합치성 여부에 대해 문제가 제기된 다양

---

24 *EC-Aircraft (Appellate Body), supra* note 14, at paras. 1179~1204.

25 *EC-Aircraft (Panel), supra* note 13, at paras. 7.638~642.

26 원문의 내용은 다음과 같다: "when the subsidy is granted so as to provide an incentive to the recipient to export in a way that is not simply reflective of the conditions of supply and demand in the domestic and export markets undistorted by the granting of the subsidy". *EC-Aircraft (Appellate Body), supra* note 14, at paras. 1086~1087.

한 형태의 보조금 조치는 국제경제위기 상황에서 다양한 국가들이 경기부양 등 위기상황 극복을 위해 실제로 도입하게 되는 조치들과 크게 다르지 않아 WTO 분쟁 패널 및 상소기구의 판결은 많은 시사점을 지니고 있다고 할 수 있다.

패널과 상소기구의 판정을 정리해보면, 패널은 유럽투자은행을 통한 대출지원조치만 제외하고는 상기의 모든 보조금 프로그램이 대부분 특정성을 띤 보조금이라고 판정하였다. 그러나 상소기구에 의한 판정 결과, 에어버스에 대한 착수지원금과 연구개발 지원금 및 일부 채무조정 지원조치에 대해서만 보조금에 해당하여 WTO 협정에 위반된다는 판결이 내려지게 되었다. 또한 수출보조금 존재여부와 관련, 증거의 불충분으로 해당 조치의 위반여부에 대한 최종판결이 제시되지 않아 상기의 보조금 프로그램에 대한 상계조치 가능성만 제시하게 되었다.

동 분쟁에서의 판정 내용 중 공통적으로 두드러진 점은 금융지원 형태의 보조금 지급이 이루어지는 경우 시장의 비교 기준보다 낮은 수준^{시장금리보다 낮은 금리 등}으로 이루어지는 경우에는 거의 예외 없이 '재정적 기여'로 인한 '경제적 혜택'이 주어지고 있는 것으로 판정되고 있음을 주목할 수 있다. 그러나 동 분쟁에서 살펴보았듯이, 경제적 혜택이 존재하는 것으로 판정되었더라도 제소국이 제대로 된 시장 비교기준을 제시하지 못하여 이를 입증할 충분한 증거를 제시하지 못하는 경우, 상소기구는 WTO 규정 위반이라는 최종판결을 내리지 못하게 되기 때문에 결과적으로 WTO 분쟁해결기구의 권고사항^{보조금의 철회}의 이행을 촉구할 수 없는 문제점이 발생하게 된다. 이에 따라 분쟁의 제소 단계에서 명확한 시장 비교기준을 제시하는 것이 매우 중요할 것으로 보인다.[27]

또한 지급된 보조금의 '특정성' 존재 여부에 대한 상소기구의 판결 내용도 주목된다. 특히 상소기구는 유럽연합^{EU}의 연구개발 지원 프로그램이 항공 산업 등 특정부문을 지원하는^{sector-specific} 기금과 다양한 부문을 지원하는 일반적^{generally horizontal} 기금으로 구분되는 형태로 이루어지고 있다는 점을 들어 특정성이 존재한다고 판결한 바 있다. 반면, 사회간접

---

[27] 반면, WTO 분쟁해결제도에 제소되는 보조금 분쟁 대상은 대부분 항공, 선박, 철강 등과 같이 독점적 공급자가 존재하는 산업인 관계로 적합한 시장 비교기준을 제시하는 것이 현실적으로 어려운 점이 있음. 이와 같은 현실적 어려움을 상소기구에서 향후 감안할 필요도 있음.

자본시설 구축에 대한 보조금의 특정성 여부와 관련하여서는 EU가 항소하지 않아 현재로서는 패널의 판정결과만 존재하는데, 패널의 논리에 따르면 사회간접자본시설이 당초에는 사회 전반에 대한 서비스를 제공하는 경우 정부로부터의 재정적 기여가 부재하는 것으로 간주될 수 있지만, 추후에 일부 기업이나 산업에 그 혜택이 집중되게 되면 일반성을 상실하게 되어 '사실상의 특정성'이 존재하여 불법적인 정부조치로 간주될 수 있다는 점이다. 동 판정 논리에 대해서는 논란의 여지가 있지만 현재로서는 보조금이 지급된 일반적 사회간접자본시설이라도 특정 산업 및 기업에 대해서 집중적으로 혜택을 제공하게 된다면 불법 지원조치에 해당하게 된다.[28]

마지막으로 수출 보조금 여부에 대한 최종판결은 나오지 않았지만 '사실상의 수출 연계성'에 대한 보다 명확한 법적 판단기준이 제시되어 그 시사점을 모색해 볼 수 있다. 특히, 상소기구는 보조금 조치에 대한 '정부의 의도' 보다는 보조금 지급으로 인한 '수출 인센티브의 존재 여부'가 더 중요한 판단기준이라고 판정한 바 있다. 이에 따라 향후 정부가 도입하게 되는 보조금 조치는 정부가 수출 증대를 목적으로 하는지 여부 보다는 보조금의 지급으로 인한 수출증대 효과 그 자체가 더 중요한 위법성 여부의 판단기준이 될 것으로 보인다. 특히 보조금의 지급으로 인해 기업들이 국내시장에서의 제품판매 보다 수출을 더 선호하게 되는지 등 수출 인센티브의 존재 여부가 중요한 판단의 기준이 될 것이다. 따라서 만약 경제위기 발생 직후 등 새로 도입되는 보조금 조치가 특별한 수출 유인을 제공하지 않는다면 해당 보조금 조치는 WTO 규범상 금지보조금 조항에 특별히 저촉되지 않는 정부 조치로 간주될 수 있다.

• 캐나다 재생에너지 발전차액지원제도 분쟁[29]

▪ 분쟁 개요

동 분쟁은 캐나다 연방정부의 녹색에너지법(2009) 제정에 따라 온타리오 주정부가 재

---

28 이재민 (2011), p. 223 참조.

29 *Canada–Certain Measures Affecting the Renewable Energy Generation Sector/Canada–Measures Relating to the Feed-in-Tariff Program* (WT/DS412/R, WT/DS426/R).

생에너지를 이용한 발전을 촉진하기 위해 도입한 '발전차액지원^{feed-in-tariff}[30] 제도와 관련하여 동 지원제도의 자격요건을 갖추기 위한 '역내생산품 최소사용 기준^{Minimum Required Domestic Content Levels}' 규정에 대하여 일본과 유럽연합이 WTO 보조금협정, 무역관련 투자조치^{TRIMs} 및 GATT 내국민대우 원칙을 위반하는 조치라 주장하며 제기된 분쟁이다. 특히 제소국들은 동 규정에 따라 관련 수입 장비가 온타리오 주에서 생산되는 동종의 장비보다 차별적인 대우를 받고 있고, 협정에 위반되는 무역관련 투자조치를 사용하고 있으며, 재생에너지 발전 생산자에 대한 가격지원을 통한 경제적 혜택을 제공하여 WTO 보조금협정상 금지보조금을 제공하였다고 주장하였다. 이에 대하여 피제소국인 캐나다 측은 동 조치의 목적이 친환경 에너지 전력 생산을 장려하기 위한 것이며 국내 업체의 이익을 수입업체로부터 보호하기 위한 것이 아님을 설명하였으며, 특히 역내생산품사용 관련 조항은 정부조달에 해당하여 내국민대우 원칙의 예외적용이 가능하다고 반박하였다.[31]

■ 판정 내용

동 분쟁에서 제소국인 일본과 유럽은 캐나다 온타리오 주의 FIT 프로그램 하에 도입된 '역내생산품 최소사용 기준' 규정이 GATT협정 제3조4항의 내국민대우 원칙에 위반된다고 주장하였다. 이에 대하여 캐나다측은 FIT 프로그램이 정부조달조치에 해당되므로 GATT협정 제3조8항에 의거하여 정부조달조치에 대한 내국민대우원칙의 예외 적용을 받을 수 있다고 주장하였다. 이에 대하여 패널은 해당 조치가 정부조달에 해당되기는 하지만 '상품의 재판매를 위한^{with a view to commercial resale}' 목적으로 도입되었기 때문에 해당 GATT 조항에서 인정하는 내국민대우 원칙에 대한 예외조건을 충족시키지 못한다고 판정하였다. 특히 FIT 프로그램에

---

30 온타리오 주의 발전차액지원(FIT)제도는 풍력, 태양광, 재생 바이오매스, 매립지 가스 및 수력 등 신재생 발전 전력 생산자에게 고정된 가격으로 생산을 보장하는 일종의 가격조치임. 이와 같은 제도의 지원대상이 되기 위해서는 재생에너지 발전 설비의 건설 장비 및 부품 등을 온타리오 주에서 생산된 것으로 사용해야 하며, 재생에너지별 각각의 최소기준을 충족해야 함. 일례로 풍력 에너지의 경우 최소 25% (2012년 이후 50%), 태양광은 최소 60%의 기준을 충족시켜야 함.

31 GATT협정 제3.8(a)조는 상업적 재판매(commercial resale) 또는 이를 위한 생산에 투입할 의도가 없는 정부조달과 관련된 규정 및 요건은 내국민대우 원칙의 적용을 받지 않는다고 예외규정을 두고 있음.

따라 구매된 전력은 온타리오 주 전력망electricity grid으로 송전된 후 다시 주정부 소유의 지주회
사Hydro One 및 LDCs에게 재판매되고 있었으며 이들 회사는 민간 전력 소매업체와 경쟁하여 소
비자들에게 판매를 하였기 때문에 패널은 동 조치가 상업적 성격을 지니고 있다고 판정하였
다.[32] 반면 상소기구는 패널의 결정을 채택하지 않았는데, 특히 FIT 프로그램 하에 도입된 '역
내생산품 최소사용 기준'이 GATT협정 제3조8항의 적용대상이 아님을 근거로 동 조항에 대
한 패널의 해석을 받아들이지 않았다. 우선 상소기구는 GATT 제3조8(a)항의 정부조달조치
에 대한 내국민대우 예외규정을 적용하기 위해서는 정부조달 대상 제품과 외국 제품이 상
호 '경쟁적 관계'에 있어야 하며, 독립사간 거래arm's length trade를 위하여 구매된 제품을 재판매
하는 정부기관의 구매행위는 적용대상이 되지 않는다고 설명하였다.[33] 특히, 동 사례에서는
FIT 프로그램 하에 도입된 역내제품사용 조치의 대상 제품인 '재생에너지 발전 장비renewable
energy generation equipment'와 정부조달 대상 제품인 '전기electricity'가 동일하지 않기 때문에[34] 제품
간 '경쟁관계'가 성립되지 않으므로 해당 GATT 예외조항의 적용대상이 아니라고 판정하였
다.[35] 이에 따라 상소기구는 패널과 다른 해석을 근거로 캐나다 온타리오 주의 '역내생산품
최소사용 기준' 규정이 GATT협정 제3조4항의 내국민대우 원칙을 위반한다고 판정하였다.

  또한 제소국인 일본과 유럽은 캐나다 온타리오 주의 FIT 프로그램 및 관련 계약이
TRIMs협정 제2조1항 및 부속서 제1(a)항에 해당하는 무역관련 투자조치이므로 해당 조
항을 위반한다고 주장하였다. 이에 패널은 동 사례와 유사한 국산 부품 사용 요건을 다룬

---

32 Panel Report, *Canada - Certain Measures Affecting the Renewable Energy Generation Sector/Canada - Measures Relating to the Feed-in-Tariff Program*, WT/DS412/R, WT/DS426/R (December 19, 2012), at paras. 7.146-7.150.

33 Appellate Body Report, *Canada - Certain Measures Affecting the Renewable Energy Generation Sector/Canada - Measures Relating to the Feed-in-Tariff Program*, WT/DS412/AB/R, WT/DS426/ AB/R (May 24, 2013), para. 5.74. 또한 상소기구는 GATT협정 제3.8(a)조에 따라 내국민대우 원칙의 예외적용이 가능한 제품은 정부기관의 사용을 위해 구매되는 제품, 정부기관에 의해 소비되는 제품, 또는 공공기능의 수행을 위해 해당기관에게 정부가 조달하는 제품이라고 설명함. 따라서 독립기업간 거래를 위해 구매된 제품은 동 조항의 적용대상이 되지 않음.

34 패널 또한 분쟁대상 조치의 대상 제품인 '신재생 에너지 발전 장비'와 정부조달 대상 제품인 '전기'가 동일하지 않음을 인식하였지만, 패널은 발전 장비는 전기를 생산하기 위하여 필요하므로 발전장비와 전기간에 '긴밀한 관계(close relationship)'가 존재한다고 결론을 내린 바 있음.

35 *Canada - Renewable Energy/Feed-in-Tariff Program (Appellate Body)*, *supra* note 33, paras. 5.75-5.79.

인도네시아 자동차 분쟁판례에서의 패널 결정을 인용하며 "(국산 부품 사용 규정은) 그 의미상*by definition* 수입산 제품에 비해 국내산 제품의 사용에 항상 유리하게 적용되므로 무역과 관련 있는"[36] 투자조치로 인정하였다.[37] 위 상소기구의 판정에 따라 FIT 프로그램이 GATT협정 제3조8항의 정보조달조치의 예외규정에 해당되지 않게 됨에 따라 해당 프로그램이 TRIMs협정에 위반된다는 동 판정은 상소기구에 의해 자동으로 채택되었다.

반면, FIT 프로그램이 재생에너지 발전 생산자에 대한 가격지원을 통한 경제적 혜택을 제공하여 WTO 보조금협정상 금지보조금에 해당되는지 여부에 대하여 패널은 엇갈린 의견을 보였는데, 과반수를 차지하여 최종 채택된 패널 판정의 내용은 제소국들이 문제의 조치가 금지보조금에 해당한다는 사실을 제대로 입증하지 못하여 보조금협정 위반에 해당하지 않는다는 것이었다. 특히 전력시장의 독특한 특성상 주 정부의 개입이 없을 경우 재생에너지 발전업체들이 경쟁적 전력시장에서 영업할 것이라는 전제가 설립되지 않는 등 FIT 프로그램의 경제적 혜택 제공 여부는 경쟁적인 전력시장 기준을 적용하여 파악할 수 없다고 지적하였다.[38] 반면, 상소기구는 경쟁적 시장기준을 통해 경제적 혜택을 제공하는 보조금의 존재 여부를 판단해야 한다는 패널의 논리는 채택하였지만, 패널이 인정한 모든 에너지원(태양광 및 풍력을 포함한)에 대한 발전 전력 시장 기준이 아닌 태양광 및 풍력 발전 전력 시장기준이 적용되어야 한다고 판정하였다.[39]

▪ 시사점

동 분쟁은 미국의 Buy American 규정 등과 같이 국제경제위기 상황에서 많은 국가들이 도입하게 되는 국산제품 사용 및 수입대체 관련 정부조치에 대한 다자통상규범과의 합치성 여부에 대해 의미 있는 함의를 제공해주고 있다. 특히 국내에서 생산된 제품 또는 부

---

36 Panel Report, *Indonesia – Certain Measures Affecting the Automobile Industry*, WT/DS54/R, WT/DS55/R, WT/DS59/R, WT/DS64/R (July 2, 1998), para. 14.82.

37 *Canada-Renewable Energy/Feed-in-Tariff (Panel)*, *supra* note 32, para. 7.111.

38 *Id*, para. 7.320.

39 *Canada-Renewable Energy/Feed-in-Tariff (Appellate Body)*, *supra* note 33, para. 5.178.

품의 사용을 의무화하는 규정은 그 존재 자체로서 수입산 제품에 대한 차별적인 대우를 의미하며 무역왜곡적 효과를 지닌 투자조치로 간주되어 WTO 규범과 합치하지 않는 것으로 간주되고 있음을 알 수 있다. 따라서 재생에너지 등과 같은 친환경적 산업 발전을 위한 미래선도 사업을 추진함에 있어 국산품 사용 요건 등과 같은 무역 왜곡적 효과를 수반하는 조치는 포함되지 않도록 유의해야 할 것이다. 또한 경제위기 상황을 극복하기 위한 정부 조치로서도 수입 대체 효과를 지닌 국산품 사용 규정 등은 WTO 규범에 저촉된다는 점을 상기해야 할 것이다 .

   또한, 동 분쟁은 정부조달 조치에 해당되어 GATT 협정상의 내국민대우 원칙에 대한 예외적용 대상이 되려면 어떠한 요건이 충족되어야 하는지 보다 명확한 해석을 제공하고 있어 의미를 갖는다. 특히 정부조달 대상 제품과 차별적 대우를 받은 수입 제품 간에 상호 경쟁적 관계가 우선 존재하여야 하며, 당초 정부가 구매한 제품이라 하더라도 정부기관이 최종적으로 사용하지 않거나 공공기능을 수행하기 위해 최종적으로 사용되지 않는다면 정부조달 조치로서의 예외규정의 적용을 받을 수 없는 것이다. 또한 정부에 의해 구매되었지만 독립사간 판매arm's length trade를 위한 목적으로 제품이 재판매되는 조치는 정부조달 조치로서 간주되지 않아 정부조달조치에 대한 내국민대우 예외 적용을 받을 수 없게 된다. 이에 따라 정부조달 조치로서 내국민대우 원칙에 대한 예외조항을 발동하기 위해서는 정부조달 조치로서의 요건이 먼저 충족되어야 하는데, 이에 대해 현 WTO 분쟁해결기구는 매우 정치한 판단기준을 적용하고 있어 예외규정의 적용대상에 해당되기 쉽지 않음을 보여주고 있다.

::: 경제위기 상황에서 제기되는 국제규범 간 충돌 문제

위에 소개된 WTO 분쟁사례를 통해 살펴본 바와 같이 경제위기 상황에서 취하게 되는 정부 조치는 정부의 의도성 존재 여부와 상관없이 결과적으로 파생되는 무역제한적인 효과로 인해 국가간 통상분쟁으로 비화되는 경우가 많다. 분쟁 대상이 된 정부 조치의 무역제한적인 요소는 교역상대국에게 경제적 피해를 준 것으로 입증될 경우 철회되어야 하는 것이 마땅하겠지만 어떠한 경우에는 해당 조치가 다른 국제협약에 의거한 의무사항을 이행하기 위해 취해지는 경우도 있다. 이와 같은 경우 해당 국제규범과 국제통상규범 간 충돌이 발생하게 된다.

● **국제금융규범과 국제통상규범간 충돌**

1997~98년의 외환위기 상황을 극복하기 위한 일환으로 한국 정부에 의해 취해진 산업 구조조정 조치는 한국 정부가 국제통화기금(IMF)의 권고사항을 이행하는 과정에서 채택하게 된 불가피한 조치였지만 WTO 통상규범 하에서는 불법적인 조치로 간주된 바 있다.[40] 일반적으로 IMF의 자금지원을 지속적으로 받기 위해서는 수입규제를 자제하고 추가적인 수입개방을 조건으로 하므로, IMF 프로그램에 따라 취해지는 구조조정 조치는 WTO 협정을 직접적으로 위반하게 될 소지가 적다. 그러나 정부가 IMF 프로그램을 이행하는 과정에서 통상적으로 금융 부문 뿐 아니라 산업 부문에 대한 구조조정 조치를 취하게 되는데 이 과정에서 정부의 역할이 더욱 두드러지게 되어 WTO 통상규범에 대한 위반 소지가 커지게 되는 것이다. 특히 IMF 프로그램 이행과정에서의 정부 조치는 WTO 보조금 협정을 위반하는 간접적인 형태의 (정부의 '지시' 또는 '위임'을 통한) 보조금으로 간주될 수 있는데, 특히 해당 기업의 제품이 해당 시장 및 수출시장에서 수입제품과 경쟁 관계에 있는 경우 교역상대국으로부터 분쟁이 제기될 수 있다.[41]

또한 경제위기 상황에서는 IMF의 자금지원을 받는 국가들은 환율 효과로 인해 수출이 증가하여 다른 WTO 회원국의 주목을 받을 수 있다. 특히 반덤핑 제소 등 통상 분쟁의 제기 가능성이 더 높아지는데, 이는 급속한 환율하락으로 인해 수출이 더 늘어나고 IMF 프로그램의

---

40 Panel Report, *European Communities-Countervailing Measures on Dynamic Random Access Memory Chips from Korea*, WT/DS299/R (17 June 2005), para. 7.219; 이재민 (2007), 1997년 외환위기의 통상부분에서의 파급효과, 서울국제법연구 14(2), p. 31.

41 Dukgeun Ahn (2004), WTO Disciplines under the IMF Program: Congruence or Conflict?, M. Matsushita and D. Ahn (eds), WTO and East Asia: New Perspectives (Cameron May), p. 27.

일부로 추진되는 무역자유화 정책으로 수입품과의 경쟁이 심해지기 때문이다.[42]

이와 같이 동일한 정부 조치에 대하여 각각의 국제규범에서 상이하게 다루게 될 경우 당사국 뿐 아니라 국제규범의 적용 및 국내정책의 운용에 있어 상당한 혼란을 초래하게 될 것이다. 특히 향후 IMF 등과 같은 국제기구의 금융지원을 받아 국가적 재정위기 상황을 극복하는 과정에서 금융지원 프로그램 하에 추진되어야 하는 정부조치에 대하여 해당 정부는 WTO 회원국으로부터 분쟁 제기 가능성을 우려하여 소극적인 구조조정 정책을 추진하여 정책의 효과가 반감되는 부작용을 초래할 수도 있을 것이다.

● 기후변화 관련 국제규범과 국제통상규범 간 충돌

무역의 증대가 환경오염의 증가를 수반한다는 국제적 인식하에 1992년 UNFCCC기후변화에 관한 유엔 국제협약의 체결을 근간으로 국제기후변화체제가 확립되었다. 유엔협약의 체결 당시에는 선진국 중심으로 온실가스 감축의무가 부여되었지만 그 이후 중국, 인도 등 신흥개도국의 급속한 경제성장 등의 변화된 상황을 반영하기 위하여 모든 회원국들에 대해 동일한 감축의무 책임이 부여된 바 있다.[43] 이에 따라 세계 각국은 기후변화협약상의 의무 이행 뿐 아니라 기후변화 문제에 적극적으로 대응하기 위하여 각종 친환경 산업 육성을 위한 정부조치를 도입하여 왔다. 우리나라도 UNFCCC상 감축의무국은 아니지만 2010년 기준으로 세계 온실가스 배출량 10위국이라는 상황 하에 국제사회에서의 국가적 위신 등을 고려하여 국가적 차원에서 온실가스 감축을 추진하였으며, 기후변화 문제의 심각성에 대한 충분한 인식하에 2008년 이후 5년간 '저탄소 녹색성장정책'을 추진한 바 있다. 이후 '신성장 동력 산업'의 일환으로 우리나라 정부는 녹색기술 산업을 육성하기 위한 정책을 추진하고 있는데, 이는 전 세계적인 에너지 위기와 환경문제에 대한 인식 제고에 의해 에너지 효율 및 신재생에너지 등과 같은 '녹색 수요'가 증대될 것이고 성장 가능성이 높은 녹색시장에서 차기 경제성장의 동력을

---

42 예를 들어, *United States – Anti-Dumping Measures on Stainless Steel Plate in Coils and Stainless Steel Sheet and Strip from Korea* (WT/DS179/R, 1 Feb. 2001); Ahn (2004), *supra* note 41, p. 35.

43 2011년 더반에서 개최된 제17차 UNFCCC 당사국 총회에서 2020년 이후 새로운 기후변화체제를 구축하기로 합의하였으며, 가장 특징적인 사항은 모든 회원국들에 대해 온실가스 감축에 대한 동일한 법적 책임을 부과하게 됨.

찾겠다는 인식이 그 바탕을 이루고 있다고 볼 수 있다.[44]

WTO체제 중심의 국제통상규범에서도 이와 같은 국제 환경문제를 반영하기 위한 노력이 수반되기도 하였다. 2001년 이후 출범된 다자무역협상 라운드에서는 '도하 개발의제'의 하나로 환경 분야도 포함되었는데, 특히 환경 관련 상품 및 서비스에 대한 관세 및 비관세 장벽의 감축 또는 철폐가 주목할 만한 의제로서[45] 환경문제를 무역자유화라는 WTO식 방식으로 해결한다는 기본적인 입장이 바탕을 이루고 있는 것으로 파악할 수 있다.[46]

그럼에도 불구하고 세계적인 기후변화 문제에 대응하기 위해 각국이 채택하게 되는 친환경 및 '녹색성장' 관련 정책은 국제통상체제의 측면에서 볼 때 무역제한적인 요소로 인해 충돌 가능성이 존재한다. 특히 자동차 연비기준에 따른 과소비세, 이산화탄소 배출량에 따른 자동차 보조금 및 부과금 제도, 배출권 거래제 도입으로 인한 수입규제 등의 정부조치는 GATT 규정상 내국민대우원칙 및 수량제한 관련 규정을 위반할 소지가 많으며, 에너지 등 친환경 산업 육성을 연구개발 보조금 등은 WTO 보조금협정 위반 또는 WTO 회원국에 의한 일방적인 상계관세 피소 대상이 될 수 있다. 또한 친환경기술 육성을 위한 각종 기술규제 정책은 수입상품에 대한 불리한 대우를 부여할 시 WTO TBT협정 및 GATT협정에 대한 위반 소지가 존재한다.[47]

반면 다자통상규범에서도 국가들이 일정한 조건과 제한 하에 환경 보호 등 유한한 자연자원의 보존을 위한 정부조치를 채택할 수 있도록 허용하고 있다. GATT협정 제20조에서는 최혜국대우 및 내국민대우 등 협정상의 의무에 대한 예외를 허용하고 있는데, 특히 기후변화에 대응하기 위한 친환경 정책은 유한 자연자원의 보존과 관련된 조치로서 규정

---

44 S. Shadikhodjaev 외 (2012), 저탄소 녹색성장정책과 다자무역규범 간의 조화: 주요 쟁점과 정책 시사점, 대외경제정책연구원 연구보고서 12-06, p. 45, 47.

45 도하 각료선언 제31항에 따라 DDA 환경의제는 3가지로 구성되어 있음: (1) WTO 규범과 다자간 환경협정(MEA)상의 특정무역의무와의 관계; (2) MEA 사무국들과 WTO 관련 위원회 간 정기적 정보교환 절차 및 옵서버 자격 부여; (3) 환경 관련 상품 및 서비스에 대한 관세 및 비관세 장벽의 감축 또는 철폐. 특히 세 번째 의제는 환경 관련 상품과 서비스에 대하여 무역특혜를 허용하여 보다 원활한 유통이 가능하게 하며 이에 따라 환경문제 해결을 용이하게 하자는 인식하에 채택되었음.

46 Shadikhodjaev외 (2012), p. 46~47.

47 Id, p. 69~198.

상 허용될 수 있다. 그러나 예외규정이 적용되기 위해서는 일정한 요건을 충족해야 하는데, 그동안 관련 분쟁 사례에서는 유한 자연자원의 범위를 생물자원인 돌고래 및 청정한 대기^{clean air} 등도 포함한다고 판정한 바 있으며, 해당 조치가 유한 자연자원의 보존과 관련성 요건이 충족되어야 한다. 과거에는 동 '관련성' 요건에 대한 다소 엄격한 기준이 적용되었으나,[48] 미국의 참치 수입제한조치와 관련된 분쟁에서는 '관련'이라는 용어를 통상적 의미로서 해석해야 한다고 판정한 이후 환경자원 보존을 위한 무역제한조치에 대한 예외조항의 범위를 더욱 확대할 수 있게 되었다.[49] 그러나 상기에서 살펴본 바와 같이 최근 캐나다 온타리오 주의 신재생 에너지산업 육성을 위한 정부조치는 GATT협정의 내국민대우 예외조항을 적용을 받을 수 없어 WTO 규범상 허용되지 않는 정부조치라는 판정을 받은 바 있다.

::: 결론

오늘날의 글로벌화 시대에서 각국 경제는 긴밀하게 연결되어 있으며, 이에 따라 다양한 형태의 국제경제 위기 상황에 직면하게 된다. 각국 정부는 경제위기 상황을 타개하기 위해서 뿐 아니라 자국 산업의 구조조정 및 차기 경제성장의 동력을 모색하기 위한 전략적 차원에서도 다양한 정부조치를 취하게 된다. 모순적인 점은 이 과정에서 국제경제위기 상황을 극복하기 위하여 특정 조치를 요구하는 국제금융 체제와 국제통상 체제 간의 충돌이 발생한다는 점인데, 현재로서는 동 문제에 대한 국제적 인식은 확대되어 있으나 이와 같은 구조적인 문제를 해결하기 위한 체계적인 해결책은 마련되어 있지 않은 상황이다. 또한 글로벌 환경문제에 대응하기 위해 취해지는 다양한 온실가스 배출 감축 정책과

---

48 GATT 패널은 일관적으로 해당 조치가 달성하려는 정당한 정책을 주된 목적('primarily aimed at')으로 해야 GATT 제20조 (g)항의 예외 적용이 가능하다고 판정해 왔음.

49 Shadikhodjaev외 (2012), p. 87~88.

친환경 산업 육성 정책이 국제통상 체제와 충돌할 가능성도 높은데, 이에 대해서도 아직 정해진 명확한 기준이 부재한 상태이다.

이와 같은 상황 하에서는 각국 정부가 최대한 국제통상규범에 합치하는 범위 내에서 각국의 경제상황에 맞는 산업정책 및 국제환경 의무를 준수하기 위한 친환경 정책 등을 추진해 나가야 하는 상황이다. 우선 중기적인 대책으로서는 향후 분쟁 가능성을 최대한 방지하기 위해서라도 WTO 회원국들은 새로 도입하는 자국 정부조치에 대한 투명성 증진을 위하여 관련 국제기구에 성실하게 통보해야 할 것이며, 다른 회원국으로부터 해당 조치의 무역 제한적 요소에 대한 불만이 제기될 경우 최대한 협의를 통해 현안을 해결하고 필요한 경우 교역상대국에 대한 무역 제한적 요소를 수정하도록 노력해야 할 것이다. 동시에 글로벌 경제위기 상황 및 환경문제에 대한 각종 대응책이 소기의 성과를 달성하기 위해서는 모든 회원국들이 단합된 목소리로 국제통상체제의 근본적 질서를 해하지 않는 범위에서 정당한 목적을 지닌 정부조치를 취할 수 있도록 통상규범을 개선하는 등 노력이 필요할 것이다.

오선영. 2013. 〈캐나다-재생에너지 발전사건〉에 대한 WTO 판결 분석 및 우리 정부의 재생에너지 향후 정책에 대한 시사점. 법학연구 제21권 제4호.

이재민. 2007. 1997 외환위기의 통상부분에서의 파급효과. 서울국제법연구 제14권 제2호.

이재민. 2011. 미국·유럽연합 대형 민간항공기 보조금 분쟁. 국제거래법연구 제20권 제1호.

장승화. 2002. 기업구조조정과 WTO 허용보조금. 무역구제 제7권.

정재호, 안덕근. 2011. WTO 보조금협정에 적합한 조세재정지원정책 연구. 한국조세연구원.

정철 외. 2012. 최근 보호무역주의 동향과 우리나라의 대응방안. KIEP 오늘의 세계경제 (2012.10.19). 대외경제정책연구원.

Shadikhodjaev, Sherzod, 서정민, 김민성, 이재형. 2012. 저탄소 녹색성장정책과 다자무역규범 간의 조화: 주요 쟁점과 정책 시사점. KIEP 연구보고서 12-06. 대외경제정책연구원.

Ahn, Dukgeun. 2004. WTO Disciplines under the IMF Program: Congruence or Conflict? Mitsuo Matsushita and Dukgeun Ahn (eds), *WTO and East Asia: New Perspectives*. Cameron May.

Evenett, Simon J. 2012. 'The Landscape of Crisis-Era Protectionism'. GTA Report on Protectionism (14 June 2012). Global Trade Alert.

Horlick, Gary N. and Peggy A. Clarke. 2010. WTO Subsidies Discipline During and After the Crisis. Journal of International Economic Law 13(3).

OECD. 2010. Trade and Economic Effects of Responses to the Economic Crisis. OECD Trade Policy Studies.

WTO. 2009a. Report to the TPRB from the Director-General on the Financial and Economic Crisis and Trade-Related Developments. WT/TPR/OV/W/1 (20 April 2009).

WTO. 2009b. Report to the TPRB from the Director-General on the Financial and Economic Crisis and Trade-Related Developments. WT/TPR/OV/W/2 (15 July 2009).

WTO. 2010. Report to the TPRB from the Director-General on Trade-Related Developments. WT/TPR/OV/W/3 (14 June 2010).

WTO. 2011a. Trade Policy Review Body. Symposium - The Financial and Economic Crisis and the Role of the WTO - Background Note by the Secretariat. WT/TPR/OV/W/4 (14 June 2011).

WTO. 2011b. Report to the TPRB from the Director-General on Trade-Related Developments. WT/TPR/OV/W/5/Rev.1 (7 September 2011).

WTO. 2012. Report to the TPRB from the Director-General on Trade-Related Developments. WT/TPR/OV/W/6 (28 June 2012).

국제통상체제에서의 기술장벽 확대와 국제규범의 이해

김민정

::: 서론

국제통상 환경은 끊임없이 발생하는 각종 무역장벽과 이를 규율하기 위한 국제통상 체제의 운영으로 매우 분주하게 돌아가고 있다. 특히 최근 기술장벽에 의한 통상분쟁이 심심치 않게 발생하고 있어 다자통상 체제를 바탕으로 기술장벽을 완화하고 통상마찰을 줄이기 위한 관심이 집중되고 있다. 기술장벽은 각국의 고유의 특성 및 정당한 규제정책에 의해 발생하는 경우가 대부분이므로, 궁극적으로 자유무역을 추구하는 국제통상체제와의 제도적 균형을 유지하는 것이 문제의 핵심이라 하겠다.

국가들은 자국민과 환경 등을 보호하고 경쟁에서 빚어지는 비효율을 막기 위하여 각종 규제를 시행한다. 오늘날 이러한 정부의 역할이 강화되는 것은 과학기술이 발달하고 자유무역이 확대됨에 따라 소비자가 정확한 제품 정보를 확보하기가 어려워지고 소비로 인한 위험에 더 많이 노출되기 때문이며 산업화로 파괴되는 환경을 보호하기 위한 국제적 관심이 고조되기 때문이다.

그 결과 통상환경의 관점에서 보면 기술장벽 문제가 최근 현안으로 대두되고 있는 것이다. 가령, 수입국이 특정 환경라벨 사용을 의무화하고 화학물질 취급시의 위험을 줄이기 위하여 까다로운 수준으로 안전 기준을 제정하며 특정 수입 유아용품에서 독성물질이 검출되었다는 이유로 수입을 전면 중단하거나, 또는 과도한 연구개발 경쟁과 제품다양화로 인한 비효율을 줄이고 산업 규모의 경제를 유지하기 위한 임의의 국가표준을 제정·시행함으로써, 국내규제는 통상관점에서의 기술장벽으로 작용하게 되는 것이다.

좀 더 구체적으로 살펴보자면, 수입국의 기술규제, 표준 그리고 적합성평가제도는 일반적으로 제품의 원산지를 구분하지 않고 모든 제품에 동일하게 적용된다. 그러나 수입국 국내 생산자들보다 수출국에게 더 큰 부담으로 작용하는 경우가 대부분이다. 그 이유는 수출국의 기술적 역량이 수입국에서 요구하는 수준보다 낮아서 이를 이행하지 못하거나, 수입국이 특정 제품 성분이나 특정 생산공정방법만을 요구할 때, 또는 수출국에서 동일한 목적의 유사한 안전기준을 통과하였으나 수입국에서 이를 인정해주지 않아 중복적인 적합성평가 비용을 치러야하는 경우 등 다양하다.

다자통상체제인 GATT/WTO체제는 비관세 무역장벽에 관한 문제를 다루고 통상마찰을 해결하기 위한 일련의 규범을 두고 있다. 무역을 침해하는 정부규제 문제를 규율하기 위하여 기본적으로 GATT 제Ⅲ조 내국민대우 의무를 부과하고 제XX조의 일반적 예외사항을 규정하고 있다. 그러나 갈수록 중요해지는 기술장벽 문제를 직접적으로 규율할 제도적 필요성이 대두됨에 따라 1970년대 도쿄라운드 협상에서 표준에 의한 무역장벽을 제거하기 위한 논의가 이루어졌으며 그 결과 최초의 표준협정Standards Code, 정식명칭은 Agreement Technical Barriers to Trade이 채택되었다. 이후 WTO출범과 함께, 동 협정은 '무역에 대한 기술장벽 협정Agreement on Technical Barriers to Trade, 이하 'TBT협정''과 '위생 및 식물위생검역 협정Agreement on the Application of Sanitary and Phytosanitary'으로 세분화되어 발전하였다.

TBT협정은 기술요건의 이행이 강제적인지 자발적인지 또는 절차적 요건인지에 따라 기술규정, 표준 및 적합성평가절차로 각각 구분하고 기술요건의 준비, 채택, 적용 기관이 중앙정부기관인지, 지방정부기관인지, 그리고 비정부기관인지에 따라 다소 상이한 원칙과 규정 그리고 차등적인 의무규정을 적용한다.

기술장벽 문제가 매우 광범위하고 유동적이라는 특성에 비추어 볼 때, 이와 같이 포괄적으로 정의된 TBT협정의 적용범위는 그 제도적 의의가 큰 것으로 평가받는다. 그러나 대부분의 의무 조항들이 권고적인 문구로 규정되어 있어 법적 이행강제성을 부과하기에 불확실한 면이 있다. 분쟁해결절차에서는 동 협정 이행의 전적인 책임을 중앙정부에 둠으로써 이행 상의 한계를 극복하고 있는 바, TBT협정의 중요한 제도적 특징이라 하겠다. 또한 국내 규제주권과 자유무역 추구 사이의 균형을 유지하려는 국제법적으로 매우 민감한 사안을 다루고 있으므로 TBT위원회를 통한 비사법적 분쟁해결과 정보공유 등은 매우 중요한 제도적 요소라 할 수 있다.

다자적 통상규범 이행을 바탕으로 한 노력 이외에도, 각국 정부는 기술장벽을 완화하기 위하여 여러 가지 국내 제도를 마련하고 양자 협정을 체결하고 있다. 양자적/지역적 차원의 노력 중에서 대표적인 예로써, 생산자 자가선언Supplier's Declaration of Conformity: SDoC 제도의 도입, 상대 무역국가와의 상호인정협정Mutual Recognition Agreement: MRA, 체결 및 국제인정협회international *accreditation association* 가입, 국제표준의 적극적인 사용 및 국제표준화 과정 참여 등이 있다. 또한 최근 한-미 FTA와 한-EU FTA제도에서는 기존 FTA들과는 달리 TBT조항을 WTO규범보다 한층 강화하고 구체화 된 조항으로 도입함으로써 기술장벽 완화를 위한 새로운 제도적 모델을 제시하고 있다.

본 장에서는 국제통상체제에서 기술장벽을 완화·제거하기 위한 다자적 틀과 양자적/지역적 틀을 설명하고 각각의 규범을 분석한다. 이를 위하여 최근 확대되고 있는 기술장벽 및 분쟁 현황을 살펴본다. 이어서 기술장벽 문제를 규율하는 다자통상체제를 TBT협정의 법제도적 발전, 주요 원칙과 규범 그리고 운용상의 문제점을 바탕으로 분석한다. 다음으로 기술장벽 제거를 위한 지역/양자적 통상체제로서 SDoC제도, 상호인정제도 및 국제표준화에 관한 특징을 분석하고 최근 기술장벽에 관한 새로운 제도적 접근방법을 제시하고 있는 FTA의 TBT규정을 연구한다.

::: 기술장벽 및 분쟁 현황

■ 기술장벽 현황

최근 관세장벽 완화와 함께 각종 비관세장벽이 점차 증가하고 있으며 기술규정, 표준 및 적합성평가절차로 인한 기술장벽이 급격하게 확대되고 있다. 국가들이 높은 과학·기술 발달 수준을 바탕으로 소비자, 환경 보호를 위한 기술요건을 적용하거나 자국의 지리적·기후적 특성, 국가안보, 소비자정보 제공을 목적으로 각종 규제와 절차를 도입하고 있어 국제통상에서의 기술장벽 문제가 심화되고 있다.

무역기술장벽을 측정하는 방법은 크게 세 가지가 있다. 첫째, 각국이 WTO TBT위원회에 통보하거나 자발적으로 공표하고 공개하는 기술규제의 빈도수를 계산하는 방법, 둘째, 수출기업들을 대상으로 기술장벽의 크기에 관한 설문조사를 실시하여 측정하는 방법 또는

셋째 수입가격과 판매가격의 차를 바탕으로 비관세장벽 비용을 추정하는 방법 등이 있다.[1]

가장 손쉽게 사용할 수 있는 기술규제 빈도수를 바탕으로 기술장벽 현황을 살펴보면, 1995년 TBT협정 발효 이후 연간 신규 통보건수가 꾸준히 증가하여 2007년 이후부터는 매년 1000건을 상회하는 것으로 나타난다. 이러한 증가는 기본적으로 국가들의 기술규제 도입이 증가하고 있음을 의미하는 것으로 해석되며, 중국, 베트남 등 WTO회원국 증가, 회원국들의 전반적인 통보의무 이행 강화 등의 요인도 일부 작용한다고 볼 수 있다. 〈그림 1〉은 매년 통보된 신규 기술규제 증가와 누적된 전체 기술규제 통보를 보여주고 있는데, 신규 통보건수가 매년 지속적으로 늘어나고 있는 것을 확인할 수 있다.

그림 1. TBT위원회 신규 및 누적 통보 건수(1995~2012)

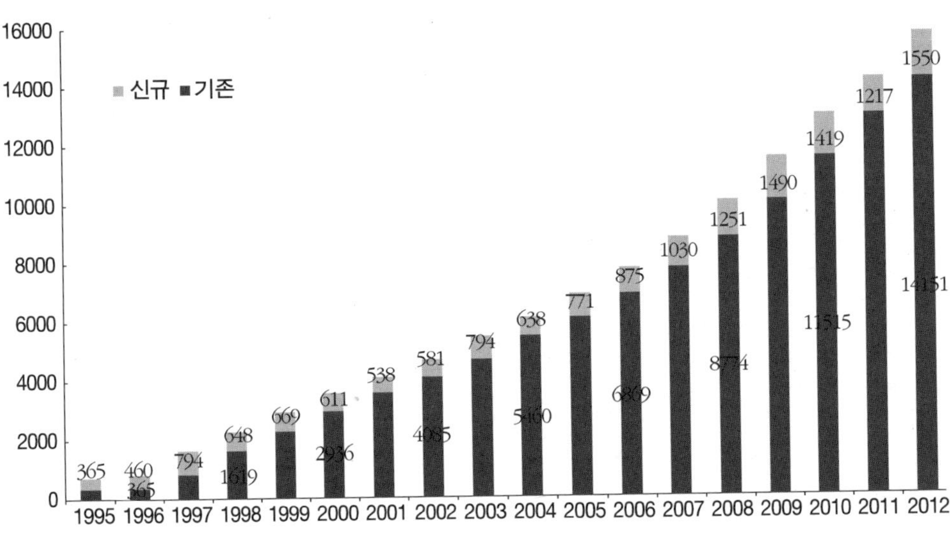

출처: WTO TBT위원회 연간보고서를 바탕으로 저자 작성.

---

1 기술장벽의 크기와 무역효과를 측정하기 위한 다수의 논문 중에서 대표적으로 다음을 참조한다. Deardoff and Stern (1998), "Measurement of Nontariff Barriers", Studies in International Economic Series, Ann Arbor, MI: The Univ of Michigan Press, OCDE/GD(97)/29 Paris:OECD; Maskus (2000), "Quantifying the Impact of Technical Barriers to Trade", World Bank Policy Research Working Paper 2512; Henson (2000), "An Assessment of the Costs for International Trade in Meeting Regulatory Requirements", OECD Working Papers, Vol 8, No. 46; Li, Yuan and John Beghin (2011), "A meta-analysis of estimates of the impact of technical barriers to trade", Journal of Policy Modeling, Volume 34, Issue 3, p. 497-511.

TBT조치가 어떤 목적으로 도입되었는지를 고려하면, 대체로 사람의 건강 또는 안전 보호 목적이 가장 많으며 환경보호, 기만행위 방지와 소비자보호, 품질요건, 소비자정보 제공, 국제표준과의 목적이 대부분을 차지한다. 사람의 건강 및 안전 보호 목적은 1995년 전체 통보 중 33%였으나 2012년 두 배 가까이 증가한 66%를 차지하는 것으로 나타나 신규통보 목적 중 가장 많은 비중을 차지할 뿐만 아니라 그 비중이 상당히 증가한 것을 알 수 있다. 또한 최근 환경보호를 위한 목적과 기만행위방지 및 소비정보제공을 위한 목적이 1990년대의 비중과 비교하여 높게 나타나고 있어 갈수록 중요한 규제 목적임을 알 수 있다.[2]

통보건수를 기준으로 국가별 기술규제 현황을 살펴보면, 1995년부터 2012년까지 누적 통보건수가 미국 969건, EU 681건, 브라질 626건, 일본 604건, 캐나다 521건, 한국 517건으로 집계되며 2000년대 초 가입한 중국은 통보역사가 짧았음에도 불구하고 2012년까지 938건으로 나타나 2012년 12월 기준 미국에 이어 두 번째로 많다. 〈표 2〉에 나타난 국가별 추이를 보면, 미국, EU 등 선진국들의 기술규제 통보가 증가하고 있고 2007년 이후 급격히 증가하는 것을 볼 수 있다. 여전히 선진국들 위주의 통보가 이루어지고 있으나 브라질, 한국, 태국, 필리핀 등 중진국들의 기술규제 통보가 꾸준히 증가하고 있는 것으로 분석된다.

표 1. 국가별 신규 통보 건수(1995~2012)

	전체	미국	중국	EU	브라질	일본	캐나다	한국	태국	멕시코	필리핀
1995	365	29		32			29	13	7	29	
1996	460	36		47		40	20	9	12	27	11
1997	794	26		20	35	32	17	14	22	29	
1998	648	33		36	43	27	19	8	34	35	1
1999	669	45		35	16	30	24	21	21	34	19
2000	611	32		16	12	56	26	27	9	28	13
2001	538	14		7	29	32	25	27	75	8	13
2002	581	14	12	17	45	33	28	19	21	34	16
2003	794	26	28	21	71	45	29	19	27	47	5
2004	638	38	23	30	16	22	32	16	44	14	4
2005	771	72	112	22	37	26	38	19	22	8	8

2 TBT위원회 연차보고서의 통계자료 활용함. 복수의 목적으로 통보할 수 있으며 본문의 비율은 총 신규 통보 건수(2012년 기준 1,550건)를 기준으로 해당 목적이 차지하는 비중을 계산한 것임.

	전체	미국	중국	EU	브라질	일본	캐나다	한국	태국	멕시코	필리핀
2006	875	64	64	40	32	35	37	29	28	9	30
2007	1030	101	90	35	35	45	34	37	37	12	18
2008	1251	106	185	67	50	52	33	33	31	33	7
2009	1490	71	201	61	39	33	39	57	41	19	9
2010	1419	96	60	52	56	35	35	45	33	20	20
2011	1217	63	90	65	39	27	32	47	33	19	29
2012	1550	103	73	78	71	34	24	77	13	24	3
합계	15701	969	938	681	626	604	521	517	510	429	206

출처: WTO TBT위원회 연간보고서를 바탕으로 저자 작성.

국내정책 측면에서 기술장벽의 증가 원인을 살펴보면, 몇 가지 주요한 원인으로 기술 진보와 상품 다양화로 생산자와 소비자 간의 정보비대칭이 심화되는 한편, 소득수준 향상으로 안전, 위생, 소비자 권익보호 및 환경 보호 등에 관한 사회적 관심이 증가하고 있는 시대적 배경을 고려할 수 있다. 여기에 자유무역의 확대로 정부는 국산제품 뿐만 아니라 외국제품 소비에 따른 위험과 환경파괴 문제까지 적극적으로 대응하게 됨으로써 과거보다 엄격한 소비위험 관리와 사후 감독을 시행하고 있어 기술장벽 문제가 지속적으로 증가할 것으로 기대된다.

■ 기술장벽 관련 분쟁 현황

WTO 회원국은 수입국이 새롭게 도입할 예정이거나 시행중인 기술규제가 무역에 부정적인 영향을 초래하는 경우 이를 TBT위원회 정례회의에서 특정무역현안으로 제기하여 논의할 수 있다. 통상적으로 수출회원국이 위원회에서 이러한 특정무역현안을 제기하면 기술장벽을 초래한 수입국은 적극적인 대응해야 하며 양자적·다자적 대화를 통하여 자국 조치의 투명성을 제고하거나 부정적인 무역제한 완화를 위해 노력해야 한다.

TBT위원회의 특정무역현안 제도는 다자적이고 非사법적인 분쟁해결수단을 제공하는 긍정적인 기능이 있다. 그러나 〈그림 2〉에서 보는 바와 같이, 최근 신규로 제기되고 있는 특정무역현안이 증폭적으로 증가하고 있는 것에 비해, 미처 해결되지 못한 기존 현안들

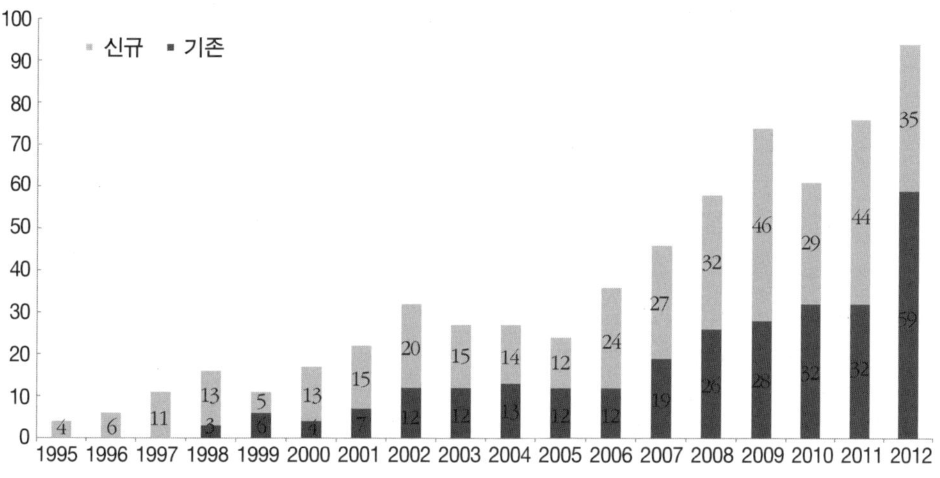

출처: TBT위원회 2013년도 제18차 연차보고서, p. 6.

이 누적되고 있어 기술장벽으로 인한 통상마찰이 가속화되고 있음을 알 수 있다. 2012년 12월 현재 신규 특정무역현안은 35건이며 해결되지 못하고 다시 제기된 현안들이 59건으로 총 94건의 현안이 위원회에서 논의되고 있다.

특정무역현안이 제기되는 사유를 살펴보면, 추가정보 및 설명을 요구(70%)하거나, 불필요한 무역장벽 구성(58%), 투명성이 결여(53%), 합리적인 근거가 불충분(40%), 국제표준을 기초로 사용하지 않은 경우(37%), 차별적인 조치라는 주장(27%) 등이 대부분을 차지한다.[3]

국가별로 살펴보면, 특정무역현안을 제기한 사례를 기준으로 EU(47%), 미국(40%), 일본(14%), 캐나다(14%), 중국(13%), 멕시코(12%), 한국(10%), 호주(9%) 순서으로 나타난다.[4] 한편, 피제기국 사례를 기준으로 살펴보면, EU(21%), 중국(12%), 미국(11%), 한국(7.7%), 브라질(4.9%), 인도(4.9%), 인도네시아(3.3%)의 순으로 기술장벽을 초래한 것으

---

3 TBT위원회 연차보고서 통계자료 활용. 복수의 사유를 근거로 특정무역현안을 제기할 수 있으며 본문의 비율은 2012년까지 누적된 총 365건의 특정무역현안 중에서 각 사유가 차지하는 비중을 계산한 것임.

4 TBT위원회 연차보고서 통계자료 활용. 복수의 회원국들이 하나의 기술장벽에 대해 특정무역현안을 제기할 수 있으며 본문의 비율은 2012년까지 누적된 총 365건의 특정무역현안 중에서 각국이 제기한 비중을 계산한 것임.

로 나타난다. 이러한 통계현황은 기본적으로 무역량과 비례하는 측면이 있으나 갈수록 한국, 중국 및 동남아시아 국가들 등 중진국들로 인해 발생하는 기술장벽 문제가 대두되고 있다는 특징이 있다.

기술장벽과 관련된 산업분야는 매우 다양하며 특정 산업에 국한되지 않는 편이다. 대표적으로 식품 및 의약품, 화학물질 등의 안전에 관한 규제, 장난감, 의류·직물, 자동차 관련, 전기전자, 의류기기 관련 안전기준, 포장·라벨표시 규격, 그리고 환경보호를 위한 규제 등이 포함된다.

위원회의 특정무역현안 제도 이외에도, 회원국들은 기술장벽 분쟁을 해결하기 위하여 WTO의 사법적 분쟁해결절차를 이용하기도 한다. 이러한 사법소송을 바탕으로 기술장벽 분쟁 현황을 파악해보면, 2014년 2월까지 TBT협정 조항을 원용한 분쟁 사례는 협의요청 및 분쟁 번호를 기준으로 총 49건이며 연도별 TBT협정 원용 분쟁을 나타내면 〈그림 3〉과 같다. 2000년대 초반까지 TBT협정을 원용한 분쟁들은 대부분이 협의 단계에서 철회되거나 상호합의 및 종료되었고 패널절차로 이어지는 경우에도 TBT협정 이외의 협정을 바탕으로 법적 검토 및 판정이 이루어졌다.

TBT협정 조항을 원용하여 제기된 분쟁들 중에서 최초로 사법절차가 진행되고 패널 및 상소기구 판정이 채택되었던 사건은 2001년 제기되었던 EC-정어리 분쟁[DS231]으로 당시 EC가 도입한 정어리기준이 관련 국제표준을 기초로 사용하였는 지에 관한 사안이 주요하게 논의되었다. 이후, 2008년 미국-참치분쟁[DS381]과 미국-COOL[원산지라벨]분쟁[DS384, 386] 그리고 2010년 미국-담배분쟁[DS406]이 제기되면서 TBT협정 규정에 관한 기본원칙 및 주요 조항들이 패널 및 상소기구의 법적 검토 대상이 되었으며 판정을 통한 분쟁해결과 판례형성이 이루어졌다.

2014년 2월 현재, 협의중인 분쟁은 6건이며 패널설치 단계는 4건, 상소심의 요청단계는 2건이다. 최근 진행되고 있는 TBT분쟁의 대부분은 호주-plain packaging 사건으로 제소국이 주요 담배원료 수출국인 우크라이나, 온두라스, 도미니카 공화국, 쿠바, 인도네시아로 이루어져 있을 뿐만 아니라 국제통상 소송, 국제투자 소송 그리고 국내 소송이 동시에 진행되고

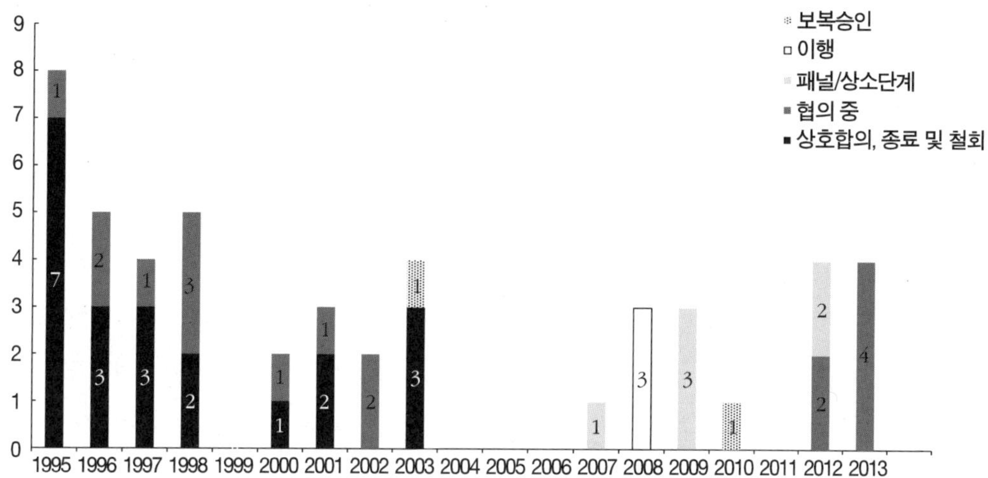

출처: TBT위원회 웹페이지 자료 참조. 2014년 2월 최종 검색함.
〈http://wto.org/english/tratop_e/dispu_e/dispu_agreements_index_e.htm?id=A22#selected_agreement〉

있는 등 대대적인 분쟁 양상을 보이고 있으며 UN세계보건기구의 정책, 투자규범 및 통상규범의 충돌가능성도 배제할 수 없어 매우 중요한 분쟁으로 관심이 집중되고 있다.[5]

::: 기술장벽에 관한 다자규범의 발전

■ 기술장벽에 관한 GATT 규범

기술장벽 문제를 직접적이고 구체적으로 규율하는 1947년GATT 조항은 없다. 다만, 1947년 GATT는 정부의 '상품에 관한 국내규정'이 비차별적일 의무를 부과하고 있으며 국내규정이 차별적인 경우 예외적으로 인정받을 수 있는 정당한 목적과 필요성 요건을 규정하고 있다.

---

5 정확한 분쟁명칭은 Australia-Certain Measures Concerning Trademarks, Geographical Indications and Other Plain Packaging Requirements Applicable to Tobacco Products and Packaging이며 WTO 소송번호는 DS434(우크라이나), DS435(온두라스), DS441(도미니카공화국), DS458(쿠바), DS467(인도네시아)이다.

따라서 기술장벽 문제에 적용되는 GATT 기본원칙은 제I조의 최혜국대우 원칙과 제III조의 내국민대우 원칙이며, 원산지를 근거로 또는 결과적으로 특정 수입산 제품에 대해 더 까다롭거나 엄격한 제품품질 및 기술요건을 요구하거나 시험, 검사를 실시하는 것이 금지된다.

만일 수입국의 기술규정 또는 관련 적합성평가절차가 제I조 및 제III조 규정과 합치하지 않는 경우, 즉 차별적인 조치인 경우에도 예외적으로 허용될 수 있다. 그 요건은 제XX조에 따라 자의적이고 위장된 장벽을 구성하지 않으며 동 조항에 열거된 정당한 목적을 달성하기 위하여 필요한 조치일 경우에 한 한다. 기술장벽이 발생하는 경우, 관련 정부규제는 제 XX조(b)항과 (g)항에 따라 목적과 방식이 "인간, 동식물의 생명과 건강을 보호하기 위하여 필요"하거나 "기만적 관행을 방지하기 위하여 필요"하며 자의적인 무역제한을 초래하지 않는 한 예외적으로 허용될 수 있을 것이다.

또한 제XI조에 따라 기술규제상의 수입제한 조치는 허용된다. 즉, 기술규제를 시행하는 과정에서 수입품의 품질 및 안전 요건 등을 규제하기 위하여 한시적으로 수입을 금지하는 경우 제XI조에 의해 예외적으로 허용될 수 있다. 동 조항은 수입제한에 대한 금지의 예외 조항으로 "국제무역에 있어서 상품의 분류, 등급 또는 판매에 관한 기준 또는 규칙의 적용을 위하여 필요한 수입 및 수출의 금지 또는 제한"을 부분적으로 허용하고 있다. 따라서 수입국의 특정 기술요건에 관하여 부적합 판정을 받은 외국제품에 대해 수입을 제한하는 조치는 일반적인 수입제한 조치에서 예외적으로 허용된다.

끝으로 일찍이 GATT체제에서는 국제적 조화와 표준 확립이 무역확대에 긍정적인 영향을 주는 것으로 전제하였다. 그 결과, 무역과 개발에 대한 공동행동에 관한 제XXXVIII조2(e)항에서 "각국의 국내정책과 법규의 국제적 조화와 조정을 통하여 그리고 생산, 운송 및 마케팅에 영향을 미치는 기술적 및 상업적 표준"을 통하여 경제개발을 위하여 무역을 확대함에 있어 가능한 방법을 모색하는데 협력해야 한다고 규정한다. 즉, 국제조화 및 국제표준 확립을 위한 협력의무를 규정하고 있다.

그러나 상기 GATT조항만으로는 무역기술장벽 문제를 충분히 규율할 수 없다.[6] 그 제

---

6 이하의 기술장벽과 GATT 적용범위의 한계에 관한 분석은 김민정(2013)의 제2장을 참조한다. 김민정(2013), "TBT협정의 해석과 적용에 따른 법적 쟁점 및 발전과제", 통상법률 통권111호.

도적 문제점으로 첫째, GATT규범상 권리 및 의무의 주체가 중앙정부인 것에 반해, 무역기술장벽을 일으키는 주체들은 매우 다양하며, 따라서 GATT규범만으로 기술장벽을 규율하기에는 한계가 있다. 가령, 민간표준기관이 승인한 표준에 의해 상당한 무역장벽이 발생하는 경우 GATT조항을 근거로 법적 구제를 받기란 매우 어려울 것이다.

둘째, GATT규범은 기본적으로 '상품^{product}'에 관한 국내규정만을 규율하며 협정 목적상 '상품'의 의미가 생산과정까지 포함하는 지는 불분명하다.[7] 무역기술장벽은 최종재 뿐만 아니라 생산공정방법, 포장 및 라벨링, 제품폐기 및 재사용 등에 이르기까지 다양한 생산·소비단계를 규제하는 경우가 많아 GATT의 적용범위가 기술장벽을 모두 포함하는 정도까지 확장될 수 있는지는 법적으로 분명하지 않다.

한편, 오늘날 GATT조항과 WTO TBT협정은 누적적으로 적용되고 있다. TBT분쟁 판례에 따르면 TBT협정이 GATT의 조항보다 우선시 되거나 GATT조항을 대체하지 않으며 다만 실제 분쟁해결을 위한 법률검토 순서에 있어 TBT협정에 대한 검토가 먼저 이루어지고 위반판정 여하에 따라 관련 GATT조항에 대한 검토가 진행되는 것이 일반적이다.[8]

■ 동경라운드 표준협정

1970년대까지 다자통상체제의 주요한 협상목적은 상호호혜적 관세장벽 제거에 있었다. 그러나 점차 관세장벽이 제거됨에 따라 각종 정부규제가 새로운 무역장벽으로 대두되었다. 케네디라운드에서 이러한 비관세장벽 문제를 처음으로 인지하였고 동경라운드에서는 보조금과 상계관세조치, 표준, 세관절차 등에 관한 비관세장벽 협상이 본격적으로 이

---

7 '상품'의 의미가 최종 상품에 영향을 주는 생산과정은 포함하지만 영향을 주지 않는 생산과정을 포함하는지에 관하여 확립된 원칙은 없으나 포함하지 않는 것으로 보는 견해가 일반적이다. 일례로 1991년 GATT US-Tuna/Dophin사건에서 패널은 GATT 제Ⅲ조의 '상품'의 의미가 생산공정방법에까지 확대되어 적용될 수 없다고 해석하였다. GATT, Report of the Panel, United States-Restrictions on Imports of Tuna, DS21/R-39S/155, 3 September 1991.

8 EC-Sardines, WT/DS231/R, para.7.19. 상소기구 보고서, EC-Sardines, WT/DS231/AB/R, para.134. 상소기구 보고서, US-Tuna Dispute II, WT/DS381/AB/R, para. 405.

루어졌다.

동경라운드에서는 국내규제 그 자체를 규율하는 것이 아니라, 불확실하고 정당하지 않으며 자의적인 국내조치로 인해 발생하는 무역제한 효과를 규율하려는 것이 그 궁극적인 목표였다.[9] 따라서 표준과 무역에 관한 협상에 있어, 제품품질, 소비자보호 및 환경보호를 위한 정부 또는 비정부기관의 규제와 표준 그 자체가 협상 대상은 아니었으며 이들 규제와 표준으로 인한 무역장벽을 규율하기 위한 규범 확립을 목표로 협상이 이루어졌다. 그 결과 국제통상체제 최초의 무역기술장벽 협정인 '표준협약'이 복수국간 협정으로 채택되었다.

표준협정은 기본적으로 GATT의 목적을 추구한다. 따라서 기술규정, 표준 그리고 적합성평가방법이 국제무역에 불필요한 장애를 초래하지 않을 것을 보장하여야 한다..[10] 그러나 다른 한편으로 표준협정은 국가들이 수입상품의 품질보장, 인간, 동·식물의 생명 또는 건강 보호, 환경 보호, 또는 기만행위 방지를 위하여 필요한 조치를 취할 수 있는 규제주권을 기본적으로 인정하고 있다.[11] 다만 그러한 조치들이 동일한 조건의 국가들 사이에 자의적이거나 부당한 차별을 구성하기 위한 수단으로 사용되거나 국제무역에 위장된 제한을 야기하지 않을 것을 규율하고 있다.[12] 이러한 기본 원칙은 이후 WTO체제상 무역기술장벽에 관한 규범의 모체가 되었다.[13]

표준협정은 무역기술장벽 문제를 규율하기 위하여 상당히 포괄적인 규율체계를 마련하고 있으며 절차적 의무를 중심으로 규범을 확립하고 있다. 협정구조를 살펴보면, 무역기술장벽을 초래하는 주체는 중앙정부기관, 지방정부기관, 그리고 비정부기관을 모두 포함한다. 규율대상은 이행이 강제적인 기술규정, 이행이 자발적인 표준, 그리고 적합성평가절차 및 인증제도로 이루어지며, 각각에 대한 구체적인 규정을 두고 있다.

---

9 Winham, Gilbert R., International Trade and the Tokyo Round Negotiation, Princeton University Press: New Jersey, (1986), p. 16~17.

10 표준협정, 전문 2항 및 5항.

11 표준협정, 전문 6항.

12 표준협정, 전문 6항.

13 동경라운드 결과 채택된 GATT 최초의 무역기술장벽협정 문서는 다음을 참조. GATT, Agreement on Technical Barriers to Trade, LT/TR/A/5.
〈http://www.wto.org/english/docs_e/legal_e/tokyo_tbt_e.doc〉 (최종검색일 2014년 1월 20일)

표준의 도입[시행]기관에 따라 의무수준을 차등적으로 규정하고 있는데, 중앙정부기관의 기술규정과 표준 그리고 적합성평가절차 및 인증제도에 대해서는 상대적으로 강한 의무가 부과되고, 지방정부기관과 비정부기관의 기술규정 및 표준, 적합성평가절차와 인증제도에 대해서는 가능한 한 합리적인 조치를 취하도록 권고하는 약한 의무가 부과된다.[14] 이러한 차등 의무를 부과하는 근본적인 이유는GATT체제의 특성상 중앙정부기관의 협정 이행을 확보하는 것이 비교적 용이한 반면, 지방정부 또는 비정부기관의 협정 이행을 확보하는 것은 중앙정부를 통하여 간접적으로만 가능하기 때문이다.

표준협약은 무역기술장벽에 관한 기본원칙으로, 비차별원칙, 국제표준을 기초로 사용할 원칙, 자유무역의 확대와 국가의 규제자율권 보장 사이의 균형을 추구하기 위한 최소무역제한 원칙을 규정하고 있다.[15] 또한 기술장벽이 남용되는 것을 막기 위하여 '디자인보다는 성능을 기술요건'으로 도입하도록 규정하고, 국제표준과의 조화를 추구하며, 적합성평가절차에 있어 동등성을 인정하도록 권고함으로써 국가들의 기술규제 다양성에 기인하는 무역장벽을 최소화하고 있다.[16]

표준협약은 불필요한 기술무역장벽을 제거하기 위하여 절차적 요건으로 투명성 원칙을 규정한다. 이를 위하여 통보의무, 절의처 운영, 질의/응답제도가 운영되고 있다.[17] 이러한 절차적 요건들은 기술장벽의 상당 부분이 수입국의 기술규제에 관한 정보부족과 정보비용에서 비롯된다는 요인에 근거한 것이다. 또한 분쟁해결과정에서 기술전문가단의 정보를 제공받을 수 있도록 규정함으로써 표준협약상 제기되는 과학적 객관성을 확보하도록 하였다.[18]

---

14 표준협약 제2조 중앙정부기관의 기술규정과 표준 준비, 채택 및 적용, 제5조 중앙정부기관의 기술규정 또는 표준과의 적합성판정, 그리고 제7조 중앙정부기관이 운영하는 인증제도에 관한 조항들과 제3조 지방정부기관의 기술규정과 표준의 준비, 채택 및 적용, 제4조 비정부기관의 기술규정과 표준의 준비, 채택 및 적용, 제6조 지방정부기관과 비정부기관의 기술규정 또는 표준과의 적합성판정, 제8조 지방정부와 비정부기관이 운영하는 인증제도에 관한 조항들을 비교하면 이러한 의무수준의 차이를 알 수 있다.

15 표준협약 전문 2항. 또한 제2.1조는 기술규정과 표준이 불필요한 무역제한을 초래할 목적으로 준비, 채택, 적용되어서는 아니 되며 비차별대우 원칙을 준수하도록 규정하고 있다. 또한 제5.1조와 제7.2조는 적합성평가절차와 인증제도에 대해서도 내국민대우원칙에 입각하여 절차를 적용하도록 규정하고 있다.

16 표준협약 제2.4조. 제2.2조.

17 제13조의 무역에대한기술장벽위원회, 제10조의 정보와 지원 관련 규정.

18 표준협약 제14조의 협의와 분쟁해결, 부속서 2의 기술전문가단에 관한 규정.

표준협약을 통한 전반적인 제도적 발전에도 불구하고 동 협정은 여전히 상품의 생산공정방법에 대하여 동 협약이 적용될 수 있는지를 분명히 규정하지 않고 있다.[19] 또한 당시 표준협약은 복수국간 협정으로 도입되어 일부 선진국들을 중심으로 운용되었다는 제도적 한계가 있었다.[20]

■ 우루과이라운드 TBT협정

WTO 출범과 함께 발효된 '무역에 대한 기술장벽에 관한 협정[TBT협정]'은, 표준협정의 기본적인 제도적 틀을 유지하면서 적용범위와 규범의 구체성 및 명료성을 강화하여 발전된 국제규범 형태로 도입되었다. 특히 식품위생 및 검역조치와 관련된 민감한 사항들을 보다 특수하게 다루기 위하여 별도의 '위생 및 식물위생조치에 관한 협정[SPS협정]'을 도입하였으며 이외의 모든 기술장벽 사안에 대해서는 TBT협정이 적용된다.

TBT협정 구조는 본문과 부속서로 나뉘며 시행주체와 조치에 따라 제2조 중앙정부기관의 기술규정, 제3조 지방·비정부기관의 기술규정, 그리고 제4조 표준의 준비, 채택 및 적용에 관한 조항들로 이루어진다. 또한 제5조와 제6조는 중앙정부기관의 적합성평가절차 및 인정에 관한 사항, 제7조는 지방정부기관의 적합성평가절차, 제8조는 비정부기관의 적합성평가절차, 제9조는 국제 및 지역제도에 관한 사항을 규정하고 있다. 이어서 정보제공, 기술지원과 개도국대우에 관한 사항은 제10조에서 제12조까지 규정하고 있으며 제13조는 TBT위원회에 관하여, 제14조는 분쟁해결에 관한 사항을 규정한다.

동 협정에는 3개의 부속서가 있으며, 부속서 1은 용어 정의를 통해 협정의 적용범위를 명확히 하고, 부속서 2는 분쟁해결에 도움을 주기 위한 기술전문가단에 관한 사항들을 규

---

19 표준협약 부속서 1.1은 '기술요건(technical specification)'을 '품질, 성능, 안전 또는 치수와 같은 상품의 특성을 규정하는 문서'로 정의하고 '상품에 적용되는 용어, 상징, 시험 및 검사방법, 포장, 표시 또는 라벨요건을 포함할 수 있다'고 규정하고 있으며 WTO TBT협정 부속서 1.1에서 생산공정방법을 명시하고 있는 것과 대별된다.

20 Winham, Gilbert R., International Trade and the Tokyo Round Negotiation, Princeton University Press: New Jersey, (1986), 101~105.

정하며, 부속서 3는 표준에 관한 모범관행규약을 규정하고 있다.

이하에서는 TBT협정의 주요 원칙과 규범을 설명하고 운용상의 문제점을 조명한다.

::: 기술장벽에 관한 WTO TBT협정 규범

■ TBT협정의 적용 범위

TBT협정의 적용 범위는 원칙적으로 공산품과 농산물을 포함하는 모든 상품이며, 정부조달과 서비스와 관련된 사항은 포함되지 않는다.[21] 위생 및 식물 위생조치와 관련된 사항에는 SPS협정이 적용되며 나머지 모든 사안에 대해서는 TBT협정이 적용된다.[22]

TBT협정은 대상조치를 기술규정, 표준, 적합성평가으로 구분하고 있다. 부속서 1에 따르면, 기술규정technical regulation은 적용 가능한 행정규정을 포함하여 상품 특성 또는 관련 공정 및 생산방법에 관하여 규정하며 그 준수가 강제적인 문서로 정의된다. 또한 상품, 공정 및 생산방법에 적용되는 용어, 기호, 포장, 표시, 또는 상표부착요건을 포함하거나 전적으로 이들만을 취급할 수 있다고 규정된다.[23]

동 부속서에 따르면, 표준은 규칙, 지침 또는 상품 특성 또는 관련 공정 및 생산방법에 관하여 규정하고 사용이 공통적이고 반복적인 문서로서 인정된 기관에 의하여 승인되고 그 준수가 강제적이 아닌 문서로 정의된다. 기술규정과 마찬가지로 표준도 상품, 공정 또는 생산방법에 적용되는 용어, 기호, 포장, 표시 또는 상표부착요건을 포함하거나 전적으로 이들만을 취급할 수 있다.[24] 따라서 기술규정과 표준의 핵심적인 차이는 그 이행이 강제적(전자)인지 자발적(후자)인지에 달려 있다.

---

21 TBT협정 제1.3조, 제1.4조.

22 TBT협정 제1.5조.

23 TBT협정 부속서 1.1.

24 TBT협정 부속서 1.2.

동 협정상의 적합성평가는 기술규정 또는 표준에 관한 요건이 충족되었는지를 결정하기 위하여 직접적 또는 간접적으로 사용되는 모든 절차로 정의되며 특히 표본추출, 시험검사, 평가, 검증 및 적합성보증, 등록, 인정과 승인, 그리고 이들의 결합을 모두 포함하는 것으로 사용된다.[25]

TBT협정의 적용 주체는 WTO회원국이며 회원국의 중앙정부는 TBT협정을 준수하고 이행할 전적인 책임을 진다. 따라서 중앙정부기관은 협정의 관련 규정들을 준수하고 이행해야 할 뿐만 아니라 지방정부기관 및 비정부기관들이 협정을 준수하는 것을 지원하기 위하여 적극적인 조치와 제도를 수립하고 이행해야 한다.[26] 또한 중앙정부는 자국 영토내의 지방정부 또는 비정부기관이 TBT협정상의 의무와 일치하지 않는 방법으로 행동하는 것을 요구하거나 장려해서는 아니 된다.[27]

TBT협정은 구체적인 시간적 적용범위를 규정하지 않고 있으나 기술규정, 표준 및 적합성평가절차의 '준비, 채택, 그리고 적용'의 모든 과정에 적용된다.[28] 국제표준을 기초로 사용할 의무는 TBT협정이 발효되기 이전에 제정된 기술규정에도 적용되는 것으로 해석된다.[29]

---

25 TBT협정 부속서 1.3.

26 TBT협정 제3.5조 및 제7.5조.

27 TBT협정 제3.4조, 제7.4조 및 제8.1조.

28 EC-호르몬 분쟁의 상소기구는 SPS협정의 시간적 적용범위에 관하여 SPS협정의 시간적 적용을 제한하는 규정이 없다하여 1995년 이전에 제정되어 당시까지 법적 효력이 발효되고 있는 조치에 동 협정이 적용되지 않는다고 간주할 수 없다고 평결하였다. 상소기구 보고서, EC-Hormones, WT/DS26/AB/R, WT/DS48/AB/R, para. 128. 마찬가지로 TBT협정도 명시적으로 시간적 적용범위를 제한하지 않고 있으나 1995년 이전에 제정된 기술규정, 표준 및 적합성평가절차에 적용되는 것으로 해석된다.

29 EC-정어리 분쟁에서 패널은 동 협정 제2.3조의 '변화된 상황에 관한 요건이 동 협정이 발효되기 전에 제정된 기술규정에 적용될 수 있다고 판단하였다. EC-Sardines, WT/DS231/R, para. 7.81. 또한 제2.4조는 핵심적인 규정으로서 협정에 그러한 명시적 규정이 없다고 해서 동 조항이 현존하는 조치에 적용되지 않는 것으로 간주할 수 없다고 하였다. 상소기구는 현재형으로 쓰인 규정은 곧 현존하는 조치에 대한 지속적인 의무가 성립하는 것으로 판단하였고 이는 일반적으로 모든 기술규정에 해당되며 어떠한 제한도 없다고 평결하였다. 상소기구 보고서, EC-Sardines, WT/DS231/AB/R, paras. 205~208.

■ TBT협정의 주요 원칙과 규정

TBT협정은 GATT의 목적을 추구하고 국제표준과 적합성평가절차가 생산효율성 향상과 국제무역 원활화에 기여한다고 전제하며 국제표준과 적합성평가절차 개발을 긍정적인 것으로 전제하고 이를 장려한다.

TBT협정은 기본적으로 모든 회원국이 수출품질 보장, 인간과 동·식물의 생명 및 건강 보호, 환경 보호, 기만적 행위 방지를 위하여 필요한 적절한 수준의 조치와 필수 안보 이익을 보호하기 위하여 필요한 조치를 취할 수 있음을 인정하는 한편, 기술규정, 표준 및 적합성평가절차가 국제무역에 불필요한 장애를 초래하지 않을 것을 확보하도록 촉구한다. 다시 말해서 회원국들의 규제 주권을 보장하면서도 협정의 궁극적인 목적인 자유무역을 확대하여, 둘 사이의 균형을 유지하려는 핵심적인 협정 취지를 담고 있다.

이를 위해서 TBT협정은 비차별원칙, 최소무역제한원칙, 국제표준과 일치 또는 조화 원칙, 동등성인정과 상호인정 의무, 투명성 의무, 기술지원과 개도국대우 등에 관한 기본원칙을 규정한다. 이에 관한 구체적인 내용은 다음과 같다.

• 비차별 원칙

TBT협정은 협정 전반에 걸쳐 GATT 제1조 및 제3조와 기본적으로 동일한 비차별원칙을 규정하고 있다. 기술규정, 표준 및 적합성평가절차는 동일한 조건이 적용되는 국가들 간에 부당한 차별을 초래해서는 아니 되며 상품의 원산지를 근거로 법률상 또는 사실상의 차별적인 채택 및 적용이 금지된다.[30] 또한 적합성평가 기관들의 경우 어느 영토에 위치하는지는 상관없이 자국의 적합성평가 절차에 참여할 수 있도록 허용되어야 한다.[31] 이와 같은 비차별원칙은 적합성평가 과정에서 사용된 제품에 관한 정보의 비밀 유지 측면에서도 국내 상품과 동일하게 존중되어야 한다.[32]

---

30 TBT협정 전문 6항, 제2.1조, 제5.1.1조 및 제5.2.1조, 부속서 3 표준에 관한 모범관행 규약(이하 '표준규약') D조.
31 TBT협정 제6.4조.
32 TBT협정 제5.2.4조.

TBT협정은 국가들의 기술규정, 표준 및 적합성평가절차 시행에 대한 규제주권을 인정한다. 그러나 국가들의 규제주권 행사는 불가피하게 무역장벽을 야기한다. 따라서 TBT협정은 기술장벽을 모두 금지하는 것이 아니며, 비준수가 야기할 위험을 고려하여 정당한 목적을 달성하기 위해 필요한 만큼의 무역제한은 원칙적으로 허용하는 것이다. 바꾸어 말하면, 국제무역에 불필요한 제한을 초래하지 말 것을 규정하고 있다.[33]

기술규정에 대한 최소무역제한 원칙은, 회원국이 국제무역에 불필요한 제한을 초래할 목적으로 또는 그러한 효과를 갖는 기술규정의 준비, 채택 또는 적용을 금지하고 있어, 기술규정의 목적과 효과를 모두 고려하도록 규정한다. 또한 앞서 언급한 바와 같이, 불필요한 무역장애라는 개념에서 필요한 무역제한이 있을 수 있다는 점을 전제로 하며, 따라서 기술장벽에서 초래되는 무역제한효과 그 자체를 전면적으로 금지하는 것은 아니다.[34] 불필요한 무역제한을 판단하기 위한 구체적인 요건은, 기술규정의 비준수가 야기할 위험을 고려하여, 정당한 목적수행에 필요한 이상으로 무역을 규제하지 않는 것이며 위험평가시 과학 정보, 기술 정보, 관련 처리 기술 또는 상품의 최종 용도를 고려하도록 규정하고 있다.[35] 이러한 정당한 목적이 더 이상 존재하지 아니하거나 상황이 변하여 무역에 덜 제한적인 방법으로 처리될 수 있는 있는 경우에는 해당 기술규정을 그대로 유지해서는 아니 된다.[36] 그리고 불필요한 무역장애를 최소화하기 위하여 적절한 경우에는 언제나 상품의 외형적 특성보다는 성능을 기준으로 하는 상품요건에 기초하여 기술규정을 명시하도록 규정하고 있다.[37]

표준에 대한 최소무역제한 원칙은 상기 기술규정에 관한 규정과 거의 동일하다.[38] 다만 표준의 정당한 목적이 무엇인지가 협정에 명시되어 있지 않아 실제 운용상의 어려움이 예상된

---

33 TBT협정 전문 5항, 제5.1.2조 및 표준규약 E조

34 이와 관련한 자세한 논의는 다음을 참조한다. 김민정(2013), "TBT협정의 해석과 적용에 따른 법적 쟁점 및 발전과제", 통상법률 통권111호, p.36.

35 TBT협정 제 2.2조.

36 TBT협정 제 2.3조.

37 TBT협정 제 2.8조.

38 표준규약 E조 및 I조.

다.[39] 마찬가지로 적합성평가절차에 대해서도 동일한 원칙이 적용되는데, 사용되는 시설의 위치와 표본의 선정이 불필요한 불편을 초래해서는 아니 된다고 규정하고 있다.[40]

• 국제표준과의 조화 원칙

TBT협정은 전문에서 국제표준이 생산능률을 향상하고 국제무역을 원활하게 함으로써 중요한 기여를 할 수 있다는 점을 인정하고 이에 따라 국제표준의 발전을 장려할 것을 희망한다고 명시하고 있다.[41] 또한 TBT협정은 국제표준화에 국가들이 적극적으로 참여하고, 국내 기술규정, 표준 및 적합성평가절차를 도입할 때 국제적 일치 내지 국제적 조화가 이루어질 수 있도록 노력할 것을 규정하고 있다.

중앙정부기관에 의한 기술규정 및 적합성평가절차의 국제적 조화에 대하여, TBT협정은 이미 채택하였거나 채택할 것으로 예상되는 기술규정과 적합성평가절차를 국제표준을 기초로 도입하기 위하여 최선을 다할 것을 규정하고 있다.[42] 기본적으로 국가들은 관련 국제표준이 존재하거나 관련 국제표준의 도입이 임박한 경우, 그러한 국제표준을 기초로 사용해야 하는 것이다.[43]

그러나 관련 국제표준이 정당한 목적을 달성하기에 효과적이지 않거나 적절하지 않은 수단인 경우에는 기초로 사용하여야 할 의무에 대한 예외가 인정된다.[44] 또한 근본적인 기후 또는 지리적 요소 또는 근본적인 기술적 문제가 예외적 상황으로 고려될 수 있다. 만일 기술규정이 협정에 명시된 정당한 목적을 추구하고 관련 국제표준에 따라 준비, 채택, 적용되고 있다면, 반박이 가능하지만 기본적으로 국제무역에 제한을 초래하지 않는 것으로 간주된다.[45]

---

39 박노형 외(2013), 신국제경제법, 보정판, p.251.

40 TBT협정 제5.2.6조.

41 TBT협정 전문 3항 및 4항.

42 TBT협정 제2.6조, 제5.4조 및 표준규약 F조.

43 TBT협정 제2.4.1조.

44 TBT협정 제2.4.2조.

45 TBT협정 제2.5조.

기술장벽 문제는 수입국의 기술규정, 표준 및 적합성평가절차에 관하여 정확하게 파악하는데 따르는 정보부족과 정보비용이 대부분을 차지한다. 따라서 TBT협정은 각국의 규정과 표준제도에 관한 투명성을 제고하기 위하여 질의처 운영, 질의 응답제도, 그리고 통보제도에 관한 절차적 규정을 두고 있다. 중앙정부기관은 관련 국제표준이 존재하지 아니하거나 국제표준과 일치하지 아니하는 경우, 기술규정과 적합성평가절차의 도입 초기 단계에서 다른 회원국의 이해당사자가 인지할 수 있도록 신속하게 공표하거나 정보입수가 가능하도록 보장해야 한다.[46] 이러한 통보시기는 해당 조치가 시행되는 시기와 합리적인 시차를 두고 이루어져야 하며 TBT위원회는 60일로 정하고 있다. 동 기간 동안 다른 회원국이 서면으로 의견을 개진하는 경우 이를 고려하고 논의한다.[47] 다만, 안전, 건강, 환경보호 또는 국가안보의 긴급한 문제가 발생하거나 발생할 우려가 있는 경우 필요하다면 통보절차를 일부 생략할 수 있다.

지방정부기관과 비정부기관은 원칙적으로 기술규정과 적합성평가절차에 대해 중앙정부기관의 통보의무를 제외하고 다른 모든 동일한 의무를 지며 중앙정부는 이들 기관들의 이행을 보장하기 위하여 합리적인 조치를 취해야 한다.[48] 지방정부기관의 통보에 있어, 중앙정부기관이 이미 통보하였거나 그 기술적 내용이 실질적으로 동일한 기술규정에 대해서는 통보가 요구되지 아니한다.[49] 그러나 채택한 모든 기술규정이 다른 회원국의 당사자가 인지할 수 있도록 신속하게 공표하거나 다른 방법으로 정보입수가 가능하도록 보장해야 한다.[50] 통보, 정보의 제공, 의견제시 및 논의를 포함하여 다른 회원국과의 모든 접촉은 중앙정부를 통하여 이루어지도록 요구할 수 있다.[51]

표준의 경우 표준의 준비, 채택, 적용에 관한 모범관행규약을 채택하는 경우 통보, 정보

---

46 TBT협정 제2.9조, 제2.11조 및 제5.6조, 제5.8조.

47 TBT협정 제2.10조 및 제5.7조.

48 TBT협정 제3.1조, 제7.1조, 제8.1조.

49 TBT협정 제3.2조, 제7.2조.

50 TBT협정 제2.11조는 제3조에서 제외되지 않으며 제5.8조는 제7조에서 제외되지 않는다.

51 TBT협정 제3.3조 및 제7.3조.

제공, 질의/응답에 관한 사항이 동일하게 적용되며 투명성제고를 위하여 ISO/IEC회원국의 경우 정보공개를 위한 인터넷망을 사용하도록 권고하고 있다.[52]

TBT협정은 정보공유 및 투명성 제고를 위하여 모든 회원국이 합리적인 문의에 응답할수 있고 기술장벽 관련 정보를 제공할 수 있도록 하나의 질의처를 반드시 두도록 규정하고 있다.[53] 법적, 행정적 이유로 둘 이상의 질의처를 설치하는 경우 각 질의처의 책임 범위에 관하여 완전하고 분명한 정보를 제공해야 하며 잘못 전달된 모든 문서가 정확한 질의처로 신속하게 전달되도록 해야 한다.[54] 각 회원국의 질의처는 모든 합리적인 질의에응답할 수 있고, 비정부표준화기관이 운영하는 표준, 적합성평가절차에 관한 문서 및 이러한 문서를 입수할 수 있는 장소에 관한 정보를 제공할 수 있어야 한다.[55] TBT위원회는각 회원국의 질의처 목록을 작성하여 제공하고 있다.[56]

• 동등성 인정에 관한 의무

TBT협정은 회원국들 간의 기술규정 및 적합성평가절차가 서로 다르더라도 동일한 목적을 달성한다고 납득하는 경우 동등한 것으로 인정하도록 권고 한다. 이는 기술규정, 표준및 적합성평가절차를 국제표준과 조화시키기 어려운 경우에도 서로 간의 동등성을 인정해줌으로써 중복적인 절차와 무역비용을 줄이기 위한 것이다.

TBT협정은 중앙정부에 의한 적합성평가 인정에 관한 조항에서 자국의 기술규정과 다를지라도 자국의 목적을 충분히 달성한다고 납득하는 경우 다른 회원국의 기술규정을 자국의 기술규정과 동등한 것으로 수용하는 것을 적극 고려하도록 규정하고 있다.[57] 이 같은 동등성 인정의무는 적합성평가절차에 대해서도 적용된다.[58] 또한 국가들 간의 상호인정협정 체결을 명시적으로 허용하고 있다.[59]

---

52 표준에 관한 통보, 질의/응답 및 정보제공은 TBT협정 부속서 3 모범규약 J항에서 O항까지 참조.

53 TBT협정 제10.1조.

54 TBT협정 제10.2조.

55 TBT협정 제10.3조.

56 질의처 목록은 다음을 참조한다. http://wto.org/english/tratop_e/tbt_e/tbt_enquiry_points_e.htm

57 TBT협정 제2.7조

58 TBT협정 제6.1조 및 제6.2조.

59 TBT협정 제6.3조.

TBT협정은 동 협정 운영과 관련된 모든 사안^{any matter affecting the operation of the TBT Agreement}에 대하여 WTO의 분쟁해결양해^{Dispute Settlement Understanding: DSU}상의 협의 및 패널 상소절차를 따른다고 규정하고 있다.[60] 기술장벽 문제는 경우에 따라 전문적인 과학기술과 밀접한 관련이 있을 수 있으며 이러한 경우를 위하여 분쟁해결과정에서 기술전문가의 도움을 받을 수 있는 제도를 마련하고 있는데, TBT협정은 일방 분쟁당사국의 요청에 따라 또는 독자적으로 기술전문가를 설치하여 기술적인 성격의 문제에 대한 지원을 받을 수 있도록 규정하고 있다.[61]

WTO협정의 주체인 중앙정부기관은 동 협정 이행에 대한 분명한 책임을 지지만, 비정부기관 및 민관기관에 대해 이행 책임을 부과하기란 현실적으로 매우 까다로운 법적 문제가 발생한다. 이러한 제도적 문제점을 극복하기 위하여 TBT협정은 비정부기관 및 민간기관의 협정 이행 책임을 중앙정부를 통하여 부과하고 있다.

TBT협정에 따르면, 회원국은 다른 회원국이 지방정부기관 및 비정부기관의 표준, 적합성평가절차와 관련하여 만족할만한 결과를 달성하지 못하였고 자국의 무역 이익에 중대한 영향을 받고 있다고 판단하는 경우 분쟁해결 규정을 원용할 수 있다고 규정하고 있으며 이 경우 당해 기관이 회원국인 경우의 결과와 동일함을 명시하고 있다.[62] 즉, 회원국은 'TBT협정 운영에 영향을 주는 모든 사안'에 대하여 다른 회원국의 지방정부기관 또는 비정부기관의 협정이행에서 '만족할만한 결과'를 얻지 못하는 경우 WTO절차에 따라 소송을 제기할 수 있으며 다른 회원국의 중앙정부는 이에 대해 전적인 책임을 진다.

---

60 TBT협정 제14.1조.

61 TBT협정 제14.2조 및 제14.3조. 전문기술가 그룹에 관한 사항은 부속서2 참조.

62 TBT협정 제14.3조.

::: TBT협정 이행과 기술장벽 완화를 위한 제도

TBT위원회는 TBT협정 준수와 원활한 이행을 위하여 회원국들 간의 소통을 도모하고 이행 상황을 정기적으로 검토하고 있다. 또한 협정에 대한 검토를 바탕으로 TBT협정 규정의 개정을 권고할 수 있으며 회원국들의 협정이행을 모니터링하고 있다.[63] 이하에서는 TBT협정의 이행 상황과 TBT위원회에서 협정 이행 방법으로 고려하고 있는 기술장벽 완화를 위한 주요 제도들- 공급자 자가선언 제도, 상호인정 제도와 국제표준 사용 및 국제표준화 노력-을 제도적 유용성 및 문제점 측면에서 고찰한다.

■ TBT협정의 이행

TBT위원회는 TBT협정의 이행과 운영을 매년 검토하여 정례보고서를 작성하고 있으며, 매 3년마다 TBT협정의 운영에 관한 보고서를 상품무역이사회에 제출하고 있다.[64]

위원회는 정부규제로 인한 기술장벽을 완화하기 위하여 회원국들 간에 모범규제관행을 공유하도록 지원하고 있다.[65] 적합성평가절차에서 비롯되는 기술장벽 문제는 투명성 제고를 바탕으로 국제표준의 사용을 촉진하고 상호인정제도를 활성화할 것을 권고하고 있다.[66]

표준의 경우 표준에 관한 모범관행규약 채택을 권고하고 국제표준 확립에 대해 채택한 6대 원칙- 투명성transparency, 개방성openness, 공평성과 합의impartiality and consensus, 효과성과 관련성effectiveness and relevence, 일관성coherence, 개발에 대한 고려Development Dimension -의 중요성을

---

63 TBT협정 제13.1조 및 "WTO TBT위원회에 의해 채택된 결정 및 권고(Decisions and Recommendations Adopted by the WTO Committee on Technical Barriers to Trade Since 1January 1995)"의 제10차 개정 참조. 〈G/TBT/1/Rev.10〉.

64 TBT협정 제15.3조 및 제15.4조. 2014년 12월 현재까지 6차례의 3년차검토회의와 18차 연례보고회의가 진행되었다. 가장 최근 보고서는 각각 〈G/TBT/32〉와 〈G/TBT/33, Corr.1〉이다.

65 GATT, Sixth Triennial Review of the Operation and Implementation of the Agreement on Technical Barriers to Trade Under Article 15.4, G/TBT/32, para. 3-4.

66 〈G/TBT/32〉, para.5.

재차 확인하고 있다.[67]

이외에도 개도국 회원국들의 기술장벽과 협정 이행 어려움이 지속적으로 보고되고 있다. 개도국들은 국내 표준제정 및 적합성평가절차에 관한 제도가 미비하거나 정비되어 있지 않아 통보의무를 비롯한 협정이행에 있어 현실적인 어려움을 호소하고 있어 다자체제 차원에서의 무역원활화와 기술지원이 이루어지고 있다. TBT위원회는 국제표준 확립 과정에 개도국들이 보다 적극적으로 참여하고 정보를 공유하도록 권고하고 있다.[68]

■ 공급자 자가선언 제도

공급자 자가선언Suppliers' Declaration of Conformity: SDoC제도는 제품의 공급자가 자신의 제품이 특정 기술요건을 충족한다는 사실을 자율적으로 인정받아 서면으로 된 보증서를 제출하는 제도이다. 여기서 공급자란 일반적으로 상품, 공정 및 서비스를 공급하는 제조업자, 유통업자, 수입업자, 부품조립업자, 서비스공급기관 등을 포함한다.[69] 자가선언은 일반적으로 별도의 문서형식으로 이루어지며, 경우에 따라서 진술서, 카탈로그, 인보이스 또는 관련 제품, 공정 또는 서비스에 관한 사용설명서의 형태로 제공될 수도 있다.

공급자 자가선언은 적합성평가절차로 인해 발생하는 비용을 최대한 줄일 수 있는 효율적인 제도로서 WTO TBT위원회에서도 적극적인 정책수단으로 고려되고 있다.[70] TBT위원회는 자가선언 제도에 따라 공급자가 자사 제품의 품질안전에 관하여 자체적으로 적합성평가를 실시하거나 자발적으로 제3의 공인기관에 위탁하는 등의 선택을 할 수 있으며 이러한 과정에서 생산시설과 제품의 지리적 위치, 검사와 관련된 비용, 시간 등 공급자에

---

67 〈G/TBT/32〉, para. 6-9.

68 〈G/TBT/32〉, para. 19-22.

69 ISO/IEC Guide 22:1996.

70 『제1차 TBT협정 운영과 이행을 위한 3년차 검토』에서 다양한 시험, 검사 및 적합성평가 절차로 인해 발생하는 무역 제한효과를 줄이기 위하여 '1표준, 1검사' 원칙을 채택하였고 가능하다면 '1인증, 1시험'을 도입하도록 권장하였다. 또한 적합성평가절차로 인해 발생하는 무역장벽을 줄이기 위한 방법으로 SDoC의 확산을 적극 권고하였다〈G/TBT/5〉.

게 가장 적절하고 효율적인 시험, 검사방법이 적용될 수 있는 이점을 특별히 주목하였다.

수입국이 SDoC제도를 도입하면 일반적으로 공급자의 소재지 또는 시험인증서의 소재지를 불문하고 적용되므로 SDoC제도 자체는 비차별 제도라 할 수 있다. 따라서 해외공급자는 수입국에 소재한 지정된 시험소에서 반드시 시험, 인증을 거치지 않아도 되며 시험인증에 드는 비용과 시간을 최소화할 수 있다.

SDoC제도는 국내와 해외 공급자 모두에게 적합성평가 비용을 최소화해주므로 제품의 생명주기가 짧고 시장 출시 과정 단축이 매우 중요하게 작용하는 전자기기, 통신장비, 의료기기 산업에서 적극적으로 도입되고 있다.[71] 가령, 미국의 경우 연방 규제당국에서 자동차, 차량 장비, 개인컴퓨터와 주변기기, 공정포장 및 표시제도에 동 제도가 적극 도입되어 시행되고 있으며, EU는 1985년 채택한 '기술조화 및 표준에 대한 신접근법'과 1989년 채택한 '적합성평가에 대한 글로벌접근법'에 따라 유무선 및 라디오 통신단말기, 기계류, 저위험 의료기기에 대하여 SDoC제도를 원칙으로 하는 CE마크 제도를 운영하고 있다. 이외에도 캐나다는 통신장비에, 뉴질랜드는 전기전자제품에, 대만은 전자제품에, 중국는 전자정보제품에 동 제도를 도입하고 있다.SDoC제도는 대체로 제품기술 수준이 높고 제품품질 및 안전 관리체계가 발달한 선진국에서 널리 사용되고 있다.[72]

일반적으로 SDoC제도의 도입은 무역에 긍정적인 영향을 주는 것으로 나타난다.[73] 특히 선진국 시장에서 동 제도를 도입하는 경우 선진국 보다 개도국 수출에 더 많은 도움이 되는 것으로 분석되기도 한다.[74]

그러나 SDoC제도를 통하여 기대할 수 있는 비용절감 및 무역장벽 완화의 효과에도 불

---

71 WTO, "A Manufacture's experiences: Transition to SDoC in the IT/Telecom sector in the European Communities", http://www.wto.org/english/tratop_e/tbt_e/SDoCdofnas_e.ppt; WTO, "Supplier's Declaration of Conformity for ICT regulations", http://www.wto.org/english/tratop_e/tbt_e/SDoCling_e.ppt.

72 2006년 OCED보고에 따르면 SDoC를 가장 활발하게 사용하고 있는 국가는 EU, 미국, 중국 순으로 나타난다. Fliess (2006), "Trends in Conformity Assessment Practices and Barriers to Trade: Final Report on Survey of CABs and Exporters", OECD Trade Policy Working Paper, No. 37.

73 대표적으로 다음의 논문을 참조한다.Chen, Maggie and Aaditya Mattoo (2008), "Regionalism in Standards: good or bad for trade?", Canadian Journal of Economics, Vol. 41, No. 3, 839~863.

74 Fliess, Barbara, Frederic Gonales and Raymond Schonfeld (2008), "Technical Barriers to Trade: Evaluating the Trade Effects of Supplier's Declaration of Conformity", OECD Trade Policy Working Paper No. 78, TAD/TC/WP(2008)3/FINAL.

구하고 동 제도는 상호인정제도, 국제표준과의 조화 등 여타 기술장벽 완화 수단보다 국제적 확산속도가 느린 편이다. 그 주요한 이유는 SDoC제도는 제반의 여건이 상당히 갖추어졌을 때 실효를 거둘 수 있기 때문이다.[75] 다시 말해서 SDoC제도는 소비자와 정부가 공급자의 자가선언을 신뢰한다는 기본 전제하에 공급자에게 자율성을 부여하는 것이므로 이를 관리·감독할 수 있는 사후적 행정, 사법 제도가 뒷받침되어야 한다. 따라서 SDoC제도를 효과적으로 운영할 수 있는 국가가 많지 않은 실정이다.

SDoC제도의 또 다른 문제점으로 국가들마다 서로 다른 변형된 SDoC제도를 도입하여 시행하고 있어 이를 국제적으로 조화시키고 단순화시키기 위한 노력이 요구된다. SDoC제도는 가장 단순한 형태에서부터 시험보고서의 필요 여부, 시험보고서 발급주체(사업자인지, 시험인증소인지, 또는 공인시험인증소인지 등) 구분, 기술문서 제출여부, 책임소재(수입자, 공급자, 생산자 등) 구분 등 추가적인 조건이 수반되기도 하는데, 이렇게 변형된 제도는 오히려 혼란과 정보비용을 야기하기도 한다.[76]

WTO TBT위원회에서는 상기 제도적 특징과 문제점을 논의하고 있다. 위원회는 궁극적으로는 SDoC제도의 긍정적인 무역효과와 정책수단으로서의 유용성을 강조하지만 현실적으로 동 제도 도입과 운영이 제반의 역량, 비용 등으로 어려움이 따른다는 사실을 주목한 바 있다. 그러므로 위원회는 국가들 간의 SDoC조화와 효과적인 SDoC제도에 관한 모범규제관행 공유를 지원하고 있다.

---

75 EU는 SDoC가 사후적 시장감독체계와 효과적인 제조물책임법이 함께 시행되어야 효과가 있다는 점을 강조하고 있다. 〈G/TBT/W/197〉. 대만은 적합성평가를 수행하는 가장 부담이 적은 방법으로 평가하며 SDoC의 중요성을 강조하고 있으며 최근의 추세는 제품의 시장진입 이전 단계에서의 규제당국의 책임이 점차 제조업자들에게 전가되고 있는 한편, 규제당국의 중점은 사후적인 시장감독체계로 전환되고 있다는 점을 주목하였다. "Implementation of Supplier's Declaration of Conformity: Submission by the Separate Customs Territory of Taiwan, Penghu, Kinmen and Matsu", 〈G/TBT/W/195〉.

76 WTO, Committee of Participants on the Expansion of Trade in Information Technology Products, Guidelines for /EMI Conformity Assessment Procedures, G/IT/25 17 February 2005. Fliess(2008),Annex4: Partial List of Possible Variants of SDoC.

■ 상호인정 제도

국내 생산자가 국내 시장에서 제품 인증을 받아 공급하고 외국시장에 수출할 때, 외국시장에서 요구하는 기술요건을 이행하고 인증을 취득해야 하는 경우가 종종 발생한다. 이 경우 생산자는 외국의 지정된 기관에서 적합성평가를 시행하기 위하여 정보탐색을 하고 추가적인 비용을 부담해야 하는데, 국가들마다 상이한 기술요건과적합성평가 방법을 인정해줌으로써 중복적이고 불필요한 무역비용을 제거하는 제도가 바로 인정제도다.

동등성 인정 방식에는 일방적 인정unilateral recognition과 상호인정mutual recognition이 있다. 일방적 인정은 정부가 외국의 평가결과를 일방적으로 인정해주거나 외국에 주재한 시험소를 지정함으로써 중복시험·검사와 중복인증을 피하고, 규제자와 생산자에게 적합성평가 기관을 폭넓게 선택할 수 있도록 함으로써 효율성을 제고할 수 있다.[77]

상호인정은 외국에서 수행된 적합성평가절차의 일부 또는 전부를 자국의 절차와 동일한 것으로 양국 상호간에 인정해 주는 제도로서, 정부 간, 정부와 비정부기관 간, 또는 비정부기관 간 협정 또는 계약체결에 의해 도입되며 그 대상을 특정 상품 또는 산업분야로 한정하는 것이 일반적이다. 지금까지 약 60건 정도의 상호인정 협정이 체결되었으며 대부분이 선진국 사이에 체결된 협정이지만 최근에는 선진국-개도국 간에, 그리고 개도국-개도국 간의 협정도 꾸준히 늘어나고 있다. 그리고 산업별로는 교역량이 많고 기술집약적인 산업분야를 중심으로 도입되는 경우가 대부분이다.

최근에는 서로 다른 국가들의 민간 시험인증기관들 간에 적합성평가절차와 시험평가결과를 상호 인정해주는 다자적 인정제도multilateral recognition arrangement가 확산되고 있다. 또한 시험인증기관들의 기본적인 전문성과 역량을 유지하고 보장하기 위하여 시험인증소를 공인해주는 국제인정accreditation협회가 발달하고 있으며 IAFInternational Accreditation Forum, ILACInternational Laboratory Accreditation Cooperation 등의 회원인 시험인증기관들은 자발적으로 상호인정mutual recognition해주기도 한다.

일반적으로 상호인정 제도가 무역에 긍정적인 효과를 가지며 무역의 양적 확대뿐만 아

---

77 TBT협정 제6.4조 및 〈G/TBT/19〉, para 34.

니라 상품다변화에도 도움이 되는 것으로 분석되고 있다.[78] 그러나 상호인정이 이루어지는 역내 국가들 사이에는 긍정적인 무역효과가 있으나 역외 국가들에 대해서는 무역전환 효과가 발생하며, 따라서 가입이 폐쇄적인 상호인정 형태는 국제무역 환경에 바람직하지 않은 것으로 보고되고 있다.[79]

상호인정의 또 다른 문제점으로, 정부 간 상호인정이 체결되기도 어려울뿐더러적용대상을 일부 품목으로만 제한하고 외국이 지정한 공인시험인증소가 충분하지 않아 큰 실효를 거두지 못하고 있는 것으로 나타나고 있다. 정부간 상호인정 협정이 보다 활성화되기 위해서는 양국 간의 상호 신뢰가 확보되어야 하며, 협정체결을 위한 협상비용 등이 수반되어야 하는 어려움이 있다. 이에 따라 TBT위원회는 국가간 협정 체결보다, 민간시험·인증기관들 간의 자발적인 상호인정 계약을 현실적이고 보다 유용한 정책수단으로 고려하고 있다.[80]

■ 국제표준화 노력

기술장벽의 주요 원인은 교역국들의 기술요건 및 적합성평가절차상의 차이이며 이러한 국제적 다양성을 최소화시킨다면 불필요한 무역장애를 해소할 수 있을 것이다. 이러한 이유에서 WTO TBT협정은 국제표준이 생산효율성을 증가시키고 국제무역을 원활하게 한다고 전제하며, 관련 국제표준을 기초로 기술규정, 표준 및 적합성평가절차를 도입하도록 규정하고 있다.

국제표준을 사용하여 기술요건과 절차의 국제적 조화 내지 일치가 일어나면, 무역이

---

78 Fliess (2006), "Trends in Conformity Assessment Practices and Barriers to Trade: Final Report on Survey of CABs and Exporters", OECD Trade Policy Working Paper, No. 37.

79 Chen, Maggie and Aaditya Mattoo (2008), "Regionalism in Standards: good or bad for trade?", Canadian Journal of Economics, Vol. 41, No. 3, 839~863.

80 G/TBT/19, para 39~43. 이와 관련된 자세한 논의는 본 연구의 6-나 참조.

확대되며 국가들이 기술규제 등을 남용하여 보호무역을 꾀하는 것을 막을 수 있다.[81] 국제표준의 무역확대 효과는 수출국과 수입국에게 다르게 나타나는데, 수입국보다 수출국에게 보다 긍정적이며 그 이유는 수출제품이 국제적인 규격에 맞추었다는 정보효과가 작용하기 때문인 것으로 설명된다.[82]

오늘날 국제표준을 제정·확립하는 대표적인 기관은 국제표준화기구International Organization of Standardization: ISO이며, 160개국들이 자발적으로 참여하여 식품 및 제품안전, 과학기술, 위험관리, 환경관리, 품질경영, 사회책임 등 각종 다양한 분야의 표준을 총 2만개 정도 확립하여 확산시키고 있다. 전자, 전기 기술에 관한 국제표준을 준비하고 개발하는 대표적인 비정부 기구는 국제전자전기위원회International Electrotechnical Commission: IEC이며 현재 1만여 개 기업, 산업 및 정부 전문가들이 참여하여 활발하게 표준활동을 하고 있다. ISO, IEC와 함께 3대 국제표준기구 중 하나인 국제전기통신연합International Telecommunication Union: ITU은 193개국 정부 및 700여개 산업, 학술기관이 참여하여 전기통신 표준화, 무선통신 및 전기통신 개발을 활발하게 전개하고 있다.

그러나 최근 활발한 국제표준 확립에도 불구하고 TBT위원회에서 협정 이행의 실무적 어려움으로 부각되고 있는 사항은 국가들이 기초로 사용할 관련 국제표준이 충분하지 않다는 점이다.[83] 과학기술 발달과 제품개발이 급속도로 이루어지고 이에 대응하려는 국가들의 신규 기술규제 도입도 비교적 빠른 속도로 일어나고 있는 것에 반해, 국제표준을 확립하기까지 상당히 많은 절차와 시간이 소요되며 국제표준이 시장 및 각국의 요구를 모두 충족시키는 어렵기 때문이다.

---

81 국제표준의 긍정적인 무역효과에 관한 정량분석은 다음의 논문을 참조한다. Link, Sharon (2006), "Standardization and Discretion: Does the Environmental Standard ISO 14001 Lead to Performance Benefits?, IEEE Transactions on Engineering Management, Vol. 53, No. 4.; Prakash, Aseem (2007), "Investing Up: FDI and the Cross-Country Diffusion of ISO 14001 Management Systems, International Studies Quarterly 51, 723~744.

82 일반적으로 수입국이 국제표준을 도입하는 경우에는 수출국이 동일한 표준을 도입하는 경우에만 긍정적인 무역효과가 있지만 수출국이 국제표준을 사용하는 경우에는 수출이 확대되는 것으로 나타난다. Potoski, Matthew (2009), Information Asymmetries as Trade Barriers: ISO 9000 Increases International Commerce, Journal of Policy Analysis and Management, Vo. 28, No. 2, 221~238.

83 제1차 3년차 검토. G/TBT/5, p.

이에 따라 TBT위원회는 국제표준이 부재한 경우 그리고 관련 국제표준의 확립이 임박하지 않은 경우 일부 회원국들은 적절한 국제표준이 확립될 때까지 다른 국가의 표준이 자국의 표준과 다르다 하더라도 동일한 목적을 달성하는 한, 중간적 조치로서 동등한 것으로 인정할 것을 권고하고 있다.[84]

앞서 살펴본 바와 같이, TBT협정을 이행하기 위해서 또는 국가들의 자발적인 수출전략 차원에서 기술장벽을 완화·제거하기 위한 다양한 제도들이 활용되고 있다. 최근에는 기술장벽 문제가 FTA협상에서도 중요한 이슈로 협상되고 양자적/지역적 해결 방법을 모색하고 있는데, 이하에서는 최근 변화하고 있는 FTA의 TBT규범을 자세하게 살펴보고 새로운 모델로서의 다양한 접근 방법을 분석하였다.

::: 기술장벽에 관한 자유무역협정 규범

과거에는 FTA규정에서 단순히 WTO의 TBT협정 규정을 따른다는 조항을 통하여 다자규범의 이행 약속을 재확인하는 수준에 그쳤다.[85] 그러나 기술장벽 문제가 점차 중요한 무역이슈로 제기되면서 양자간 또는 지역간 무역협정에 보다 강화된 기술장벽 규범을 삽입하는 사례가 늘고 있다.

최근 한국이 체결한 한-미 FTA와 한-EU FTA에서는 WTO에서 도입한 규범수준보다 한층 강화된 WTO-plus조항들을 규정하고 있어 많은 주목을 받고 있다. 특히 한-EU FTA에서 양국은 기술표준 문제를 협상 마지막까지 매우 중요한 이슈로 삼았고 그 결과 산업별 접근방법을 도입하기에 이르렀다. 산업별 접근방법이란 산업별 양자 무역구조에 따라 공급자 자가

---

84 G/TBT/9, para. 23.

85 가령, 우리나라가 체결한 한-칠레(9장, 표준 관련 조치), 한-싱가포르(8장 무역에 관한 기술장벽 및 상호인정), 한-EFTA(2장 8조 기술규정) 자유무역협정들의 무역기술장벽 관련 조항은 WTO의 TBT규범 준수를 재확인하는 내용을 담고 있다.

선언, 상호인정 및 상호국제표준 인정 등 상이한 수준과 방식을 혼합하여 무역기술장벽 완화 및 제거를 위한 접근방법을 채택하는 것으로 매우 이례적인 TBT규범 모델이다. 현재 진행 중인 한-중 FTA협상에서는 기술장벽 관련 사항이 별도의 의제로 협상 중에 있어 향후 무역기술장벽에 관한 지역적/양자적 무역규범의 발전을 기대해 볼 수 있다.

■ 한-미 FTA의 TBT규정

한-미 FTA는 협정 제9장에서 무역기술장벽 문제를 다루고 있으며 WTO TBT협정과 비교하여 검토해 보면 다음과 같은 특징이 있다.

첫째, 기술규제에 대한 투명성 의무와 관련하여 WTO TBT협정과 비교하여 추가적인 통보의무를 부과하고 있다. WTO TBT협정이 국제표준과 다른 경우 통보하도록 규정하고 있지만, 한-미 FTA는 국제표준을 따르는 경우에도 상호 통보하도록 규정하고 있으며 WTO 사무국에 새로운 기술규제나 개정된 기술규제를 통보하는 경우, 미국에도 동시에 통보하도록 규정함으로써 양국 간에 보다 밀접한 별도의 통보제도를 도입하고 있다.[86]

둘째, 한-미 FTA는 표준, 기술규정 및 적합성 평가절차의 개발에 상대국 개인들이 참여할 수 있으며, 자국민에게 부여하는 동일한 조건으로 참여할 수 있도록 규정하는 한편, 비정부기관이 표준과 적합성 평가절차를 개발할 때에는 상대국민들의 참여를 권장하고 있다.[87] 이와 같이 한-FTA의 TBT규범은 상대국가의 표준화 과정에 참여할 법적 권리는 인정해줌으로써 양국 간의 기술요건 및 절차가 조화 내지 일치될 수 있도록 제도를 마련하고 있다.

셋째, 한-미 FTA의 TBT조항은 양국이 기술규제를 WTO 사무국이나 FTA 상대국에게 통보하는 경우, 의견을 서면으로 제출할 수 있는 기간을 최소한 60일 부여해야 한다는 구체적인 기간을 명시하거나 기술규제의 통보, 의견제출, 공고 등을 전자 형태로 실시하도록 규정하는 등 보다 구체적이고 명료한 조항들을 두고 있다.[88]

---

86 한-미 FTA협정, 제9.5.4조 및 제9.6.3조.

87 한-미 FTA협정, 제9.6.1조 및 제9.6.2조.

88 한-미 FTA협정, 제9.6.3조, 제9.6.4조, 제9.6.5조.

■ 한-EU FTA의 TBT규정

한-EU FTA 협상에서는 기술장벽 문제가 핵심적인 쟁점 사안으로 제기되어 양국이 마지막까지 대립적인 입장이었다. 최종적으로 타결된 기술장벽에 관련 규범은 이전까지 논의된 여느 FTA규범과도 다른, 새로운 접근방법을 도입하여 향후 기술장벽 문제에 대한 새로운 협정모델을 제시하고 있다.

● 산업별 접근방법

동 협정은 기술장벽을 완화·제거하기 위하여 산업별 다른 접근방법을 도입하고 있는데, 우선 전기·전자제품 분야에 있어 기초로 사용할 국제표준을 상호 합의하여 명시하였고, 적합성평가절차로 SDoC제도를 도입하였다. 이를 구체적으로 살펴보면, 양국은 전자파 적합성 및 안전에 관하여 국제표준화기구International Organization for Standardization, 국제전기기술위원회International Electrotechnical Commission 및 국제통신연합International Telecommunication Union을 관련 국제표준기관으로 명시하고 있다.[89] 또한 동 제품의 적합성평가 절차에 있어 양국은 기본적으로 SDoC방식을 채택하고 향후 이를 확대해 나가기 위한 조항들을 채택하고 있는 바, EU는 한국 제품에 대하여 즉시 SDoC를 적용하고 한국은 국내 적합성평가 절차를 간소화하여 SDoC를 확대해 나가기로 합의하였다.[90]

　자동차제품 분야의 경우, 상호인정제도가 적극 활용되고 있다. 기본적으로 EU는 유럽

---

89 외교통상부 (2011). 한-EU FTA 협정문 부속서 2-나 제2조 1항.

90 외교통상부 (2011). 한-EU FTA 협정문 부속서 2-나 제5조 2항. 한국은 EMC와 전기 안전을 구분하여 일정 조건 하에서 협정발효 3년 이내에 인증이 필요 없는 간소화된 적합성 평가절차를 도입하기로 하였다. 또한 협정발효 5년 이내에 일부 품목에 대해 공급자 적합성 선언(SDoC)을 도입하고 이를 확대해 나가기 위해 EU와 협의하기로 하였다. 한편, 일부 품목을 제외하고 한국은 EU측에서 통보한 시험소의 전자파 시험결과 및 한국 인증기관과 MOU를 체결한 시험소의 전기안전 시험결과 또는 IECEE CB Scheme(국제 전기기기 인증제도)의 시험결과를 수용하기로 하였다. 제외된 품목은 전기세탁기, 전기담요, 가습기, 복사기, 변압기 등이며 이러한 예외 품목들을 축소시켜 나가기 위해서 매년 3년마다 위해도 평가를 실시하기로 하였다. IECEE(International Electrotechnical Commission System for Conformity Testing and Certification of Electrical Equipment(국제 전기기기 인증제도))란, 전기전자제품에 대한 국제공인인증제도로서, 통일된 절차와 방법(International Electrotechnical Commission 국제표준)에 따라 발행된 시험 성적서는 회원국 간 상호 수용하고 있다. 외교통상부 (2011). 한-EU FTA 협정문 부속서 2-나 제4조 3항.

표준을, 한국은 미국식 기술표준을 따르고 있어 양국이 매우 상이한 기술표준을 도입하고 있는 바, 한-EU FTA에서는 유럽표준과 유사한 UN ECE유엔 유럽경제위원회 표준과 GTR규정을 모두 인정하고 있으며 협정 발효 후 5년 내에 해당 국제기준과의 조화를 추진하도록 규정하고 있다.[91] 이외에도 대부분의 조항에서 상호인정을 합의하였다.

의약품 및 의료기기 분야는 투명성 제고를 위한 규정들이 강화되었다. 동 협정은 의약품 및 의료기기의 가격산정, 급여 및 규제와 관련된 법, 규정, 절차 또는 이행지침의 신속한 공개를 규정하고 규제 협력을 강화하기 위하여 세계보건기구WHO, OECD 등의 국제기구가 개발한 의약품 및 의료기기에 대한 국제 조항, 관행, 그리고 지침을 적절하게 고려하도록 규정하고 있다. 또한, 적합성평가에 있어 제조 및 품질 관리 기준GMP 및 비임상 시험관리 기준GLP에 따라 수행되었으며 양국의 해당 관행이 국제적 관행과 일치하는 경우, 한쪽 당사자가 다른 쪽 당사자에게 동 평가를 수용해줄 것을 요청할 수 있다고 규정함으로써 동등성 인정을 권고하고 있기도 하다.[92]

화학물질 규제에 관해서는 상호 협력 강화와 대화채널이 강화되었다. 동 협정은 화학물질 규제 관련 통상문제가 발생하는 경우 이를 해결하기 위한 대화 메커니즘을 확립하고, 협력 증진과 규제관련 대화를 위한 작업반Working Group을 설치하기로 하였다. 특히 화학물질 평가 및 관리를 위해, 모범실험실관행GLP: Good Laboratory Practice과 실험지침Test Guidelines분야에서 협력하기로 합의하였는 바, 이는 EU의 REACH제도와 같이 까다롭고 높은 수준의 기술규제로 인한 한국의 수출피해를 예방하고 기술장벽 문제를 완화하기 위한 방편이라 할 수 있다.[93]

---

91 UN ECE(United Nations Economic Council or Europe)는 안전, 환경, 에너지 및 도난방지 요건에 관한 자동차와 부품에 대한 단일 표준 확립을 위하여 48개 체약국과 58개 협정을 체결하여 이를 근거로 자동차 안전 및 환경 기준을 제시하고 있다. 그리고 GTR(Global Technical Regulations)은 자동차 및 부품에 관한 세계기술표준 개발을 목적으로 한 98협정에 근거하여 자동차 기술 규정을 제정하여 제시하고 있다.

92 외교통상부 (2010), 한-EU FTA 상세설명자료, 63~64.

93 외교통상부 (2010), 한-EU FTA 상세설명자료, 65. GLP(Good Laboratory Practice)란 적합성을 보증하기 위하여 연구인력, 실험시설·장비, 시험방법 등 시험의 전 과정에 관련되는 모든 사항을 조직적, 체계적으로 관리하는 규정이며 실험지침(Test Guidelines)이란 화학물질, 의약품 등의 안전성을 평가하는 각종 독성시험의 수행에 있어서 준수해야할 시험조건 및 시험절차 등에 대한 지침을 일컫는다. REACH(Registration, Evaluation, Authorization and Restriction of Chemicals)란 EU의 화학물질 관리제도로서, EU내에 제조·수입되는 화학물질과 관련하여 제조자와 수입자에게 위해성이 없음을 입증해야하는 책임을 부여하고, 등록·평가·승인을 의무화한 제도로서 최근 TBT 위원회의 특정무역현안으로 제기되어 여러 수출국가들이 무역장애를 보고한 바 있다.

산업별 합의 사항 이외에도 한-EU FTA는 WTO TBT협정 규범에 비해 보다 명료하고 구체적인 조항들을 도입하고 있다. 가령, 투명성 제고를 위하여 한-미 FTA와 마찬가지로 최소 60일 간의 의사개진 시한을 두고 있고 WTO사무국 통보시 상대국에게도 직접 통보할 것을 합의하였다.[94] 또한 질의/응답 제도에 있어, 이해당사자란 용어를 매우 포괄적인 의미로 해석하고 양국이 상대국의 기술규정 제, 개정에 보다 직접적으로 참여할 수 있도록 함으로써 WTO TBT협정보다 한층 강화된 투명성 의무를 부과하고 있다.[95] 이와 더불어 제·개정된 기술규정 정보를 웹사이트를 통해 공개하고 상대국의 정보 요청에 대해 적절한 지침을 즉각 제공하도록 규정하고 있다.[96]

한-EU FTA 협정은 양자적 투명성 제고와 더불어 규제 협력에 관한 구체적인 규정을 도입하고 있다. 즉, 각국의 TBT 제도에 대한 상호 이해를 높이고 서로의 시장에 대한 접근을 촉진하기 위하여 규제대화체regulatory dialogue 구성에 절차를 마련하여 양측 간의 불필요한 차이를 해소하며 공공 또는 민간 기관 간 양자협력을 증진하고 장려하도록 규정하고 있다.[97]

이와 같이 한-EU FTA는 WTO TBT협정 규범보다 한층 강화되고 구체적인 규정을 두고 있을 뿐만 아니라 산업별로 각기 다른 접근방법을 도입하여 발전된 형태양자적/지역적 통합모델을 제시하고 있다. 이러한 모델은 향후 체결될 FTA협정에도 적극 도입되고 활용될 가능성이 높으며 이러한 관점에서 FTA가 기술장벽을 완화·제거하기 위한 지역적 체제를 마련하는 데에 기여할 수 있을 것이다.

---

94 외교통상부 (2011). 한-EU FTA 협정문 부속서 2-나 제4.4조 1항. 동 조항은 양국이 기술규제를 WTO 사무국이나 FTA 상대국에게 통보하는 경우, 의견을 서면으로 제출할 수 있는 기간을 최소한 60일 부여해야 한다고 규정하고 있으며 이에 따라 2010년 11월 9일, 한국 지식경제부 기술표준원과 EU상공회의소는 표준, 기술규정, 적합성 평가 등 무역기술장벽에 따른 문제를 줄이기 위한 양해각서(MOU)를 체결하여 협력하기로 합의하였음. 이에 따라 한국은 EU측의 기술규제를 알기 위해 기존에는 WTO 무역기술장벽 통보문을 받아야만 했지만, MOU체결 이후 주한 EU상공회의소를 통해 WTO 통보문을 받기 전에라도 논의 중인 기술규제 정보를 입수하고 국내 의견을 제시할 수 있게 되었다.

95 외교통상부 (2010), 한-EU FTA 상세설명자료, 73.

96 외교통상부 (2011). 한-EU FTA 협정문 제4.4조.

97 외교통상부 (2011). 한-EU FTA 협정문 제4.3조.

본 장에서는 기술장벽을 완화를 위한 최근의 다자적, 양자/지역적 무역규범 및 개별 제도의 특징과 문제점을 검토하고 이러한 문제점을 극복하기 위하여 국가들이 논의하고 있는 주요한 방안들을 분석하였다.

국제통상체제는 관세장벽이 제거됨에 따라 점차 더 까다로운 비관세장벽 문제에 직면하고 있으며 그 중심에는 각국의 소비, 환경 규제 및 표준에서 발생하는 기술장벽 이슈가 있다. 기술장벽을 규율하기 위한 다자통상체제의 노력은 오래 전부터 지속되어 왔으며 TBT협정은 비록 권고적 조항과 절차적 규범이 대부분을 이루고 있으나 다자무역체제의 핵심 원칙인 비차별원칙, 최소무역제한 원칙, 국제표준과의 일치 및 조화원칙, 투명성 원칙 그리고 동등성 인정 의무를 확립하여 시행하고 있다. TBT위원회는 회원국들이 협정상의 의무를 준수하고 기술장벽에 관한 통상마찰을 해소하기 위하여 중요한 역할을 수행하고 많은 노력을 기울이고 있다.

기술장벽을 제거하기 위한 노력은 다자통상체제에서 뿐만 아니라 지역/양자무역체제에서도 다각적으로 이루어지고 있으며 공급자 자가 선언, 상호인정제도 및 국제표준화 과정에의 참여 및 국제표준과의 일치 등이 그 대표적인 예다. 최근에는 FTA협정 조항을 통하여 기술장벽을 완화하기 위한 적극적인 시도가 이루어지고 있어 제도적 발전이 주목되고 있다.

기술장벽에 관한 통상이슈는 매우 민감한 사안이며 향후 상당히 심화될 것으로 보인다. 기술장벽은 기본적으로 소비자보호 및 환경보호 등과 같이 정당한 정책 목적과 사회적 요구에 의해 도입된 기술규제, 표준 및 적합성평가절차가 상대국가의 무역에 피해를 초래함으로써 발생하는 문제로서, 규제주권과 자유무역 확대 사이의 균형을 유지하기 위한 제도 운용이 요구된다. 또한 소득수준 향상과 사회적 관심 고조로 국가들의 기술규제 및 표준 도입이 상당히 증가할 것이며, 이에 따른 기술장벽문제는 더욱 심화될 것으로 기대된다.

이에 따라 TBT협정의 적극적인 이행과 더불어 오늘날의 무역환경 및 현실적 요구에 실효적인 법제도적 운용이 요구된다. 또한 지금까지 학문적 연구가 많이 이루어지지 않은 분야로서 TBT규범의 발전을 위한 후속적인 연구가 이루어져야 할 것이다.

06

국제통상체제의 원산지 규정: 현황과 문제점

박지형 · 노재연

- 서론

- 본론

- 결론: 한국 FTA의 활용 방안 및 추진 과제

::: 서론

국제무역기구[World Trade Organization: WTO]의 발표에 따르면 2014년 1월까지 538개의 RTAs[Regional Trade Agreement]가 WTO에 통보되었고 이중 411가 발효되었다. 한국은 2014년 3월 기준으로 9개의 자유무역협정[Free Trade Agreement, 이하 FTA]을 통해 46개국과의 FTA가 이미 발효되어 있으며 한-콜롬비아와 한-호주 FTA가 타결된 상태이며, 그 외에도 다수의 FTA가 협상 중에 있다.[1] 세계 각국이 광범위하게 참여하고 있는 FTA에 대해서 그 원인과 효과에 대한 연구가 다각도로 활발히 진행되어 왔지만, FTA의 활용에 실질적인 영향을 미치는 원산지 규정[Rules of Origin, 이하 ROO]에 대한 관심과 연구는 상대적으로 부족한 편이다.[2]

원산지 규정은 국가 간에 거래되는 상품의 생산지를 판정해주는 규정으로, FTA의 특혜관세를 받을 수 있을 지의 여부를 결정하기 때문에 FTA 활용도를 결정하는데 있어 중요한 역할을 하고 있다. 또한, 원산지규정은 FTA 협정 당사국 이외의 국가들이 상대적으로 낮은 관세를 가진 FTA 협정국을 경유하여 다른 FTA 협정국들로 수출을 하는 우회무역을 막는 역할을 한다. 그러나 엄격한 원산지 규정은 이를 충족시키기 위한 행정비용 및 생산비용을 상승시켜 특혜관세의 자유화 효과를 무효화시킬 수도 있으며, FTA간에 서로 상이한 원산지 규정은 스파게티볼[spaghetti bowl3] 현상을 일으켜 FTA 확산에 따른 이익의 실현을 크게 감소시킬 수 있다.

김한성(2008)에 따르면 한국이 체결한 5개의 FTA[4]에서 통일된 원산지 규정을 가지고 있는 품목은 HS 코드 분류된 5,224 중 9개에 불과하며, 3,961(총 76%)개의 품목이 3개 이상의 상이한 원산지 규정을 가지고 있다.[5] 한국 수출 품목의 원산지 규정의 통일성 결여

---

1 2014년 3월 기준 한국이 협상중인 FTA는 한-중, 한-중-일, RCEP, 한-캐나다, 한-베트남. 한-인도네시아, 한-뉴질랜드 등이 있다. 이는 한국의 FTA 포털사이트(http://www.customs.go.kr/portalIndex.html)를 통하여 확인할 수 있다.

2 자유무역협정 관련 경제학적 연구에 대한 최근의 서베이 논문으로는 Freund and Ornelas(2010)의 논문이 있고, Roh and Park(2014)는 원산지 규정 관련 경제학적 연구들에 대한 논의를 제공하고 있다.

3 Bhagwati(1995), "US trade policy: The infatuation with FTAs", Discussion paper series No. 726.

4 한-칠레, 한-싱가포르, 한-EFTA, 한-ASEAN, 한-미 FTA 이상 5개의 FTA를 비교한 것이다.

5 김한성(2008), "한국 FTA 원산지 규정의 특성 및 활용전략", 대외경제정책연구원 (08-09)

는 수출 기업으로 하여금 FTA특혜관세의 적용을 받기 위해 FTA별로 각각 다른 원자재 조
달 및 생산방법을 이용하도록 요구함으로서 기업들의 추가 비용 부담을 증가시켜 FTA의
활용을 포기하게 만들 수 있다. 그러므로 FTA의 활용을 높이기 위해서는 적절한 원산지
규정을 제정하는 것이 필요한 것으로 보인다.

이러한 현실에 주목하여 저자들은 원산지 규정과 관련된 기존의 연구들을 정리하는 한
편, 한국의 FTA별 원산지 규정 현황을 파악하고 원산지 규정으로 인한 문제점을 분석하
여 FTA 활용도를 높이는데 필요한 원산지 규정 및 원산지 규정에 대한 정책적 시사점을
도출해보고자 한다.

::: 본론

■ 원산지 결정기준[6]

오늘날 운송, 통신, 정보기술Information Techonology, 이하 IT의 발달로 중간재 생산 및 완제품 조
립에 대한 글로벌 아웃소싱이 확대되면서, 1개 제품의 생산과정이 2개 이상의 국가에 걸
쳐 이루어지는 경우가 많아져 제품의 원산지를 어떤 국가로 결정할 것인가가 매우 복잡
한 문제로 대두되고 있다. 이러한 문제를 해결하기 위하여 물품의 생산지를 결정하기 위
한 특별한 규정, 절차, 법률 등을 포괄하는 규범인 원산지규정을 통하여 FTA의 특혜 거래
나 일반적인 통상 거래 시, 품목별 원산지에 따른 관세 및 비관세 규정을 적용하고 있다.

---

6 이 절에 있는 원산지 결정기준에 대한 설명은 권율(2005), 김상겸(2011), 김한성(2008), 윤영호(2009), FTA 포탈
 (http://www.customs.go.kr/portalIndex.html)에 있는 원산지 결정기준에 대한 설명을 인용하여 재정
 리한 내용임.

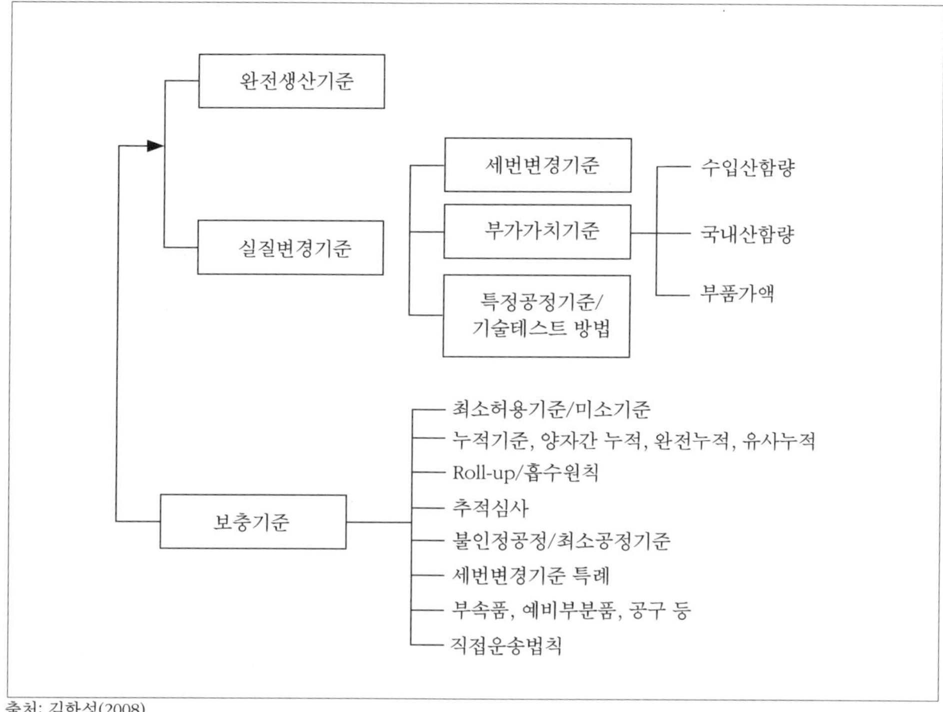

출처: 김한성(2008)

- **완전생산기준**Wholly obtained criterion

일방 또는 양 당사국 영역에서 상품이 완전히 획득되거나 생산될 것을 요구하는 원산지 결정기준으로, 당사국 영역 안에서 채굴한 광산물, 재배 수확한 식물, 출생하고 성장한 동물과 그 생산물, 해안이나 해역에서 획득하거나 채취한 수산물, 그리고 이러한 부품들을 원재료로 생산한 물품 등에 적용된다.

- **실질변경기준**Substantial Transformation Criterion

완성품이 2개국 이상에 걸쳐 생산된 경우에 실질적인 변형이 이루어진 국가에 원산지를 부여하는 원산지 결정기준이다. 실질변경기준은 다음과 같은 세 가지 품목별 원산지기준Product-Specific ROOs을 적용한다.

◆세 번 변경기준^{CTC: Change in Tariff Classification}: 상품 세 번 분류^{HS코드}에 근거하여 수입되는 중간재와 완제품의 세 번을 비교하여 일정단위 이상으로 변경되는 경우 실질적인 변형이 이루어진 것으로 인정하는 기준이다. 통상적으로 HS 2 단위^{CC: Change in Chapter}가 가장 엄격한 기준이며, 4단위^{CH: Change in Heading}, 6단위^{CS: Change in Subheading}가 일반적으로 많이 사용되고 있다.

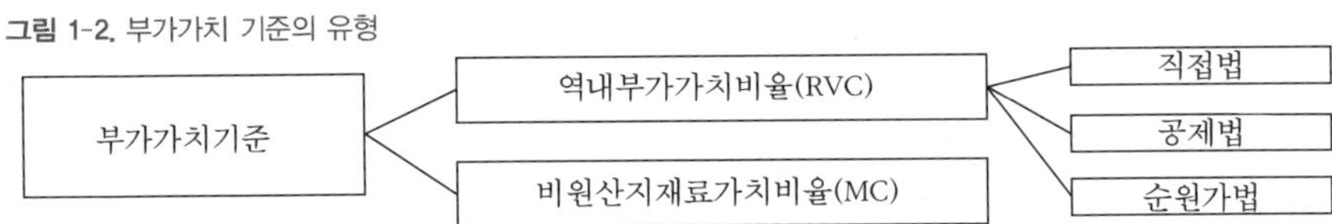

◆부가가치기준^{Value Content}: 역내부가가치를 일정비율(%) 이상을 창출하였거나 수입된 비원산지 재료가 일정비율을 초과하지 않은 경우에 원산지로 인정하는 결정기준으로 다음과 같은 방식으로 적용되고 있다.

역내부가가치 비율^{RVC: Regional Value Content}: 최종적으로 역내에서 창출해야 할 부가가치 비율의 최소한도를 규정하는 방식이다.

- 직접법^{Build-Up Method}: 원산지 재료의 가격을 직접 산출하여 역내에서 창출한 부가가치를 측정하는 방법
- 공제법^{Build-Down Method}: 비원산지재료의 가격을 공제한 나머지 부분을 역내에서 창출한 부가가치로 간주하여 측정하는 방법
- 순원가법^{Net Cost Method}: 제품의 순원가에서 비원산지 가격을 공제한 나머지 부분을 역내에서 창출한 부가가치로 간주하여 측정하는 방법

비원산지재료 가치비율^{MC: Import Content}: 최종 생산제품의 가격 중에 비원산지 재료 가격의 최대한도를 설정하는 방식이다.

◆특정공정기준^{Specific Processing or Technical Test}: 특정 생산공정을 요구하거나 특정 부품을 사용한 경우 원산지로 인정하는 기준이다. 일정한 제조 공정이 있어야만 원산지를 부여하는 Positive Test 방식과 일정한 제조 공정에 대해서는 원산지를 부여하지 않는 Negative Test 방식이 있다.

표 1-1. 실질적 변형 기준의 장단점 비교

	세 번 변경기준	부가가치 기준	특정공정 기준
장점	- 원산지 결정 조건이 투명하고, 예측가능하고 객관적임 - 행정비용의 최소유발	- 창출된 부가가치의 비율에 따라 평가하는 간단명료한 방식	- 정확하고 예측가능한 기준임
단점	- 신상품, 신기술 개발 등 경제/생산 조건의 변화를 감안한 즉각적인 적용이 어려움 - 관세분류에 맞추어 만들어진 기준으로 품목작성이 곤란	- 국별 회계기준의 상이, 원재료의 시장가격, 환율 변동에 따른 부가가치 창출비율의 변동성에 따른 마찰 가능성 - 유발되는 행정비용이 높음	- 증빙서류가 복잡함 - 기술적 진보, 경제적 조건 등을 감안하여 수시로 개정이 필요함

자료: 김한성(2008) & 김상겸(2011)

● 보충기준^{Regime-Wide ROO}

품목별 원산지 결정기준에 보충적으로 적용하여 원산지 기준을 완화(예: 누적기준, 미소기준)시키거나 강화(예: 불인정 공정, 직접운송원칙)시키는 원산지 기준을 말한다.

◆누적기준^{Cumulation Rule}: 비역내산 중간재를 역내산으로 간주하여 원산지를 인정하는 기준으로, 특혜협정의 역내 회원국의 원재료만을 역내산으로 간주하는 양자누적^{Bilateral Cumulation}, 제 3국에 의해 공급된 재료를 일정 조건하에 역내산으로 간주하는 유사누적^{Diagonal Cumulation}, 특혜협정의 전체 지역을 단일 국가로 간주하여 해당 지역에의 중간재를 역내산으로 간주하는 완전누적^{Full cumulation} 방식이 있다.

◆미소기준^{De Minimis}: 세 번 변경 기준에 대한 보충적 결정기준으로, 역외산 수입재의 비율이 미미한 경우 허용 범위 내에서 원산지로 인정하는 기준이다.

◆흡수원칙^{Roll-Up}: 중간재가 원산지 기준을 충족한 경우 중간재료 전체 가치를 최종상품의 역내 부가가치에 포함할 수 있도록 허용하는 제도이다.

◆불인정공정^{Non-Qualifying Operation}: 절단, 포장, 제분, 냉동, 도축 등 역내에서 수행된 단순한 작업 혹은 공정에 의해 생산된 제품에 대해서는 원산지 기준을 충족했더라도 원산지 자격을 부여하지 않는 기준을 말한다.

◆직접운송원칙^{Direct Consignment}: 원산지 자격을 취득한 물품이라도 운송 도중 제3국을 거치지 않고 직접 운송된 경우에 한하여 특혜관세를 부여한다는 원칙이다.

• 원산지 규정의 유형

FTA 원산지 규정은 크게 PANEURO 유형과 NAFTA 유형으로 나누어 볼 수 있으며, 두 유형 모두 우회무역 방지를 위해 복잡하고 까다롭게 설정되어 있다. 아시아의 경우 고유한 모델이 없이 다소 완화된 형태로 두 유형을 혼합하여 사용 하고 있다.

표 1-2. FTA 원산지 결정기준 유형 비교

	PANEURO 유형	NAFTA 유형
일반	유럽위원회의 조화노력으로 동일한 형태를 취하나 상당한 복잡한 구조를 가짐	원산지 결정 기준이 엄격하고 복잡하여 과도한 행정비용 발생
세번변경	4단위 위주	2와 4단위 위주
부가가치	MC에 기초하여 30~50 기준채택	RVC기준 채택
가격기준	공장도 거래 가격 (Ex-Works: EXW)	다양
기술테스트	Positive 방식[7]	보충 혹은 예외 형식[8]
특징	역내국가에 대해서는 다소 높은 수준의 최소허용기준 등의 완화기준을 역외에는 엄격한 기준을 적용하는 폐쇄형 구조	RVC 기준을 채택하여 부가가치비율 계산 방식이 PANEURO 유형보다 복잡함
적용	1997년 이후 EU와 체결하는 신규 FTA에 적용 ex) EFTA, EU, EU-불가리아, EU-체코, EFTA-터키 등 50여 개	주로 미주지역에 적용 ex) NAFTA, 미-칠레, 멕시코-코스타리카, 멕시코-칠레, 등

출처: 김한성(2008)

---

7 특정 공정이 수행되어야만 원산지로 인정된다는 방식으로 주로 섬유나 화학제품 같은 공산품에서 이용된다.

8 NAFTA 유형에서는 특정공정기준을 일반기준이 아닌 보충적 기준이나 예외기준으로 이용하고 있음. 예를 들어 한-미 FTA에서는 섬유 또는 의류 상품에 대한 품목별 원산지가 추가 부속서에 따로 규정되어 있으며, 특히 섬유나 의류의 원산지 증명을 위해 실(yam)을 만드는 공정부터 직물을 만드는 공정, 재단·봉제 공정까지 한국 또는 미국에서 수행되어야만 원산지 제품으로 인정된다는 "원사기준(yam forward)"을 채택하고 있다.

■ 원산지 규정에 대한 기존 연구

● 이론적 연구

Krishna and Krueger(1997)[9]는 FTA하에서 원산지 규정이 관세를 대체하는 보호무역 수단으로 사용될 수 있음을 보여주었고, Falvey and Reed(1998)[10]는 원산지 규정이 생산 및 교역에 미치는 경제적 효과를 분석하였다. Ju and Krishna(2005)[11]는 원산지 규정의 엄격성으로 인한 비용증가가 역외산 중간재의 수입에 미치는 영향과 FTA 체결국의 중간재 및 최종재 생산자의 수익에 미치는 영향을 분석하였다. 원산지 규정이 엄격해질수록 중간재 생산자와 최종재 생산자의 수익에 미치는 영향이 상이하여 이 두 종류의 생산자들은 원산지 규정의 엄격성에 대해 서로 상반된 입장을 갖게 되고, 이는 FTA 협상시 원산지 규정이 이 생산자들로 하여금 자신들의 입장에 유리하게 결정되도록 로비를 하게 만드는 중요한 동기로 작용할 수 있다.

표 2-1. 원산지 규정 엄격성에 대한 입장

	중간재 생산자의 입장	최종재 생산자의 입장
중간재의 엄격성 정도	높음 선호 (자국 중간재 수출 산업의 보호무역 효과)	낮음 선호 (중간재 수입의 비용절감효과)
최종재의 엄격성 정도	높음 선호 (중간재 수요 증가에 따른 높은 수익유발)	낮음 선호 (최종재 생산비용 절감 효과)

출처: Ju and Krishna(2005)

원산지 규정과 관련된 정치경제학적 연구로서 Duttagupta and Panagaryia(2003)[12]는 원산지 규정이 FTA를 국내 정치적인 입장에서 수용하기 쉽게 만들어 줄 수 있음을 보여주

---

9 Krueger, Anne(1997) "Free Trade Areas versus Customs Union" Journal of Development Economics 54: 169-97

10 Falvey and Reed(1998), "Economic Effects of Rules of Origin", Weltwirshaftiches Archiv 134, 209-29

11 Ju and Krishna(2005), "Firm Behaiour and Market Access in FTA with ROOs", Canadian Jounal of Economics 28, 290-308

12 Duttagupta and Panagariya(2007) "Free Trade Areas and Rules of Origin: Economics and Politics," Economics Politics, 19(2), 169-190

었고, Cadot et, al.(2006a)[13]는 선진국과 개도국 간 FTA의 원산지 규정이 중간재를 수출하는 선진국 기업에게 수출 보조금과 같은 역할을 할 수 있음을 보여주었다.

• 실증적 연구[14]

원산지 규정에 관한 실증적 연구를 위해서는 원산지 규정의 엄격성을 측정하는 기준이 필요한데, 이에 대해 Estevadeoardal(2000)은 NAFTA의 원산지 규정을 1부터 7까지의 지수로 그 원산지 규정의 엄격성 정도를 정의하였다. 추후 많은 원산지 규정에 관한 연구들이 Estevadeoardal의 엄격성 지수 혹은 그 정의방법을 실증분석 연구에 이용하였다.

Estevadeoardal(2000)은 본인이 정의한 원산지 기준 엄격성 지수를 이용하여 원산지 규정의 엄격성과 관세철폐 이행기간과의 관계를 통해 원산지 규정이 비관세 장벽으로 활용되고 있음을 보여주었고, 두 가맹국간의 관세율 차이와 원산지 규정과의 관계에 대한 실증분석을 통해 우회무역 방지를 위해서도 원산지 규정이 이용되고 있음을 보여주었다. 한편 원산지 규정의 엄격성과 FTA 활용률과의 관계를 이용하여 Cadot et al.(2006b)[15]은 원산지 규정과 관련된 비용을 추정하였다. NAFTA의 경우 6.8%의 추가비용[Compliance Costs]과 1.9%의 행정비용[Administration Costs]이 발생되며 PANEURO의 경우 8%의 추가비용과 6.8%의 행정비용이 발생됨을 추정하였다. 또한 원산지 규정의 엄격성과 활용률간의 관계를 이용하여 Cadot et al.(2007)[16]은 원산지 규정을 만족시키기 위하여 요구되는 역내산 부가가치 비율을 10% 낮출 경우 FTA 활용률이 2.5~8.2% 증가함을 보여주었다. 투자와 관련

---

13 Cadot et al(2006a) "Rules of origin as export subsidies," in The Origin og Goods: Rules of Origin in Free-Trade Agreements, ed. by O. Cadot, A. Estevadeordal, A. S. Eisenmann, and T. Verdier, pp. 149-172. Oxford University Press.

14 [부록 1] 참조. 원산지 규정의 실증분석 사례 정리

15 Cadot et at.(2006b), "Product-specific rules of origin in EU and US preferential trading arrangements: an assessment," World Trade Review, 5(2) 199-244

16 Cadot et al.(2007), "Rules of Origin for Preferential Trading Arrangements: Implication for the ASEAN Free Trade Area of EU and US Experience," Journal of Economic Integration, 22(2), 288-319

된 연구로는 Estevadeordal et al.(2006)[17]이 NAFTA 체결 이후 7년 동안 이루어진 FDI자료를 통해 투명하고 유연한 원산지 기준이 FDI 유치에 긍정적 영향을 미침을 보여주었다.

한국의 원산지 규정에 대한 연구는 정인교(1999)[18]가 CGE^Computerized General Equilibrium 모형을 이용하여 FTA의 경제적 효과를 추정한 연구, 조미진 외(2010)의 한국이 맺고 있는 FTA별 활용률을 추정한 연구, 김상겸(2011)의 원산지 규정 통합으로 기대되는 추가적인 무역효과를 중력모형을 이용하여 추정한 연구가 있으며, 최근 연구로는 Roh and Park(2014)[19]가 한미 FTA의 원산지 규정에 대하여 Estevadeoardal(2000)의 엄격성 지수를 한국의 투입산출표에 근거하여 역내부가가치비중을 반영하여 조정한 새로운 엄격성 지수("Bindingness 지수")를 만든 후, 이를 이용하여 원산지 규정이 한국의 한미 FTA에 활용률에 미치는 영향을 분석하였다.

• 원산지 규정의 역할

앞서 논의된 기존 연구들에 의하면, 원산지 규정은 역외국으로의 우회수입 방지, 특혜관세에 따른 체결국간의 교역 확대, 관세혜택을 목적으로 하는 외국인 투자유입 확대 등과 같은 역할을 하며, 이를 정리하면 다음과 같다.

◆특혜적용 여부의 결정
FTA 체결 상대국으로부터 수입되는 물품의 특혜 관세 혜택을 받기 위한 자격을 판단하는 기준을 제공한다.

---

17 Estevadeordal et al.(2006), "How do rules of origin affect investment flows ? : some hypotheses and the case of Mexico," INTAL Working Papers 1444, Inter-American Development Bank, INTAL.

18 정인교(1999), "지역무역협정의 무역굴절효과 추정방법 모색: 특혜원산지규정의 측면에서," 대외경제정책연구원, 3(2), 115-131

19 Roh and Park(2014) "A Political Economy Analysis of Rules of Origin Requirements of Korea-US FTA with a New Measure of the Requirements" 또한 Cadot et al.(2006a)의 원산지 규정의 엄격성 결정에 대한 정치경제학적 모형을 한-미 FTA에 맞게 수정한 후 이 모형을 새로운 엄격성 지수("Bindingness 지수")를 이용하여 검증한다.

◆우회수입방지

특혜 관세 혜택을 받을 자격이 없는 역외국 제품의 우회무역에 따른 무역굴절효과Trade deflection effect를 방지하기 위한 수단으로 사용된다. 특혜협정의 경제적 이득이 역외국에게 돌아가지 않도록 원산지 규정을 규정함으로 역외 국가들의 무역과 투자에 영향을 미치고 있다.

◆외국인직접투자 유치

원산지 규정이 엄격해질수록 역외국은 원산지 규정으로 인한 경쟁력 약화를 만회하기 위해 직접투자를 확대시켜 나갈 수 있다. 그러나 역외국이 무역전환효과를 상쇄하기 위해 역내국으로 생산기지를 이전하는 것은 세계경제의 입장에서 비효율적인 곳에 투자를 유도하는 투자왜곡현상을 발생시킬 수 있다.

• 역내 시장의 확대 및 교역 확대

FTA 협정은 역내 시장 규모를 확대 시킬 뿐 아니라 역외국에 대해서는 MFN 관세율을 유지하기 때문에 역외국의 상대적으로 높은 가격으로 인하여 회원국 간의 무역이 더욱 증대된다. 역외국과의 차별을 유지하면서 FTA를 통한 회원국들간의 무역창출효과를 증대하기 위해서는 역외국과회원국간의 제품을 구별해주는 원산지 규정이 필요하다. 원산지 규정은 Ju and Krishna(2005)의 분석이 보여주는 것과 같이 가격이 낮은 역외국으로부터 가격이 높은 역내국으로 중간재의 수입을 전환하는 무역전환효과를 발생시키는데, 원산지 규정이 엄격해 질수록 무역전환효과가 증가하다가 일정 수준에 이르면 감소하게 되고, 그 분기점은 원산지 기준 이행비용이 특혜 마진을 초과하는 수준에서 결정된다.

이와 같이 FTA 원산지 규정은 비가맹국으로부터의 우회무역을 방지하고 회원국에게만 특혜가 수혜 되도록 제품의 특혜수혜 자격을 판정해주어, 회원국들 사이에서만 FTA가 그 실효성을 갖도록 해주는 역할을 한다. 하지만 원산지 규정의 충족여부를 확인 과정에서 발

생되는 행정비용 이외에도 추가적으로 생산비 상승을 유발하여 FTA로 인해 기대되는 무역
창출효과를 상쇄하는 비관세장벽으로 작용할 수 있는 위험을 내포하고 있다. Estevadeordal
and Suominen(2004)[20]은 원산지 규정이 관세와 같이 제품수준에서 개별 품목마다 정의되
고 있지만, 관세와는 달리 기술적인 내용을 통하여 제품마다 고유하게 정해지므로 원산
지 규정의 엄격성의 정도가 어느 정도 제한적인지 즉각적으로 계량화하기 어렵기 때문
에, 숨겨진 보호무역 정책수단으로 사용될 가능성이 높다고 본다. Gasiorek et al.(2007)[21]
은 원산지 규정이 FTA의 실효성을 더욱 약화시키는 경우들을 다음과 같이 정리하였다.

- 원산지를 판정하는데 있어 원산지 규정이 엄격할수록
- 높은 중간재 비율로 생산될수록
- 특정 분야에서 최종재 수입에 비해 중간재 수입 비중이 높을수록
- 원산지 규정이 충족되지 못한 경우 적용되는 관세율이 높을수록
- 누적 기준이 적용되지 않는 국가의 수입 관세율이 낮을수록
- 역외국가와 역내 국가 간의 생산비 차이가 클수록
- 최종재 생산 중 수출비중이 크고FTA 역내국으로의 최종재 수출 비중이 클수록
- FTA 역내국으로부터 대체 중간재를 조달해야 할 가능성이 클수록

■ WTO체제와 원산지 규정[22]

WTO 체제하에서 통일된 원산지 규정은 아직 존재하지 않으며 적용 목적에 따라 특혜 원
산지 규정과 비특혜 원산지 규정으로 나뉘어 각 협정마다 다르게 운영되고 있다.

---

20 Estevadeordal and Suominen(2004), "Rules of origin: a world map and trade effects." The Origin of Goods:
Rules of Origin in Preferential Trade Agreements, 1214-1245.

21 Gasiorek et al.(2007), "Multilateralising Regionalism: Relaxing the ROOs or Can Those PECS be flexed?", London:
Centre for Economic Policy Research.

22 이 절에 있는 비특혜원산지 규정 및 특혜원산지 규정에 대한 내용은 김상겸(2011), 윤영호(2009), 조의노
(2003), WTO웹사이트(http://rtais.wto.org/UI/PublicMaintainRTAHome.aspx), 대한상공회의소 사이트(http://
cert.korcham.net/html), FTA종합지원포털(http://www.ftahub.go.kr/kr)에 있는 관련내용을 재정리함.

• 비특혜 원산지 규정^{Non-Preferential Rules of Origin}

한 국가의 무역정책 운영상 원산지를 식별할 필요가 있는 경우에 적용되는 경우로서, 반덤핑 및 상계관세, 긴급수입제한조치, 차별적인 수량제한 및 관세쿼터 정부조달과 무역통계작성 등에 사용되는 원산지 규정을 말한다. 이와 관련하여 WTO의 비특혜 원산지 규정에 관한 협정이 있으나 원산지 규정의 적용 및 후속 통일 규정 제정에 관한 규율일 뿐 품목별로 적용되는 공통의 원산지 규정을 포함하고 있지 않다. 이처럼 WTO 회원국에게 공통으로 적용될 규정이 확립되지 않아 개별 국가의 재량과 입법권에 따라 운영되고 있기 때문에 동일한 품목에 대해서도 국가마다 결정기준이 상이하고 통일성 없이 운영되고 있다[23].

• 특혜 원산지 규정^{Preferential Rules of Origin}

FTA 회원국의 특성 품목이 협정상 특혜관세를 받을 수 있는지의 여부를 확인하기 위해 사용되는 원산지 규정으로서 FTA협정 본문 또는 부속서에 별로도 첨부된다. 앞서 논의된 바와 같이, 중간재의 글로벌 아웃소싱이나 완성품의 해외 생산이 확대되면서 원산지 판정이 더욱 복잡하고 까다로워지고 있으며 동일한 품목에 대해서도 FTA 협정별로 원산지 규정이 달라 비관세 무역장벽으로 작용하고 있는 경우가 많다.

표 3-1. 원산지 규정의 분류

종류	목적	해당협정 및 제도
비특혜 원산지 규정	반덤핑, 상계관세, 세이프가드 등 통상조치 검역제도상의 원산지별 수입제한 수출물품 원산지결정기준 무역통계, 정부조달용도	- WTO 통일원산지규정 - 관세법 - 대외무역법령 - 농수산품질법
특혜 원산지 규정	특혜관세 적용 우회수입 방지 역내가공과 역내교역 확대 외국인투자 유입 촉진	- FTA나 CU의 원산지 규정 - 일반특혜관세제도(GSP) - 개도국간 무역 특혜 제도(GSTP) - 아·태 무역협정 - 남북한원산지 합의서 - 관세관계법령

출처: 김상겸(2011)

---

23 예외적으로 대외공동관세정책을 취하고 있는 EU는 통일된 비특혜원산지규정을 가지고 있다. EU 회원국들은 통일된 비특혜원산지규정으로 국내규정을 대체하고 있으며, 반덤핑, 상계관세 등의 무역정책 운영에 이용하고 있다. 이는 제3국에게 회원국별로 서로 다른 규정을 적용해야 하는 혼란을 제거한다는 측면에서 의의가 있다.

• 원산지 규정의 역사

"원산지"라는 용어가 처음 등장한 것은 1883년 파리협약으로 원산지 또는 생산자에 관하여 허위표시를 한 수입물품의 압류 정도만을 규정하고 있다. 1947년 GATT 협정은 수입물품에 대한 원산지 표시의 의무화를 규정하는 동시에 원산지 표시로 인해 수출국의 상거래와 산업에 야기할 수 있는 어려움과 불편함의 최소화를 통해 원산지 규정이 자유무역을 방해하지 않도록 규정하고 있다.[24] 그러나 규정이 지나치게 자의적이어서 국제무역에 혼란이 초래되고 이러한 규정이 새로운 무역장벽으로 작용하게 되자 원산지 규정의 통일에 대한 필요성이 제기되었다. 이에 따라 1973년 교토에서 원산지 결정기준, 원산지 증명서류 등에 관한 협약 부속서를 마련하였다. 1995년 출범한 WTO 체제에서도 "WTO 원산지 규정에 관한 협정WTO Agreement on Rules of Origin"을 제정하였다. 이 협정은 GATT 협정에 근거하여 원산지 규정의 정의와 범위, 활용 및 절차상 규정, 통일 원산지 규정, 기술위원회, 특혜 원산지 규정과 관련한 공동 성명 등으로 구성되어 있다. 한편 WTO는 비특혜 원산지 규정에 관한 WTO 통일 원산지 규정 협상Harmonization Work Programme을 통해 모든 교역품에 대한 국제적 통일 원산지 판정 기준을 제시하고자 하였다. 이 협정은 중요 용어 정의, 통일 원산지 규정 전반에 관한 일반규정, 농수산물을 위한 완전생산품의 정의(부속서 1), 그 외 품목별 원산지 규정(부속서 2)로 구성되어 있다.

표 3-2. 원산지 규정 관련 협정의 연혁

연도	협정	특성
1947	GATT 제9조 원산지 표시	특정 규범의 부재
1973	관세협력이사회(WCO)에 의한 교토협약	최초의 국제규범으로 인정되나 내용과 효력 면에서 미비
1995	WTO 원산지규정에 관한 협정 (WTO Agreement on Rules of Origin)	원산지 규정에 대한 일반적인 원칙 및 지침을 제시함
1995	WTO 통일원산지 규정 협상 (HWP: Harmonization Work Programme)	비특혜 원산지 규정으로 모든 교역품목에 대한 국제적 통일 원산지 판정기준을 결정하는 협상

출처: 김상겸(2011)

---

24 특정 수출국 상품에 대하여 제3국의 동종 상품에 부여하는 대우보다 불리하게 대우하지 못하게 하고, 다양하고 복잡한 원산지 규정으로 인해 무역장벽이 생기지 않도록 원산지 규정의 통일에 대한 필요성이 제기되었다.

• WTO 통일 원산지 규정 협상^{HWP: Harmonization Work Programme}

WTO 통일원산지규정은 WTO를 중심으로 이루어지는 다자간의 비특혜 원산지규정을 제정하는 협상으로, 각국마다 서로 다른 원산지 규정이 무역의 장애로 작용하지 않도록 원산지 결정기준을 통일시키기 위한 목적으로 진행 중인 협상이다. 통일원산지협상은 1995년 WTO가 출범한 이후, 부속서로 "WTO 원산지 규정에 관한 협정^{ARO: Agreement on Rules of Origin}"이 포함되면서 1995년 세계관세기구^{WCO: World Customs Organization}가 처음으로 국제적 통일 원산지 판정기준을 결정하기 위한 협상을 시작하였다. WCO 산하 원산지기술위원회^{TCRO: Technical Committee on Rules of Origin}가 HS 4단위 총1,241개 품목에 대한 생산공정 등의 기술적 검토를 통해 총486개의 쟁점 사항을 요약하였다. 2002년까지 미결된 총138개 쟁점을 94개 핵심정책쟁점과 44개 기술적 쟁점으로 분류하여 핵심정책쟁점은 WTO 일반이사회에 상정하고, 기술적 쟁점은 원산지위원회에서 계속 다루고 있다. WTO 일반이사회는 총94개 핵심정책이슈 중에서도 12개 이슈를 결정적 이슈^{Critical Issues}로 분류하여 집중적 검토를 하고 있는데 그 주요 내용은 다음과 같다.

표 3-3. 통일원산지 규정의 핵심 쟁점 사항

	쟁점사항	한국입장	주요국 입장
1	통일 원산지 규정의 적용범위	선택적 적용 (EU, 브라질, 한국 등 다수국가)	적용배제 (미국)
2	직물의 염색 및 날염	염색 및 날염공정 수행국 (EU, 호주, 한국 등 14개국)	직물 생산국 (미국, 브라질, 캐나다 등 8개국)
3	철강의 코팅	코팅공정 수행국 (EU, 브라질, 한국 등 15개국)	강판 생산국 (미국, 아르헨티나 등 4개국)
4	일반기계류의 조립	세번변경 또는 특정공정 수행국 (미국, 일본, 한국 등 15개국)	45% 부가가치 창출국 (EU, 브라질 등 4개국)
5	엔진을 장착한 새시에서 완성차 조립	엔진 장착국 (한국)	완성차 조립국 (미국, 일본, 대만 등 16개국)
6	가공갑피에서 신발생산	갑피 가공국 (미국, EU, 한국 등 11개국)	신발 조립국 (인도, 일본, 태국 등 4개국)
7	가축의 도축공정	4개월 사육기준국 (EU, 일본, 한국 등 11개국)	도축국 (미국, 호주, 캐나다 등 12개국)
8	배타적 경제수역에서 잡은 수산물의 원산지	선박기국 (미국, EU, 한국 등 10개국)	연안국 (아르헨티나, 브라질 등 5개국)

	쟁점사항	한국입장	주요국 입장
9	설탕의 정제공정	정제공정 수행국 (EU, 일본, 한국 등 7개국)	원당 생산국 (미국, 스위스 등 19개국)
10	커피의 볶음공정	볶음공정 수행국 (미국, 일본, 스위스, 한국 등 9개국)	커피원두 생산국 (브라질, 콜롬비아, 한국 등 16개국)
11	우유 조제품 생산	우유 조제품 생산국 (미국, 일본, 한국 등 17개국)	분유 생산국 (EU, 인도 등 3개국)
12	정제유 생산	정제공정 수행국 (EU, 뉴질랜드, 한국 등 10개국)	조유 생산국 (미국, 캐나다 등 11개국)

출처: 조의노 (2003)

■ 한국이 체결한 FTA의 원산지 규정 현황 및 운용[25]

2014년 3월 현재 한국은 9개의 FTA를 통해 46개국과의 자유무역협정이 발효 중이며 콜롬비아, 호주와도 FTA가 타결된 상태이다. 중국, 일본, 호주, 뉴질랜드, 인도가 참여하는 RCEP를 포함하여 캐나다, 중국, 한-중-일, 호주, 뉴질랜드, 베트남, 인도네시아 등과 협상 중에 있다. 이와 같이 체결된 FTA의 수가 증가함에 따라 FTA 활용에 중요한 영향을 미치는 원산지 규정에 대한 관심이 커지고 있다. 한국이 맺고 있는 협정별 원산지 규정을 살펴보면 규정 내용이 상이하고 복잡하여 FTA 체결을 통한 경제적 효과를 극대화 시키는 데 걸림돌이 될 수 있음을 알 수 있다.

한국이 체결한 FTA별 원산지 규정을 살펴보면 엄격성 면에서는 거의 비슷한 수준을 나타내고 있으며 세 번 변경기준의 경우 HS 4단위 변경을 요구하는 CH$^{Chage\ in\ Heading}$기준 이상이 가장 많이 사용되고 있다. 그러나 가장 문제가 되는 것은 FTA 별로 부가가치비율 산출에 필요한 제품가격기준, 부가가치 산출방식, 부가가치 수준이 너무 상이하다는 것이다. PANEURO 방식을 채택하고 있는 EFTA, EU, 터키와의 FTA에서는 역외 부가가치가 일정수준 이하일 것을 요구하는 MC$^{Import\ Content}$ 방식을 요구하고 있으며, 그 이외에는 대

---

25 이 절에 있는 한국이 체결한 FTA의 협정별, 품목별 원산지 규정에 대한 내용은 김한성(2008), 김상겸(2011), 윤영호(2009), FTA포털(관세청 http://www.customs.go.kr/portalIndex.html), 중소기업중앙회(2013)에 있는 관련내용을 재정리한 내용임.

부분 역내 부가가치 비율을 측정하는 방법 중 하나인 공제법을 적용하고 있으나, NAFTA 유형의 원산지 규정을 따르는 칠레, 페루, 미국과의 FTA 경우에는 직접법 혹은 공제법 중 하나를 선택하도록 규정하고 있고 미국과의 FTA에서는 자동차 분야에 한해서 순원가법을 선택적으로 사용하고 있다. 이러한 산출방식의 차이보다 더 크게 문제가 되는 것은 국가마다 적용하는 부가가치 수준이 상이하다는 것이다.

이 4절에서는 한국이 체결한 FTA의 협정별, 품목별 원산지 규정을 가능한 한 일목요연하게 정리하고, 일관성 없는 원산지 규정이 FTA 활용률에 미치는 영향에 대해서 좀 더 자세히 살펴볼 것이다.

표 4-1. 우리나라가 체결한 FTA별 원산지 규정 비교

	칠레	싱가포르	EFTA	ASEAN	인도	EU	페루	미국	터키
발효일	04.4.1	06.3.2	06.3.2	07.6.1	10.1.1	11.7.1	11.8.1	12.3.15	13.5.1
엄격성 지수 평균[26]	4.82	4.59	4.59	4.53	–	–	–	4.45	–
협정별 세번변경기준 비중 비교(총 5224개 품목)									
CC 이상	1,867	1,257	482	552	–	–	–	1,737	–
CH 이상	3,102	3,799	3,990	4,087	–	–	–	2,570	–
부가가치기준									
제품기준 가격	조정가격	FOB	EXW	FOB	FOB	EXW	FOB	조정가격	EXW
부가가치 산출방식	직접법 공제법	공제법	MC법	공제법	공제법	MC법	직접법, 공제법	직접법, 공제법	MC법
부가가치 수준	30% 40%	45~55%	25~60%	35~60%	25~50%	25~50%	35% 40~55%	30~40% 35~55%	20~60%
보충기준									
미소기준	8%	10%	10%	10%	10%	10%	10%	10%	10%
누적기준	양자	양자	다자	다자	양자	양자	양자	양자	양자
원산지 증명	자율	기관	자율	기관	기관	자율	기관, 자율 →자율 (5년 이후)	자율	자율
역외가공	불인정	인정	인정	인정	인정	불인정	인정	불인정	불인정

김한성(2008)과 관세청 FTA 포탈 자료를 이용하여 작성

● FTA별 통일성 없는 규정이 FTA 활용률에 미치는 영향

북미 국가나 유럽연합은 체결하는 FTA에 대하여 NAFTA 방식이나 PANEURO 방식 등의 일관된 원산지 규정 방식을 적용하고 있으나, 우리나라의 경우 FTA별로 통일성 없이 협정 상대국에 따라 다양한 형태의 원산지 규정이 적용되고 있다. 일관성 없는 원산지 규정

---

26 참고: 엄격성 지수는 Estevadeoardal(2000)의 엄격성 지수를 사용함.

은 생산자 혹은 수출자로 하여금 특혜관세율을 적용받기 위하여 FTA별로 다른 생산 방법 및 중간재 조달을 하게 함으로써 FTA를 이용하려는 동기를 약화시키고 있다. 한국의 경우 한-칠레, 한-US, 한-페루 FTA는 NAFTA 방식을 한-EFTA, 한-EU, 한-터키 FTA는 PANEURO 방식의 원산지 규정을 따르고 있다. 김한성(2008)에 따르면, 한국이 체결한 한-칠레, 한-미, 한-싱가포르, 한-ASEAN, 한-EFTA, 이상 5개의 FTA를 비교해 본 결과 통일된 원산지 규정을 적용하고 있는 품목은 오직 9개의 철강 제품에 불과하고, 총 5,224(HS 2002, 6단위)개의 품목 중 3,961 품목(76%)이 3개 이상의 상이한 원산지 규정을 적용하고 있다.

표 4-2. 산업별/품목별로 적용되는 상이한 원산지 결정기준 수의 분포

대분류	1개	2개	3개	4개	5개	총합계
1차산품	0	24	258	112	2	396
가공1차산품	0	15	198	108	12	333
가공광물	0	201	119	13	1	334
가죽제품	0	9	32	26	7	74
고무/화학	0	426	327	81	9	843
금속제품	9	172	279	124	0	584
기타운송기기	0	10	31	17	0	58
기타제조품	0	49	54	46	32	181
비금속광물	0	12	169	12	0	193
운송기기	0	5	61	10	0	76
의류/직물	0	42	357	436	68	903
일반기계	0	66	197	155	94	512
전기기계	0	17	130	94	46	287
정밀기계	0	66	63	65	22	216
종이/목재	0	140	93	1	0	234
총합계	9	1254	2368	1300	293	5224

주: HS 2002 6단위 분류를 기준, 출처: 김한성(2008)

앞서 언급된 9개 제품[27]과 관련된 원산지 규정을 2014년 3월 현재 발효된 9개의 FTA

---

27 김한성(2008)이 분석하는 5개의 FTA 협정문에서 통일된 원산지 규정을 적용하고 있는 품목은 HS 720915, 720916, 720917, 720918, 720925, 720926, 720927, 720928, 720990이다.

협정문을 이용하여 다시 살펴본 표 4-3에 의하면 이 9개 제품에 대해서도 3~4가지의 서로 다른 원산지 규정이 요구되고 있음을 확인하였다. 따라서 한국이 체결하는 FTA 협정이 증가할수록 적용되는 원산지 규정의 다양성은 더욱 증가하는 것으로 보이며, 이는 Bhagwati(1995)의 스파게티볼 효과에 대한 우려가 현실화되고 있음을 보여주고 있다. 참고로 스파게티 볼 효과란 여러 나라와 동시 다발적으로 FTA을 맺게 되면 각 협정마다 상이한 원산지 규정 및 통관절차 등을 요구하게 되어, 이를 충족하기 위한 추가비용으로 인해 특혜관세로 인한 비용 절감이라는 애초의 기대효과가 반감되고 애로사항이 발생하는 현상을 말한다.

표 4-3. 특정 물품의 FTA 협정별 원산지 규정 비교

	HS 7209.15	HS 7209.16-18, 7209.25-28 & 7209.90
칠레	다른 호에 해당하는 재료로부터 생산된 것	다른 호에 해당하는 재료로부터 생산된 것
싱가포르	다른 호에 해당하는 재료로부터 생산된 것	다른 호에 해당하는 재료로부터 생산된 것
EFTA	다른 호에 해당하는 재료로부터 생산된 것	다른 호에 해당하는 재료로부터 생산된 것
ASEAN	다른 호에 해당하는 재료로부터 생산된 것	다른 호에 해당하는 재료로부터 생산된 것
인도	다른 소호에 해당하는 재료로부터 생산된 것. 다만, 35% 이상의 역내부가가치가 발생한 것에 한정한다.	다른 호에 해당하는 재료로부터 생산된 것
EU	제7206호 또는 제7207호의 잉곳[28], 기타 일차 형상 또는 반제품 재료로부터 생산된 것	제7206호 또는 제7207호의 잉곳, 기타 일차형상 또는 반제품 재료로부터 생산된 것
페루	다른 소호에 해당하는 물품에서 변경된 것	다른 소호에 해당하는 물품에서 변경된 것
미국	다른 호에 해당하는 재료로부터 생산된 것	다른 호에 해당하는 재료로부터 생산된 것
터키	제7206호 또는 제7207호의 잉곳, 기타 일차형 상 또는 반제품 재료로부터 생산된 것	제7206호 또는 제7207호의 잉곳, 기타 일차형 상 또는 반제품 재료로부터 생산된 것

자료: 관세청, FTA포털

또 다른 사례로 한국이 FTA를 체결하면서 최근 수입양이 증가한 적포도주(HS 6단위 2204.21)의 경우, 2014년 3월 기준 발효 중인 한국의 9개 FTA 협정문에서 명시하고 있는 원산지 규정이 서로 많이 상이함을 다음 표를 통하여 확인할 수 있다.

---

28 잉곳은 금속 또는 합금을 한번 녹인 다음 주형(鑄型)에 흘려 넣어 굳힌 것이다. 잉곳케이스라고 하는 비교적 간단한 모양의 주형을 쓰며 주괴(鑄塊)라고도 한다 – 두산백과(http://www.doopedia.co.kr).

표 4-4. 적포도주(HS 6단위 2204.21)의 FTA 협정별 원산지 규정 비교

협정국	협정 내용	원산지 규정
칠레	다른 호에 해당하는 재료로부터 생산된 것. 다만, 공제법의 경우 45% 또는 집적법의 경우 30% 이상의 역내부가가치가 발생한 것에 한정한다.	CTC (4단위 변경)+RVC (build-up30, build-down 45)
싱가폴	다른 호에 해당하는 재료로부터 생산된 것	CTC (4단위 변경)
EFTA	다른 호에 해당하는 재료로부터 생산된 것	CTC (4단위 변경)
ASEAN	다음 각 호의 어느 하나에 해당하는 것에 한정한다. 1. 다른 류에 해당하는 재료로부터 생산된 것 2. 40% 이상의 역내부가가치가 발생한 것	1. CTC (2단위 변경) or 2. RVC(2,4)
인도	다른 소호에 해당하는 재료로부터 생산된 것. 다만, 35% 이상의 역내부가가치가 발생한 것에 한정한다.	CTC (6단위 변경)+RVC (35)
EU	모든 호(그 제품의 호는 제외한다)에 해당하는 재료로부터 생산된 것. 다만, 사용된 모든 포도 또는 포도로부터 얻어진 재료는 체약상대국에서 완전생산된 것에 한정한다.	CTC (4단위 변경) +완전 생산된 포도를 사용
페루	다른 호에 해당하는 재료로부터 생산된 것	CTC (4단위 변경)
미국	다른 류에 해당하는 재료(품목번호 2106.90의 알코올성 합성조제품은 제외한다)로부터 생산된 것	CTC (2단위 변경)
터키	모든 호(그 제품의 호는 제외한다)에 해당하는 재료로부터 생산된 것. 다만, 사용된 모든 포도 또는 포도로부터 얻어진 재료는 체약상대국에서 완전생산된 것에 한정한다.	CTC (4단위 변경) +완전 생산된 포도를 사용

자료: 관세청, FTA포털

한편 한국의 수출 주력 상품 중 하나인 1500cc~ 3000cc 승용차(HS 6단위 8703.23)의 원산지 규정을 살펴보면, 현재 한국이 맺고 있는 9개의 FTA 협정문에서 명시하고 있는 원산지 규정 또한 서로 많이 상이함을 알 수 있다. 세 번 번경 기준과 부가가치 기준이 협정별로 상이하게 사용되고 있을 뿐 아니라, 부가가치 비율도 협정 마다 상이하여 동일한 제품의 경우에도 FTA 특혜관세율의 수혜를 위해서는 생산방식에 많은 복잡성이 야기될 것으로 보인다.

표 4-5. 1500cc~3000cc 승용차(HS 6단위 8703.23)의 FTA 협정별 원산지 규정 비교

협정국	협정 내용	원산지 규정
칠레	공제법의 경우 45% 또는 집적법의 경우 30% 이상의 역내부가가치가 발생한 것	RVC: Build-up(30), Build-down (45)
싱가폴	다른 호에 해당하는 재료로부터 생산된 것. 다만, 55% 이상의 역내부가가치가 발생한 것에 한정한다.	CTC (4단위) + RVC(55)

협정국	협정 내용	원산지 규정
EFTA	다음 각 호의 어느 하나에 해당하는 것에 한정한다. 1. 다른 호에 해당하는 재료로부터 생산된 것 2. 해당 물품의 생산에 사용된 모든 비원산지재료의 가격이 해당 물품의 공장도거래가격의 45%를 초과하지 아니한 것일 것	1. CTC (4단위) or 2. MC(45)
ASEAN	45% 이상의 역내부가가치가 발생한 것	RVC (45)
인도	다른 소호에 해당하는 재료로부터 생산된 것. 다만, 35% 이상의 역내부가가치가 발생한 것에 한정한다.	CTC (6단위)+RVC(35)
EU	해당 물품의 생산에 사용된 모든 비원산지재료의 가격이 해당 물품의 공장도가격의 45%를 초과하지 아니한 것	MC(45)
페루	아래의 역내가치포함비율이 발생한 경우에는 세번변경이 요구되지 않는다. 1. 집적법 35퍼센트 이상, 또는 2. 공제법 45퍼센트 이상	1. Build-up(35) or 2. Build-down(45)
미국	집적법 또는 순원가법의 경우 35%, 공제법의 경우 55% 이상의 역내부가가치가 발생한 것	1. Build-up (35) or Net Cost Method(35) or 2. Build-down (55)
터키	해당 물품의 생산에 사용된 모든 비원산지재료의 가격이 해당 물품의 공장도가격의 45%를 초과하지 아니한 것	MC(45)

자료: 관세청, FTA포털

FTA 활용률[29]이란 일정기간 동안 특정 무역협정의 혜택을 받을 수 있는 수출, 수입액 중, 실제로 특혜 관세 혜택을 받은 수출, 수입액의 비율을 의미한다. 우리나라가 체결한 FTA의 수출 활용률을 살펴보면 협정별로 큰 차이를 보이고 있다. 조미진(2011)[30]은 이러한 협정별 활용률의 차이가 나타난 원인이 협상과정에서 주로 체결에만 관심을 집중하여 이행과정에 대한 관심과 준비가 부족했고, 그 결과 협정별로 상대국의 교역구조나 산업구조, 원산지규정 등이 서로 다른 것에서 기인한다고 보았다.

표 4-6. 우리나라 FTA 수출 활용률 현황

구분 (발효)	한-칠레 (2004, 04)	한-ASEAN (2007, 06)	한-인도 (2010, 01)	한-EU (2011, 07)	한-페루 (2011, 08)	한-미 (2012, 03)
수출	85.5%	33.1%	35.8%	81.4%	61.3%	68.9%

29 관세행정의 전산화가 낮은 ASEAN 국가의 경우 해당 국가의 자료를 이용하기가 어려워 한국 수출기업들이 신청하는 원산지 발급증명서를 이용해 활용률을 추정할 경우, 초차가 존재하여 한-ASEAN의 경우 실용률을 사용하기도 한다. 실용률이란 FTA 상대국으로부터 수입된 전체 수출, 수입액에서 FTA 특혜 관세를 적용받은 수입액의 비율로 정의 된다.

30 조미진(2011), "FTA 실질적 효과분석 및 활용제고 방안," 대외경제정책연구원

구분 (발효)	한-칠레 (2004, 04)	한-ASEAN (2007, 06)	한-인도 (2010, 01)	한-EU (2011, 07)	한-페루 (2011, 08)	한 -미 (2012, 03)
기준연도	2010	2011	2011	2012	2011	2012

자료: 관세청, 출처: 유영석(2013)

실제로 협정별 원산지 규정의 차이는 원산지 규정을 처리할 인력의 필요성과 원산지증명을 위한 추가비용 등의 문제를 발생시키고 이러한 추가비용은 고정비용의 성격을 띨 것이기 때문에 특히 중소기업이 느끼는 부담이 클 것으로 보인다. 2013년 중소기업 중앙회에서 발표한 FTA 활용률 자료(표 4-6)를 살펴보면 중소기업의 FTA별 활용률은 한-싱가포르의 경우 34%로 가장 낮았고, 한-칠레, 한-페루, 한-미, 한-EU 순으로 50%를 약간 웃도는 수준으로 나타났다.

표 4-7. 중소기업의 FTA 활용률 (단위, %)[31]

	미국	EU	아세안	싱가포르	인도	칠레	페루	EFTA	터키
전체	51	50	46	34	41	56	55	43	41
전기, 전자 (부품)	41	40	41	25	31	43	10	10	5
기계(부품)	44	53	50	64	45	95	95	65	65
자동차(부품)	65	63	30	50	35	62	57	50	50
섬유	55	47	41	29	54	68	100	–	53
금속	25	52	33	–	15	–	–	–	–
고무화학	51	45	44	–	3	35	–	100	11
음식료	35	56	41	–	55	–	–	6	6
의료기기	61	44	66	1	15	–	–	–	100
의약품	55	35	69	10	–	–	–	–	–
기타	47	43	29	55	33	5	5	10	10

출처: 중소기업 중앙회(2013)

중소기업 중앙회(2013)에 따르면 한-싱가포르의 활용률이 상대적으로 저조한 것은 싱가포르의 대부분의 세율이 이미 0%로 일반관세율과의 차이가 작아 특혜관세 수준이

---

31 이 조사는 기업의 FTA 지역별 수출액 대비 특혜관세 활용 수출액으로 계산된 결과로서, 관세청의 통관자료를 바탕으로 계산된 활용률과 차이가 있을 수 있다.

낮기 때문이라고 본다. 한편 상대적으로 엄격한 원산지 규정을 적용하고 있는 한-미, 한-EU FTA의 경우 모든 업종의 활용률이 비교적 고르게 나타나고 있는데, 이는 선진국과 맺은 FTA의 조기관세 철폐비율이 높고 통관시스템이 선진화되어 있어 관세특혜 혜택을 잘 활용하고 있기 때문이라고 본다. 중소기업 중앙회(2013)의 연구는 선진화된 원산지 관리 시스템 구축과 이에 대한 관심이 FTA 활용률을 높이는 중요한 요인임을 시사하고 있다.

기존의 연구들도 FTA 활용률이 낮은 원인 중 하나로 협정별로 상이하고 복잡한 원산지 규정을 주목하고 있다. 한국무역협회 국제무역원이 2008년 실시한 설문조사자료[32]에 따르면, 전체 505개의 조사대상 기업의 80% 이상이 수출입 과정에서 FTA 특혜 관세를 활용하고 있지 못하다고 응답했다. FTA 특혜 관세를 잘 활용하지 못하는 이유는 전체적으로 큰 실익이 없다는 대답이 가장 많았고, FTA 활용법을 잘 알지 못해서, FTA 활용을 위한 활용을 위한 서류 구비 등 절차가 복잡하고 비용이 많다는 이유라고 응답했다.

또한, 원산지 규정의 엄격성도 FTA 활용도에 부정적인 영향을 미치는 것으로 알려져 있다. 하지만, 김한성(2008)의 연구에 의하면 FTA 체결 상대국이 한국으로 수출하는 경우 원산지 규정의 엄격성과 FTA 활용도 간에는 일정한 패턴을 발견할 수 없다. 예컨대 1차 상품의 경우 원산지 규정이 매우 엄격하게 규정되어 있음에도 불구하고 FTA 활용도가 상당히 높은 수준이며, NAFTA 유형을 따르고 있는 한-칠레 FTA의 원산지 규정이 상대적으로 엄격한데 비해 활용률이 100%에 달하는 것으로 보이고 있기 때문이다. 그래서 김한성(2008)의 연구는 FTA 활용률의 결정요인으로 원산지 규정의 엄격성 보다는 원산지 규정에 대한 경험부족, 인력부족 등 다른 요인에서 그 해답을 찾으려 하고 있다.

원산지 규정의 엄격성과 FTA 활용도 간에 일정한 패턴을 발견할 수 없다는 김한성(2008)의 연구와 관련하여 원산지 규정의 엄격성을 평가하는 새로운 지수를 제시하고 있는 Roh and Park(2014)의 연구에 주목할 필요가 있다. Roh and Park(2014)는 우

---

32 설문대상 기업은 업체 규모별로 대기업 125개 (24.8%), 중소기업 380개(75.2%)이며 업종별로 농림수산물, 광산물, 섬유류, 생활용품 등 전 업계를 포괄하고 있다.

선 원산지 규정의 엄격성을 나타내는 지수로서 기존의 연구들에 많이 사용되었던 Estevadeordal(2000)의 지수[Index]가 재화의 생산에 사용되는 역내 부가가치 정도[local content]를 고려하고 있지 않아 실질적인 원산지 규정의 엄격성을 과소 혹은 과대평가 하고 있다는 단점을 지적한다. 예를 들어 농산품 같은 경우 FTA 협정문이 보통 매우 엄격한 원산지 규정을 요구하고 있지만 농산품은 대부분 한 국가 안에서 완전히 생산되어 수출되는 품목이기 때문에 실질적으로는 농산품에 적용되는 원산지 규정이 엄격하다고 볼 수 없다. 이와 같은 이유에서 Roh and Park(2014)는 Estevadeordal(2000)의 Index를 한-미 FTA 원산지 규정에 적용하여 만든 ROO Index[33]와 한국은행의 투입산출표에 근거하여 각 품목의 역내 부가가치 유발정도를 반영한 Local Content Index간의 차이를 ROO Bindingness Index[34]로 정의하고 이를 원산지 규정에 대한 새로운 엄격성 지수로 제안하고 있다.

원산지 규정의 엄격성과 FTA 활용도 간에 일정한 패턴을 발견할 수 없다는 김한성(2008)의 연구결과가 원산지 규정의 엄격성을 제대로 평가하지 못해 발생했을 수 있기 때문에, Roh and Park(2014)가 제시한 새로운 엄격성 지수를 사용하여 FTA 활용률과의 관계를 다시 살펴볼 필요가 있다. 관세청 통관자료가 비공개 자료이기 때문에 이를 이용한 FTA 활용률을 구할 수 없었지만, Roh and Park(2014)은 USITC[United State International Trade Commission]의 자료에 근거한 한국의 대미 수출품의 한-미 FTA의 활용률과 한-미 FTA의 원산지 규정의 엄격성간의 상관관계를 분석하였다. 김한성 (2008)에서 보고한 것처럼 한-미 FTA의 경우에도 ROO Index(역내 부가가치 정도를 반영하지 않은 엄격성 지수)와 FTA 활용률의 상관관계를 살펴보면 표 4-8에서 볼 수 있는 바와 같이 양의 상관관계가 있음을 알 수 있다. 다시 말해 ROO Index로 측정한 원산지 규정이 엄격할수록 오히려 FTA 활용률이 높게 나타난다는 것이다. 그러나 Park and Roh(2014)가 제안한 새로운 엄격성 지수인 Bindingness Index와 한-미 FTA 활용률간의 상관관계를 살펴보면 예상한대로 음의

---

33 ROO Index는 Estevadeordal(2000)의 7단계 지수를 도출하는 원리는 그대로 유지하여 적용하되, 한-미 FTA 협정문에서 요구하고 있는 원산지 규정 적용의 단일, 선택, 결합 방식 등의 형태를 고려하여 8단계로 변형시킨 Index이다.

34 자세한 사항은 Roh and Park(2014), "A Political Economy Analysis of Rules of Origin Requirements of Korea-US FTA with a New Measure of the Requirements," 참조.

상관관계가 존재함을 알 수 있다. 이 결과는 제품의 역내부가가치 비율을 고려하여 원산지 규정의 엄격성을 제대로 측정했을 경우, 원산지 규정의 엄격성은 FTA 활용에 부정적인 영향을 주고 있음을 보여주고 있다.

표 4-8. ROO Index/Bindingness Index/ 한-미 FTA의 활용률간의 상관관계

	ROO Index	ROO Bindingness Index	KORUS FTA 활용률
ROO Index	1	-	-
ROO Bindingness Index	0.487	1	-
KORUS FTA 활용률	0.0148	-0.0438	1

● 비관세 보호무역장벽으로 작용

앞서 살펴본 바와 같이 원산지 규정과 관련된 이론적 연구들은 엄격한 원산지 규정이 보이지 않는 비관세 장벽으로 작용할 수 있음을 보여주었다. Estevadeordal(2000)은 NAFTA와 관련된 자료를 이용하여 원산지 규정의 엄격성을 수치화 한 후, 미국과 멕시코의 국가 간 관세율의 차이가 클수록 더욱 엄격한 원산지 규정을 적용하고 있음을 실증분석을 통하여 보여줌으로서 NAFTA의 경우 원산지 규정이 우회무역의 가능성을 줄이기 위하여 사용되었을 가능성을 제시한다. 또한 Estevadeordal(2000)은 관세의 완전 철폐를 양허해주는 기간이 길면 길수록 협정국들이 더욱 보호하고자 하는 상품일 수 있음을 상정하고, 원산지 규정의 엄격성과 관세가 완전 철폐되는 기간의 관계를 실증 분석하였다. 이러한 실증 분석을 한-미 FTA에 적용하여 한국의 FTA 경우에도 원산지 규정이 비가맹국뿐만 아니라 가맹국 간에도 비관세 보호무역정책 수단으로 사용되고 있는지를 살펴보고자 한다.

◆우회무역방지를 위한 원산지 규정의 사용

두 나라 사이의 관세율의 차이가 클수록 제3국으로부터의 우회무역이 일어날 가능성이 증가하므로 이를 방지하기 위해서 원산지 규정을 사용하는 경우, 더욱 엄격한 원산지 규정을 적용할 것이다. 이와 같은 Estevadeordal(2000)의 가설을 KORUS FTA 데이터를 사용하여 이를 검증하고자 한다.

가설1: 두 나라 간의 비동맹국에게 부과하는 MFN관세율의 차이가 클수록 더욱 엄격한 원산지 규정을 적용할 것이다.

ROO Index = f1(MFN_DIF, IIT_KOR-US, IIT-KOR_ROW, IIT_US_ROW)[35]

Bindingness Index = f1(MFN_DIF, IIT_KOR-US, IIT-KOR_ROW, IIT_US_ROW)

표 4-9에 의하면 결과는 NAFTA 자료를 이용한 Estevadeordal(2000)의 결과와 동일하게 나왔다. 한국과 미국의 MFN[Most Favored Nation] Tariff의 차이가 클수록 더 엄격한 원산지 규정을 적용하고 있다. 이 결과는 ROO Index와 Bindingness Index를 이용하는 실증분석 모두에 동일하다. 단, 한-미 FTA의 경우에는 NAFTA와는 달리 협정국 내 산업간 무역이 클수록 덜 엄격한 원산지 규정을 적용하고 있음을 알 수 있다.

표 4-9. NAFTA[36]와 한-미 FTA의 원산지 규정과 우회무역 방지

Ordered Probit	(A) Estevadeordal Index	Ordered Probit	(B) ROO Index	(C) Bindingness Index
MFN_DIF	1.57 (5.12)	MFN_DIF	0.0014***	0.0017***
IIT_Mexico_US	0.17 (2.37)	IIT_KOR_US	-0.0522	-0.4231***
IIT_Mexico_ROW	1.28 (20.72)	IIT_KOR_ROW	-0.2262***	0.0817
IIT_US_ROW	-1.63 (-22.85)	IIT_US_ROW	-0.8519***	-0.3556***

참고: (A)는 Estevadeordal(2000)의 결과이며 괄호 안의 값은 z-statistic이다.
(B)-(C)의 유의수준: * (10%), **(5%), *** (1%)

---

35 MFN_DIF_{ij}= | [{(1 + MFN Tariff$_i$)/(1+MFN Tariff$_j$)}-1]*100 | (i=USA,j=Korea); IIT_"A-B" = Intra-industry trade among Korea, USA and ROW(Rest of the World): Grubel-Lloyd Index=1- | X$_i$-M$_i$ | /(X$_i$+M$_i$)

36 Estevadeordal(2000), "Negotiating Preferential Market Access: The case of NAFTA," Journal of world trade, 34, 141-166

• 비관세 보호무역정책 효과를 위한 원산지 규정의 사용

FTA 협상 당시 보호하고자 하는 산업에 대해서는 상대방 국가에게 관세의 완전 철폐를 양허해주는 기간을 보다 길게 설정하고자 할 것이다. 그러므로 관세의 완전 철폐를 양허해주는 기간이 기면 길수록 더욱 보호하고자 하는 상품이라는 가정을 할 수 있다. 이와 같은 가정에 근거하여 원산지 규정의 엄격성이 관세가 완전 철폐되는 기간과 정의 관계를 갖는 것을 실증분석을 통하여 확인할 수 있다면 이러한 결과는 원산지 규정이 보호무역주의를 위한 비관세무역장벽non-tariff trade barrier으로 작용하고 있을 수 있음을 보여주는 근거로 해석할 수 있다. NAFTA에 대하여 이러한 분석을 한 Estevadeordal(2000)의 실증연구를 한-미 FTA 자료를 사용하여 검증하였다. 검증을 위한 가설은 다음과 같다.

가설2: 관세의 완전 철폐를 양허해주는 기간이 긴 산업에 대해서 더욱 엄격한 원산지 규정을 적용할 것이다.

YE-KOR-US = f1(ROO Index ,YE_US_KOR, MFN_US, IMP-RAT-KOR, EXP-RAT-KOR)[37]

YE-US-KOR = f2(ROO Index,YE_KOR_US, MFN_KOR, IMP-RAT-US, EXP-RAT-US)

YE-US-KOR = f3(Bindingness Index, YE_KOR_US, IMP-RAT-US, EXP-RAT-US)

표 4-10의 (C), (D), (E)는 위 모형을 이용한 실증분석 결과를 보여주고 있

---

[37] YE-KOR-US = Years to liberalization of Korea to US under Korea-US FTA,
YE-US-KOR = Years to liberalization of US to KOR under Korea-US FTA,
IMP-RAT-KOR = Korea imports from US relative to total Korea's trade,
EXP-RAT-KOR = Korea exports to US relative to total Korea's trade,
MFN_US = US MFN tariff,
MFN_KOREA = Korean MFN tariff.

다. 한-미 FTA 데이터를 이용한 위 모형의 실증분석은 Estevadeordal Index
와 관세의 완전 철폐 양허기간과의 관계를 NAFTA자료를 이용하여 분석한
Estevadeordal(2000)의 실증분석 결과와 동일하게 나왔다. 원산지 규정의 엄
격성을 ROO Index로 측정한 경우와 Bindingness Index로 측정한 경우 모두
관세완전 철폐까지의 기간이 길수록 더욱 엄격한 원산지 규정을 적용하고 있
음을 알 수 있다.

표 4-10. NAFTA[38]와 한미 FTA 보호무역정책 효과 결과 비교

OLS	(A) Year ME-US	(B) Year US-ME		(C) Year KOR-US	(D) Year US-KOR		(E) Year US-KOR[39]
Estevadeordal Index	0.43 (6.14)	0.83 (11.80)	ROO Index	0.1784***	0.0757***	Bindingness Index	0.0835***
YE to Liber. to Partner (A) YE-US-ME (B) YE-ME-US	0.19 (14.40)	0.23 (23.51)	YE to Liber. to Partner (C) YE-US-KOR (B) YE-KOR-US	0.3153***	0.1832***	YE-KOR-US	0.1941***
PRE_MARij[40] (A) i_j = ME_US (B) i_j = US_ME	−0.43 (−6.57)	−0.08 (−7.28)	MFN_i[41] (C) MFN US (D) MFN KOR	0.0159***	−0.004***	MFN KOR	−0.0038***
Import Ratio (A) Mexico (B) US	0.68 (5.11)	−0.21 (−0.44)	Import Ratio (C) Korea (D) US	1.1478***	6.604***	Import Ratio_US	6.1223***
Export Ratio (A) Mexico (B) US	0.90 (5.43)	0.45 (1.15)	Export Ratio (C) KOR (D) US	−0.4226	−0.4688	Export Ratio_US	−0.5146

참고: (A)&(B)는 Estevadeordal(2000)의 결과이며 괄호 안의 값은 t-statistic이다.
(C)-(D)의 유의수준: * (10%), **(5%), *** (1%)

표 4-9와 표 4-10의 실증분석 결과를 통하여 확인해 볼 수 있는 바와 같이,
Estevadeordal(2000)의 실증분석 모형에 한-미 FTA 자료를 이용하여 실증 분석
한 결과는 한-미 FTA의 원산지 규정이 FTA 가맹국이나 비가맹국 모두에게 비
관세 보호무역정책 수단으로 사용되고 있을 수 있는 가능성을 시사하고 있다.

---

38 Estevadeordal (2000), "Negotiating Preferential Market Access: The case of NAFTA"의 분석 인용.

39 미국의 한국에 대한 수출의 경우 미국산업의 투입계수표를 구하기가 어려워 실질적인 원산지 규정의 엄격성
을 나타내는 "Bindingness Index"을 구할 수 없었기 때문에 Year-Kor-US에 대한 분석 결과가 생략되었다.

40 PRE_MARij = [{(1+MFNi Tariffs)/(1+Preferentialij Tariffs in 1st year)}−1]*100: FTA하에서 i국가가 j국에 수출할 때
받는 특혜관세.

41 PRE_MARij을 대신하는 Proxy로 한국의 미국 수출에 적용되는 preferential rate은 US MFN tariffs를, 미국의 한
국 수출에 적용되는 preferential rate은 Korea MFN tariffs를 사용하였다.

자유무역협정은 당사국간 협상의 결과이기 때문에 한 국가의 입장이 100% 반영되기는 쉽지 않다. 그러나 한국의 경우 주요 수출·입 품목에서조차 협정별로 너무 상이한 원산지 규정을 적용하고 있다는 사실은 품목별 원산지 결정방식에 대한 한국의 입장이 정립되지 않았음을 시사하고 있다. 이러한 결과는 FTA 협상과 관련된 의견 수렴 과정[42]에서 업계나 협회의 원산지 규정에 대한 정확한 이해나 경험 부족으로 한국의 입장이 제대로 반영되지 못했거나, FTA 체결 상대국의 교역관계와 특수성만을 고려하여 원산지 규정이 FTA의 실효성에 미치는 영향을 제대로 파악하지 못하여 초래된 결과일 수 있다. 문제는 이렇게 결정된 원산지 규정을 쉽게 바꿀 수 없다는 것이다. 따라서 현재 협상이 진행 중인 FTA나 미래에 협상이 진행될 FTA에 대해서는 한국의 입장이 충분히 반영된 원산지 규정을 적용하기 위하여 노력해야 할 것이다.

앞서 살펴본 것처럼 FTA 별로 부가가치비율 산출에 필요한 제품가격기준, 부가가치 산출 방식, 부가가치 수준이 너무 상이하게 적용되고 있으므로, 각 제품별 역내산 중간재 사용 정도를 고려하여 적절하고 일관된 부가가치 산출 방식이 무엇인가를 연구하여 설정하고 이러한 원산지 규정을 앞으로 있을 FTA에 협정에 적용해 나가도록 노력하는 것이 필요하다.

또한, 원산지 규정의 적용과 관련하여 기존의 FTA는 협정 당사국의 제품만을 역내산으로 간주하는 양자누적을 적용하고 있는데, FTA의 활용도를 높이기 위해서는 유사누적 Diagonal Cumulation 혹은 완전누적 Full Cumulation 조항의 도입이 필용하다. 유사누적 조항은 FTA 가맹국이 아닌 경우에도 협정에 명시된 제3국으로부터 수입되는 중간재를 일정한 조건 하에 역내산으로 간주한다는 규정으로, Canada-Israel FTA의 경우 양국이 독립적으로 맺고 있는 FTA 협정국에 대해 유사누적을 허용하고 있다. 완전누적은 복수 국가 간에 체결

---

42 일반적으로 원산지 규정을 결정할 때 한국 협상대표단은 기획재정부, 농림축산식품부, 산림청, 산업통상자원부, 외교부, 해양수산부 등 각 품목의 관련 부처가 산하의 협회나 기업에게 의견을 수렴하여 협상에 임하게 된다. 통상교섭권이 외교통상부에서 산업통상자원부로 이관되면서 2014년 3월 기준 FTA 협상 주무부처는 산업통상자원부이다.

된 FTA에서 모든 가맹국을 하나의 특혜 영역으로 인정하여 가맹국에서 수입되는 중간재를 역내산으로 간주하는 규정으로, EU와 EFTA 간에 맺은 EEA[The European Economic Association]의 원산지 규정에서는 완전 누적을 규정하고 있다. 또한 1997년 EEA 협정을 기초로 EU-15, EFTA[The European Free Trade Association], CEEC[The Central and Eastern European Countries] 및 발틱 국가[The Baltic States]간에 일종의 유사누적 조항인 PAN-EURO Cumulation System[PECS]을 규정하고, 1999년에는 누적 영역을 슬로베니아와 터키까지 확대시켜 적용하고 있다. 현재 PECS는 지중해 연안 국가들[Mediterranean countries]에게까지 확대되어 약 50여개의 FTA에 적용되고 있으며, PECS에 포함된 관련국들[43] 간에 거래되는 물품 또는 중간재는 역내산으로 인정되어 관련국들이 EEA에 수출하는 경우 최종 제품이 원산지 물품으로 인정받는 특혜를 받고 있다.

Bombarda and Gamberoni(2013)[44]는 EU가 주변 국가들과 맺은 양자누적 원산지 규정에 근거한 FTA의 효과와 더불어 PECS[PAN-EURO 유사누적 조항]의 도입이 미치는 영향을 이론적, 실증적으로 분석함으로써 FTA의 양자누적 및 유사누적 조항이 무역창출효과에 미치는 영향을 구체적으로 보여준다.

---

[43] PNAEURO System의 참여국: EU-15(Austria, Belgium, Denmark, Finland, France, Germany, Greece, Ireland, Italy, Luxembourg, Netherlands, Portugal, Spain, Sweden, United Kingdom), European Free Trade Association(EFTA: Iceland, Liechtenstein, Norway, Switzerland), Central European Free Trade Area(CEFTA: Albania, Bosnia and Herzegovina, Bulgaria, Croatia, the Czech Republic, Hungary, Macedonia, Moldova, Montenegro, Poland, Romania, Serbia, Slovakia and Slovenia). Baltic Free Trade Agreement(BFTA:Estonia, Latvia, Lithuania), Mediterranean countries(Algeria, Egypt, Israel, Jordan, Lebanon, Morocco, Syria, Tunisia and the Palestinian Authority of the West Bank and Gaza Strip, Turkey)

[44] Bombarada and Gamberoni(2013), "Firm Heterogeneity, Rules of Origin and Rules of Cumulation," International Economic Review, 54(1), 307-328

Bombarda and Gamberoni(2013)의 실증분석 결과

	Hub to Spoke	Spoke to Hub	Spoke to Spoke
1단계: extensive margin (probability of export)			
(1) FTA_양자누적의 영향			
- 중간재	0.2% 감소	0.9% 증가	0.4% 증가
- 최종재	1.5% 증가	0.2% 증가	0.4% 증가
(2) 유사누적 조항의 영향			
- 중간재	0.2% 감소	0.9% 증가	0.2% 증가
- 최종재	0.2% 증가	1.1% 증가	0.3% 증가
(3) Total effect: (1) +(2)			
- 중간재	0.4% 감소	1.8% 증가	0.6% 증가
- 최종재	1.7% 증가	1.3% 증가	0.7% 증가
2단계: intensive margin (volume of trade)			
(4) FTA_양자누적의 영향			
- 중간재	4.9% 증가	2.9% 증가	
- 최종재	1.7% 감소~	5.6% 감소	
(5) 유사누적 조항의 영향			
- 중간재	5.3% 증가	5.2% 증가	
- 최종재	6.6% 증가	1.3% 증가	
(6) Total effect: (4) +(5)			
- 중간재	10.2% 증가	8.1% 증가	
- 최종재	4.9% 증가	4.3% 감소	

자료: Bombarda and Gamberoni(2013)의 table1~table5의 결과를 원산지 규정의 영향을 중심으로 재정리함.

~: 통계적으로 유의미하지 않은 결과

Bombarda and Gamberoni(2013)의 실증분석 결과[45]에 의하면, 양자누적 조항을 적용하는 FTA는 주변[spoke]국들의 중심[hub]국에 대한 수출가능성[extensive margin]에 대해서 최종재와

---

45 Bombarda and Gamberoni(2013)는 EU-15(Austria, Belgium, Denmark, Finland, France, Germany, Greece, Ireland, Italy, Luxembourg, Netherlands, Portugal, Spain, Sweden, United Kingdom)를 Hub(중심국)으로 분류하고, BFTA(Estonia, Latvia, and Lithuania), CEFTA(Bulgaria, Czech Republic, Hungary, Poland, Romania, Slovakia and Slovenia), and Mediterranean Countries(Algeria, Egypt, Israel, Jordan, Lebanon, Tunisia)를 Spoke(주변국)로 분류한 후, FTA 및 유사누적 조항의 도입이 이들 국가군들 간의 수출에 미치는 영향을 hub-to-spoke, spoke-to-hub, spoke-to-spoke로 나누어 분석하였다. 이론모형은 Melitz(2003)의 Heterogenous firm 모형에 중간재 산업을 도입한 후, 이를 Puga and Venables(1995)의 Hub-Spoke 모형으로 확대한 모형으로, FTA의 효과가 양자누적 혹은 유사누적 원산지 규정의 적용에 따라 어떻게 달라지는가를 분석하였다. 이러한 이론 모형에 기반한 실증분석을 위하여 Bombarda and Gamberoni(2013)는 Helpman, Melitz and Rubinstein(2008)의 two step estimation 방법을 이용하여 FTA가 수출기업의 수(혹은 수출기업이 될 확률)를 나타내는 extensive margin과 수출기업 당 수출량을 나타내는 intensive margin에 미치는 영향을 분석한다: 1단계에서는 probit을 이용하여 설명변수들이 extensive margin에 미치는 영향을 분석하고 2단계에서는 nonlinear least square를 이용하여 intensive margin에 대한 효과를 분석한다.

중간재에 상관없이 모두 정의 효과를 갖는 반면 중심[hub]국의 수출가능성에는 최종재에 대해서만 정의 효과를 갖고 중간재에 대해서는 음의 효과를 갖는다. FTA가 중심국의 중간재 수출가능성에 대하여 발생시키는 이러한 음의 효과는 중심국이 맺은 FTA가 중심국의 중간재 생산의 일부를 주변국으로 이동시켰을 가능성을 시사하고 있다고 Bombarda and Gamberoni(2008)은 해석하고 있으며, 이러한 음의 효과는 유사누적 조항의 도입으로 강화되고 있음을 위의 표는 보여주고 있다. 하지만, 위의 표는 유사누적 조항의 도입이 중심국의 최종재 수출가능성과 주변국들 최종재와 중간재의 수출가능성 모두를 증가시키고 있음을 보여 줌으로서 유사누적 조항이 FTA 협정국들 간 원산지 규정의 적용을 통한 특혜관세적용을 용이하게 함으로서 기업들의 수출가능성을 높이는 효과를 보여준다. 또한, 유사누적 조항이 중심국과 주변국들 간의 수출량[intensive margin]에 미치는 효과를 살펴보아도 모두 양의 효과를 나타내고 있을 뿐 아니라 그 크기도 대부분 5%를 넘어, Bombarda and Gamberoni(2013)의 실증분석은 유사누적 조항이 협정국들 간 무역을 크게 증가시킬 수 있음을 보여주고 있다.

김상겸(2011)은 1990-2005년 동안의 14만 9,483개의 양자간 교역 관측치 데이터에 PPML[Poisson Pseudo-Maximum Likelihood][46]를 적용하여 분석한 결과를 통하여 양자누적을 적용한 무역협정의 경우에는 3%, 유사누적을 적용한 경우에는 5.5% 그리고 완전누적을 적용한 경우에는 18.8% 무역창출 효과가 발생할 수 있음을 보여주었다.

한국이 2014년 3월까지 체결한 9개의 FTA 중 유사누적 및 완전누적 조항을 규정하고 있는 협정은 없다. 하지만, 한국이 중간재를 주로 수입하는 국가들을 유사누적 혹은 완전누적 적용이 가능한 국가로 포함시켜 기존의 협정들의 수정 할 수 있다면 서로 상이한 협정별 원산지 규정의 존재에도 불구하고 이를 보다 용이하게 충족시킬 수 있게 되어 FTA의 무역창출효과를 강화시킬 수 있을 것으로 예상된다. 물론 각국의 산업구조와 교역관계에 따라 이해관계가 상충되어 유사누적 및 완전누적 조항의 도입이 쉽지 않을 것이

---

46 더 자세한 내용은 다음의 페이퍼를 참고 바람. Gourieroux et al.(1984), "Pseudo maximum likelihood methods: Applications to Poisson models," Econometrica: Journal of the Econometric Society, 701-720

며 유사누적 및 완전누적 조항을 도입하기 위해서는 기존의 FTA 협정의 수정 보완 작업도 필요할 것으로 보인다. 현재 한국은 한-중 FTA, 한-중-일 FTA, 환태평양동반자협정Trans-Pacific Partnership, TPP47, 아태자유무역지대Free Trade Area of Asia Pacific, FTAAP, 역내포괄적경제동반자협정Regional Comprehensive Economic Partnership, RCEP48 등의 다자간 FTA 협상을 추진하고 있다. 한국이 추진해온 FTA의 협정을 통한 무역창출효과를 확대하기 위해서는, 이러한 다자간 FTA 추진 과정 속에 단순히 특혜 관세 양허에 관한 협상에만 초점을 맞출 것이 아니라 참여국들의 생산시장을 하나의 생산시장으로 만들어 가는데 필요한 유사누적 및 완전누적 조항 도입을 적극 검토하여 실질적인 경제통합을 추진하는 전략을 고려해야 할 필요가 있다.

---

47 아시아·태평양 지역 경제의 통합을 목적으로 2005년 6월 뉴질랜드, 싱가포르, 칠레, 브루나이 4개국 체제로 출범한 다자간 자유무역협정으로, 2008년 2월 미국이 이 협정에 참여하기 위한 협상을 시작하였고, 그해 8월 호주, 베트남, 페루가 참여 의사를 밝혔으며, 2010년 10월 말레이시아가 참여를 선언하였다. 2010년 현재 협상을 벌이고 있는 다섯 나라 외에도 캐나다, 일본, 필리핀, 대만, 한국 등이 협정 참여에 관심을 표명하고 있다. TPP는 창설 초기 그다지 영향력이 크지 않은 다자간 자유무역협정이었으나 미국이 적극적으로 참여를 선언하면서 주목 받기 시작하였다.

48 동남아시아국가연합(ASEAN) 10개국과 한중일 3개국, 호주·뉴질랜드·인도 등 총 16개국의 관세장벽 철폐를 목표로 하는 일종의 자유무역협정(FTA)이다.

::: 참고문헌

권율 (2005), "한-ASEAN 원산지규정 연구," 대한상공회의소

김상겸, 박인원, 박순찬, 임경수 (2011), "APEC 경제통합과 원산지규정: 경제적 효과와 APEC의 협력 과제", KEIP, (11-16)

김의기 (2013), 한미 FTA 원산지 규정 해설, 다른세상

김한성, 조미진, 정재완, 김민성 (2008), "한국 FTA 원산지 규정의 특성 및 활용전략", KIEP, (08-09)

방호경 (2004), "FTA 원산지 규정의 주요 특징과 협상에 대한 시사점", KIEP

오원석 (2008), "무역환경 변환에 대응한 효과적인 원산지 제도 개선에 관한 연구", 한국무역상무학회

유영석 (2013), "FTA 활용률 제고방안에 대한 연구 : 인천기업의 사례를 중심으로" 학위논문

윤영호 (2009), FTA 원산지 증명과 비즈니스 모델, 두남

정인교 (1999), "지역무역협정의 무역굴절효과 추정방법 모색: 특혜원산지규정의 측면에서," 대외경제정책연구원, 3(2), 115-131

조미진 (2011), "FTA 실질적 효과분석 및 활용 제고 방안," 대외경제정책연구원

조미진, 김한성, 김민성, 양주영 (2010), "동아시아 FTA를 대비한 한국원산지규정 추진방안", KEIP, (10-04)

조미진, 안경애 (2011), "한국 FTA 원산지규정의 비교와 국내기업의 FTA 활용현황에 관한 분석", 한국무역학회, 36(3), 83-105

조의노 (2003), "WTO 통일원산지협상 동향 및 전망", 산업자원부

중소기업 중앙회 (2013), 중소기업 FTA 활용 현황 보고서

한국관세무역개발원 (2011), 원산지규정총람

Anderson, J. E. and Wincoop, E. V. (2003), "Gravity with Gravitas: A Solution to the Border Puzzle," American Economic Review, 93(1) 170-192

Augier, P., Gasiorek, M. and Ton, C. L. (2005), "The Impact of Rules of Origin on Trade Flows," Economic Policy, 20(43), 567-624

Bhagwati, J. (1995), "US trade policy: The infatuation with FTAs", Discussion paper series No. 726.

Bombarda, P. and Gamberoni, E. (2013), "Firm Heterogeneity, Rules of Origin and Rules of Cumulation" International Economic Review, 54(1), 307-328

Cadot, C., Estevadeordal, A., and Suwa-Eisenmann, A. (2006) "Rules of origin as export subsidies," in The Origin og Goods: Rules of Origin in Free-Trade Agreements, ed. by O. Cadot, A. Estevadeordal, A. S. Eisenmann, and T. Verdier, pp. 149-172. Oxford University Press.

Cadot, O., Carrere, C., De Melo, J. and Portugal-Perez, A. (2005), "Market Access and Welfare Under Free Trade Agreements: The case of Textiles under NAFTA," World Bank Economic Review, 19(3), 379-405

Cadot, O., Carrere, C., De Melo, J. and Portugal-Perez, A. (2007), "Rules of Origin for Preferential Trading Arrangements: Implication for the ASEAN Free Trade Area of EU and US Experience," Journal of

Economic Integration, 22(2), 288-319

Cadot, O., Carrere, C., De Melo, J. and Tumurchudur, B. (2006), "Product-specific rules of origin in EU and US preferential trading arrangements: an assessment," World Trade Review, 5(2), 199-244

Carrere, C. and De Melo, J. (2004), "Are Different Rules of Origin Equally Costly? Estimates from NAFTA," CERDI Working Paper, 200412

Duttagupta, R. and Panagariya, A. (2007) "Free Trade Areas and Rules of Origin: Economics and Politics," Economics Politics, 19(2), 169-190

Estevadeordal, A. (2000), "Negotiating Preferential Market Access: The case of NAFTA" Journal of World Trade, 34, 141-166

Estevadeordal, A. and Suominen, K. (2004), "Rules of origin: a world map and trade effects." The Origin of Goods: Rules of Origin in Preferential Trade Agreements, 1214-1245.

Estevadeordal, A. López-Córdova, A. E. and Suominen, K. (2006), "How do rules of origin affect investment flows? : some hypotheses and the case of Mexico," INTAL Working Papers 1444, Inter-American Development Bank, INTAL.

Falvey, R. and Reed, G. (1998), "Economic Effects of Rules of Origin", Weltwirshaftiches Archiv 134, 209-29

Freund, C. and Ornelas, E. (2010), "Regional Trade Agreements," Annual Review of Economics, 2, 139-167

Gasiork, M., P Augier, P., and Lai-Tong, C. (2007), "Multilateralising Regionalism: Relaxing ROO or Can those PECS be Flexed" London: Centre for Economic Policy Research

Hayakawa, K. (2011), "Measuring Fixed Cost for Firms' Use of a Free Trade Agreement: Threshold Regression Approach," IDE Discussion Paper No. 275. Institute of Developing Economies.

Helpman, E., Meliz, M. and Rubinstein, Y. (2008), "Estimating Trade Flows: Trading Partners and Trading Volumes," Journal of International Economics, 54(1), 75-96

Herin, J. (1986), "Rules of Origin and Differences Between Tariff Levels in EFTA and in the EC," Geneva: EFTA Secretariat.

Ju, J. and Krishna, K. (2005), "Firm Behaviour and Market Access in FTA with ROOs", Canadian Journal of Economics 28, 290-308

Kim, H. and Cho, M. J. (2010), "Impact of Rules of Origin on FTA Utilization in Korean FTAs," KIEP Working Paper (10-08)

Koskinen, M. (1983), "Excess Documentation Costs as a Non-Tariff Measure: An Empirical Analysis of the Effects of Documentation Costs," Working Paper. Swedish School of Economics and Business Administration.

Krueger, A. O. (1997) "Free Trade Areas versus Customs Union" Journal of Development Economics 54, 169-97

Park, I. and Park, S (2011), "Best Practices for Regional Trade Agreements," Review of World Economics, 147(1), 249-268

Puga, D. and Venables, A. J. (1995), "Preferential Trading Arrangements and Industrial Location," Journal of International Economics 43, 347-368

Roh, J. and Park, J. (2014), "A Political Economy Analysis of Rules of Origin Requirements of Korea-US FTA with a New Measure of the Requirements", The Korean Economic Review, Forthcoming in Vol.30, No 1.

웹사이트

FTA 종합지원 포털: http://www.ftahub.go.kr/kr

WTO RTA관련 사이트: http://rtais.wto.org/UI/PublicMaintainRTAHome.aspx

관세청 FTA 포털: http://www.customs.go.kr/portalIndex.html

대한상공회의소: http://cert.korcham.net/html

두산백과: http://www.doopedia.co.kr

부록 1. 원산지 규정 관련 실증분석 사례 정리

연구자 (연도)	연구 방법	연구 대상	연구 지역	연구 결과
Koskinen (1983)	EC-EFTA FTA의 원산지 증명을 위한 기업의 추가적인 행정비용 추정	교역 비용	핀란드	원산지증명의 행정비용이 수출거래액의 1.4~5.7%
Herin (1986)	MFN 관세상당치와 교역재 가치로 측정된 원산지 규정의 행정비용 추정	교역 비용	EC와 EFTA간 무역	MFN 관세 상당치로 측정된 원산지규정 비용은 평균적으로 교역재가치의 3%에 해당하는 행정비용을 유발하는 것으로 추정
정인교 (1999)	CGE 모형	교역	한일 FTA	한국의 대일 공산품 수출이 22.4% 증가하고 대일 수입은 감소하여 무역굴절 방지효과 입증
Estevadeordal et al. (2003)	품목별 원산지규정과 제도적 원산지 규정의 산업별 무역에 미치는 효과를 중력 모형을 이용하여 추정	교역	전세계	품목별 원산지규정의 교역감소 효과와 역내국간 중간재 수입증대효과
Carriere and Melo (2004)	원산지규정의 추가비용을 관세 상당치로 추정	교역 비용	NAFTA	멕시코 기업의 관세 상당치로 추정된 추가비용은 6%
Manchin (2004)	특혜관세마진율 추정	마진율	ACP	최소 4~4.5% 마진
Cadot et al (2005)	원산지규정의 추가비용을 관세상당치로 추정	교역 비용	NAFTA, PANEURO	NAFTA의 경우 6.8%의 추가비용과 1.9%의 행정비용이, PANEURO 의 경우 8%의 추가비용과 6.8%의 행정비용이 유발될 것으로 추정
Anson et al (2005)	원산지규정의 추가비용과 행정비용을 관세 상당치로 추정	교역 비용	NAFTA	6%의 추가비용과 47%의 행정비용이 추가되는 것으로 추정
Carriere and Melo (2004)	특혜관세마진율 추정	마진율	NAFTA	최소 10% 마진
Machinand Pelkmans-Balaoing (2007)	중력모형을 이용한 특혜관세마진율 추정	마진율	NAFTA	최소 25% 마진
Bombarda and Gamberoni (2008)	원산지규정 범유럽누적시스템의 무역증대효과를 중력모형을 이용하여 추정	교역	EU, MEA, BAFTA, CEFTA, EFTA,	원산지 규정의 엄격성은 hub의 경우 최종재, spoke의 경우 중간재에 보다 강력한 효과
김한성 외 (2008)	원산지 엄격성 지수와 한국이 체결한 FTA의 활용률 간 상관관계를 산업별로 추정	FTA 활용률	한국	원산지 규정과 FTA활용률 간 상관관계가 부재하는 것으로 추정
Kim and Cho (2010)	원산지규정의 경직성지수, 특혜관세율, FTA 활용률 간 회귀분석	FTA 활용률	한-ASEAN FTA	원산지 규정의 경직성지수와 FTA 특혜관세 활용률 간에 양의 관계가 존재하며 특혜율이 FTA활용률에 영향을 주는 것으로 추정
조미진 외 (2010)	기업별, 산업별, 설문조사	FTA 활용률	한국	완전생산기준과 특정 공정 기준 선호: 원산지규정 적용의 이해부족으로 활용률 저조
Hayakawa (2011)	threshold regression moethod를 중력모형을 이용하여 추정	교역 비용	전세계	원산지규정의 관세상당치로 추정된 고정비용은 3.2%
Mattoo et al (2002)	AGOA의 수출 유발효과를 비용함수를 이용하여 추정	교역	아프리카	원산지규정 부재의 경우 수출유발효과가 5밸로 증가할 것으로 추정
Estevadeodal et al. (2003)	품목별 원산지 규정과 제도적 원산지 규정의 산업별 무역에 미치는 효과를 중력모형을 이용하여 추정	교역	전세계	미세조정은 부정적 효과, 유사누적은 긍정적 효과, 완전누적은 부정적 효과, 관세환급은 긍정적 효과, 유연성을 주는 제도적 원산지 규정의 총체적 효과는 긍정적
Augier et al. (2005)	원산지 규정 유럽누적시스템(PECS)의 무역증대효과를 중력모형을 이용하여 추정	교역	38 EU간 무역량	총무역량의 경우 47 및 49% 증가하고, 역내관세율이 낮을 경우 무역증대효과는 감소하고 spoke간의 무역이 7~22% 증가
Cadot et al. (2006)	원산지 규정의 유연성과 FTA 활용률 간 상관간계를 분석	FTA 활용률	AFTA	부가가치기준 원산지 규정을 10% 완화할 경우 FTA 활용률이 2.5~8.2% 증가
Estevadeordal et al. (2006)	원산지규정의 유연함에 따른 미국의 대멕시코 투자를 산업별로 분석	FDI	NAFTA	유연한 원산지규정의 긍정적인 투자유치효과
Bombarda and Gamveroni (2008)	원산지규정 범유럽누적시스템의 무역증대효과를 중력보형을 이용하여 추정	교역	EU, BAFTA, CEFTA, EFTA와 MEA	유사누적이 적용될 경우 hub-spoke 간 중간재 교역 1% 및 최종재 교역 0.5%의 증대효과가 기대; 유사누적의 적용은 0.2%의 중간재 교역과 0.25%의 최종재 교역을 유발할 것으로 추정

연구자 (연도)	연구 방법	연구 대상	연구 지역	연구 결과
Park and Park (2011)	원산지규정 통합으로 기대되는 추가적인 무역효과를 중력모형을 이용하여 추정	교역	PANEURO 하의 EC	원사지규정 통합으로 기대되는 추가적인 무역창출 및 무역전환효과는 완전누적의 경우 무역창출효과가 10.4배 증가하고 무역전환효과는 0.3배 수준으로 감소, 한편 유사누적의 경우 무역창출효과는 4.6배 증가하나 무역전환효과가 1.4배 약화되는 것으로 추정
Roh and Park (2014)	한국은행이 발표하는 수입투입계수를 활용하여 상품별 역내산의 비율을 계산한 후 이를 반영한 원산지 규정의 엄격성 지수를 만들어 실증분석에 이용함	원산지 규정 엄격성	한-미 FTA	원산지 규정이 엄격할수록 FTA활용률이 낮아짐을 보임. 엄격한 원산지 규정이 중간재 수출업자에게 일종의 보조금 역할을 하고 있음을 보임.

출처: 김상겸 외(2011)의 부록 표1과 표2를 기본으로 수정 보완한 내용임

국제경제체제의
위기 사례
및
분야별 쟁점

07

농산물 무역구제 분쟁의 문제점 고찰: 미국-캐나다간 연목(Softwood Lumber) 분쟁을 중심으로[1]

안덕근·신원규

본 논문은 통상법률 통권 제 104호에 수록된 것으로 2011년 농림수산식품부에 의해 지원된 "농림수산부문 무역구제 및 서비스 분야 FTA 협상 대응방안 연구"에 일부 기초하고 있음을 밝힌다. 연구과정에서 지원을 아끼지 않은 농림수산식품부의 김종진 통상관·김진진 과장·정혜련 서기관·유진오 사무관께 깊이 감사한다. 또한 세심하게 초고를 검토해주신 익명의 심사자들과 본고에 유용한 조언을 해주신 이우승 변호사께 감사드린다. 끝으로 연구에 큰 도움이 된 SSK사업의 지원에도 감사를 표한다.

1 "Softwood lumber"는 비교적 목질이 연한 침엽수류의 목재를 지칭하며 연재, 연목, 연질목이라고도 부른다. 본 연구에서는 편의상 "연목"이라고 칭한다. WTO의 관세 및 협정 분류상 목재는 공산품으로 분류되나, 연목 자체가 나무로서 갖는 농산물의 특성을 고려하여 연목분쟁을 농산물에 관한 분쟁사건으로 취급하였음을 밝혀둔다. 우리나라도 목재 생산을 비롯한 여러 가지 산림자원 생산과 관련된 국유림 관리와 산림정책 수립은 농림수산식품부 산하 산림청 관할이다.

WTO체제의 도입과 함께 대폭 개선된 무역구제제도는 2012년 현재 급속도로 FTA가 확장되는 시점에서 수입에 의한 산업피해를 합법적으로 구제하는 수단으로 주목받고 있다. 예를 들어 1990년대 말과 2000년대 초에 최고조에 도달했던 반덤핑조사는 그 이후 지속적으로 감소하였으나 2000년대 후반 금융위기의 여파로 다시 증가한 바 있다. 이러한 무역구제조치는 전통적으로 철강, 석유화학, 전자산업 등 대규모 설비투자가 필요한 제조업 중심으로 활용되었으나 최근에는 농수산물 분야에서도 사용이 두드러지고 있다. 특히, 농수산물 분야의 무역구제는 전통적으로 세이프가드조치를 중심으로 이루어져 왔으나 최근에는 반덤핑관세와 상계관세의 부과도 중요한 역할을 하고 있다. 이와 관련하여 WTO에서 판결이 내려진 반덤핑조치 관련 분쟁사건 총 50건 중에 10건이 농산물 관련 분쟁이라는 점은 주목할 부분이다.[2]

실제로 GATT체제부터 WTO체제를 거쳐 오면서, 미국이나 유럽연합 등의 선진국들은 농산물에 대한 쿼터 및 고율관세 부과가 점차 어려워지자 자국의 농산물을 보호하기 위한 대안으로 무역구제책을 적극 활용하였다. 이러한 전략을 채택한 주요한 이유로 우선 반덤핑과 상계관세조치는 조사개시과정에서 생길 수 있는 정치적 부담이 상대적으로 적다는 점을 들 수 있다. 수입국이 반덤핑조사를 진행하는 것은 외국의 불공정무역 관행에 정당히 맞서 공공이익을 보호하는 입장으로 비추어지기 때문에 일반적으로 강력한 국내적 지지를 얻게 된다.[3]

또한 조사개시만으로도 "무역위축효과Trade-chilling effect"를 가져오는 무역구제조치는 무역자유화로 심화된 경쟁에 더욱 취약해진 농수산업 분야에 효과적인 보호장치가 되기 때

---

2 반덤핑관련 WTO 분쟁사건의 개요는 〈www.worldtradelaw.net/dsc/database/ad.asp〉 참조 (2012년 2월 24일 방문).

3 W. A. Kerr, "Dumping: Trade Policy in Need of a Theoretical Make over", *Canadian Journal of Agricultural Economics,* 54, 11-31, (2006).

문이다.[4] 이러한 무역감소효과는 경쟁력이 약해진 국내생산업자들이 조사결과에 상관없이 조사개시를 청원하도록 유인할 수 있다는 점에서 조사개시효과[Investigation effect]라고도 하는데, 미국 제조품의 경우 조사시점부터 최종 반덤핑관세 부과까지의 기간동안 약 50% 가량의 수입위축효과가 나타나는 것으로 추산된 바 있다.[5] 이와 같은 무역위축효과는 농수산물의 경우에 더욱 심각한 문제를 야기할 수 있는데, 농수산물은 공산품과 달리 상품의 출하시기 및 생산량을 조절하기가 쉽지 않기 때문이다. 계절변화나 병충해 등에 따른 예상치 못한 상황이 공산품에 비해 발생할 가능성이 높고, 이는 가격의 변동성과 직결됨으로써 덤핑판정 확률과 이에 따른 부정적 효과를 더욱 증가시킨다.[6] 예컨대 농작물의 풍작시에 결정되는 시장청산가격[market-clearing price]은 덤핑가격이라는 인상을 주어 수입국의 반덤핑 및 상계관세 조사개시 빌미를 제공할 수 있다.[7] 또한 유통기한이 있는 농수산물이 무역구제 조사대상이 되는 경우는 대부분 수입통관 및 유통과정에서 사실상 수입이 중단되는 결과를 초래하는데, 이에 따르는 피해 규모는 더욱 심각하게 된다.[8] 더욱이 무역구제 조사가 신선도나 계절적 영향이 큰 상품 즉, 생화 및 원예 상품, 과일, 살아있는 가축

---

4 T. J. Prusa, "Why Are So Many Antidumping Petitions Withdrawn?", *Journal of International Economics*, 33, 1-20, (1992).

5 R. Staiger and W. Frank, "Measuring Industry-specific Protection: Antidumping in the United States", *Brookings Papers on Economic Activity*, Microeconomics, 51-118, (1994).

6 B. Blonigen, "Food Fight: Antidumping in Agricultural Goods", in *Agricultural Policy Reform and the WTO: Where Are We Heading?* (Eds). Giovanni Anania, Mary Bohman, Colin Carter, and Alex McCalla, (Cheltenham, UK: Edward Elgar), (2004).

7 J. C. Hartigan, "Is the GATT/WTO Biased against Agricultural Products in Unfair International Trade Investigations?", *Review of International Economics,* 8, 634-646, (2000); A. Schmitz, F. Robert and H. Jimmye, "Agricultural export dumping: the case of Mexican winter vegetables in the U.S. market", *American Journal of Agricultural Economics*, 63, 645-54, (1981).

8 이에 대한 실증분석연구로 Carter and Gunning-Trant (2010)이 있다. 이들은 농산물에 대한 미국의 반덤핑 및 상계관세로 인한 "조사효과(investigation effects)"를 월 단위 자료로 분석하여 미국의 수입농산물에 대한 반덤핑 또는 상계관세조사는 긍정판정일 경우 제조업의 경우보다 더욱 심각한 무역위축효과를 가져올 수 있다는 결론을 내렸다(조사년도부터 최소 3년간 농산물 수입이 줄어듦). 또한 추가적으로 조사대상에 빠진 국가들의 농수산물수입으로 수입선이 바뀌는 전환효과(diversion effects)의 여부도 분석하였는데, 농산물의 경우는 전환효과가 상대적으로 미미하다는 결론을 내렸다. 앞의 두 분석결과를 바탕으로 미국 농산품생산자들이 왜 수입농산물에 대한 무역구제조치 조사청원에 적극적인지를 지적하였다. C. A. Carter and G-T. Caroline, "U.S. Trade Remedy Law and Agriculture: Trade diversion and Investigation Effects", *Canadian Journal of Economics*, 43(1), 97-126, (2010).

및 동물에 이루어지고 있다는 것은 수출생산자 입장에서는 현재진행 중인 수출은 물론이고, 차기 수출계획에도 영향을 주는 중대한 변수로 작용할 수 있다는 것을 의미한다.

본 연구에서는 GATT/WTO체제에서 농산물 관련 통상분쟁으로 최대의 논란을 야기했던 사건 중 하나인 미국과 캐나다간의 연목분쟁을 그 기원인 캐나다-미국FTA[CUSFTA]차원의 분쟁부터 종합적으로 검토함으로써 무역구제조치 관련 분쟁의 현실과 문제점을 분석한다. 〈표 1〉에 나타난 바와 같이, 미국과 캐나다간의 연목분쟁은 NAFTA 11장 투자자국가분쟁[ISD: Investment State Dispute] 3건을 포함하여 NAFTA체제에서만 23건(CUSFTA 체제 5건), GATT/WTO 체제하에서도 총 9건(GATT에서 2건, WTO에서 7건)의 분쟁을 촉발한 양국 간 최대의 분쟁사안인데, GATT/WTO체제에서 이러한 수준으로 분쟁이 이어진 사건은 아직 유례가 없다.[9]

표 1. 미국-캐나다간 연목분쟁 목록

분쟁절차	분쟁명	분류	분쟁번호
CUSFTA (19장)	In the Matter of: Certain Softwood Lumber Products from Canada	CVD	USA-92-1904-01
	In the Matter of: Certain Softwood Lumber Products from Canada - Remand	CVD	USA-92-1904-01
	In the Matter of: Certain Softwood Lumber Products from Canada	Injury	USA-92-1904-02
	In the Matter of: Certain Softwood Lumber Products from Canada - Remand	Injury	USA-92-1904-02
	In the Matter of: Certain Softwood Lumber Products from Canada - Remand II	Injury	USA-92-1904-02
NAFTA (19장)	Certain Softwood Lumber Products from Canada	AD	USA-CDA-2002-1904-02
	Certain Softwood Lumber Products from Canada - Remand	AD	USA-CDA-2002-1904-02
	Certain Softwood Lumber Products from Canada - Remand II	AD	USA-CDA-2002-1904-02
	In The Matter of Certain Softwood Lumber Products from Canada:Final Affirmative Less Than Fair Value Sales Determination - Dismissal	AD	USA-CDA-2002-1904-02

---

9 1981년 미국의회의 요청으로 캐나다산 연목에 상계관세 부과를 위해 캐나다 정부의 보조금 지급여부에 대한 조사를 시작한 이래 2012년 1월 현재까지도 중재와 협상이 진행되고 있는 기록적인 통상분쟁사건이다.

분쟁절차	분쟁명	분류	분쟁번호
NAFTA (19장)	Certain Softwood Lumber Products from Canada	CVD	USA-CDA-2002-1904-03
	Certain Softwood Lumber Products from Canada - Remand	CVD	USA-CDA-2002-1904-03
	Certain Softwood Lumber Products from Canada - Remand II	CVD	USA-CDA-2002-1904-03
	Certain Softwood Lumber Products from Canada - Remand III	CVD	USA-CDA-2002-1904-03
	Certain Softwood Lumber Products from Canada - Remand IV	CVD	USA-CDA-2002-1904-03
	Certain Softwood Lumber Products from Canada - Remand V	CVD	USA-CDA-2002-1904-03
	Certain Softwood Lumber Products from Canada	Injury	USA-CDA-2002-1904-07
	Certain Softwood Lumber Products from Canada - Remand	Injury	USA-CDA-2002-1904-07
	Certain Softwood Lumber Products from Canada - Remand II	Injury	USA-CDA-2002-1904-07
	Certain Softwood Lumber Products From Canada; Final Results ofCountervailing Duty Administrative Review and Rescission of CertainCompany-Specific Reviews (the "Final Results")	CVD/ SLA	USA-CDA-2005-1904-01
	Certain Softwood Lumber Products From Canada; Final Scope RulingRegarding Entries Made Under HTSUS 4409.10.05	SLA	USA-CDA-2006-1904-05
NAFTA (11장)[10]	Canfor Corp. and the United States of America	ISD	2002. 7. 9(중재요청)
	Tembec Corp. and the United States of America	ISD	2004.12. 3(중재요청)
	Terminal Forest Products Ltd. and United States of America	ISD	2004. 3.31(중재요청)
GATT	GATT Panel Report, Panel on United States Initiation of a Countervailing Duty Investigation into Softwood Lumber Products from Canada (연목분쟁 I)	CVD	34S/194
	GATT Panel Report, Panel on United States - Measures Affecting Imports of Softwood Lumber from Canada (연목분쟁 II)	CVD	40S/358
WTO	United States - Preliminary Determinations With Respect To Certain Softwood Lumber From Canada (연목분쟁 III)	CVD	DS236
	United States - Final Countervailing Duty Determination With Respect To Certain Softwood Lumber from Canada (연목분쟁 IV)	CVD	DS257 (패널/상소기구보고서)

---

10 NAFTA 11장은 투자자-국가 분쟁(Investor-State Dispute: ISD)을 다루는데 캐나다의 연목업체인 Canfor, Tembec 및 Terminal社가 미국정부를 대상으로 개별 중재소송을 요청한 바 있다.

분쟁절차	분쟁명	분류	분쟁번호
WTO	United States – Final Countervailing Duty Determination With Respect To Certain Softwood Lumber from Canada (이행분쟁)	CVD	DS257/RW (패널/상소기구 보고서)
	United States – Final Dumping Determination on Softwood Lumber from Canada (연목분쟁 V)	AD	DS264 (패널/상소기구 보고서)
	United States – Final Dumping Determination on Softwood Lumber from Canada (이행분쟁)	AD	DS264/RW (패널/상소기구 보고서)
	United States – Investigation of the International Trade Commission in Softwood Lumber from Canada (연목분쟁 VI)	Injury	DS277
	United States – Investigation of the International Trade Commission in Softwood Lumber from Canada (이행분쟁)	Injury	DS277/RW (패널/상소기구 보고서)

주: SLA (Softwood Lumber Agreement: 연목협정)

국제통상법 분야의 연구에 있어 이 사건을 주목해야 하는 이유는 다음과 같다. 첫째, 본 사건은 WTO체제의 핵심 회원국인 미국과 캐나다간에 농산물의 수출입을 두고 분쟁과 마찰이 지속적으로 이루어진 사건으로 통상정책은 물론이고 정치경제 및 제도적 환경의 변화에 따른 미국의 무역구제제도에 관한 일반적인 입장과 운용방식을 잘 보여주는 사례이다. 그러므로 이러한 분쟁에 대한 분석은 향후 한미 FTA 분쟁해결제도 운영 및 이행과 관련하여 중요한 시사점을 제공한다. 둘째, 본 사건의 판결분석을 통해 FTA 분쟁해결제도와 GATT/WTO

그림 1. 농수산물에 대한 미국 ITC의 반덤핑 및 상계관세판정 추세: 1980~2011년(건수)

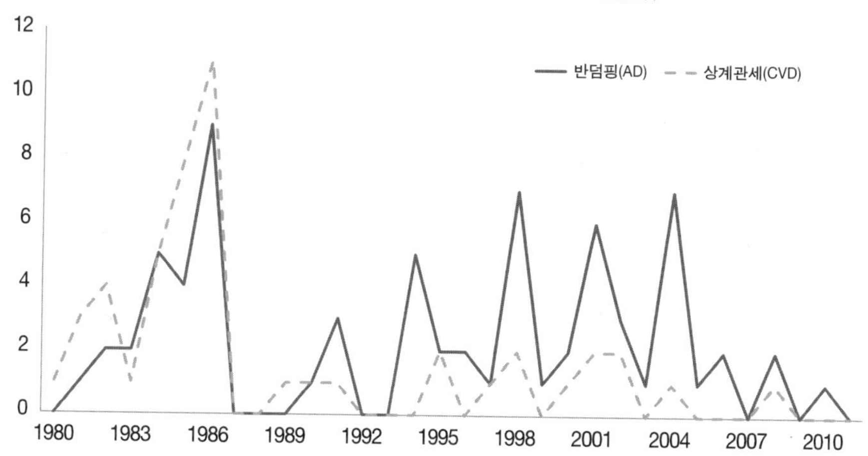

출처: USITC, Import Injury Investigation Case Statistics이용 분류

분쟁해결제도 운영에서의 법적 해석의 변천과 발전을 살펴볼 수 있다. 셋째, 본 사건은 FTA 분쟁해결제도와 WTO분쟁해결제도간의 상호작용에 대한 실질적인 사례를 제시함으로써 양자통상체제와 다자통상체제의 상충과 조화에 관한 중요한 시사점을 제공해 준다.

::: 농수산물 분야의 미국 무역구제조치 활용 현황

미국은 1980년 1월부터 2011년 6월까지 총 1,111건의 반덤핑 조사와 391건의 상계관세 조사를 실시하였다.[11] 그 중에서 농수산물과 관련해서는 〈표 2〉에 나타나듯이 70건(6.3%)의 반덤핑과 48건(12.3%)의 상계관세조사를 실시하였다. 또한 〈그림 1〉에서 보이듯이, 1980년대 중반에 상계관세의 사용이 급증하였으나 90년대 이후 현저히 감소한 부분은 주목할 부분이다. 또 다른 주목할 사항은 무역구제조치가 일정품목, 예를 들어 생화[frozen cut flowers], 와인[Table Wine], 생선통조림[Canned fish] 또는 연어[Salmon], 연목[Softwood Lumber], 돼지[Live Swine], 쥬스류[Juices] 등에 대한 반복적인 제소가 많다는 점이다.

표 2. 미국의 농수산물 반덤핑 및 상계관세 소송 사건현황(1980~2011)

	반덤핑(AD)	상계관세(CVD)	소계
긍정(Affirmative)	39	21	60
부정(Negative)	20	19	39
정지 및 철회(Suspended, Petition withdrawn or terminated)	11	8	19
총 사건 건수	70	48	118

출처: 미국 국제무역관리청(International Trade Administration)의 통계활용 계산

생화의 경우는 미국이 무려 7개국에게 반덤핑 및 상계관세조사를 동시에 실시하였고, 와인의 경우 프랑스와 이태리에 두 번씩 연속으로 조사를 실시하였다.[12] 농산물의 경우,

---

11 미국 상무부 홈페이지 〈http://ia.ita.doc.gov/stats/iastats1.html〉 참조. (2012년 2월 20일 방문)

12 미상무부, AD/CVD Investigation: Federal Register History 〈http://ia.ita.doc.gov/stats〉. (2012년 1월 10일 방문)

평균 반덤핑관세는 51%로 전 세계 평균 반덤핑관세와 유사한 수준이며, 상계관세는 43% 정도로 부과되었다.[13]

우리는 미국의 반덤핑 및 상계관세에 관한 상기 통계자료와 5%미만인 미국의 농산물 생산과 수입비중을 고려할 때[14], 무역구제조치 부과에서 농수산물이 차지하고 있는 비중이 상대적으로 높다는 것을 알 수 있다. 이러한 경향은 WTO가 출범한 시기인 1995년 이후부터로 시기를 제한하면 더욱 뚜렷해진다.[15]

::: 미국-캐나다간 연목 분쟁의 역사와 배경

WTO회원국이면서 동시에 북미자유무역협정North American Free Trade Agreement, 이하 "NAFTA"에 회원국인 미국과 캐나다는 CUSFTACanada-U.S. Free Trade Agreement 이래로 관세와 비관세 장벽을 꾸준히 제거하며 무역규모를 확대해왔다.[16] 미국과 캐나다의 양자간 상품무역은 2010년 기준으로 약 5,250억(수출: 2,480억, 수입: 2,760억)달러로 미국의 대 캐나다 수입과 수출은 전체 수입 및 수출액 대비 각기 14.5%와 19.4%에 달한다.[17] 이는 NAFTA 체결 이전에 비해 미국의 대 캐나다 수출은 148%, 수입은 149%나 증가한 것이다.

이러한 양국의 자유무역 추세를 감안할 때 지난 20년간 캐나다산 연목에 대해 취해진 미국의 수입제한조치는 매우 특수한 경우에 해당한다. 지난 20년간 연평균 70억달러에 달하던

---

13 Blonigen, *supra* note 6.

14 U.S. Census Bureau, Foreign Trade, "U.S. Imports from World Total by 5-digit End-Use Code 2002-2011". 〈www.census.gov/foreign-trade/statistics/product〉 (2012년 1월 10일 방문)

15 WTO체제가 시작된 1995년부터 2011년 6월까지 미국은 총 452건의 반덤핑 조사와 104건의 상계관세 조사를 실시하였다. 여기서 농산물과 관련된 사건이 반덤핑은 38건(8.4%)이고 보조금은 12건(11.5%)을 차지한다.

16 CUSFTA: 1988년 1월 2일에 서명, 1989년 1월 1일에 발효. NAFTA: 1992년 12월 17일 서명, 1994년 1월 1일 발효.

17 미국무역대표부, 〈www.ustr.gov/countries-regions/americas/canada〉 (2012년 1월 15일 방문)

캐나다의 대미 연목수출은 2006년 연목협정[18]이 체결되기 이전인 2005년 한해에만 21.5 bf[19]를 수출하였는데 총액규모로는 85억달러에 달하는 캐나다의 대미 최대 수출품 중 하나이다.[20] 현재 미국의 연목수요 중 약 1/3가량이 캐나다의 수출로 충족되고 있다. 캐나다의 임업분야의 고용 인원은 280,000명이고, 대략 300개의 지역사회가 임업분야에 종사하고 있다.

표 3. 캐나다 연목에 부과한 미국의 무역제한조치(1991년~2006년)

기간	제한조치	내용
1987년1월 1일 – 1991년 10월 3일	양해각서	15% 수출세 또는는 입목 벌채비 조정
1991년 10월 4일 – 1992년2월19일	Section 301 (슈퍼301조)	Ontario, Alberta, Manitoba, and Saskatchewan 주(洲) 연목에는 15%, Quebec은 6.2%; 그 이후로는 3.1% 관세부과(1991년 11월 1일까지)
1992년3월12일 – 1992년5월27일	잠정상계관세	14.48%
1992년5월28일 – 1994년8월 3일	상계관세	6.51%
1996년4월 1일 – 2001년3월31일	1996년 연목협정	관세율 쿼타
2001년5월19일 – 2002년5월21일	상계관세/반덤핑	19.31%-31.89%
2002년5월22일 – 2003년4월31일	상계관세/반덤핑	상계관세: 16.37%, 반덤핑: 3.78%
2003년5월 1일 – 2006년 10월12일	상계관세/반덤핑	상계관세: 8.70%, 반덤핑: 2.11%
2006년 10월12일 – 2015년 10월12일	2006년 연목협정	0-15%에 해당하는 수출세, 또는 수출비 (0-5%)에 추가적인 수량통제(volume control) 7년간 지속, 이후 추가 2년 연장합의(2012년 1월)

출처: CUSFTA/NAFTA 및 GATT/WTO 연목분쟁사건을 바탕으로 구성

캐나다의 대미 연목수출과 이에 관한 분쟁의 역사는 거의 150년 이전으로 거슬러 올라간다. 예를 들어, 미국 뉴저지주 동부의 Raritan강 연안에 위치한 캐나다의 New Brunswick시와 미국의 뉴잉글랜드 지방의 Maine주 지역에서는 1820년대부터 연목의 수

---

18 연목에 대한 분쟁을 종식하려는 양국의 오랜 양자 및 다자적 노력 끝에 2006년 12월 12일에 체결된 SLA 협정 이후에도 계속 중재와 협상이 끊이지 않고 있다. 이에 대한 자세한 논의는 다음 장 참조.

19 bf: 보드푸트 board foot. -feet; bd. ft., bf.: 목재 재적의 측정에 사용되는 단위. 1보드 푸트는 1피트*1피트*1인치 두께, 또는 두께 1인치*폭 1인치*길이 12피트의 부피이고 1/12ft^3 (0.002359㎥)에 해당함.

20 캐나다 외교부 〈www.international.gc.ca〉 참조. (2011년 12월 20일 방문)

출입을 두고 분쟁을 치렀다. 또한 1850년대에는 연목수출입분쟁을 해결하기 위해 실시한 양자간 협상과 중재에 대한 역사적 기록 역시 상당수 남아있다.[21]

::: GATT 연목분쟁

■ Softwood Lumber I[22]

1986년 6월 미국이 캐나다의 연목생산 보조금에 대해 상계관세조사를 개시하자 캐나다는 이 조치가 보조금협정^{GATT 1979 동경라운드 보조금협정}을 위반하고 있다며 GATT 분쟁해결절차에 회부했다. 당시 미국은 캐나다 지방정부와 연방정부의 다양한 보조금정책에 대해 문제를 제기했는데, 특히 캐나다 주^{Alberta, Britich Columbia, Ontario와 Quebec}정부의 입목立木벌채권^{stumpage} 판매에 대해 정부가 특혜성있는 상품제공을 한 것이라고 주장했다.

이러한 주장에 대해 캐나다정부는 1982~1983년에 이미 상무부가 동일한 정책에 대해 상계관세조사를 개시하여 무혐의 판정을 내린 사안인 바[23], 본 사건에서 다시 조사 개시를 한 것은 보조금협정 제2:1조 위반이라고 주장했다. 또한, 캐나다는 자연자원상의 비교우위에 대해 상계관세를 사용하려는 시도는 협정상 용인될 수 없다고 주장했다.

본 사안과 관련하여 1986년 6월 미국의 국제무역위원회^{International Trade Commission: 이하 'TTC'}는 피해에 관한 예비긍정판정을 내렸으며, 상무부는 15%의 잠정보조금율을 산정했다. 그러나 1987년 1월 미국과 캐나다는 양국간의 상호합의안을 양해각서^{Memorandum of Understanding} 형태로 GATT에 제출하면서 각기 상계관세 철폐와 GATT 소송 철회에 합의했다. 양해각서

---

21 이 기간에 대한 역사적 기록은 Geroge Woodward Hotchkiss, "History of the Lumber and Forest Industry of the Northwest", (1898); Russell Uhler, "Canada-United States Trade in Forest Products" (1898) 참조.

22 GATT, SCM/83 - 34S/194 (1987).

23 U.S. Federal Register, "Certain Softwood Lumber Products from Canada." 24159, (Final Determination). Washington, D.C., USA, (May 31 1983)

^{MOU}상의 합의안은 미국이 상계관세를 철폐하는 반면, 캐나다가 15%의 수출세를 부과하도록 되어 있다. 또한 이러한 수출세는 벌채권 가격이 증가하는 경우 조정·감소될 수 있다.

이와 같은 양국간의 합의안이 제출되면서 GATT패널은 본 사안과 관련하여 법적인 판결을 내리지 않고 사건을 종결했다.

■ Softwood Lumber II[24]

1991년 10월 4일 캐나다가 양해각서를 탈퇴함에 따라 즉시 미국은 미무역대표부^{U.S. Tarde Representative, 이하"USTR"}를 앞세워 1974년 무역법^{The Trade Act of 1974}의 301조[25]절차를 발동했다. 동 절차 하에서 USTR은 British Columbia, Alberta, Ontario와 Quebec 지역의 산림관리정책과 그 지역에 대한 원목수출제한을 보조금차원의 조치로 간주하고, 캐나다산 연목수입에 대해 상계관세를 부여하였다. 이에 캐나다는 미국의 이러한 조치가 보조금협정 제4.6조에 합치하는 신속한 조치^{expeditious action}에 해당하는지 여부[26]와 USTR에 의해 자체 발동된 상계관세 조사가 동 협정 제2.1조에 합치하는지 여부에 대해 판단해주기를 요청하였다. 이에 미국은 캐나다의 MOU 탈퇴는 보조금협정 제4.5조(a) 의미 내에서 캐나다가 행한 "가격약속^{undertaking}"의 철회로 이해해야 하며, 이에 따른 미국의 조치는 제4.6조에 부합하는 잠정조치라고 주장하였다. 또한 USTR의 자체조사발동도 MOU 종료라는 "특수한 상황"에 대처하기 위한 것이므로 제2.1조에 합치하는 조치라고 주장하였다.

---

24 GATT, SCM/162 (1993).

25 미국 통상법 301조는 1974년 통상법(Trade Act of 1974) 제310조 규정이 1988년 미 의회에 의해 종합무역법 (Omnibus Trade and Competitiveness Act of 1988)이 제정됨에 따라 한층 강화된 형태로 발전하여 슈퍼 301조라 지칭되었다. 일반적으로 301조는 1974년 무역법상의 제301조부터 제309조까지의 조항을 포함하며, 불공정하게 보이는 교역상대국의 무역행위로부터 미국 무역을 보호하기 위해 사전조치 또는 보복을 할 수 있는 장치를 마련 허용하고 있다. 슈퍼 301조는 산업의 요청과 상관없이, 미국의 수출입이 무역상대국의 불공정한 무역행위로 인해 제약이 가해진다고 판단되면 미 당국(USTR)의 자체조사(self-initiation)를 발동하도록 하는 권한을 부여하였다 본 사건에서 직접적으로는 미국통상법 301조의 304조(무역대표부의 결정)를 근거로 USTR의 일련의 조치에 대한 결정 및 행위를 정당화 하였다. *Ibid., para* 21.

26 GATT (1979) 보조금협정 제4.6조의 둘째 문장의 원문은 다음과 같다. "In the event of violation of <u>undertakings</u>, the authorities of the importing signatory may take <u>expeditious actions</u> under this agreement in conformity with its provisions which may constitute immediate application of <u>provisional measures</u> using the best information available."

본 사안에 대해 패널은 MOU가 보조금협정 제4.5(a)조의 목적에 부합하는 가격약속을 구성한다는 미국의 주장을 기각하였다. 패널은 "1986년 12월 30일에 체결한 MOU와 1987년 1월 5일 종료된 미국의 상계관세조사라는 두 가지 요소가 당사국간의 의도를 반영한 가격약속^{undertaking}을 의미한다"는 미국의 주장은 그 근거가 불충분하다는 의견을 제시하였다. 오히려 패널은 미국의 조사개시 및 철회가 미국의 국내사정과 공익$^{public\ interests}$에 따라 이루어졌었던 점을 환기시켰다. 따라서 패널은 미국이 취한 잠정조치가 보조금협정 제5.1조에 부합하지 않으며, 이에 따른 미국의 주장도 제4.6조의 근거로 정당화 될 수 없다고 판결하였다.

자체조사발동과 관련한 법적 쟁점에 대해서 패널은 보조금협정 제2.1조에 근거한 상계관세조사의 합법성에 대해 검토하였다. 패널은 조사발동에 필요한 세 가지 조건 즉, i) 보조금의 존재$^{the\ existence\ of\ a\ subsidy}$, ii) 산업의 피해^{injury}, iii) 인과관계$^{a\ causal\ link}$에 대한 충분한 증거$^{sufficient\ evidence}$의 성립여부로만 판단하였는데, 상계관세조사 개시 자체가 보조금 협정 제2.1조를 위배하는 것은 아니라고 판결하였다.

::: FTA 연목분쟁

연목분쟁은 GATT분쟁을 촉발했을 뿐만 아니라 캐나다의 제소로 1989년에 발효된 CUSFTA 최초의 무역구제조치 관련 분쟁사건이 되었다. CUSFTA 분쟁해결제도는 협정의 해석과 적용에 관한 분쟁해결의 장^{forum}을 제공하기 위해 마련되었는데,[27] 특히 반덤핑과 상계관세에

---

27 최초 CUSFTA의 양자 분쟁해결절차를 마련하는데 있어 양국은 서로 다른 입장을 가지고 있었다. 미국은 새로운 분쟁해결기구나 별도의 절차보다는 미당국의 주권적 무역구제조치에 제재를 가할 수 없는 일시적 또는 특별기구(ad hoc panel)의 형태를 선호하였다(Hart, M. Bill Dymond, and Colin *"Decision at Midnight: Inside the Canada-US Free Trade Negotiations"*, Vancouver, Canada: University of British Columbia Press, 1994). 반면, 캐나다는 계속 확대되는 양국의 교역관계와이에 따라 더욱 잦아질 것으로 예상되는 양자무역분쟁에 효과적으로 대응하기위해 미국의 일방적 조치에 따른 불확실성을 최소화하는 일환으로 분쟁해결절차(dispute settlement)를 마련하기 위해 노력하였다(Von Finckenstein, Konard W., "Dispute Settlement under the Free Trade Agreement", in *Building a Partnership: The Canada-United States Free Trade Agreement*, (eds). Mordechai E. Kreinin, Michigan State University, 2000).

관한 무역분쟁은 CUSFTA 19장을 활용할 수 있도록 합의하였다. CUSFTA 19장은 자국의 반 덤핑 및 상계관세의 국내법 체제를 유지하면서 별도의 양자재심패널binational review panel을 설립 하여, 국내행정기관의 판결에 대해 사법재심을 하도록 고안되었다.[28] CUSFTA 19조에 근거 하여 설치된 양자패널은 조사당국의 결정이나 조치가 국내법에 비추어 적법성에 문제가 있 는 경우 환송remand을 주문할 수 있다.[29] 이러한 CUSFTA 제19장의 분쟁해결절차 기능은 훗날 NAFTA 제19장의 전신이 되어 큰 변형 없이 수용되었다.[30]

■ CUSFTA 연목분쟁[31]

캐나다의 MOU 탈퇴를 빌미로 미국은 1992년 5월에 6.51%(입목벌채비: 2.91% + 원목수 출제한: 3.6%)의 상계관세를 부과하였다. 캐나다는 미국의 상계관세에 대해서는 GATT 의 분쟁해결기구를 통하여 보조금협정 위반제소를 하는 한편, 미상무부의 보조금율 산 정(사건번호: USA-92-1904-01)과 ITC의 산업피해 판정(사건번호: USA-92-1904-02)에

---

28 CUSFTA협정 제1904조(최종 반덤핑과 상계관세 결정의 재심: Review of Final Antidumping and Countervailing Duty Determinations) 1항의 원문은 다음과 같다.

   1. As provided in this Article, the Parties shall replace judicial review of final antidumping and countervailing duty determinations with binational panel review.

29 양자패널위원은 5명으로 구성된다. 객관성과 공신력을 확보하기 위하여 각 국에서 25명씩 선발한 총 50명의 전문가풀 중에서 2명씩을 각 국에서 추천하고, 나머지 5번째 1명은 양국의 합의하에 선출한다. 합의에 실패 하면 선출된 4명의 패널전문가의 다수결로 선발하나, 만약 다수결이 성립되지 않을 시에는 추첨으로 뽑는다 (CUSFTA협정 Annex 1901.2).

30 A. Porges,, "Dispute Settlement" in *Preferential Trade Agreement Policies for Development: A Handbook*", Chauffour, Jean-Pierre and Jean-Christophe M. (Eds), (2011); Willam J. Davey, "Pine & Swine , "*Canada-United States Trade Dispute Settlement: The FTA Experience and NAFTA Prospects*", Ottawa: Centre for Trade Policy and Law, (1996)

31 CUSFTA, USA-92-1904-01 CVD (패널설치요청일: 1992년 5월 28, 예비판결: 1993 5월 6일, 1번의 환송 (remand)포함 확정판결 1994년 8월 3일).

   CUSFTA, USA-92-1904-02 Injury (패널설치요청일 1992년 7월 24일, 예비판결 1993년 7월 26일, 2번의 환송 (remand)포함 확정판결: 1994년 7월 6일).

대해서 각각의 CUSFTA패널의 설치를 요구하였다.[32]

캐나다가 보조금과 관련하여 CUSFTA패널에 문제를 제기한 주요쟁점은 캐나다 주정부의 입목정책과 British Colombia주의 원목수출제한이 특정성 및 특혜성이 있는 보조금이라 간주한 미 상무부 판정의 적법성 여부였다. 캐나다는 상무부가 캐나다의 입목정책이 특정 산업군에 특혜를 제공하였다는 결정에 있어, 미국 국내 법규 및 판례는 물론 관련 기관의 기존 관행practice과도 합치하지 않는 처사라고 주장하였다.[33] 또한 캐나다는 상무부가 보조금으로 간주한 연목벌채권과 British Colombia주의 수출제한정책이 연목상품 산출량에 영향을 주는 시장왜곡효과가 없다며, 상무부가 연목의 하위공정상품downstream products에 부과한 상계관세조치는 법적근거가 없다고 주장하였다.

이에 대해 1993년 5월 6일 CUSFTA 패널은 미 상무부가 캐나다산 연목에 실시한 일련의 보조금혐의 조사 및 상계관세부과 행위는 미국 관련법에 비추어 합치하지 않는다고 판결하고 환송을 결정하였다. 주요 판결은 다음과 같다.

첫째, 미 상무부의 특정성과 특혜성 판정은 국내 규정과 판례에서 제시된 법적 요건을 충족시키지 못했다.[34] 둘째, 상무부는 캐나다 주정부의 소위 특혜성 있는 가격정책의 시

---

32 캐나다는 미국의 보호무역주의적 조치에 GATT와 CUSFTA패널이라는 두 경로를 활용하여 적극적으로 대응했다. GATT 절차는 제소를 위한 청원과 공청회가 받아들여지면, 20일내로 개시되고 분쟁에 대한 조사결과들을 6개월 내로 받아볼 수 있었다. 반면, 양자패널은 미상무부와 ITC가 최종판결을 양자패널에 넘겨줄 때까지 기다려야하고, 최소 약 10개월가량이 소요된다(G. Anderson, "Can Someone Please Settle This Dispute? Canadian Softwood Lumber and the Dispute Settlement Mechanisms of the NAFTA and the WTO", *The World Economy*, 29(5), 585-610, 2006). 그렇기 때문에 캐나다는 GATT 분쟁해결절차를 통해 현재 캐나다연목산업에 취해진 미국의 잠정조치에 대한 신속한 대응을 도모하였다. 게다가 캐나다는 GATT체제하에 1988년까지 총 11건의 무역조치관련 1패만 기록한 전적을 감안해, 관련된 쟁점사항에 있어서는 향후 GATT결과에 따라 양자패널재심 판결에도 긍정적인 영향을 끼칠 수 있다는 전략적 판단을 한 것으로 보인다. 실제 캐나다의 입목정책이 상계관세를 부과할 수 있는 보조금인지에 대한 판정은 캐나다의 요청에 의해 CUSFTA와 GATT 패널 양쪽에서 제기되었다(Davey, *supra* note 30).

33 캐나다는 i) 미상무부가 기존에 관행과 규정에서 밝힌 기준을 포함 관련 모든 증거를 고려하지 않은 점. ii) 1983년 캐나다의 동일한 입목정책에 대한 보조금혐의 조사에서와는 상이한 기준을 적용하는 합리적 이유에 대한 설명이 빠진 점. iii) 캐나다의 입목정책의 실제 수혜 대상자의 수와 잠재적 사용자 등을 고려하지 않은 점에 대해 문제를 제기하였다(USA-92-1904-01, 1993a, 27-28).

34 4 가지 요소는 i) 상품의 범위와 사용자의 수, ii) 해당 정책이 특정 연목산업에 의해 불균형적으로나 지배적으로 적용되었는지 여부, iii) 주정부의 재량행사, iv) 특혜를 수여에 있어 주정부의 재량정도이다. FTA패널은 미 상무부가 위 해당요소를 고려하여 재조사할 것을 주문하였다(*Ibid.*, 43-44).

장왜곡효과에 대해 검토했어야 한다.[35] 셋째, 상무부는 캐나다가 이론적 근거와 실증자료로 제시한 전문가 분석결과를 검토하는 과정에서 범한 해석상 오류를 보완해야한다.[36] 그리고 패널은 원목수출제한에 대해서도 시장왜곡 여부에 대해 검토했어야 한다는 의견을 제시하였다. 결국 패널은 원목수출제한과 연목상품 생산의 인과관계 성립이 불충분한 점을 문제 삼아 본 건을 환송조치하고 상무부의 재조사를 요구하였다.

미국은 이러한 패널의 환송결정에 강하게 반발하였다. 상무부는 1993년 9월 17일 1차 환송에 대한 답변으로 수정보고서를 제출하였는데, 보조금율을 오히려 6.51%에서 11.54%로 인상하였다. 상무부는 캐나다의 입목정책 수혜자가 특정하지 않다고 보기에는 그 대상이 너무 제한적인 바, 최초보다 높게 책정된 보조금율은 CUSFTA 패널의 판결에 의거하여 특정성 관련 네 가지 법적요건을 검토하여 재산정한 것이라고 주장하였다.[37] 그리고 벌목권과 연목생산의 인과관계에 대해 캐나다가 제시한 전문가 이론과 실증분석 방법에도 문제점이 있다며 대안으로 자신들이 제시한 분석결과를 수용할 것을 요구했다.[38] 또한 상무부는 원목수출제한에 대해서는 사실상$^{de\ facto}$의 특정성과 혜택이 British Colombia 임목업자의 70%에 해당하는 연목벌채 제재소^{sawmills}업체에게 돌아간다는 것을 밝혀냈다면서, 원목수출제한이 원목가격에 미치는 "직접적이고 식별할 수 있는$^{direct\ and\ discernible}$" 효과가 있다고 주장하였다.

이에 대해 CUSFTA 패널위원의 과반수는 상무부의 특정성에 대한 1차 수정보고서의 판

---

[35] "before concluding that these governmental policies involve the type of 'preferentiality' pricing that constitutes a countervailing subsidy within the meaning of the *Tariff Act*"(*Ibid.*, 59-60).

[36] 캐나다는 미국상무부가 예비판정에서 캐나다의 연목생산이 비시장경제적이라는 주장에 대해 캐나다의 입목생산은 비교우위와 경제지대라는 경제이론에 의해 설명되는 시장논리임을 강조하였다. 또한 캐나다는 예일 대학교의 William D. Nordhaus 박사팀은 실증 데이터를 바탕으로 입목정책과 연목생산과 가격에 미치는 영향을 분석하였다. 요컨대 Nordhaus박사의 분석결과는 캐나다의 입목정책 특히 벌채권 제도는 주정부의해 얼마나 많은 양의 수목(timber)을 팔지에 의해 결정되지만, 일단 결정된 벌채권 비용은 주정부와 연목생산자 간에 분배 몫에 있어 영향을 미치는 문제지 연목의 산출량과 가격에 미치는 영향은 미미하다는 것이다(*Ibid.*, 52-59).

[37] (USA-92-1904-01, 1993b, 22).

[38] 미상무부는 캐나다의 입목정책이 시장왜곡을 가져온다는 증거로 한계비용이론과 실증분석결과를 증거로 제시하였다. 미상무부는 Nordhaus 박사팀의 회귀분석 결과에 이분산(heteroscedasticity) 문제를 지적하였는데, 대안으로 가중최소제곱법(Method of Weighted Least Squares)를 사용하여 통계적으로 수정한 결과를 제시하였다. 이 결과를 바탕으로 미상무부는 주정부에 의해 관리되는 저렴한 벌목권은 연목의 초과수요를 가져왔다는 결론을 내렸다(*Ibid.*, 62).

결에 대해 여전히 문제가 있음을 지적한다. 예컨대, 미국이 주장한 연목산업을 소수특정 산업으로만 국한시키는 것은 잘못된 방식이라며, 연목이 종이 및 펄프산업에도 이용되고 있다는 점을 환기시켜주었다. 또한 캐나다 입목정책의 시장왜곡을 증명하는 미국의 새로운 계량분석기법과 연구결과는 결과적으로 캐나다의 분석과 모순되는 것은 아니라면서[39], 보다 근본적으로 벌목권이 시장왜곡을 가져오는지를 실증적 증거로 증명하는데 실패하였다고 판결하였다. 마지막으로 패널은 원목수출제한에 대해서도 벌목권으로부터 혜택을 입는 업자와 수출제한으로 혜택을 얻는 수혜자가 꼭 동일한 것은 아니라는 의견을 제시하며[40], 상무부의 재조사 결과를 재차 환송하였다.

다른 한편으로는, CUSFTA 패널은 캐나다산 연목에 의해 중대한 산업피해가 발생했다는 ITC의 판정에 대해서도 실질적 증거의 미비를 사유로 환송 결정하였다. 패널은 ITC 피해 판정과 관련한 1930년 관세법[Tariff Act of 1930]상의 세 가지 요건을 주지시키면서, ITC가 절대적 또는 상대적 수입량의 증가에 대한 증거는 확보하였으나, 동종연목가격에 대한 영향과 산업에 미치는 영향을 충분히 증명하지 못했다고 결론내렸다.[41] 특히, 패널은 ITC가 가격효과의 실질적 증거를 제시하기 위해 사용한 조사대상산업과 조사非대상산업간 비교[cross-sector comparison]방식[42]은 중대한 흠결이 있다고 지적하며 환송결정을 내렸다.[43]

ITC는 이러한 패널의 환송결정에 가격추세분석을 근거로 캐나다산 연목상품의 수입이 미 동종산업에 피해를 주었다고 재차 확인하였다.[44] ITC는 조사기간 내에 미국 내 연목상품의 가격이 캐나다산 연목상품수입으로 가격압박을 받아 예상보다 소폭만 상승한 점을

---

39 *Ibid.*, 62.

40 한편, 패널은 원목수출제한이 보조금으로서 원목가격을 낮춰주는 직접적이고 식별가능한 효과가 있다는 상무부의 수정결정에는 동의하였다.

41 USA-92-1904-02, 1993, 30-53.

42 예를 들면 연목상품과 다른 목재상품 또는 건축용 자재의 가격영향을 비교하는 방식이다. *Ibid.*, 55.

43 *Ibid.*, 20.

44 1993년 10월 25일 패널환송에 대한 최초판결 제출.

가격추세분석모델로 증명하고자 하였다.[45] 그러나 패널은 ITC의 가격추세모델의 유용성은 인정하면서도, 미국이 제시한 실질적 증거의 결함을 이유로 또 다시 ITC의 판정을 환송하였다.[46] 예를 들어, 일반적으로 산업피해조사에서 가격의 부당염매, 가격억제효과 등의 경우 실질가격자료를 사용하는데 ITC가 적절한 설명 없이 이례적으로 생산자가격지수를 사용한 이유를 반문하였다.[47] 또한 지역간 가격비교에서도 여전히 ITC의 가격비교 계산방식에 의문을 제기하며 환송을 결정하였다.[48]

ITC는 패널의 2차 환송결정에도 불구하고 1994년 3월 14일 또다시 산업피해를 주장하였는데, 패널은 만장일치로 재차 환송결정을 내리고 ITC가 중대한 피해에 대한 실질적 증거를 아직도 충분히 제시하지 못하고 있다며 사건에 대한 재조사를 요구했다.

결국 미 상무부는 패널의 판결을 받아들이고 상계관세를 철회하기에 이른다. 이러한 미국의 극적인 변화의 배경에는 CUSFTA의 19장 1904조에 있는 특별제소위원회[Extraordinary Challenge Committee: 이하 "특소위"]의 역할이 눈에 띈다. 특소위는 패널위원의 상이한 견해를 조정하고 결정사항을 검토하는 역할을 하였다[49]. 1994년 말에 해체된 특소위에 참여한 과반수의 패널위원들은 캐나다의 입장에 손을 들어주었고, CUSFTA의 패널과 특소위의 결정에 힘입어 극에 다다른 이 무역분쟁은 캐나다의 입목벌채 수수료와 원목 수출통제가 상계관세를 부과할만한 보조금이 지급되지 않았다는 결론으로 마무리되었다. 후속조치로 상무

---

45 ITC는 가격추세분석을 통해 피해증거로 세 가지를 제시하였는데 다음과 같다. 첫째, 가격추세분석 결과 캐나다산 연목상품 가격은 천천히 증가하고, 가격이 내려갈 때는 미국의 연목상품보다 빠르게 감소함. 둘째, 캐나다산 SPF(Spruce-Pine-Fir: 전나무 및 소나무류)가 미국시장 가격에 미친 지대한 영향. 셋째, 캐나다산 연목상품의 시장점유율이 가장 높은 북부 지역에 미국산 연목상품의 가중평균가격이 가장 낮았고, 그 가격이 가장 높은 남부 지역에 캐나다산 연목상품의 점유율이 가장 낮은 점을 제시하였다. USA-92-1904-02, 1994a, 11.

46 ITC "has not met the substantial evidence standard in support of its conclusion that significant price suppression was caused by Canadian imports of softwood lumber." *Ibid.*, 10.

47 *Ibid.*, 13-19

48 패널은 ITC의 지역가격 비교방식은 일전에 ITC가 채택을 거부한 방식인데, 적절한 설명없이 이번조사에서는 사용한 이유와 ITC분석의 통계적 유효성에 의문을 제기하였다. 예를 들어 주별 연목상품의 가격 차이가 7.92달러뿐인데, ITC는 0.25-0.33 이하의 표준편차를 적용하여 유효성을 가늠하였다는 점에 문제를 제기하였다. *Ibid.*, 32-34.

49 연목분쟁에 대한 특소위의 역할과 절차에 대한 좀 더 구체적인 사항은 Davey, *supra* note 30, Ch.11. The Extraordinary Challenge Prodedure: The Pork, Swine, and Lumber Cases 참조.

부는 1994년 상계관세조치를 종료시키고 캐나다 연목수출자들에게 잠정적으로 부과된 캐나다 달러로 약 10억, 미화로 800백만 달러의 상계관세를 변제해주었다.

1994년 12월 그간의 연목분쟁 관련 소송에 따른 비용을 산정하고 청산하기 위해 양국의 연목 산업대표들과 정부는 협의절차를 진행하였다. 이 과정에서 양국의 연목 생산품에 관한 통상정 책을 두고 두 가지 문제가 제기되었는데, 첫째는 CUSFTA 판정 및 분쟁해결 자체의 합헌성 여 부이고, 둘째는 WTO협정 비준시에 채택한 행정조치성명[Statement of Administrative Action50]에 대한 것이 었다. 이 두 가지 쟁점사안을 두고 오랜 협상끝에 미국과 캐나다 양국 정부는 캐나다산 연목 수 입을 자율 규제하는 내용을 골자로 한 1996년 연목협정[Softwood Lumber Agreement, 이하 'SLA']에 합의했다.

■ NAFTA 연목분쟁

2001년 3월 31일 SLA가 종료됨과 동시에 4월 2일 미국의 연목공정수입연합[Coalition for Fair Lumber Imports]은 즉각적으로 무역구제 청원을 했는데 ITC는 5월 산업피해에 대한 예비긍정 판결을 내렸다.[51] 또한 상무부는 캐나다의 Maritime주를 제외한 연목수출을 하는 캐나다 의 전 지역에 대해 상계관세조사를 실시하여, 8월에는 연목수입에 대한 19.31%의 상계관 세 예비판결을 내리고, 10월에는 대부분의 캐나다 연목수출생산자에게 12.58%가량의 반 덤핑관세를 부과했다.[52] 이에 캐나다는 CUSFTA 시절과 동일한 방식으로 상무부와 ITC의 판결에 대해 NAFTA와 WTO의 두 가지 채널을 활용하여 적극 대응했는데, 총 3개의 사건

---

50 캐나다의 산림관리정책에 따른 캐나다산 연목이 미국의 상계관세 대상이 될 수 있다는 내용을 명시하였다.

51 USA-CDA-2002-1904-07, 2003.

52 최초 조사에서 Maritime(해안주)는 상무부에 대한 적극적인 로비를 통해 상계관세조치 대상에서 제외가 되 었다. 하지만 덤핑조사에서는 Maritime주를 포함 대부분의 캐나다 연목수출업자들이 조사대상에 포함되 었다. 상무부는 캐나다의 6개의 회사인 Weyerhaeuser(11.93%), Canfor(12.98%), Slocan(19.24%), Abitibi-Consolidated(13.64%), Tembec(10.76%)과 West Fraser(5.94%)에 대한 덤핑혐의 조사를 실시하였다.

이 구성되어 13건의 NAFTA 소송절차가 진행되었다.[53]

• 반덤핑관세 분쟁

2003년 7월 NAFTA 패널은 상무부가 캐나다 연목상품수출업자에 부과한 반덤핑 관세에 부분 찬성하고 부분 환송을 결정하였다. 예를 들어 패널은 캐나다 연목에 대한 상무부의 반덤핑조사 자체와 제로잉 관행에 대해서는 지지판결을 내렸다. 패널은 상무부의 제로잉 관행이 WTO 반덤핑협정에는 상충되는 면이 있으나, 국내법의 적용에 있어서는 허용가능하며 미법원의 기존 판결을 검토한 결과 문제가 되지 않는다고 판결했다. 반면, 패널은 상무부가 시장가격을 계산하기 위해 사용한 가격산출방법에 있어 캐나다산 연목상품과 미국의 비교대상 상품 간에 물리적 차이[54]를 고려하지 못한 오류를 지적하며 환송을 결정했다.

패널 판정에도 불구하고 2003년 10월 상무부는 재심과정에서 Slocan이라는 연목생산자만 조사하고 반덤핑관세를 전체적으로 8.43%에서 8.38%로 감소시켜 사실상 기존 관세를 유지했다. 이에 2004년 3월 패널은 상무부의 재조사 판결의 11가지 쟁점 중 상당부분 인정하였으나, 캐나다의 Tembec, Slocan, West Fraser社에 대한 덤핑마진은 재조사할 것을 요구했다.

---

53 캐나다는 2001년 3월 SLA가 종료를 앞두고, 3건의 직접적인 관련 제소 이외에 3건의 간접적인 추가 선제적 제소를 통해 예상되는 미국의 보호주의적 무역구제조치 행위에 사전에 대비하고자 했다. 대표적인 사례가 미국의 버드수정법안에 대한 캐나다의 WTO 제소건인데, 캐나다는 몇몇 다른 제소국과 같이 버드수정법안을 통해 부과되는 미국의 반덤핑과 상계관세의 불공정관행에 대항하고자 하였다. 미국의 버드수정법안(Byrd Amendment; 2000년 덤핑과 보조금 상계법안(Continued Dumping and Subsidy Offset Act of 2000)은 반덤핑과 상계조치에서 발생한 관세수입을 피해가 발생한 미국내 생산자에게 돌려줄 수 있는 근거를 만든 법안으로 미국내생산자들의 덤핑 및 상계관세 청원을 부추기는 유인을 제공하게끔 고안되었다. 캐나다, EU, 일본 및 한국 등을 포함한 몇몇 국가들이 제기한 미국의 버드수정법안의 WTO법 합치성에 대해 WTO 패널과 상소기구는 이 법안이 WTO 상계관세법 및 반덤핑협정에 위반된다는 판결을 내렸다(*United States – Continued Dumping and Subsidy Offset Act of 2000*", DS217; 2003년 3월 3일 채택, DS234; 2003년 1월 16일 채택). 또한 캐나다는 단독으로 외국의 수출제한이 상계가능보조금이라 규정하고 있는 미국의 URAA(Uruguay Round Agreements Act) 129조에 대해 WTO SCM 제1.1조와의 합치성에 대해 WTO에 협의를 요청하였다. 하지만 WTO는 URAA가 WTO법에 위배될 수 있다는 가설적 가정을 근거로 미국에 의해 실행된 적이 없는 조치에 판결할 수 없다는 의견을 제시하였다(*WTO Case on Section 129 of the Uruguay Round Agreement Act*", DS221, 2002년 8월 30일 채택). 캐나다가 단독으로 제소한 URAA 129조에 대한 WTO분쟁은 실패하였으나, 캐나다의 다자주의적 접근을 통한 버드수정법안에서의 승리는 미국이 버드수정법안이 완전히 실행되기 전에 취한 선제적 조치로 캐나다가 SLA의 종료에 앞서, 미산업의 청원에 강력한 요구를 저지한 측면에서 중요한 의미를 가진다고 볼 수 있다.

54 미국 반덤핑법은 물리적 차이가 있는 상품간의 가격비교시, 상품간 차이에 대한 조정을 필요로 한다며, 목재의 두께, 크기와 길이 등의 차이를 상무부가 고려하지 않았다고 지적하였다. *Ibid.*, 50-56.

2004년 4월 상무부는 재차 덤핑마진을 계산하였는데, 재심 결과 West Fraser사의 덤핑마진이 2% 이하 즉, 최소마진$^{de\ minimis}$으로 나오게 되었다. 이에 West Fraser사는 상무부에게 당시까지 지불한 반덤핑관세를 환급해줄 것을 요구했다.[55] NAFTA 패널도 상무부가 West Fraser에게 반덤핑관세분인 보증금^{deposits}을 소급하여 환급해줄 것을 주문하는데, 이에 대해 상무부는 NAFTA 패널이 권한 밖의 요구를 관철시키려 한다며 강력하게 반발했다.[56]

2005년 6월 패널은 3차 환송결정에서 상무부에게 덤핑관세율을 재산정할 것을 재차 촉구하였다. 한편 패널은 West Fraser사에 취해진 반덤핑관세분 보증금의 소급환급에 대한 요청에 대해서는 한발 물러서, 미 당국이 보증금에 대한 보유권한이 없다는 점을 강조하면서 반덤핑조치의 철회를 주문한다.[57] 그러나 패널은 주요 법적쟁점을 상무부의 제로잉 관행에 초점을 맞춰, 상무부의 반덤핑산정방식에 문제점을 제기하였다.[58] 당시 미국은 덤핑마진 산정시 제로잉방식을 계속 유지하고 있었는데, 2005년 7월 상무부는 기존에 사용하던 제로잉관행인가중평균 對가중평균$^{weighted\text{-}average\ to\ weighed\text{-}average}$ 방식을 거래 對 거래 비교$^{transaction\text{-}to\text{-}transaction}$ 방식으로 바꾸어 사용하였다.[59] 상무부는 새로운 제로잉방식으로 West Fraser사의 덤

---

55 West Fraser사는 상무부에게 2002년 5월 22일에 확정 부과된 반덤핑 보증금에 대한 환급과 이에 대한 이자를 요구했다. USA-CDA-2002-1904-02, 2005, 3-4.

56 상무부는 NAFTA 패널은 미법원과는 달리, 상무부가 내린 최종결정에 따라 이행한 조치에 소급적으로 수정을 요구할 수 있는 권한이 없다며, 이는 미국 성문법 및 미국의 이행법 역사상으로도 전무한 일이라며 크게 반박하였다. 특히, 이러한 내용은 NAFTA 이전인 CUSFTA의 이행법안과 행정조치계획에도 명확히 규정되어 있다고 주장하였다. 그러나 캐나다는 1994년 SLA의 사례를 들며, 그 당시 미국의 반덤핑 보증금에 대한 소급적 환급이 가능하다고 주장하였다(*Ibid.*, 14-20). 이에 미국은 1994년 당시는 NAFTA 패널의 결정에 따른 것이 아니라며, 향후 산업피해 우려에 대한 무혐의가 판정이 내려진다하더라도 소급적 환급은 없다고 못 박았다. Inside US Trade, "Canada Says U.S. Undermines NAFTA by Keeping Softwood Lumber Duties". July 2. (2004).

57 NAFTA 반덤핑 패널은 미당국을 비판하면서도 미상무부에게 West Fraser사의 보증금을 환급할 것을 직접적으로 요구하는 것은 자제했다. 단, 패널은 West Fraser사에게 미국법원을 통해 직접 환급받을 것을 지시하게 된다.

58 2004년 4월 NAFTA 패널의 2차 환송결정 직후, 미국의 제로잉 관행이 WTO반덤핑협정에 합치하지 않는다는 패널 판결이 나오고, 이는 WTO상소기구에 의해 확인된다. 여기서 흥미로운 점은 NAFTA 패널의 제로잉관행에 대해 달라진 입장이다. 패널은 예비판정에서 상무부의 제로잉을 문제삼지 않았으나, WTO에서 패널과 상소기구가 제로잉에 대해 위반 판정을 내리자 NAFTA 패널은 미상무부에게 제로잉방식을 사용하지 말고 계산할 것을 주문했다.

59 WTO의 패널과 상소기구에서 미국의 현행 덤핑마진 산정방식이 WTO법에 위배된다는 판정이 나온 이후로, 미상무부는 덤핑마진 산정방식을 거래 對 거래비교방식으로 변경하였다. 하지만 변경한 방식도 여전히 근본적으로는 제로잉 관행에서 벗어난 것은 아니었다.

핑마진을 계산하여 3.19%의 덤핑마진을 도출했다. 동 마진이 최소마진 수준보다 높은 데 근거하여, 2006년 SLA체결 전까지 상무부는 반덤핑조치를 철폐하지 않았다.

● 상계관세 분쟁

최초 상계관세 관련 NAFTA 패널의 판결은 2003년 8월 13일에 양국에 제출되었다. 주목할 부분은 이 판결은 WTO의 분쟁(DS257)에서 다룬 쟁점인 보조금의 재정적 기여 및 특혜성 여부와 이를 판단하는 기준에 대한 동일한 쟁점을 다루고 있었다는 것인데, NAFTA 패널은 캐나다의 벌채권이 상계가능한보조금으로서 재정적 기여와 특혜성이 존재하며 상무부가 적용한 심사기준standard of review도 적절한 것으로 판결했다. 요컨대, 패널은 벌채업자와 연목생산자가 수직통합으로 인해 연결되어있어 벌채권은 이들 모두에게 직접적으로 보조금의 혜택을 줄 수 있다는 것이다. 또한 패널은 캐나다의 벌채권 가격이 시장원칙에 근거하지 않기 때문에 상무부가 벌채권 가격산정에 있어 캐나다시장의 가격만을 고려하는 것은 적절치 못한 비교라는 주장에도 지지를 표했다. 그러나 패널은 상무부가 캐나다 내의 벌채권가격과 캐나다 이외의 국가와의 벌채권 가격을 비교하려면 양국간의 시장상황이 비교가능하다는 실질적 증거를 제공해야 한다며 환송을 결정하였다.[60]

상무부는 1차 환송에 대한 답변으로 패널의 제안에 따라 보조금율을 산정하는데, 캐나다 주정부의 수입원목가격과 원목생산가격을 기준가격으로 삼아 벌목비와 운송비용을 제외하고 입목의 가치를 산정했다. 패널은 이러한 상무부의 방식을 받아들이면서도 계산방식의 자세한 세부사항에 대해서는 환송결정을 내렸다. 예를 들어, 단순평균과 가중평균방식의 문제, 나무의 종류에 따른 가격차이, 광고가격과 실제 시장거래가격, 사기업의 원목가격 데이터 문제 등 패널은 상무부에게 이후로도 총 4번의 추가적인 환송결정을 내리고 보조금율을 재산정하도록 요구했다. 이러한 패널의 판결에도 불구하고 상무부는 매번 다른 미소마진

---

60 이렇듯 일부는 미국의 주장을 받아들이고, 일부는 기각한 NAFTA패널의 판결은 양국의 입장에서 서로 다른 해석을 하게끔 만들었다. 미국 측에서는 WTO와 NAFTA의 패널은 벌채권이 상계가능하다는 판결이라는 해석을 하였다. 반면, 캐나다 측에서는 미상무부가 상계관세에 대한 계산방식에 흠결이 있다는 것을 강조하며 NAFTA 판정이 캐나다의 승리인 것으로 해석하게 하는 엇갈린 반응을 가져다주었다(Random Lengths, "*U.S. - Canada Trade Dispute Timeline, from 1982 topresent*", Random Lengths Publications, 2011).

이상의 보조금율을 산출했다.[61] 결국 패널의 5차 환송결정에 따른 2005년 11월의 재판정에 이르러서야 상무부는 미소마진에 해당하는 0.80%의 보조금율을 산정했고 패널은 그 판정을 2006년 3월에 수용했다. 그러나 상무부는 10페이지짜리 판정문에서 첫 문단에만 세 번을 "NAFTA패널의 판정에 동의하지 않는다disagrees"는 표현을 써가며 패널의 판정에 반박을 표했다.[62] 결국 2006년 4월 미국은 NAFTA 특소위에 본 사건을 맡기기로 결정했다.

• 산업피해 분쟁

2003년 9월 제출된 NAFTA 패널의 판정은 일부 ITC의 판정을 지지했으나, 패널위원의 만장일치로 ITC의 산업피해에 대한 핵심판정에 문제를 제기하였다.[63] 패널은 ITC의 결정이 상당히 추측성에 근거하고, 합리성과 실증증거에 어긋나는 결정이라며 중대한 피해의 위협a threat of material injury 판정에 각별한 주의가 요구된다는 의견을 제시하며 환송을 결정하였다.[64] 패널은 실제 시장점유율의 증가나 가격압박의 영향이 아닌 캐나다의 연목수입의 일시적 증가를 산업에 피해위협을 주는 근거로 보는 ITC의 결정은 미국내 수요 증가와 시장 크기를 고려할 때 실질적 증거로 뒷받침되기 어렵다고 판결했다.[65]

패널은 ITC에게 산업피해 판정시 고려해야하는 요소를 제시하며 ITC의 재조사를 요구했다. 그러나 ITC는 2003년 12월의 재심사에서도 최초 결정과 동일하게 산업피해에 대한 긍정판정을 하게 된다. 이에 패널은 ITC의 판정이 국내법에 합치하지 않고, 실질적 증거

---

61 2차 환송(2004년 6월 7일), 3차(2004년 12월 1일), 4차(2005년 5월 23일), 5차(2005년 10월 5일).

62 *"Fifth Remand Determination, In re Certain Softwood Lumber Products from Canada: Final Affirmative Countervailing Duty Determination, No. USA-CDA-2002-1904-03"*, (2005년 11월 22일); Commerce press releases 〈www.ita.doc.gov/media/PressReleases/1105/NAFTAlumber_112205.html〉 (2005년 11월 22일) 참조

63 상계관세에 대한 미상무부의 결정이 NAFTA 패널에서 지지를 받는다 하더라도, 산업피해판정에서 인정을 받지 못하면, 미상무부의 보조금에 대한 주장이나 판결은 상계관세조치로 이어질 수 있는 근거를 잃게 되며 상계관세를 철회해야 한다.

64 NAFTA산업피해 패널판결의 주요본문은 다음과 같다. "the Commission made its threat determination on the basis of considerable speculation and conjecture, the result of which conflicts not only with the agency's statutory mandate, but also with the rationale underlying its present material injury determination, as well as the record evidence"(NAFTA Injury Panel 2003, 107).

65 *Ibid.*, 73.

로 입증되기에도 부족하다며 재차 환송 결정을 내렸다. 보다 구체적으로, ITC의 결정에 대해 i) 캐나다 생산자의 생산력, ii) 미국시장에 미칠 캐나다 수출자의 영향, iii) 조사기간 동안 수입 증가량의 중대성 여부, iv) SLA의 종료에 따른 영향 등에 대해 패널이 제시하는 실증자료를 가지고 재검토할 것을 주문했다.[66]

ITC는 NAFTA 패널절차에 관한 문제를 삼는 방식으로 논점을 흐리며, 패널이 제안한 요건들과 실증자료를 통한 재검토 지시를 거부하였다. 이에 패널은 2004년 8월 2차 환송 결정을 내리고 격렬하게 ITC를 비난했다.[67] 결국 ITC가 산업피해를 부정하게 되었고 이에 패널은 2004년 10월 ITC의 3차 환송에 따른 재심판정을 수용했다.[68] 한편, ITC는 패널이 ITC가 응답할 시간을 충분히 제공하지 않는 등 절차상 문제가 있었으며, 패널이 ITC의 권한과 NAFTA협정에 반하는 월권을 행사하고 있다며 ITC 판결문을 통해 불만을 직접적으로 표시하였다.[69]

• 투자 분쟁

캐나다 연목상품생산업체인 Canfor, Tembec과 Terminal社는 앞에 언급한 다소 복잡한 양상의 NAFTA 19장 패널의 소송들이 동시다발적으로 진행될 동안 개별적으로 미국에 대한 NAFTA 11장상의 투자소송을 진행했다. 이들은 미국의 반덤핑관세 및 상계관세가 정치적 요소가 다분하며 재량을 남용하고 있어서 차별적이고 불공평한 간접징수에 해당하므로 NAFTA 11장의 의무를 위반하는 처사라고 주장하였다.[70] 이와 같이 소집된 NAFTA 11장 패널은 절차

---

66 NAFTA Injury Panel 2004a, 16-28.

67 NAFTA패널은 ITC가 패널의 지시를 거부하는 것은 NAFTA 19조 절차에 중대한 손상을 가져온다며 아래와 같이 비판하였다.
   "The Commission has made it abundantly clear to this Panel that it is simply unwilling to accept this Panel's review authority under Chapter 19 of the NAFTA and has <u>consistently ignored the authority of this Panel</u> in an effort to preserve its finding of threat of material injury. This conduct obviates the impartiality of the agency decision-making process, and <u>severly undermines the entire Chapter 19 panel review process</u>"(NAFTA Injury Panel 2004b, 3-5).

68 결국 미국은 11월 24일 미 무역대표부를 통해 특소위 절차를 요구한다.

69 Ibid., 13-14.

70 NAFTA 11장은 협정국간 투자에 대한 내국민대우(National Treatment: NT) 및최혜국대우(Most Favored Nations: MFN)를 규정하고 있는데, 이 업체들은 미상무부의 상계관세 및 반덤핑 조치가 내국민대우를 위반하여 피해를 보았다고 주장하며 총 5억 4천 달러에 해당하는 보상을 요구하였다.

적인 쟁점에 대한 광범위한 조사 끝에 2005년 7월 3건의 개별소송을 하나의 절차로 통합하

였다.[71] 투자 패널은 미국의 반덤핑과 상계관세법에 있어서 3사의 보상요구는 사법관할권

^{jurisdiction}이 없다고 설명하면서, 대신 버드수정법안에 대한 사법권은 인정하는 판결을 2006

년 6월에 내렸다. 이들 투자소송은 결국 2006년 SLA의 한 부분으로 다뤄지면서 종료되었다.[72]

::: WTO 연목분쟁

미 상무부가 2001년 8월 부과한 잠정상계관세에 대해 캐나다가 WTO분쟁해결절차에 소송

을 제기하면서 시작된 WTO 연목분쟁은 확정상계관세, 반덤핑관세, ITC의 산업피해 판정 등

미국의 관련 무역구제조치의 모든 면에 대해 캐나다가 소송을 제기하면서 GATT, NAFTA에

서의 분쟁양상을 그대로 이어갔다. 미국과 캐나다간의 소송은 법적인 공방과 더불어 양국간

감정싸움의 국면까지 치달았는데, 특히 세 건의 분쟁에 대해서는 이행패널절차가 이어지면

서 패널과 상소기구에서의 소송을 합하여 총 12회의 WTO 소송이 이루어졌다. 이러한 소송

---

71 보다 자세한 내용은 "*Order of the Consolidation Tribunal, In the Matter of: NAFTA and a Request for Consolidation by the USA of the Claims in Canfor Corporation v USA and Tembec et al, v USA and Terminal Forest Products Ltd, v USA* (2005년 9월 7일)", ⟨www.naftaclaims.com⟩을 참조.

72 SLA체결 전후 과정에서 미상무부의 CVD관련 행정절차를 철회하는 발의(motion to dismiss)에 반대하며, SLA협정 내용에 대해 NAFTA패널에게 검토 요청한 두 사건이 있다. 첫 번째 사건은 캐나다의 연목수출상품생산업체인 Gorman사 의해 단독으로 제기되었다. Gorman사는 NAFTA패널의 결정이 신속히(expedited) 진행되었다면 자사의 특정상품이 SLA의 수출조치(Export Measures) 대상품목에서 제외될 수 있는 가능성을 언급하며 이에 대한 구제요청을 한 사건이다(Certain Softwood Lumber Products From Canada; Final Results of Countervailing Duty Administrative Review and Rescission of Certain Company-Specific Reviews (the "Final Results"), USA-CDA-2005-1904-01(채택: 2009년 1월 30일). 두 번째 사건은 캐나다의 Gorman사와 Wynndel사가 특정 연목상품, 즉 끝이 음된(end-matched)연목상품이 미관세표 기준을 사용하여 합의된 SLA의 제재상품 범주(scope)로 적절한 분류인지 NAFTA패널에 검토를 요청한 사건이다(Certain Softwood Lumber Products From Canada; Final Scope Ruling Regarding Entries Mande Under HTSUS 4409.10.05., USA-CDA-2006-1904-05(채택: 2008년 6월 25일).
NAFTA패널은 두 건 모두에 대해 동 사안은 2006년 SLA에서 합의된 내용에 대한 사안으로 패널의 재판관할권(jurisdiction)이 없다고 판정하였다. 다만, 후자의 건에 대해서는 만약 NAFTA패널이 재판관할권이 성립한다 하더라도 그 판결은 권고적 성격일 뿐이라며, 결국 두 건 모두에 대한 어떠한 구제도 제공해줄 권한이 없다는 의견을 제시하였다.

사건들이 사실상 연목수입제한조치라는 단일 사안에 대해 다투어졌다는 점을 감안하면 현재까지 다자무역체제 분쟁해결제도 운영상 전례가 없는 사례이다.

WTO체제하에서의 연목분쟁을 이해하는 데는 1996년 5월 체결한 미국-캐나다간 연목협정US-Canada Softwood Lumber Agreement: 이하 "SLA"을 주목할 필요가 있다. SLA는 對美 캐나다British Columbia, Alberta, Ontario와 Quebec산 연목수출에 대해 147억 보드피트bf의 한도를 정하는 것으로 1996년 4월 1일부터 5년간 적용되었다. SLA는 사실상 미국의 연목산업을 보호하기 위한 조치로 캐나다의 연목 수출량을 1995년 수출량인 162억bf 수준보다 제한했고, 만약 수출이 147억bf 이상으로 늘어나는 경우에는 증가분에 대해 수출허가세를 부과하는 것으로 규정하였다.[73]

한편, 1996년 SLA에는 캐나다에게도 유리한 부분이 포함되었는데, 면세수출량에 쿼타분배Canadian Export Permit: SLA 2조를 제외하는 것 뿐만 아니라, 조사발동가격trigger price74: SLA 3조, 정보수집과 협력Information Collection and Cooperation: SLA 4조, 통관절차, 이행감시제도Auditor를 포함한 분쟁해결Dispute Resolution: SLA 5조에 대해 보다 구체적으로 규정함으로써 SLA차원에서 미국에 의한 對캐나다 상계관세나 반덤핑관세의 일방적 사용을 자제토록 고안되었다Actions by the United States: SLA 1조. 그럼에도 불구하고 미국은 연목상품에 대한 관세분류를 재조정하여 수입을 제한하였는데, 캐나다는 세계관세기구World Customs Organization를 통해 이의를 제기하여 미국의 자의적인 관세재분류를 시정한 바 있다. 이러한 우여곡절 속에 5년간의 SLA 체결기간은 2001년 3월 31일로 종료되었는데, SLA의 종료와 함께 WTO의 至難한 연목분쟁이 시작되었다.

SLA의 체결기간이 종료된 직후인 2001년 4월 연목수입연합은 미 연목산업을 대표하여 캐나다산 연목수입에 대해 상계관세와 반덤핑관세 부과를 신청했는데, 5,000쪽이나 되는 상계관세와 반덤핑조사 청원에서 약 40%의 상계관세와 28~38%에 달하는 반덤핑관세를

---

73 캐나다가 미국에 1993~1995년간 수출한 평균인 147억 bf 정도인 경우는 면세(tax-free quota)를 그 이상으로는 1,000bf 당 미화 50달러의 세금을 153.5억bf까지 적용(the lower fee base), 그 이상인 경우는 1,000bf 당 미화 100달러의 세금을 적용(upper fee base)하는 경사(escalation) 방식을 적용하였다(Softwood Lumber Agreement (SLA) between the Government of the USA and the Government of Canada (1996), 2조 1항). 보다 자세한 내용은 1996년 SLA 참조 〈www.international.gc.ca/controls-controles/assets/pdfs/softwood/treaty-e.pdf〉

74 트리거 가격(trigger price), 발동가격이라고도 한다. 트리거는 총의 방아쇠를 뜻하는 것으로 덤핑조사를 발동시킬 수 있는 기준가격을 말한다. 즉, 트리거 가격보다 싼 가격으로 수입되는 외국제품에 대해 미 상무부가 복잡한 절차를 밟을 것 없이 바로 덤핑 조사로 들어갈 수 있게 한 일종의 수입규제방식이다.

부과해야 한다고 주장하였다. 미국 정부는 실제로 2001년 8월 잠정상계관세를 부과했고, 2002년 4월에 확정상계관세와 함께 반덤핑관세를 부과했다. 캐나다정부는 이러한 미국의 조치에 대항하여 잠정상계관세(DS236), 확정상계관세(DS257), 반덤핑관세(DS264) 뿐만 아니라 ITC의 피해판정(DS277)에 대해서도 WTO에 제소했다.

■ Softwood Lumber III (WT/DS236)

미국의 연목수입연합은 캐나다의 저렴한 입목벌채비, 공공 산림지의 원목수출제한과 연방정부 및 지방정부의 산림정책이 캐나다 연목 생산자에게 가격대비 약 39.9%의 보조금에 해당한다고 주장하였다. 미 상무부는 상계관세를 부과하기 위해 연목 산업과 연관된 다양한 정부프로그램에 대한 조사를 시작했는데, 주요 조사대상 정부지원정책은 (i) 캐나다의 입목벌채 수수료 산정the determination of Canadian stumpage fee, (ii) 원목수출 제한 정책log export restrictions programs, (iii) 서부경제지역의 다각화 정책the Western Economic Diversification program (iv) 연방정부의 북부 온타리오 경제발전계획 정책the Federal Economic Development Initiative for Northern Ontario 과 (v) 캐나다 산림서비스업의 산업·무역·경제 정책the Industry, Trade and Economics program of the Canadian Forest Service을 포함한다.[75]

미상무부는 미국으로 수출되는 캐나다산 연목은 가격에 19.31%에 해당하는 보조금의 혜택을 받은 것이라 판정하여 이에 해당하는 상당량의 잠정상계관세를 2001년 8월에 부과하기로 하였고, 추가적으로 이 문제를 중대한 사태critical circumstances라는 점을 강조, 관세를 소급적용했다.

패널은 캐나다의 벌채권정책stumpage program이 보조금협정 제1.1조상 정부에 의한 상품의 제공에 해당하는 바 재정적인 기여로 인정되나, 혜택의 판정에 있어 시장조건prevailing market condition 대신 "미국의 벌채권가격"을 사용함으로써 오류를 범했다고 지적했다.[76]

75 S. Rahman and S. Devadoss, "Economics of US-Canada Softwood Lumber Dispute: A Historical Perspective." *Journal of International Law and Trade Policy*, 3(1), 29-45, (2002).

76 WTO, WT/DS236/R, paras.7.59-8.1 (2002. 11.1 채택).

한편, 예외적으로, 본 사건에서 미 상무부는 중대한 사태를 근거로 예비판정 공시 90일 전부터 수입된 상품에 대해 잠정상계관세를 소급적용했다. 이에 대해 패널은 보조금협정 제20.6조에서 명시적으로 확정상계관세에 대해서는 소급적용 규정이 있으나 잠정관세에 대해서는 그러한 규정이 미비되어 있으므로 일반적인 소급적용 불가원칙이 적용된다고 판결했다.[77] 미국은 자국의 역진적retrospective 관세부과방식에 근거하여 suspension of liquidation과 예치금 부과는 확정관세의 소급적용을 위해 불가피한 조치라고 주장했으나 패널은 받아들이지 않았다.

또한 패널은 미국이 조사개시 후 한달도 되지 않은 시점에서 잠정관세를 부과한 데 대해 보조금협정 제17.3조에서 잠정관세가 조사개시 후 60일 전에 부과될 수 없다고 규정한 점을 들어 위반 판정을 했다. 또한 잠정관세가 거의 7개월이나 부과된 점에 대해서도 제17.4조에서 4개월로 제한한 잠정관세기한 규정을 위반한 것으로 판결했다.[78]

■ Softwood Lumber IV (WT/DS257)

미 상무부는 2001년 8월의 잠정관세에 이어 2002년 4월 19.34%의 확정상계관세를 부과했는데, 5월에 일부 판정의 수정을 통해 18.79%로 관세를 재조정했다. 캐나다 정부는 Softwood Lumber III(DS236)에서 제기한 쟁점을 그대로 제기했는데, 패널의 판결은 Softwood Lumber IV의 판결을 사실상 거의 그대로 수용한데 반해, 상소기구는 패널의 판결을 재검토하여 일부 수정하였다.

우선 벌채권정책stumpage program이 상품 제공을 통한 재정적 기여라는 부분에 대해서는 상소기구도 패널의 판정에 동의했다. 그러나 혜택의 판정과 관련하여서는 패널은 시장조건의 해석과 관련하여 캐나다의 시장가격이 존재함에도 불구하고 미국의 가격을 사용

---

77 *Ibid.*, paras. 7.92-7.97.

78 *Ibid.*, paras. 7.99-7.103.

한 점에 대해 위반 판정을 내린데 반해[79], 상소기구는 보조금 공여국시장에서 정부의 지배적인 영향력으로 시장가격의 왜곡이 발생하는 경우에는 여타의 지표를 혜택의 판정기준으로 활용할 수 있다고 판결했다.[80] 그러나 이러한 판정번복에도 불구하고 상무부의 보조금 혜택 판정에 대해서는 패널판정의 불충분성 때문에 법적 분석을 완결할 수 없다고 판결했다.

보조금의 이전과 관련해서는 패널은 별도의 이전 여부 분석을 수행하지 않은 상무부 판정에 대해 위반 판정을 내렸다.[81] 그러나 상소기구는 원목의 경우 별도로 보조금 이전 여부에 대해 분석을 하지 않은 상무부의 판정에 대해서 위반 판정을 내린 반면, 연목의 경우에는 이미 정상적인 시장거래가 이루어졌으므로 별도의 이전여부에 대한 분석이 요구되지 않는다고 결론지었다.[82]

상기 판정이 내려진 후 미국과 캐나다는 2004년 12월 17일까지로 10개월의 이행기간에 합의했다. 그러나 상무부가 2004년 12월 6일 상계관세를 개정한 내용과 2004년 12월 20일자로 발표한 최초의 연례재심결과에 대해 캐나다는 이행패널을 신청했고 이행패널의 판결은 상소기구에 의해 재검토되었다. 이행패널은 미 상무부가 보조금 효과 이전에 관해 제대로 분석하지 않은 점에 대해 위반 판정을 내렸는데[83], 미국은 위반 판정 자체에 대해서는 이의를 제기하지 않았으나 연례재심결과가 이행패널의 검토대상이 아니라고 상소하였다. 그러나 상소기구도 패널의 의견에 동의하여 미국의 경우 연례재심결과를 원심 판정의 이행차원조치로 판결한 부분은 주목할 부분이다.[84]

본 상계관세와 관련한 연례재심에 대해서도 캐나다는 소송(DS311)을 제기했으나 실제로 소송은 이루어지지 않았고 후에 양국이 양자 연목협정에 합의하면서 사실상 취하되었다.

---

79 WTO, WT/DS257/R, para.7.65 (2004.2.17. 채택).

80 WTO, WT/DS257/AB/R, para119-122 (2004.2.17. 채택).

81 WTO, *supra* note 79, para.7.99.

82 WTO, *supra* note 80, para.165.

83 WTO, WT/DS257/RW (2005.12.20. 채택).

84 WTO, WT/DS257/AB/RW (2005.12.20. 채택).

미 상무부는 캐나다산 연목수출의 덤핑수출 여부를 조사하여, 2001년 10월 예비판정에 이어 2002년 4월 반덤핑관세를 확정 발표했고 5월 22일자로 확정관세를 2.18%~12.44%로 일부 수정했다. 이에 대해 캐나다는 잠정반덤핑관세와 확정반덤핑관세를 WTO에 각기 별도(DS247과 DS264)로 제소했는데, 전자의 경우에는 실제로 소송을 하지는 않았고 후자의 사건만 판결이 이루어졌다. 여기서 제기된 다양한 쟁점 중에서 특히 주목할 부분은 미 상무부의 반덤핑조사 개시자체가 불충분한 증거자료에 입각했다는 주장을 강력하게 제기하고 있는 점이다.

반덤핑협정 제5.2조는 반덤핑조사 개시신청은 정상가격과 수출가격에 관하여 신청인에게 "합리적으로 이용가능한^{reasonably available}" 정보를 포함하도록 규정하고 있다. 또한 제5.3조에서는 조사당국이 조사개시를 정당화할 수 있는 충분한 근거가 있는지를 판단하기 위해 제출된 증거자로의 정확성과 적절성을 심사하도록 규정하고 있다. 캐나다정부는 상기 규정에 근거하여 미국의 반덤핑조사 신청인들이 용이하게 확보할 수 있는 객관적인 가격 정보를 활용하지 않고 구성가격을 기초로 조사신청한 점을 들어 협정의무 위반이라고 주장했다. 특히, 미국 신청인 기업의 자회사인 캐나다 수출업체 Weldwood를 통해 보다 구체적인 정보를 확보할 수 있었음에도 불구하고 이를 활용하지 않은 점에 대해 문제를 제기했다.

패널은 이러한 주장에 대해 조사당국의 조사개시에 관한 의무는 제출된 자료의 "충분성"인데 이에 대한 명확한 기준이 협정에서 제시되지 않고 있다고 설명하면서, 본 사건과 관련해서는 비록 Weldwood를 통한 자료가 보다 더 정확한 측면은 인정되나 전체 연목산업의 상황을 대변한다고 볼 수는 없으므로 상무부의 판정이 협정에 위반되지 않는다고 판결했다.[85] 캐나다는 반덤핑협정 제5.8조에 근거하여 조사개시 후에도 조사당국은 지속적으로 자료의 불충분성에 대해 평가하고 이에 근거하여 조사를 기각해야 한다고 주장했으나 패널은 그러한 주장을 기각하면서 조사가 일단 충분한 증거에 의해 개시된 이상 조사개시와 관련한 증

---

85 WTO, WT/DS264/R, paras. 7.89-7.126 (2004.8.31. 채택).

거자료의 충분성 심사에 관한 지속적인 평가의무는 없다고 판결했다.[86]

패널은 상무부의 덤핑마진 계산과 관련한 동종물품 판정, 상품특성 차이에 입각한 가격조정, 수출업체 금융비용의 산정, 생산비 조정, 일반 영업운영비 산정 등에 대해서는 미 상무부의 조치에 대해 위반 판정을 하지 않았으나 덤핑마진 계산에 있어 제로잉방식을 적용한 데 대해서는 위반판정을 하였다.[87] 특히 제로잉 쟁점에 대해서는 명시적인 반대의견이 첨부되었으나 상소기구도 패널 다수의견에 동의하면서 제로잉에 대한 전반적인 WTO의 금지 입장이 다시금 확인되었다.[88] 그러나 상소기구는 금융비용 산정 부분과 관련하여 패널의 법해석을 번복하였으나 직접적으로 미 상무부 조치의 위법성에 대해서는 판정하지 않았다.[89]

상기 판정이 WTO분쟁해결기구에 의해 채택된 후 미국과 캐나다는 7개월 15일간의 이행기간에 합의했다. WTO분쟁해결절차에서 패소한 경우 판정을 수용하여 기존 조치를 수정토록 규정한 우루과이라운드협정이행법 129조에 의거하여 상무부는 기존 반덤핑관세를 개정하였는데, 기존 덤핑마진 계산에서 채택한 가중평균$^{W-W}$간 비교방식을 개별거래$^{T-T}$간 비교방식으로 수정하면서 제로잉기법을 도입했다. 이에 캐나다는 이행패널절차를 신청하였는데, 패널은 원 패널분쟁에서의 상소기구 판정이 T-T방식에는 적용되지 않는다는 원칙을 내세우며 캐나다의 제로잉 관련 주장을 기각하였다.[90]

■ Softwood Lumber VI (WT/DS277)

본 사안은 ITC가 상계관세와 반덤핑관세조사에 있어 관련 연목산업부문이 현 시점에서는 실질적인 피해가 없으나 임박한 미래에 그러한 피해의 위협이 있다고 만장일치로 판

86 *Ibid.*, paras.7.128-7.138.

87 *Ibid.*, paras.7.225-7.226.

88 WTO, WT/DS264/AB/R, paras.63-117 (2004.8.31. 채택).

89 *Ibid.*, paras.119-145.

90 WTO, WT/DS264/RW, paras.5.65-5.66 (2006.9.1. 채택).

정한 부분에 대해 캐나다가 WTO에 제소한 사안이다.

패널은 반덤핑협정 제3.7조와 보조금협정 제15.7조에서 규정한 경제지표들의 검토와 관련해서는 ITC 판정에 문제가 없음을 확인했다. 그러나 상기 규정에 명시되지 않은 요소들의 고려와 관련해서는 피해의 위협과 직접적인 연관성을 입증하지 못하는 것으로 결론짓고 상기 규정의 의무위반이라고 판결했다.[91]

상기 판결에 근거하여 ITC는 피해판정을 2004년 11월 24일에 새로이 발표했는데, 상당한 수입증가가 실질적인 피해의 위협이 되고 있으며 여타 알려진 피해요인은 없다고 결론내림으로써 사실상 원래 판결의 내용과 달라진 바가 없었다. 이에 캐나다는 이행패널 절차를 요청하였다.

이행패널은 ITC의 재심사 내용에 대해 수입의 가격 및 수량효과, 인과관계, 비전가원칙 적용 등이 적절하게 이루어진 것으로 판결했다.[92] 그러나 상소기구는 이행패널의 판결과정에서 과도하게 제소국에게 입증책임을 부과하거나 ITC 판정에 관한 신중한 분석을 수행하지 않은 점 등을 들어 적절한 심사기준Standard of Review을 채택하지 못했다고 판결하면서 패널 판정을 번복했다.[93] 그러나 이행패널 판정에서의 불완결성 때문에 ITC의 再판정에 대한 WTO 의무 합치성을 직접 판결하지는 못했다. 따라서, 지난한 분쟁해결절차에도 불구하고 여전히 ITC의 피해판정의 합치성에 대해서는 아무런 결론이 이루어지지 못한 상황이 되었다.

■ 2006년 SLA 체결

〈그림 2〉는 2006년 SLA 체결전까지 캐나다정부가 미국의 무역구제조치에 대해 제기한 다각적인 소송의 구조와 FTA및 GATT/WTO분쟁해결절차상 제기한 법적 쟁점을 보여준

---

91 WTO, WT/DS277/R, para.7.96 (2004.4.26. 채택).

92 WTO, WT/DS277/RW, paras.7.23~7.74 (2006.5.9. 채택).

93 WTO, WT/DS277/AB/RW, paras.139~140 (2006.5.9. 채택).

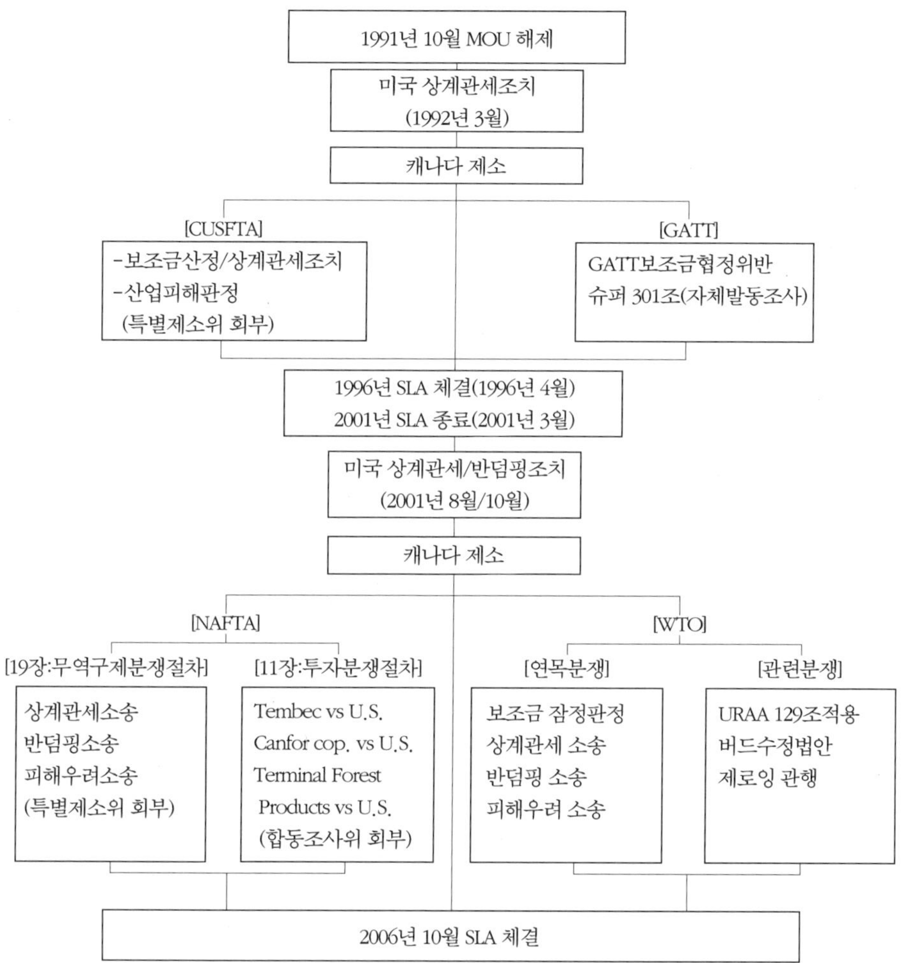

다. 수년간에 걸친 FTA 및 WTO 분쟁끝에 2006년 7월 1일 David Emerson 캐나다 통상장관과 Susan Schwab 미무역대표는 새로이 연목협정에 합의했다. 협정문의 주요내용은 다음과 같다. i) 미국은 2002년부터 캐나다에 부과한 무역구제 관세 중 10억 달러는 보유하되 40억 달러는 상환한다. ii) 이 협정문은 향후 7년간 유효하며, 추가적으로 2년까지 연장할 수 있다. iii) 미국이 새로운 무역제재조치를 취하는 것을 금지하는 반면, 목재가격 하락이 심각한 수준에 이를 경우 수입제재조치를 허용한다. v) 관련 분쟁에 대해서는 중립

적 조정자가 최종적이며 법적 구속력을 발휘하는 판결을 내릴 수 있다.[94]

::: 결론: 연목분쟁의 근원적 요인 및 시사점

미국과 캐나다간 연목 분쟁의 근원적인 요인은 연목산업지원에 대한 양국의 입장 차이인데, 특히 미국이 캐나다 연목산업의 생산 및 판매에 영향을 주는 입목(또는 입목벌채 수수료)정책을 미 연목산업의 가격경쟁력을 약화시키는 보조금이라 규정하는 해석에서 기인한다.

사실 양국의 목재산업에 지원하는 보조금 형태는 기본적으로 벌목권리를 부여한다는 점에서 동일한 측면이 있으나 지원방식에서 차이가 있는데, 미국의 산림보조금의 형태를 살펴보면 다음과 같다. 미국은 산림과 녹지가 조성된 공공지역을 철도부설에 따른 보조금을 통해 Timber and Stone Act(1878)하에서 관리하고 있었다. 미국 정부는 농림부 산하 산림청Forest Service과 토지관리국Bureau of Land Management을 통해 정부소유지에 대한 완전소유권을 민간에게 저렴한 가격으로 이전하고 그 지역의 연목은 경매를 통해서 매각 가능하게 해주었다. 경매에 당선된 구매자는 목재를 구입하고 향후 수년간의 기존 입목벌채 권리에 대해 변제할 의무를 져야했다.[95] 입목의 벌채는 입목 경매를 위한 준비작업 중 하나로 간주하였고, 이에 따르는 비용은 구매자가 판매자에 각 단위당 최대 지불의사를 반영한 가격인 유보가격에 포

---

94 Softwood Lumber Agreement (SLA) between the Government of the USA and the Government of Canada, (서명: 2006년 9월 12일; 2006년 10월 12일 수정, 2015년 10월 12일까지 연장하기로 서명 2012년 1월 23일) www.international.gc.ca/controls-controles/assets/pdfs/softwood/sla-en.pdf

95 그러나 1980년 초 미 의회는 산림산업 육성을 위해 입목비에 대한 변제의무를 면제해 주었다. 이와 같은 사실을 보면, 미국은 연목거래를 경매제도를 통해 시장메케니즘을 활용한 듯 했으나, 결과적으로는 해당 산업부문에 보조금을 주는 것과 다름없이 되었다. 미국 역시 산림산업을 지원하기위한 다수의 정책을 운용했는데, 예를 들면 병충해 비용을 분담하는 제도 등이었다. 미 의회의 1994년 보고서(Congressional Research Service)에 따르면, 120개 중 77개의 국유림은 매년 적자를 기록했다고 보고하고 있다(R. W. Gorte, *Below Cost Sales: Overview*, Congressional Research Service, Washington, DC, 1994). 또한 미 농림부는 다른 지역에서 발생한 이익을 손해가 발생하는 지역에 교차보조(cross-subsidizing)하는 방식과 미 재정(U.S. treasury)으로 직접 보조하는 방식으로 연목생산을 완전경쟁체제 이상(한계비용 이하 생산)으로 조장하였고, 이는 수익감소로 이어졌다.

함된 것으로 보았다.[96] 이와 같은 경매방식은 사실상 절차적으로 번거롭고 다소 높은 비용이 수반되며, 비교적 장시간이 소요되는 문제점이 있었다. 또한 경기침체기로 들어가는 시기에는 구매를 포기하거나 또는 경매가격이 판매자측면에서의 유보가격^{판매자가 구매자로부터 최소한으로 받고자하는 가격}으로 결정되는 경우가 비교적 빈번하였다. 그러나 이러한 경매방식에 의해 결정되는 연목의 가격은 입목의 실제가치를 제대로 반영한다고 볼 수 있다.[97]

따라서, 분쟁이 본격화되는 시점에 미국 목재산업의 입장을 간략히 정리하면 첫째, 산림녹지 조성 및 해충관리 차원의 정부지원과 저렴한 가격으로 민간에게 임목지 및 입목을 판매하는 방식의 지원이 일찍이 이루어져 분쟁 당시는 정부의 개입이 최소화되어 있었다. 둘째, 입목 및 입목 벌채권 거래에 경매를 활용함으로써 연목의 가격이 경기변동에 따른 거시경제적 요인에 큰 영향을 받았다.

한편, 당시 캐나다의 연목산업은 캐나다 연방정부 및 州정부 소유의 토지^{Crown Lands98}를 임목지로 임대받고, 각 연목업체는 주 정부로부터 일정량의 벌채 입목권을 매년 구매하는 방식을 사용하고 있었다. 장기 임목지사용권의 경우 무기한으로 갱신이 가능하였다. 정부는 입목지의 지역 사용권과 입목을 벌채할 수 있는 권리를 계약증서를 통해 발급하고 입목벌채 수수료를 입목량에 따라 부과하였는데, 원목시장이 경쟁적이라는 가정하에 운송비 및 목재운반비를 공제한 연목벌채에 대한 지불가격을 청구하였다.[99] 또한 입목벌

---

96 P. Berck and T. Bible, "Wood Products Futures Markets and the Reservation Price of Timber", *Journal of Futures Markets*, 5(3), 311-316, (1985).

97 하지만 여기서 판매자간 가격공모(또는 담합: collusion)가 일어난 경우는 경매방식을 통한 농림수산물의 실재가치 평가에는 문제가 발생 할 수 있다. 증거가 밝혀지진 않았지만, 당시 미 서부에 대규모의 가격공모가 있었다는 주장이 있었다. 하지만, 미국의 경우와는 달리 산업이 집중도가 매우 높은 British Colombia州는 가격공모가 더욱 수월할 수 있다.

98 왕실소유지(Crown Lands)는 캐나다 연방(41%) 또는 주 소유지(48%)를 가리킨다. 국립공원, 야생보호구역 및 군부대 등을 제외하고는 주 정부에 있는 소유지는 주 정부의 관리를 받는다. 주 정부는 왕실 소유지를 입목 및 광산권리 팔아 임대해주는 방식으로 수익을 얻는다.

99 완전경쟁조건하에서 입목비는 이러한 잔여비용계산 방식을 통해 실시하던, 경매방식을 택하던 간에 가격은 일치하게 된다(H. Nelson, W. Nikolakis, I. Vertinsky, and P. Vertinsky,. "Resolving a Persistent Disagreement Among Friends: a Case Study of the Canada-US Softwood Lumber Dispute" in *Coping with Crisis: Conflict Management and Resolution*. (eds.) Shuli Barzilai, Arza Churchman, and Allen Zysblay, (The Hebrew University Magnes Press, erusalem). 177-204. (2008). 하지만 미국은 캐나다 식의 행정적 지원을 받는 입목비 산정방식은 공개경매방식보다 낮아질 수밖에 없다고 주장했다.

채를 위해 구매해야하는 계약증서에는 시장상황과 임목지 관리를 책임져야 한다는 의무조건이 부과되어 있었다.[100]

이러한 연목관리정책의 차이는 양국간에 첨예한 법적인 쟁점을 제기했다. 미국은 자신들의 입목벌채권가격 결정방식인 경매가 시장왜곡 없이 양국의 공정무역을 가능케 한다고 강조하였다.[101] 미국은 캐나다 정부가 국유임목지에서 생산 및 판매 입목수량을 정해 입목비를 정부의 계획하에 결정하는 바, 입목벌채권가격이 목재의 품질에 따라 가격차이를 둔다하더라도 엄연히 비시장경제적이라는 것이다. 더욱이 캐나다 연목생산의 약 95%가 이루어지는 임목지가 캐나다 연방 및 주 정부 소유로서 이 제도가 캐나다 전역에 적용되고 있기 때문에 캐나다 연목생산자 차원의 실제 생산비용상 이득이 작다고 하더라도 미국 연목생산자와의 경쟁시 상대적 비교우위가 충분히 발생할 수 있다고 지적하였다. 미국의 정부소유지에서 생산되는 연목 생산량은 약 5%로 매우 적고, 입목비도 경쟁적인 경매시장을 통해서 결정되기 때문에 더욱 피해가 크다고 주장했다. 또한 무기한 계약연장이 가능한 중·장기 계약식 입목권으로 임목지내에 설치된 입목공정시설의 토지사용료를 면제받을 수 있도록 하는 캐나다 정부의 조치는 상당한 재정적 기여로서 직접적인 보조금을 주는 것과 같다고 주장하였다.[102] 마지막으로 미국은 對미 캐나다산 연목의 매출이 1952년 7% 수준에서 1995년 33% 수준 이상으로 증가한 것을 보조금에 기초한 덤핑 때문에 초래된 결과라고 주장하였다.[103]

이에 대해 캐나다는 이하의 사유로 캐나다의 입목벌채 수수료가 상계관세 부여 대상

---

100 연목을 벌목하기 위해서는 해당 주정부의 허가에 대한 계약체결로 이루어진다. 이 계약에는 벌목을 할 수 있는 권리에 따른 의무로 임로건설과 유지, 해당 점유지의 산불과 병충해 예방, 재조림 등의 산림관리 및 유지보호가 부과되며, 벌채한 목재량에 따른 입목 벌채수수료를 납부해야 한다.

101 차후 미상무부는 자신들의 방식, 즉 미 농림부가 민간대상으로 실시한 경매방식을 British Columbia를 포함한 캐나다에 있는 주요 연목수출 지방에게도 사용할 것을 요구한다.

102 실제 캐나다 주 정부는 중·장기 입목권의 경우 규정을 준수하는 한, 사용자에게 무기한 계약연장이 가능도록 해주었다(Canadian Institute of Forestry, "The Canada-United States Softwood Lumber Dispute", Information Paper, Ottawa: Canadian Institute of Forestry, 2002). 이에 캐나다는 중장기적인 계약을 제공하지 않는다면 임목지의 관리를 위한 투자를 유치하기 힘들다고 반박하였다.

103 R. W. Gorte and J. Grimmett, *Lumber Imports from Canada: Issues and Events*, Congressional Research Service, Washington, DC, (2001).

보조금이 아니라고 반박하였다. 첫째, 캐나다의 정부에서 발행하는 입목벌채권은 정부가 연목생산에게 상품과 서비스를 제공하거나 보상하는 것이 아니라는 점을 강조하였다. 또한 임목지사용권을 획득한 생산자에게 임목량에 따라 부과하는 입목 벌채권은 목재의 가격을 구성하기에 충분하다고 주장했다. 입목 벌채권은 정부가 결정한 임목지 대여비용을 입목을 벌채하는만큼 분담한다는 개념으로 조세와 같은 역할을 하며, 임목지 소유권에 따라 발생한 결과물에 대해 비용을 지불하는 것이라고 주장했다. 둘째, 정부가 부과하는 입목벌채수수료는 시장원칙을 따른다고 주장했다. 즉, 정부의 입목벌채수수료는 시장경쟁원칙에 따른 적절한 보상에 해당하므로 경쟁적 시장과 비교하여 연목산업에 추가로 이익을 제공하지 않는다고 주장했다. 셋째, 캐나다는 미국과 캐나다의 산림자원 관리제도, 특히 연목 생산과 영업상의 본질적인 차이를 지적하였다. 미국은 연목생산의 약 95%가 임목지를 소유한 개인 및 私기업체에 의해 이루어지는 반면, 캐나다는 반대로 95%의 연목생산이 정부소유의 임목지에서 이루어진다. 따라서 캐나다의 입목벌채권은 입목을 벌채하는 임목지에 대한 장기적인 관리 및 경영을 포함한 계약조건 및 시장상황을 반영하여 청구되기 때문에 임목지사용권과 정부의 산림경영정책 및 시장상황 면에서 차이가 큰 양국의 입목벌채비 관련 제도의 단순비교는 잘못되었다고 주장하였다.

여기서 미국은 캐나다의 연목생산량과 가격이 임목지 사용권(또는 입목 벌채수수료)을 통해 이루어지고 있고, 또한 결정될 수 있다는 점에 주목하고 있다. 미국의 입장에서는 캐나다정부의 계획 하에 산정된 입목비와 이를 제도적으로 지원하는 정책은 캐나다 정부가 제공하는 상품 및 서비스로 부당한 보조금이며, 이 방식으로 생산된 연목과 그 생산가격은 비시장경제적 조치의 결과라고 간주한다. 따라서 캐나다의 이러한 정책으로 생산된 캐나다산 연목이 수출입 시장가격에 실제 왜곡을 가져다주는가에 대한 상이한 경제적, 법적분석 및 해석이 양국 연목분쟁의 근저에 자리 잡고 있는 것이다. 요컨대 입목채벌권을 통해 시장상태에 따른 변화를 예상, 반영하여 조정된 가격을 사용하는 캐나다식 정부주도 생산판매방식과 시장의 변동성과 경기침체시 취약성을 동반하지만 입목의 실제 시장가격을 보다 적절하게 반영하는 미국식 시장주도 경매방식간의 충돌로도 볼 수 있다.

본 연구에서 설명한 연목분쟁은 세계통상체제에서 가장 복잡하고 치열하게 전개된 통상분쟁으로서 양자간 경제협력체제인 FTA와 다자통상기구인 GATT/WTO를 망라하며 이어지다 결국 양자간 상품협정으로 마무리되었다. 이러한 양자간 상품협정인 SLA가 비록 양국간의 통상마찰을 해소하는 합의안인 것은 틀림없으나 동 협정이 전적으로 WTO 체제의 통상규범에 합치하는지 여부는 또 다른 연구 주제로 남겨두었다.

뿐만 아니라, 통상분쟁의 전개과정에서 나타난 통상규범의 법적 해석들에 더불어 연목분쟁은 양자와 다자간 분쟁해결제도의 역학관계에 대해서도 주목할 만한 사례를 제시하고 있다. 예를 들어 캐나다의 입목정책을 상계가능한 보조금으로 판정하는지에 대한 문제는 캐나다에 의해 CUSFTA와 GATT패널 동시에 제기된 쟁점이었다. 당시 시기상 먼저 제출된 GATT패널의 판결은 캐나다의 입목정책이 시장왜곡효과를 가져오는지의 문제에 대해 실증적 증거를 통한 전면 추가조사^{fuller investigation}를 요구했는데, CUSFTA패널도 그러한 실증증거의 필요성에 대해 동일한 견해를 제출했다. 이러한 모습은 제로잉관행에 대한 NAFTA 반덤핑패널의 입장에서도 살펴 볼 수 있는데, NAFTA 반덤핑패널은 최초 국내법상 제로잉관행을 인정한 1차 환송결정 때와 달리, 제로잉관행을 배척하는 WTO패널과 상소기구의 판결 이후에는 미상무부에게 제로잉관행을 사용하지 말고 덤핑마진을 산정할 것을 주문한다.

하지만, 이와는 반대로 FTA패널과 다자패널이 상충하는 경우도 발견할 수 있었다. 예를 들어 '연목분쟁 VI'에서 NAFTA 패널은 미국 ITC의 산업피해 판결에 동의하지 않고 판결을 취하하도록 주문하였다. ITC는 이러한 NAFTA 패널의 결정을 수용하기 어렵다는 입장을 견지하였지만, 결국 NAFTA 패널의 판결을 수용하였고 이로써 NAFTA를 통한 분쟁소송은 마무리되었다. 한편, ITC의 피해판정을 둘러싼 쟁점은 NAFTA의 분쟁해결절차와는 별개로 미국이 WTO에 소송을 진행 중인 사안이었다.[104] WTO 패널은 ITC의 피해판정

---

104 *United States-Investigation of the International Trade Commission in Softwood Lumber from Canada (2004)*, WT/DS277/R, (2004년 4월 26일 채택).

이 WTO협정 의무에 위반된다고 판결했다[105]. 이에 미국은 WTO패널의 권고에 의해 새로 조사를 하였는데 여전히 산업피해가 존재한다고 재확인 판정을 내렸다. 홍미롭게 WTO의 이행패널은 이러한 ITC의 재심판정결과를 지지했다. 그로 인해 미국은 NAFTA 소송에서는 산업피해가 없다는 판정에 승복했으나, WTO 이행패널의 피해판정 지지에 힘입어 USTR은 상무부로 하여금 캐나다산 수입연목에 대해 계속 관세를 부과하도록 지시했다. 이처럼 연목분쟁에서 나타난 FTA와 WTO체제간의 상충문제는 향후 세계무역체제가 직면할 문제점을 현실에서 드러낸 사례이다.[106]

본 연구에서 분석한 농산물분야의 무역구제 관련 통상분쟁의 역사와 내용이 향후 국내 농산물시장 보호와 육성을 위한 거시적인 정책의 밑거름으로 활용되기를 바란다.

---

105 *United States-Investigation of the International Trade Commission in Softwood Lumber from Canada-Recourse ot Article 21.5 of the DSU by Canada (2005)*, WT/DS277/RW, (2006년 5월 9일 채택). 캐나다는 21.5조(이행조항)에 대한 패널결과에 대해 상소기구에 제소하였다. WTO상소기구는 결과를 패널의 판결을 번복한다. *United States-Investigation of the International Trade Commission in Softwood Lumber from Canada-Recourse ot Article 21.5 of the DSU by Canada (2006)*, WT/AB277/RW, (2006년 5월 9일 채택). WTO상소기구는 ITC의 판정이 반덤핑협정과 상계관세협정에 합치하는지의 여부에 대해 회피하고 다만 패널의 판결에서 사실관계 판정에 있어 타당성이 부족하다고 지적하였다.

106 지역무역협정과 다자주의무역협정간의 갈등 가능성에 대해서는 이미 국제경제학자 및 통상법 학자에 의해서 오래전부터 제기되어 왔었다. GATT체제가 시작될 때부터 다자무역체제는 무역특혜협정과 공존하도록 고안되었기 때문인데, 일찍이 Jagdish N. Bhagwati 교수 및 John. H. Jackson 교수를 필두로 많은 학자들은 지역무역협정이 무역창출효과를 일으킬지 무역전환효과를 일으킬지에 대한 경제 및 통상법적 관점에 대해 논의해왔다.

::: 참고문헌

Anderson, Greg, "Can Someone Please Settle This Dispute? Canadian Softwood Lumber and the Dispute Settlement Mechanisms of the NAFTA and the WTO", The World Economy, 29(5), 585-610, (2006)

Berck, Peter, and Bible, Thomas. "Wood Products Futures Markets and the Reservation Price of Timber",- Journal of Futures Markets, Vol. 5, No. 3, 311-316, (1985)

Blonigen, Bruce,"Food Fight: Antidumping in Agricultural Goods", in Agricultural Policy Reform and the WTO: Where Are We Heading? (Eds). Giovanni Anania, Mary Bohman, Colin Carter, and Alex McCalla, (Cheltenham, UK: Edward Elgar), (2004)

Canadian Institute of Forestry, "The Canada-United States Softwood Lumber Dispute", Information Paper. Ottawa: Canadian Institute of Forestry. (2002)

Carter, Colin A. and Caroline Gunning-Trant, "U.S. Trade Remedy Law and Agriculture: Trade diversion and Investigation Effects", Canadian Journal of Economics, 43(1), 97-126, (2010)

Davey, William J., "Pine & Swine, "Canada-United States Trade Dispute Settlement: The FTA Experience and NAFTA Prospects", Ottawa: Centre for Trade Policy and Law, (1996)

Gorte, R.W., "Below Cost Sales: Overview", Congressional Research Service, Washington, DC, (1994)

Gorte, R.W. and Grimmett, J., "Lumber Imports from Canada: Issues and Events". Congressional Research Service, Washington, DC, (2001).

Hart, M. Bill Dymond, and Colin "Decision at Midnight: Inside the Canada-US Free Trade Negotiations", Vancouver, Canada: University of British Columbia Press, (1994)

Hartigan, James. C., "Is the GATT/WTO Biased against Agricultural Products in Unfair International Trade Investigations?", Review of International Economics, 8, 634-646, (2000)

Inside US Trade, "Canada Says U.S. Undermines NAFTA by Keeping Softwood Lumber Duties". (July 2. 2004)

Kerr, William A., "Dumping: Trade Policy in Need of a Theoretical Make Over", Canadian Journal of Agricultural Economics, 54, 11-31, (2006)

Nelson, H., Nikolakis, W., Vertinsky, I., and P. Vertinsky,. "Resolving a Persistent Disagreement Among Friends: a Case Study of the Canada-US Softwood Lumber Dispute" in Coping with Crisis: Conflict Management and Resolution. (eds.) Shuli Barzilai, Arza Churchman, and Allen Zysblay, (The Hebrew University Magnes Press, erusalem). 177-204. (2008)

Porges, Amelia, "Dispute Settlement" in "Preferential Trade Agreement Policies for Development: A Handbook", Chauffour, Jean-Pierre and Jean-Christophe M. (Eds), (2011)

Prusa, Thomas J, "Why Are So Many Antidumping Petitions Withdrawn?", Journal of International Economics, 33, 1-20, (1992)

Rahman, SM Osman and Stephen Devadoss, "Economics of US-Canada Softwood Lumber Dispute: A Historical Perspective." Journal of International Law and Trade Policy, 3(1), 29-45.(2002)

Random Lengths, "U.S.-Canada Trade Dispute Timeline 1982 to Present", Random Lengths Publications, 2011. (www.randomlengths.com/pdf/Timeline.pdf)

Schmitz, Andrew, Robert Firch, and Jimmye Hillman, "Agricultural export dumping: the case of Mexican winter vegetables in the U.S. market", American Journal of Agricultural Economics, 63, 645-54, (1981)

Softwood Lumber Agreement (SLA) between the Government of the USA and the Government of Canada (1996) 〈www.international.gc.ca/controls-controles/assets/pdfs/softwood/treaty-e.pdf〉

Softwood Lumber Agreement (SLA) between the Government of the USA and the Government of Canada, (2006)www.international.gc.ca/controls-controles/assets/pdfs/softwood/sla-en.pdf.

Staiger, Robert, and Frank Wolak, "Measuring Industry-specific Protection: Antidumping in the United States", Brookings Papers on Economic Activity, Microeconomics, 51-118, (1994)

U.S. Census Bureau, Foreign Trade, "U.S. Imports from World Total by 5-digit End-Use Code 2002-2011". 〈www.census.gov/foreign-trade/statistics/product〉.

U.S. Federal Register, "Certain Softwood Lumber Products from Canada." 24159, (Final Determination). Washington, D.C., USA, (May 31 1983)

U.S. Department of Commerce, "Fifth Remand Determination, In re Certain Softwood Lumber Products from Canada: Final Affirmative Countervailing Duty Determination", Secretariat File No. USA-CDA-2002-1904-03, (2005년 11월 22일)

U.S. Department of Commerce, "NAFTA Panel Decision: Fifth Remand Determination Countervailing Duty Investigation on Softwood Lumber from Canada", Commerce press releases 〈www.ita.doc.gov/media/PressReleases/1105/NAFTAlumber_112205.html〉, (2005년 11월 22일)

Von Finckenstein, Konard W. "Dispute Settlement under the Free Trade Agreement", in Building a Partnership: The Canada-United States Free Trade Agreement, (eds). Mordechai E. Kreinin, Michigan State University, (2000)

Whinston, Michael. "On the Transaction Cost Determinants of Vertical Integration", Journal of Law, Economics and Organization, 19, 1-23, (2003)

08

중국 환율정책에 대한 법적 대응조치와 WTO 합치성 분석

안덕근·김민정

- 서론

- 중국 환율정책에 대한 미국의 대응

- 환율정책 및 제재조치의 WTO 및 IMF협정 합치성 분석

- WTO체제에서의 시사점

본 연구과정에서 훌륭한 제언을 해 준 서울대학교 국제대학원 국제통상법연구회 회원들에게 감사하며, 본 논문은 통상법률 통권 제106호(2012년)에 수록된 논문을 일부 보완·수록하였다. 본 연구에 지원해 준 SSK 연구사업에도 감사한다 (NRF-2011-330-B00063).

최근 중국과 미국 간의 무역마찰이 갈수록 고조되고 있는데 핵심에는 누적되고 있는 미국의 대중국 무역수지 적자 문제가 있다. 미국은 이러한 대중국 무역수지 적자의 주된 원인으로 중국의 저평가된 위안화 환율을 제기하고 있다. 현재 중국은 국제통화기금 International Monetary Fund, 이하 'IMF'의 공식분류에 따르면 평가조정환율제도crawling peg를 채택하고 있는데 원칙적으로 미국 달러화를 포함한 세계 주요 통화들을 지표로 한 복합통화바스켓에 연계하여 위안화 환율을 소폭으로 자주 조정하는 제도를 운용하고 있다.[1] 그러나 사실상 미국 달러화에 위안화의 특정 환율 수준을 고정시켜 두고 시장 상황에 따라 일정 부분 조정해 나가는 방식으로 운용되고 있다.

중국은 1994년부터 2005년 7월까지 1달러당 8.2위안의 사실상 고정환율을 유지해 왔다. 그러나 무역적자의 급증으로 당시 부시 행정부의 압력이 거세지자 2005년 7월 21일 전격적으로 위안화 절상을 단행하여 2007년까지 점진적으로 위안화 환율의 평가절상을 허용했다. 그러나 세계적인 금융위기가 확산되던 2008년 초부터 다시 1달러 당 6.8위안의 환율에서 사실상 달러/위안의 환율을 고정시킨 바 있다.[2] 이후 금융위기가 심화되고 미국 경제가 대량 실업, 금융부문 도산, 부동산 가격 급락 등으로 침체를 겪는 반면, 중국

---

1 IMF, De Facto Classification of Exchange Rate Regimes and Monetary Policy Frameworks Crawling Peg 〈http://www.imf.org/external/np/mfd/er/2008/eng/0408.htm〉. 제도에 대한 번역용어로는 소폭변경연계제도, 조정고정환율제도, 변동고정환율제도 등도 사용하며 많은 경우 "크롤링 페그제"로 표기하고 있는 바, 본 논문의 이하 부분에서는 보다 정확한 의미 전달을 위해 Crawling Peg를 그대로 사용한다.

2 명목환율은 1달러 당 6.8위안으로 고정되어 있지만 동 기간 물가지수를 반영한 실질실효환율(REER:real effective exchange rate)은 감소하여 일반적으로 저평가된 것으로 평가된다. 그러나 실질실효환율의 산출 방법에 따라 저평가 폭은 상당한 차이가 있다. Steven Dunaway, "How Robust are Estimates of Equilibrium Real Exchange Rates: The Case of China", *Pacific Economic Review* 14, No. 3, 2009. 예를 들어 Economist는 절대적 구매력평가와 빅맥지수를 반영하여 위안화의 저평가 수준을 최대 50~67%로 추정하고 있는 반면 일부 경제학자들은 최소 10%대로 추정하고 있다. 달러 대비 위안화 명목환율의 저평가 여부 및 그 수준 산정에 대한 논의는 본 고에서 다루지 않으며 다음을 참조한다. Helmut Reisen, "Is China's currency undervalued?"; Yin-Wong Cheung, "Measurign misalignment: Latest estimates for the Chinese renminbi", in The US-Sino Currency Dispute: New Insights from Politics, Economics and Law (ed. by S. Evenett, 2010) 61-90; William Cline and John Williamson, "2009 Estimates of Fundamental Equilibrium Exchange Rates", Policy Brief PB09-10,Peterson Institute for International Economics, June 2009.

은 막대한 무역수지 흑자를 발판으로 꾸준히 9%에 달하는 경제성장을 이어가면서 이러한 경제상황 불균형의 주범으로 중국의 환율 문제가 대두된 것이다.

사실 환율제도나 정책에 관한 문제는 IMF에서 다루어지도록 규정되어 있다. 특히, IMF 회원국들은 2007년에 회원국 환율정책에 대한 양자간 감시체계에 관하여 새로운 결정사항을 채택하면서 외부적인 불안정성을 야기하는 환율정책을 자제하기로 합의한 바 있다.[3] 그러나 IMF체제에서는 그러한 합의사항을 시행하기 위한 이행체계가 취약할 뿐만 아니라 회원국의 환율정책의 정당성에 대해서는 엄격한 법적인 절차보다는 정치적인 합의가 우선시되는 한계가 있다. 이러한 문제점 때문에 보복권한을 부여하는 등 상대적으로 강력한 이행절차를 갖춘 세계무역기구World Trade Organization, 'WTO'의 분쟁해결제도가 보다 효과적인 대안으로 제기되었다. 또한, 저평가된 환율의 직접적인 경제적 효과가 무역수지 흑자로 연결되는 점도 환율정책이 단순히 국제 금융 문제가 아니라 세계 무역 분쟁으로 비화되는 이유가 되고 있다.

2008년 이래 고정 환율을 지속하고 있는 중국 정부의 환율정책은 현재 미국 정부뿐만 아니라 대중국 무역수지 적자에 시달리는 여타 선진국들의 공통의 관심사로 제기되고 있다. 더욱이, 글로벌 금융위기 속에서 무역수지 적자가 심화되면서 제반 거시경제적인 문제가 악화되자 중국의 환율정책은 선진국들이 보호무역조치를 강화하는데 가장 좋은 빌미를 제공하고 있는 실정이다. 특히, 미국은 의회에서 수많은 법안들이 발의되면서 대중국 보호무역조치를 강화하려는 시도가 심화되고 있을 뿐만 아니라, 법률전문가 및 학계 차원에서도 WTO협정 위반 가능성을 제기하며 대응조치 강구를 촉구하고 있다. 반면, 중국의 이해를 대변하는 단체나 중국측 학계에서는 이러한 국제법적인 문제제기를 반박하며 환율정책의 정당성을 주장하고 있다.

현재 제기되는 환율정책과 관련한 국제법적 합치성 검토는 사실 전례가 없는 사안이다. 기존에는 IMF뿐만 아니라 관세 및 무역에 관한 일반협정GATT체제도 법적인 구조나 성

---

3 IMF, Decision on Bilateral Surveillance over Member's Policies. IMF협정상 제기되는 법적인 쟁점에 대한 구체적인 논의는 이하 III.4절 참조.

격이 취약하여 특정 국가의 환율정책 자체에 관한 법적 타당성 검토는 시도조차 되지 않았다. 그러나, WTO 설립과 함께 경제 분야에 관한 국제규범의 시행이 괄목할 만하게 향상되면서 환율정책과 같은 거시금융정책의 타당성에 대해서도 국제법 차원의 논박이 이루어지고 있다. 비록 최근에는 중국 정부가 환율변동성을 점진적으로 확대해 가면서 환율정책에 관한 법적인 공방이 다소 잦아들고 있으나 여전히 전 세계적인 금융위기의 위험이 큰 상황에서 미국을 비롯한 서구 국가들이 주도하는 국제통상체제에서 논란의 불씨는 남아 있다.[4] 본 고에서는 이와 같이 최근 미국과 중국 간 최대 통상분쟁 현안으로 대두되는 환율정책에 관한 국제규범 합치성에 대해 보다 객관적인 관점에서 분석하고 법적인 의무사항 이행과 관련된 한계점을 검토한다.

미국 의회와 행정부는 중국정부의 환율정책에 대해 전례가 없는 수준으로 공격적인 입장을 취하고 있는데 제II절에서 설명한다. 제III절에서는 중국의 환율정책에 대해 제기되는 다양한 법적인 쟁점 중 WTO협정과 IMF협정상 객관적으로 중요한 사안들에 대해 심층적으로 분석한다. 제IV절에서는 이러한 법적인 쟁점들의 분석 결과를 기초로 세계무역체제와 한국을 중심으로 한, 회원국들에 대한 시사점에 대해 논의한다.

::: 중국 환율정책에 대한 미국의 대응

사실 미국은 세계 기축 통화국으로 오래 전부터 무역상대국가의 달러 대비 저평가환율정책을 문제 삼아 일방적인 무역보복 조치를 빈번하게 취해 왔다. 1985년 플라자합의에 이르게 된 미국과 일본의 통상마찰이 그 대표적인 사례라 할 수 있으며 2005년 중국 환율

제도의 개혁의 배경에도 미국의 정치적 압력과 무역보복 조치들이 있었다.[5] 최근 또 다시 불거진 미국의 대중국 무역적자와 위안화의 저평가 문제는 미국 의회에서 상당히 중요한 정치적 이슈로 자리 잡고 있는 바, 이하에서는 미국 의회와 행정부의 중국에 대한 공격적인 대응상황을 검토한다.

■ 미국 의회의 대응

미국 의회는 대중국 무역수지 적자의 주된 원인으로 중국의 저평가된 위안화 환율을 지목해왔다. 중국이 WTO에 가입한 2001년부터 중국에 대한 압력이 본격화되었으며 2001년부터 2008년까지 미국 상원과 하원은 11개의 결의안을 제출하여 중국의 환율정책과 대중국 무역수지 적자 및 기업파산, 실업 증가 등 경제적 어려움을 부각시키며 이에 대해 미국 정부가 적극적으로 대응해야 한다는 입장을 표명하였다. 또한 55개의 법안을 발의하여 미국 행정부가 취할 수 있는 양자적, 다자적 대응책을 모색하고 법적 근거를 신속하게 마련해야 한다고 주장하였다.[6] 이들 법안에서 제기되고 있는 여러 가지 형태의 대응조치들을 살펴보면, 과거의 일방적인 관세보복 조치에서 최근에는 국제법적 정당성을 근거로 한 포괄적이고 다자적인 대응 조치들로 확대된 것을 알 수 있다.

　2005년 중국의 환율제도 개혁 당시 미국의회에서 발의되었던 법안들은 대부분 보복관세 부과를 강력하게 주장 하였다. 대표적인 법안으로 2003년 9월 미국 상원에서 발의된

---

5 최근의 경우와 마찬가지로 2005년 개혁 당시 중국 위안화 환율이 저평가 되었는지, 그러한 저평가 환율이 미국의 대중국 무역수지 적자와 관련이 있는 지 등에 관한 상당한 논쟁이 있었다. Gene Chang and Qin Shao, "How much is the Chinese currency undervalued? A quantitative estimation", *China Economic Review* 15, 2004, 366-371; Qing Wang, "Putting the Cart Before the Horse? Capital Account Liberalization and Exchange Rate Flexibility in China", *IMF Policy Discussioin Paper*, 2005; Paresh Narayan, "Examining the relationship between trade balance and exchange rate: the case of China's trade with the USA", *Applied Economic Letters* 13, No 8, 2006, 507-510. 미국 의회에 강경한 대응책을 주장하는 일련의 의회보고서에서는 사실상 미국 달러에 고정되어 저평가되고 있는 위안화 환율정책을 강하게 비난하고 있다. Wayne Morrison, "China's Currency Peg: A Summary of the Economic Issues", *CRS Report for Congress*, Order Code RS21625, 2005; Jonathan Sanford, "China's Currency: Brief Overview of US Options", *CRS Report Congress*, Order Code RS22338, 2005.

6 Raj Bhala, "Virtues, The Chinese Yuan, and the American Trade Empire", *Hong Kong Law Journal*, Vol. 38, 2008, p.232-233.

일명 '그레이엄-슈머법I'Graham-Schumer I'은 중국 위안화가 시장가격보다 현저히 낮게 고정되어 있다고 주장하면서 미국 대통령이 중국의 환율 조작을 부정 판정하지 않는 한 중국산 모든 수입품에 대해 보복관세 부과를 촉구했으며, 보복관세의 구체적인 수준을 위안화의 저평가 폭인 15%와 40%의 중간값인 27.5%로 결정하였다.[7] 이후에도 중국 위안화의 저평가 논란은 지속되었으며 유사한 내용의 법안들이 수차례 발의 되었고, 일명 '그레이엄-슈머법II'Graham-Schumer II'가 2005년 2월 재차 발의되어 중국 위안화 절상에 대한 정치적 압력 수위를 고조시켰다.[8] 미국 의회의 정치적 압박을 배경으로 2005년 7월 21일 중국은 과거 10년간 유지해 오던 고정환율제도를 포기하고 Crawling Peg제도로 개혁을 단행하였다.[9] 새로운 환율제도 하에서 중국 정부는 한동안 위안화 환율변동을 허용하였고 그 결과 종전에 1달러 당 8.2위안으로 고정되어 있던 환율이 점진적으로 절상되어 2007년에는 1달러당 6.8위안이 되기에 이르렀다.

중국 환율제도 개혁과 점진적 위안화 절상에도 불구하고 미국 의회에서의 중국 환율정책에 대한 대응책 논의는 계속되었다. 2007년 중반부터 위안화 환율이 사실상 고정되자 그레이엄-슈머법의 내용을 그대로 반영하여 보복관세를 부과하자는 법안들이 재차 발의되었다.[10] 뿐만 아니라 반덤핑관세, 상계관세 및 WTO분쟁해결기구에의 제소 등 다자주의 무역체제 내에서 법적 정당성을 근거로 한 대응책들이 잇따라 제출되었다.

2007년 5월 미국 상원 의원들은 저평가 위안화를 근거로 중국산 제품에 대한 반덤핑관세 허용을 촉구하였고 다음달 "2007년통화환율감시개혁법"Currency Exchange Oversight Reform Act of

---

7 S. 1586, 2003년 9월 제108차 의회 회의에 발의되었으나 통과되지 못하였다.

8 S. 295, 2005년 2월 제109차 의회 회의에 발의되었으나 통과되지 못하였다.

9 중국이 당시 새롭게 채택한 Crawling Peg제도는, 중국 당국이 외환시장의 당일 종가와 비공개 참조통화지수(reference currency index)를 바탕으로 다음날의 목표 환율을 확정하고 발표하면 외환시장에서 실제 환율이 목표환율의 ±3% 이내에서 시장상황에 따라 자유로이 변동되는 환율제도다. "A Look at China's New Exchange Rate Regime", *FRBSF Economic Letter,* No 2005-23, September 2005. 이와 같은 개혁과 운용이 중국 경제상황에 적절한가에 대한 논의가 활발히 진행되었다. Jaffrey Frankel, "On the Yuan: The Choice between Adjustment under a Fixed Exchange Rate and Adjustment under a Flexible Rate", *CESifo Economic Studies,* Vol 52, No 2, 2006.

10 대표적인 법안으로는 일명 '스프렛 법안(Spratt Bill, 110th Congress, February 2007)'이 있다.

2007"가 채택되었다.[11] 동 법은 미국 국제무역위원회^{US International Trade Commission}가 상대국가의 덤핑을 판정하기 위하여 수출가격 또는 구성수출가격을 산출할 때 환율조작 여부를 반영하여 수출가격 또는 구성수출가격을 조정하도록 규정하고 있다.[12] 이와 같이 반덤핑관세 부과요건으로 환율조작 여부를 고려하는 것은 중국 환율정책에 대한 대응조치로 반덤핑관세를 부과하기 위한 국내법적 근거를 마련한 것이다. 그러나 동 규정의 산출방법이 WTO 반덤핑협정에서 명시하는 구체적 규정과 차이가 있다는 점에서 WTO체제에서의 합치성 문제가 제기되고 있다.[13]

중국 환율정책에 대해 미국 의회가 제시하고 있는 또 다른 대응조치는 바로 상계관세 부과다. 원칙적으로 미국의 입법 및 사법적 관행을 보면 미국 상무부^{US Department of Commerce}는 구공산권 국가들의 보조금을 측정할 수 있는 실질적인 방법이 제한적이라는 이유로 비시장경제체제에 대해서는 상계관세를 부과하지 않았다.[14] 그러나 2000년대 초반 미국 의회는 기존의 원칙에 정면으로 대치되는 법안들을 제출하였고 대표적으로 "미국무역권리이행법^{United States Trade Rights Enforcement Act}"을 상원과 하원에서 동시에 발의하여 비시장경제체제에 대한 상계관세 부과를 촉구하였다.[15] 의회로부터 지속적인 정치 압박을 받던 상무부는 마침내 비경제체제에 대한 상계관세 조치를 더 이상 자제하기 않기로 결정하였고, 이에 따라 2006년 당시 피해조사 중이던 일부 중국산 제품에 대해 상계관세 조치가 부

---

11 S. 1607, 2007년 6월 제110차 의회회의의 금융위원회(Finance Committee)에서 통과하였다.

12 Section 6(a)(1)(A), S. 1607. 구체적인 문구는 다음과 같다. "The administering authority shall ensure a fair comparison between the export price and the normal value by adjusting the price used to establish export price or constructed export price to reflect the fundamental misalignment of the currency of the exporting country."

13 Raj Bhala, "Virtue, the Chinese Yuan, and the American Trade Empire", Hong Kong Law Journal, Vol. 38, 183-253, 248 (2008).

14 미국 상무부는 1984년 최초로 비시장경제체제(non-market economy)에 대해 보조금 상계관세를 부과하지 않는다는 행정 결정을 내렸다. March 2007 Department of Commerce Georgetown Steel Memo (pp. 2-4). 이후 1986년 상소법원은 Georgetown Steel사건에서 공산주의 국가에서는 보조금을 측정할 수 있는 경제적 효과가 없고 보조금이 광범위하게 지급되고 있기 때문에 특정 보조금을 별도로 고려하기 어렵다는 이유로 위의 상무부의 결정을 인정하였고 이를 근거로 원고 패소 판결하였다. Georgetown Steel case 801 F 2d 1308(Fed Cir 1986). 그 이후 비시장경제체제에 대해 보조금 상계관세를 부과하지 않는다는 원칙이 일관적으로 적용되었다.

15 HR. 3283, 2005년 7월 제109차 회의의 하원에서는 통과되었으나 상원에서는 통과되지 못하였다. S.1421, 2005년 7월 상원에 발의되었으나 통과되지 못하였다.

과되었다.[16] 중국에 대한 상계관세 부과가 가능해지자 하원에서는 중국이 환율조작국으로 판정되면 중국산 수입품에 상계관세를 부과한다는 내용을 골자로 일명 '헌터-라이언법Hunter-Ryan Bill'을 발의하였고 이후 "2007년환율공정거래법The Currency Reform for Fair Trade Act of 2007"로 발의되어 관련 업계로부터 전폭적인 지지를 받았다.[17]

미국 내에서의 중국 환율정책에 대한 대응조치 논란과 정치적 압박은 점차 수위를 높여갔으며 미국과 중국 간의 긴장은 2008년 시작된 세계 금융위기와 미국 경기침체로 최고조에 도달하였다. 이는 세계적인 금융위기와 지연되는 경제회복으로 미국의 경제 사정은 상당히 어려운 반면 중국은 저평가된 위안화 환율을 유지하면서 막대한 무역수지 흑자를 기록하고 이를 바탕으로 꾸준한 경제성장을 이루고 있었기 때문이다.

2010년 3월 미국 하원에서는 미국 행정부가 중국의 환율 정책에 대해 미국이 이용가능한 모든 수단을 동원하여 강경하게 대응할 것을 촉구하였다. 당시 다수의 민주당 및 공화당 하원의원들은 오바마 행정부에 서신을 보내어 관련 국내법에 따라 중국을 '환율조작국'으로 판정하고 이를 바탕으로 상계관세를 적용할 뿐만 아니라 WTO에 소송을 제기할 것을 촉구하였으며 이 모든 시도가 실패하는 경우 미 행정부는 중국 수입품에 대한 관세를 부과해야 한다는 강력한 대응책들을 제시하였다.[18] 또한 일부 민주당과 공화당 상원의원들은 "2007년통화환율감시개혁법"을 대체할 "2010년통화환율감시개혁법Currency Exchange

---

16 C-570-907, 29 March 2007, Investigation Public Document, 〈www.usitc.gov〉. 당시 미국 상무부는 중국산 coated free sheet paper에 대한 상계관세 조치를 위한 조사를 실시하면서 1986년의 Georgetown Steel 사건에서의 대법원 판결이 오늘날의 중국에도 적용될 수 있는가를 고려하였다. 비록 중국, 인도네시아, 한국산 coated free sheet paper에 대해서는 부정적 피해판정이 내려졌으나2007년 실시된 7건의 다른 중국산 제품들에 대해서는 모두 긍정적 피해 판정이 내렸고 그 이후 중국산 제품에 대한 상계관세 조치가 부과되기 시작하였다. 보다 상세한 대중국 상계관세 부과 내역에 관해서는 D. Ahn and J. Lee, "Countervailing Duty Against China: Opening a Pandora's Box in the WTO System?", *Journal of International Economic Law*, Vol.14(2), 329-368 (2011) 참조.

17 HR. 2942, 2007년 6월 제110차 회의에서 하원에 발의되었으나 통과되지 못하였다.

18 당시 노벨경제학상 수상자인 폴크루그먼(Paul Krugman) 교수는 The New York Times의 일련의 칼럼 기고 (2009년 4월 2일자, 2009년 11월 16일자, 2010년 3월 15일자, 2010년 1월 1일 자 OP-ED Columnist 참조)를 통하여 중국의 환율저평가 정책을 비난하며 미국 의회의 강경한 입장을 지지하였으며 국제적인 국제경제 연구소인 Peterson Institute of International Economics의 Fred Bergsten박사와 일부 전문가들은 2010년 3월 25일 하원 청문회에서 중국 환율정책으로 인한 미국 경제의 피해에 대해 미국의 강경한 대응조치를 주장하였다.

Rate Oversight Reform Act of 2010"[19]을 발의하였다. 동 법안은 대부분 2007년법을 따르면서 특히 중국을 '환율 조작국'으로 판정하고 이에 상응하는 보복관세, 반덤핑관세, 보조금 상계 관세 및 IMF를 통한 제제조치 등을 부과할 것을 강력히 촉구하였다.

미국 의회가 중국 환율정책에 대한 여러 가지 대응방안의 입법에 힘을 쏟고 있으나 중국 환율정책에 대한 무역보복 조치를 실제로 적용하기 위해서는 재무성의 조사를 거친 후 중국을 '환율조작국currency manipulator'으로 판정하여야 한다.[20] 따라서 재무성의 조사에 있어 '환율조작국'의 정의는 상당히 중요한 의미를 가지며 일반적으로 "환율시장에서의 한 방향으로 일관된 지속적인 대규모 개입a protracted large-scale intervention in one direction in the exchange market"으로 광범위하게 정의되고 있다.[21] 여기서 중요한 판정 요건은 해당 국가가 어떤 의도(intent)로 개입하였는지이며 구체적으로는 국제수지의 조정 또는 불공정 무역의 이익을 얻기 위해 의도된 조치인가가 중요하게 고려된다.

그러나 최근 상대국가의 환율시장 개입 의도를 규명하는 것이 매우 까다로운 절차적 요건이라는 점이 지적되면서 의회에서는 관련 규정에 대한 개정이 시도되었다. 예를 들어 2007년 8월 "2007년환율개혁및금융시장접근법Currency Reform and Finanacial Markets Access Act of 2007"에서는 '의도intent'라는 명시적인 문구를 삭제하자는 내용이 제안되었고 '환율조작currency manipulation'이라는 표현도 '환율불일치currency misalignment'라는 표현으로 개정하여 결과적으로 나타난 사실 상황에 더욱 중점을 두자는 법안이 제안되기도 하였다.[22]

이와 같이 미국 의회는 환율조작국의 판정 요건을 입법 차원에서 재정비 할 뿐만 아니라 환율조작국에 대한 판정 권한이 재무성에 있음에도 불구하고 미 행정부에게 강경한

---

19 S. 3134, 2010년 3월 제111차 의회 회의에 제출되었으나 통과되지 못하였다.

20 1988년옴니버스무역및경쟁법(Omnibus Trade and Competitiveness Act of 1988)에 따라 미국 재무성 (US Department of Treasury)은 주요 경제국가와 미국의 주요 무역상대국가들을 대상으로 환율 정책 및 경제 전반에 관한 조사를 실시하고 매년 두 차례의 보고서를 작성하여 '환율조작국' 판정 여부를 결정할 권한을 갖는다.

21 '환율조작국'의 정의를 참고할 수 있는 대표적인 법안으로는 'The Fair Currency Practices Act of 2005 (S. 984 와 HR 2208는 2005년 제109차 의회 회의의 은행위원회(Banking Committee)에서 통과함)'와 'Currency Reform and Financial Market Access Act of 2007(S. 1677, 2007년 8월 제110차 의회 회의에 제출되었으나 통과되지 못함)'이 있다.

22 S. 1677, 2007년 8월 제110차 의회 회의에 제출되었으나 통과되지 못하였다.

대응조치를 촉구해왔다. 특히 2008년 글로벌 금융위기가 발발한 이후 미국 의회의 중국 환율정책에 대한 불만은 최고조에 달하였으며 2009년 말 언론들은 재무장관이 중국을 환율조작국으로 판정할 가능성을 일부 시사하기도 하였다.[23]

동 사태가 양국의 심각한 무역마찰로 확대될 위기에 처하자 이후 미국과 중국의 두 정상은 공식적으로 공조의 중요성을 함께 인식하였고 재무성도 중국을 공식적인 환율조작국으로 판정하지 않았다. 정치적 긴장은 중국정부가 위안화환율 변동 폭을 확대하고 위안화 평가절상이 이루어지면서 한풀 꺾일 수 있었다. 그러나 미국 의회에서의 중국 환율문제가 여전히 중점 현안으로 남아 있고, 미국 의회가 제기하는 대응조치들이 국제무역 규범상 적법한 지는 여전히 논쟁의 대상이다.

■ 미국 행정부의 무역조치 부과 현황

미국 의회가 중국의 부적절한 위안화 저평가 정책에 대해 강경하게 대응해야 한다고 주장하고 있으나 실제로 재무부는 중국을 공식적인 환율조작국으로 판정하지 않고 있다.[24] 따라서 미국 행정부가 중국의 환율조작을 근거로 적용한 공식적인 보복조치는 전무하다. 그러나 미국 행정부가 중국을 상대로 WTO절차에 따라 부과한 무역구제 조치를 살펴보면 2001년 중국의 WTO 가입 이후부터 부과 건수가 급증 하였으며 2008년 금융위기 이후 더욱 공격적으로 적용되고 있는 것을 볼 수 있다. 이는 미국 행정부가 중국의 저평가 환율정책을 염두에 두고 무역구제조치들을 이용하여 상당한 통상압력을 행사한 것으로 유추된다. 이하에서는 중국환율정책에 대한 정치압력 차원에서 미국 행정부의 대중국 반덤핑조치, 상계관세조치 및 특별세이프가드조치 현황을 검토한다.

---

23 Corey Boles and Shayndi Raise, "Senators Introduced China Currency Manipulation Bill", Wall Street Journal, March 16, 2010.

24 2012년 5월 현재까지 미국 재무성은 어떠한 국가도 공식적으로 환율조작국으로 판정한 바가 없다. US Department of Treasury, Semiasnnual Report on International Economic and Exchange Rate Policies, 〈http://www.treasury.gov/resource-center/international/exchange-rate-policies/Pages/index.aspx〉 (2012년 5월 21일 방문).

무역구제조치 중에서 반덤핑관세는 미국이 중국에 대해 가장 빈번하게 적용한 조치다. 1980년부터 2012년 5월 현재까지 미국이 중국산 제품에 대해 부과한 반덤핑관세는 총 92건으로 같은 기간 미국이 전체 무역상대국가들을 상대로 적용한 반덤핑조치 총 242건 중에서 약 38%를 차지한다. 지난 30여년간 국가별로는 중국에 대한 반덤핑 건수가 가장 많았으며 중국이 WTO에 가입한 2001년 이후부터 고려하는 경우 전체의 반덤핑관세 건수의 46%가, 그리고 세계금융위기가 발발한 2008년 이후부터 고려하는 경우 전체의 62%가 중국을 상대로 부과되었다. 〈그림 1〉참조.

그림 1. 미국의 대중국 반덤핑 부과

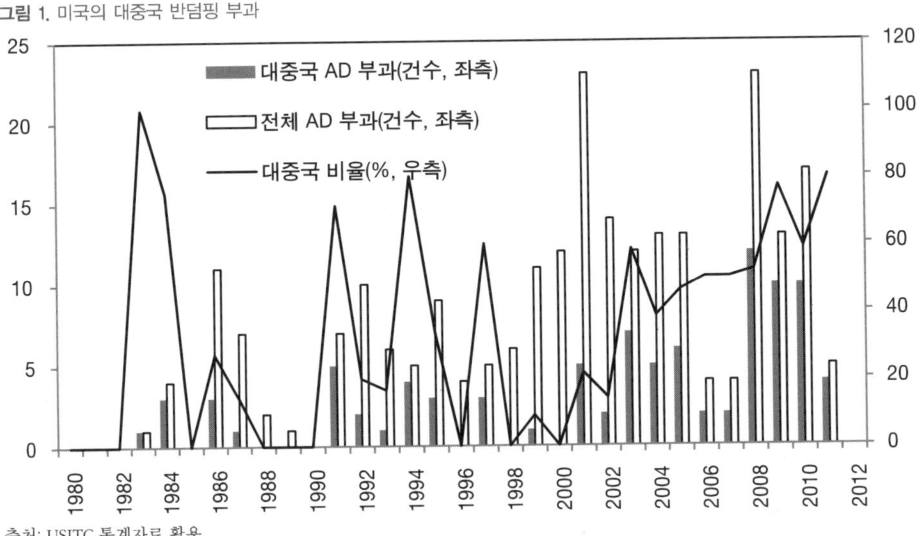

출처: USITC 통계자료 활용.

반덤핑관세 부과를 위한 조사개시 건수 또한 정치적 압력 차원에서 고려해볼 수도 있다. 미국이 지난 30여년간 발동한 반덤핑 조사는 총 1038건이며 중국산 제품을 대상으로 한 조사는 157건(15%)에 해당한다. 그러나 2001년 중국이 WTO에 가입한 이후 중국산 수입이 급증하면서 반덤핑 조사 또한 증가하여 2001년부터 실시한 전체 반덤핑 조사 개시 282건 중 82건(29%)이 중국산 제품이었으며 2008년 글로벌 금융위기 이후만을 고려하면 60건 중 31건(52%)이 중국산 수입품을 대상으로 실시된 것을 알 수 있다. 〈그림 2〉참조.

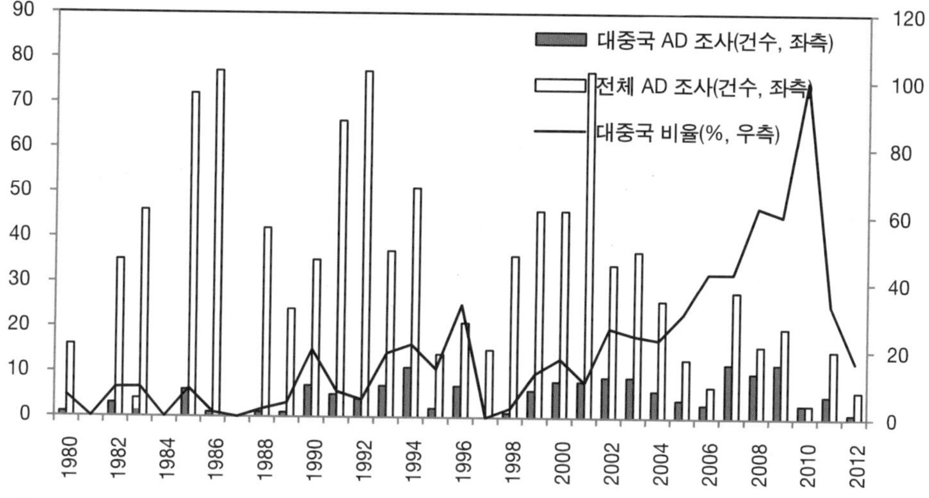

출처: USITA 통계자료 활용.

● 대중국 상계조치 부과 현황

미국은 중국과 같은 비시장경제체제에 대해 원칙적으로 보조금 상계관세를 부과하지 않았으므로 2000년대 중반까지는 중국산 수입품은 상계관세의 부과대상이 되지 않았다. 그러나 앞서 살펴본 바와 같이 2006년 11월 미국은 최초로 중국산 coated free sheet paper 수입에 대한 상계관세 부과를 위한 조사를 개시하였고 이후 중국산 수입품은 본격적인 상계관세 조치의 대상이 되었다.

중국산 제품에 대해 미국이 상계관세를 부과하기 시작한 2006년부터 고려하면, 총 28건의 상계관세 조치 중 23건(82%)이 중국산 제품에 대해 취해진 것으로 나타난다. 2008년이후 중국 환율정책으로 양국간의 정치적 긴장이 고조된 상황만을 고려하면 전체 26건 중 23건(88%)이 중국산 수입품에 대한 상계관세 조치인 것을 알 수 있다. 〈그림 3〉 참조.

정치적 위협 차원에서 미국의 대중국 상계관세 조사 개시를 고려한다면, 2007년 발동된 상계관제를 위한 조사 7건이 모두 중국산 제품을 대상으로 한 것이었고, 2008년은 6건 중 5건이, 2009년은 14건 중 10건이, 그리고 2010년은 3건 모두, 그리고 2011년은 3건 중 1건이 중국산 수입품을 겨냥하여 조사가 실시된 것을 알 수 있다. 2006년 이후 총 47건 중 31건(66%)이 중국산 제품에 대해 상계관세 조사가 개신된 것을 알 수 있다. 〈그림 4〉 참조.

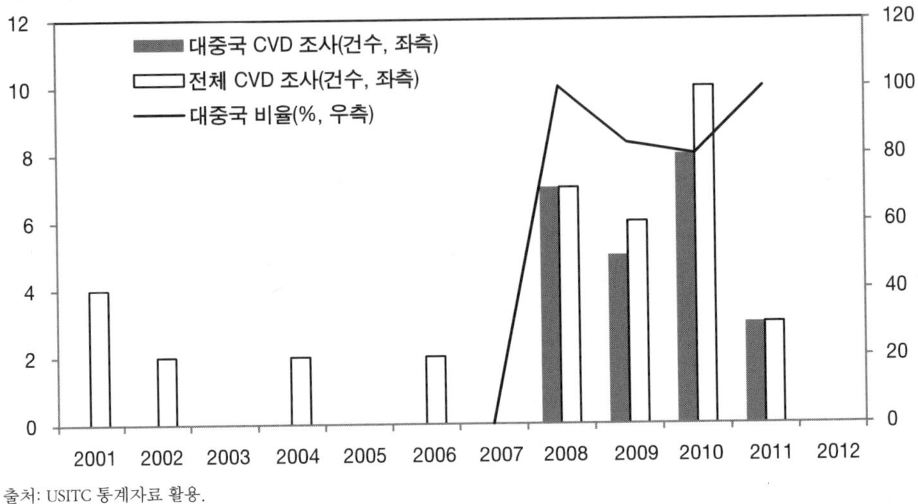
출처: USITC 통계자료 활용.

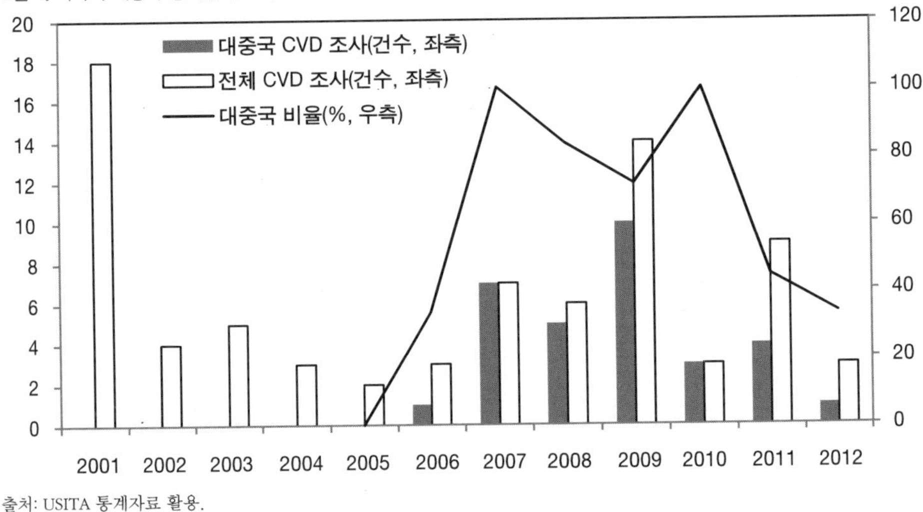
출처: USITA 통계자료 활용.

● 대중국특별세이프가드조치 부과 현황

미국은 중국이 WTO에 가입한 2001년 이후 중국산 수입품에 대해 특별세이프가드 발동을 여러 차례 시도하였다. 미국 상무부가 1974년미국무역법 제421조에 따라 중국산 수입품에 대해 세이프가드조치 부과를 위해 조사를 실시한 사례는 지금까지 총 6건이다.[25] 그 중 4건에 대해서 긍정적 피해 판정을 내렸으나 최종적으로 부시 행정부가 조치 부과를 기각하여 부과되지 않았다. 그러나 2009년 실시된 중국산 타이어 일부에 대해서는 조사에서 긍정적 피해 판정이 내려졌고 오바마 행정부가 이를 승인하여 세이프가드 조치가 부과되었다. 동 세이프가드 조치는 2009년부터 3년 동안 매년 35%, 30%, 25%의 관세를 부과하는 것으로 결정되었다.

중국산 타이어 수입에 대한 미국의 세이프가드 조치에 대하여 중국 정부는 미국의 조사가 부적절하였다고 주장하면서 2009년 WTO에 제소하였으나 패널은 원고의 주장을 기각하였으며 상소기구도 패널의 판결을 모두 인정하였다.[26]

전반적으로 고려하면, 2000년대 중반부터 미국은 중국 수입품에 대해 반덤핑관세와 상계관세를 적극적으로 부과하였을 뿐만 아니라 매우 공격적으로 반덤핑 조치, 상계관세조치, 세이프가드조치 발동을 위한 조사를 개시한 것으로 나타난다. 이는 중국의 WTO 가입과 괄목할 만한 경제 성장은 곧 중국의 대미 수출 급증으로 이어졌고, 중국의 환율저평가 정책과 2008년 글로벌 금융위기로 인한 미국 경제의 타격은 미국 행정부로 하여금 중국산 수입품에 대해 매우 공격적인 무역보복조치를 취하게 한 것으로 이해할 수 있다.

---

25 USITC 〈http://www.usitc.gov/trade_remedy/731_ad_701_cvd/investigations/completed/index. htm#safeguard〉. 중국 특별세이프가드 조사 사례는 다음과 같다. Steel Wire Garment Hangers From China(Inv. No. TA-421-02), Brake Drums and Rotors From China(Inv. No. TA-421-03), Ductile Iron and Rotors From China(Inv. No. TA-421-04), Uncovered Innerspring Units From China(Inv. No. TA-421-05), Circular Welded Non-Alloy Steel Pipe From China(Inv. No. TA-421-06), Certain Passenger Vehicle and Light Truck Tires From China(Inv. No. TA-421-007).

26 WTO, WT/DS399/R, WT/DS399/AB/R (adopted October 5, 2011)

::: 환율정책 및 제재조치의 WTO 및 IMF협정 합치성 분석

중국정부의 환율정책이 부당하게 무역구조를 왜곡한다는 논란의 근저에는 인위적인 환율왜곡이 WTO협정상의 규범 위반과 IMF협정상의 의무 위반을 초래한다는 법적 주장이 핵심적인 내용을 이루고 있다. 이하에서는 WTO체제하에서 외환정책 자체의 타당성 여부와 관련되는 GATT 제XV조 위반 가능성, 보조금적 성격과 관련한 보조금협정 위반 여부 및 비위반제소의 법적 타당성에 대해 분석한다. 또한, 외환정책을 보다 직접적으로 규율하는 관련 IMF협정상 의무 위반 가능성에 대해 검토한다.

■ GATT 제XV조 관련 쟁점

외환제도^{exchange arrangements}에 관해 규정하는 GATT 제XV조는 현 시점에서 적용하는데 특별한 주의가 요구된다. 이는 GATT 설립 당시에는 IMF체제가 확고한 고정환율제하에서 운영된 바 무역구조과 환율제도가 불가분의 관계를 가지고 있었으나, WTO체제하에서는 변동환율제가 정착이 되어 있으므로 외환상황에 근거한 무역조치 운용은 경제적 타당성이 매우 제한적이기 때문이다. 그럼에도 불구하고 제XV조가 제시하는 외환제도 운용과 관련되는 기본원칙의 적용에 관해서는 숙고할 필요가 있다.

GATT 제XV조는 제1항과 같이 단순히 GATT와 IMF간의 협력만을 제시하는 것이 아니라 제2항에서는 명시적으로 대외지급준비, 외환, 국제수지에 관한 사항에 더하여 WTO 회원국의 외환관련 조치가 IMF협정에 합치되는지 여부에 대해서는 GATT가 IMF의 판정을 수용하도록 규정하고 있다. 동 조항은 이하의 IMF협정 위반에 관한 논의와 관련하여 주목할 부분이다.

한편, 제XV:4조는 이하와 같이 규정하고 있는데 아직 분쟁이나 특별한 GATT/WTO차원의 결정을 통해 해석이나 적용에 관한 내용이 구체화된 적은 없다.[27]

---

27 예를 들어, GATT규정의 입법 및 적용 내력을 정리한 WTO 공식 문헌에서도 구체적인 내용은 제시되지 않고 있다. WTO, <u>Analytical Index: Guide to GATT Law and Practice</u>, 435–436 (1995) 참조.

> Contracting parties shall not, by exchange action, frustrate the intent of the provisions of this Agreement, nor, by trade action, the intent of the provisions of the Articles of Agreement of the International Monetary Fund.

제XV:4조상의 규정에 따르면 중국 정부의 외환정책이 GATT 규정의 의도를 무력화하지 않아야 하는데, 이와 관련한 법적인 주장의 검토를 위해서는 (1) 중국의 현 외환정책이 "외환조치[exchange action]"에 해당하는지, (2) GATT 규정들의 의도가 무엇인지, 그리고 (3) 그러한 의도가 무력화되었는지에 대한 분석이 요구된다.

첫째, 제XV:4조상의 "외환조치"의 의미에 대한 논란에 있어 일부 학자들은 동 표현이 국제결제 또는 태환성[convertibility]과 관련된 자유화에 국한된 개념으로 해석하기도 한다.[28] 그러나 GATT 문안이 마련되던 1940년대 후반에 이미 국내산업 및 시장보호를 위해 환율을 특정 수준으로 고정하는 정책이 활용된 바, GATT문안 작업 당시 미국은 IMF협정이 그러한 문제를 다루기 위한 규정을 포함하고 있음에도 불구하고 기본적으로 관세협정인 GATT에서도 이에 관한 규정이 포함되어야 한다고 주장했다.[29] 따라서, 이러한 GATT의 협상내력을 감안할 때 제XV조상의 "외환조치"에는 회원국이 환율정책 자체는 아니더라도 특정 환율수준에 자국의 통화가치를 고정시키는 구체적인 환율정책이 포함되는 것으로 볼 여지가 있다. 특히, 현재 논란이 되는 중국의 환율정책과 관련해서 미국이 제기하는 문제는 중국이 채택한 평가조정환율제도 자체가 아니라 심각한 무역수지 불균형상황에도 불구하고 장기간동안 저평가된 수준의 환율을 고수하는 점이라는 것에 주의할 필요가 있다. 외환"조치[action]"라는 표현에 함축된 것과 같이, IMF에서 인정하는 다양한 외환정책 중 특정한 형태의 제도를 채택하는 것 자체는 비록 제XV:4 조상의 "조치"에 해당하지 않으나 특정 환율을 선정하여 일정기간동안 이를 유지하는 구체적인 정책의 시행은 "조치"로 인정될 수 있다.

---

28 Koops, C, "Manipulating the WTO? The Possibilities for Challenging Undervalued Currencies under WTO Rules", *Amsterdam Center for International Law Research Paper Series* (2010); Denters Erik, "Manipulation of Exchange Rates in International Law: The Chinese Yuan" *ASIL Insights*, Nov. 2003 참조.

29 John H. Jackson, <u>World Trade and the Law of GATT</u>, 479 (1969).

둘째, "GATT규정의 의도intent of the provisions of this Agreement"를 파악하는 것은 사실 용이하지 않은 과제인데 어떠한 객관적인 자료를 근거로 "의도"를 도출할 수 있는지는 법 적용상 일반적으로 제기되는 논란의 대상이다. 예를 들어, 흔히 세계통상체제의 목적이라고 간주되는 무역자유화와 이를 통한 경제발전 또는 생활수준의 향상을 "GATT규정의 의도"라고 볼 수 있을지에 대해서조차 논란의 여지가 있다. 일부 학자들은 GATT/WTO체제의 의도가 다자간 무역관계를 통해 회원국간 무역균형을 달성하는 것인 바, GATT규정도 이를 시행하기 위해 마련된 것이라고 주장하기 때문이다.[30]

그러나 무역이나 고용증진 또는 경제발전 등 경제적인 측면이 아니라 GATT"규정"이라는 문구의 표현에 초점을 맞추어 "GATT규정의 의도"를 보다 법적인 측면에서 이해하는 것도 가능하다. 즉, GATT규정의 의도를 국제무역의 증진을 위해 정교한 모범규약을 정립하여 회원국들간의 무역에 있어 공정한 경쟁조건을 확립한 것이라고 이해할 수 있다. 다시 말하여, GATT체제의 설립취지가 자유무역을 통한 경제발전이라고 하더라도 정교한 GATT규정의 마련은 협상에 의해 확립된 회원국들간의 경쟁조건이 인위적으로 왜곡되지 않도록 보다 규범지향적인 체제rule oriented system를 수립하기 위한 의도에서 이루어졌다고 볼 수 있다. 따라서, 제XV:4조에서 제시하는 GATT규정의 의도가 현재 미중간 무역관계의 맥락에서는 무역과 관련된 공정한 경쟁조건의 확립과 보장이라는 차원으로 이해될 여지가 있다.

끝으로, GATT규정의 의도를 "무력화frustrate"한다는 것은 어떤 상황을 의미하는 것인지에 대해 아직 구체적인 기준이 판례 등을 통해 제시된 바가 없다.[31] 다만 GATT의 주해 Addenda 편에서는 상기 규정의 "frustrate"에 관해 이하와 같이 부연설명하고 있다.

---

[30] 이러한 주장에 대한 비판적인 평가는 Hufbauer et al., US-China Trade Disputes: Rising Tide, Rising Stakes, 18 (PIIE, 2006) 참조.

[31] 1977년 미국이 일본을 상대로 제XV:4조에 근거한 분쟁해결 제소를 한 바 있다. 당시 일본정부가 외환은행들에게 미국산 실크수입에 대해 신용장을 개설하지 못하도록 한 조치가 문제되었는데 양자간 합의로 소송이 취하된 바 있다. GATT, L/4637: Report of the Panel on "Japanese Restrictions on Imports of Thrown Silk Yarn" (adopted on 17 May 1978, 25S/107).

The word "frustrate" is intended to indicate, for example, that infringements of the letter of any Article of this Agreement by exchange action shall not be regarded as a violation of that Article if, in practice, there is no appreciable departure from the intent of the Article.

상기 주해에 따르면 GATT규정의 의도 무력화는 단순히 GATT조항 자체의 위반만으로 성립되는 것이 아니라 실무적 차원에서 외환조치가 해당 조항의 의도로부터 확연한 이탈을 초래했을 때 성립된다는 것이다.

위에서 설명한대로 GATT규정의 의도를 회원국들간에 공정한 경쟁조건을 확립하기 위한 것이라고 이해하는 경우 최소한 미국의 입장에서는 중국 정부의 환율정책이 무역에 있어 왜곡된 가격구조를 초래하여 공정한 경쟁조건을 무력화했다고 주장할 수 있는 여지가 있다.[32] 이와는 별개로 보다 구체적으로 미국은 중국 정부가 왜곡된 환율정책을 통해 GATT 제II조의 관세양허조항상의 의도를 무력화했다고 주장할 수도 있다. GATT 제II조는 회원국들이 협상을 통해 합의한 관세양허를 법적 규범으로 수용함으로써 무역상 균형을 유지하기 위한 의도로 마련되었다고 볼 수 있다. 이러한 해석을 수용하는 경우 미국은 중국정부의 환율정책이 실제로 제II조의 의도를 무력화했다고 주장할 소지가 있는 것이다.[33]

이와 같이 GATT 제XV:4조에 기초한 법적 해석은 중국 정부의 환율정책에 대해서 GATT규범 위반을 주장할 수 있는 법적 가능성과 근거를 보여준다. 물론 이러한 주장이 WTO체제에서 타당한 것으로 인정될 것인지 여부는 분쟁해결절차에서 명시적인 판결이 나오기 전까지는 확언할 수 없다. 그러나 상기 분석은 최소한 GATT규범상 현재 논의되는 환율정책에 대한 논란에 대해서도 법적인 논거를 제시할 수 있는 여지를 보여준다.

그러나 GATT 제VX:4조는 중국의 환율정책에 대해 법적인 제소를 할 수 있는 근거를

---

32 Dukgeun Ahn, "Is the Chinese Exchange Rate Regime 'WTO-legal'?", in The US-Sino Currency Dispute: New Insights from Politics, Economics and Law (ed. by S. Evenett, 2010) 139-145.

33 이러한 해석은 Jorge Miranda, "Currency Undervaluation as a Violation of GATT Article XV(4)", in The US-Sino Currency Dispute: New Insights from Politics, Economics and Law (ed. by S. Evenett, 2010) 115-126에서도 주장됨.

보여주는 반면, 이행단계에 있어서의 치명적인 구조적 결함도 동시에 드러내고 있다. 비록 분쟁해결절차상 GATT 제XV:4조를 근거로 중국 환율정책의 위법성을 입증한다고 하더라도 그러한 판정을 이행하는 단계에서 제기되는 기술적인 문제를 해결하기가 매우 어렵기 때문이다. 현재까지의 중국 환율정책이 과도하게 인위적인 무역역조를 야기함으로써 GATT규정의 의도를 무력화했다고 하더라도 GATT규정의 의도를 무력화하지 않는 수준이나 방식으로 환율정책을 수정하는 것이 어떠한 정책변화를 의미하는 것인지 파악하는 것이 사실상 불가능하다는 문제가 있다. 예를 들어, 환율정책의 수정을 통해 인위적으로 무역수지의 균형을 이루는 것은 현실적으로 불가능할 뿐만 아니라 그러한 방식의 환율정책 운용이 GATT규정의 의도를 무력화하지 않는 유일한 대안도 아니다. 대표적으로 일본의 경우 플라자합의를 통해 엔화의 환율을 인위적으로 대폭 평가절상한 후에도 막대한 대미 무역흑자가 해소되지 않았기 때문이다. 더욱이 중국정부가 제대로 판결을 이행하지 못하는 경우 WTO분쟁해결기구가 보복조치를 승인해야 하는데 보복수준 산정을 위한 미국측의 피해액 산출은 사실상 불가능하다. 이러한 이행과 관련한 근본적이고 구조적인 문제점은 GATT제XV:4조에 근거한 판정 자체에도 실질적으로 영향을 미칠 공산이 클 것으로 판단된다.

■ 보조금협정 관련 쟁점

경제학적인 측면에서 볼 때, 인위적으로 저평가된 환율은 수출상품 가격을 하락시키고 수입상품의 가격을 인상함으로써 사실상 수입관세와 수출보조금 역할을 하게 된다. 따라서 중국의 환율정책에 대해 국제통상규범상의 문제를 제기하는데 있어서 보조금협정의 규범은 논의의 핵심적인 사안이 되고 있다.

WTO보조금협정의 규범에 의해 규제되기 위한 선결요건으로 해당 정부조치는 정부에 의한 재정적인 기여로서 수혜기업에게 혜택을 발생한다는 점이 입증되어야 하며, 특정 기업이나 산업을 지원하기 위한 정책이라는 특정성이 충족되어야 한다. 중국의 환율정책과 관련하여 보조금협정상 규제를 하기 위해서는 법적 혹은 사실상 특정성을 입증해야 하는데 환율정책의 수혜대상을 특정 산업부문으로 지정하는 것은 불가능하므로 법적 요건이 충족되지 않을 수 있다. 그러나 미국의 경우 중국의 환율정책을 금지보조금인 수출보조금이라고 주장함에 따라 특정성 입증이 불필요하게 되었다.[34]

보조금협정상 보조금 정의 규정에 따르면 중국정부의 저환율정책이 자금의 직접적인 지원, 세제 혜택 또는 정부기능의 위임 및 지시 등의 명시적인 재정적 기여로 간주될 소지는 희박하다. 제1.1조상 제시되고 있는 보조금협정상의 보조금 요건을 충족하기 위해서는 정부에 의한 구체적인 형태의 지원이 이루어져야 하는데 환율정책이 그러한 법률요건을 충족한다고 보기에는 무리가 있기 때문이다. 그럼에도 불구하고, 보조금 요건을 충족한다고 주장하는 일부 법률가들은 저평가된 환율에 기초한 수출로 벌어들인 수익을 정부가 위안화로 환전을 해주므로 이는 사실상 과도한 소득보전을 통한 재정지원에 해당한다고 주장한다.[35] 이러한 주장은 받아들여지기 어려운데 실제로 외화수익을 국내에서 환전을 해주게 되는 주체는 은행들로서 비록 다수의 중국 은행들이 국가 소유라고 하더라도 이러한 형태의 거래가 보조금협정 제1.1조상 규정된 정부의 재정지원으로 간주될 여지는 없다.

더욱이 중국의 환율정책을 보조금협정상 보조금으로 판정하기 위해서는 "혜택"이 입증되어야 한다. 저환율정책의 경우 수출업체 입장에서는 수출가격이 하락하는 효과를 볼 수 있으므로 이론상 혜택이 발생할 수 있으나 수입업체 입장에서는 가격인상으로 오히려 피해가 발생한다. 따라서, 원자재나 부품을 수입하여 수출하는 업체의 입장에서는 원료수급 단계에서 피해가 발생하는 바 수출단계의 혜택과 효과가 상쇄되어 최종적으로 반드시 혜택이 발생한다고 보기 어려운 측면이 있다. 특히, 중국의 경우 대부분의 수출이 가공무역의 형태로 이루어지는 바, 저환율정책이 수출산업 부문에 대해 혜택을 발생한다

---

34 금지보조금의 경우 특정성은 존재하는 것으로 추정되는 바, 별도의 입증은 불필요하다. WTO보조금협정 제2.3조.

35 예를 들어 J. Magnus and T. Brightbill, "China's currency regime is letimately challengeable as a subsidy under ASCM rules", in <u>The US–Sino Currency Dispute: New Insights from Economics, Politics and Law</u>, 147–152 (ed. by S. Evenett, 2010).

고 보기 어렵다. 이러한 사유로 중국의 환율정책이 보조금협정상의 보조금에 해당된다
는 법적인 근거는 매우 희박하다.

만약의 경우 중국의 환율정책이 보조금으로 간주된다고 하더라도 미국이 주장하는 것과 같
이 이를 수출보조금으로 판정하는데는 무리가 따른다. 보조금협정상의 수출보조금은 단순
히 수출에 도움이 되는 역할을 하는 보조금이 아니라 수출실적에 연동되어 지급되는 보조금
을 의미하는데 환율정책이 그러한 법적 요건을 충족한다고 보는 것은 매우 어렵기 때문이다.

이러한 사유로 비록 미국은 중국의 환율정책에 대해 보조금협정 차원의 통상문제를 제
기하고자 하나 법적인 측면에서는 그러한 조치가 정당화되는데에 많은 문제가 있다. 이
와 같은 WTO협정차원에서 해결하기 어려운 법적인 문제점들이 미국 의회에서의 강력한
요구에도 불구하고 미국 행정부가 아직 이 문제를 WTO분쟁해결기구에 직접 제소하거나
환율정책을 근거로 상계관세를 실제로 부과하지 않은 이유로 판단된다. 그럼에도 불구
하고 당분간 미국 의회는 여전히 저환율정책의 보조금적 성격을 부각하는 통상압력을 지
속할 것으로 보이는데, 미국무역대표부와 나아가 미국 행정부가 의회의 국내 정치적 압
력과 WTO체제의 다자통상규범간의 균형을 어떻게 조율해 나갈 것인지가 관건이다.

■ 비위반제소 관련 쟁점

WTO분쟁해결제도는 특정 협정상 의무를 위반하지 않은 경우에도 회원국들의 경제이
해를 무효화하거나 침해하는 경우에는 제소가 가능한 소위 "비위반제소"를 허용하고 있
다.[36] 따라서, 중국의 환율정책에 대해 법적 문제를 제기하는 대안으로 미국의회와 법률

---

36 비위반제소에 관한 법적 요건에 관해서는 Thomas Cottier and Krista Nadakavukaren Schefer, "Non-Violation
Complaints in WTO/GATT Dispute Settlement: Past, Present and Future," in International Trade Law and the
GATT/WTO Dispute Settlement System (Ernst-Ulrich Petersmann, ed.), at 148 (1997); Frieder Roessler, "The
Concept of Nullification and Impairment in the Legal System of the World Trade Organization," in International
Trade Law and the GATT/WTO Dispute Settlement System (Ernst-Ulrich Petersmann, ed.), at 125 (1997);
Sung-joon Cho, GATT Non-Violation Issues in the WTO Framework: Are They the Achilles' Heel of the
Dispute Settlement Process?, Harvard International Law Journal Vol. 39, No. 2, 1998.를 참조한다.

가들은 비위반제소를 내세우고 있다.

WTO체제에서는 Japan - Measures Affecting Consumer Photographic Film and Paper사건에서 본격적으로 다루어지면서 법적 기준이 보다 명료화되었다.[37] 동 사건에서 패널은 비위반제소를 위해서는 i) 회원국에 의한 구체적인 조치의 적용, ii) 관련 협정하에서 발생하는 혜택, iii) 해당 조치의 적용에 따른 혜택의 무효화 또는 침해의 세 가지 법적 요소가 충족되어야 한다고 설명했다.[38] 특히, 비위반제소에서 입증되어야 하는 혜택은 "관련된 관세양허에 의해 초래되는 시장접근 기회 증가에 대한 합법적인 기대legitimate expectations of improved market-access opportunities arising out of relevant tariff concessions"로 제시되고 있다.[39] 법적인 측면에서 상기 쟁점은 제소국이 양허의 존재와 해당 양허로부터 기대되는 혜택을 침해하는 구체적인 조치의 존재를 입증하게 되면 피소국에게 그러한 혜택의 침해가 예상될 수 있었다는 점에 대한 입증책임이 전가된다.[40]

중국 환율정책과 관련하여 비위반제소를 제기하는 경우 관건은 어떠한 "혜택"이 법적으로 인정되는지 여부와 그러한 혜택이 환율정책 "조치"에 의해 무효화 또는 침해되었는지 여부이다. 그런데 중국이 WTO를 가입하던 2001년 당시에 이미 달러에 연동한 평가조정환율제도를 채택하고 있었으므로, 미국이 이에 기초한 관세양허상의 시장접근에 대해 당시에는 합법적으로 기대되나 현 시점에서는 무효화되거나 침해된 "혜택"을 입증한다는 것은 사실상 불가능할 것으로 보인다.

사실 중국과 같은 비시장경제국가가 WTO가입 이후 환율정책을 기존과 다르게 전격적으로 수정 또는 개편한다고 기대하기는 매우 어렵다. 따라서, 미국 정부가 중국의 WTO가입 이후 기존 환율정책하에서 합법적으로 기대한 관세양허상의 시장접근이 이후 중국이 고수한 환율정책에 의해 무효화되거나 침해되었다고 법적으로 입증하는 것은 가능하지 않다. 그러므로 미국의 비위반제소에 관한 법적 타당성도 없는 것으로 보인다.

---

37 WTO, WT/DS44/R (adopted April 22, 1998)

38 Ibid., para. 10.41.

39 Ibid., para. 10.61.

40 Edmond McGoevrnm, International Trade Regulation, Sec. 2.272. (Looseleaf, Globefield Press).

WTO협정상 규범에 대해서 뿐만 아니라 미국은 중국이 오랫동안 저평가된 위안화 환율을 유지하였고 질서있고 안정적인 국제 환율제도를 위하여 IMF 및 다른 회원국과 협조해야 할 IMF협정상의 의무를 위배하였다고 주장하였다. 이를 근거로 미국 의회는 중국이 환율저평가 정책을 포기하도록 IMF제도를 통하여 국제사회의 다자적 대응조치를 모색해야 한다고 주장하였다. 원칙적으로 중국은 설립 초기부터 IMF회원국으로서 IMF협정상의 의무를 이행해야 하는 바, 이하에서는 중국의 환율정책이 IMF규정에 적법한 것인지, 미국이 주장하는 IMF체제를 통한 국제사회의 다자적 대응조치가 가능한 것인지, 그리고 그러한 조치가 실효성이 있는 것인지에 관해서 검토한다.

IMF 회원국의 환율제도 및 정책에 관한 사항은 IMF협정 제IV조의 환율제도에 관한 의무 조항에 규정되어 있다. 동 협정 제IV.2조는 회원국의 환율제도에 관한 절차적 요건을 규정하고 있는데, 고정환율제도이나 변동환율제도 또는 '회원국이 선택하는 다른 환율제도other exchange arrangements of a member's choice'가 모두 허용되며 다만 일정한 기한 내에 모든 회원국이 자국의 환율제도를 IMF에 통보할 의무를 요건으로 부과하고 있다. 따라서 중국이 IMF협정에 따라 적법한 통보절차를 거쳐 2005년부터 채택하고 있는 평가조정 환율제도는 그 자체로서 합법적이며 법적 쟁점이 될 수 없을 것이다.

그렇다면 중국의 실질적인 환율제도 운용방식, 즉 최근 지속적으로 유지된 위안화 평가절하 – 혹은 명목환율 고정 – 정책이 IMF협정상의 의무를 위반하는지가 주요한 법적 쟁점이다. 환율제도와 정책에 관한 IMF회원국의 일반적인 의무는 동 협정 제IV.1조에서 규정하고 있다. 동 조항의 전문에 따르면 회원국은 기본적으로 질서있는 환율제도를 확보하고 안정적인 환율제도를 발전시키기 위하여 IMF 및 기타 회원국과 협조할 것을 약속해야 하며 특히 이하의 네 가지 기본 원칙을 이행해야 한다.[41] 각 항에 구체적으로 명시된 원칙들을 살펴보면, 회원국이 (i) 합리적인 가격 안정과 질서있는 경제 성장을 촉진하기 위한 경제, 금융정책을 추진하기 위해 노력하고, (ii) 불규칙한 혼란을 야기하지 않는 질서

---

41 IMF협정 제IV:1조 전문.

있는 경제, 금융기반과 및 통화제도를 조성함으로써 안정을 증진하도록 추구해야 하며, (iii) 효과적인 국제수지조정을 방해하거나 다른 회원국에 대해 불공정한 경쟁적 우위를 획득하기 위하여 환율 또는 국제통화정책을 조작해서는 아니 되고, (iv) 제IV:1조상의 약속과 양립가능한 환율정책을 추진해야 한다고 규정하고 있다. 전문에 '특히in particular'라는 문구를 사용하여 회원국의 의무를 위의 네 가지 의무에만 국한시키지 않았으나, (i)항과 (ii)항에서 각각 '노력shall endeavor'하고 '추구해야shall seek to한다'와 같은 문구를 사용하여 매우 약한 수준의 의무로 규정한 점과 (iii)항을 제외하고 매우 광범위한 일반적인 의무를 규정한 점 등으로 인해 사실상 (iii)항만이 실제 적용 가능한 의무 조항으로 해석되고 있다.[42]

IMF는 양자감독제도를 통하여 회원국들이 협정상의 의무를 이행하고 있는지를 상시 엄격하게 감독하고 있으며, 협정 제IV.3조에 따라 상기한 제IV.1조의 회원국의 의무를 해석하고 적용함에 있어 실질적인 지침이 되는 결정을 채택하고 있다. 1977년 채택된 IMF의 외환정책 감독에 관한 결정은 2007년 개정되어 새롭게 채택되었고, 동 결정은 관련 제도 시행에 관한 유용한 해석 및 운용지침을 제공하고 있다.[43] 따라서 동 결정에서 채택하고 있는 해석 및 적용 원칙에 대한 이해는 상기한 (iii)항을 이해하는 데 있어 매우 중요한 지침이 된다.

2007년 결정에서 채택한 원칙A에 근거하여 상기한 (iii)항의 의무를 분석하면, 미국이 제기하는 중국 환율조작 의혹과 관련하여 IMF는 두 가지 요소에 대해 확정 판정을 내려야 한다. 첫째는 '환율 또는 국제통화정책의 조작' 여부에 관한 판정이고 둘째는 그러한 조작이 '효과적인 국제수지조정을 방해하거나' 또는 '다른 회원국에 대해 불공정한 경쟁적 우위를 획득하기 위하여' 추진되었다는 의도에 관한 판정이다. 우선 환율 또는 국제통상정책의 조작에 관하여 동 결정의 원칙A와 이에 관한 부속서에 따르면, '환율조작'은 환율수준을 대상으로 하고 환율수준에 대해 실질적인 영향을 미치는 정책을 통해 시행되며

---

42 Claus Zimmermann, "Exchange Rate Misalignment and International Law", *The American Journal of International Law*, Vol. 105, 2011, 427-430.

43 IMF, IMF Executive Board Adopts New Decision on Bilateral Surveillance Over Members' Policies, Public Information Notice(PIN) No. 07/69, June 21, 2007.

환율을 변동시키는 정책뿐만 아니라 환율변동을 방지하는 정책도 포함한다고 명시되어 있다. 동 결정에서 제시하는 환율조작에 대한 개념은 다소 광범위하고 여전히 모호하다는 한계가 있다.[44] 그럼에도 불구하고 IMF 양자감독기구는 최근 몇 년간 중국의 외환보유가 상당히 축적되었으나 시장원리에 따라 자연스런 평가절상이 이루어지지 않았고 중국 환율이 저평가된 수준에 오랫동안 유지되었던 명백한 사실을 근거로 중국 환율정책이 협정상의 '조작'에 해당한다고 판정할 여지가 있다.[45]

---

44 IMF, Annex to Article IV, Section 1(iii) and Principle A, International Monetary Fund Bilateral Surveillance Over Members' Policies Executive Board Decision, June 15, 2007. 원문은 이하와 같다:

1. Article IV, Section 1 (iii) of the Fund's Articles provides that members shall "avoid manipulating exchange rates or the international monetary system in order to prevent effective balance of payments adjustment or to gain an unfair competitive advantage over other members." The language of this provision is repeated in Principle A contained in Part II of this Decision. The text set forth below is designed to provide further guidance regarding the meaning of this provision.

2. A member would only be acting inconsistently with Article IV, Section 1(iii) if the Fund determined both that: (a) the member was manipulating its exchange rate or the international monetary system and (b) such manipulation was being carried out for one of the two purposes specifically identified in Article IV, Section 1(iii). (a) "Manipulation" of the exchange rate is only carried out through policies that are targeted at–and actually affect–the level of an exchange rate. Moreover, manipulation may cause the exchange rate to move or may prevent such movement.
(b) A member that is manipulating its exchange rate would only be acting inconsistently with Article IV, Section 1(iii) if the Fund were to determine that such manipulation was being undertaken "in order to prevent effective balance of payments adjustment or to gain an unfair competitive advantage over other members." In that regard, a member will only be considered to be manipulating exchange rates in order to gain an unfair competitive advantage over other members if the Fund determines both that: (A) the member is engaged in these policies for the purpose of securing fundamental exchange rate misalignment in the form of an undervalued exchange rate and (B) the purpose of securing such misalignment is to increase net exports.

3. It is the responsibility of the Fund to make an objective assessment of whether a member is observing its obligations under Article IV, Section 1 (iii), based on all available evidence, including consultation with the member concerned. Any representation made by the member regarding the purpose of its policies will be given the benefit of any reasonable doubt.

45 중국의 최근 환율정책을 IMF협정상의 '조작'으로 해석할 수 있다고 판단한 대표적인 연구로는 Mercuirio(2009)가 있다. 동 연구에서는 저자는 결정에서 광의의 개념이 지침으로 제시되고 있어 이렇게 확장된 의미가 적용될 경우 사실상 해당되지 않는 회원국이 없을 것이라 지적하였다. 그럼에도 불구하고 저자는 중국의 환율정책이 특정 환율 수준을 목표로 오랫동안 유지되었으므로 이는 환율 또는/그리고 국제통화제도의 조작으로 간주될 수 있다고 판단하였다. Bryan C. Mercurio, "Is China a 'Currency Manipulator'? The Legitimacy of China's Exchange Regime Under the Current International Legal Framework", *The International Lawyer*, Vol.43, No.3, 2009, 1257-1300.

중국 환율정책이 협정상의 의무위반을 구성하기 위해서는 두 번째 요건인 의도에 관한 IMF판정이 수반되어야 하는데, 정책의도를 입증한다는 것은 매우 어려운 법적 쟁점이다. 상기한 부속서에 따르면 정책 '의도'는 (iii)항에 명시된 바와 같이 '효과적인 국제수지조정을 방해하기' 위한 목적이거나 '다른 회원국에 대해 불공정한 경쟁적 우위를 획득하기' 위한 목적 중 하나의 목적에 해당해야 한다. 그리고 이를 판정하기 위하여 IMF는 첫째, 회원국이 근본적인 환율불일치를 확보하기 위하여 환율저평가 형태의 정책을 시행하였다는 사실과 둘째, 그러한 환율불일치를 확보하기 위한 목적이 순수출 증가라는 두 가지 사실을 모두 확인해야 한다는 구체적인 감독원칙을 제시하고 있다. 또한 그러한 판정을 위하여 IMF가 회원국과의 협의를 포함한 모든 이용가능한 수단을 동원하여 객관적인 평가를 실시해야 하고, 회원국이 제시하는 모든 정책 목적이 합리적인 의심의 대상이 될 수 있다는 지침을 채택하고 있다. 따라서 원칙적으로 정책 목적에 대한 최종 판정권한은 IMF의 양자감독기구에 있으며, 양자감독기구는 만약 감독을 시행하게 된다면 중국 정부의 어떠한 주장에도 상관없이 중국 환율정책의 의도에 대해 독립적으로 판정할 수 있는 것이다. 이러한 점을 바탕으로 고려할 때, IMF 양자감독기구가 자연스러운 시장원칙에 근거하지 않은 사실상 저평가된 수준으로 오랫동안 유지되었던 중국의 실질환율을 주목하고 그러한 환율저평가로 인하여 중국 무역이 상당한 흑자를 누렸던 명백한 사실들을 근거로 중국환율정책의 의도가 IMF협정상 적법하지 않다고 판단할 여지는 충분히 있다. 더욱이 IMF 양자감독기구가 중국정부가 제공하는 어떠한 정보와 주장과도 독립적으로 판단할 수 있는 권한을 가진 점을 감안하면 협정 의무 위반판정 여지는 더욱 커진다.

그러나 제도상 효과적인 강제집행제도의 부재를 고려한다면 사실상 IMF 양자감독기구가 실효적이지 않으면서 국제사회의 분열을 초래할 수 있는 협정상의 의무 위반을 판정할 가능성은 거의 없을 것으로 판단된다. IMF제도에는 WTO제도에서와 같이 이익의 균형을 바로잡기 위한 분쟁해결절차와 강제집행제도가 없다. 단지, 감독결과에 대해서 대화dialogue와 설득persuasion을 통한 비공식적이고 외교적인 수단에 의존할 뿐이다.[46] 또는 원

---

46 IMF, para. 8, International Monetary Fund Bilateral Surveillance Over Members' Policies Executive Board Decision, June 15, 2007.

론적으로 가능하지만 매우 극단적인 방법으로 IMF협정 제 XXVI:2조에 근거하여 IMF자금 지원 중단, 투표권 중지 또는 IMF회원국 지위 박탈을 사용할 수 있을 것이다.[47] 전자의 경우 효과적인 집행이 어려운 문제가 있는 반면, 후자의 경우 결과적으로 초래될 외교적 파장과 IMF체제의 분열이 매우 클 것으로 예상되는 바 협정상의 의무판정이 실효적인 성과를 거두기는 어려울 것으로 보인다. 따라서 상기한 모든 사항을 종합적으로 고려하면, 실효성있는 집행제도가 수반되지 못하는 근본적인 한계로 인하여 IMF 양자감독당국이 중국의 환율정책에 대해 공식적으로 의무위반을 판정할 가능성은 매우 희박할 것으로 판단된다.

한편, 2007년 개정된 "양자감독에관한결정"은 '대외안정external stability'이라는 새로운 개념을 도입하여 양자감독제도의 대상을 확대하고 감독수준을 강화하고 있어 IMF의 양자감독제도가 중국정부에 대한 어느 정도의 비공식적 압박수단으로 이용될 여지는 있다. 동 결정은 IMF가 추구하는 안정적인 환율제도는 각 회원국의 대외균형을 통하여 가장 효과적으로 달성할 수 있으며 대외균형은 환율변동을 저해하거나 저해할 가능성이 없는 국제수지상태를 의미한다고 설명하고 있다.[48] 또한 양자감독은 현재 또는 미래의 대외균형에 상당한 영향을 줄 수 있는 정책에 집중되어야 하며 이에 따라 환율정책 뿐만 아니라 통화, 재정, 금융정책 전반이 감독대상이 된다고 덧붙이고 있다.[49] 즉, 각 회원국의 대외균형이 중요한 감독대상이 되었을 뿐만 아니라 사실상 사전적인 양자감독도 가능해진 것이다. 이와 더불어 더욱 중요한 사항은 회원국이 대외불균형을 초래하는 환율정책을 시행하지 아니 한다라는 새로운 원칙 D를 채택하였다는 것인데,[50] 동 원칙은 대외불균형이라는 결과를 중요하게 부각하고 있어 의도에 관한 요건이 수반되지 않더라도 대외불균형이라는 결과만으로도 양자감독이 실시될 수 있다는 것을 의미한다. 그러나 동 결정이 원칙

---

47 Zimmermann, Claus D., "Exchange Rate Misalignment and International Law", American Journal of International Law, Vol. 105, No. 3, 423-476, 432-433 (July 2011).

48 IMF, para. 4, International Monetary Fund Bilateral Surveillance Over Members' Policies Executive Board Decision, June 15, 2007.

49 Ibid, para 5.

50 Ibid, para 14.

적으로 회원국의 협정상 의무를 추가하거나 더욱 엄격한 이행 수준을 요구하는 것은 아님을 분명히 하고 있고 회원국의 사회정치정책을 존중하고 회원국의 상황을 충분히 고려하는 방식으로 감독해야 한다는 지침을 전문에서 명시하고 있어 IMF 양자감독당국의 권한은 여전히 제한적이다.[51]

요컨대, 중국의 최근 환율정책이 IMF규정상 회원국의 의무를 위반하였는지에 대해서는 관련 규정이 실제로 해석, 적용되기에 모호하고 까다롭다는 한계가 있으며 만일 IMF당국이 위반 판정을 내린다하더라도 IMF제도상 실효적인 집행절차가 없어 미국이 주장하는 바와 같은 IMF체제를 통한 공식적인 다자적 대응조치는 어려울 것으로 판단된다. 다만 IMF의 양자감독제도가 일부 강화되어 비공식적인 채널을 제공하고 있으므로 외교적인 대응조치가 어느 정도 가능할 것으로 보인다.

::: WTO체제에서의 시사점

위안화 환율정책 문제는 중국과의 막대한 무역적자를 구조적인 문제에 기인한 글로벌한 규모의 불균형 경제상황으로 보는 미국의 시각과 이를 인위적인 환율재조정으로 해소하려는 미국의 시도에 대해 1988년 일본의 엔화 환율재조정과 같은 강압적 대외경제정책으로 경계하는 중국의 입장이 팽팽하게 맞서면서 첨예한 정치외교적 대립 뿐만 아니라 법적 마찰을 초래하고 있다.

본 연구에서 검토한 바와 같이, 현 WTO 및 IMF체제하에서 중국의 환율정책을 제재할 법적 수단이나 규율은 미비된 것으로 판단된다. 따라서, 미국 정부가 최근 지속적으로 제기하고 있는 통상법차원에서의 제재는 정당화되기 어려운 정치적 압박으로 이해된다.

반면, 중국의 환율정책에서 경험된 바와 같이, 정책적 판단에 의거하여 장기간 환율의

---

51 Ibid, preamble.

변동성을 제약함으로써 인위적인 무역수지 상황을 영속하는 조치 또한 교역상대국들에게는 경상수지상 왜곡을 초래함으로써 거시경제적인 문제까지 야기할 위험성이 있다. 그럼에도 불구하고, 현재 국제경제법체제에서는 인위적인 무역수지의 왜곡을 초래하는 환율정책을 직접적으로 규제할 수 있는 법규범이 마련되어 있지 못하다. 이러한 제도적 미비상태는 재량적인 환율정책을 운용하는 국가에게 반드시 유리한 것만은 아닌데, 이는 최근 미국과 중국간의 통상마찰에서 관찰되듯이 제도적인 틀 안에서 문제를 해결하기 보다는 피해국 입장에서는 다양한 정치외교적 압력수단에 의존한 분쟁상황을 촉발하게 되기 때문이다.

현재 미국과 중국간에 여전히 미제로 남아 있는 환율정책과 관련한 마찰은 세계무역체제에 심각한 긴장 요인으로 작용하면서 전세계적인 금융위기 극복을 위한 경제협조체계 구축에 장애가 되고 있다. 유럽 금융위기의 심각성이 날로 가중되는 현 시점에서 향후 다시금 글로벌한 규모로 환율재조정조치가 필요한 상황을 전적으로 배제할 수 없다. 그러한 경우 현재 서방국가들이 제기하는 중국 정부의 환율정책에 대한 논란과 이에 대한 법적인 해답이 새로이 요구될 지도 모른다. 본 고에서의 연구결과는 현 체제에서 해답을 찾기 보다는 향후 새로운 국제경제법체계와 규범의 정립이 필요하다는 시사점을 제공하고 있다. 본 연구에서의 시도를 기초로 현 체계 개선을 위한 구체적인 정책대안에 대한 후속 연구가 이어지기를 기대한다.

::: 참고문헌

Bergsten, Fred C., Correcting the Chinese Exchange Rate: An Action Plan, Paper presented before the Committee on Ways and Means US House of Representatives, March 24, 2010, Peterson Institute for International Economics, Washington.

Bhala, Raj, "Virtue, the Chinese Yuan, and the American Trade Empire", Hong Kong Law Journal, Vol. 38, 183-253, 2008.

China Currency Coalition, The Section 301 Petition, September 2004, available online at www.chinacurrencycoalition.org.

Ciobănaşu, Ioana and Denters, Erik, "Manipulation of the Chinese Yuan – May WTO Members Respond?" Griffin's View on International and Comparative Law, Vol. 9, No. 1, pp. 55-70, 2008.

Denters, Erik, Manipulation of Exchange Rates in International Law: The Chinese Yuan, ASIL Insights, November 2003.

Herrmann, Christoph, "Don Yuan: China's 'Selfish' Exchange Rate Policy and International Economic Law", European Yearbook of International Economic Law, 2010, available online at http://www.springer.com/978-3-540-78882-9

Hufbauer, Gary C. et al, US-China Trade Disputes: Rising Tide, Rising Stakes, Policy Analyses in International Economics, 78, August 2006, Peterson Institute for International Economics.

John H. Jackson, World Trade and the Law of GATT, 1969, Michie Company.

Koops, C, "Manipulating the WTO? The Possibilities for Challenging Undervalued Currencies under WTO Rules", Amsterdam Center for International Law Research Paper Series, 2010.

Leviton, M.R., "Is It a Subsidy? An Evaluation of China's Currency Regime and Its Compliance with the WTO", bepress Legal Series, Paper 660, 2005.

Mattoo, Aaditya and Subramanian, Arvind, Currency Undervaluation and Sovereign Wealth Funds: A New Role for the World Trade Organization, World Bank Policy Research Paper 4668, July 2008.

McGoevrnm, Edmond, International Trade Regulation, Globefield Press (Looseleaf).

Mercurio, Bryan C., "Is China a 'Currency Manipulator'? The Legitimacy of China's Exchange Regime Under the Current International Legal Framework", The International Lawyer, Vol.43, No.3, 1257-1300, 2009.

Mussa, Michael, IMF Surveillance over China's Exchange Rate Policy, Paper presented at the conference on Debating China's Exchange Rate Policy, October 19, 2007, Peterson Institute for International Economics, Washington.

Sanford, Jonathan E., "Currency Manipulation: The IMF and WTO", CRS Report for Congress, May 8, 2008, RS22658.

Siegel, Deborah E., "Legal Aspects of the IMF/WTO Relationship: The Fund's Articles of Agreement and the WTO Agreements", American Journal of International Law, Vol. 96, No. 3, July 2002.

Simon J. Evenett ed., Will Stabilisation Limit Protectionism? The 4th GTA Report, CEPR, 2010.

Staiger, Robert W. and Sykes, Alan O., Currency Manipulation' and World Trade, SSRN Working Paper, June 13, 2008.

Zimmermann, Claus D., "Exchange Rate Misalignment and International Law", American Journal of International Law, Vol. 105, No. 3, 423-476, July 2011.

WTO, Analytical Index: Guide to GATT Law and Practice, Vol. 1, 1995.

09

개발도상국과 선진국들의 보복성 반덤핑 제소 및 관세부과의 불균형 패턴에 관한 실증연구

허정·정지은

- 서론

- 실증적 계량 연구 방법론

- 실증분석 결과

- 결론

이 논문은 2013년 Korea and the World Economy 제 14호 3권에 게재되었던 영문논문(Disproportionate Patterns of Retaliatory Antidumping Filings by Developing and Developed Countries)을 동 학술지 편집장의 허락을 받아, 국문으로 번역한 것임을 밝힙니다.

반덤핑^{Antidumping, 이후 AD로 표시함} 관세정책은 여러 국가들이 자국시장보호의 목적으로 흔히 사용하는 일시적인 무역장벽 중 한 가지이다. 반덤핑관세는 수입제품의 낮은 가격으로 인해 자국 산업 내 피해가 발생했을 때 수입국 정부가 부과하는 차별적 조세이다.

오늘날 반덤핑관세는 선진국뿐만 아니라 개발도상국에서도 자국산업보호를 위한 많이 사용하는 정책인데, "Global Antidumping Database"(Bown, 2007)[1]에 따르면, 개발도상국과 선진국들간에 반덤핑 활동의 상이한 추세가 존재함을 관찰할 수 있다. 〈그림 1〉은 선진국에 의해 발생한 반덤핑 제소의 건수가 시간이 지남에 따라 감소하는 반면, 동일 기간 동안 개발도상국은 반덤핑 제소건수를 점차 증가하고 있음을 나타낸다. 초반에는, 선진국은 개발도상국에 비해 5배 이상 제소하였으나, 1995년 이후 반전되었고 현재는 개발도상국이 선진국보다 더 많은 반덤핑제소건수를 보고하였다.[2]

그림 1. 1991년부터 2006년까지 선진국과 개발도상국의 반덤핑관세

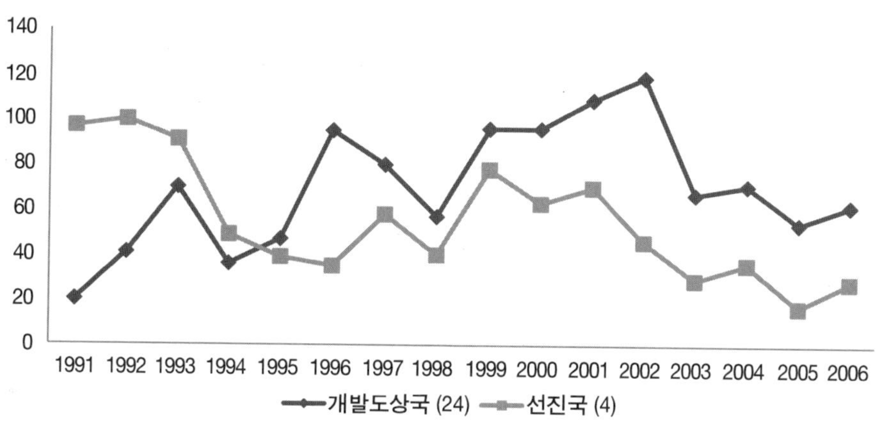

---

1 Global Antidumping Database(Bown, 2007)에서 반덤핑사례정보를 사용했다. 데이터는 http://peaople. brandeis.deu/~cbown/global_ad/ad에서 확인할 수 있다.

2 이는 개발도상국들은 1990년대 중반 이후부터 자체적인 반덤핑 법률과 정책을 갖추기 시작했기 때문일 것이다.

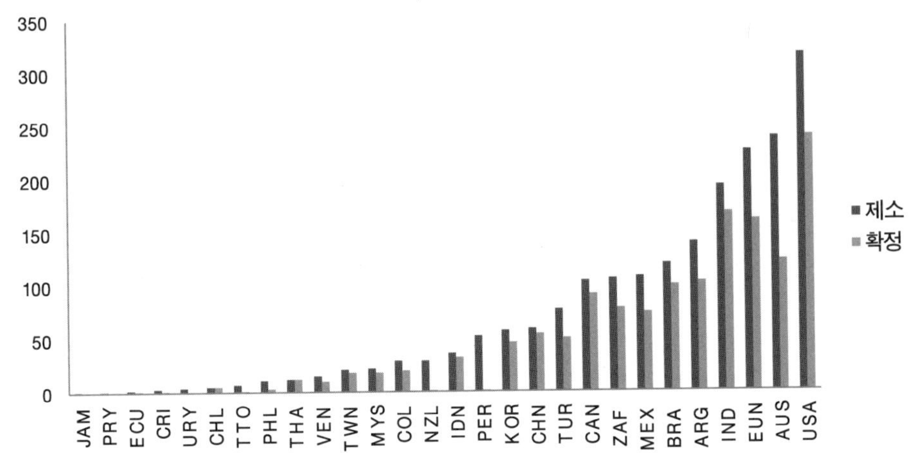

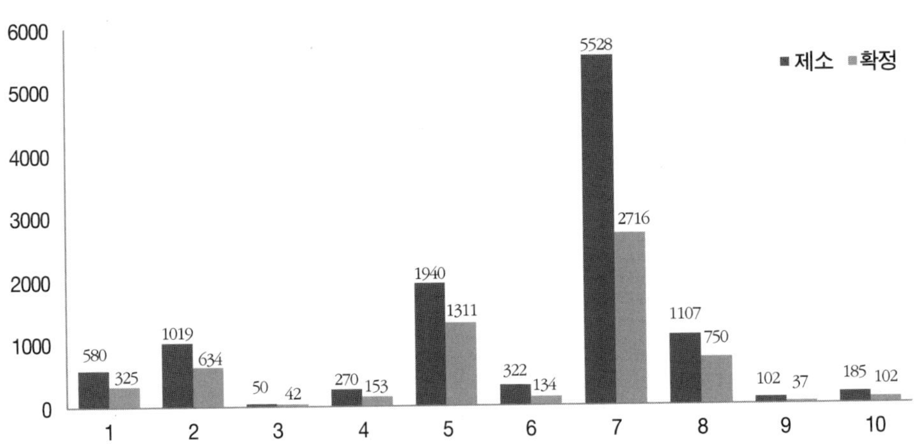

〈그림 2〉는 본 연구에서 사용된 28개국의 반덤핑 누적제소건수와 누적확정건수, 〈그

---

3 x축의 숫자는 각 산업을 나타내고, 세부 항목은 다음과 같다:

  1-식료품과 음료, 2-의복, 섬유와 가죽, 3-목재 및 나무제품과 가구, 4-펄프, 종이와 종이제품,

  5-화학물질, 합성고무와 플라스틱, 6-도자기, 시멘트와 유리제품, 7-1차 금속제품,

  8-엔진, 기계와 장비와 전자부품, 9-자동차와 운송장비, 10-안경, 사진 장비와 기타 광학기기와 기타 제조업

림 3)은 산업단위에서 관측되는 누적제소건수와 누적확정건수의 상관관계를 나타낸다. 관측한 바와 같이, 모든 국가에서 제소와 확정 사례간의 높은 상관관계를 확인했다. 이러한 상관관계는 Prusa and Skeath(2002)와 Feinberg and Reynolds(2006)에 의해서도 연구되었는데, 그들은 이를 반덤핑관세를 빈번하게 부과하는 수출국가에 대해, 해당 수입국가들이 전략적 또는 보복적으로 반덤핑 관세를 사용한 증거라고 해석하였다.

본 연구에서는, 국가단위와 산업단위에서 국가간의 상이한 AD 제소패턴을 살펴보는데에 그 목적이 있다. 특히, 선진국과 개발도상국의 상이한 AD패턴을 명확하게 비교하기 위해 28개국을 두 개 그룹으로 분리할 것이다. 한 그룹은 호주, 캐나다, EU 그리고 미국과 같은 전통적 AD 다빈도 사용국가 4개국[4]이고 다른 그룹은 상대적으로 새로운 AD 사용국가로, 즉 나머지 24개 개발도상국이다. 산업단위와 국가단위 모두에서 두 그룹간 AD제소 및 이행에 대한 전략적 혹은 보복적 행위를 관측하고자 시도하였다.

실제로, 본 연구의 실증분석 결과는 산업단위 데이터에서 두 그룹 간의 AD 대응에 뚜렷하게 다른 패턴이 존재함을 보여준다. 특히 호주, 캐나다, EU, 그리고 미국 –전통적 AD 사용국가– 같은 선진국들은 '확정된' 반덤핑관세의무보다 '제소된' 반덤핑확정 이전단계에 더욱 민감하게 반응하는 반면, 개발도상국가 –상대적으로 새로운 AD 사용국가– 들은 반덤핑 결정의 최종 단계에 보복성 행위를 보인다. 이에 대한 우리의 해석은 다음과 같다. 선진국들은 제소단계에서 이미 AD로부터의 손실을 정확하게 계산할 수 있기 때문에, 수출국의 AD 제소에 신속히 대응하는 경향이 있다. 이들 선진국가들은 '전통적으로 알려진' AD 다빈도 사용국가들인데, 이들은 AD 제소와 확정 경험이 많다. 하지만 전통적 AD 사용국가와 달리, 신흥 AD 사용국가들은 AD 제소의 함의, AD의 위협적 역할과 결과를 제대로 인식하지 못한다. 그러므로 그들은 AD의 피해가 명확하게 임박한 시점까지 보

---

4 뉴질랜드를 제외한, 4개의 전통적 AD 사용국가는 이전 연구인 Prusa and Skeath(2002)와 Feinberg and Reynolds(2006)의 국가들과 유사하다. 새로운 AD 사용국으로서 Prusa and Skeath(2002)는 남아프리카 공화국, 브라질, 멕시코 등 AD 사용 건수가 증가하는 국가들을 연구대상으로 설정한 반면, Feinberg and Reynolds(2006)는 새로운(또는 비 전통적인) AD 사용국가로 AD petition (탄원 혹은 청원)의 주된 대상으로서 중국, 한국, 대만, 인도와 인도네시아를 살펴보았다. 이들 연구들과 달리, 본 연구에서는 매우 포괄적인 24개의 AD 사용 개발도상국들을 모두 포함했다.

복적인 대응을 연기한다. 따라서 그들의 보복조치는 AD의 시작시점이 아닌, 확정 이후에 형성되는 편이다.

이미 선행연구들에서도 보복적 성향의 AD 사용여부는 다루어져 왔다. Prusa and Skeath(2002)는 전통적 AD 사용국가(호주, 캐나다, EU, 뉴질랜드, 미국)와 새로운 AD 사용국가(남아프리카공화국, 브라질, 멕시코)들의 전략적이고 보복적인 행위로 인해 1980년부터 1998년까지 관찰되는 AD관세부과 추세가 상승했다는 것을 실증적으로 증명했다. 그들은 과거 AD 확정판정을 내린 국가들에 대항하여 양쪽 AD 다빈도 사용국가 그룹들이 서로 보복적 관세부과를 하는 것을 데이터상의 실증연구를 통해서 발견한 것이다. Blonigen and Bown(2003)은 반덤핑관세정책과 함께 상호덤핑의 이론적 모형을 제시하고 특히 미국 반덤핑관세 자료를 살펴보았다. 그들은 1980년부터 1998년까지 다른 국가들의 보복적 조치에 의해 미국의 반덤핑제도의 사용이 오히려 약화되었음을 알아냈다.[5] Francois and Niels(2006)은 멕시코를 상대로 덤핑제소를 하지 않았던 국가들보다 시행한 국가들에 대해 멕시코의 AD 제소확률이 더 높음을 보였다. Feinberg and Reynolds(2006)는 1995년부터 2003년까지 41개 국가간 패널데이터를 이용하여, 수입국의 정부에 의해 덤핑국가로 제소당한 경험이 있는 수출 국가들의 보복적 반응에 대하여 통계적으로 유의미한 결과를 확인하였다. 이와 같이 여러 선행연구의 결과 내용중에, 우리는 전통그룹(호주, 캐나다, EU, 뉴질랜드, 미국)과 비 전통그룹, 그리고 새로운 AD사용국가들(중국, 한국, 대만, 인도, 인도네시아) 사이에 상이한 보복성향을 발견한 사실에 주목했다. 즉, 본 연구는 전통적 사용자들의 보복 효과는 더 이상 통계적으로 유의성을 갖지 않지만, 전통적 사용자들에 대항하는 최근 개발도상국들의 보복성 AD 적용 확률이 높아졌다는 점에 착안하여 진행한다.

선행연구들과 같은 맥락에서, 본 연구는 서로 다른 AD 다빈도 사용국가들 간 보복 동기의 성향차이를 밝히고자 한다. 우리의 주요 질문은 두 그룹의 AD 사용국가로부터 AD

---

5 그러나 이에 대한 반론으로 Bao and Qiu(2009)는 미국과 중국 간 AD행동에서 대조적인 증거를 제시하였다. 즉, 1991년부터 2005년의 기간 동안 미국과 중국의 AD를 비교하고 미국에 비해 중국이 더 보복적인 성향을 나타내지 않음을 밝혔다.

결정절차의 개시 단계와 확정 단계에서 보복성 행위의 다른 패턴이 존재하는지 여부이다. 이를 위해 앞에서 언급한 바와 같이 해당 국가들을 다음과 같이 두 그룹으로 구분하였다. 전통적 다빈도 AD 사용국(호주, 캐나다, EU, 미국) 그룹과 새로운 다빈도 AD 사용국인 24개 개발도상국 그룹이다. 1991년부터 2006년까지 28개국 내 72개 제조업의 전세계 반덤핑 사례를 이용한 결과, 이들 선진국그룹은 반덤핑 관세 '부과' 확정단계보다는 덤핑 조사 '시행' 단계에 민감하게 반응하는, 반면 24개 개발도상국은 반덤핑 제소의 최종부과단계에서 보복적 반덤핑제소를 하는 것으로 나타났다. 다만, 이러한 행위는 산업을 구분하지 않은 국가수준 자료에서는 나타나지 않았다.

AD 제소의 보복적 성향변수 이외에도 환율, GDP 성장률, 무역 자유도와 같은 거시경제요인들은 전통적으로 AD 실증분석 선행연구들에서 주요한 경제적 결정요인으로 알려졌다. 초기 연구 중 Feinberg(1989)은 1982년부터 1987년까지 24분기 자료를 이용하여, 환율 변화가 4개의 수입원천국가(브라질, 일본, 한국, 멕시코)를 상대로 미국이 제소한 반덤핑사례에 미친 효과를 분석하였다. 저자는 외국 통화에 대한 미 달러의 평가절하는 수입가격을 낮춰 결과적으로 반덤핑 조사 건수를 증가시킨다는 사실을 보였다. Knetter and Prusa(2003)은 1980년부터 1998년까지의 자료를 이용, 선진국(호주, 캐나다, EU, 미국)을 대상으로 환율 이슈를 다시 분석하여 상이한 결과를 보고했다. 즉 수출국가에 대한 반덤핑제소건수와 국내 통화의 평가절상간의 양의 상관관계를 발견했다. 다시 말해, 자국 통화가 외국 통화에 비해 평가절상 되었을 때, 자국 통화결제조건으로 지불되는 해외 수출기업의 비용은 줄어들고 기업은 수출제품의 가격을 낮출 것이다. 이러한 낮은 수입가격은 수입 시장 내 산업의 피해원인으로 밝혀질 가능성을 높일 것이고 따라서 반덤핑 조사의 건수도 증가시킬 것이다. 그들은 AD 결정요인으로 환율 뿐 아니라 제소국의 GDP 성장률의 둔화가 반덤핑 활동 증가를 유도함을 밝혔다. 이는 미국의 총 제소사례 중 소규모 샘플을 이용한 Leidy(1997)의 이전 연구와 일치한다. Bown(2008)은 1995년부터 2002년까지 기간 동안 9개 개발도상국을 고려, 이 국가들 역시 거시경제상황이 악화(즉, 자국 통화의 평가절상과 GDP 성장률의 감소) 되었을 때 자국시장을 보호하기 위해 AD를 사용함을 밝혔다.

AD 실증분석 연구들은 많은 국가들에서 국가수준의 무역자유화 또는 개방도가 AD 사용에 영향을 준다는 증거 또한 발견하였다. 1980년부터 2000년까지 99개 국가들로 구성된 패널데이터를 이용하여, Aggarwal(2004)는 관세율의 변화가 반덤핑관세 이용에 어떠한 영향을 미치는지 분석하였고, 개발도상국에서는 반덤핑제소와 평균관세율의 변화 사이에 확실한 음의 상관관계가 있음을 밝혔다. Feinberg and Reynolds(2007)은 우루과이 라운드에 의한 무역자유화가 개발도상국으로 하여금 좀 더 빈번하게 AD를 사용하도록 만든다는 사실을 보였다. Bown and Tovar(2010)은 인도의 사례에 초점을 맞춰, AD 사용과 관세인하 사이에 음의 관계가 있음을 확인하였다. Moore and Zanardi(2006) 역시 35개 국의 반덤핑 현황을 살펴보고, 덤핑에 대한 규제가 향후에 관세 자유화를 개선시키는지 여부를 물었다. 그들은, 특히 선진국에서는, 실제로 AD가 관세 수준을 낮추는데 긍정적인 역할을 하는 사실을 찾았다. 본 논문에서도 AD 제소의 보복패턴에 관한 실증분석을 위해, 이와 같은 환율, GDP 성장률 그리고 무역자유화 등 거시경제변수들의 영향을 통제할 것이다.

본 연구는 다음과 같이 구성되었다. 2장은 실증분석을 위한 종속변수와 독립변수 구성 방법을 다룬다. 또한 회귀분석 방법 선정에 대해 간략하게 언급하고 종속변수에 대한 각 독립변수 효과를 예측한다. 3장에서는 실증 회귀분석결과를 보고한다. 선진국과 개발도상국 간 반덤핑조치의 다른 양상에 대한 핵심 결과를 강조한다. 4장에서는 결과를 요약하며 AD 관련 문헌에서의 향후 연구에 대한 제언을 한다.

::: 실증적 계량 연구 방법론

해외 수출업체들이 국내 시장에 현지 가격(또는 평균가격) 보다 낮은 가격으로 제품을 들여 왔을 때, 그 결과 수입된 해외제품이 수입국 내 산업에 심각한 손실을 유발하면 해당 정부는 국내 경쟁업체에 의해 제소된 사례를 조사(이 경우를 '제소'사례라고 칭한다.)한 뒤 국내 시장의 보호 목적으로 해외 수출업자에게 반덤핑관세를 부과(이 경우를 '부과' 또는 '확정'사례라고 칭한다)한다.

수입국가에 의해 제소 또는 부과된 반덤핑관세의 사례를 이용하여, 수출업자에 대한 AD 적용 가능성을 증가시키는 전략적 요인과 경제적 요인들을 분석하였다. 특히, 앞선 AD관련 실증연구와 같이, 다음의 Probit 모형을 사용한다.

산업수준에서의보복성 여부 모형

$$P[y_{ijt}^k = 1] = F[\alpha + \beta_1 INITIATION_{ijt-1}^k + \beta_2 INITIATION_{jit-1}^k + \beta_3 INITIATION_{jot-1}^k + \gamma´X + \theta_t + \theta^k],$$

$$P[y_{ijt}^k = 1] = F[\alpha + \beta_1 MEASURE_{ijt-1}^k + \beta_2 MEASURE_{jit-1}^k + \beta_3 MEASURE_{jot-1}^k + \gamma´X + \theta_t + \theta^k].$$

종속변수 y_{ijt}^k는 i국이 t기에 수출국 j에 대하여 산업 k내에서 적어도 1회 이상 덤핑조사를 '제소'한 경우 1의 값을 갖고, 이외에는 0이다.[6] 반덤핑제소와 확정에 관한 주 데이터베이스는 Bown(2007)에 의해 제공되는 "The Global Antidumping Database"이다. 1991년부터 2006년까지 28개국 간 72개 4단위 제조업의 사례를 이용했다. 국가 명단은 부록 A1에 제공된다.

유의할 점은, 앞선 연구들에 따라 우리는 종속변수로서 '제소'사례를 사용했다. 왜냐하면 해당 연구들은 AD관세가 실제로 부과되기 전일지라도 AD제소 자체가 수출국과 수출업체에 위협적인 역할을 할 수 있음을 강조한 것이다. 제소단계를 요약하면 다음과 같다. 싼 가격으로 팔린 수입품들에 의한 피해를 입은 국내 산업과 기업들은 정부당국에 해

---

6 적어도 미국에서는, 실제로 AD 조사가 모든 해외 수출업체에 대하여 그들의 국적과 무관하게 산업단위에서 발생한다. 만약 이와 같은 내용이 AD 정책을 사용하는 대부분의 국가에서 사실이라면, AD 관세에 기초한 보복으로 국가를 지목하는 것은 어렵다. 하지만 우리는 본 연구에서 많은 개발도상국들을 포함하여 이들이 미국과는 다른 AD 정책을 사용하고 있다고 가정할 것이다. 그리고, 설령 그러한 정책을 사용하고 있다 하더라도, 산업별 수입주요국이 서로 다를 수 있기 때문에, 일부의 국가들에 대한 보복적 반덤핑관세 부과가 사실상 가능한 것으로 가정한다.

당 피해 사례를 제출한다. 또한 AD로부터 보호받기 위해서는 국내제품과 저렴하게 수입된 해외제품 간의 가격 차이와 외국 기업의 덤핑행위로 인한 산업 피해를 증명하는 서류를 제출해야 한다. 이것이 '제소'의 단계이다. 제소 이후 확정단계까지 가기 위해서는, 해당 정부당국은 제소 사례에 대해 조사를 시작하고 산업피해가 실제로 중대한지 여부를 결정해야 한다. 일반적으로 제소와 실제 부과 사이에는 (수 개월 또는 몇 년까지) 긴 시간이 소요된다. 우리가 사용한 데이터 샘플에 따르면 총 제소사례는 86,923건인 반면 총 부과사례는 39,388건으로, 모든 제소가 확정단계까지 도달하는 것은 아님을 알 수 있다.

첫 번째 회귀모형에서, $INITIATION^k_{ijt-1}$는 t-1시점, 산업 k에 대해 수출국 j를 상대로 수입국 i의 정부에 의해 시행된 AD 제소건수이다. 이 변수는 이전 년도에 덤핑조사를 제소했던 국가가 당해 년도에 다른 AD 사례를 제소할 수 있는 통계적 확률을 담고 있다. 이와 같은 자기상관관계의 원인 중 한 가지는 대부분 국가들의 반덤핑관세법에 따라, 관련 당사자들의 요청에 의해 시행되는 AD 제소에 대한 연간 재평가를 받고 관세부과를 지속적으로 시행하기 때문이다.[7] Blonigen and Haynes(2002)는 이러한 자기상관의 증거를 발견했다. 본 연구에서도, 회귀식 내 β_1은 전기의 AD 제소조사에 대한 i국의 성향이 존재하면 양의 값을, 그렇지 않으면 음의 값을 갖는다.

본 연구의 주요변수인 $INITIATION^k_{jit-1}$는 t-1시점, 산업 k 내에서 국가 i를 상대로 j국의 정부가 시행한 AD 제소건수이다.[8] 이 변수의 추정된 계수는 직접적인 보복 동기를 나타내는데 이는 이전 년도인 t-1기에 국가 j가 국가 i를 상대로 동일한 산업 k에서 AD 조사를 제소한 경우, t기에 수입국인 i국이 j국에 대하여 보복성 AD 제소를 할 경향이 있는지 여부를 의미한다. 만약 i국의 직접적인 보복행위가 존재한다(하지 않는다)면 β_2가 양(음)의 값을 갖는다고 예측한다.

---

7 각 사례에 대한 연간 재평가를 거치지 않고도 AD 주무기관은 전년도와 동일한 AD 관세를 부과할 수 있다. 이러한 경우는 설명변수에서 고려되지 못한다는 한계점이 있다.

8 현실에서는 보복성 대응을 위해 1년 시차를 둘 필요가 없으나, 본 연구에서는 즉각적인 보복성 조치를 정의하는 Feinberg and Reynolds(2006)의 개념을 따른다. 우리는 그들이 '대부분의 게임이론모형들은 위협의 신뢰성을 구축하는 수단 또는 효과적인 보복구조로서 보복의 사용을 위해 반응의 신속성을 제안한다(p.879)'라고 한 내용을 그대로 적용한다.

$INITIATION^{k}_{jot-1}$는 t−1시점, 산업 k 내에서, i국을 제외한, 세계의 나머지 국가들에 대해 j국의 정부가 시행한 AD 제소건수이다. 다시 말해, 이는 j국이 AD사용을 빈번하게 하는 지의 여부를 반영한다. 해당 변수는 세계 나머지 국가들을 상대로 AD 조사를 빈번하게 제소하는 성향을 지닌 j국이 수입국 i에 대해서도 유사하게 반응하는지 여부를 확인하고 자 회귀식에 포함되었다. 비록 i국이 j국으로부터 직접적인 AD 위협을 받지 않았더라도 j 국은 이미 다른 국가들을 상대로 보호무역정책을 시행해왔기 때문에 j국이 AD의무를 지 닐 경향이 높을 것이라고 예상할 수 있다. 만약 i국이 주어진 산업 k에서 AD를 빈번하게 사용하는 j국에 대해 AD조사 제소를 하려는 성향이 있다면(없다면) β_3은 양(음)의 값이 다. Feinberg and Reynolds(2006)에서 제시된 변수로서 그들은 수입국의 AD 사용억제요 인 ("the deterrent factor of AD")으로 해석하였고, 그들의 회귀모형 내 해당 변수는 수입국 i의 총 수출 중 j국으로의 비중으로 가중평균된 변수이다. 이와 달리 우리는 불균형패널자 료를 이용하고 있어 단일 년도에 대한 가중치를 사용할 수 없다는 단점이 있다.

두 번째 회귀식에서는 $MEASURE^{k}_{ijt-1}, MEASURE^{k}_{jit-1}, MEASURE^{k}_{jot-1}$라고 표시된 AD '부과' 사례를 이용하였다. 앞서 제시한 첫 번째 회귀모형과 이번의 두 번째 회귀모형의 결과를 비교하여, 한 국가가 AD관세의 실제 부과에 반응하는지 AD 조사의 초기 단계에 반응하 는지를 확인 할 것이다. 한 국가가 실제로 AD 관계를 '부과'하여 다른 나라를 상대로 보복 한다는 사실은 보복하는 국가가 다른 국가의 최종 결정까지 기다린다는 것을 의미한다. 이 경우에는 보복하는 국가는 실제 AD 수준에 관한 정확한 정보를 확보할 수 있다. AD관 세수준을 모르는 상태면 외국의 AD관세에 비해 보복성 AD 수준이 너무 높거나 낮을 수 있다. 만일 너무 높으면, 이는 자명하게 '보복'사례로 의심할 수 있다. 만약 너무 낮으면 해 당 사례는 위협수단으로서 적절하게 기능하지 않을 것이다. 두 가지 경우에서 보복성 AD 의 효과는 감소한다. 그리하여 우리는 만약 수입국가들이 지금까지 누적된 AD를 통한 과 거 역사적 경험들로부터의 학습효과 때문에, AD제소의 비용적 함의를 정확하게 알고 있 다면 수출국가들의 AD제소에 즉각적으로 반응 할 수 있다고 예상한다. 그렇지 않으면, 수입국은 AD부과가 이행되는 최종 결정까지 기다릴 것이고, 이후 부과된 AD에 대응한다. 앞선 사례는 AD제소단계에서 발생하는 보복적 행위를 설명하고(첫 번째 회귀모형에서 통계적으로 유의한 양의 값을 갖는 β_2를 표시), 나중의 사례는 AD부과의 첫 번째 단계에서의 보복적 동기를 나타낸다. (즉 두 번째 회귀모형에서 양의 값을 갖는 β_2를 표시).

국가수준에서의보복성 여부 모형

$$P[y_{ijt}^k = 1] = F[\alpha + \beta_1 INITIATION_{ijt-1} + \beta_2 INITIATION_{jit-1} + \beta_3 INITIATION_{jot-1} + \gamma´X + \theta_t + \theta^k],$$

$$P[y_{ijt}^k = 1] = F[\alpha + \beta_1 MEASURE_{ijt-1} + \beta_2 MEASURE_{jit-1} + \beta_3 MEASURE_{jot-1} + \gamma´X + \theta_t + \theta^k],$$

이 전의 두 회귀모형에서는 특정산업에서의 보복적 동기 존재를 살펴본 반면, 앞으로는 특정국가의 보복적 AD을 추정할 것이다. 즉 보복적 AD가 국가 간에 만들어지는지의 여부를 확인한다. 이 때의 보복은 산업 대 산업(industry-to-industry)일 필요가 없다. 이 분석을 실행하기 위해 국가수준에서 데이터를 합하였고 제소사례에는 $INITIATION_{jit-1}$을, 부과사례에는 $MEASURE_{jit-1}$를 사용했다. 국가수준에서 AD의 자기상관과 억제효과를 반영하는 다른 두 변수들은 위의 두 회귀모형에서와 같이 적용되었다.

모든 회귀식에 포함된, X 안의 다른 조절변수들로서는 1인당 GDP, 양국간 실질환율, 수입비중이 사용되었다. 첫째, 1인당 GDP, $gdpc_{it-1}$는 t-1기에 수입국가의 1인당 실질 GDP이다. 실질변수는 200년도 미국의 GDP 디플레이터에 근거하여 미 달러단위로 계산되었다. 해당변수는 경제개발수준을 반영한다. 수입국의 1인당 GDP가 늘어나면, 구매력 역시 높고, 관세는 무역 이득을 만들 수 있기 때문에 보호정책으로부터의 이득을 얻을 것으로 기대할 수 있다. 그러므로 특정 시장 또는 산업이 수입된 외국 제품에 의해 피해를 입었을 때 국가는 AD조사를 제소할 인센티브를 갖는다. 우리는 추정된 계수값이 양의 부호를 나타낼 것으로 예상한다. 실제로, 이 거시경제변수는 서론에서 언급된 바와 같이 선행연구에서도 종종 적용되었다. 선행연구들에 따라, 실질 1인당 GDP를 적용하여 개발수준이 높은 국가일수록 수입산업의 피해를 보호하기 위한 AD 정책을 빈번하게 사용하는지 확인하고자 한다.

둘째, 통제변수 중 또 다른 거시경제변수는 양국간 실질환율, bfx_{ijt-1}이다. 이는 t-1기에 i국과 j국간 실질 환율이다. 2000년도 기준 미 달러단위의 국가별 실질환율은 미 농림부의 "Macroeconomic Data Set"에서 구할 수 있다. 우리는 수출국 j의 환율을 수입국 i의 환율로 나누었다. 상대환율이 작을수록 수출국 통화에 비해 수입국의 통화가 높게 평가절상된다. 이 경우 i국은 더 많이 수입하고 j국을 상대로 더 많은 AD조사를 제소할 가능성이 있다. 선행연구 Knetter and Prusa(2003)에서 이러한 영향이 확인되었다.

셋째, 다른 거시경제변수는 국가의 무역적자이다. $SoBT_{it-1}$는 t-1기에 i국의 실질GDP 중 무역적자의 비중으로 정의한다. 수입과 수출, 그리고 실질 GDP자료는 World Bank에서 취합하였다. 해당 변수를 사용한 이유는 어떤 국가의 무역적자가 커질수록 자국 내 산업 보호하려는 경향이 증가하기 때문이다.

마지막으로, 산업수준에서의 무역개방 정도를 측정하기 위해 수입비율을 사용하였고, 이는 i국이 j국으로부터의 총 수입 중 k산업 내 수입비율이다. 즉, $imps^k_{ijt-1} = \frac{imp^k_{ijt-1}}{imp_{ijt-1}}$이다. i국이 j국으로부터 k산업 내 수입데이터는 World Bank의 TRAINS/IDB Advanced Query에서 구하였다. k 산업에서의 수출국 j에 대한 수입국 i의 수입개방 정도로 측정된 해당 변수는 특정 국가-산업의 개방 정도를 보여준다. 어떤 산업에서 수입의 비중이 높아질수록 수출국에 대해 수입국의 AD 관세 부과 가능성은 증가한다. 그렇기 때문에, 양의 부호를 예상한다. 특정 국가-산업의 개방 정도의 대안으로 생각해 볼 수 있는 변수는 관세율이다.[9] 하지만 AD부과는 단순히 관세율이 낮기 때문에 제소되는 것이 아니다. 관세율 보다는 특정산업에 대하여 한 국가로의 수입 급증현상이 AD의 전략적 사용에 관한 우리의 연구와 더 연관이 있다. 그렇기 때문에 우리는 무역개방 정도를 나타내는 변수로서 관세율 대신 무역비율을 사용하기로 결정했다.

관측되지 않는 특정 산업과 연도의 차이를 조절하기 위해 연도와 산업(4단위 ISIC)의 더미변수 역시 회귀모형에 포함하였다. 〈표 1〉은 모든 설명변수들에 대한 기초통계표이다. 이를 간단히 살펴보면, 다음과 같다. 첫째, $INITIATION^k_{ijt-1}$과 $MEASURE^k_{ijt-1}$의 평균값은 각각 0.117과 0.140이다. 이는 한 국가에서 동일 산업에 대한 2개 년도에 걸친 AD정책이 관측

---

9 두 변수 사이에 상호보완성이 존재한다면 무역 개방도 대신 금융 개방도를 사용할 수 있다. 이 상호보완성에 대해서는 Aviat and Coeurdacier(2007)과 Shin and Yang(2012)에 의해 연구된 바 있다.

될 성향이 존재함을 의미한다. 산업 수준에서보다, 합산으로 구해지는, 국가수준에서 평균 값이 더 클 것으로 예상된다. 실제로 국가수준에서는 각각 3.136과 1.670이다. 둘째, 보복 변수의 평균값은 $INITIATION_{jit-1}^{k}$에서 0.123, $MEASURE_{jit-1}^{k}$에서 0.148이다. 이는, 평균적으로 이전 년도(t-1)에 주어진 산업 k에서 수출국 j가 수입국 i를 상대로 AD제소 와 확정을 각각 0.123회 AD확정을 0.148회 했음을 의미한다. 본 연구의 회귀모형의 분석에서 AD 제소 또는 부과에 의해 당해 년도에 동일한 산업에서 수출국을 상대로 수입국 역시 AD 정책을 사용하는지 여부를 추정할 것이다. 셋째, AD억제요인은 산업수준과 국가수준 모두 존재한다. 산업수준에서는 이전 년도에 주어진 산업에서 수출국 j가 (수입국 i를 제외한) 나머지 전 세계 국가들을 상대로 평균 1.454회 제소(1.547회 부과)를 한 반면, 국가 수준에서는 제소를 29.866회(부과를 16.796회) 했다. 이에 본 연구에서는 수입국이 전 세계적으로 AD 정책을 빈번하게 사용하는 국가들에 대응 하는지 여부를 확인 할 수 있다. 만일 대응하지 않는다면, 이는 수입국이 잦은 AD 사용국에 의해 표적이 될 것을 기피한다는 증거를 의미한다.

표 1. 기초통계량

변수명	관측치 수	평균값	표준편차	최소값	최대값
$INITIATION_{ijt-1}^{k}$	86923	0.1168966	4.304588	0	922
$INITIATION_{jit-1}^{k}$	58676	0.1227759	4.604852	0	922
$INITIATION_{jot-1}^{k}$	58676	1.453678	25.2345	0	1681
$MEASURE_{ijt-1}^{k}$	39388	0.1402965	3.932023	0	551
$MEASURE_{jit-1}^{k}$	25072	0.1476548	3.293104	0	301
$MEASURE_{jot-1}^{k}$	25072	1.546705	18.66884	0	600
$INITIATION_{ijt-1}$	3768	2.766985	24.96494	0	993
$INITIATION_{jit-1}$	3768	1.996285	18.85414	0	952
$INITIATION_{jat-1}$	3768	29.86571	114.5426	0	1761
$MEASURE_{ijt-1}$	3768	1.529459	18.24046	0	984
$MEASURE_{jit-1}$	3768	1.02707	8.598085	0	301
$MEASURE_{jat-1}$	3768	16.79591	62.13724	0	622
$gdpc_{it-1}$	233	0.944242	0.9286912	0.0326627	3.701876
bfx_{ijt-1}	3768	201.6495	1129.089	0.0000323	18733.34
$SoBT_{it-1}$	246	0.0072699	0.2482237	$-2.86E-01$	2.805554
$Imps_{ijt-1}^{k}$	54390	0.0005649	0.0027389	$1.95E-12$	0.13927

■ 전체 국가

〈표 2〉는 4개 회귀분석 결과를 통하여 모든 국가간의 AD 제소에 각 설명변수가 미치는 한계확률효과를 나타낸다. 먼저 전략적 변수들을 살펴보았다. 첫째, 이전 년도의 AD 제소($INITIATION^k_{ijt-1}$)로 부터 양의 효과를 관찰 할 수 있다. 당해 년도 한 국가의 AD 제소 확률은 0.23%이다. 이는 이전 년도에 유사한 AD 사례가 제소된 경우, 정부기관이 동일한 산업 내 덤핑에 대한 AD정책 제소를 유지하려는 경향이 있음을 의미한다. 둘째, 양의 계수값을 갖는 $INITIATION^k_{jit-1}$로 부터 AD 제소의 보복적 성향을 발견하였다. 즉, 수출국 j가 수입국 i에 대하여 전년도인 t-1기에 산업 k 에서 덤핑조사를 제소한 경우 수입국도 이번 년도에 동일한 산업에 대하여 수출국을 상대로 AD 제소를 할 가능성이 있다. 이에 대한 확률은 0.09%이다. 비록 확률 자체만으로는 작지만 동일 산업 내 보복적 성향을 발견했다는 점은 경제적으로 의미가 있다. 셋째, 수입국 i를 제외한 나머지 국가들에 대한 수출국의 AD가 방어 역할을 하는지 확인하기 위하여 $INITIATION^k_{jot-1}$를 적용한 결과, -0.01%의 확률을 갖는다. 이는 수출국이 특정산업 내에서 AD를 빈번하게 사용하는 것으로 알려져 있기 때문에 수입국은 쉽게 AD 조사를 제소할 수 없음을 의미한다. 그 확률은 극히 작지만 추정치의 음의 부호는 특정 산업에 대하여 수출국이 나머지 국가들에 AD를 자주 사용했을 때, 수입국은 동일 산업 내 AD 사용을 기피하는 것을 의미한다. 이는 수입국이 AD 조사를 제소한 경우, AD 사용국가들의 표적이 될 것에 대한 우려 때문이다.

이와 같은 결과들은 설명변수로써 AD 제소 대신 AD 부과($MEASURE$)를 사용했을 때에도 유지된다. 각각의 확률은 0.16%, 0.24%, -0.04%이다. 추정결과에서 AD 부과를 적용했을 때에는 직접적인 보복성향이 2배 이상 증가하였다. 산업수준 자료가 아닌 국가수준으로 집계하여 추정한 결과를 보면, 처음 두 가지 효과는 국가수준에서도 유지되었고 마지막 효과는 통계적 유의성이 사라졌지만 전반적으로 유사한 결과를 확인하였다. 다만 계수의 크기는 산업수준에 비해 국가수준에서 더 작아졌다. 다시 말해, 보복 행위는 국가수준 데이터보다 산업 수준 데이터에서 상대적으로 명확하게 나타난다.

경제적 요인들에 대해 살펴보면 수입국의 통화 구매력이 큰 경우, 수입국의 경상수지 적자 규모가 큰 경우, 특정 산업 내 양국간 수입비중이 큰 경우 수입국이 부유할수록 AD 제소할 확률이 높아진다. 비록 추정된 계수값이 항상 통계적으로 유의하지 않지만 이 계수들의 부호는 선행연구들과 모두 일치할 것으로 예상하였고, 실제 분석 결과를 통해 확인하였다.

표 2. 전체 국가간 Probit모형 추정치의 한계효과

| 수입국 | ALL | ALL | ALL | ALL |
수출국	ALL	ALL	ALL	ALL
$\text{INITIATION}_{ijt-1}^{k}$	0.00234***			
	[0.00040]			
$\text{INITIATION}_{jit-1}^{k}$	0.00092***			
	[0.00034]			
$\text{INITIATION}_{jot-1}^{k}$	-0.00010***			
	[0.00004]			
$\text{MEASURE}_{ijt-1}^{k}$		0.00162***		
		[0.00046]		
$\text{MEASURE}_{jit-1}^{k}$		0.00240***		
		[0.00082]		
$\text{MEASURE}_{jot-1}^{k}$		-0.00036**		
		[0.00015]		
$\text{INITIATION}_{ijt-1}$			0.00063***	
			[0.00005]	
$\text{INITIATION}_{jit-1}$			0.00020***	
			[0.00005]	
$\text{INITIATION}_{jat-1}$			-0.00001	
			[0.00001]	
MEASURE_{ijt-1}				0.00059***
				[0.00005]
MEASURE_{jit-1}				0.00024**
				[0.00009]
MEASURE_{jat-1}				-0.00001

수입국	ALL	ALL	ALL	ALL
수출국	ALL	ALL	ALL	ALL
				[0.00001]
$gdpc_{it-1}$	0.00209***	0.00294**	0.00036	0.00156***
	[0.00072]	[0.00129]	[0.00051]	[0.00052]
bfx_{ijt-1}	-5.E-06**	-9.E-06**	-4.E-06***	-4.E-06**
	[2.E-06]	[4.E-06]	[1.E-06]	[2.E-06]
$SoBT_{jt-1}$	0.00210	0.12330***	0.00126	0.00199
	[0.00258]	[0.0321]	[0.00209]	[0.00209]
$Imps_{ijt-1}^{k}$	1.19012***	2.03503***	1.02328***	1.05115***
	[0.21184]	[0.30862]	[0.15508]	[0.15451]
연도효과	yes	Yes	yes	yes
산업효과	yes	yes	yes	yes
관측치 수	23660	7969	40212	40212
Pseudo R2	0.146	0.153	0.132	0.121
Log pseudo likelihood	-2466.0829	-1098.5015	-3534.8217	-3581.4360
obs. P	0.0264	0.0384	0.0208	0.0208
pred. P	0.0159	0.0216	0.0123	0.0128

주: 결과값은 한계확률추정치(Marginal probability estimators)이다. Robust standard errors는 괄호 안에 나타냈다.
*, **, *** 는 각각 10%, 5%, 1% 유의성을 나타낸다.

요약하면 본 연구는 산업수준과 국가수준 모두 AD 제소 또는 부과를 통해 수입국이 수출국에 대하여 보복하는 경향이 있음을 밝혔다. 다음으로는 4개의 전통적 AD 다빈도 사용국 (호주, 캐나다, EU 그리고 미국)과 다른 개발도상국의 AD 적용을 비교하여 두 그룹 (전통적 AD 다빈도 사용국 그룹과 24개 개발도상국으로 구성된 세계 나머지 국가들)간의 보복 전략이 상이한지 확인하고자 한다.

■ 전통적 다빈도 사용국가(호주, 캐나다, EU, 그리고 미국)

〈표 3〉은 전 세계를 상대로 한 4개의 AD 다빈도 사용국(호주, 캐나다, EU 그리고 미국)의 결과를 보여준다.

첫째, 산업수준에서 지속적인 AD 제소 확률은 0.26%이고 AD 제소의 직접적인 보복확률은 0.08%이다. 이 결과는 〈표 2〉의 결과와 유사하다. 둘째, $INITIATION_{jot-1}^{k}$의 확률은 음이지만 통계적으로 유의하지 않다. 즉, 본 연구에서는 수입국들이 빈번하게 AD를 사용하는 것으로 알려진 국가들을 상대로 AD 제소를 축소한다는 주장을 확인할 수 없었다. 셋째, 산업수준에서 *MEASURE* 변수를 적용 했을 때에는 파생된 세 개 변수의 추정결과가 통계적으로 유의하지 않았다. 이와 같은 결과는 전통적인 AD 다빈도 사용국(4개국)은 AD 부과보다 AD 제소에 더욱 민감하게 반응함을 의미한다.

다음은, 4개의 전통적인 AD 다빈도 사용국이 나머지 24개 개발 도상국을 대하는 행동을 살펴보고, 〈표 4〉에 그 결과를 제시하였다. 보복행위는 산업수준보다 국가수준에서 통계적으로 유의했다. 다시 말해, 이전 년도에 무역상대국이 국가 대 국가로 AD를 자주 사용한 경우 선진국의 보복행위가 제소와 부과 사례 모두 관측되었다.

마지막으로, 선진 4개국 간의 보복행위는 〈표 5〉에 요약되었다. 〈표 4〉의 결과와 달리, 선진국 간의 보복행위는 국가수준에서보다 산업수준에서 통계적으로 유의하게 나타났으며, AD 부과보다 AD 제소에 민감하게 추정되었다. 이와 같은 결과는 선진국의 합리적 예상과 관련 있는 것으로 판단된다. 즉, 어떤 산업에서 한 선진국이 다른 선진국을 AD 제소한 경우, 피소된 국가는 제소의 단계에서 해당 AD가 실제 위협인지 헛된 협박인지 정확하게 계산할 수 있기 때문이다. 왜냐하면 4개의 선진국은 서로 AD을 부과한 역사적 경험이 많기 때문에 이와 같은 경험들로부터 AD 제소로부터 초래되는 결과를 정확하게 예측하는 것이 가능할 것이다. 그러므로 보복행위는 최종결정이 나기 전인 AD 제소단계에서 결정될 수 있다.

하지만 〈표 4〉에서 보인 바와 같이 특정 산업에서 개발도상국이 선진국에 AD 제소를 한 경우 선진국은 이것이 신뢰할 만한 위협인지 아닌지 알 수 없을 수 있다. 왜냐하면 선진국은 자신들의 사례에 비하여 개발도상국과의 AD 분쟁에 대한 충분한 경험이나 정보를 가지고 있지 않기 때문인 것으로 해석할 수 있다.

표 3. 선진국 4개국과 전체 국가간 Probit모형 추정치의 한계효과

수입국 수출국	DV4 ALL	DV4 ALL	DV4 ALL	DV4 ALL
$\text{INITIATION}_{ijt-1}^{k}$	0.00266***			
	[0.00058]			
$\text{INITIATION}_{jit-1}^{k}$	0.00088***			
	[0.00031]			
$\text{INITIATION}_{jot-1}^{k}$	−0.00005			
	[0.00006]			
$\text{MEASURE}_{ijt-1}^{k}$		0.00143		
		[0.00127]		
$\text{MEASURE}_{jit-1}^{k}$		0.00184		
		[0.00232]		
$\text{MEASURE}_{jot-1}^{k}$		−0.00014		
		[0.00015]		
$\text{INITIATION}_{ijt-1}$			0.00071***	
			[0.00009]	
$\text{INITIATION}_{jit-1}$			0.00019**	
			[0.00008]	
$\text{INITIATION}_{jat-1}$			0.00003	
			[0.00002]	
MEASURE_{ijt-1}				0.00053***
				[0.00011]
MEASURE_{jit-1}				0.00144***
				[0.00043]
MEASURE_{jat-1}				−0.00003
				[0.00003]
gdpc_{it-1}	0.00668	0.02957***	0.00150	0.00635**
	[0.00439]	[0.01073]	[0.00292]	[0.00294]
bfx_{ijt-1}	−0.01974***	−0.04045***	−0.01495***	−0.01473***
	[0.00577]	[0.0142]	[0.00452]	[0.00441]
SoBT_{it-1}	0.00690	−0.19417	−0.01232	−0.01761
	[0.05321]	[0.12605]	[0.03268]	[0.03602]
Imps_{ijt-1}^{k}	1.11381***	5.24797***	0.90650***	1.04623***
	[0.41749]	[1.32732]	[0.32295]	[0.36862]
연도효과	Yes	yes	yes	yes

| 수입국 | DV4 | DV4 | DV4 | DV4 |
수출국	ALL	ALL	ALL	ALL
산업효과	yes	yes	yes	yes
관측치 수	5592	2052	8758	8758
Pseudo R2	0.210	0.239	0.201	0.179
Log pseudo likelihood	−755.6149	−335.2512	−1026.0384	−1053.6167
obs. P	0.0410	0.0556	0.0335	0.0335
pred. P	0.0217	0.0284	0.0164	0.0177

주: 결과값은 한계확률추정치(Marginal probability estimators)이다. Robust standard errors는 괄호 안에 나타냈다.
*, **, *** 는 각각 10%, 5%, 1% 유의성을 나타낸다.

표 4. 선진국 4개국과 나머지 24개국 간 Probit모형 추정치의 한계효과

| 수입국 | DV4 | DV4 | DV4 | DV4 |
수출국	ROW24	ROW24	ROW24	ROW24
$\text{INITIATION}_{ijt-1}^{k}$	0.00240***			
	[0.00056]			
$\text{INITIATION}_{jit-1}^{k}$	0.00232			
	[0.00274]			
$\text{INITIATION}_{jot-1}^{k}$	0.00042**			
	[0.00017]			
$\text{MEASURE}_{ijt-1}^{k}$		0.00124		
		[0.00133]		
$\text{MEASURE}_{jit-1}^{k}$		0.00042		
		[0.00374]		
$\text{MEASURE}_{jot-1}^{k}$		0.00034**		
		[0.00015]		
$\text{INITIATION}_{ijt-1}$			0.00053***	
			[0.00009]	
$\text{INITIATION}_{jit-1}$			0.00143***	
			[0.00051]	
$\text{INITIATION}_{jat-1}$			0.00004	
			[0.00005]	
MEASURE_{ijt-1}				0.00032***
				[0.0001]
MEASURE_{jit-1}				0.00185***
				[0.00058]

수입국 수출국	DV4 ROW24	DV4 ROW24	DV4 ROW24	DV4 ROW24
$MEASURE_{ijt-1}$				0.00003
				[0.00004]
$gdpc_{it-1}$	0.00766*	0.03486***	0.00129	0.00710**
	[0.00468]	[0.01142]	[0.00286]	[0.00292]
bfx_{ijt-1}	-0.03189***	-0.06609***	-0.01939***	-0.02243***
	[0.00755]	[0.01663]	[0.00503]	[0.00513]
$SoBT_{it-1}$	-0.03018	-0.28857**	-0.02456	-0.04707
	[0.0566]	[0.13022]	[0.03218]	[0.03557]
$Imps_{ijt-1}^{k}$	12.01738***	12.64392***	7.72817***	8.85862***
	[2.15277]	[3.4152]	[1.23431]	[1.38257]
연도효과	yes	yes	yes	yes
산업효과	yes	yes	yes	yes
관측치 수	4567	1729	7510	7510
Pseudo R2	0.241	0.272	0.236	0.215
Log pseudo likelihood	-644.3052	-286.3790	-886.3158	-910.1513
obs. P	0.0458	0.0602	0.0358	0.0358
pred. P	0.0209	0.0251	0.0143	0.0156

주: 결과값은 한계확률추정치(Marginal probability estimators)이다. Robust standard errors는 괄호 안에 나타냈다.
*, **, *** 는 각각 10%, 5%, 1% 유의성을 나타낸다.

표 5. 선진국 4개국 간 Probit모형 추정치의 한계효과

수입국 수출국	DV4 DV4	DV4 DV4	DV4 DV4	DV4 DV4
$INITIATION_{ijt-1}^{k}$	-0.00731			
	[0.00726]			
$INITIATION_{jit-1}^{k}$	0.00150***			
	[0.00054]			
$INITIATION_{jot-1}^{k}$	-0.00028**			
	[0.00014]			
$MEASURE_{ijt-1}^{k}$		-0.00475		
		[0.00555]		
$MEASURE_{jit-1}^{k}$		0.00488		
		[0.00451]		
$MEASURE_{jot-1}^{k}$		-0.00056		

수입국	DV4	DV4	DV4	DV4
수출국	DV4	DV4	DV4	DV4
			[0.00048]	
$\text{INITIATION}_{ijt-1}$			-0.00312^*	
			[0.00192]	
$\text{INITIATION}_{ijt-1}$			0.00026	
			[0.00021]	
$\text{INITIATION}_{jat-1}$			0.00007	
			[0.00006]	
MEASURE_{ijt-1}				0.00194^{**}
				[0.0011]
MEASURE_{ijt-1}				0.00088
				[0.00093]
MEASURE_{jat-1}				-0.00008
				[0.00007]
gdpc_{it-1}	0.07917^{***}	0.21608^{**}	0.04659^{***}	0.04655^{**}
	[0.02792]	[0.09629]	[0.01907]	[0.01894]
bfx_{ijt-1}	0.09816^{***}	0.21499^{**}	0.04082	0.06283^{**}
	[0.03533]	[0.09594]	[0.03218]	[0.03024]
SoBT_{it-1}	-0.69705^{***}	-0.98787	-0.35797^{**}	-0.37563^{**}
	[0.28885]	[0.89723]	[0.16109]	[0.16512]
Imps_{ijt-1}^{k}	-0.84201	2.57310	-0.38031	-0.68582
	[0.77994]	[2.48057]	[0.5714]	[0.69639]
연도효과	yes	yes	yes	yes
산업효과	yes	yes	yes	yes
관측치 수	330	96	509	509
Pseudo R2	0.193	0.238	0.164	0.154
Log pseudo likelihood	-60.8806	-24.4602	-80.9097	-81.8428
obs. P	0.0606	0.1042	0.0472	0.0472
pred. P	0.0313	0.0358	0.0223	0.0246

주: 결과값은 한계확률추정치(Marginal probability estimators)이다. Robust standard errors는 괄호 안에 나타냈다.
*, **, *** 는 각각 10%, 5%, 1% 유의성을 나타낸다.

그러므로 선진국은 AD 제소단계에서 어떠한 추가적인 대응 없이 최종 결과를 기다리고 관찰 할 필요가 있다. 해당 제소가 실질적인 AD 행위임을 확인한 이후에 개발도상국을 상대로 한 보복을 결정한다. 〈표 4〉에서 제시하듯이, 이 같은 경우 보복 행위는 산업 대 산업이 아니고 전 산업에 걸쳐 제소되거나 부과될 수 있다.

■ 전 세계 나머지 국가들(24개의 개발도상국)

본 소절에서는 24개 개발도상국으로 구성된 나머지 국가들의 AD 행위에 대해 연구하였고 분석결과는 〈표 6〉부터 〈표 8〉에 걸쳐 제시하였다. 〈표 3〉에서 보았던 4개의 전통적인 다빈도 사용국의 행동과는 달리 개발도상국가들은 국가수준에서 뿐만 아니라 산업 수준에서도 다른 국가들에 대해 보복을 하는 경향이 있다. 흥미로운 사실은 〈표 6〉을 통해 모든 국가에 대해 보복을 한 경우 산업 수준에서는 AD 제소보다 확정된 AD에 더욱 민감하다는 결과를 알 수 있다. 보복 AD의 확률은 $MEASURE_{jit-1}^{k}$를 사용했을 때는 0.21%인 반면, $INITIATION_{jit-1}^{k}$를 사용했을 때에는 0.11%이다. 이는 개발도상국은 선진국에 비해 AD 사용 경험이 적기 때문에 AD 제소의 초기단계보다는 AD 부과확정을 확인한 이후에 보복행위를 할 확률이 더 높다고 해석할 수 있다. 다시 말해, 학습효과가 상대적으로 이루어지지 않은 개발도상국은 선진국에 비해 상대적으로 덜 정확하게 AD 제소의 함의를 산정할 가능성이 있으므로, AD 확정단계까지 갈 것이라고 해석할 수 있다.

이러한 성향을 파악하고자 우선 표본을 4개의 선진국과 24개의 개발도상국으로 분리했다. 먼저 24개 개발도상국이 4개의 전통적 다빈도 사용국을 대상으로 보복한 사례를 이용하여 동일한 분석을 실시했다. 이에 〈표 7〉에 표시한 분석결과는 〈표 6〉과 매우 유사하다. 하지만 〈표 8〉에서 확인 할 수 있듯이 24개 개발도상국들의 상호 보복 행위는 4개의 선진국 그룹을 표본으로 사용했을 때보다 그 가능성이 약한 경향이 발견되었다. 앞서 언급하였듯이, 이는 개발도상국 간의 AD 사례에 관한 경험과 정보의 부재로 인한 현상이라고 볼 수 있다. 그러므로 그들의 보복은 AD 조사 확정이 최종 결정될 때까지 연기된다. 〈표 8〉에 나타난 AD 제소와 확정에 대하여 추정된 보복 확률은 모두 통계적으로 유의하지 않았다.

표 6. 개발도상국 24개국과 전체 국가 간 Probit모형 추정치의 한계효과

수입국 수출국	ROW24 ALL	ROW24 ALL	ROW24 ALL	ROW24 ALL
$INITIATION_{ijt-1}^{k}$	0.00166***			
	[0.00061]			
$INITIATION_{jit-1}^{k}$	0.00112**			
	[0.00048]			
$INITIATION_{jot-1}^{k}$	−0.00011*			
	[0.00006]			
$MEASURE_{ijt-1}^{k}$		0.00054*		
		[0.00031]		
$MEASURE_{jit-1}^{k}$		0.00213**		
		[0.00096]		
$MEASURE_{jot-1}^{k}$		−0.00033		
		[0.00022]		
$INITIATION_{ijt-1}$			0.00075***	
			[0.00008]	
$INITIATION_{jit-1}$			0.00024***	
			[0.00008]	
$INITIATION_{jat-1}$			−0.00002*	
			[8.E−06]	
$MEASURE_{ijt-1}$				0.00077***
				[0.00008]
$MEASURE_{jit-1}$				0.00008
				[0.0001]
$MEASURE_{jat-1}$				−0.00001
				[0.00001]
$gdpc_{it-1}$	−0.01275***	−0.02636***	−0.00914***	−0.00953***
	[0.00327]	[0.00568]	[0.00177]	[0.00183]
bfx_{ijt-1}	−5.E−06***	−5.E−06***	−4.E−06***	−4.E−06***
	[2.E−06]	[2.E−06]	[1.E−06]	[1.E−06]
$SoBT_{it-1}$	0.00159	0.11070***	0.00161	0.00149
	[0.00267]	[0.0361]	[0.002]	[0.00195]
$Imps_{ijt-1}^{k}$	1.70928***	1.84289***	1.29293***	1.30734***
	[0.21317]	[0.29521]	[0.14795]	[0.14369]
연도효과	yes	yes	yes	yes

| 수입국 | ROW24 | ROW24 | ROW24 | ROW24 |
수출국	ALL	ALL	ALL	ALL
산업효과	yes	yes	yes	yes
관측치 수	15562	5476	28091	28091
Pseudo R2	0.130	0.171	0.123	0.121
Log pseudo likelihood	−1604.9749	−689.8151	−2357.7714	−2363.6422
obs. P	0.0254	0.0351	0.0194	0.0194
pred. P	0.0149	0.0171	0.0113	0.0114

주: 결과값은 한계확률추정치(Marginal probability estimators)이다.
Robust standard errors는 괄호 안에 나타냈다. *, **, *** 는 각각 10%, 5%, 1% 유의성을 나타낸다.

표 7. 발도상국 24개국과 선진국 4개국 간 Probit모형 추정치의 한계효과

| 수입국 | ROW24 | ROW24 | ROW24 | ROW24 |
수출국	DV4	DV4	DV4	DV4
$\text{INITIATION}_{ijt-1}^{k}$	0.01548***			
	[0.00438]			
$\text{INITIATION}_{jit-1}^{k}$	0.00224*			
	[0.00112]			
$\text{INITIATION}_{jot-1}^{k}$	−0.00025*			
	[0.00014]			
$\text{MEASURE}_{ijt-1}^{k}$		0.00946		
		[0.00861]		
$\text{MEASURE}_{jit-1}^{k}$		0.00428*		
		[0.0022]		
$\text{MEASURE}_{jot-1}^{k}$		−0.00021		
		[0.00027]		
$\text{INITIATION}_{ijt-1}$			0.00449***	
			[0.00113]	
$\text{INITIATION}_{jit-1}$			0.00028**	
			[0.00013]	
$\text{INITIATION}_{jat-1}$			0.00003	
			[0.00002]	
MEASURE_{ijt-1}				0.00560***
				[0.00148]
MEASURE_{jit-1}				0.00012
				[0.00019]

수입국 수출국	ROW24 DV4	ROW24 DV4	ROW24 DV4	ROW24 DV4
MEASURE_{jat-1}				0.00005*
				[0.00003]
gdpc_{it-1}	−0.01021	−0.02259	−0.00414	−0.01025
	[0.01233]	[0.02433]	[0.00634]	[0.00753]
bfx_{ijt-1}	−4.E−06**	−6.E−06***	−2.E−06*	−3.E−06**
	[2.E−06]	[3.E−06]	[1.E−06]	[1.E−06]
SoBT_{it-1}	−0.00647	0.18194	−0.00684	−0.00745
	[0.00831]	[0.18699]	[0.00874]	[0.00834]
Imps_{ijt-1}^{k}	2.22527***	1.39950	0.67297**	1.13348***
	[0.55569]	[0.91708]	[0.33725]	[0.37982]
연도효과	yes	yes	yes	yes
산업효과	yes	yes	yes	Yes
관측치 수	1644	565	2217	2217
Pseudo R2	0.209	0.234	0.222	0.182
Log pseudo likelihood	−243.6457	−116.5107	−262.9040	−276.2151
obs. P	0.0462	0.0761	0.0352	0.0352
pred. P	0.0228	0.0329	0.0135	0.0169

주: 결과값은 한계확률추정치(Marginal probability estimators)이다. Robust standard errors는 괄호 안에 나타냈다.
*, **, *** 는 각각 10%, 5%, 1% 유의성을 나타낸다.

표 8. 개발도상국 24개국 간 Probit모형 추정치의 한계효과

수입국 수출국	ROW24 ROW24	ROW24 ROW24	ROW24 ROW24	ROW24 ROW24
$\text{INITIATION}_{ijt-1}^{k}$	0.00124**			
	[0.00052]			
$\text{INITIATION}_{jit-1}^{k}$	0.00064			
	[0.0006]			
$\text{INITIATION}_{jot-1}^{k}$	0.00019			
	[0.00012]			
$\text{MEASURE}_{ijt-1}^{k}$		0.00030		
		[0.00031]		
$\text{MEASURE}_{jit-1}^{k}$		0.00407*		
		[0.00216]		
$\text{MEASURE}_{jot-1}^{k}$		−0.00090		

| 수입국 | ROW24 | ROW24 | ROW24 | ROW24 |
수출국	ROW24	ROW24	ROW24	ROW24
		[0.00055]		
$INITIATION_{ijt-1}$			0.00069***	
			[0.00008]	
$INITIATION_{jit-1}$			0.00006	
			[0.00018]	
$INITIATION_{jat-1}$			0.00003	
			[0.00003]	
$MEASURE_{ijt-1}$				0.00074***
				[0.00009]
$MEASURE_{jit-1}$				0.00008
				[0.00018]
$MEASURE_{jat-1}$				5.E-06
				[0.00003]
$gdpc_{it-1}$	−0.01526***	−0.03051***	−0.01016***	−0.01019***
	[0.00375]	[0.00657]	[0.00196]	[0.002]
bfx_{ijt-1}	−1.E-05***	−1.E-05***	−7.E-06***	−7.E-06***
	[4.E-06]	[4.E-06]	[2.E-06]	[2.E-06]
$SoBT_{it-1}$	0.00236	0.12821***	0.00193	0.00192
	[0.0028]	[0.03748]	[0.00206]	[0.00201]
$Imps_{ijt-1}^{k}$	4.58132***	4.88482***	3.53026***	3.57923***
	[0.67191]	[1.03811]	[0.39759]	[0.39825]
연도효과	yes	yes	yes	yes
산업효과	yes	yes	yes	yes
관측치 수	12436	4217	23417	23417
Pseudo R2	0.130	0.167	0.127	0.128
Log pseudo likelihood	−1294.3543	−537.0059	−1999.3797	−1997.8759
obs. P	0.0257	0.0353	0.0199	0.0199
pred. P	0.0152	0.0171	0.0114	0.0114

주: 결과값은 한계확률추정치(Marginal probability estimators)이다. Robust standard errors는 팔호 안에 나타냈다.
*, **, *** 는 각각 10%, 5%, 1% 유의성을 나타낸다.

본 연구논문에서는 국가간 AD의 보복 행위 패턴에 대하여 살펴보았다. 특별히, 선진국과 개발도상국간의 비교에 주목했다. 첫째, 호주, 캐나다, EU 그리고 미국으로 구성된 4개의 전통적 AD 다빈도 사용국의 AD 보복행위를 조사했고, 이들은 AD 확정보다 AD 제소에 더욱 민감하게 반응한다는 사실을 발견했다. 이와 같은 결과는 선진국의 경우 제소의 단계에서 AD 피해를 정확하게 계산할 수 있는 기존의 풍부한 경험이 있었기 때문에 수출국의 AD 제소에 빠르게 대응하는 경향이 있음을 의미한다. 실제로 이들 4개 선진국들은 AD 제소와 피소의 수많은 경험을 이미 가지고 있는 '전통적으로 알려진' AD 다빈도 사용국이다. 둘째, 24개의 개발도상국의 보복행위를 분석하였고 선진국들과는 달리 개발도상국의 경우에는 모든 수출국에 대해 AD 제소보다 AD 확정에 더 민감하게 대응하는 것으로 나타났다. 이렇게 다른 결과에 대한 해석은 다음과 같다. 전통적 AD 사용국가들과 달리 상대적으로 신흥 AD 사용국가들은 여전히 AD 제소의 결과에 대해 배울 부분이 있기 때문에 AD로 인한 피해가 명확하게 나타날 때까지 보복 행위를 연기하는 경향이 있다. 따라서 그들의 보복행위는 AD 제소단계가 아닌 AD 확정 이후에 발생한다. 다만, 산업수준이 아닌 국가수준의 집계자료에서는 이 같은 결과가 사라진다. 위의 결과는 국가수준이 아닌 산업수준에서는 AD의 불균형 반응이 존재했다는 사실을 보여준다.

본 연구에서는 Prusa and Skeath(2002)와 Feinberg and Reynolds(2006)과 같은 기존 연구에 부합하는 결과가 도출되었고, 좀 더 나아가 전통적 AD 다빈도 사용국과 신흥 다빈도 사용국 간의 상이한 보복 AD 제소 패턴에 대하여 살펴보았다. 기존연구에 대해서 새롭게 밝히 부분은, AD 다빈도 사용국 그룹 간의 보복행위에 포함된 AD '제소'효과와 AD '관세부과'효과를 비교하였다는 점이다. 이와 관련된 향후 연구로서 다음과 같은 내용을 제안하는 바이다. 첫째, AD관세 뿐만 아니라 다른 보호무역정책들의 다양한 보복행위를 추적할 수 있을 것이다. 예를 들면, 전략적 또는 보복적 동기측면에서 AD 사용과 상계관세를 비교할 수 있다. 둘째, 본 연구는 서로 다른 AD 사용국 그룹간 AD 사례의 보복행위

증거를 제시하였고, 이러한 사실을 AD 관세 비용의 의미를 정확하게 예측하는 학습행동
으로써 설명하고자 시도했다. 그러므로 이와 같은 결과들을 AD 정책 시 제도적 학습효과
로 정의할 수 있는 이론적 모형 설정 할 수 있을 것이다. 이는 향후 연구 주제로 남겨두고
자 한다.

A1. 28개국 명단*

아르헨티나(ARG), 호주(AUS), 브라질(BRA), 캐나다(CAN), 칠레(CHL), 중국(CHN), 콜롬비아(COL), 코스타리카(CRI), 에콰도르(ECU), 유럽연합(EUN), 인도네시아(IDN), 인도(IND), 자메이카(JAM), 대한민국(KOR), 멕시코(MEX), 말레이시아(MYS), 뉴질랜드(NZL), 페루(PER), 필리핀(PHL), 파라과이(PRY), 태국(THA), 트리니다드토바고(TTO), 터키(TUR), 대만(TWN), 우르과이(URY), 미국(USA), 베네수엘라(VEN), 남아프리카공화국(ZAF).

*주: 국가명의 약어는 괄호안에 표시하였고 〈표 2〉에서 사용되었다. 유럽연합 (EUN)에는 오스트리아, 벨기에, 덴마크, 핀란드, 프랑스, 독일, 그리스, 아일랜드, 이탈리아, 룩셈부르크, 네덜란드, 포르투갈, 스페인, 스웨덴, 영국이 포함된다.

::: 참고문헌

Aggarwal, A. (2004), "Macroeconomic determinants of antidumping: a comparative analysis of developed and developing countries". World Development Vol. 32, No. 6, pp. 1043-1057

Aviat, Antoni and Nicolas Coeurdacier (2007), "The geography of trade in goods and asset holdings," Journal of International Economics, 71(1), pp. 22-51.

Blonigen, Bruce A. and Chad P. Bown (2003), "Antidumping and retaliation threats," Journal of International Economics, 60(2), pp.249-273.

Blonigen, Bruce A. and Stephen E. Haynes (2002), "Antidumping investigations and the pass-through of antidumping duties and exchange rates," American Economic Review, 92(4), pp. 1044-1061.

Bown, Chad P. (2007), "Global antidumping database," World Bank Policy Research Paper No. 3737, [version 3.0, June] (updates available at http://people.brandeis.edu/~cbown/global_ad/).

Bown, Chad P. (2008), "The WTO and antidumping in developing countries," Economics and Politics, 20(2), pp.255-288.

Bown, Chad P. and Patricia Tovar (2010), "Trade liberalization, antidumping, and safeguards: evidence from India's tariff reform," Journal of Development Economics, 96(1), pp. 115-125.

Brander, James A. and Paul R. Krugman (1983), "A 'reciprocal dumping' model of international trade", Journal of International Economics 15(3-4), pp.313–322.

Feinberg, Robert (1989), "Exchange rates and unfair trade," Review of Economics and Statistics, 71(4), pp.704-707.

Feinberg, Robert and Kara Reynolds (2006), "The Spread of Antidumping Regimes and the Role of Retaliation in Filings", Southern Economic Journal, 72(4), pp.877-890.

Feinberg, Robert and Kara Reynolds (2007), "Tariff liberalization and increased administrative protection: Is there a Quid Pro Quo?", World Economy, 30(6), pp.948-961.

Francois, Joseph and Gunnar Niels (2006), "Business Cycles, the Current Account and Administered Protection in Mexico," Review of Development Economics, 10(3), 388-399.

Knetter, Michael M. and Thomas J. Prusa (2003), "Macroeconomic factors and antidumping filings: Evidence from four countries", Journal of International Economics, 61(1), pp.1-17.

Leidy, Michael P.(1997), "Macroeconomic conditions and pressures for protection under antidumping and countervailing duty laws: empirical evidence from the United States", IMF Staff Papers44, pp.132–144.

Moore, Michael O. and Maurizio Zanardi (2006), "Does Antidumping use Contribute to Trade Liberalization? An Empirical Analysis", ECARES working paper 2008_024.

Prusa, Thomas J. and Susan Skeath (2002), "The Economic and strategic motives for antidumping filings", Review of World Economics 138(3), pp.389-413.

Shin, Kwanho and Doo Yong Yang (2012), "Complementarities between bilateral trade and financial integration," Korea and the World Economy, 13(1), pp. 39-68.

Xiaohua Bao and Larry D. Qiu (2009), "Antidumping in China: Is it Retaliatory?," Working paper

10

기후변화상품에 대한 특별대우와 국제통상규범

이재형

- 서론

- 탄소세

- 이산화탄소 배출량에 관한 기술규정

- 결론

이 글은 2010년 6월 연세대학교 법학연구원에서 발행한 법학연구에 게재된 바 있습니다.

인류의 경제활동은 심각하게 우려될 정도로 지구환경을 파괴하고 있다. 특히 산업혁명 이후 인류가 화석연료 사용을 증대하여 대기 중 이산화탄소의 농도가 급격하게 증가하였다. 그 결과 태양 복사열이 대기권 밖으로 방출되지 못하여 지구온난화를 야기한 것으로 믿어지고 있다.[1] 지구온난화는 대기온도 상승, 해수면 상승과 더불어 홍수, 가뭄 등 각 종 자연재해를 초래하고 생태계를 변화시키고 있다. 생태계 변화는 인류의 생존에 위협이 되고 있다. 지구온난화를 완화하기 위한 국제공동체의 노력은 기후변화협약과 교토의정서로 결실을 맺었다. 그리고 기후변화협약 당사국들은 온실가스를 추가적으로 감축하기 위한 새로운 규범을 확립하기 위하여 협상을 진행 중이다. 이와 함께 개별 국가는 온실가스 감축을 위하여 각 종 국내조치를 발동하거나 이를 계획 중이다.

개별 국가가 온실가스를 감축하기 위하여 발동할 수 있는 조치는 다양하다. 이 중 가장 전형적인 방법은 생산 또는 소비과정에서 이산화탄소를 배출하지 않거나 상대적으로 적은 양을 배출하는 상품(이하 기후변화상품이라 한다)과 이산화탄소를 많이 배출하는 상품(이하 기후변화 비친화 상품이라 한다)을 구별하여 (i) 기후변화 비친화 상품에 대하여 배출하는 탄소량에 비례하여 탄소세를 부과하는 조치와 (ii) 기술규정을 도입하여 기후변화 비친화 상품의 생산, 수입과 판매를 금지하는 조치이다.

한편 세계무역기구World Trade Organization: 이하 WTO의 '상품무역에 관한 일반협정General Agreement on Tariffs and Trade: 이하 GATT' 제조 최혜국대우 규정과 제III조 내국민대우 규정은 동종 상품에 대한 차별을 금지한다. 그러므로 기후변화상품과 기후변화 비친화 상품이 동종상품인 경우 이들에 대한 차별적 조치는 GATT 제I조 또는 제III조에 위반된다. 그런데 비록 GATT 규정을 위반하는 조치라도 GATT 제XX조의 일반예외 규정의 요건을 충족하는 경

---

1 대기 중 이산화탄소 농도는 산업화 이전의 약 280ppm에서 2005년에 379ppm으로 증가하였다. Solomon, S., D. Qin, M. Manning, Z. Chen, M. Marquis, K. B. Averyt, M. Tignor & H. L. Miller (eds.), Technical Summary, in Climate Change: The Physical Science Basis, Contribution of Working Group I to the Forth Assessment Report of the Intergovernmental Panel on Climate Change, Cambridge University Press (2007), p.25.

우 정당화되어 GATT에 합치한다. 그리고 WTO의 '기술장벽협정'Agreement on Technical Barriers to Trade: 이하 TBT 은 회원국이 환경보호를 목적으로 기술규정을 채택·적용하는 것을 허용한다. 그러므로 이산화탄소 배출량을 기준으로 기후변화상품과 기후변화 비친화 상품을 구별하고 기후변화상품에 한정하여 생산, 수입 및 판매를 허용하는 것이 가능할 수 있다.

이 논문의 전반부는 상품의 공정 및 생산방법과 관련하여 이산화탄소 배출량에 따라 탄소세를 차별적으로 부과하는 것이 GATT 규정에 합치할 수 있는 지와 합치하기 위한 요건을 논한다. 이를 위하여 차별적인 탄소세가 GATT의 최혜국대우 규정과 내국민대우 규정에 합치하는지를 검토하고 만일 이에 위반될 경우 일반예외에 의하여 정당화될 수 있는지 분석한다. 그리고 논문의 후반부는 상품의 공정 및 생산방법과 관련하여 이산화탄소 배출량에 따라 상품의 생산, 수입 및 판매를 금지하는 것이 가능한 지를 TBT 협정의 요건에 비추어 분석한다.

::: 탄소세

■ 탄소세의 의의

인류의 경제활동에 필수적 재화인 화석연료는 지구온난화의 주된 요인인 이산화탄소의 배출원이 되고 있다. 따라서 기후변화협약과 교토의정서가 발효된 이후 이산화탄소 배출을 억제하기 위하여 화석연료 사용에 대한 규제가 강화되는 추세이다. 일부 국가는 화석연료 사용을 규제하기 위한 방안으로 환경세의 일종인 탄소세를 도입하고 있다.[2] 탄소세란 에너지원별로 함유하고 있는 탄소량에 비례하여 부과되는 일종의 물품세이다. 즉 석탄 및 석유 등 탄소를 다량 포함한 에너지원에 고율의 조세를 부과하고 가스 등 저탄소 에너지원에 저율의 조세를 부과하며, 수력 및 원자력 등 탄소를 포함하지 않은 에너지원

---

2 이재형, 기후변화협약과 환경세의 국경조정, 통상법률, 통권 제61호, 법무부 (2005년 2월), 제166면.

에 조세를 부과하지 않는 것이다. 그 결과 에너지원에 대한 탄소세는 에너지가격 그리고 궁극적으로 최종상품가격에 전가됨으로써 화석연료의 소비를 감소하고 대표적 온실가스인 이산화탄소의 배출을 억제한다.[3]

한편 기후변화에 대응하기 위하여 상품의 생산과정에서 배출하는 이산화탄소량에 따라 탄소세를 부과할 수 있다. 예를 들어 생산과정에서 다량의 이산화탄소를 배출하는 화력발전에 의한 전기와 이산화탄소를 배출하지 않는 원자력발전에 의한 전기를 구별하여 차별적으로 탄소세를 부과하는 것이다. 이러한 탄소세는 상품 가격을 차별화하여 기후변화상품의 경쟁력을 높이어 이산화탄소의 배출을 억제하는 기능을 한다.

■ 탄소세와 GATT의 비차별원칙

● 최혜국대우의무와 내국민대우의무

◆ 최혜국대우의무

상품무역을 규율하는 GATT의 최혜국대우의무는 수출입시의 관세 및 부과금, 수출입대금의 국제적 이전에 대하여 부과되는 관세 및 모든 종류의 부과금, 이러한 관세 및 부과금의 부과방법, 수출입과 관련한 모든 규칙 및 절차, 수입품에 대한 직간접의 내국세 및 부과금, 수입품의 국내 판매·판매제의·구매·운송·유통·사용에 관한 국내 법규나 요건과 관련하여, 회원국이 다른 국가에서 오는 수입품 또는 다른 국가로 향하는 수출품에 대해 부여한 이익, 특혜, 특권 및 면제는 다른 모든 회원국의 영토를 원산지로 하거나 행선지로 하는 동종상품에 대하여 즉시 그리고 무조건적으로 부여해야 할 의무를 말한다.[4]

최혜국대우의무가 적용되는 범위는 (i) 수출입시의 관세 및 부과금, (ii) 수출입대금의 국제적 이전에 대하여 부과되는 관세 및 모든 종류의 부과금, (iii) 이러한 관세 및 부과금의 부과방법, (iv) 수출입과 관련한 모든 규칙 및 절차, (v) 수입품에 대한 직간접의 내국세

---

3 강상인, 탄소세와 GATT/WTO 국경세조정 규정에 관한 소고, 국제법무연구, 제2호, 경희대학교 국제법무대학원 (1999년 6월), 199면.

4 GATT 제I조 제1항.

및 부과금, (vi) 수입품의 국내 판매·판매제의·구매·운송·유통·사용에 관한 국내 법규나 요건으로서 매우 광범위하다. 그리고 최혜국대우의무가 적용되는 대상은 회원국이 수입품 또는 수출품에 대해 부여한 이익, 특혜, 특권 및 면제이다. 그러므로 WTO 회원국은 어느 한 회원국 또는 비회원국에 대한 수출입 상품에 대하여 부여하는 각종 특혜 등을 다른 회원국에 대한 수출입 상품에 대하여 즉시 그리고 무조건 부여하여야 한다.

• 내국민대우의무

내국민대우의무란 상품이 수입되어 일단 국내 상권에 반입된 이후 동종의 국내상품보다 불리하지 않은 대우를 수입상품에 대하여 부여하여야 하는 의무이다.[5] 따라서 내국민대우의무는 수입에만 적용되며 수출에 적용되지 않는다. 한편 내국민대우의무는 상품이 일단 수입되어 국내 상권에 반입된 이후에 적용되는 국내조치internal measure만을 대상으로 하며 국경에서 적용되는 국경조치border measure를 대상으로 하지 않는다.[6] 국내조치가 비록 국경에서 적용되어도 국내상품과 수입상품에 적용되는 경우 내국민대우의무의 적용대상이 된다.[7] 내국민대우의무는 수입상품과 국내상품 사이의 차별을 금지하는 것으로서 원산지에 따른 수입상품의 차별을 금지하는 최혜국대우원칙과 더불어 무역장벽을 제거하고 자유무역을 촉진하기 위한 GATT의 양대 비차별원칙Non-discrimination Principle으로 불린다.

• 동종상품

일반협정 제III조에 의하여 내국민대우 보호를 받기 위해서는 수입상품이 국내상품과 동종상품이어야 한다. 그러나 일반협정상의 어느 조항도 동종상품을 정의하고 있지 않으며 GATT/WTO 패널 또는 상소기구의 보고서도 그 정의를 명확하게 제시하고 있지 않다. 더구나 일반협정의 여러 조항에 걸쳐 동종상품이란 용어가 반복되지만 각 조항마다 그 범위가 달리 해석되고 있다. 동종상품의 범위를 넓게 정의하면 회원국에 의해 국내법규의

---

5 GATT 제III조 참고.

6 이재형, *supra* note 2, p. 174.

7 GATT 제III조 추가 조항 참고.

적용이 내국민대우의무 위반이 될 가능성이 커지며, 반대로 그 범위를 좁게 정의하면 내국민대우의무에 위반될 가능성이 적어진다.[8] 그러므로 동종상품의 정의가 존재하지 않음으로써 제III조 의 해석과 적용에 혼란을 초래하고 분쟁을 사전에 예방하는 법규범의 기능을 저해하고 있다.

그런데 GATT/WTO 패널은 동종상품 여부는 특정시장 내에서 구체적 사정을 고려하여 판단하여야 한다는 사안별 분석원칙case-by-case rule을 1970년 「국경세액조정사건」 실무반에 의해 처음 제시된 이래 현재까지 이를 유지하고 있다. 따라서 상품을 구분하여 차별할 수 있는 정당한 기준은 각 사건별로 서로 다른 요소들을 공정하게 평가하여 결정하여야 한다는 원칙이다.[9] 그리고 1970년 실무반 보고서는 동종성 판단의 요소로 상품의 물리적 특성과 특정시장에서의 최종용도, 각국마다 다른 소비자의 기호 및 습관 등을 제시하였다.[10]

GATT 패널의 확립된 해석은 상품생산방법과 생산자는 상품을 구별하는 기준이 될 수 없다는 것이다. 따라서 상품생산방법이나 생산자의 특성을 기초로 동종상품 여부를 판단할 수 없다. 오직 상품자체의 특성만이 수입상품과 내국상품간의 동종성을 판단하는 근거가 될 수 있다. US-Tuna I 사건 패널은 어획하는 방법의 차이를 근거로 참치의 동종성을 판단할 수 없다고 판정한 바 있다.[11] US-Tuna II 패널은 국내정책이나 관행과 관련된 규칙은 상품 그 자체에 영향을 미칠 수 없으며 따라서 미국의 수입제한이 수입국의 국내정책에 부합하지 않는 방법으로 생산된 동종상품에 대하여 불리한 대우를 하는 것으로 판단하였다.[12] US-Automobile 패널 역시 생산자 또는 수입자의 특성에 근거하여 자동차를 달리 취급하는 관련법규가 일반협정 제3조 제4항 위반이라 한 바 있다.[13]

WTO가 출범한 이후에도 앞의 해석은 유지되어 US-Gasoline 사건 패널 역시 휘발유규

---

8 Asditya Mattoo, National Treatment in the GATS: Corner-Stone or Pandora's Box? 31 J. World Trade 107, 122 (1997).

9 Working Party report on Border Tax Adjustment, para. 18.

10 Id.

11 Panel Report on US -Tuna I, para. 5.15.

12 Panel Report on US -Tuna II, para. 5.8.

13 Panel Report on US-Automobiles, para. 5.45.

칙의 '기준설정방식_baseline establishment methods_'이 상품생산자를 상품의 동종성 판단기준으로 하여 GATT 제Ⅲ조에 위반이라고 판단하였다.[14] 앞의 US-Tuna Ⅱ 사건과 US-Automobile 사건에서 미국은 상품자체의 특성 이외에 생산방법 또는 생산자의 특성이 상품구별의 기준이 될 수 있다고 주장하여 상품의 범위를 넓게 해석하였다. 이러한 광의의 해석은 국내입법에 의하여 환경보호의 기준을 강화할 수 있으므로 환경론자들의 지지를 받았다. 그러나 이러한 해석은 한 국가의 국내법이 일방적으로 역외 적용될 수 있다는 비난의 대상이 되기도 한다.

• 탄소세의 비차별원칙 합치성

◆ 소비단계의 탄소세

석탄 및 석유 등 탄소를 다량 포함한 에너지원에 고율의 조세를 부과하고 가스 등 저탄소에너지원에 저율의 조세를 부과하는 경우 석탄, 석유 및 가스의 동종상품 여부에 대한 검토가 필요하다. 동종상품 여부의 판단에는 상품의 물리적 특성, 최종용도, 소비자의 기호 등이 주된 기준으로 적용된다. 석탄, 석유 및 가스는 물리적 특성에 차이가 있으므로 양자를 동종상품으로 판단하기 어려울 것이다. 그러므로 석탄, 석유 및 가스의 탄소량 차이에 따른 차별적 탄소세의 부과는 허용되어 최혜국대우의무 및 내국민대우의무를 위반하지 않을 것으로 판단된다. 특히 탄소량의 차이는 물리적 특성의 차이 뿐 아니라 이로 인하여 소비자 기호에도 영향을 줄 것이다. 따라서 EC-Asbestos 사건에서 상소기구가 판단하였듯이 물리적 특성의 차이와 이로 인한 소비자 기호의 차이로 석탄, 석유 및 가스는 동종상품으로 볼 수 없을 것이다.[15]

◆ 생산단계의 탄소세

상품의 생산과정에서 배출하는 이산화탄소량에 따라 탄소세를 부과하는 것은 생산방법

---

14 Panel Report on US-Gasoline,para. 6.11.

15 Appellate Body Report on EC-Asbestos, paras. 114~228.

을 기준으로 상품을 구별하여 차별하는 것으로 GATT 규정을 위반한다. 화력발전 전기와 원자력발전 전기와 같이 생산방법 이외에 상품 자체의 특성이 동일한 경우 동종상품에 해당하며 따라서 이에 대한 탄소세의 차별적 과세는 GATT 제XX조의 일반예외에 의하여 정당화되지 않는 한 내국민대우의무와 최혜국대우의무를 위반한다.

■ 탄소세와 GATT의 일반예외

• 일반예외의 개관

◆ 일반예외의 의의

GATT는 국제무역의 공정성과 자유를 고양하기 위하여 회원국들에게 각종 의무를 부과하고 있는 동시에 회원국들이 일정한 조건과 제한 하에 무역과 관련된 각종 조치를 자율적으로 취할 수 있는 권리를 인정하고 있다. 대표적 예로서 GATT 제XX조는 회원국이 제한적 범위에서 일정한 조건하에 협정상의 일반적 의무로부터 일탈하는 것을 허용한다. 즉 회원국의 국내조치가 GATT상의 일반적 의무인 최혜국대우의무, 내국민대우의무를 위반하더라도 제XX조가 정한 요건을 충족하는 경우 전체적으로 GATT 규정을 위배하지 않게 된다.

다수의 국제무역 분쟁 사례에서 피소국은 분쟁의 대상이 된 자국의 조치가 GATT 규정에 위배되지 않았음을 주장하지만 이에 실패하는 경우 동조치가 제XX조의 일반예외 규정에 의하여 정당화됨을 주장했다. 그리고 WTO 출범 후 분쟁 사례가 급증함에 따라 종래 GATT 시대에 비하여 피소국에 의한 제XX조의 원용 사례가 증가하고 있다. 예를 들면 오늘날 환경보호에 관한 전 인류적 관심이 증대하고 보호의 필요성이 절실해짐에 따라 각국은 환경보호를 위한 각종 조치를 마련하고 있으며 이러한 조치가 무역제한효과를 초래함으로써 국가 간 분쟁의 불씨가 되어 WTO에 제소되는 경우가 적지 않다. 이 경우 피소국은 정당성을 주장하기 위하여 제XX조를 원용하고 있다.

제XX조는 두문^{Chapeau}과 GATT의 실체적 의무에 대한 예외로서 정당화될 수 있는 10개 호의 구체적 사유로 구성되어 있다. 두문은 "본 [관세 및 무역에 관한 일반협정의 어떠한 규정도 체약국이 다음[각 호]의 조치를 채택하거나 실시하는 것을 방해하는 것으로 해석되어서는 아니 된다. 다만, 그러한 조치를 동일한 조건하에 있는 국가 간에 자의적이거나 정당화될 수 없는 차별의 수단 또는 국제무역에 있어서의 위장된 제한을 과하는 방법으로 적용하지 아니할 것을 조건으로 한다"[16]고 규정하여 그 이하의 항목들에 대한 일반규정으로서 그 남용을 제한하고 있다. 한편 제XX조는 10개의 호에서 문제의 조치가 정당화될 수 있는 정책 목적을 한정적으로 열거하고 있다. 이 가운데 기후변화상품에 대한 특별대우와 관련되는 것은 (g)호의 유한천연자원을 보전하기 위한 조치를 정당화하는 규정이다.

◆ 적용순서

WTO 상소기구는 (i) 남용의 위험이 있는 예외사유를 특정하고 검토하지 않은 단계에서 특정예외사유의 남용 또는 오용을 막기 위한 두문을 적용하는 것은 매우 어려울 뿐 아니라 두문이 추상적이어서 기준을 확정하기가 쉽지 않을 뿐 아니라 이로 인해 구체적 사건에 적용할 때 형태와 내용이 문제가 된 조치만큼이나 다양할 수 있으며[17] (ii) 제XX조 각 호는 그 배경이 되는 국내정책의 중요성과 정당성으로 인하여 GATT의 다른 실체적 의무에 대한 예외사유로 인정되는 것이므로, 그 정책이 구체화된 수입국의 조치를 자국정책의 준수를 수출국에 요구한다는 이유로 제XX조에 의하여 정당화될 수 없는 것으로 추정하는 것은 옳지 않다 – 즉 수입국의 조치를 제XX조 두문에 제시된 기준에 의하여 우선적으로 검토한다면 대부분의 예외사유들은 무용지물이 될 것이다[18]– 는 이유로 이단계분석법이 타당하다고 보았다. 이와

---

16 일반협정 제XX조 두문: "Subject to the requirement that such measures are not applied in a manner which would constitute a means of arbitrary discrimination between countries where the same conditions prevail, or a disguised restriction on international trade, nothing in this Agreement shall be construed to prevent the adoption or enforcement by any contracting party of measures"

17 Id. para. 120.

18 Id. para. 121.

같이 상소기구는 이단계분석법을 일관되게 채택하고 있다. 한편 제XX조 두문이 '다음의 조치Such measures'라는 언급으로 시작되는 점도 적용순서에 있어 이단계분석법을 뒷받침한다고 볼 수 있다. 왜냐하면 '다음의 조치'로 시작되는 두문을 적용하기에 앞서 '다음의 조치'를 의미하는 두문 이하의 구체적 예외사유에 대한 검토가 우선되어야 하기 때문이다.

• 유한천연자원 보존을 위한 예외

• 정당화 요건

제XX조 (g)호는 유한 천연자원의 보존과 관련된 조치에 관한 규정으로 (b)호와 함께 환경보호 목적을 위한 조치를 정당화할 수 있는 규정이다. 문제의 조치가 (g)호에 의해 정당화되기 위해서는, 동 조치는 (i) 유한 자연자원의 보존에 관한 조치여야 하고, (ii) 유한 천연자원의 보존과의 '관련성' 요건이 충족되어야 하며, (iii) 국내 생산 또는 소비에 대한 제한과 결부되어 시행된 것이어야 한다.

• 유한천연자원의 범위

US-Tuna I 사건에서 패널은 자국 영역 내의 유한천연자원을 보존하기 위해 필요한 조치만이 제XX조에 의하여 정당화될 수 있다고 판단하였다.[19] 한편 WTO 출범이후 US-Shrimp 사건에서 상소기구는 국제법상 국가는 자국의 관할권 내의 천연자원에 한하여 개입할 권한을 가지는지, 그리고 미국에 새우를 수출하는 수출국에 대해 일정한 행위를 부과하는 것이 역외적용에 해당하는 조치인지의 문제에 직면하였다. 그러나 상소기구는 (g)호가 관할 상 한계를 내포하고 있는지, 그리고 그러한 한계가 내포되어 있다면 그 한계의 성격과 범위가 어떠한지에 대하여 명시적으로 판단하지 않고, 해당 사건의 구체적 상황에서 대해서만 판단하였다. 즉, 상소기구는 동 사건의 이주성migratory 해양생물과 미국 간에는 (g)호의 적용을 위한 충분한 관계(바다거북이 미국의 관할권에 속하는 수역으로

---

19 Panel Report on US-Tuna I, para. 5.27.

회유하거나 가로지른다는 점)가 있다고만 판단하였다.[20]

US-Tuna II 사건에서 멕시코는 유한천연자원을 화석 또는 기타 광물과 같이 한번 발굴되어 사용되면 다시 회복될 수 없는 것 즉 비생물자원만을 의미하는 것으로 매우 좁게 해석하였으나[21] 이는 자원의 유한성과 회복가능성을 혼동한 것으로 패널은 묵시적으로 이를 배척하고 생물자원인 돌고래를 유한천연자원으로 인정하였다.[22] 한편 유한성에 관하여 멕시코는 비록 생물자원을 유한천연자원의 범위에 포함하더라고 국제적으로 인정되는 과학적 데이터에 의하여 멸종위기에 있는 것이 입증되어야 제XX조 (g)호의 적용대상이 된다고 주장하였으나[23] 이 호의 목적이 이미 고갈된 자원의 보호가 아니라 고갈될 수 있는 자원이라고 보아야 할 것이다. 생물자원이 유한천연자원으로 보존대상이 되기 위해서는 멸종위기에 대한 국제적 합의가 이루어질 필요까지는 없더라도 보존대상에 대한 일방적 기준을 제3국에 강요할 우려가 있으므로 보존의 필요성에 대한 국제적 합의는 있어야 할 것이다. 한편 US-Gasoline 사건에서 패널은 청정한 대기를 유한천연자원에 포함함으로써 환경보호를 위하여 그 개념을 확대하였다.[24]

상소기구는 US-Shrimp 사건에서 유한자연자원의 의미에 대해 '발전적evolutionary 해석'을 채택하였다. 제소국은 (g)호가 무생물 또는 광물 자원만을 포함하는 것이라고 주장하였다. 그 주장의 주요 근거는 생물자원은 재생 가능하므로 '유한' 자연자원에 포함될 수 없다는 것이었다. 상소기구는 현대 생물학의 발전으로 생식이 가능하고 따라서 재생 가능한 생물종도 고갈되고 멸종할 수 있음이 밝혀졌다고 언급하면서, (g)호가 50년이 더 된 규정이지만 이를 해석함에 있어서는 현대의 국제공동체가 환경 보호와 보전에 관해 갖고 있는 고려사항을 반영하여 해석하여야 한다고 언급하였다.[25] 또한, 지속가능한 발전을 규

---

20 Appellate Body Report on US-Shrimp, para. 133.

21 Panel Report on US-Tuna II, para. 3.43.

22 Id.

23 Id. para. 3.44.

24 Panel Report on US-Gasoline, para. 3.59.

25 Appellate Body Report on US-Shrimp, paras. 129~130. 한편 상소기구는 다수의 국제협약과 선언이 자연자원을 지칭함에 있어 생물과 무생물 자원을 모두 포함한다는 점을 지적하였다.

정하고 있는 WTO 협정의 전문도 해석에 반영되어야 할 사항으로 제시되었다. 따라서 상
소기구는 (g)호의 조치는 생물자원인지 무생물 자원인지를 불문하고 고갈될 수 있는 자
원을 보전하기 위한 조치를 포함하는 것이라고 판정하였다.[26]

• 관련성

GATT상의 의무를 위반하는 회원국의 조치가 제XX조에 의해 정당화되기 위해서는 이 조
치가 유한천연자원 보존과 관련성이 있어야 한다. 종래 분쟁사례에서 쟁점이 되는 것은
동 조치가 유한천연자원 보존과 관련된 조치인지였다. 즉 '관련성'의 의미가 핵심쟁점이
되어왔다.

제XX조 (g)호는 관련성에 관하여 명문의 규정을 두고 있지 않으나 과거의 패널은 일관
되게 조치가 이를 통해 달성하려는 정당한 정책을 주된 목적primarily aimed at으로 하여야 한
다고 판정하고 있다. 이에 관한 최초의 해석을 한 1987년 Canada-Herring and Salmon 사
건 패널은 제XX조의 다른 호에서 '필요한' 또는 '필수적' 조치일 것을 요구하고 있는 반면
(g)호의 경우 유한 자연자원의 보전에 관련 있는 조치일 것만이 요구됨을 주목하였다.[27]
그리고 패널은 제XX조 두문에 따라 (g)호의 목적이 무역정책을 달성하기 위한 조치의 범
위를 확대하는 것이 아니라 GATT의 의무가 유한 자연자원의 보전을 위한 정책의 추구를
방해하지 않도록 보장하는 것으로 판단하였다.[28] 따라서 패널은 무역조치가 유한천연자
원 보존에 필요하거나 필수적이어야 하는 것은 아니지만 이를 주요하게(또는 일차적으
로) 목표로 하는primarily aimed at 것이어야 (g)호 하의 '관련성'을 충족하는 것으로 볼 수 있다
고 판단하였다.[29] 결과적으로 캐나다의 조치는 국내 수산물 가공업자를 보호하기 위한 것
으로 유한천연자원보존을 주된 목적으로 하지 아니하므로 이 호에 의하여 정당화될 수

---

26 Id. 131.

27 Panel Report on Canada-Herring and Salmon, para. 4.6.

28 Id.

29 Id.

없다고 판정하였다.[30] 이후 US-Tuna I, II 사건 패널은 상기 패널의 해석을 따랐다. 이와 같은 엄격한 해석은 회원국의 환경관련조치가 제XX조의 예외로 인정받는 데 커다란 장애가 되었다.

그러나 US-Gasoline 사건에서 상소기구는 '관련'이라는 용어는 통상적 의미에 따라 해석되어야 하며 과거의 '주된 목적'이라는 해석을 배척하였다.[31] 그 결과 환경자원보전을 위한 무역제한조치가 광범위하게 동 호에 해당할 수 있는 길을 열었다.

• 국내생산 또는 소비에 대한 제한과 결부

유한천연자원을 보존하기 위한 조치는 국내생산 또는 소비에 대한 제한조치와 관련하여 취해져야 하며 '관련하여in conjunction with'는 이 조치가 자국 내에서 취한 제한조치를 효과적으로 만들기 위한 것을 의미한다.[32] 즉 유한천연자원 보존을 위한 규제조치는 국내상품과 수입상품에 동등하게 부과되어야 한다.

US-Tuna from Canada 사건 패널은 미국의 수입제한조치에 대하여 국내생산제한조치가 없는 것을 이유로 제XX조 (g)호의 적용을 배척한 바 있다.[33] WTO 상소기구는 US-Gasoline 사건에서 '관련하여'를 '함께together with'의 의미로 보아 수입휘발유에 규제가 가해지면 국내휘발유에도 규제가 가해져야 한다고 하여 종래의 동등성접근법even-handed approach을 유지하였다.[34] 그런데 동등성은 국산상품과 수입상품에 동일한identical 조치를 적용할 것을 요구하는 것은 아니다.[35]

---

30 Id. para. 4.7.

31 Appellate Body Report on US-Gasoline, pp. 18~19.

32 Id. para. 4.4.

33 Panel Report on United States-Tuna from Canada, para. 4.12.

34 Appellate Body Report on US-Gasoline, p. 18.

35 Erich Vranes, Trade and Environment: Fundamental Issues in International Law, WTO Law, and Legal Theory, Oxford University Press (2009), p. 267.

• GATT 제XX조 두문

◆ 자의적 또는 정당화될 수 없는 차별

제XX조 두문은 동일한 조건이 지배하는 국가 간에 자의적 또는 정당화 될 수 없는 차별을 하는 조치를 정당하지 않는 것으로 본다. 일반협정과 상소기구는 본 기준의 정의를 명시적으로 밝히고 있지 않다. 그러나 자의적 차별은 주로 절차적 측면에서 상대국에 공식적인 청문의 기회가 주어지지 않고, 서면에 의한 개별통지도 없으며, 차별철회의 요청이 거부되었으나 재검토 또는 항소의 기회가 부여되지 않는 경우 그 존재를 긍정할 수 있다.[36] 또한 동일한 조건하에 있는 국가를 다르게 취급하는 경우를 비롯하여 문제된 조치를 적용함에 있어 수출국의 상황에 적합한 지에 대한 일체의 고려가 없는 경우 정당화될 수 없는 차별이 존재한다고 할 수 있다.[37]

◆ 국제무역에 대한 위장된 제한

제XX조 두문은 국제무역에 대하여 위장된 제한을 과하는 방법으로 적용되는 조치를 정당하지 않는 것으로 본다. 본 기준의 목적은 회원국에 의한 일반예외조항의 원용이 보호주의적 관행을 은폐시키기 위한 수단이 되는 것을 방지하기 위함이다.[38] 따라서 회원국이 추구하는 정책목적이 제XX조 각호의 예외사유에 해당하여 형식적으로는 정당하나 실질적으로 국제무역을 제한하는 경우 위장된 제한에 해당한다. GATT 규정과 상소기구는 본 기준을 명시적으로 정의한 바 없다. 다만 상소기구는 이 기준이 '위장된 차별'의 의미를 포함하며 은폐되거나 공표되지 않은 제한이나 차별이 '위장된 제한'에 해당한다고 밝힌 바 있다.[39]

---

36 Appellate Body Report on US-Shrimp, para. 177.

37 Id.

38 Salman Bal, International Free Trade Agreements and Human Rights: Reinterpreting Article XX of the GATT, Minnesota Journal of Global Trade (2001 Winter), p. 73.

39 Appellate Body Report on US-Gasoline, p. 24.

• 생산단계 탄소세의 정당화 가능성

생산단계에서 배출되는 이산화탄소량을 기준으로 부과하는 탄소세가 정당화되기 위해서는 (i) 천연자원의 유한성, (ii) 천연자원이 조치 발동국의 관할권 내에 존재하는지 여부, (iii) 탄소세가 유한천연자원보존과 관련성이 있는지, (iv) 국내생산 또는 소비에 대한 제한과 결부되었는지, 그리고 (iii) 자의적 또는 정당화될 수 없는 차별의 존재 및 국제무역에 대한 위장된 제한 여부를 판단하여야 한다.

기후변화에 대응하여 이산화탄소 배출량을 감축하기 위하여 부과하는 탄소세는 대기 중 이산화탄소의 농도를 일정 수준으로 유지하는데 기여하기 위한 조치이다. 이 경우 이산화탄소의 농도가 일정 수준 이상으로 증가하지 않아야 하는 대기가 유한한 것인지 문제가 될 것이다. US-Gasoline 사건에서 상소기구가 청정대기를 유한천연자원으로 판단한 것을 유추적용하면 이산화탄소 농도가 낮은 대기도 유한천연자원으로 판단될 가능서이 매우 높다.[40] 그리고 이러한 대기는 항상 이동하는 것이며 기후변화가 전 지구적 영향을 초래한다는 점에 비추어 보면 조치 발동국의 관할권 내에 존재하는 천연자원으로 파악할 수 있을 것이다. 그리고 탄소세는 대기 중 이산화탄소 배출을 감축하는 효과를 기대할 수 있으므로 관련성도 인정된다 할 수 있다. 또한 탄소세를 수입상품 뿐 아니라 국산상품에도 동일한 기준으로 적용한다면 국내생산에 대한 제한과의 결부 요건도 충족할 것이다. 끝으로 제XX조 두문의 요건 충족 여부는 구체적인 조치에 따라 판단되어야 할 것이다. 다만 제XX조 두문의 요건은 조치를 적용하는 방법을 규율하는 것이므로 탄소세를 두문에 합치하는 방법으로 부과하는 것이 충분히 가능할 것이다.

---

40 Slayde Hawkins, Skirting Protectionism: A GJG-Based Trade Restriction under the WTO, 20 Geo. Int'l Envtl. L. 427 (2008), p. 446.

::: 이산화탄소 배출량에 관한 기술규정

■ 이산화탄소 배출량에 기초한 기술규정의 의의

• 이산화탄소 배출량에 기초한 기술규정

기술규정이란 적용 가능한 행정규정을 포함하여 상품의 특성 또는 관련 공정 및 생산방법이 규정되어 있으며 그 준수가 강제적인 문서이며, 기술규정은 상품, 공정 및 생산방법에 적용되는 용어, 기호, 표장, 표시 또는 라벨링 요건을 포함할 수 있으며 전적으로 이들만을 취급하는 것을 포함한다. WTO 회원국은 환경보호를 위하여 상품의 기술규정을 정할 수 있다. 기술규정은 상품의 특성, 관련 공정 및 생산방법에 대한 명세로서 강제적이다. 그러므로 기술규정을 시행하는 국가는 기술규정을 준수하는 상품에 한하여 생산, 수입과 판매를 허용할 수 있다. 따라서 해외생산자는 수입국의 기술명세에 부합하는 상품만을 수출할 수 있다. 이산화탄소 배출량에 관한 기술규정은 WTO 회원국이 상품의 생산 또는 소비단계에서 배출되는 이산화탄소량을 기준으로 설정한 기술규정을 의미한다.

상품의 생산 또는 소비단계의 이산화탄소 배출량을 기초로 하는 기술규정을 시행하는 경우 수입국은 이를 준수하지 않은 상품의 수입을 금지할 수 있다. 만일 수입국이 기술규정을 적용하는 경우 GATT 제III조 제4항에 위반될 가능성이 있다. 그러나 TBT 협정은 이 협정의 규정을 준수하여 준비, 채택, 적용되는 기술규정을 허용한다. 그러므로 생산 또는 소비단계에서 배출되는 이산화탄소량을 기준으로 하는 기술규정이 WTO 협정에 합치하기 위해서는 TBT 협정의 규정을 준수하여야 한다. 이산화탄소 배출량에 기초한 기술규정을 적용하는 것이 가능하다면 온실가스 감축을 보다 효과적으로 달성할 수 있을 것이다.

• 기술규정에 대한 제한

TBT 협정은 "수출품의 품질보증, 인간, 동물 또는 식물의 생명 또는 건강보호, 환경보호, 또는 기만적인 관행의 방지를 위하여 회원국이 적절하다고 판단하는 수준에서 필요한 조치를 취하는 것을 방해할 수 없다는 것을 인정"한다.[41] 그러므로 WTO 회원국은 TBT 협정에 따라 정당한 정책 목적을 달성하기 위하여 필요한 조치를 취할 수 있는 권리를 가진다. TBT 협정 제2.2조는 기술규정을 시행할 수 있는 정당한 목적으로 국가안보상 요건, 기만적 관행의 방지, 인간의 건강 또는 안전, 동물 또는 식물의 생명 또는 건강, 또는 환경의 보호를 명시하고 있다. 그런데 제2.2조의 정당한 목적은 예시적인 것으로서 EC － Sardines 사건에서 상소기구는 시장투명성, 소비자보호와 공정경쟁이 정당한 목적이 될 수 있다고 판단하였다.[42]

한편 각국은 GATT 체제에서 이루어진 다자간무역협상을 통하여 점진적인 관세인하를 통하여 시장개방을 이루었다. 관세가 지속적으로 인하되어 더 이상 국내산업을 보호하는 기능을 할 수 없게 되자 각 국은 국내산업을 보호하기 위한 새로운 방법을 모색하였다. 이에 따라 각 국이 기술규정technical regulations, 표준standards, 그리고 적합성 판정절차conformity assessment procedures를 비관세 조치로 이용하였으며 이는 국제무역 자유화에 대한 장벽으로 인식되기 시작하였다.[43] 그러므로 TBT 협정은 국제무역에 불필요한 장벽을 제거하여 비관세장벽을 이용한 보호주의 조치를 차단하기 위한 목적으로 제정된 것이다. 이 목적을 달성하기 위하여 TBT 협정은 회원국에게 기술규정이 국제무역에 불필요한 장애를 초래할 목적이나 효과를 가지고 준비, 채택 또는 적용하지 않아야 할 것을 요구하고 있다.[44] 국제무역에 불필요한 장애를 초래하지 않기 위하여 기술규정은 정당한 목적을 달성하지 못하였을 때 발생하는 위험을 고려하여 목적 달성에 필요한 이상으로 무역을 제한하지 않아야 한다.[45]

결론적으로 TBT 협정은 회원국이 정당한 목적을 달성하기 위한 기술규정 시행을 허용

---

41 TBT 협정 전문.

42 Appellate Body Report on EC-Sardines, para. 287.

43 UNCTAD, WTO Dispute Settlement: World Trade Organization 3.10 Technical Barriers (2003), pp. 3-4. (http://www.unctad.org/en/docs/edmmisc232add22_en.pdf (2010년 5월 16일 검색)

44 TBT 협정 제2.2조. 제1문. "Members shall ensure that technical regulations are not prepared, adopted or applied with a view to or with the effect of creating unnecessary obstacles to international trade."

45 TBT 협정 제2.2조. 제1문. "For this purpose, technical regulations shall not be more trade-restrictive than necessary to fulfil a legitimate objective, taking account of the risks non-fulfilment would create."

하면서 기술규정이 보호주의적 수단으로 이용되는 것을 방지하기 위하여 제도적 장치를 규정하는 것으로 이해할 수 있다. 즉 TBT 협정은 회원국의 환경보호 등을 위한 기술규정을 시행할 필요성과 이의 남용으로 국제무역에 대한 장벽이 되는 것을 방지하는 것 사이의 균형을 목적한다. 따라서 이산화탄소 배출량에 기초한 기술규정은 이와 같은 TBT 협정의 목적 달성을 위한 규정의 제한을 받는다.

■ 기술규정의 범위

기술규정은 상품의 특성 또는 관련 공정 및 생산방법을 규정한 문서이다. 여기에서 상품의 특성에 관한 규정이 기술규정에 해당함은 명백하다. 그리고 '관련 공정 및 생산방법'이 '상품 관련 공정 및 생산방법'을 포함하는 것에 이견이 없다. 그런데 '관련 공정 및 생산방법'에 '상품 무관련 공정 및 생산방법'이 포함되는지에 관하여 현재도 논란이 지속되고 있다. 그런데 '상품 무관련 공정 및 생산방법'의 포함 여부는 배출되는 이산화탄소량에 기초한 기술규정이 WTO 협정에 합치하는지에 결정적인 영향을 미친다.

• 상품의 특성

부속서 제1.1항의 기술규정의 정의에서 상품의 특성은 객관적으로 정의할 수 있는 외형features, 품질qualities, 속성attributes 또는 기타의 식별표식distinguishing mark을 포함한다.[46] 그리고 이러한 상품의 특성은 상품의 합성composition, 크기size, 모양shape, 색상color, 재질texture, 경도hardness, 인장강도tensile strength, 인화성flammability, 전도성conductivity, 밀도density, 또는 점성도viscosity 등과 특히 관련될 수 있다.[47] 한편 부속서 1.1은 상품의 특성에 대한 예시로서 용어, 기호, 표장, 표시 또는 라벨링 요건을 제시하고 있다. 이와 같은 예시는 상품 특성이 상품 자체에 고유한 외형과 품질 뿐 아니라 상품의 식별수단means of identification, 표시presentation 및

---

46 Appellate Body Report on EC-Asbestos, para. 67.

47 Id.

외관^{appearance}과 같은 상품 관련 특성을 포함한다.[48] 한편 부속서 제1.1항에 의하면 기술규정은 특정의 특성을 가진 상품에 대하여 '적용가능한 행정규정'을 기술할 수 있다.

부속서 제1.1항에 의하면 기술규정은 기술되어 있는 상품 특성에 대한 준수가 강제적이어야^{mandatory} 한다.[49] 즉 기술규정은 상품 특성을 구속적^{binding} 또는 의무적^{compulsory} 형태로 규정하여야 한다.[50] 기술규정은 하나 또는 복수의 특성을 규정 또는 부과하여야 한다.[51] 그리고 기술규정은 상품 특성은 특정의 특성을 가져야 한다는 긍정적 형태로 기술될 수 있으며 특정의 특성을 가져서는 아니 된다는 부정적 형태로 기술될 수 있다.[52] 한편 기술규정은 식별가능한^{identifiable} 상품 또는 상품군에 적용될 수 있는 것이어야 한다.[53] 그렇지 않으면 실제로 이를 적용하는 것이 불가능하기 때문이다. 그러나 기술규정이 상품을 상품명으로 명시적으로 식별할 필요는 없으며 규정의 대상인 특성을 통하여 상품을 식별가능하게 하면 된다.[54]

EC-Sardines 사건에서 상소기구는 자신이 Asbestos 사건에서 해석한 기술규정의 정의를 재확인하면서 이를 다음의 세 가지 요건으로 구분하였다. 첫째, 기술규정을 기술한 문서는 식별가능한 상품 또는 상품군에 적용될 수 있는 것이어야 한다.[55] 그러나 식별가능한 상품이나 상품군이 문서에서 명시적으로 식별가능해야 하는 것은 아니다.[56] 둘째, 문서는 하나 또는 복수의 상품 특성을 기술해야 한다.[57] 상품 특성은 고유한 것일 수 있으며 또는 상품과 관련된 것일 수 있다.[58] 끝으로 상품 특성의 준수가 강제적이어야 한다.[59] 1

---

48 Id.

49 Id. para. 68.

50 Id.

51 Id.

52 Id. para. 69.

53 Id. para. 70.

54 Id.

55 Appellate Body Report on EC-Sardines, para. 176.

56 Id.

57 Id.

58 Id.

59 Id.

미터 이상인 냉장고만 판매할 수 있다거나 모든 상품포장은 재활용 가능한 것이어야 한다고 명시한 법을 기술규정의 예로 들 수 있다.[60]

• 공정 및 생산방법

• 공정 및 생산방법의 의의

TBT 협정 부속서 제1.1항 제1문은 기술규정의 정의를 통하여 상품의 특성 뿐 아니라 '관련 공정 및 생산방법process and production methods: PPMs'을 TBT협정의 적용범위로 규정한다. 그리고 제2문에서 기술규정이 상품, 공정 및 생산방법에 적용되는 용어, 기호, 표장, 표시 또는 라벨링 요건을 포함할 수 있으며 전적으로 이들만을 취급하는 것을 포함하는 것으로 규정하고 있다.[61]

PPMs는 상품을 제조하거나 생산하는 방법 또는 자연자원을 포획 또는 채취하는 방법이다.[62] 일반적으로 PPMs는 '상품 관련 공정 및 생산방법product-related process and production methods: PR-PPMs'과 '상품 무관련 공정 및 생산방법non-product-related process and production methods: NPR-PPMs'으로 구별된다. PR-PPMs는 최종상품의 물리적 특성에 기초한 것으로서 소비자 또는 구매자를 위하여 안전과 상품의 기능을 보장하기 위하여 적용된다.[63] 이에 반하여 NPR-PPMs는 최종상품에 물리적으로 영향을 주지 않고 다만 생산 방법에만 관련된 것으로서 노동기준, 인권 또는 환경 보호와 같은 사회적 목적을 달성하기 위한 것이다.[64] 상품을 소비하는 단계에서 배출되는 이산화탄소량을 기준으로 기술규정을 채택하는 것은

---

60 UNCTAD, *supra* note 43, pp. 7~8.

61 TBT 협정 부속서 1.1. "Document which lays down product characteristics or their related processes and production methods, including the applicable administrative provisions, with which compliance is mandatory. It may also include or deal exclusively with terminology, symbols, packaging, marking or labelling requirements as they apply to a product, process or production method."

62 Michael Koebele, Agreement on Technical Barriers to Trade: Article I and Annex I TBT, in Rüdiger Wolfrum, Peter-Tobias Stoll & Anja Seibert-Fohr (des.), WTO-Technical Barriers and SPS Measures, Marinus Nijhoff Publishers (2007), p. 195.

63 Id.

64 Id.

상품의 물리적 특성에 기초하는 것으로서 PR_PPMs에 해당한다. 그리고 상품을 생산하는 단계에서 배출되는 이산화탄소량을 기준으로 기술규정을 채택하는 것은 상품의 물리적 특성과는 관련이 없으며 환경보호라는 사회적 목적을 달성하기 위한 것으로서 NPR-PPMs에 해당한다.[65]

앞에 언급한 바와 같이 PPMs의 범위는 TBT 협정을 적용함에 있어 가장 논란이 되고 있다. PPMs가 PR-PPMs를 포함하는 것에는 학자 및 실무가들 사이에 이견이 존재하지 않는다. 그런데 PPMs가 NPR-PPMs를 포함하는지에 대하여 두 가지의 상충된 해석이 존재한다.

• 상품 관련 공정 및 생산방법

PPMs가 PR-PPMs만을 포함한다는 견해는 기술규정을 정의하고 있는 부속서 제1.1항에서 제1문의 문언이 '상품 및 관련 공정과 생산방법products and related processes and production methods' 근거한다. 즉 '관련related'이라는 단어에 근거하여 PPMs가 상품과 관련성을 가져야 한다고 해석한다.[66] 그리고 부속서 제1.1항 제2문의 문언이 비록 '상품, 공정 또는 생산방법a product, process or production method'으로 규정되어 '관련'이란 단어가 존재하지 않지만 제2문은 제1문에 종속된 것이므로 이를 반복할 필요가 없는 것으로 해석한다.[67]

• 상품 무관련 공정 및 생산방법

PPMs가 NPR-PPMs도 포함한다는 견해는 부속서 제1.1항 제2문을 독립적 규정으로서 TBT 협정의 적용범위를 확대하는 규정으로 본다. 특히 제2문이 '또한also'이라는 용어를 포함한 것을 근거로 제2문이 제1문과 독립하여 존재하며 제1문의 범위를 확대하고 있다고 해석한다.[68] 나아가 부속서 제1.1항 제1문의 '관련'이란 용어를 최종상품과의 물리적

---

65 Id.

66 Id. p. 196.

67 Id.

68 Id.

관련 뿐 아니라 비물리적 관련을 포함하는 것으로 해석하여 NPR-PPMs가 TBT 협정의 적용대상이라는 주장도 존재한다.[69] 그리고 환경론자들은 적절한 환경보호를 위하여 상품 무관련 공정 및 생산방법에 기초하여 상품을 구별할 수 있어야 한다고 주장하고 있다.[70]

◆ 소결

WTO 상소기구는 Asbestos 사건에서 TBT 협정 부속서 제1.1항 제2문이 제1문의 상품 특성에 관한 예시라고 판단한 바 있다.[71] 이는 제2문이 제1문에 종속됨을 의미한다. 그리고 제2문의 주어인 'It'은 제1문 전체를 지칭하는 것으로 해석되는 것 역시 제2문이 제1문에 종속됨을 나타낸다. 한편 우루과이라운드에서의 TBT 협정에 관한 협상 기록을 통해서 NPR-PPMs를 TBT 협정의 적용대상에서 배제하고자 하는 것이 협상당사국들의 의사임을 알 수 있다.[72] 도쿄라운드에서 채택된 TBT 협정에는 존재하지 않았던 PPMs가 우루과이라운드에서 채택된 TBT 협정에 포함되었으나 1990년의 최종협정문 초안에는 '관련'이라는 단어는 존재하지 않았었다.[73] 그런데 멕시코 정부가 최종상품에 영향을 주지 않는 PPMs를 배제하고자하는 명백한 의사를 표명하며 '관련'이라는 단어를 추가할 것을 제안하였으며 각 국은 이를 수용하였다.[74]

PPMs에 NPR-PPMs가 포함된다면 환경보호에 상당한 기여를 할 수 있을 것으로 기대된다. 그러나 NPR-PPMs는 보호주의 무역을 위한 조치로 사용하기에 매우 용이한 수단이 될 가능성이 높다. 특히 PPMs가 NPR-PPMs를 포함한다면 각 국은 노동조건보호 또는 인권보호를 목적으로 하는 NPR-PPMs를 시행할 수 있을 것이다. 결국 NPR-PPMs를 TBT 협정의 적용대상에 포함하는 것은 한 회원국의 노동정책 또는 인권정책을 다른 회원국에

---

69 Erich Vranes, supra note 35, p.338.

70 B. J. Condon, Environmental Sovereignty and the WTO: Trade Sactions and International Law, Transnational Publishes (2006), p. 54.

71 Appellate Body Report on EC-Asbestos, para. 67.

72 Michael Koebele, *supra* note 62, p. 196.

73 Id.

74 Id.

게 강제하는 결과를 초래할 우려가 있다. 따라서 NPR-PPMs가 TBT 협정의 적용대상에서 배제되는 것으로 해석하는 것이 타당하다.

PPMs가 NPR-PPMs를 포함하지 않으므로 생산단계에서 배출되는 이산화탄소량을 기초로 하는 기술규정은 TBT 협정의 적용대상에 포함되지 않는다. 그러므로 이러한 기술규정은 GATT의 적용대상이 되며 상품의 판매 등에 영향을 미치는 조치로서 제III조 제4항의 적용대상이 된다. GATT는 상품의 공정 또는 생산방법을 기준으로 상품을 구별하여 차별하는 것을 허용하지 않으므로 생산단계에서 배출되는 이산화탄소량에 따라 상품을 차별대우하는 것은 GATT 제III조 제4항을 위반한다. 다만 이러한 기술규정이 GATT 제XX조에 의해 정당화될 수 있는지는 구체적 조치의 내용과 적용방법에 따라 다른 결론에 도달할 수 있을 것이다. 그러나 PPMs가 항상 내국민대우의무를 위반하는 것은 아니라는 견해도 있다.[75]

한편 소비단계에서 배출되는 이산화탄소량에 기초하여 시행하는 PPMs는 최종상품에 물리적으로 영향을 미치는 PPMs로서 TBT 협정의 적용 범위에 포함된다. 그러므로 TBT 협정의 규정에 따라 시행되는 경우 환경보호라는 정당한 목적을 달성하기 위한 조치로 허용될 것이다. GATT는 PPMs에 근거한 상품의 구별과 차별대우를 허용하지 않으므로 소비단계에서 배출되는 이산화탄소량에 기초한 기술규정도 GATT 규정에 위반된다. 그런데 이러한 기술규정은 GATT 제XX조에 의하여 정당화될 수 있는지와 별개로 GATT 규정과 TBT 규정이 충돌하는 경우 TBT 규정이 우선하므로 WTO 협정에 합치한다.

---

75 Donal H. Regan, How to think about PPMs (and climate change), in Thomas Cottier, Olga Nartova & Sadeq Z. Bigdeli (eds.), International Trade Regulation and the Mitigation of Climate Change: World Trade Forum, Cambridge University Press (2009), p. 120.

이 논문은 개별 국가가 기후변화에 대응하여 이산화탄소 배출을 감축하기 위하여 발동할 수 있는 다양한 조치 가운데 생산 또는 소비과정에서 이산화탄소를 배출하지 않거나 상대적으로 적은 양을 배출하는 상품에 대한 특별대우로서 (i) 기후변화 비친화 상품에 한하여 배출하는 탄소량에 비례하여 탄소세를 부과하는 조치와 (ii) 기술규정을 도입하여 기후변화 비친화 상품의 생산, 수입과 판매를 금지하는 조치가 WTO의 관련 규정과 합치할 수 있는지 검토하였다.

WTO 회원국이 실제 발동한 조치가 제한적이어서 장래 발동 가능한 조치를 대상으로 하는 분석으로서 그 한계가 있기는 하지만 WTO의 관련 규정과 패널 및 상소기구의 해석을 기초로 가능한 범위 내의 고찰을 시도하였다. 그 결과 소비단계에서 배출되는 이산화탄소량을 기준으로 탄소세를 차별적으로 부과하는 조치는 이산화탄소 배출원이 물리적 특성과 이로 인한 소비자 기호에 있어 상이하므로 최혜국대우의무 또는 내국민대우의무를 위반할 가능성이 없어 보인다. 그리고 생산단계에서 배출되는 이산화탄소량을 기준으로 탄소세를 부과하는 조치는 GATT 규정이 PPMs에 의한 상품 구별 및 차별대우를 허용하지 않으므로 최혜국대우의무와 내국민대우를 위반할 것으로 판단된다. 그러나 탄소세 부과 조치는 GATT 제XX조의 요건을 충족하여 예외적으로 정당화될 것으로 생각된다. 특히 US-Gasoline 사건에서 상소기구가 '관련'이라는 용어를 과거와 다르게 '주된 목적'으로 해석하지 않고 통상적 의미에 따라 해석한 것이 정당화에 중요한 기여를 하는 것으로 평가된다.

한편 소비단계에서 배출되는 이산화탄소량을 기준으로 하는 기술규정은 PR-PPMs로서 환경보호라는 정당한 목적을 달성하기 위한 조치로 허용될 것이다. 다만 이 기술규정이 목적 달성에 필요한 것보다 무역제한적이지 아니 하여야 한다. 그리고 환경보호라는 정당한 목적을 달성하기 위한 조치로 허용될 것이다. 그리고 비록 여전히 논란이 존재하지만 NPR-PPMs는 TBT 협정의 적용 대상이 아닌 것으로 판단되며 따라서 생산단계에서 배출되는 이산화탄소량을 기준으로 하는 기술규정은 허용되지 않는다. NPR-PPMs가 TBT 협정의 대상이 아닌 것으로 보는 견해가 비록 환경보호에 부정적 영향이 있을 수 있다. 그러나 NPR-PPMs를 기준으로 하는 기후변화상품에 대한 특별대우가 GATT 제I조 또는 제III조를 위반하더라도 제XX조에 의하여 정당화될 가능성이 높아 환경보호 목적을 상당히 달성할 수 있을 것으로 기대된다. 앞서 언급한 US-Gasoline 사건에서 제XX조 (g) 호의 관련성을 통상적 의미에 따라 해석한 것이 충분히 환경보호 목적을 달성하는데 기여할 것이기 때문이다. TBT 협정의 대상에서 NPR-PPMs를 배제하는 해석이 근로조건이나 인권에 기초한 NPR-PPMs와 같이 보호주의 무역 수단을 봉쇄하는 한편 제XX조 일반 예외 규정을 통하여 환경보호 목적의 조치를 허용하는 균형을 도모할 수 있다.

강상인, 탄소세와 GATT/WTO 국경세조정 규정에 관한 소고, 국제법무연구, 제2호, 경희대학교 국제법무 대학원 (1999년 6월).

이재형, 기후변화협약과 환경세의 국경조정, 통상법률, 통권 제61호, 법무부 (2005년 2월).

Appleton, Arthur, E., Environmental Labelling Programmes: International Trade Law Implications, Kluwer International Law (1997).

Bal, Salman, International Free Trade Agreements and Human Rights: Reinterpreting Article XX of the GATT, Minnesota Journal of Global Trade (2001 Winter).

Bernasconi-Osterwalder, Nathalie, Daniel Magraw, Maria Julia Oliva, Marcos Orellana & Elisabeth Tueek, Environment and Trade: A Guide to WTO Jurisprudence, Earthscan (2006).

Condon, B. J., Environmental Sovereignty and the WTO: Trade Sactions and International Law, Transnational Publishes (2006).

Enevoldsen, Martin, The Theory of Environmental Agreements and Taxes: CO_2 Policy Performance in Comparative Perspective, Edward Elgar (2005).

Fauchald, Ole K., Environmental Taxes and Trade Discrimination, Kluwer International Law (1998).

Hawkins, Slayde, Skirting Protectionism: A GJG-Based Trade Restriction under the WTO, 20 Geo. Int'l Envtl. L. 427 (2008).

Koebele, Michael, Agreement on Technical Barriers to Trade: Article I and Annex I TBT, in Rüdiger Wolfrum, Peter-Tobias Stoll & Anja Seibert-Fohr (des.), WTO-Technical Barriers and SPS Measures, Marinus Nijhoff Publishers (2007).

Mattoo, Asditya, National Treatment in the GATS: Corner-Stone or Pandora's Box? 31 J. World Trade 107 (1997).

Qin, D., M. Manning, Z. Chen, M. Marquis, K. B. Averyt, M. Tignor & H. L. Miller (eds.), Technical Summary, in Climate Change: The Physical Science Basis, Contribution of Working Group I to the Forth Assessment Report of the Intergovernmental Panel on Climate Change, Cambridge University Press (2007).

Vranes, Erich, Trade and Environment: Fundamental Issues in International Law, WTO Law, and Legal Theory, Oxford University Press (2009).

Westin, Richard A., Environmental Tax Initiatives and Multilateral Trade Agreements: Dangerous Collisions, Kluwer International Law (1997).

UNCTAD, WTO Dispute Settlement: World Trade Organization 3.10 Technical Barriers (2003).

11

조약상 의무 이행과 사법부

— 대법원 강제동원 판결에 대한 한일 투자협정의 적용 가능성 —

이재민

- 들어가는 말

- 투자협정과 체약 당사국의 국내 법원

- 법원의 결정·판결에 대한 투자협정의 적용

- 일제 강제징용 판결에 대한 한일 BIT의 적용

- 결론-투자협정과 사법부의 조치

이 글은 서울국제법연구 제20권 2호(2013년 12월 30일 간행)의 27~65 페이지에 같은 제목으로 게재된 글임을 밝혀둡니다. 편집과정에서 일부 표현을 수정하였음을 역시 밝혀둡니다.

최근 우리 대법원이 내린 일제 강제동원 피해자 손해배상 소송판결과 관련하여 국내외에서 다양한 의견이 개진되고 있다. 특히 그간 우리 정부가 견지하여 온 입장과 반드시 부합하지 않은 판결을 대법원이 내림에 따라 우리 내부적으로, 그리고 이 협정의 또 다른 당사자인 일본과의 관계에서 법리적·실무적으로 민감하고 또 복잡한 논란이 계속되고 있다.

특히 이 문제는 단지 이 판결에서 다루는 1965년 한일 청구권 협정에 대한 해석문제를 넘어 보다 본질적인 질문을 우리에게 제시하고 있다. 바로 조약·국제협정의 해석 및 적용에 있어 사법부가 어떠한 역할을 담당하는지 여부이다. 그리고 그 결과 사법부가 정부기관으로서 취하는 "조치measure"가 체약 당사국의 국가책임state responsibility 발생 문제와 관련하여 어떠한 함의를 갖는지 여부이다. 사실 이러한 문제는 대부분의 조약 및 국제협정의 해석과 적용에서 발생하고 있다. 조약 및 국제협정을 국내적으로 이행함에 있어 사법부가 중요한 역할을 담당하고 있기 때문이다. 특히 국내문제의 국제화, 그리고 국제문제의 국내화가 급격히 진행되고 있는 현 상황에서 이러한 측면은 더욱 부각되고 있다.

이러한 문제는 한편으로 투자협정Bilateral Investment Treaty: BIT의1 해석 및 적용과 관련하여서도 제기되고 있다. 투자협정 역시 여러 맥락에서 체약 당사국의 사법기관의 역할과 밀접한 관련성을 갖기 때문이다. 특히 투자협정 및 그 적용을 통한 투자분쟁은 한미 FTA 체결 과정을 통하여 우리 국내적으로 많은 논란을 야기하여 왔다. 투자분쟁 자체가 가지는 정치적 민감성을 감안할 때 특히 사법부의 조치가 투자협정의 적용대상이 되는 경우 그러한 민감성은 배가될 수도 있을 것이다.

이러한 관점에서 현재 일본 측이 검토하고 있는 것으로 알려진 상기 우리 대법원 판결에 대한 2003년 한일 BIT에 기초한 투자분쟁해결절차Investor-State Dispute Settlement Proceeding: ISDS

---

1 이 글에서 말하는 "투자협정" 또는 "BIT"는 투자 챕터를 포함하고 있는 자유무역협정 (Free Trade Agreement: FTA)도 아울러 포함하는 개념임을 밝혀 둔다.

로의 회부 가능성은 우리의 주목을 요한다. 이 글에서는 기존의 투자협정과 ISDS 절차를 담당한 중재판정부가 체약 당사국의 사법부의 조치 - 가장 대표적으로는 법원의 결정 및 판결 - 에 대하여 어떠한 입장을 취하고 있는지, 그리고 이와 관련하여 어떠한 논리와 법리가 적용되었는지를 살펴보고자 한다. 그리고 이러한 분석에 기초하여 2003년 한일 BIT의 조항을 구체적으로 살펴보고 가상의 한일간 투자분쟁에서 제기될 수 있는 쟁점을 살펴보고자 한다. 투자협정 맥락에서 체약 당사국 사법부의 역할과 조치가 국제법적으로 어떻게 평가되는지 여부를 살펴보는 것은 조약·국제협정과 사법부의 관계를 일반적으로 조망하는 데에도 중요한 시사점을 제시하여 줄 것이다. 이 글은 이러한 점을 염두에 두고 작성되었다.

::: 투자협정과 체약 당사국의 국내 법원

체약 당사국의 국내 법원이 조약 및 국제협정과 연관성을 갖는 경우는 여러 가지 맥락에서 발생할 수 있다. 가장 대표적으로 국내 법원이 자신이 담당하는 분쟁에서 조약을 직접 해석, 적용하는 경우이다. 이 경우 일원론 또는 이원론 등 국제법의 국내법 계수를 위한 문제나 자기집행 또는 비자기집행 등 조약의 내재적 성격에 대한 문제가 논의될 수 있을 것이다. 나아가 때로는 조약 자체에 사법부와 관련된 조항을 직접적으로 도입하고 있는 경우도 발견할 수 있다. 가령 WTO 협정의 여러 부속협정에서 이러한 사례를 쉽게 찾아볼 수 있다.[2] 이 경우 사법부가 조약에 규정된 구체적 조치를 취하지 않는 경우 곧바로 해당 체약 당사국의 협정 위반 문제로 귀결될 수 있음은 물론이다. 그 다음으로 조약에 사법

---

2 가령 WTO 반덤핑협정 제13조는 WTO 회원국 조사당국이 내린 반덤핑관세 부과 최종판정에 적용되는 사법 심사에 관한 규정을 도입하고 있다. WTO 무역관련 지적재산권협정(Agreement on Trade Related Aspects of Intellectual Property Rights; TRIPs) 41조-50조, 61조도 각 회원국의 사법부 및 사법부가 취하는 조치에 관한 조항을 도입하고 있다.

부에 대한 특별한 규정이 존재하지는 않으나, 사법부의 조치가 그 자체로서 "정부의 조치"로 자리매김을 하여 해당 조약에 대한 위반을 초래하는 경우이다.[3] 투자협정과 국내 법원과의 관계를 살펴봄에 있어서도 위에서 살펴본 이러한 다양한 측면들이 모두 관련된다.

보다 구체적으로 체약 당사국의 사법부가 투자협정의 해석 및 적용과 관련되는 기제는 다음과 같이 살펴볼 수 있다. 첫 번째는 위에서 지적한 바와 같이 사법부의 결정·판결이 그 자체로 정부의 조치로 간주되어 투자협정 적용 대상이 되는 것이다. 이 문제는 이른바 국제협정에 의한 사법주권 침해 주장의 핵심을 이룬다. 사법부의 판결이 어떻게 국제협정의 적용을 받으며 나아가 국제재판소 – 투자협정의 경우는 중재판정부– 의 관할권 하에 놓일 수 있느냐의 문제이다. 이러한 상황은 사법부가 국내재판을 진행하는 과정에서 투자협정, 국내법령 또는 여타 조약의 관련 조항을 해석, 적용하거나 또는 외국인 투자자 및 투자에 대하여 직접 영향을 미치는 판결을 내리는 경우이다.

두 번째는 투자분쟁해결절차로 이행하기 전에 그 전제 요건으로 사법부에 구체적인 역할이 부여되는 경우이다. 투자협정이 일종의 국내 사법절차 전치주의를 요구하는 상황이다. 최근 체결되는 일부 BIT에서는 이러한 요건을 부과하여 ISDS 절차로 진행하기 위한 전제요건으로 먼저 해당국 국내법원이나 행정심판소의 판결 및 결정을 구하도록 요구하는 경우가 있다.

세 번째는 일단 ISDS 절차에서 판정이 내려진 이후 이 판정에 대하여 일방 당사자가 중재지의 법원에 취소소송을 제기한 경우 여기에 대하여 해당국의 국내법원이 그 심리를 담당하여 결정을 내리는 경우이다. 투자분쟁해결절차 중 ICSID 중재절차는 독자적인 무효화 절차를 도입하고 있으므로[4], 이러한 국내법원을 통한 취소소송에서의 국내법원의 심리는 기본적으로 여타 ISDS 절차에서만 발견된다.

그리고 네 번째는 ICSID 이외의 절차를 통해 진행된 투자분쟁해결절차에서 승소한 외국인 투자자가 해당 중재판정을 집행하고자 체약 당사국 (또는 다른 집행국) 법원에 그

---

3 ILC 국가책임 협약 제4조는 이러한 가능성을 규정하고 있다.
4 ICSID 협약 제52조 참조.

승인과 집행을 청구하는 경우이다.[5] ICSID 협약에서는 이 협약의 모든 체약 당사국들이 ICSID 중재판정을 자국의 법원 판결과 동일하게 승인하고 집행할 것을 이미 조약에서 약속하고 있으므로 별도의 승인 및 집행절차가 요구되지 않는다.[6] 어쨌든 ISDS 판정의 승인 및 집행절차 역시 각국의 국내법원과 투자협정이 서로 관계를 갖는 중요한 기제 중 하나이다.

마지막 다섯 번째는 투자분쟁해결절차에서 당사자 일방이 자신의 입장을 지지하기 위하여 특정 국가에서 진행되는 국내소송절차 또는 국내법원의 판결을 언급 내지 인용하는 경우이다.[7] 이 경우 간접적이기는 하나 특정 국가 국내법원에서의 소송 진행상황이나 최종 판결이 ISDS 절차에서 검토되기도 한다. 물론 여기에서는 그러한 절차나 판결이 특별한 구속력을 보유하고 있는 것이 아니라 문제가 된 조치의 성격을 이해하고 당사자의 주장의 증거력을 평가하기 위하여 검토되는데 국한된다. 물론 반대로 투자분쟁해결절차에서 당사자 일방이 언급한 내용이나 주장사항이 때로는 국내법원에서 언급 내지 인용될 수도 있을 것이다.

체약 당사국의 국내법원과 ISDS 절차는 이와 같이 다양한 접촉점interface을 갖고 있다. 이들 중 BIT 규정에 대한 위반 문제를 직접적으로 초래하는 경우는 주로 첫 번째이다. 다른 네 가지 경우가 ISDS 절차 개시 이전 또는 이후에 제한적으로 사법부가 관여하는 측면과 관련되는 반면 첫 번째 경우는 사법부의 조치에 대한 BIT 규정의 직접적인 적용 상황이기 때문이다. 따라서 이 글에서는 이러한 다섯 가지 접촉점중 첫 번째만 다루기로 한다.

---

5 예를 들어 ICSID Additional Facility Rules나 UNCITRAL Rules에 따라 진행된 투자분쟁해결절차가 여기에 해당한다. OECD, *Improving the System of Investor-state Dispute Settlement: An Overview, International Investment Perspectives*, 2006 Edition, Chapter 7, at 189 참조.

6 ICSID 협약 제54조 참조.

7 *Chevron Corporation and Texaco Petroleum Company v Ecuador* (Partial Award on the Merits of 30 March 2010), at Section H. IV 참조.

::: 법원의 결정 · 판결에 대한 투자협정의 적용

■ 투자협정의 적용범위

투자협정은 기본적으로 외국인 투자와 투자자에 영향을 미치는 체약 당사국 정부의 조치를 그 적용 대상으로 한다. 투자협정의 적용을 받는 외국인 투자가 무엇인지 그리고 투자자가 무엇인지 그 자체도 투자분쟁에 있어 중요한 쟁점들이다. 반면에 상대적으로 논란이 없는 영역 중 하나는 "체약 당사국 정부의 조치"가 무엇인가 하는 부분이다. 간략히 요약하면 "체약 당사국 정부 government of the contracting parties"란 해당 국가의 행정부, 입법부, 사법부를 총괄하는 개념이다.[8] 그리고 여기에서 말하는 "정부"에는 중앙정부, 지방정부가 모두 포함된다.[9] 그리고 "조치 measure"란 이러한 광범위한 개념의 정부가 행하는 일체의 작위, 부작위를 포괄하는 개념이다.[10] 다소 문구의 차이는 있지만 대부분의 투자협정에서 이러한 부분은 공통으로 확인되고 있다. 또한 이는 이 문제에 관한 국제관습법을 표방하고 있는 것으로 간주되고 있는 2001년 ILC 국가책임협약 초안에서 제시된 원칙을 그대로 따르고 있는 것이기도 하다.

결국 이러한 법리와 규정에 따르면 투자협정의 적용에 있어서 사법부에 대한 예외 또는 사법부 판결에 대한 특례 조항은 별도로 존재하지 않는다. 이는 다른 조약에서도 마찬가지이다. 체약 당사국 정부의 조치를 규율하는 조약에서 사법부 조치는 면제한다는 취지의 조항을 담고 있는 경우는 거의 찾아 볼 수 없다. 사법부도 정부의 일부로서 당연히 조약의 적용을 받는 것으로 이해되어 왔기 때문일 것이다. 따라서 사법부의 판결에 대해서도 투자협정은 당연히 적용된다.[11]

---

8 *Draft Articles on The Responsibility of State for Internationally Wrongful Acts*, Report of The ILC on the Work of its Fifty- third Session, UN GAOR, 56th Sess., Supp. no.10, p.43, UN Doc A/56/10(2001) ("ILC 국가책임협약초안"), Articles 4, at Para. 1 참조.

9 International Court of Justice, *Difference Relating to Immunity from Legal Process of a Special Rapporteur of the Commission on Human Rights*, ICJ Reports(1999), at para. 62 참조.

10 박덕영 외13인, 『국제투자법』, 박영사 (2012), 309 참조.

11 가령 사법부의 조치에 대하여 호주 투자자로부터 제소를 당한 인도의 경우도 자신의 사법부에 대하여 투자협정이 적용된다는 사실 자체는 인정하고 있다. *White Industries Australia Limited v. The Republic of India* (Nov. 30, 2011), at para. 10.4.5 참조.

물론 사법부가 행정부와 구별되는 역할을 담당하므로 이에 대하여 특별한 중요성을 부여하는 일반적인 입장은 충분히 이해가 간다. 그리고 사법부의 조치에 대하여 중재판정부가 사실상 일종의 특별한 잣대를 적용하여 온 부분도 어느 정도 사실이다.[12] 그러나 이는 사법부 조치의 특성을 감안하여 그 조치의 성격을 어떻게 이해할 것인지를 반영하는 것이며 조치의 주체가 사법부라고 하여 투자협정이 적용되는 데 있어 특별한 법리나 원칙이 존재하기 때문인 것은 아니다. 사법부의 조치에 대하여 투자협정이 적용되는 상황을 사법주권의 침해의 문제로 살펴보는 것은 이러한 조약법의 기본법리 및 투자협정규정에 배치되는 것이다.

사법부의 대표적인 조치인 법원의 판결을 정부의 조치라고 파악하면 이로부터 새로운 투자협정상 분쟁이 시작된다. 그러나 법원 판결을 그 자체로 종국적인 것으로 파악하면 이에 대하여 제3자가 - 가령 중재판정부가 - 평가하는 것은 기존 분쟁의 연장선상에서 제4심 또는 5심의 상황이 발생하는 것으로 간주될 것이다.[13] 후자의 관점에서 이 문제를 살펴보게 되면 곧바로 사법주권 침해에 대한 논란으로 이어지게 될 것이다.

■ 투자협정에 포함된 사법부 조치 관련 조항

그렇다면 투자협정 중 사법부의 조치에 적용될 수 있는 조항은 어떠한 것이 있는가? 위에서 언급한 바와 같이 이론적으로는 투자협정의 모든 조항이 모든 정부기관에 적용될 수 있고, 그 맥락에서는 모든 조항이 상황에 따라 사법부에 적용될 수 있을 것이다. 그러나 사법부가 취하는 조치의 핵심 - 즉 특정 분쟁에서의 판결의 도출 -과 관련하여서는 주로 몇몇 특정 조항만이 문제가 된다. 사법부는 행정부와 달리 외국인 투자 및 투자자에 대한 인/허가를 담당하거나 법령과 제도를 현장에서 이들에 대하여 곧바로 집행하는 부서는 아니기 때

---

12 *El Oro Mining Railway Company (Great Britain) v Mexico*, Reports of International Arbitration Awards, Vol. 5, at 191, 198 (Great Britain-Mexico Claims Commission, Decision No. 55 of 18 June 1931)("It is obvious that such a grave reproach can only be directed against a judicial authority upon evidence of the most convincing nature"), available at http://legal.un.org/riaa/cases/vol_V/191-199_Oro_Mining.pdf (2013년 12월 1일 방문).

13 Andrew T. Guzman, *International Tribunals: A Rational Choice Analysis*, 157 U. PA. L. REV. 171, 225 (2008) ("Among international tribunals, the WTO's [Appellate Body] is arguably the most like domestic courts.").

문이다. 이러한 점을 염두에 두고 사법부의 조치는 크게 두 가지로 나누어 살펴볼 수 있다. 먼저 행정부가 취한 조치에 대하여 사법부가 이를 사후적 또는 수동적으로 평가하는 경우이다. 행정부가 취한 조치가 사법심사를 위하여 회부되어 법원이 국내법령 및 투자협정과의 합치성을 평가하여 판결을 내리는 상황이 여기에 해당한다. 두 번째는 사법부가 보다 적극적인 역할을 담당하여 스스로 정부 조치의 최초 출발자로 자리매김을 하는 경우이다. 가령, 행정부 조치에 대한 사법심사 과정에서 도출된 법원의 판결이 그 독자성이 부각되거나 시원성始原性이 확인되는 상황이 여기에 해당한다. 행정부의 조치에서 출발하였으나 법원이 독자적인 판단으로 행정부의 조치를 승인하여 적극 집행하거나 또는 행정부의 입장과 반대되는 입장에 기초한 판결을 도출하고 이를 집행하는 사례를 상정하여 볼 수 있을 것이다.

전자의 상황에 적용되는 투자협정 조항으로는 최소대우Minimum Standard of Treatment 조항, 공정하고 형평한 대우Fair and Equitable Treatment 조항, 사법거부Denial of Justice 조항 등을 들 수 있다. 이들 조항은 사법부에 대해서만 적용될 것을 예정하고 도입된 것으로 일종의 사법부 조치 대상 특화 조항으로 볼 수 있을 것이다. 반면에 후자의 경우에는 사법부 스스로 정부 조치의 최초 출발자 내지 집행자의 역할을 담당하는 것으로 투자협정의 모든 조항들이 모두 적용되게 된다. 여기에서는 여타 정부기관과 사법부의 차이가 없게 된다. 이때에는 위에서 언급한 사법부 조치 특화 조항이 아니라 (또는 이에 더하여) 투자협정에 포함되는 여타 조항들 – 최혜국 대우, 내국민 대우, 이행의무 부과 금지 등 – 에 대한 위반 여부가 제기될 수 있을 것이다. 아래에서는 이 두 가지 경우에 대하여 각각 살펴보도록 한다.

이와 관련하여 위에서 살펴본 사법부의 조치가 "fork in the road" 조항과 어떠한 연관성이 있는지 살펴볼 필요가 있다.[14] 이 조항은 투자 유치국 정부가 동일한 조치의 동일한 주장사항에 대하여 자국 국내법원과 투자분쟁해결절차에서 동시에 또는 중첩적으로 제소당하지 않도록 외국인 투자자가 둘 중 하나를 사전에 선택하도록 규정하는 것이다. 특히

---

14 *Free Trade Agreement between the Republic of Korea and the United States of America* ("한미 FTA"), 2011년 6월 11일 서울에서 서명, available at http://www.fta.go.kr/korus/main/index.asp (2013년 12월 1일 방문), 제 11.18조 참조. *Agreement Among the Government of Japan, the Government of the Republic of Korea and the Government of the People's Republic of China for the Promotion, Facilitation and Protection of Investment* ("한중일 BIT"), 2012년 5월 12일 북경에서 서명, 제15조 5항, 6항 참조.

최근의 경향은 투자 유치국 정부의 우려를 반영하여 "fork in the road" 조항을 강화하여 규정하는 추세이다.[15] 따라서 행정부의 조치에 대하여 외국인 투자자가 이를 투자 유치국 국내법원에 회부하게 되면 이 "행정부의 조치"는 다시 ISDS 절차로 회부될 수 없다. 바로 "fork in the road" 조항 때문이다. 그러나 이러한 상황은 위에서 살펴본 두 가지 경우와는 구별되어야 한다. 위에서 살펴본 두 경우는 모두 "사법부의 조치"가 각각 문제가 되는 상황이다. 사법부 조치 대상 특화 조항이 적용되는 경우이든 아니면 사법부가 독자적인 조치의 집행자가 되는 경우이든 마찬가지이다. 행정부의 조치가 자국 법원에 회부된 경우가 아니므로 여기에서는 "fork in the road" 조항은 적용될 가능성이 없음에 유념하여야 한다. 이를 염두에 두고 아래에서는 두 가지 경우를 각각 구체적으로 살펴본다.

■ 사법부 조치 대상 특화 조항

• 공정하고 형평한 대우 (Fair and Equitable Treatment) 조항

이 조항은 각 BIT 체약 당사국에 협정의 적용을 받는 외국인 투자 및 투자자에 대하여 국제관습법이 요구하는 최소한의 기준으로 대우하여 주어야 한다는 의무를 부과하고 있는 BIT의 핵심 조항 중 하나이다. 최근 체결되는 대부분의 BIT 및 FTA 투자 챕터에는 이 조항이 포함되어 있다.[16] 이 조항의 구체적 명칭이나 규정 내용은 각 BIT 별로 조금씩 상이하다. 때로는 "공정하고 형평한 대우Fair and Equitable Treatment: FET" 라는 이름으로[17], 때로는 "일반적 대우General Treatment"라는 이름으로[18], 때로는 "최소기준대우Minimum Standard of Treatment"라는 이름으로[19], 또는 이들과 유사한 다른 이름으로 다양하게 BIT에 규정되고 있다. 나아

---

15 *Id.* 참조.

16 가령 2012년 한미 FTA 제11.5조; 2012년 한중일 TIT 제5조; 1999년 호주-인도 BIT 제3조 2항 등 참조.

17 가령 1999년 호주-인도 BIT 제3조 2항 참조.

18 가령 2012년 한중일 TIT 제5조 참조.

19 가령 2012년 한미 FTA 제11.5조 참조.

가 때로는 그 적용대상을 "외국인 투자자investor와 외국인 투자investment"로[20], 그리고 때로는 "외국인 투자"만으로[21] 규정하는 등 BIT별로 상이한 모습을 보이고 있다. 또한 이 조항의 구체적 규정 내용도 실로 다양하다. 일부 BIT의 경우 아래에서 살펴보는 "충분한 보호 및 안전Full Protection and Security" 조항과 "효과적인 권리 구제 제도Effective Means of Asserting Claims" 조항을 모두 FET 조항의 우산 아래 포함시키기도 한다.[22] 이에 반해 다른 BIT들은 이들 조항들을 모두 독립적으로 규정하기도 한다.[23] 그리고 일부 BIT는 FET의 핵심 항목 중 하나인 소위 "사법거부Denial of Justice: DOJ"를 따로 떼어내어 독립된 조항으로 규정하기도 한다.[24] 결국 각 BIT별로 FET 조항을 규정하고 또 실제 구현하는 방법은 실로 다양하다고 하겠다. BIT별 개별적 차이에도 불구하고 일반적으로 이 조항은 "공정하고 형평한 대우" 조항으로 불리고 있으므로 여기에서는 FET 조항으로 통칭한다.

이와 관련하여 하나 유념할 부분이 있다. 바로 대부분의 BIT에 포함되는 최혜국 대우Most Favored Nation: MFN 조항의 적용 가능성 부분이다. 설사 특정 국가와의 BIT에 특정한 내용과 방식으로 FET 조항이 규정되어 있더라도 ISDS 절차로 진행하는 외국인 투자자는 이 BIT가 아니라 투자 유치국이 여타 국가와 체결한 수많은 BIT 중 자신에게 유리한 조항을 원용할 수 있는 길을 열어주는 것이 바로 MFN 조항이다.[25] 이러한 기제는 FET 조항에도 마찬가지로 적용된다. 설사 자신의 국적국과 투자 유치국간 체결한 BIT에 특정한 방식으로 FET 조항이 규정되어 있더라도 외국인 투자자는 투자 유치국이 체결한 다양한 BIT에 대한 쇼핑을 통하여 자신에게 가장 유리한 내용을 담고 있는 FET 조항을 규정하고 있는 BIT를 찾아내어 이를 MFN 조항을 통하여 원용할 것이다. 이러한 움직임은 FET 조항의 운용과 해석을 상당히 어렵게 만드는 주요한 요인 중 하나이다.

---

20 가령 1999년 호주-인도 BIT 제3조 2항 참조.

21 가령 2012년 한미 FTA 제11.5조; 2012년 한중일 TIT 제5조 참조.

22 가령 2012년 한미 FTA 제11.5조가 이러한 입장을 취하고 있다.

23 가령 2001년 인도-쿠웨이트 BIT가 이러한 입장을 취하고 있다.

24 가령 2012년 한중일 TIT가 이러한 입장을 취하고 있다. *Id.*, 제6조 참조.

25 *Pantechniki S.A. Contractors & Engineers v. The Republic of Albania*, ICSID Case No. ARB/07/21, Award (July 30, 2009), at paras. 85~86 참조.

결국 다양한 명칭과 규정 방식에도 불구하고 FET 조항의 골자는 체약 당사국 정부에 법령과 제도의 제반 측면에서 외국인 투자 및 투자자에 대하여 공정하고 형평한 대우를 할 의무를 부과하는 것이다. 따라서 문제의 정부 조치가 국제적으로 수용되는 기준으로부터 일탈하였는지 여부가 이 조항과 관련한 분쟁의 골자를 이룬다. FET 조항을 이해함에 있어 유념할 부분은 이 조항 자체가 특정한 결론을 염두에 두고 적용되는 것은 아니라는 점이다. 체약 당사국 정부가 특정 조치에 이르는 과정에서 "선량한 관리자의 주의due diligence"의무를 다하였는지, 그리고 외국인 투자자가 가지는 정당하고 합리적인 기대가 좌절되지는 않았는지 여부가 주요한 평가대상이다.[26]

그 광범위한 적용 가능성을 감안하면 FET 조항이 사법부의 조치 – 가령 특정 소송절차에서의 결정 및 판결 – 에도 적용되는 것은 그리 놀랄 만한 것은 아니다. FET 조항은 정부기관의 다양한 조치에도 광범위하게 적용되나 특히 이 조항은 사법부의 조치에 대해서는 직접적인 적용 가능성을 내포하고 있다. 이에 따라 사법부의 조치가 투자분쟁해결절차에 회부되는 경우 이 조항은 거의 항상 원용되고 있다. 요컨대 이 조항은 체약 당사국의 법원이 국제적으로 승인되는 적법절차를 거치지 않고 재판을 진행하거나 판결을 도출하는 경우에 직접적으로 문제가 된다.[27] 다만 이 조항은 본질적으로 "어떻게" 재판이 진행되었는지 여부를 주로 살펴보는 것이며 해당 재판부가 "어떠한" 결론을 도출하였는지 여부를 반드시 평가하는 것은 아니다. 특히 이 조항을 적용하는 중재판정부는 자신들이 체약 당사국 국내법원의 제4심을 담당하는 것이 아니라는 점을 거듭 밝히고 있다.

한편FET 조항에 사법부의 조치를 염두에 둔 보다 구체적인 문구가 포함되는 경우도 빈번하며 이것이 바로 "사법거부Denial of Justice: DOJ" 조항이다. FET 조항 중 특히 사법부에 곧바

---

26 *AES Summit Generation Limited v. The Republic of Hungary*, ICSID Case No. ARB/07/22 (September 23, 2010), at paras. 9.3.6-9.3.26 참조. 이 사건에서 중재판정부는 해당 외국인 투자자는 헝가리 정부가 전기요금과 관련하여 특정한 방식의 가격결정정책을 다시 도입하지 않을 것이라는 합리적 기대를 할 수는 없었다고 결정하며 FET 조항과 관련한 외국인 투자자의 청구를 기각하였다.

27 한미 FTA 제11.5조 참조.

로 적용되는 것을 예정하고 도입된 구체적 규정으로 볼 수 있다.[28] DOJ 조항은 외국인 투자자가 자신의 권리를 구제받기 위하여 체약 당사국 법원에 소송을 제기하였으나 법원이 이에 대하여 자국 법령상 요구되는 정당한 조치를 취하지 않은 경우에 적용된다. DOJ 조항 위반에 대한 평가에 있어 중재판정부는 투자 유치국 사법제도의 일반적인 상황, 해당 국 사법제도에 대한 외부의 평가, 외국인 투자자가 해당 사건에서 합리적인 기대legitimate expectation를 보유하고 있는지 여부[29], 외국인 투자자가 투자 유치국 국내법원에서 필요한 조치를 합리적인 수준에서 모두 강구하였는지 여부 등을 종합적으로 검토한다.

　이와 같이 FET 조항, 그리고 이에 흔히 포함되는 DOJ 조항은 체약 당사국 사법부의 조치에 적용되는 것을 염두에 두고 도입된 대표적인 BIT 조항이다. 법원의 결정 및 판결과 관련되는 대부분의 ISDS 분쟁에서 이 조항의 위반 여부가 핵심 쟁점으로 제기되는 것은 바로 이러한 이유 때문이다.

• 충분한 보호 및 안전 (Full Protection and Security) 조항

한편 FET과 연관하여 또는 이와는 별도로 "충분한 보호 및 안전Full Protection and Security, 이하 FPS" 조항이 도입되기도 한다. 이 조항은 외국인 투자 및 투자자에 대하여 체약 당사국은 자신의 국내법령과 사법제도에 따른 충분한 보호를 부여한다는 의미이다. 이 조항은 때

---

28 *Loewen Group Inc. v. United States*, 7 ICSID Reports 421; *Mondev Intl. v. United States*, Award, (October 11, 2002), at para. 96, 42 ILM 85(2003), available at http://www.state.gov/s/1/c3753 (2013년 12월 1일 방문); *Metalclad Corp. v. United Mexican States*, Award (August 30, 2000); *Waste Management, Inc, v. United Mexican States*, Award, (June 2, 2000), at para. 40, ILM 56(2001), 5 ICSID Reports 443, available at http://www.state.gov/s/1/c3753 (2013년 12월 1일 방문) 각각 참조.

29 가령, *Chevron v. Ecuador* 분쟁에서 피제소국인 에콰도르 정부는 해당 외국인 투자자는 에콰도르 사법제도의 수준 (quality)에 대하여 특별히 보장받거나 이에 대하여 합리적인 기대를 가지고 있었다고 볼 수는 없으며, 에콰도르에서 때로는 특정소송이 20년의 기간이 소요된다는 사실도 인지하고 있었다고 주장하며 13년의 기간소요는 특별한 것이 아니라는 점을 주장하였다. *Chevron Corporation & Texaco Petroleum Company v. The Republic of Ecuador*, Partial Award on the Merits (March 30, 2010), at para. 229. 중재판정부는 이 부분에 대한 에콰도르 정부의 입장을 수용하였다. 즉, 13년의 기간 자체가 소요된 것은 에콰도르 상황에서는 특별히 문제가 있다고 볼 수 없다는 것이다. *Id.*, at para. 253 참조. 다만 중재판정부는 사안의 복잡성 등 여타 상황을 종합적으로 고려하여 결국 에콰도르 정부가 미-에콰도르 BIT 제2조 7항을 위반하였음을 결정하였다. *Id.*, at para. 275 참조.

로는 위에서 살펴본 FET 조항에 함께 포함되어 규정되는 경우도 있고 별도의 조항으로 규정되는 경우도 있다. 어쨌든 일반적으로 이 조항은 FET 조항과 밀접한 관련이 있는 것으로 이해되고 있다. FET 조항이 보다 광범위한 개념이라면 FPS 조항은 보다 구체적으로 투자 유치국 내에서의 "물리적인 피해"로부터 외국인 투자 및 투자자를 보호하기 위한 개념이다.[30] FET와 FPS 조항은 서로 밀접한 연관성이 있지만 일단 특정 BIT에 이 조항들이 별도로 규정되어 있으면 각 조항은 서로 상이한 의무를 각각 규정하고 있는 것으로 이해된다.[31]

그렇다면 보다 구체적으로 양 조항은 어떻게 구별되는가? 외국인 투자 및 투자자에 대한 사업 환경, 법령적용 및 제도운용과 관련되는 일반적인 측면은 FET 조항의 적용을 받는다. 반면에 외국인 투자 및 투자자에 대하여 물리적 위해危害를 가한 자에 대한 기소 및 처벌과 관련된 문제는 FPS 조항의 적용을 받는다. 예를 들어 외국인 투자자가 자신의 공장기물에 대한 도난신고를 하였으나 투자 유치국 경찰이 제대로 조사하지 않은 경우가 그러하다.[32] 또한 국내에서 발생한 소요사태로 시위대가 외국인 투자자의 생산시설에 난입하여 파괴행위를 자행하였으나 투자 유치국 경찰이 이를 제대로 차단하지 못한 경우도 여기에 해당한다.[33] 즉, 이 조항은 주로 구체적인 사건에서의 형사사법절차와 관련되는 문제이다. 이 맥락에서는 사법제도 일반 내지 구체적인 사안이라고 하더라도 소송과정

---

30 *AWG Group v. The Argentine Republic*, Decision on Liability, In the arbitration under the Rules of the United Nations Commission on International Trade Law, (July 30, 2010), at paras. 160-173; *Impregilo S.p.A. v. The Argentine Republic*, at para. 334. 참조.

31 "유효한 조약해석" 원칙에 따르면 이는 올바른 입장이라고 할 수 있다. 조약에 포함된 모든 조항은 그 자체로 독자적인 의의를 갖는 것으로 각각 독립된 의미를 부여하여 해석하는 것이 필요하기 때문이다. *Antonio Cassese, International Law*, (2nd ed., Oxford Univ. Press, 2005), p.179 참조; Anthony Aust, *Modern Treaty Law and Practice*, (Cambridge Univ. Press 2002), p.185 참조; Appellate Body Report, WT/DS103,113/AB/R, at para. 133참조; Appellate Body Report, *Argentina – Safeguard Measures on Imports of Footwear*, (WT/DS121/AB/R)/ DSR 2000:I, 515 (January 12, 2000), at para. 81 참조.

32 *GEA Group Aktiengesellschaft v. Ukraine*, ICSID Case No.ARB/08/16, (March 31, 2011), at paras. 243-249 참조.

33 *Pantechniki S.A. Contractors & Engineers v. The Republic of Albania*, ICSID Case No.ARB/07/21, Award (July 30, 2009), at paras. 82-84 참조. 다만 이 사건에서는 중재관정부는 알바니아 경찰이 1997년 3월 발생한 시위 과정에서 시위대의 공장난입을 막지는 못하였으나 일단 "선량한 관리자의 의무 (due diligence)"를 다하였다는 이유로 이 부분에 대한 신청인의 주장을 기각하였다. *Id.*, at paras. 73, 81 참조.

에서 내려진 재판부의 판결에 이 조항이 적용되기에는 무리가 있다.

다만 하나 유념할 부분은 특정 BIT에 어떠한 문구가 FPS 조항에 포함되어 있는지 여부에 따라 그 적용 범위가 바뀔 수도 있다는 점이다. 예를 들어 일부 중재판정부는 이 조항에 "충분한^{full}"이라는 용어가 포함되어 있는지 여부에 중요한 의미를 부여하였다.[34] 만약 "full"이라는 용어가 포함되어 있다면 이는 보다 광범위한 개념의 국내사법 제도상의 보호를 의미한다는 것이다. 만약 그러한 용어가 포함되어 있지 않다면 구체적인 형사사법절차에서의 보호만으로 국한된다는 것이다. 이 입장을 따를 경우 FPS 조항은 점차 FET 조항에 가까워지며 이에 따라 사법제도 일반이나 법적 안정성과 관련된 부분도 여기에 포섭될 가능성이 열리게 된다. 또한 일부 중재판정부는 FPS 조항에 단순히 "안전^{security}"이 아니라 "법적 안전^{legal security}"이라는 용어가 포함되어 있는 경우에도 사법제도와 관련되는 일반적인 상황이 FPS 조항에 포함될 수도 있다는 입장을 피력하고 있다.[35] 이 역시 FPS 조항에 어떠한 문구가 구체적으로 포함되어 있는지 여부에 따라 그 적용 범위가 상당히 변화할 수 있음을 보여주고 있다.

상기 내용을 정리하면 다음과 같다. FPS 조항은 FET 조항과 밀접하게 연관되어 있기는 하나 주로 구체적 사건에서의 형사사법제도 운용과 연관되어 있으며 법원의 판결에 대하여 직접 적용되는 것으로 보기는 힘들다. 그러나 적용되는 BIT에 이 조항이 어떻게 구체적으로 규정되어 있는지 여부에 따라 사실상 FET 조항에 준하는 규정으로 해석되어 사법제도 및 사법부의 조치에 대하여 적용될 가능성도 아울러 존재하고 있다.

• 효과적인 권리 구제 (Effective Means of Asserting Rights) 조항

한편, FET의 하위 개념인 DOJ 보다 더욱 구체화된 개념으로 "효과적인 권리 구제^{Effective Means of Asserting Rights: EMAR}" 조항이 상대적으로 드물기는 하지만 일부 BIT에 포함되는 경우

---

34 *Azurix Corp. v. Argentine Republic*, ICSID Case No. ARB/01/12, Award (July 14 2006), at para. 408 참조.

35 *Siemens AG v. Argentine Republic*, ICSID Case No. ARB/02/8, Award (February 6, 2007), at para. 303 참조.

도 있다.[36] 이 조항은 전체적으로 DOJ에 포섭되는 의무로 이해되고 있으나[37], BIT에 별도의 조항으로 도입될 경우 역시 그 독자적인 의의를 갖게 됨은 물론이다.[38] 이 조항은 DOJ 보다 구체적인 의무를 규정하고 있기는 하나 전체적으로 그 수준 측면에서 DOJ 보다 낮은 의무를 부과하고 있다고 볼 수는 없다.[39] 예를 들어 법원 절차의 지연은 DOJ 조항뿐 아니라 이 조항에 대한 위반 역시 동시에 초래할 수 있다.[40] 그리고 특정 사안에서 효과적인 권리 구제 수단이 제공되었는지 여부는 객관적이고 국제적인 기준에 따라 평가된다.[41] EMAR 조항에 대한 위반을 주장하는 외국인 투자자는 국내구제절차를 완료할 필요는 없고 단지 그러한 구제절차가 효과적이지 않거나 또는 무의미하다는 것을 보여주는 것으로 충분하다.[42] 투자 유치국 법원 절차를 통한 권리구제가 효과적이지 않다는 주장을 전개하는 투자자에게 그러한 법원 절차를 모두 소진하도록 요구하는 것은 논리상 모순이기 때문이다. 문제의 국내구제절차가 효과적이었는지 여부에 대한 입증책임과 관련하여서는 외교적 보호권에 관한 ILC 초안에서 제시된 기준이 일반적으로 적용된다.[43]

투자 유치국 정부가 법원 절차에 개입하여 특정한 방식의 결론을 도출하도록 유도하는 상황이 이 조항에 대한 위반이 확인되는 한 사례이기는 하지만[44] 반드시 여기에 국한되는 것은 아니다. 외국인 투자자가 BIT에 규정된 자신의 권리를 보장받고 구현하는데 제한을

---

36 가령 U.S.-Ecuador BIT, 제2조 7항은 다음과 같이 이 조항을 규정하고 있다.

"Each Party shall provide effective means of asserting claims and enforcing rights with respect to investment, investment agreements, and investment authorizations."

37 *Duke Energy Electroquil Partners & Electroquil S.A. v. Republic of Ecuador*, ICSID Case No ARB/04/19 Award, (August 18, 2008), at para. 391 참조.

38 각주 27번 참조.

39 *Chevron v. Ecuador*, Partial Award, at para. 225 참조.

40 *Id.*, at para. 244 참조.

41 *Id.*, at para. 263 참조.

42 *Id.*, at paras. 326-327 참조.

43 John Dugard, International Law Commission, *Third Report on Diplomatic Protection*, UN Doc. A/CN.4.523 (2002), at para. 19 ("[T]he burden of proof in respect of the availability and effectiveness of local remedies will in most circumstances be on different parties. The respondent State will be required to prove that local remedies are available, while the burden of proof will be on the claimant State to show that such remedies are ineffective and futile.").

44 *Chevron v. Ecuador*, Partial Award, at para. 226 참조.

초래하는 다양한 정부 조치가 여기에 포섭된다.[45] DOJ 조항 위반 문제와 마찬가지로 여기에서도 사안의 복잡성, 소송당사자들의 행위, 이해당사자의 이해관계, 법원의 행위 등 다양한 요소들이 "종합적totality of evidence"으로 고려된다.[46] 다만 이 조항과 관련하여 이 규정이 개별적 사건에서 법원의 결정 및 판결에 대한 중재판정부의 평가를 의미하는 것이 아니라 투자 유치국 사법절차의 "제도적인 특성systemic attributes"을 평가 대상으로 한다는 측면을 강조하는 입장이 있는가 하면[47], 이러한 제도적 특성과 함께 개별적인 사건에서의 상황도 동시에 고려되어야 한다는 입장도 제기되고 있다.[48]

결국 특정 BIT에 EMAR 조항이 포함되어 있으면 FET 조항과 함께 또는 FET 조항과 독립적으로 투자 유치국 사법부에 대하여 보다 구체적인 의무를 부과하고 있는 것으로 볼 수 있다. 이 조항을 적용하는 중재판정부 역시 관련 투자 유치국의 사법제도와 관련한 일반적인 상황과 해당 소송절차에서의 구체적인 정황을 총체적으로 고려하여 그 위반 여부를 결정하게 된다.

• 관련 조항 적용의 실제

위에서 살펴본 바와 같이 BIT에 포함된 조항 중 체약 당사국 사법부에 직접 적용되는 것을 예정하고 도입된 조항이 바로 FET, DOJ, FPS 및 EMAR 조항들이다. 물론 이들 조항이 다른 정부기관의 조치에 적용되지 않는다는 의미는 아니다. 이들 조항은 특히 사법부의 조치에 대하여 직접적으로 적용된다는 의미이다. 다양한 형태의 조합과 규정 방식으로

---

45 *Id.*, at para. 226.

46 *Id.*, at paras. 250, 270.

47 *Limited Liability Company Amto v. Ukraine*, SCC Arbitration No. 080/2005, Final Award, (March 26, 2008), at para. 88. ("[T]he State must provide an effective framework or system for the enforcement of rights, but does not offer guarantees in individual cases. Individual failures might be evidence of systematic inadequacies, but are not themselves a breach of Article 10(12).").

48 *Chevron v. Ecuador*, Partial Award, at para. 247. ("The Tribunal thus finds that it may directly examine individual cases under Article II(7), while keeping in mind that the threshold of "effectiveness" stipulated by the provision requires that a measure of deference be afforded to the domestic justice system; the Tribunal is not empowered by this provision to act as a court of appeal reviewing every individual alleged failure of the local judicial system *de novo*.").

구현되는 이들 조항들은 체약 당사국 사법부의 작위 및 부작위에 직접 적용되므로 관련 소송이 행정부의 조치에 대한 사법심사 맥락에서 발생하든 아니면 여타 사인간의 분쟁^계 ^{약분쟁}이 법원의 심리를 위하여 회부되는 상황에서 발생하든 이들은 공히 적용된다.

FET, DOJ 및 FPS 조항의 적용과 관련하여 Mondev v. United States[49] 분쟁을 담당한 중재판정부는 투자 유치국 법원의 판결이 단지 "놀랄만한^{surprising}" 것이냐의 여부가 아니라 그러한 "충격과 놀라움^{shock or surprise}이 법원이 내린 최종 결정의 적절성에 대한 정당한 우려를 초래할 정도에 이르는지" 여부를 그 법적 잣대로 제시하였다.[50] 이 사건 제소기업인 캐나다 국적의 Mondev International사는 미국과 캐나다 양국에서 활동하는 부동산 개발 회사로 1978년 미국 보스턴 시 정부와 보스턴 시내 쇼핑 센터 및 호텔건축 공사를 위한 계약을 체결하였다. 그러나 계약 상 건설사업 추진에 필요한 부지용도 변경에 대한 보스턴 시 정부의 입장 변화로 건설사업이 중단되자 Mondev사는 보스턴 시를 메사추세츠 州 지방법원에 제소하였고, 결국 약 1천6백만 달러에 이르는 배상금 지급 판결을 받았다. 그러나 이 배상판결은 메사추세츠 州 고등법원, 대법원 및 연방대법원 항소절차를 거치며 메사추세츠 州法 상 정부기관에 대한 주권면제 법리 등 여러 가지 이유로 최종적으로 번복되었다. 이에 Mondev사는 일련의 미국 국내 법원의 판결이 NAFTA 규정에 위반됨을 이유로 NAFTA 협정에 따라 구성되는 ISDS 절차에 회부하였다. 여기에서 제기된 쟁점은 미국 법원의 판결이 캐나다 투자자인 이 회사에 대하여 내국민 대우 및 최소대우 기준 부여 의무를 위반하고 나아가 간접수용을 구성하는지 여부였다. 이 사건 중재판정부

---

49 *Mondev International Ltd. v United States*, ICSID Case No. ARB (AJ)/99/2, Award of October 11, 2002.

50 *Mondev* 사건 중재판정부는 이와 관련하여 다음과 같은 기준을 제시하였다.

The test is not whether a particular result is surprising, but whether the shock or surprise occasioned to an impartial tribunal leads, on reflection, to justified concerns as to the judicial propriety of the outcome, bearing in mind on the one hand that international tribunals are not courts of appeal, and on the other hand that Chapter 11 of NAFTA (like other treaties for the protection of investments) is intended to provide a real measure of protection. In the end, the question is whether, at an international level and having regard to generally accepted standards of the administration of justice, a tribunal can conclude in light of all the available facts that the impugned decision was clearly improper and discreditable with the result that the investment has been subjected to unfair and unequitable treatment.

Id., at para. 127 참조.

는 미국 법원의 판결이 간접수용에 해당하는지 여부에 대하여는 ISDS 절차 개시 시점에 Mondev사가 보유하였던 재산권이 불분명하였다는 이유로 판단을 유보하였다.[51] 그러나 NAFTA 제1105조에 구현된 FET, DOJ 및 FTS 규정 위반 문제와 관련하여 중재판정부는 문제의 판결에서 불공정하고 차별적인 대우의 요소를 발견할 수 없었다고 판단하고 Mondev사의 주장을 기각하였다.[52] 결국 판결 자체의 문제가 아니라 그러한 판결이 내려진 과정이 불공정하고 차별적인 상황에 해당되는지 여부를 살펴본 것이다.

이러한 입장은 White v. India 분쟁에서도 다시 확인되었다.[53] 1999년 체결된 호주-인도 BIT에 따라 진행된 이 투자분쟁은 호주 기업이 인도 공기업을 상대로 승소한 ICC 중재판정을 인도 국내법원이 승인·집행하는 소송절차를 계속 연기함에 따라 촉발되었다.[54] 이 분쟁에서 인도 국내법원은 적극적으로 외국인 투자자에 직접 영향을 미치는 조치를 취하였다기보다는 단지 외국에서 내려진 상사중재판정을 1958년 뉴욕협약에 기초하여 인도 국내법원을 통하여 승인·집행하고자 하는 호주 기업의 청구를 지연시킨 것뿐이다.[55] 이 분쟁에서는 이러한 "지연"이 사법부의 조치로 간주되어 호주-인도 BIT에 따라 제소된 것이다. 호주 기업인 투자자는 인도 법원의 이러한 지연이 FET 조항에 대한 위반에 해당한다는 주장을 전개하였다.[56] 그러나 이 사건 중재판정부는 단순히 절차가 지연되는 것만으로는 FET 조항에 대한 위반을 초래하지 않고 상당히 심각한 정도의 위반이 요구된다는 점을 언급하며 상기 Mondev 중재판정의 취지를 다시 한번 상기하였다.[57] 이 분쟁 중재판정부는 사법절차의 지연이 FET 조항 중 특히 DOJ에 해당하는지 여부는 모든 요소에 대한 종합적 고려로 결정된다는 점을 확인하였다. 예를 들어 해당 절차의 복잡성

---

51 *Mondev v. United States*, at para. 61 참조.

52 *Id.*, at para. 133 참조.

53 *White Industries Australia Limited v. The Republic of India*, In the Matter of UNCITRAL Arbitration in Singapore, Final Award (November 30, 2011).

54 *White v. India*, at paras. 3.2.1-3.2.65 참조.

55 *Id.*, 참조..

56 *Id.*, at Section 4.3 참조.

57 *Id.*, at para. 10.4.10 참조.

complexity of the proceeding, 신속한 처리의 필요성the need for swiftness, 소송당사자의 행위the behavior of the litigants involved, 이해관계의 중요성significance of interest at stake, 법원의 행위behavior of the courts를 모두 고려하여야 한다는 것이다.58 단지 "불충분하고 비효율적인 사법절차unsatisfactory and inefficient administration of justice"가 DOJ에 대한 위반을 초래하는 것은 아니라며 그 한계를 분명히 제시하였다.59

최근 진행된 Chevron v. Ecuador 사건에서도60 중재판정부는 DOJ에는 상당히 높은 수준의 기준이 적용되며 "사법부 조치의 적절성에 대해 충격 또는 최소한 놀라움을 초래하는 정도로 특별히 심각한 흠결과 어불성설일 정도의 행위가 입증되어야 한다requires the demonstration of a particularly serious shortcoming and egregious conduct that shocks, or at least surprises, a sense of judicial propriety"는 입장을 밝힌 바 있다.61 이 분쟁에서는 에콰도르 법원이 미국인 투자자인 Texas Petroleum사가 제기한 7건의 재판을 15년에 걸쳐 연기하여 온 점이 미-에콰도르 BIT의 DOJ 조항에 대한 위반에 해당하는지 여부가 검토되었다.62 이 사건 중재판정부는 궁극적으로 외국인 투자자가 주장하는 DOJ 조항의 위반을 인정하였다. 중재판정부는 이러한 지연 자체가 DOJ 조항에 대한 위반이라고 볼 수는 없으나 여기에서 문제가 된 사안들이 단순한 계약분쟁 사건이라는 점에 방점을 두고 DOJ 조항을 위반한 것으로 결론지었다.63 또한 분쟁의 성격을 종합적으로 감안할 때 이와 같은 단순한 사안을 상당기간 지연시킨 것은 동시에 EMAR 조항에 대한 위반 역시 해당한다는 점을 확인하였다.64 이 사건 중재판정부는 에콰도르 법원의 과다한 업무를 고려하여야 하나, 외국인 투자자가 자신의

---

58 *Id.*, at para. 10.4.22. 참조.

59 *Id.* 참조.

60 *Chevron v. Ecuador*, Partial Award on the Merits, at para. 244 참조.

61 이와 관련한 본건 분쟁 중재판정부의 판정내용은 다음과 같다:

[T]he test for establishing a denial of justice sets … a high threshold. While the standard is objective and does not require an overt showing of bad faith, it nevertheless requires the demonstration of 'a particularly serious shortcoming and egregious conduct that shocks, or at least surprises, a sense of judicial propriety'.

62 *Id.*, at para. 35 참조.

63 *Id.*, at para. 254 참조 ("These cases involve very significant sums of money, but are in essence straightforward contractual disputes").

64 *Id.*, at para. 262 참조.

권리를 주장하고 구현할 수 있는 효과적인 수단이 부여되었는지 여부는 국제적인 기준에 따라 판단되어야 한다는 점을 강조하였다.[65] 그리고 이미 확인된 해당 소송에서의 다양한 흠결을 감안할 때 Texas Petroleum사는 국내적 구제절차를 완료할 필요 없이 곧바로 EMAR 조항에 대한 위반을 제기할 수 있다는 판정을 내렸다.[66]

한편 이 문제에 관한 권위자인 Jan Paulsson 교수 역시 FET, DOJ 및 EMAR 조항과 관련한 중재판정부의 이러한 입장과 전체적으로 유사한 입장을 제시하고 있다. 이들 조항에 대한 위반을 초래하는 사법부의 조치는 단순히 합법, 불법의 문제나 법리 적용의 오류가 아니라 절차적·실체적 측면에서 사법부의 공정성을 의심할 정도의 심각한 위반이 필요하다는 것이다. 그에 따르면 설사 국내법을 위반하여 결정이 내려진 경우라도 그 자체만으로 DOJ 조항에 대한 위반이 충족되는 것은 아니다.[67] 사실 이러한 내용은 이미 Barcelona Traction 사건에서 ICJ에 의해서도 논의된 바 있다. 이 사건에서 별도의견Separate Opinion을 제출한 Tanaka 판사는 DOJ 조항에 대한 위반의 핵심을 사법부의 "악의bad faith"로 정의할 수 있다는 견해를 피력한 바 있다.[68] 투자분쟁을 담당하는 중재판정부 역시 결국 투자 유치국 법원의 "악의"가 존재하는지 여부에 초점을 두고 심리를 진행하고 있는 것으로 정리할 수 있다. 이러한 악의는 주로 절차적 측면에서 문제가 될 것이나 경우에 따라서는 실체적 측면에서 표출될 가능성도 배제할 수 없다.

이상에서 살펴본 바와 같이 중재판정부가 법원의 결정 및 판결에 직접적으로 적용되는

---

65 *Id.*, at para. 263 참조.

66 *Id.*, at para. 332 참조.

67 Jan Paulsson, *Denial of Justice in International Law*, (Cambridge Univ. Press 2005), at 81 참조. ("The erroneous application of national law cannot, in itself, be an international denial of justice. Unless somehow qualified by international law, rights created under national law are limited by national law, including the principle that by operation of the fundamental rule of *res judicata* a determination by a court of final appeal is definitive.").

68 *Barcelona Traction, Light & Power Co. (Belgium v. Spain)*, 1970 I.C.J. p. 3 (February 3, 1970)(separate opinion of Judge Tanaka) [hereinafter *Barcelona Traction* (Tanaka Op.)], at 158 참조 ("[I]t remains to examine whether behind the alleged errors and irregularities of the Spanish judiciary some grave circumstances do not exist which may justify the charge of a denial of justice. Conspicuous examples thereof would be 'corruption, threats, unwarrantable delay, flagrant abuse of judicial procedure, a judgment dictated by the executive, or so manifestly unjust that no court which was both competent and honest could have given it'···We may sum up these circumstances under the single head of bad faith'.").

BIT 조항인 FET, DOJ, FPS 및 EMAR를 해석함에 있어서는 상당히 조심스러운 입장을 취하고 있다. 중재판정부 자신이 새로운 항소심의 역할을 담당하는 상황이 초래되지 않도록 심각할 정도의 실체적·절차적 문제가 있는 경우에 한하여 그 위반을 확인한다는 입장을 취하고 있는 것이다.

• 투자협정 일반 조항

▪ 체약 당사국의 조치 주체로서의 법원

그러나 다른 한편으로 특정 국가의 국내 법원이 자신에게 회부된 소송에 대하여 단지 소극적으로 임하거나 필요한 조치를 취하지 않는 것이 아니라 스스로 투자협정, 여타 관련 조약 또는 관련 법령을 직접 해석하여 적용함으로써 적극적으로 체약 당사국의 조치의 주체가 되는 경우는 어떠한가? 체약 당사국의 법원은 재판과정에서의 흠결로 인하여 위에서 살펴본 사법부 특화 조항에 대한 위반을 초래할 수 있을 뿐 아니라 스스로 정부 조치의 주체로서 투자협정의 다양한 조항에 대한 위반을 독립적으로 초래할 수도 있다.[69] 이 경우에는 마치 다른 정부기관과 마찬가지로 최혜국 대우, 내국민 대우, 수용과 보상 등 투자협정에 규정된 다양한 조항의 적용 가능성이 제기되게 될 것이다. 위에서 살펴본 FET 조항 등은 이 조항만 사법부에 적용된다는 것이 아니라 사법부에 대하여 특별히 적용되는 사항을 추가로 규정하여 둔 것으로 이해하여야 한다. BIT 체약 당사국의 법원이 외국인 투자자에 대하여 직접적이고 독립적인 조치를 취하는 경우 이는 그 자체 정부기관의 조치에 해당하며 다른 일반조항들이 모두 적용된다.[70]

---

69 *Chevron v. Ecuador*, Partial Award, at para. 322; *Bosh International, Inc, v. Ukraine*, ICSID Case No. ARB/08/11, (October 25, 2012), at para. 147; *Pantechniki S.A. Contractors & Engineers v. The Republic of Albania*, ICSID Case No. ARB/07/21, Award (July 30, 2009), at para. 77 각각 참조.

70 이와 관련하여 Jan Paulsson 교수는 법원이 이러한 조치의 주체가 되는 경우 FET나 DOJ 조항이 아니라 BIT에 포함된 제반규정에 대한 직접적인 위반을 구성한다고 언급하였다. ("[a] national court's breach of other rules of international law, or of treaties, is not a denial of justice, but a direct violation of the relevant obligation imputable to the state like any acts or omissions by its agents."), Denial of Justice in International Law, at 98; *Saipem v. Bangladesh*, ICSID Case No. ARB/05/7, at para. 182 참조.

한편 이와 관련하여 행정부의 조치가 국내법원에 사법심사를 위하여 회부되고 최종판결이 내려진 후 이에 대하여 외국인 투자자가 이를 ISDS 절차에 회부하는 경우를 상정하여 볼 수 있다. 최초 분쟁을 야기한 행정부의 조치 자체는 원칙적으로 다시 ISDS 절차로 회부될 수 없다. 바로 대부분의 BIT에 포함되는 "포럼선택fork in the road" 조항 때문이다.[71] 외국인 투자자가 일단 국내법원을 자신의 권리 구제를 위한 포럼으로 선택하게 되면 동일한 주장사항claim에 대하여 다시 ISDS 절차로 진행할 수 없게 되어 있다.[72] 이 맥락에서는 투자 유치국에 대하여 상당한 절차적 안전판이 마련되어 있다. 동일한 정부조치에 대하여 반복적인 방어를 할 필요가 없기 때문이다. 그러나 이러한 절차적 안전판은 법원이 스스로 조치의 주체가 되는 경우에는 적용되지 아니한다. 법원의 조치는 다시 법원에 사법심사를 위하여 회부될 수 없기 때문이다. 그러므로 이 경우에는 ISDS 절차만이 외국인 투자자에 대한 유일한 구제수단이 될 것이다.

▪ 적용 사례

이러한 상황을 검토한 사례로는 Loewen v. United States 사건을 살펴볼 수 있다.[73] 이 사건에서 미국의 국내법원은 민사소송에서 캐나다 투자자에 대하여 상당한 금액의 손해배상금을 부과하였고 이 투자자는 해당 판결을 NAFTA 협정에 따라 구성된 중재판정부에 제소하였다. 이 사건 투자자인 Loewen사는 캐나다와 미국 전역에 약 1,100개의 장례식장을 소유하고 있는 캐나다의 대규모 장례 서비스 기업이었다. 이 회사가 미국 내 장례 서비스 시장을 독점하여 반경쟁적 영업 관행을 되풀이하고 있는지 여부에 관한 민사소송에서 미시시피 州 지방법원과 항소법원은 그 사실을 인정하고 이 회사에 대하여 약 1억 5천만 달러의 손해배상금을 부과하였다.[74] 연이어 진행된 ISDS 절차에서 법원의 결정 및 판결에 대하여 NAFTA 협정 투자 챕터가 규정하고 있는 내국민 대우, 최소대우 기준 및 간

접수용 문제가 제기되었다. 이 사건 중재판정부는 민사분쟁의 법원 판결이 ISDS 절차의 관할 대상에서 제외된다는 미국 정부의 주장을 기각하고 여기에도 NAFTA 투자 챕터의 관할권이 미친다는 점을 확인하였다.[75] 다만 본안 판단에 있어 중재판정부는 Loewen사가 정부 조치를 분명하게 특정하지 못하였고, 충분한 증거를 제시하지 못하였으며, 국내 구제절차 완료 요건을 준수하지 못하였다는 점 등 다양한 이유를 들어 청구를 기각하였다. 그러나 법원 판결에 대하여 간접수용 등 투자협정의 여타 조항들이 적용될 수 있음을 원칙적으로 보여주고 있는 점에서 이 판정의 함의를 참고할 수 있다.[76] 마찬가지로 앞에서 살펴본 Mondev v. United States 분쟁을 담당한 중재판정부 역시 사법부 조치가 그 자체로 간접수용에 해당하는 가능성 자체는 인정하는 데서 출발하고 있다는 점 역시 주목을 요한다.[77]

최근에 NAFTA 협정에 따라 진행된 또 다른 ISDS 절차인 Apotex v. United States사건에서도[78] 미국 법원의 조치가 그 자체로서 간접수용에 해당하는지 여부가 문제되었다. 캐나다 의약품 제조사인 Apotex사는 2003년 미국 식품의약청(FDA)에 자신이 새로 개발한 우울증 치료제인 Zoloft에 대한 판매 허가 신청을 제출하였다. 이에 대해 미국 FDA는 Apotex사의 신제품이 미국 내 경쟁기업인 Pfizer사의 특허권을 침해할 수도 있다는 판단 하에 그 위반 여부에 대하여 먼저 법원의 법적 판단을 구할 것을 요구하였다. Apotex는 2004년 Pfizer사를 상대로 뉴욕 남부 지방법원에 소송을 제기하였으나 이 법원은 Apotex사가 아직 제품 판매를 개시한 것은 아니므로 특허 침해 문제가 발생하지 않았다는 이유로 "관할권 없음"의 기각 결정을 하였다. 이에 대해 Apotex사는 각각 2005년과 2006년 연방항소법원 및 대법원에 상소하였으나 역시 모두 기각되었다. 이에 Apotex사는 이러한 미국 국내법원의 결정은 자신의 잠재적 재산권을 침해한 것이며 이는 NAFTA 제1110조

---

75 *Id.*, at para. 123 참조.

76 *Id.*, at para. 141 참조.

77 *Mondev v. United States*, at para. 61 참조.

78 *Apotex, Inc. v. United States of America*, In The Matter Of Two Arbitrations Under Chapter 11 Of The NAFTA And The UNCITRAL Arbitration Rules (1976), Award on Jurisdiction and Admissibility (June 14, 2013).

상의 간접수용에 해당한다고 주장하며 미국을 상대로 NAFTA 협정에 따라 ISDS 절차를 개시하였다. 비록 이 투자분쟁에서는 Apotex사가 미국 내 투자를 실시한 외국인 투자자에 해당한다는 점을 입증하지 못하여 관할권 없음 결정이 내려졌으나 미국과 캐나다 모두 사법부 조치가 그 자체로서 간접수용 등 NAFTA 투자 챕터의 제반 조항을 위반할 수 있는 가능성에 대해서는 별다른 다툼이 없었다.[79]

한편 방글라데시 법원이 이태리 기업이 방글라데시 공기업에 대하여 제기한 ICC 중재판정의 승인·집행청구소송에서 원고 패소 판결을 내리고, 자국 공기업이 제기한 중재판정 취소소송에서 원고 승소 판결을 내린 사건을 배경으로 진행된 투자분쟁에서도 이러한 법원의 판결이 그 자체로서 1990년 이태리-방글라데시 BIT를 위반하는지 여부가 문제되었다. Saipem v. Bangladesh 분쟁에서 이태리 투자자는 방글라데시 법원의 판결이 자신의 중재신청권과 중재판정에 따른 권리를 각각 박탈하였으므로 양국 BIT가 규정하고 있는 간접수용에 해당한다는 주장을 전개하였다.[80] 이 사건에서 이태리 건설기업인 Saipem사는 방글라데시 공기업인 Petrobangla사와의 계약을 체결하고 원유 운송 파이프라인 건설사업을 진행하였다. 계약에 따라 건설이 완료되었으나 Petrobangla사가 여러 이유로 대금지급을 거부하자 양측은 계약서의 규정에 따라 ICC 중재절차로 진행하였다.ICC 중재에서 Saipem사가 승소하였으며 이 회사가 뉴욕협약에 따라 해당 판정을 집행하기 위하여 방글라데시 법원에 해당 중재판정의 승인·집행 청구소송을 제기하였다. 그러나 방글라데시 법원은 ICC 중재판정부의 권한이 처음부터 부재하며 따라서 본건에서 승인·집행할 중재판정 자체가 존재하지 않는다는 이유로 이러한 청구소송을 기각하였다.[81] 이 사건을 담당한 ISDS 중재판정부는 ILC 국가책임협약 초안 제4조를 원용하며 방글라데시 법원의 조치도 체약 당사국의 조치로 BIT의 적용대상이며, 따라서 간접수용을 비롯한 BIT의 제반 조항이 적용된다는 점을 먼저 확인하였다.[82] 그 다음 중재판정부는 방글라데시

---

79 *Id.*, at para. 298 참조.

80 *Saipem v. Bangladesh*, ICSID Case No. ARB/05/7 (June 30, 2009), at paras. 120~121 참조.

81 *Id.*, at para. 50 참조.

82 *Id.*, at paras. 189~190 참조.

법원의 조치가 법원의 "권리 남용abuse of rights"에 해당하며, 1958년 뉴욕협약의 체약 당사국으로서 방글라데시가 부담하는 국제법상 의무를 위반하였다는 점 역시 확인하였다. 그리고 이러한 권리 남용과 협약 위반에 기초하여 이루어진 법원의 판결은 양국 BIT가 규정하는 간접수용에 해당한다는 판정을 내렸다.[83] 특히 이 분쟁에서 중재판정부는 DOJ와 간접수용은 서로 상이한 의무를 규정하고 있으므로 후자에 대해서는 전자의 경우에 적용되는 국내구제절차 완료의 의무가 적용되지 않는다고 언급함으로써 사법부 조치의 독자성을 거듭 인정하였다.[84]

이와 같이 국내법원이 적극적으로 조치의 시행자로 나서게 될 경우 BIT의 제반 조항을 스스로 위반하게 될 가능성이 존재하며, 법원이 내린 결정 내지 판결이 ISDS 절차로 회부되면 이를 담당하는 중재판정부는 보다 직접적으로 이에 대한 심사를 진행할 가능성이 있음을 감지할 수 있다. 이러한 상황에 직면한 ISDS 중재판정부는 FET 조항과 같이 법원이 간접적·수동적으로 연관되는 경우에 채택하는 조심스러운 입장을 반드시 견지하는 것은 아닌 것으로 보이며, 해당 조치 자체에 대하여 직접적인 평가를 내릴 가능성이 적지 않은 것으로 판단된다.

::: 일제 강제징용 판결에 대한 한일 BIT의 적용

이상에서 살펴본 바와 같은 법원의 결정·판결에 대한 투자협정의 법리 및 투자분쟁해결절차의 선례가 현재 우리의 관심을 끌고 있는 일제 강제동원피해자 손해배상 소송에 대해서는 어떻게 적용될 것인가? 2012년 5월 12일 우리 대법원은 일제 강제동원 피해자들이 일본 기업인 미쯔비시 중공업 및 신일철주금에 대하여 제기한 손해배상청구소송 상고심에서 일제 강제동원 피해자 손해배상 문제는 한국과 일본간 체결한 1965년 청구권 협

---

83 *Id.*, at paras. 161, 170 참조.
84 *Id.*, at paras. 176, 181 참조.

정 제3조에 따라 해결되지 않았음을 확인하고 이를 다시 서울고등법원 및 부산고등법원으로 파기 환송하였다.[85] 이에 따라 서울고등법원과 부산고등법원은 2013년 7월 10일과 7월 30일 각각 배상을 명하는 원고 승소 판결을 내렸으며, 일본 기업은 다시 재상고하여 현재 대법원에 계류 중이다. 우리 대법원 판결에 대하여 일본은 여러 경로를 통하여 이 판결이 1965년 한일 청구권협정에 위반된다는 입장을 밝혀 왔다.[86] 만약 대법원 판결이 다시 확정되어 최종적으로 집행되는 단계에 이르면 일본이 한국을 상대로 국제사법재판소에 제소하거나 또는 한일 청구권 협정 제3조에 기초한 국가간 중재를 신청할 것이라는 예측도 계속 나오고 있다.[87] 국제사법재판소 제소나 국가간 중재절차 개시는 오로지 우리 정부의 동의가 있어야만 가능하다. 따라서 우리 정부가 이에 대하여 적극적 입장을 취하지 않는 한 이러한 분쟁해결절차가 적용될 가능성은 지극히 희박하다.

이러한 상황에서 현재 제기되고 있는 가능성 중 하나는 미쯔비시 등 대법원 판결의 피고인 일본 기업들이 2003년 체결한 한일 투자협정에[88] 근거하여 우리 정부를 상대로 투자분쟁해결절차를 개시하는 문제이다.[89] 이 협정은 제15조에서 일반적인 형태의 ISDS 절차를 규정하고 있다. 최근 한미 FTA 체결 과정에서 대두된 국내적 논란에서 나타난 바와 같

---

85 Japan Times, *Japan May Take South Korean Forced Labor Case to ICJ* (September 7, 2013), available at http://www.japantimes.co.jp/news/2013/09/07/national /japan-may-take-south-korean-forced-labor-cases-to-icj/#.Uqw0amSweM8 (2013년 12월 1일 방문); New York Times, *South Korean Tells Japanese Companies to Pay for Forced Labor*, (July 30, 2013), available at http://www.nytimes.com/2013/07/31/ world/ asia/south-korean-court-tells-japanese-company-to-pay-for-forced-labor.html?_r=0 (2013년 12월 1일 방문); Financial Times, *Japan Told to Compensate Korean Workers for Force Labor*, (July 10, 2013), available http://www.ft.com/cms/s/0/ b2649f56-e94d-11e2-9f11-00144feabdc0.html#axzz2nRct67iy (2013년 12월 1일 방문) 각각 참조.

86 "대한민국과 일본국간의 재산 및 청구권에 관한 문제의 해결과 경제협력에 관한 협정" (1965년 12월 18일).

87 KBS, 일, 강제징용 패소하면 국제사법재판소에 제소, (2013년 11월 25일), available at http://news.kbs.co.kr/news/NewsView.do?SEARCH_NEWS_CODE=27607 87&ref=S (2013년 12월 1일 방문); 서울경제, "일본, 한국 대법서 징용피해자 배상판결 맨 '국제사법재판소에 제소'", (2013년 11월 25일), available at http://economy.hankooki.com/lpage/worldecono/201311/e20131125151710117900.htm (2013년 12월 1일 방문) 참조.

88 "대한민국 정부와 일본국 정부간의 투자의 자유화·증진 및 보호를 위한 협정" (2002년 3월 22일 서울에서 서명, 2003년 1월 1일 발효).

89 동아일보, "日재계 '강제징용배상, 對韓 투자 막아' 압력," (2013년 11월 7일), available at http://news.donga.com/3/all/20131107/58730736/1 (2013년 12월 1일 방문) 참조.

이 투자협정의 적용 범위는 놀라울 정도로 광범위하다. 이러한 점을 감안하면 미쯔비시 등 일본 기업들이 한국에 대한 일본의 투자자로서 한국 정부의 조치인 법원의 판결을 투자분쟁해결절차에 회부하는 것은 일단 외관상 선택 가능한 옵션 중 하나로 볼 수 있을 것이다. 이들 기업이 투자협정상 "투자"를 실시한 "외국인 투자자"라는 점은 일견 분명하기 때문이다.[90] 특히 BIT의 특징 중 하나가 중재판정부의 관할권에 대한 사전적, 포괄적 동의에 있으므로 우리 정부의 동의를 필요로 하는 국제사법재판소 재판절차나[91] 중재절차와는[92] 달리 일본 측이 곧바로 자신의 결정으로 소송을 제기할 수 있다는 점에서 중요한 차이가 있다.

● **선결 문제**

한일간의 투자협정 적용에 있어서는 먼저 살펴볼 몇 가지 문제가 있다. 먼저 한일 투자협정은 구조적으로 상당히 독특한 입장을 취하고 있다는 점이다. 현재 한일간에는 두 BIT가 동시에 적용될 가능성이 있다. 양국간 2003년 체결된 BIT와 2012년 한중일 3국간 체결된 BIT가 그것이다.[93] 2012년 BIT는 아직 발효하지 않았으나 이 협정이 조만간 발효할 경우 한일 양국간 적용되는 두 협정은 모두 유효하며, 투자분쟁 발생시 외국인 투자자가 자

---

90 한일 BIT 제1조 1항은 "투자자"에 대하여, 그리고 제2항은 "투자"에 대하여 각각 규정하고 있다. 이 두 조항 역시 일반적인 BIT의 내용을 그대로 따르고 있다.

91 국제사법재판소규정 제36조 참조.

92 1965년 한일청구권협정 제3조. 이 조항에는 양국이 "합의하여야 한다"는 명시적 규정은 없으나 그 취지상 일방당사국의 협조가 없이는 "중재위원회" 구성이 불가하므로 결국 피신청국의 동의가 필요한 것으로 보아야 한다.

93 2012년 5월 13일, 한국-일본-중국은 베이징에서 "투자자 보호와 투자진흥, 촉진을 위한 대한민국 정부와 일본 정부, 중화인민공화국 정부간 협정 (Agreement Among the Government of the Republic of Korea, Government of Japan, and the Government of the People's Republic of China for the Promotion, Facilitation and Protection of Investment)에 서명하였다. 2013년 6월 우리나라는 국회의 비준동의를 득함으로써 최종발효를 위한 국내절차를 완료하였다. 그러나 일본과 중국은 아직 국내절차 완료에 관하여 구체적인 움직임이 없는 상황이다.

신에게 유리한 것을 선택하도록 하는 이례적인 규정을 도입하고 있다.[94] 즉, 2012년 BIT가 2003년 BIT를 대체하는 것이 아니라 양자 공히 유효하게 존재하고 적용되는 것으로 예정되어 있는 것이다. 이러한 중첩적 구조를 취하게 된 배경은 한일, 한중, 일중간 기존의 BIT를 완전히 흡수하고 이를 확대, 발전시키는 방향으로 3국간 투자협정을 체결하기에는 법리적으로 복잡하고 또 체결 시한이 촉박하여 일단 4개의 투자협정에 대하여 모두 효력을 유지하는 것으로 하고 외국인 투자자에게 개별 사안별로 그 선택권을 주도록 한 것으로 알려지고 있다.[95] 주지하는 바와 같이 한미 FTA 논란 이후 체결된 2012년 3국간 투자협정은 그 내용과 형식에서 이전의 BIT와 상당한 차이를 보이고 있다. 특히 외국인 투자자의 권리를 보호하는 조항과 이에 대항하는 투자 유치국 정부의 대응 수단도 각각 획기적으로 상세히 규정되어 있다.[96] 따라서 한일간 투자분쟁을 검토함에 있어서 2003년 BIT와 2012년 3국간 BIT 중 어느 것이 적용되는지 여부는 해당 분쟁의 최종적인 향배를 결정하는데 있어 큰 차이를 노정할 수 있다.

다만 위에서 지적한 바와 같이 현재 2012년 협정은 미발효 상태이다. 우리나라는 2013년 6월 이 협정에 대한 국회의 비준동의를 득하였으나 일본과 중국은 아직 이 협정을 발효시키기 위한 국내절차를 완료하지 않았다. 3국 모두 국내절차를 완료하게 되면 이로부터 30일 후 이 협정은 발효하게 된다.[97] 언제일지 예측할 수는 없으나 2012년 투자협정이 발효를 위한 실무적 준비는 완료되어 있다는 점은 일단 본건을 검토함에 있어 염두에 둘 필요가 있다. 어쨌든 현재 시점에서 한일간 투자협정 문제를 검토함에 있어 아래에서는

---

94 한중일 3국 BIT 제25조는 새로이 체결되는 투자협정과 기존의 양국간 BIT가 모두 유효하게 적용되며 각 당사국이나 투자자가 유리한 협정을 원용할 수 있도록 규정하고 있다. 따라서 일본투자자는 2003년 한일 BIT의 ISDS 절차와 2012년 한중일 BIT의 ISDS 중 하나를 선택할 수 있다. 양 ISDS 절차가 서로 상이한 부분을 다소 포함하고 있어 실제 분쟁에서 어떠한 ISDS 절차가 적용될지 여부와 관련하여 상당한 혼란이 초래될 것으로 예견된다.

95 이 내용은 필자가 정부 내 담당자와의 면담 등을 통하여 지득한 내용이며, 이 부분은 국내외 언론에도 보도된 바 있다.

96 2012년 3국간 투자협정은 상당부분 한미 FTA 제11장의 투자 Chapter를 따르고 있다. 주지하다시피 한미 FTA 투자 Chapter에서 외국인 투자자와 투자유치국 정부의 권한을 각각 상세히 규정하는 입장을 취하였으며 이러한 골격은 2012년 협정에도 그대로 계수되었다.

97 한중일 3국 BIT 제27조 1항 참조.

현재 발효 중인 2003년 BIT를 중심으로 살펴보도록 한다.

그 다음으로 살펴볼 문제는 투자분쟁해결절차의 회부는 일본 정부의 결정이 아니라 궁극적으로는 외국인 투자자인 미쯔비시 등의 결정이라는 점이다. 물론 일본이 한국에 대하여 2003년 BIT상 규정된 국가 대 국가간 분쟁해결절차를 원용한다면 이는 일본 정부의 결정 사항이다.[98] 그러나 투자분쟁해결절차의 본류를 이루는 투자자 대 국가간 분쟁해결절차 맥락에서는 이 분쟁의 제소는 오로지 일본 기업이 독자적으로 결정할 사항이다. 그리고 투자분쟁해결절차로 회부되는 투자분쟁에서 외국인 투자자는 대부분 더 이상 해당 투자 유치국에 머무를 계획이 없는 경우가 대부분이다. 외국인 투자자들은 일종의 최후의 수단으로 이러한 분쟁을 제기하는 것이다.[99] 이를 감안하면 미쯔비시 등 일본 기업도 이러한 중요한 판단을 내리는 경우에만 투자분쟁해결절차 회부가 현실적으로 가능할 것이다. 한일간 여러 측면에서 현재 긴장관계가 조성되어 있으나 양국간 밀접한 경제관계를 생각할 때 이러한 결정을 쉽게 내릴 수는 없을 것으로 보는 것이 설득력이 있다.[100] 따라서 2003년 BIT 위반 가능성 여부와 별도로 설사 그러한 위반이 발생한다고 하더라도 곧바로 투자분쟁해결절차로 진행할 가능성이 높을지는 의문이다.

• 2003년 한일 BIT 관련 조항

이러한 점을 먼저 염두에 두고 2003년 한일 BIT에 규정된 관련 조항을 살펴보면 다음과 같다. 일반적인 투자분쟁에서 제소자인 외국인 투자자는 일단 제소를 결정하면 투자협정에 나열된 가능한 모든 조항을 주장사항에 포함시키는 것이 일반적이다. 그렇게 함으로써 자신이 부당한 처우를 받았음을 효과적으로 보여주는 측면도 있으며 나아가 방어에

---

98 한일 BIT 제14조 참조.

99 2012년 11월말 론스타가 우리 정부를 상대로 2006년 한-벨기에 BIT를 근거로 ISDS 절차를 개시한 것도 이와 유사한 맥락에서 이해할 수 있을 것이다.

100 투자규모로 볼 때 일본의 대한투자는 전세계 국가 중 2위를(27.9%) 차지하고 있으며, 한국의 대일투자는 모든 국가 중 14위를 (1.7%) 차지하고 있다. 2012년 지식경제부/수출입은행 통계 참조.

나서는 투자 유치국 정부를 그만큼 어려운 상황에 처하도록 유도할 수 있기 때문이다. 따라서 일본 투자자와 한국 정부간 가상의 분쟁도 아마 이러한 상황을 답습할 가능성이 높다. 그러므로 우리 법원 판결을 정부의 조치로 간주하여 제소하는 경우에도 사실 2003년 투자협정에 나열된 여러 조항들 – 내국민 대우, 최혜국 대우, 수용조치 등 – 이 그 주장의 구체적 설득력 유무와는 상관없이 전략적인 측면에서 일단 분쟁대상에 포함될 가능성이 있다. 일단 이러한 부분은 차치하고 이 글에서는 위에서 살펴본 바와 같이 이 분쟁에서 제기될 핵심적인 사항만 살펴보도록 한다.

▪ 협정 적용대상 투자 및 투자자

대부분의 투자분쟁에서 투자협정 적용대상인 투자 내지 투자자가 존재하는지 여부와 관련하여 분쟁 당사자간 치열한 공방이 전개되는 것이 최근의 일련의 경향이다. 이는 중재판정부의 관할권에 관한 본질적인 문제이기 때문이다. 그러나 현재 검토하고 있는 한일 간의 투자분쟁에서는 이 문제는 크게 쟁점으로 대두되지는 않을 것으로 판단된다. 2003년 한일 BIT는 일반적이고 평범한 투자 및 투자자 정의 규정을 두고 있다.[101] 미쯔비시 등 일본 기업들이 한국에 투자를 실시한 일본 국적의 투자자라는 점은 일견 분명하다고 판단된다. 따라서 이 부분에 대한 큰 다툼은 아마 없을 것이다.

▪ FET 조항

이러한 가상의 분쟁에서는 먼저 2003년 한일 BIT 제10조에 규정된 FET 조항이 먼저 검토될 수 있다. 이 조항은 전형적인 FET 조항의 내용을 그대로 따르고 있다.[102] 이 조항은 또한 FPS 조항도 아울러 포함하고 있다.[103] 따라서 앞에서 살펴본 바와 같이 기존의 투자분쟁해결절차에서 검토된 법리가 여기에도 유사하게 적용되는 것으로 볼 수 있을 것이다.

---

101 2003년 한일 BIT 제1조 참조.

102 2003년 한일 BIT 제10조는 제1항에서 다음과 같이 규정하고 있다.
　　1. 각 체약당사국은 타방 체약당사국의 투자자의 자국 영역 안에서의 투자에 대하여 공정하고 공평한 대우와 완전하고 지속적인 보호와 안전을 부여한다.

103 *Id.*, 참조.

그렇다면 결국 문제는 한국 법원의 판결이 "놀라울 정도"로 그 형평성을 상실한 것인지 여부로 귀결될 것이다. 위에서 살펴본 바와 같이 이는 상당히 높은 기준이다. 어느 정도의 오류가 아니라 상당히 심각하고 "악의"를 담고 있는 절차적 내지 실체적 오류를 의미한다. 따라서 법원의 판결에 어느 정도 이견이나 오류가 있는 경우에도 이 사실만으로 이 조항에 대한 위반을 설득력 있게 주장하기는 힘들 것이다.

다만 이와 관련하여서는 다음과 같은 점에 주목할 필요가 있다. 먼저 FPS 조항과 관련하여 2003년 협정은 상당히 강한 문구로 규정되어 있다는 점이다. 이 협정 제10조 1항은 "완전하고 지속적인$^{full\ and\ continuing}$ 보호와 안전을 부여할 의무를 규정하고 있다. 어떠한 형용사가 포함되어 있는지 여부가 FPS 조항의 해석에 때로는 중요한 변수로 작용하고 있음을 감안하면 이 문구는 우리 측에 유리하게 작용하지는 않을 것이다.

그 다음으로 살펴보아야 하는 문제는 현재 우리 대법원의 판결이 한국 정부의 그간의 입장과 정면으로 배치되는 것으로 간주될 수 있다는 점이다. 사실 1965년 한일 청구권 협정 합의의사록에 규정된 대일청구 8개 요강에 강제동원 피해보상 문제가 이미 포함되어 있다. 또한 2005년 국무총리실 산하 "한일회담 문서공개 후속대책관련 민관 공동위원회"도 "무상 3억불은 …강제동원 피해보상 문제 해결 성격의 자금 등이 포괄적으로 감안되어 있다"라고 공식적으로 발표한 바 있다.[104] 우리 외교부의 그간의 입장도 이와 동일하다. 만약 체약 당사국인 한국 정부가 기존의 자신의 입장을 번복하여 금번 조치를 취한 것으로 중재판정부가 간주한다면 그간 외국인 투자자가 보유하였던 "합리적 기대"를 침해하였는지 여부와 관련하여 해당 판결의 타당성 여부에 대한 문제가 제기될 수 있을 것이다. 우리 내부 헌정질서상 권력분립 원칙과 상관없이 국제협정의 적용 맥락에서는 우리 행정부나 사법부 모두 체약 당사국인 한국의 정부이기 때문이다.[105] 나아가 문제의 판결이 1965년 이후 48년간 유지되어 온 양국간의 합의를 번복하는 것으로 주장될 경우 그

---

104 한국정책방송, 일제강제동원희생자 민관공동위원회 브리핑, (2006년 3월 8일), available at http://www.ktv.go.kr/program/contents.jsp?cid=106303 (2013년 12월 1일 방문) 참조; 연합뉴스, 강제징용사망자, 1인당 2천만원 지원 방침, (2006년 3월 8일), available at http://news.naver.com/main/read.nhn?mode=LSD&mid=sec&sid1=100&oid=001&aid=0001237861 (2013년 12월 1일방문) 각각 참조.

105 ILC 국가책임협약 초안 제4조 참조.

러한 시각은 더욱 강화되는 측면도 있을 것이다. 결국 이러한 부분에 대하여 일본 투자자가 주장을 전개할 경우 우리 정부의 입장은 그만큼 취약하게 될 가능성이 있다.

• EMAR 조항

한편, 2003년 한일 BIT 제3조는 EMAR 조항을 별도로 규정하고 있다.[106] 이 조항은 법원 절차 등에서 외국인 투자자가 효과적으로 자신의 권리를 보호할 수 있는 권리를 규정하며, 동시에 최혜국 대우와 내국민 대우 부여적 요소도 가미하는 독특한 형식을 취하고 있다. 이 협정이 제2조 제1항에서 내국민 대우를, 그리고 제2항에서 최혜국 대우를 이미 별도로 규정하고 있다는 점을 감안하면 제3조의 EMAR 조항은 여러 측면에서 눈에 띄는 규정 방식을 취하고 있다. 이 조항의 위반 여부도 결국 우리 법원이 기존의 일본 투자자가 갖고 있던 합리적 기대를 침해하였는지, 그리고 정부 조치의 일관성이 어떻게 평가될 것인지에 상당 부분 좌우될 것이다. 결국 요체는 한국 국적의 투자자나 제3국 국적의 투자자에게도 구체적인 맥락은 다르겠으나 이와 유사한 방식의 법원 판결이 내려진 바 있는지 또는 내려질 가능성이 있는지 여부로 귀결될 것으로 보인다.

• 투자협정의 일반조항

또한 위에서 살펴본 바와 같이 만약 본건에서 법원의 판결을 그 자체로서 독립된 정부의 조치로 파악하게 되면 2003년 BIT 상의 제반 조항들이 순차적으로 적용될 가능성이 제기된다. 가령 제2조에 규정되어 있는 내국민 대우와 최혜국 대우, 제9조에 따른 이행조건 부과금지, 제10조 제2항에서 제5항에 규정된 신속·적절·유효한 보상이 수반되지 않는 수용조치의 금지, 제12조에 규정된 송금조치의 제한 금지 등에 대한 위반 문제가 각각 제

---

106 이 조항의 규정은 다음과 같다.
　　일방 체약당사국은 자국의 영역 안에서 타방 체약당사국의 투자자에 대하여 동 투자자가 자신의 권리를 수행·변호하는데 있어서 모든 관할단계의 법원, 행정재판소 및 행정기관의 이용과 관련하여 유사한 상황에서 자국의 투자자나 제3국의 투자자에게 부여하는 대우보다 불리하지 아니한 대우를 부여한다.

기될 수 있다. 어떠한 조항에 어떻게 구체적으로 위반하는지 여부는 최종적으로 어떠한 방식과 절차로 일본 기업의 한국 내 재산에 대하여 강제집행이 이루어지는지에 따라 좌우될 것이다.

특히 이 문제와 관련하여 염두에 두어야 할 부분은 조약에 위반하는 법원의 조치에 대하여 ISDS 중재판정부가 BIT의 일반 조항 위반을 확인하는 데 있어 일부 적극적인 모습도 보인다는 것이다. 이는 Saipem v. Bangladesh 판정에서 살펴본 바 있다. 결국 이 문제가 ISDS 절차로 진행한다면 우리의 의도와는 상관없이 관련 조약의 해석 문제가 쟁점으로 제기될 가능성이 있다.

다만 이와 관련하여 우리 측에 심적 안정을 부여할 수 있는 부분이 있다. 바로 2003년 한일 BIT 협정은 제16조에서 일반적 예외조항General Exceptions을 도입하고 있다는 점이다. 통상협정에서는 이 조항이 일반화되어 있는 데 반해 대부분의 BIT에서는 이 조항이 잘 발견되지 않는다는 점을 감안하면 이는 주목할 만하다.[107] 특히 이 조항 제1항 라호에서 "사회의 기본적인 이익이 진실로 그리고 충분히 중대하게 위협받는 경우"에 "공공질서 유지"를 위하여 도입된 조치는 설사 협정에 위반되더라도 정당화되는 것으로 규정하고 있다. 일제 강제동원 피해자에 대한 우리 법원의 판결이 여기에 해당할 것인지 여부는 상세한 검토를 요한다.

▪ SSDS 절차

한편 2003년 한일 BIT는 국가 대 국가간 분쟁해결절차State-to-State Dispute Settlement Proceeding: SSDS Proceeding 역시 포함하고 있다.[108] 일방 체약 당사국의 BIT 위반 사항에 대하여 타방 체약 당사국이 이를 국제법에 따르는 국가간 중재절차에 회부하는 절차가 바로 SSDS이다.[109] 따라서 이 문제가 해결되지 않고 격화될 경우 일본이 이를 근거로 한국에 대하여

---

107 가령 2012년 한중일 BIT 협정에서도 일반예외조항은 포함되어 있지 않다. 이 협정에는 다만 안보상의 예외만 제18조에 규정되어 있을 뿐이다.
108 한일 BIT 제14조 참조.
109 *Id.* 참조.

BIT 상 양국간 중재절차에 회부할 가능성도 있다. 그런데 문제는 1965년 한일 청구권 협정 제3조에 따른 중재절차와 마찬가지로 2003년 BIT에 따른 SSDS 절차도 체약 상대국의 적극적인 협조를 전제로 한다는 점이다. 따라서 우리 정부가 이에 적극적으로 협조하지 않는다면 여기에서도 실제 중재절차로 회부되기는 힘들 것이다.

어쨌든 SSDS 절차로 진행하는 상황을 가정하면 여기에서도 한국 정부의 투자협정 위반 여부라는 쟁점은 동일하므로 결국 위에서 살펴본 FET 조항 및 여타 조항에 대한 위반 여부가 이 절차에서도 검토될 것이다. 다만 차이점은 이 분쟁해결절차에서 제소국이 승소할 경우 어떠한 구제조치가 내려질지 여부는 상당히 탄력적이라는 점이다. 이는 해당 분쟁을 담당하는 중재판정부가 결정할 문제이다. 손해배상, 원상회복, 사죄, 조치의 철회 등 다양한 조합의 구제조치가 이론적으로는 검토 가능하다. ISDS 절차에서는 원칙적으로 피해를 입은 외국인 투자자에 대한 손해배상이 제공되는 점과 일견 비교된다.

한편 SSDS 절차는 아니지만 ISDS 절차에서도 체약 당사국 정부가 자국 투자자를 지원하기 위하여 일종의 소송의 제3자 참여가 가능한 일부 BIT와는 달리[110] 한일 BIT 및 한중일 BIT는 그러한 참여를 허용하지 않고 있다. 특히 본건 분쟁과 같이 조약의 해석이 그 핵심 쟁점이 되는 분쟁에서는 조약의 또 다른 당사자인 체약 당사국 정부의 제3자 참여는 최종 판정에 중요한 영향을 미칠 수 있다는 점에서 한일 BIT에 따른 ISDS 절차에서는 이러한 가능성이 차단되어 있다는 점은 음미할 만하다.[111]

• 평가

이상에서 살펴본 바와 같이 일제 강제동원 피해자 손해배상 소송에서의 대법원 판결 및

---

110 가령 한미 FTA 제11.20조 4항 참조.

111 특히 조약 해석과 관련하여 체약당사국의 의견을 청취하고자 투자자의 국적국에 대하여 의견 개진권을 허용하는 것은 최근 BIT에서 새로이 등장하는 추세이다. 예를 들어 2014년 4월 1일부터 적용되는 UNCITRAL Transparency Rules에서도 이러한 권리를 원칙적으로 UNCITRAL 중재에서 허용하기로 회원국간 합의한 바 있다.

집행에 대하여 2003년 한일 BIT (또는 경우에 따라서는 2012년 한중일 BIT) 적용을 통한 투자분쟁해결절차로의 회부는 일본 기업들에게는 가능한 선택지 중 하나이다. 다만 실제 투자분쟁해결절차에서 일본 기업들이 승소를 기대하는 것은 쉽지는 않을 것이다. 법원 판결의 심사에 적용되는 높은 평가 기준 때문이다. 그리고 법원 판결의 독자성에 초점을 두고 이를 독립된 정부의 조치로 보아 일본 기업들이 제소하는 경우 BIT에 포함된 여타 일반적인 규정에 대한 위반 문제가 주요 쟁점으로 제기될 가능성은 있으나 구체적으로 외국인 투자자가 이를 입증하는 것은 쉽지 않아 보인다. 다만 현재 문제가 된 조치가 비록 법원의 판결이기는 하나 기존의 정부 입장을 번복하며 수 십 년간 양국 정부간 유지되어 온 기본적인 이해와 부합하지 않는 점을 담고 있다는 점 등이 부각될 경우 이러한 높은 기준을 충족하는 데 점차 가까이 갈 가능성도 없지 않다. 그리고 그 판결의 내용이 1965년 한일 청구권 협정에 포함된 명문의 규정과 부합하지 않는 것으로 평가된다면 더욱 그러한 가능성은 높아질 것이다. 결국 요체는 중재판정부가 1965년 한일 청구권 협정의 조문과 그 이후 양국간 관행을 어떻게 이해할 것인지의 문제로 귀결될 것이다.

한편 2003년 BIT에 따라 제기되는 ISDS 절차에서의 최종 승소 가능성과 상관없이 여러 정치적인 이유로 일본 기업들이 우리 정부를 상대로 ISDS 절차를, 그리고 일본 정부가 우리 정부를 상대로 SSDS 절차를 개시하는 가능성도 물론 없지는 않을 것이다. 그러한 제소 자체가 이 문제를 "국제화"할 수 있고 우리 대법원 판결에 대한 국제적 주목을 초래할 수 있을 것이기 때문이다. 그러나 이러한 절차가 초래하는 외교적·정치적 민감성을 감안하면 한일간의 관계가 심각히 악화되지 않는 한 그러한 가능성이 그렇게 높을 것이라고 보기는 힘들 것이다.

전 세계적으로 거의 3,000건에 달하는 BIT를 통해 체약 당사국의 사전적·포괄적 동의를 통한 자동적인 관할권 형성으로 진행되는 ISDS 절차는 국자투자법의 골격에 대한 본질적인 변화("a change in paradigm in international investment law")를 초래하였다.[112] 투자 및 투자자의 개념이 광범위하게 해석·적용됨에 따라 이에 대하여 영향을 미치는 일체의 체약 당사국 정부의 조치가 각각의 BIT의 적용범위 내로 포섭되게 되었다. 국제법상 조약의 규정이 적용되는 체약 당사국 "정부"는 입법부, 행정부 및 사법부를 총괄하는 개념이며 이는 BIT의 경우도 예외는 아니다. 따라서 사법부의 조치 역시 잠재적으로 항상 BIT의 적용범위 내에 위치하게 된다.

위에서 살펴본 바와 같이 때로는 BIT의 적용과 체약 당사국의 국내법원은 밀접한 연관성을 갖고 있다. 이는 어떻게 보면 당연하다. BIT의 핵심은 각 체약 당사국의 외국인 투자 및 투자자에 대한 처우의 골격을 규정하는 것이고, 많은 경우 그러한 골격은 결국 해당국의 국내 법원에 의하여 최종적으로 승인되거나 또는 법원의 결정 및 판결에 의하여 영향을 받을 가능성이 크기 때문이다. 이에 따라 법원의 결정 및 판결과 관련한 투자분쟁이 제기되는 경우도 일부 목도되고 있다.

사법부 조치를 검토하는 최근의 일련의 ISDS 판정례를 살펴보면 여러 가지 함의를 도출할 수 있다. 먼저 이들 판정례들은 BIT의 적용에 있어 체약 당사국의 법원은 '현실적으로' 여타 정부기관과는 상이하다는 입장을 일단 인정하고 있다. 즉, 기본적으로 ILC 국가책임협약 초안 제4조의 적용 맥락에서는 체약 당사국의 법원도 BIT 적용대상이지만, 법원이 그러한 BIT를 위반하는 조치를 취하였음을 인정하기 위해서는 다른 정부기관에 요구되지 않는 요건을 요구하고 있는 모습이 보이고 있다. 요컨대 BIT에 사법부에 대한 특별한 예외조항 등은 존재하지 않지만 사법부는 여러 정부기관과 구별되는 업무를 수행하

---

112 Stephan W. Schill, *The Multilateralization of International Investment Law*, (Cambridge Univ. Press, 2009), p. 87 참조.

는 조직이라는 인식이 깔려 있기 때문일 것이다.

　지금까지 체결된 여러 BIT 및 관련 투자분쟁의 선례를 참고하면 사법부의 결정·판결이 관련 투자협정 위반을 구성하는 경우는 크게 두 가지로 나누어진다. 하나는 각 BIT에 규정되어 있는 사법부 조치 관련 특화 조항에 위반되는 경우이다. 각 BIT에 다양한 방식과 문구로 규정되는 FET, DOJ, FPS 및 EMAR 조항이 그것이다. 이들 조항에 대한 위반은 해당 사법부 조치의 정당성과 객관성을 의심할 정도로 심각한 수준의 문제점이 발견되는 경우로만 국한된다. 특히 외국인 투자 및 투자자에 대하여 깔려 있는 "악의Bad Faith"의 존재가 중요한 변수로 작용한다. 따라서 단순히 법리 적용의 오류가 있다거나 특별한 쟁점에 대하여 국내 법원이 다른 결론을 도출하였다는 것과 같은 일반적인 항소사유는 이들 조항의 범위에 포섭되지 않는다. 특히 사법부의 조치를 검토한 ISDS 판정부는 자신들이 각국의 법원 및 판결에 대한 제4심으로서의 역할을 수행하지는 않는다는 점을 분명히 밝히고 있다.

　법원의 결정 및 판결이 BIT 위반 문제로 ISDS 절차에 회부되는 또 다른 루트는 법원 스스로 '독자적'인 정부 조치의 주체가 되는 것이다. 위에서 살펴본 사법부 조치 특화 조항은 주로 행정부의 조치가 사법심사를 위하여 법원에 회부되거나 혹은 외국인 투자자와 관련된 사인간의 분쟁이 법원에 회부되는 경우 법원이 이를 심판자의 입장에서 수동적으로 평가하는 상황에 기본적으로 적용된다. 그런데 법원 스스로 법령이나 조약을 해석하여 외국인 투자 및 투자자에 대하여 적극적으로 '조치의 최초 시행자'가 되는 경우에는 그로부터 내려지는 결정 및 판결은 그 자체 정부의 조치로 BIT에 규정된 여타 일반조항의 적용을 받을 가능성이 발생한다. 다만 이러한 사례는 상대적으로 드물고 또한 언제 사법부가 적극적이고 독립적인 조치의 시행자의 역할을 수행하는지 여부에 대한 객관적 평가 기준도 불분명하다. 그러나 최근 이 문제를 다룬 일부 판정례는 사법부의 조치에 현저한 위법행위가 개입되어 있거나 조약위반이 명백한 상황에서는 사법부 조치의 독자성을 인정해 BIT 일반조항에 대한 위반을 인정하고 있다.

　현재 일본 강제노동 피해자 손해배상 소송에서 우리 대법원의 판결이 국내외의 관심을 끌고 있다. 아직 재상고심 절차는 진행 중이나 최종적으로 2012년 5월의 판결이 확정되고 국내에 있는 일본 기업에 대하여 집행될 경우 일본측은 ICJ 제소, 한일 청구권 협정 제3조에 따른 중재신청 등 다양한 방안을 검토하고 있는 것으로 알려지고 있다. 그 중 주목되는 부분은 일본 기업들이 이 문제를 현재 발효 중인 2003년 한일 BIT의 관련 규정에 따라 ISDS 절차로 회부하는 방안 역시 검토하고 있다는 점이다. 다른 국제소송절차와는 달리 ISDS 절차는 최소한 관할권 문제에 대해서는 별도로 한국측의 동의를 받을 필요가 없고 국제적 관심을 촉발하는 데 유리하다는 측면에서 이 방안이 흥미로운 대안으로 검토되고 있는 듯하다. 그러나 투자분쟁해결절차로 회부하기 위하여 일본측이 거쳐야 하는 중요한 정치·경제적 검토사항을 감안하면 설사 관할권 문제가 해결된다고 하더라도 이 절차로 진행하는 것이 쉬운 결정만은 아닐 것이다.

그러나 이러한 가능성의 언급 자체는 투자협정과 투자분쟁해결절차에 대하여 다양한 함의를 제시하고 있다. 본질적으로 정치적·외교적 분쟁인 사안에 대해서도 투자분쟁해결절차가 적용될 수 있다는 가능성을 보여주고 있는 것이다. 투자분쟁해결절차가 보유하는 광범위한 적용 가능성을 보여주는 또 하나의 사례라고 할 만하다.

만약 이 문제가 ISDS 절차로 진행한다면 이 판결이 기존의 우리 정부 입장과 부합하지 않는다는 측면, 양국간 45년 이상 유지되어온 공통의 양해에 부합하지 않는다는 측면, 그리고 일견 1965년 청구권 협정과 관련 부속서의 규정과 부합하지 않는다는 측면 등 이 판결에 내재하고 있는 고유한 쟁점들이 한일 BIT 제반 조항 위반 여부와 관련하여 심도 있게 검토될 것이다. 특히 이 판결이 기존 정부 입장이나 양국간 유효한 협정 규정과 부합하지 않는다는 측면은 위에서 살펴본 최근의 중재판정 사례를 살펴보면 반드시 우리 측에 유리하게 작용하지는 않을 것이다. 나아가 이러한 판결이 이 사건에서만 특별히 발견되는 성격을 갖는 것으로 중재판정부가 판단하는 경우 우리 정부 입장은 더욱 난처해질 수 있을 것이다. 분명 각 중재판정부는 각국의 사법부에 대하여 상당히 조심스러운 입장을 견지하고 있다. 그러나 사법부가 투자협정의 핵심적인 조항에 직접 영향을 미치는 조치를 '독자적'으로 실시하는 경우 이러한 조심스러운 입장을 취하는 정도가 낮아진다는 측면은 진지하게 고려할 필요가 있다.

투자협정은 그 광범위한 적용 가능성으로 인하여 여러 국가들에 대하여 새로운 과제와 도전을 제시하고 있다. 특히 정부 정책의 다양한 측면이 투자협정의 적용 대상에 포함되게 됨에 따라 여러 가지 복잡한 실체적·절차적 쟁점들을 제시하고 있다. 투자협정의 이러한 부분은 체약 당사국의 사법부에 대해서도 마찬가지로 적용된다. 여타 국제협정과 마찬가지로 투자협정에도 사법부 조치에 대한 예외 조항은 존재하지 않는다. 따라서 사법부가 취하는 여러 조치들 – 가장 대표적으로는 판결 – 도 원칙적으로 투자협정의 적용 대상이 될 수밖에 없다. 이러한 부분은 최근 확대되고 있는 BIT 및 FTA를 통하여 투자협정의 적극적인 운용국가로 자리 잡고 있는 우리나라가 새로이 유념하여야 할 사항 중 하나이다.

주권국가인 우리나라가 우리의 사법주권을 최대한 행사하는 것은 지극히 당연하다. 그러나 외국과 이미 체결한 조약과 관련한 사법주권의 행사는 "체약 당사국은 자신의 국내법을 이유로 조약 위반을 정당화할 수 없다"는 조약법에 관한 비엔나 협약 제27조의 기본 원칙을 염두에 두고 이루어져야 할 것이다.

12

WTO체제 거버넌스의 구조적 문제점과 개선방안 분석

안덕근

- 서론

- WTO체제의 거버넌스 발전과 특징

- 맺음말

본 논문은 통상법률 통권 제97호(2011년)에 수록된 논문을 일부 보안·수록하였다. 본 논문의 기초가 된 "세계무역체제 거버넌스 개편과 한국의 대응방안 연구"를 지원해 준 외교통상부에 감사하며 본문에서 제기한 여러 사안에 대해 좋은 의견을 제시해 준 정해관·김석우·박성인 외무관에게 깊은 감사의 뜻을 전한다.

관세 및 무역에 관한 일반협정^{General Agreement on Tariffs and Trade, 이하 'GATT'}에서 세계무역기구 ^{World Trade Organization, 이하 'WTO'}체제로 비약적인 발전을 해 온 세계통상체제는 회원국들의 지속적인 확대와 국제통상규범의 확장속에서 거버넌스에 관한 새로운 문제에 직면하고 있다.[1] 1995년 출범한 WTO가 15년 이상 지나게 됨에따라 회원국들의 다양한 이해관계 속에서 WTO의 합법성과 신뢰성을 구축하기 위한 다양한 쟁점들이 부각되는 것이다. 또한, 국가간의 통상관계와 정책을 규율하는 국제규범을 기반으로 하는 WTO에 대해 최근 비정부기구^{NGO}를 중심으로 하는 시민사회의 요구가 증가하게 되면서 이러한 전세계적인 변화의 추세를 어떻게 수용하느냐 하는 것이 세계무역체제에서 선례가 없는 중요한 의제로 대두되었다.[2]

본 논문에서는 GATT 출범에서 WTO체제로의 발전과정에서 제기되는 거버넌스 문제의 변화와 최근 도하협상이 지연되면서 부각되고 있는 체제상의 구조적 문제점들을 분석하고 그 해결방안을 모색한다.

---

1 120여개국이 참여한 우루과이라운드협상에 의해 출범한 WTO는 2011년 1월 현재 153개 회원국이 참여하고 있다. 가장 최근의 신규가입국은 2008년 7월 23일 가입한 Cape Verde이다.

2 WTO 설립협정 제V:2조에서는 WTO 관련 사안에 대해 NGO와 협의 또는 협력을 위한 적절한 방안을 마련할 수 있도록 규정하고 있다. 현재 WTO는 국제기구 중 드물게 정례적으로 NGO와의 공식적인 행사를 주관하고 있으며, 각료회의에도 공식적으로 NGO의 참여를 허용하고 있다. 예를 들어, 2009년 제네바에서 개최된 각료회의에는 총 435개의 NGO가 공식적인 참여를 허용받은 바 있는데 한국의 NGO는 단 하나도 없다. WTO, WT/MIN(09)/INF/10 (25 Nov. 2009).

::: WTO체제의 거버넌스 발전과 특징

■ WTO체제의 거버넌스 발전

● 국제무역기구(ITO)에서 GATT로 출범되기까지

2차대전 이후 세계경제 재건을 위해 국제통화기금[IMF]과 세계은행[World Bank]의 설립에 이어 국제무역기구[International Trade Organization, 이하 ITO]로 출범하도록 예정되어 있던 국제통상체제를 담당하는 국제기구의 설립은 미국 트루먼 대통령이 당시 공화당과 민주당의 충돌속에서 미국 의회의 동의를 얻는데 실패함으로써 좌초되었다.[3] 그럼에도 불구하고, 당시 ITO 설립을 위해 노력했던 미국, 영국 등 주요 국가들은 잠정의정서[Protocol of Provisional Application]를 통해 ITO체제하에서 무역 규범으로 시행될 예정이던 부분을 "관세 및 무역에 관한 일반협정"이라는 형태로 한시적이라는 조건하에 적용시켰다. 이러한 다소 특이한 역사적 배경 때문에 GATT체제가 우루과이라운드를 통해 WTO체제로 확대·개편되기 이전까지 약 50년간 유지된 국제통상체제의 주요한 거버넌스 문제를 이해하기 위해서는 ITO의 구조를 살펴볼 필요가 있다.[4]

ITO 설립에 관한 법률적 합의문인 소위 "하바나 헌장[Havana Charter]"에 따르면, 제Ⅶ장은 ITO의 구조, 기능, 의사결정, 이사회 운영, 사무총장 및 조직, 여타 국제기구와의 관계 등 전반적인 거버넌스에 관한 부분을 다루고 있는데 총 6개 절, 21개 조항으로 구성되어 있다.[5] 〈표 1〉에서 보여진 바와 같이, ITO의 거버넌스 체제는 이후의 GATT 또는 WTO체제와 비교할 때 일부 유사한 부분도 있으나 특이한 내용이 많아 현 단계에서의 WTO 거버넌스 개편 논의에 중요한 시사점을 제공하고 있다.[6] 일례로, ITO는 UN산하기관으로 구상되었으나 UN 회원국이

---

3 William Diebold, The End of the ITO (Princeton University, 1952).

4 GATT 출범에 관한 이러한 특이성은 이후 학자들이 GATT체제가 "선천성 기형(birth defect)"을 지니고 있다고 평하는 이유가 되고 있다. J. Jackson, World Trading System (1995).

5 "Final Act of the United Nations Conference on Trade and Employment: Havana Charter for an International Trade Organization". 〈http://www.worldtradelaw.net/misc/havana.pdf〉 (visited 3 Jan. 2011). 하바나 헌장은 전체 9개의 장, 106개 조항 및 16개 부속서로 구성되어 있다.

6 ITO의 역사가 GATT/WTO체제의 발전에 기초가 된 데에는 이견의 여지가 없다. 실질적인 규범이나 체제상 구조 등의 부분 이외에도 그 잔재가 많이 남아있는데 대표적인 예가 공식 언어이다. WTO체제의 공식 언어는 영어와 더불어, 불어와 스페인어가 채택되어있다. ITO헌장에는 당시 공식 언어로 동 3개 국어 이외에 러시아어와 중국어가 채택되었는데 이후 러시아와 중국이 GATT체제에 불참하면서 이들 국가의 언어는 제외되었다.

아니라 독립된 관세 영역에 대해서 회원국 자격을 인정하고 있는데 이는 후에 GATT와 WTO 체제에서 그대로 채택되고 있다.[7] 또한, ITO는 전체 ITO 회원국으로 구성되는 최고 의사결정 기구인 총회^{Conference}를 두는데 의사 결정은 1국 1표에 기초한 투표에 의하도록 되어 있다.

표 1. ITO와 WTO간의 거버넌스 비교

비교 사안	ITO	WTO
회원국 자격	외교관계의 공식 행위를 할 수 있는 독립 관세영역	대외통상 행위에 대해 완전한 자주권을 가지는 독립 관세영역
주요 기구	총회(Conference) 　- 회원국 당 1인의 대표 　- 1국 1표	각료회의(Ministerial Conference) 　- 최소 2년에 1회 소집
	이사회(Executive Board) 　- 18개국 　- 경제 규모 반영 　- 1국 1표 다수결로 의사결정	일반이사회(General Council)가 주요 의사결정기구로 역할 　- 분쟁해결기구와 무역정책검토기구 기능 수행
	위원회(Commission) 　- 이사회에 의해 결정되는 7인 이하로 구성	이사회(Council) 　- 상품무역이사회 　- 서비스무역이사회 　- 지재권이사회 　- 산하에 다양한 위원회(Committee) 구성
여타 국제기구와의 관계	정치적인 사안에 대한 적용 배제 　- UN헌장 제IV조 또는 제VI조 사안은 ITO 적용대상에서 제외	효과적인 협력체계 구성만 명시
분담금	2년치 이상 분담금 체불 경우 투표권 박탈	체불에 대한 명시적인 벌칙 규정 미비

　GATT 또는 WTO에서는 채택되지 못한 기구이지만 ITO에서는 이사회 구성이 계획된 바 있다. 이사회는 총회에서 선정된 18개국으로 구성되는데, 지역간 배분을 고려하도록 되어 있으며 당시의 유럽경제공동체를 염두에 두어 관세동맹도 이사회의 일원으로 선정될 수 있다고 규정하고 있다. 특이하게 매 3년마다 출석 2/3 이상 과반수 투표의 지지를 받는 경제적 중요성이 큰 회원국 - 즉, 무역규모가 큰 핵심 선진국 - 8개국을 이사회 회원으로 선정하게 된다. 이는 UN 안전보장이사회와 같이 기구 운영에 관한 핵심적인 기능

---

7 ITO 설립을 위한 하바나헌장은 당시 53개국에 의해 서명되었는데, 당시 서명국 중 중국, 에쿠아도르, 파나마, 요르단의 4개국은 이후 WTO에 가입한데 반해 아프가니스탄, 이란, 이라크, 레바논, 리베리아, 시리아 등 6개국은 아직도 WTO에 가입하지 못하고 있다.

을 수행하는 의사결정체를 설립하려는 안으로서 사실상 기구의 주요 회원국들에게 특혜를 부여하는 구상안이라고 볼 수 있는데, 당시 국제사회에서의 공감대를 반영하고 있는 것으로 이해된다. 여타 10개 회원국은 출석 2/3 이상의 투표 지지를 받는 국가들로 채우게 된다. 이사회는 ITO의 주요 정책 시행을 책임지게 되어 있으며 위원회 활동을 감독한다.

위원회는 각 관련 사안에 대한 전문성이 인정되는 7인 이하의 위원들로 구성되는데 이사회에 의해 확정된다. 사무총장은 이사회의 추천에 의해 총회에서 결정되는데 투표권은 없는 대신 ITO의 모든 회의에 참석할 수 있다.

UN과의 관계와 관련하여 정치적인 사안에 대해서는 ITO협정이 적용되지 않는다는 점을 명확하게 하고 있다. 보다 구체적으로, UN헌장 Chapter IV 혹은 Chapter VI와 관련하여 정치적인 문제로 제기되는 사안은 ITO의 적용대상에서 전적으로 배제하고 있다. 여타 국제협정들과는 조화와 협력을 위해 공동 노력하도록 하고 있으며, 이미 당시에 NGO들과의 협의와 협력을 위해 필요한 절차를 마련할 수 있도록 한 점은 주목할 만하다. 한편, 회원국 권한 밖의 일이 아닌 한 2년치 이상의 분담금을 납부하지 못한 회원국은 기구의 의사결정을 위한 투표에 참석하지 못하도록 규정하고 있다.

이후 ITO 설립이 무산되고 GATT체제가 대신 들어선 후에는 ITO 창설 협상 당시 고안된 거버넌스는 폐기되고 GATT 제III부의 일부 조항들이 전체 체약국들에 의한 의사 결정 등에 대해 규정하게 되었다. 특히, GATT 규정상 1국 1표의 평등한 투표권에 기초한 투표 방식이 제시되고 있으나, 1959년 브라질의 요청으로 시행된 운송보험에 관한 계약 자유 문제에 대한 투표를 마지막으로 더 이상 GATT 회의장에서 GATT 규범 적용이나 시행에 관한 투표는 이루어지지 않았다.[8] 1959년 이후에는 사실상 모든 GATT의 의사결정이 합의consensus에 기초하였으나 1990년 이전의 문서상에는 공식적으로 합의에 대한 정의가 제시되지 않고 있다. 다만 복수간 협정으로 마련된 "소고기협정Arrangement Regarding Bovine Meat"

---

8 GATT, SR. 14/9 at 115 (1959). 이후에는 신규 가입, 자유무역협정, 특별회의의 요청 등의 사유에 의해 시행된 우편에 의한 투표를 제외하고는 GATT체제 운영에 관한 일반적인 문제에 대해서는 더 이상 회의장에서 투표에 의해 의사결정이 이루어진 바가 없다.

과 "국제낙농협정International Dairy Agreement"상에서 합의에 대한 정의가 제시된 바 있다.[9]

• GATT에서 WTO로의 발전

우루과이라운드를 통해 WTO체제가 출범되면서 가장 두드러진 변화는 공식적인 국제기구로서의 WTO 설립이다. ITO 설립이 무산됨에 따라 잠정의정서[10]를 통해 다소 변칙적인 방식으로 시작된 GATT는 국제기구로서의 틀을 갖추지 못하고 있어 GATT 서명국들은 회원국member이 아니라 체약국contracting party이라 불리게 되었다. 그러나 WTO가 설립됨에 따라 기존의 GATT 체약국들은 공식적으로 WTO회원국으로 탈바꿈하게 되었을 뿐만 아니라 1995년 말을 기점으로 GATT가 공식적으로 종료되면서 과거에 존속되어 오던 "선행 국내법규 예외Pre-existing Legislation Exception, 또는 Grandfather Exception"도 모두 철폐되었다.[11]

또한, 새로이 출범한 WTO체제에서는 상품무역, 서비스무역, 지적재산권 보호 문제를 다루는 개별 이사회가 구성되고 그 산하에 사안별로 다양한 위원회가 마련되었다.[12] 최고 의사결정기구로서 각료이사회가 있는데 최소 2년마다 한번씩은 회의를 개최하도록 규정되어 있다.[13] 그러나 기구의 운영상 각료이사회에서 권한을 가진 대부분의 사안이 일반이

---

9 소고기협정, 제VII:1(c)조; 국제낙농협정, 제V:3조. See generally Richard H. Steinberg, "Consensus Decision-Making at the GATT and WTO: Linkage and Law in a Neorealist Model of Institutions", UC Berkeley: Berkeley Roundtable on the International Economy Working Paper 72 (January 1995).

10 잠정의정서를 통해 1948년 1월 1일자로 "잠정" 적용된 GATT협정은 국내법규와 상충되는 사안에 대해서는 국내법이 우선한다는 소위 "조부조항(Grandfather Clause)"을 통해 주요국들의 국내 비준절차를 회피하였다. 이러한 문제점은 GATT체제 기간동안 수차례 GATT를 확정적으로 적용(definitive application)하려는 시도를 하게끔 하였으나 모두 실패하였다.

11 WTO체제로의 원만한 이행을 위해 기존의 GATT를 1995년말에 종료시킴으로써 1년간의 이행기간을 두었다.

12 WTO, WTO Annual Report 2006, 93.

13 WTO설립협정, 제IV:1조. 제3차 시애틀 각료회의가 당시 신라운드 출범을 시도하기 위해 제2차 각료회의 다음해인 1999년에 개최된 바 있으나 그 외에는 대부분 2년만에 개최하고 있다. 한편, 일정상 개최되어야 했던 2007년 각료회의는 개최신청국 부재와 도하협상 모멘텀 상실 등의 사유로 개최되지 못했다. WTO 출범 이후 최초의 각료회의 개최 실패사례인 2007년의 경우 향후 이러한 문제 재발 방지를 위한 명확한 후속대책 또는 해결방안이 마련되지 못하고 있는데 이에 대한 책임이 사무국 - 즉, 사무총장 - 에 있는 것인지 혹은 회원국 전체 - 이런 경우, 궁극적으로 일반의사회 의장 - 에 있는 것인지 논란이 제기될 수 있다. 한편, 2006년 7월 당시 파스칼 라미 WTO사무총장은 회원국들의 협상의지 부족을 근거로 도하협상을 잠정적으로 직권 중단한 바 있다. 이후 2007년 1월 다보스포럼에서 도하협상 재개를 선언하였고 사무총장의 의도는 WTO회원국들로 하여금 도하협상에 대한 주의를 환기하기 위한 것이었다고는 하나 사무총장이 회원국들간의 다자간 무역협상을 중단할 수 있는 법적인 권한이 있는 것인지 여부에 대해서는 논란의 여지가 크다.

사회에게 위임되어 있다. ITO의 구상안에서는 18개 주요국만 참여하는 이사회가 마련된 바 있으나, WTO체제하에서는 그러한 소수의 회원국이 주도하는 의사결정체는 존재하지 않으며 각료이사회와 일반이사회 모두 회원국 전체가 참여하게 된다.

한편, 일반이사회는 분쟁해결절차를 관장하며 분쟁해결기구로서 역할도 하게 되는데, 산하에는 여타의 행정 기구들로부터 독립성을 보장받은 상설 상소기구가 구성되어 있다. 특히, GATT 분쟁해결제도의 최대 문제점으로 지적된 합의에 의한 분쟁 판결 채택절차를 합의에 의한 분쟁 판결 기각절차로 수정함으로써 사실상 모든 판결이 자동적으로 분쟁해결기구에서 채택되도록 하는 강력한 사법절차를 마련하게 되었다. 이로써 GATT 체제와 비교할 때 훨씬 정교한 조직적 뒷받침과 함께 WTO 규범 시행에 있어 한층 효과적인 분쟁해결제도를 구비하게 되었다.

분쟁해결기구 이외에도 일반이사회는 무역정책검토기구의 역할도 병행하고 있다[14]. WTO체제의 사법기능을 담당하는 분쟁해결기구에서와는 달리 무역정책검토기구에서의 의결은 회원국에게 어떠한 법적인 의무도 부과하지 않는다. WTO협정의 부속서 3 "무역정책검토체제" A항에서는 명시적으로 무역정책 검토기능은 회원국 무역정책의 영향에 대한 총체적인 평가일 뿐이며 협정상 의무사항의 이행이나 분쟁해결의 근거가 되지 않는다고 규정하고 있다. 즉, 회원국들의 무역정책에 대한 종합보고서 작성과 관련하여 다양한 질의와 논의 등을 통해 사실상 동료간 압력peer pressure을 행사하는 보다 정치적인 성향이 부각되는 기구로서, 일반이사회가 사후적으로 역할을 수행하는 두 가지 기능의 성격을 비교해 볼 때 분쟁해결기구에서와는 정반대의 성격을 가진다는 점에서 주목할 만하다.

이처럼 일반이사회는 일상적으로 WTO체제를 운영하는데 필요한 행정상의 의사결정 이외에도 한편으로는 패널과 상소기구의 사법적인 판결에 실질적인 국제법적 구속력을 부과하는 의결과 다른 한편으로는 전혀 법적인 구속력이 없는 회원국의 무역정책에 대한 보고서 검토 기능을 별개의 기구라는 형태로 수행하고 있다. 따라서, 일반이사회가 수행

---

14 무역정책검토제도는 1989년 GATT에서 최초로 도입되었는데 이에 의거한 최초의 한국에 관한 무역정책검토 보고서는 1992년 6월에 회부되었다. GATT, C/RM/G/27 (12 June 1992).

하는 의사결정의 내용과 그 효과를 감안할 때 일련의 모든 결정절차에 대해 동일하게 합의과정이 채택되는 점은 사실상 기구 운영에 관한 근본적인 문제를 제기할 수 있다. 예를 들어, 법적인 의무나 구속과는 무관한 사실상 형식적인 추인 과정에 불과한 무역정책검토기구에서의 의사결정과 국제법상 준수 의무를 발생할 뿐만 아니라 위반시에는 공식적으로 무역보복조치까지 승인하게 되는 분쟁해결기구에서의 의사결정이 원칙적으로 동일한 합의절차를 따르게 되는 부분은 구조적인 비합리성의 여지가 있다.

한편, 분쟁해결기구에서 채택한 소위 "역합의^{reverse consensus} 방식"은 사실 해당 사안에 대해 항상 찬성하거나 지지하는 회원국이 있다는 점을 감안하면 사실상 합의절차를 유명무실화하는 문제점이 있다. 2011년 1월 현재까지 분쟁해결기구에서 "역합의 방식"에 의해 기각된 판결이 한 건도 없다는 점은 사실상 분쟁해결기구에서의 의사결정절차가 무의미한 것으로 간주될 수 있다는 것을 시사한다. 따라서, 유명무실한 역합의 방식에 의한 분쟁해결기구에서의 합의절차가 여전히 필요한 것인지 여부에 대해서는 향후 논의가 필요한 부분이다. 다른 한편으로는 분쟁해결기구에서 채택한 역합의 방식에 의한 의사결정절차를 여타 위원회나 협상과정에서도 도입이 가능한지 여부를 검토할 필요가 있다. 현재 도하협상 등에서 나타나고 있는 구조적인 WTO체제에서의 의사결정절차상 문제점에 대해 역합의 방식이 적절한 시점에서 도입되는 방안이 신중하게 검토될 수 있을 것으로 보인다.

거버넌스 차원에서 또한 주목되는 부분은 WTO체제내에 지적재산권 보호 규범을 도입한 "무역관련지재권보호^{TRIPS}협정"의 수용이다. WTO체제의 설립과 함께 GATT, GATS, TRIPS가 세계무역에 관한 규범 체계의 세 축을 형성하게 됨으로써 흔히 세 가지 협정은 무역자유화라는 세계무역체제의 기본취지와 동일선상에서 이해되고 적용된다. 이는 지적재산권 보호 관련 협정으로는 유일하게 최혜국대우(MFN)원칙을 도입하는 이례적인 특징을 WTO 회원국들이 비교적 큰 반발없이 수용하게 된 가장 중요한 이유로 보인다. 1800년대 후반부터 형성되어 적용되던 지적재산권 관련 국제조약들에서 MFN규정이 도입된 사례가 없었다는 점을 감안하면 WTO 설립과 함께 현재 153개 회원국들에게 일괄적인 지재권 보호 의무를 MFN차원에서 적용하는 것은 지재권보호 규범상 가장 획기적인

발전이라 할 만하다.[15]

그러나 상호거래 활성화를 통해 호혜적인 무역상 혜택을 추구하는 상품무역이나 서비스무역과는 다르게, TRIPS협정의 경우 회원국간 시장접근 확대를 통해 상호간 무역상 혜택을 기하는 규범이 아니다. 즉, TRIPS협정은 지재권 보호에 관한 국제협정으로는 최초로 전 회원국들에게 일괄적인 최소보호기준을 설정하여 이를 강제하는 형태로 적용될 뿐만 아니라 다양한 지재권들에 대해 WTO체제를 기초로 통합된 형태의 이행구조를 적용하고 있다. 이처럼 내재적으로 이질적인 특성을 가진 TRIPS협정의 경우 일반적인 무역협정의 원칙을 도입하거나 적용하기 어려운 문제가 제기된다.

예를 들어, 장기적으로 자유무역을 목표로 일관되게 시장접근의 확대를 추진하는 GATT, GATS와는 달리 TRIPS의 경우 일방적으로 지적재산권 보호기준을 강화하는 것이 사회후생의 증가에 유익한 것도 아니며 TRIPS, 나아가 WTO체제의 목표가 될 수도 없다.[16] 또한, WTO의 규범을 바탕으로 회원국 상호간의 시장개방을 지속적으로 추구하기 위해 무역협상이 진행되는 것과는 달리 TRIPS의 경우 시장개방과 관련한 무역협상과는 완전히 유리된 규범협상만이 진행되는데 대부분의 경우 강화된 지재권 보호기준은 개발도상국들에게만 일방적으로 이행 부담을 불균형하게 발생시키는 문제를 초래하게 된다.

더욱이 이러한 근본적인 차이는 시장접근을 다루는 GATT, GATS의 경우 FTA를 통한 전격적인 시장자유화에 대한 MFN 예외를 인정하게 되지만 TRIPS의 경우에는 그러한 FTA 예외를 포함하지 않게 되는 근거가 된다.[17] 주목할 부분은 이러한 MFN과 관련된 비

---

15 TRIPS협정의 개괄적의 설명은 한국국제경제법학회, 국제경제법 (박영사, 2006), 박덕영, 이일호, 국제저작권과 통상문제 (세창, 2009) 과 C. Correa & A. Yusuf, Intellectual Property and International Trade: The TRIPS Agreement (Kluwer Law International, 2nd ed., 2008) 참조.

16 경제학적으로도 과도한 지재권 보호는 오히려 사회후생을 감소시킨다는 연구결과들이 제시되고 있다. 예를 들어 A. Deardorff, "Should Patent Protection Be Extended to All Developing Countries?", The World Economy, Vol. 13, 497-507 (Dec. 1990); A. Deardorff, "Welfare Effects of Global Patent Protection", Economica, Vol. 59, 35-51 (Feb. 1992) 참조.

17 시장접근에 관한 MFN 의무에 대한 FTA 예외는 GATT 제XXIV조와 GATS 제V조에서 제시되고 있으나 TRIPS협정에서는 그러한 FTA 예외를 인정하는 규정이 없다. 다시 말하여, TRIPS 관련 FTA 합의사항은 대부분 MFN의 적용을 받게 되므로 모든 WTO회원국에게 동일하게 적용되는 것이다. See generally B. Mercurio, "TRIPS-Plus Provisions in FTAs: Recent Trends", in Regional Trade Agreements and the WTO Legal System 215-237 (L. Bartels & F. Ortino, eds., Oxford Univ. Press, 2006).

대칭적인 규범체계가 WTO체제에서 매우 중요한 문제를 제기하는 것이다. WTO체제가 규범적인 측면에서 뿐만 아니라 회원국 구성의 측면에서도 지속적인 확대를 거듭하면서 WTO 도하협상의 사례에서 명백하게 드러나듯이 다자간 협상보다는 양자간 협상에 대한 의존이 증가될 수 밖에 없는 상황이 초래되고 있다. 그런데 시장개방 분야에서는 FTA 예외를 통해 양자간 협상 내용이 WTO체제의 예외로 인정을 받게 되나 TRIPS 분야에 있어 합의되는 FTA 사안들은 원칙적으로 모두 MFN규범의 적용을 받게 됨으로써 사실상 WTO 규범의 수정을 이루어내는 간접적인 채널이 되는 것이다. 특히, 최근 급속도로 번져가는 소위 "WTO plus"방식의 FTA협상에서 지재권 분야의 추가합의를 도출해 내는 것이 관행화 되고 있는 상황을 감안하면 향후 지재권 보호체계에서의 WTO 역할은 한층 부각될 것으로 보인다. 다시 말하여, WTO보다 오랜 역사와 많은 회원국들을 가지는 지재권보호 전담기구인 세계지적재산권기구World Intellectual Property Organization, "WIPO"18가 이루어내지 못한 전면적인 지재권 보호 규범의 강화를 무역자유화를 위해 설립한 WTO에서 달성해 가는 다소 기이한 현상이 초래되는 것이다.

이러한 WTO체제상의 불균형한 규범 체계와 발전행태는 지재권 보호수준의 강화에 대한 타당성 여부 논의와는 별개로 개도국이 압도적으로 다수를 차지하고 있는 WTO의 향후 거버넌스 발전에 논란을 야기할 수 있다. 특히, WTO체제 발전의 기초가 된 GATT에서의 관행과 경험을 GATS와 TRIPS에 대해 일괄적으로 확대 적용하게 되는 과정에서 제기될 다양한 구조적 모순점은 WTO 회원국간에 합의과정 등 체제 운영에 관한 제반 근본적인 문제점에 중첩되어 향후 난제로 대두될 것으로 보인다.

또 다른 측면의 규범의 비대칭성은 상품무역을 다루는 GATT와 서비스무역을 다루는 GATS간에 발생하고 있다. 현재 GATT의 경우 지난 GATT체제에서의 약 50년간 경험을 기초로 반덤핑, 보조금, 세이프가드, 기술장벽 등 상당히 세분화된 영역에까지 무역규범이 발전되어 있으나 이러한 규범들은 기본적으로 상품의 국경간 무역에 주로 적용된다.

---

18 WIPO는 UN산하기구로서 공식적으로 1967년에 설립되었는데 그 전신인 Burueaux for the Protection of Intellectual Property (불어 약칭으로 "BIRPI")은 1893년에 설립된 바 있다. 현재 184개 회원국으로 가지고 있으며 약 940명의 사무국 직원을 두고 있다.

반면, 우루과이라운드를 통해 최초로 도입된 GATS의 경우 국경간 무역^{서비스무역 Mode 1} 뿐만 아니라, 해외소비^{Mode 2}, 상업적 주재^{Mode 3}와 자연인 이동^{Mode 4}까지 다루고 있다. 더욱이 새로이 도입된 GATS에서의 서비스산업 포괄범위가 155개 세부산업부문을 다루게 되면서 기존의 국경간 무역행위에 대한 규범으로 인식된 국제통상규범이 사실상 비교역행위로 간주되어 오던 국내의 서비스 생산활동 전반에 적용되고 있다.[19]

이는 국가간 상업행위를 규제하는 국제규범에서 몇 가지 중요한 쟁점을 야기하고 있다. 우선, 전통적으로 무역의 심화에 이어 촉발되는 투자 활성화에 대한 국제규범이 제조업 부문에 있어서는 아직 다자간 협정으로 발전되지 못하고 있음에도 불구하고 보다 선진화된 교역형태인 서비스 무역분야에 대해서는 GATS Mode 3을 통해 다자간 규범이 수립되어 있다는 점이다. GATT와 WTO협정을 통해 정교한 다자간 국제규범으로 발전해 온 무역 분야와는 달리 투자에 대한 국제규범은 현재 대부분 양자간 투자보장협정의 형태로 적용되고 있다. 표면상으로는 WTO협정내에 무역관련 투자조치에 관한 협정^{Agreement on Trade-Related Investment Measures, "TRIMs협정"}이 투자를 다루는 다자간 규범으로 마련되어 있으나 그 내용은 GATT 제III:4조상의 국산품사용의무^{local content}금지 규정과 제XI:1조상의 수량제한금지 규정의 재확인에 불과하다.[20] 이에 WTO 설립 직후인 1995년 9월 선진국들을 중심으로 OECD를 통해 다자간 투자협정^{Multilateral Agreement on Investment, "MAI"}을 마련하려고 시도하였으나 결국 1998년 12월 실패로 끝난 전례가 있다.[21] 1996년 12월 WTO 설립 후 최초로 개최된 싱가포르 각료회의를 통해서도 경쟁, 정부조달, 무역원활화 이슈와 함께 투자 문제에 대한 다자규범 확립을 위한 선언이 있었으나 이후 협상의제로 다루던 도하

---

19 GATS에 도입된 서비스산업과 기존의 UN CPC코드간의 대비를 제시한 서비스 산업분류표는 WTO, MTN. GNS/W/120(10 July 1991) 참조.

20 EC - Regime for the Importation, Sale and Distribution of Bananas분쟁에서 패널은 기본적으로 TRIMs협정이 GATT 제III조와 제XI조 규정의 해석과 명확화에 그치고 있으므로 GATT 규정에 대한 판결과 별도의 판결이 요하지 않는다고 결론지었다(WTO, WT/DS27/R, paras. 7.183-7.187.). 한편, Indonesia - Certain Measures Affecting the Automobile Industry분쟁에서는 패널이 TRIMs협정도 WTO체제하에서 별도의 법적 의무를 갖는 독자적인 무역규범이라는 점을 강조한 바 있다(WTO, WT/DS54,55,59,64/R, paras. 14.58-14.92.).

21 MAI 협상과정의 전개와 실패요인 등에 대해서는 C. Devereaux et al., Case Studies in US Trade Negotiation, Vol. 1: Making the Rules, 135-186 (IIE, 2006) 참조. MAI협상과 관련된 OECD의 자료는 〈http://www1.oecd.org/daf/mai/〉 (visited 23 Dec. 2010)에서 확인할 수 있다.

협상에서 개발도상국들의 반대에 부딪혀 2004년 공식적으로 이를 제외한 바 있다.[22]

이러한 제조업 및 상품교역과 관련된 부문에서의 다자간 투자규범 수립이 진전을 이루지 못하는데 반해, 서비스교역과 관련된 다자간 투자규범은 현재 GATS의 Mode 3 규범을 통해 사실상 WTO체제내에 이미 확립되어 있다. 상품부문에서의 다자간 규범에 비해 서비스 투자규범의 주요한 특징은 서비스협정의 경우 적용대상 산업부문의 결정이 현재 Positive List방식을 채택하고 있어 개별 회원국들의 합의수준에 따라 적용범주에 차이가 발생한다는 점이다. 그러나 이 부분도 최근 FTA가 급증하면서 상당부분 해소되고 있는데, 대부분의 최근 FTA들에서는 서비스시장 개방을 Negative List방식으로 합의하면서 서비스부문 포괄범주가 점차 확대되고 있기 때문이다. 더욱이 최근 서비스 부문을 포함하는 대부분의 FTA협정들에서는 특징적인 사항으로 MFN규정을 도입하고 있다.[23] 이처럼 FTA내에서의 MFN을 통한 서비스시장 개방 확대구조 등으로 서비스부문에 대한 투자규범의 적용범위는 사실상 갈수록 확대되는 추세이다.[24]

GATT와 GATS 관련 투자규범 발전의 차이는 중요한 거버넌스 문제를 초래한다. 제조업 중심의 상품교역에 관한 다자간 투자규범 확립에 주로 반대하는 측은 개발도상국들로서 선진국 자본에 의한 투자의 지나친 보호가 과도한 경제주권 침해를 초래할 수 있다는 우려 때문이다. 그런데 최근 제조업부문에서의 투자는 과거의 선진국 중심의 일방향 상황에서 전격적으로 변화하여 세계경제의 글로벌화 진전과 부품교역의 확대에 따른 공급망 다각화에 의해 개발도상국으로부터의 투자들도 상당 수준 활성화되어 있는 상황이다.[25] 따라서, 다자간 투자규범의 필요성은 어느 때보다 절실한 시점이라고 할 수 있으나 투자규범에 관한 한 여전히 개발도상국들의 전통적인 입장 고수로 조만간 다자간 규범

---

22 투자 이슈는 2004년 7월 제네바 각료회의에서 발표된 소위 "July Package"에 의해 무역과 경쟁, 정부조달의 투명성 의제와 함께 도하협상의 범주에서 제외하기로 결정되었다. WTO, WT/L/579 (2 August 2004).

23 한국의 경우도 현재까지 체결한 FTA들 중에서 EFTA, 인도, 미국, EU, 페루와의 FTA에서는 서비스 규범에 최혜국대우를 규정하고 있다. 한국의 FTA 내용은 〈http://www.fta.go.kr/new/index.asp〉 (visited 15 Dec, 2010) 참고.

24 M. Roy et al., "Services Liberalization in the New Generation of Preferential Trade Agreements (PTA): How Much Further than the GATS?" (WTO Staff Working PAper ERSD-2006-07, Sep. 2006).

25 2000년대 들어서 확대되는 개도국의 투자 현황에 대해서는 UNCTAD, World Investment Report 2006: FDI from Developing and Transition Economies-Implications for Development, 103- 137 (UNCTAD, 2006) 참조.

합의는 기대하기 어려운 실정이다.

　반면, 주로 선진국으로부터의 일방향 투자가 이루어지는 서비스산업 부문에 대해서는 상당부분 GATS를 통한 투자규범이 확립되어 있다. 여전히 투자보장 차원의 규범은 기존의 양자간 투자보장협정 수준에 이르지 못한 문제점이 있으나 대신 WTO 분쟁해결제도의 매우 효과적인 규범 이행체계를 확보하고 있다. 따라서, 최소한 서비스 투자 진출에 관해서는 GATS Mode 3의 규범이 사실상 투자보장협정의 역할을 수행하고 있으며 앞서 언급한대로 FTA를 통해 그 적용범위가 점차 확대되고 있는 것이다. 이러한 측면에서 최근 WTO 가입이 완료된 후발 WTO회원국들에 대한 가입단계에서의 서비스시장 개방협상은 주목할 만하다. 다양한 세부산업부문에 대해 네 가지 모드로 개방이 이루어지는 바 정확한 계량적 비교는 어려우나, 신규 가입국들의 서비스시장개방 수준은 기존 회원국들의 개방수준에 비해 월등히 높다.[26] 특히, 캄보디아나 네팔과 같은 최빈개도국들에 대해서도 높은 수준의 서비스시장 개방을 요구함에 따라 WTO체제의 정당성 문제까지 제기하는 주요한 빌미가 되고 있다.

　이와 관련된 쟁점으로 GATS Mode 4의 자연인 이동을 들 수 있다. 국경간 노동인력의 이동은 단순히 노동요소의 이동이라는 경제적 문제 뿐만 아니라 사회보장제도, 교육문제, 이민 등 제반 사회적 문제까지 수반되므로 대부분의 국가들이 매우 보수적인 입장을 취한다. 이러한 측면에서 대부분 낮은 교육수준에 기초한 저임금 노동자들의 공급이 많은 개발도상국의 경우에는 단순 기술이 집중되는 제조업 부문의 인력이동을 선호하게 되나 현재 이러한 부분에 대해서는 WTO규범이 적용되지 않고 있다. 반면, 주로 선진국의 고급 노동인력들이 중심이 되는 서비스 부문의 인력이동은 현재 GATS Mode 4를 통해 제한적이나마 다자간 합의를 바탕으로 이동의 원활화를 보장하고 있다. 건설서비스 분야 등 일부 개발도상국 노동자들이 집중된 서비스 부문들도 포함되어 있으나 그러한 분야

---

26 후발 가입국들의 WTO 참여가 기존 회원국들이 우루과이라운드 당시 GATS 시장개방안을 확정한 시점보다 늦다는 점을 고려하더라도 90%에 달하는 서비스산업부문에 대한 시장접근 약속이 이루어지는 부분은 주목할 만하다. WTO, WT/ACC/10/Rev.4 (11 Jan. 2010). See also R. Adlung and M .Roy, "Turning Hills into Mountains? Current Commitments under the GATS and Prospects for Change", Journal of World Trade, Vol. 39, No.6, 1161–1194 (2005).

에서는 언어 장애, 또는 자격증 미비 등의 외생적 요인으로 인해 개도국 노동자들의 해외
진출이 용이하지 않은 경우가 많다. 이를 감안하면 반세기동안의 GATT 발전과정에서도
제대로 다루어지지 못하던 인력이동 문제가 WTO의 설립과 함께 서비스교역 차원에서
수용된 점은 획기적인 발전이라 할 수 있다.

이처럼 구조적으로 확대되어 가는 WTO규범의 비대칭적 발전은 중장기적으로 WTO
체제 개선에 있어 만성적인 장애요인으로 작용할 가능성이 크다. 실제로 WTO 설립 후
협정상 명기된 수많은 기설정의제(built-in issues)들에도 불구하고 최초의 공식 다자간
무역협상 출범에 7년이나 소요된 점이나, 그러한 우여곡절 끝에 개시된 협상이 도하개발
아젠다(Doha Development Agenda)로 이름이 지워지면서 개발도상국들의 개발 우려에
대한 의지를 천명하게 된 점 등은 현 WTO체제의 구조적 문제점에 대한 공감대가 회원국
전체에 전반적으로 확산되는 것을 반증하는 것으로 볼 수 있다.

■ 의사결정원칙

● 합의 방식의 운용과 현실

앞서 설명했듯이 GATT 이래 WTO체제에서는 기본적으로 합의에 의해 모든 공식적인 기
구차원의 결정을 수행하고 있다.[27] WTO협정에서도 여전히 투표에 의한 의사결정 규정
을 제시하고 있고 특히 최혜국대우 규정의 경우 개정을 위해서는 만장일치^{unanimity}를 의무
화하고 있으나 WTO협정 개정을 위해 투표가 실제로 사용된 적은 아직 없다.

WTO체제에서의 합의에 의한 의사결정 관행을 가장 단적으로 보여준 예는 2대 WTO
사무총장 선출 사례다. 초대 WTO 사무총장인 Renato Ruggiero의 후임 선출과정에서 후
보로 나선 뉴질랜드의 수상을 역임한 Mike Moore와 태국의 상무장관 출신인 Supachai
Panitchpakdi간에 회원국들은 이견을 좁히지 못해 합의를 통한 신임 사무총장의 선출이

---

27 원칙적으로 가중투표방식을 사용하는 IMF와 세계은행의 경우에도 이사진의 의사결정에서는 실제로 합의를
　 통하는 사례가 많다. M. Footer, An Institutional and Normative Analysis of the World Trade Organization, 158
　 (2006).

불가능한 상황에 직면했다. 새로운 후보를 검토하기에는 너무 늦은 시점에서 투표를 통해 두 후보 중 한 명을 선출하는 방안이 현실적인 대안으로 제기되었다. 그러나 투표선출 방식에 대한 일부 회원국들의 강력한 반대로 결국 투표를 통해 사무총장을 선출하는 대신 두 후보를 4년 대신 3년 임기로 동시에 선출하는 유례없는 결정을 한 바 있다.

WTO체제에서 지금까지 합의 의사결정에 대한 유일한 예외는 WTO가 출범한 첫 해인 1995년 에쿠아도르 가입 협상시에 시행한 우편 투표$^{postal\ ballot}$인데[28], 이 조차도 투표 직후에 일반의사회가 가급적 향후에는 합의도출에 노력한다는 결정문을 채택한 바 있다.[29]

• 개선 논의와 한계

모든 국가의 찬성을 요하는 만장일치 방식과는 달리, WTO에서 요하는 합의는 특정한 사안에 대해 명시적으로 반대하는 회원국이 없는 것을 의미하는데, 회원국이 불참한 경우에도 반대가 아닌 찬성으로 간주한다.[30] 합의 방식의 대표적 문제점은 이론적으로는 어느 국가도 반대를 제기할 수 있음에도 불구하고 약소국들보다는 강대국들이 표결 결과에 더 큰 영향력을 발휘할 수 있으며 실질적으로 강대국들이 선호하는 결과에 대해 약소국이 반대하는 것 또한 현실적으로 매우 어렵다는 점이다. GATT체제 출범 초기에 국가간 정치·경제영향력의 차이를 보완하는 의사결정방식으로 합의를 채택하였으나, 회원국 수가 153개국으로 확대되면서 합의를 통한 의사결정 방식이 오히려 체제 개편에 더 큰 장애물이 되고 있다. 따라서, WTO체제의 의사결정과 다자간 협상의 효율화를 위해 합의방식에 대한 다양한 대안들이 제기되고 있으나 각각의 대안들도 나름의 한계를 가지고 있다.

우선 과반수표결$^{majority\ voting}$ 하에서는 결과에 대한 비용이 소수자집단에 전적으로 부과된다. 이러한 문제는 이론상 승자가 패자를 보상함으로써 혜택 또는 이익배분의 문제가

---

28 WTO, WT/GC/M/6 (Sep. 20, 1995).

29 WTO, WT/L/93 (Nov. 24, 1995).

30 구체적인 의사결정규정을 명시하고 있는 WTO협정의 제9조에 의하면 반대의견이 생길 경우 한 회원국 당 한 표를 부여하는 표결방식 가능성을 고려하고는 있으나 동 조항도 기본적으로 합의 의사결정방식 이행에 충실해야 한다는 내용으로 시작한다. 조항의 재해석이나 수정 또는 유예(waiver)는 3분의 2 또는 4분의 3 이상의 압도적 다수결(super-majority)을 요한다.

해결될 수 있으나, 현 WTO의 의사결정제도는 정책변화로 발생되는 이해관계 보상문제
에 대해 아무런 조치도 구비하고 있지 않다. 상기 문제점과 관련하여 일부 학자들은 소수
자집단에게 가해지는 비용을 덜어주기 위해서는 압도적 다수결$^{Super-majority}$방식이 바람직
하다고 주장하며, 이는 전체적인 혜택을 향상시킬 뿐만 아니라 파레토 개선$^{Pareto-improving}$
도 가능하다는 점을 지적하였다.[31] 그러나 WTO회원국의 확대로 인해 표결의 전제조건
인 안건의 목적에 대한 구성원간의 동의나 선호의 유사성 등이 보장되지 못할 뿐 아니라
무역과 경제규모가 큰 주요 회원국들에 대한 표결권 분배에 대한 결정이 선행되지 않는
한 현실적으로 표결방식이 채택되기는 어려울 것으로 보인다.

다음으로 유럽통합과정에서 주로 활용하는 Variable Geometry방식이 최근 WTO의 회
원국 수가 증가하면서 의사결정방식의 대안으로 흔히 거론되고 있다. 유럽통합 과정에
서의 Variable Geometry[32] 모델이란 국가간 상호 합의될 수 없는 차이점이 존재한다는 것
을 인정하고 회원국들간의 통합단위를 세분화하는 차별적 통합$^{differentiated\ integration}$ 방안을
나타낸다.[33] 일반적으로 Variable Geometry 모델에 따르면 각기 다른 정책 분야별로 여러
개의 그룹을 형성해서 의견조율을 시도하게 된다. 원래 Variable Geometry는 회원국들이
결국 같은 목표를 각국 사정에 맞게 속도조절을 허용하게 해주는 의사결정방식으로 알려
졌다. 예를 들면, 유로화의 설립자들은 1991년과 1992년에 영국과 덴마크가 유로화를 채
택하지 않는 것을 예외적이고 일시적인 것으로 간주하여 유로화 정책을 모든 EU 회원국
이 유로회원국 원칙에 합의하는 유럽법의 일부로 취급하였다.[34]

WTO에서의 의사결정과 관련하여 Variable Geometry 논의는 다양한 회원국들의 구조

---

31 McGann, A (2002), "The Tyranny of the Super-Majority: How the Majority Rule Protects Minorities" 참조.

32 variable geometry는 가변 또는 가변성으로 번역 할 수 있다. 하지만 경제통합 이론에서는 "다양한 조화" "회원
국수의 가변성" (문우식, 1997, "EMU: 회원국수의 가변성 문제와 통화위원회의 시사점) 등으로 의역되기도
하고, 다자협상에서는 "다양한 의제들을 효과적으로 다루어 나가기 위해서 의제에 따라 유관참여국들을 신
축성있게 참여시키는 방안"으로 해석하기도 한다. 이동휘, "제3차 G-20 정상회의: 국제정치경제적 성과와 향
후 전망" (2009, 외교안보연구원) 참고. 이에 대해 일관적으로 통용되는 적절한 학술용어가 없어 이하에서는
원어대로 "variable geometry"라고 표현한다.

33 Europa glossary. 〈http://europa.eu/scadplus/glossary/enhanced_cooperation_en.htm〉 (visited 12 Dec. 2010).

34 Grant, Charles (2004), Europe's Blurred Boundaries: Rethinking Enlargement and Neighbourhood Policy.

적 차이점을 반영하여 의무수준 부과에 있어 다소간 차등을 두자는 취지에서 흔히 제기되고 있다. 그러나 Variable Geometry방식의 기원이 된 EU의 문맥과는 큰 차이가 WTO문맥에서는 부각되는데, 경제통합 뿐만 아니라 궁극적으로는 정치적인 통합까지도 염두에 두고 체제 통합을 이루어가는 유럽국가들간에 개별 국가들의 특수한 문제들을 감안한 차등적인 개방단계를 수용하는 것과 그러한 기반없이 상업적 이해관계만을 두고 시장개방협상을 벌이는 WTO협상간의 괴리다. 이러한 구조적인 차이점은 원론적인 측면에서는 WTO회원국들이 Variable Geometry방식의 협상에 대해 일반적인 지지를 보이나 구체적인 개방안 합의 단계에서는 실질적으로 이를 수용하지 않는 이중적인 성향을 보이는 현상의 주된 원인이 되고 있다.

마지막으로 최근 주목을 받는 Critical Mass[35]에 의한 결정방식이다.[36] Critical Mass에 따른 의사결정은 전체 회원국을 대표하지는 않으나 충분한 수의 회원국이 공동의 협력 방안에 동의하는 경우 이를 채택하는 의사결정방식이다. WTO차원의 합의도출이 과도하게 지연되는 경우 보다 유연한 의사결정규칙, 거래비용 부담의 감소, 다양한 의제의 간소화를 통해 현 WTO체제상 의사결정 문제를 해결할 수 있는 대안으로 제기받고 있다. WTO 출범이래로 유지되어왔던 Critical Mass 협상은 주로 통신 및 금융서비스 분야 등 시장 접근과 관련된 것이었다. 이러한 협상이 대부분 분야별 협상이었다는 사실은 Critical Mass의 임계치[threshhold]를[37] 중요한 관심사로 만들었다.

실제로 Critical Mass방식에 의해 WTO에서 협정이 체결된 유일한 사례가 소위 "정보기술협정[ITA]"으로 알려져 있는 "정보기술무역에 관한 각료선언문[Ministerial Declaration on Trade in Information Technology]이다.[38] ITA는 1996년 12월 싱가포르 각료회의에서 15개 EU 회원국을 포

---

35 Critical Mass는 "충분한 다수" 등으로 의역될 수 있겠으나 이에 대해 일관적으로 통용되는 적절한 학술용어가 없어 이하에서는 원어대로 critical mass라고 표현한다. 다자통상협상의 문맥에서는 "협상의 성패를 결정하는 양허안 제출국의 숫자 및 양허안의 전반적 수준에 대한 가장 보수적인 기대치"로 이해하는 의견도 있다. 이한영, 디지털@통상협상, 48(삼성경제연구소, 2007).

36 이에 대한 가장 최신의 연구로는 Patrick Low, "WTO Decision-Making for the Future", Thinking Ahead for International Trade Conference 2009 참조.

37 Critical Mass를 형성하기 위해 필요한 최소의 참가 수준.

38 ITA협상의 구체적인 설명은 이한영, 디지털@통상협상 – UR에서 한미 FTA까지(2007, 삼성경제연구소) 참조.

함하여 총 29개 WTO 회원국이 정보기술제품의 국제무역을 활성화하기 위해 채택했는데 WTO체제 설립 이후 최초로 도입된 독자적인 무역자유화협정으로서 중요한 의미를 가진다. 특히, ITA는 전 WTO회원국의 합의를 통해 도입된 것이 아니라 GATT/WTO체제에서 유일하게 Critical Mass방식에 의해 주요 이해 당사국들이 일방적으로 자유무역 규범을 도입하고 이를 MFN을 통해 전 회원국에게 확대하는 방식을 채택했다. 이러한 Critical Mass방식의 구조적인 무임승차문제를 해소하기 위해 ITA를 최초에 합의한 회원국들은 IT제품의 전 세계 무역 90%이상을 차지하는 회원국들의 가입을 조건으로 동 협정을 승인했는데, 동 조건에 의해 1997년 3월 26일 11개국이 추가로 협정에 참여하여 IT제품 세계 무역의 92.5%가 포함되면서 자동적으로 발효되었다.[39] 우루과이라운드 당시의 관세인하 협상에서 철강, 가구, 의약품, 일부 화학제품 등의 분야에 대해 Critical Mass방식이 채택되어 주요 교역국들간에 무관세 교역 합의가 이루어지고 이를 MFN방식으로 확대·적용한 바 있으나, WTO 출범 이후 특정 산업분야를 포괄하여 Critical Mass방식의 복수간 협정이 타결된 것은 ITA가 유일하다. 더욱이, 2008년 8월에는 미국, 일본, 대만이 유럽연합을 상대로 EC – Tariff Treatment of Certain Information Technology Products (DS375, 376, 377) 사건에서 WTO 분쟁해결절차를 개시하여 2010년 9월 ITA 관련 최초의 분쟁판결이 채택된 바 있다.[40]

ITA가 체결된 후 WTO 상품무역이사회 산하에 ITA Committee가 설치되었고 동 위원회에서는 협정국 및 협정대상 제품의 확대, 비관세장벽 해소 및 정보기술제품 분류 문제 등을 논의한다. 이러한 WTO내의 기구가 갖추어진 후 WTO 회원국들은 협정 적용범위의 확대와 비관세문제 해결을 위해 ITA 확장협상(흔히 'ITA–II'로 통칭됨)을 진행했는데 소비자 가전제품과 컴퓨터 및 인터넷 관련 응용제품들을 포함하는 문제와 급속한 IT기술 발전으로 출현하는 신규 IT제품들의 수용 문제가 주요 의제로 대두되었다. 그러나 이러

---

39 2010년 9월 13일자로 쿠웨이트가 ITA협정에 참여하면서 ITA 회원국 수가 총 73개로 확대되었다. ITA협정의 구체적인 내용은 〈http://www.wto.org/english/tratop_e/inftec_e/inftec_e.htm〉 참조.

40 패널분쟁상 법적 쟁점은 ITA를 별도로 다룬 것이 아니라 ITA의 내용을 반영한 GATT 제 II조상의 관세분류표 해석에 관한 문제에 초점이 맞추어져 있다. WTO, WT/DS375, 376, 377/R(21 Sep. 2010 채택).

한 ITA-II 논의는 2010년 12월까지도 실질적인 진전을 보이지 못하고 있는데, 가장 큰 쟁점은 선진국들이 자국산업의 경쟁력이 높은 컴퓨터나 인터넷 관련 제품의 무관세를 확대할 것을 주장한 반면, 개발도상국들은 선진국 시장으로의 진출이 용이한 소비자 가전제품 관세인하 확대를 요구하면서 이견이 고조된 부분이다. 또한 정보기술제품 관련 비관세조치도 실제 무역에 중요한 장애요인으로 부각되었는데 급속한 기술변천으로 인한 제품 주기의 단축을 감안할 때 적합성 평가절차의 불인정, 독자적인 시험 및 인증요건 적용, 수입면허 요건 등은 정보기술제품 교역 활성화에 핵심적인 요인이 되고 있다. ITA 위원회는 2000년 호주가 제출한 작업계획제안서를 기초로 "Non-tariff Measures Work Program"[41]을 채택하고 비관세장벽 철폐를 위한 3단계 작업계획을 추진하였으나 아직 구체적인 합의는 이루어지지 않고 있다. 이로써 ITA-II의 구체적인 논의 진전은 ITA위원회 차원에서 더 이상 이루어지지 않고 정보기술제품에 대한 시장확대는 도하협상의 NAMA 협상그룹으로 이전되었다.

이와 같은 일련의 ITA 협상과정을 보면 최초 협정 합의에서는 Critical Mass방식의 협상이 중요한 기여를 하였으나, 이를 확대하는 ITA-II 협상과정에서는 Critical Mass방식이 더 이상의 합의를 도출하지 못하는 것을 알 수 있다. 이러한 두 협상과정에서의 경험을 비교해 볼 때 중요한 시사점을 도출할 수 있다. 우선 최초로 ITA가 도입되는 과정에서는 대부분의 논의가 이미 WTO외에서 전개되어 협상의 정당성과 필요성 등에 대해서는 전반적인 공감대가 형성되어 있었다. 뿐만 아니라, 협상이 전개된 시점도 WTO 설립 직후 최초의 각료회의에 제기됨으로써 새로운 국제기구 설립과 함께 우루과이라운드 협상 결과가 최고조로 발현되는 시점이라는 점에 주목할 필요가 있다. 더욱이 주요 정보기술제품 교역국들은 자국 산업에서 IT부문의 전략적 중요성이 높아 Critical Mass방식에 의해 협정을 채택하고 무관세 교역 혜택을 MFN원칙에 따라 적용한다는 데 대해 이견을 제기하기 어려운 상황이었다. 따라서, 당시 회원국들은 WTO설립에 따른 시장개방 추세의 고조속에서 전 세계적인 IT붐이 시작되는 호재를 기회로 ITA 타결이라는 성과를 도출해냈다.

---

41 WTO, G/IT/19 (13 Nov. 2000).

반면, ITA-II에서는 이미 IT버블 붕괴로 전 세계 경제가 어려움을 겪는 시기였을 뿐만 아니라, 개발도상국들이 IT제품의 시장개방과 관련하여 자신들의 주요 수출품목들에 대한 보상성격의 시장개방을 요구하기 시작하면서 협상의 전반적인 논의가 무관세 교역의 확대가 아니라 선진국과 개발도상국들간에 시장개방 협상의 형태를 보이기 시작했다. 더욱이 비관세장벽 논의가 더해지면서 대부분 국내규제에 해당하는 쟁점들이 부각됨에 따라 개발도상국들로부터의 지지가 격감되는 문제를 보이게 되었다. 이러한 경험을 돌이켜 볼 때 회원국들간의 보다 근본적인 이해상충을 다루는 기제가 마련되지 못한 상황에서 현재 WTO 도하협상차원에서 제기되는 Critical Mass방식의 도입 자체가 협상의 타결을 도출해내는 전기를 마련하게 되기는 어려울 것으로 보인다.

■ 일괄타결원칙

• 일괄타결방식의 특징

GATT체제하에서 동경라운드 이후 반덤핑협정을 비롯하여 보조금협정, 기술장벽협정 등 9개의 부속협정이 추가로 채택됨으로써 소위 'GATT a la carte'체제가 수립되었다. 즉, GATT체약국이라고 하더라도 9개의 부속협정들에 대해서는 취사선택권을 가지게 되었는데, 이는 신설된 부속협정들이 통합된 체제의 일부분으로 마련된 것이 아니라 비록 그 근원은 GATT 규정에 있다고 할지라도 법적으로는 GATT와 별도의 독립협정들로 존속하게 되면서 야기되었다.[42]

그러나 이러한 'GATT a la carte'체제는 WTO체제의 도입으로 소위 "일괄타결Single Undertaking"방식으로 전환되었다. WTO설립협정 제II:2조는 부속서 3까지 포함된 WTO협정들이 모든 회원국들을 구속하는 통합된 협정의 일부분이라고 명시하고 있다. 다시 말하여, 기존의 GATT체제에서와 같이 회원국의 재량적인 선택으로 협정의 참여 여부를 결정

---

[42] 이러한 GATT *a la carte*체제의 구조적 문제점들에 대해서는 John H. Jackson, Restructuring the GATT (Chatham House, 1998) 참조.

하는 것이 아니라 WTO 회원국들에 대해서는 공통적으로 모든 협정들이 자동적으로 적용된다는 것이다.

GATT/WTO체제에서 새로이 도입된 일괄타결방식은 우루과이라운드 협상을 개시할 당시 최초로 푼타 델 에스테 선언에 "The launching, the conduct and the implementation of the outcome of the negotiations shall be treated as parts of a single undertaking"라고 명시되면서 공식적으로 제시되었다.[43] 이는 도하협상을 개시하게 된 도하 선언에서 "the conduct, conclusion and entry into force of the outcome of the negotiations shall be treated as parts of a single undertaking"라고 사실상 거의 동일하게 채택된 바 있다.[44] 한편, 동경라운드를 출범시킨 1972년의 동경 선언에서도 "The negotiations shall be considered as one undertaking, the various elements of which shall move forward together"라고 천명되었는데[45], 사실상 GATT a la carte체제를 출범시킨 동경라운드의 선언문에서 기본적으로 일괄타결원칙이 제시되고 있는 점은 주목할 만하다.

우루과이라운드 당시 최초로 공식적으로 도입된 일괄타결원칙은 사실 협상의 준비단계에서 이미 예견된 바 있다.[46] 그러나 이 원칙이 채택된 중요한 이유로 당시 브라질과 인도 등 강성 개발도상국에 의해 주도되던 G-10 국가[47]들이 새로이 도입될 서비스무역에 관한 규범을 GATT하에서의 협상 결과로 인정하지 않으려는 움직임을 보이자 이를 견제하기 위한 포석이었다는 주장도 있다.[48] 다른 한편으로는 우루과이라운드 당시 핵심 협상

---

43 GATT, Punta del Este Declaration (20 Sep. 1986), Part I:B(ii). 〈http://www.sice.oas.org/trade/Punta_e.asp〉 (visited 20 Dec. 2010)에서 전문을 확인할 수 있다.

44 WTO, Doha Declaration (20 Nov. 2001), WT/MIN(01)/DEC/1, para.47.

45 GATT, Tokyo Declaration (14 Sep. 1973), para. 8. 〈http://www.ena.lu/〉 (visited 20 Dec. 2010)에서 전문을 확인할 수 있다.

46 예를 들어 GATT, "Modalities and Institutional Arrangements for the New Round: Note by the Secretariat", PREP. COM(86)W/26(28 April 1986) 참조.

47 도하협상에서 의제별로 이해를 같이 하는 국가들 모임을 여러 가지로 표현하고 있는데, G-10의 경우에도 농업협상에서 한국, 스위스, 일본 등을 포함한 순식량수입국들을 G-10이라고 칭하기도 한다. 여기서는 우루과이라운드협상 당시 개도국 입장을 대변한 브라질, 인도, 이집트, 남아공, 등 10개국을 일컫는다.

48 R. Wolfe, "The WTO Single Undertaking as Negotiating Technique and Constitutive Metaphor", Journal of International Economic law, 12(4), 835-858, 839 (2009).

국이었던 미국의 입장에서도 1974년 무역법하에서 마련된 신속처리절차에 따르면 전체 우루과이라운드 협상안이 일괄적으로 미국 의회에 의해 비준을 받게 되므로 교역상대국 들에게 동일한 법적 의무를 지우게 하려는 의도라는 주장도 있다.[49] 어떠한 의도였건 우 루과이라운드 협상 당시 일괄타결원칙은 상품, 서비스 교역 및 지적재산권 보호가 단일 의 통합된 분쟁해결제도하에서 다루어져야 한다는 제안이 실질적으로 지지를 받기 시작 한 1991년 경 협상의 핵심의제로 대두되었다.

• 일괄타결원칙의 법적 근거와 문제점

일괄타결원칙은 실제로 WTO협정에서 명시적으로 제시되고 있는데, 우선 "Final Act Embodying the Results of the Uruguay Rond of Multilateral Trade Negotiations"의 4항은 "the representatives agree that the WTO Agreement shall be open for acceptance as a whole"라 고 밝히고 있다. 즉, 우루과이라운드 협정문 서명 당시에 WTO협정이 전체로서 채택된다 는 점을 명확히 한 것이다. 또한 WTO설립협정 제XIV:1조에서는 이하와 같이 규정하고 있다:

> This Agreement shall be open for acceptance, by signature or otherwise, by contracting parties to GATT 1947, and the European Communities, which are eligible to become original Members of the WTO in accordance with Article XI of this Agreement. Such acceptance shall apply to this Agreement and the Multilateral Trade Agreements annexed hereto.

상기 규정은 WTO협정이 회원국들에 의해 비준되는 경우, 동 비준은 WTO설립협정 뿐 만 아니라 실질적인 무역상 규범의 대부분이 포함된 부속서상의 개별 WTO협정들에 대 해 일괄적으로 적용된다는 점을 명확하게 하고 있다. 이러한 일괄타결원칙은 WTO 분 쟁해결패널에 의해서도 거듭 재확인되고 있다. 예를 들어, Korea - Definitive Safeguard

---

49 C. VanGrasstek and P. Sauve, "The Consistency of WTO Rules: Can the Single Undertaking Be Squared with Variable Geometry?", Journal of International Economic law, 9(4), 837-864, 839 (2006).

Measure on Imports of Certain Dairy Products사건에서 패널은 "It is now well established that the WTO Agreements is a 'Single Undertaking' and therefore all WTO obligations are generally cumulative and Members must comply with all of them simultaneously"라고 설명한 바 있다.[50]

이러한 일괄타결방식은 WTO체제의 통합성과 완결성을 증진하는데 큰 기여를 한 반면, 협정의 개정이나 체제의 개편을 지연시키는 중요한 이유가 되고 있다. 협정 수립 후 경제 여건이나 상황에 따라 취사선택할 수 있는 여지가 없어지게 되면서 현 체제의 개편으로 야기되는 변화들에 대해 다양한 이해관계를 가지는 회원국들간에 합의를 도출하기가 더욱 어려워졌기 때문이다.

한편, 현재 WTO체제에서 일괄타결원칙의 예외로 복수간 협정들이 제시되고 있다. WTO체제 출범 당시에는 정부조달협정, 민간항공기교역협정 외에 국제우육협정과 국제낙농협정이 있었으나 후자의 경우에는 1997년 12월 10일 일반이사회에서 폐기를 결정함으로써 1997년 12월 31일과 1998년 1월 1일자로 각기 WTO협정에서 삭제되었다.[51] 이로써 현재는 정부조달협정과 민간항공기교역협정만이 일괄타결을 표방하는 WTO체제에서의 예외로 남게 되었는데 한국은 전자에만 참여하고 있다. 현재 도하협상이 난항을 겪으면서 일괄타결원칙의 현실적인 대안으로 주로 제기되는 것이 WTO 회원국들 중 일부만을 포함하는 복수간 협정의 도입이다. 그러나, WTO 설립협정 제X:9조는 복수간 협정을 포함하는 부속서 4에 새로운 협정을 추가하기 위해서는 각료회의 또는 일반이사회의 합의가 필요하다고 규정하고 있는 바, 협정 참여 자체는 일부 회원국들로 국한될 수 있으나 WTO체제에서의 채택 단계에서는 전 회원국의 지지를 확보해야 하는 문제가 있다. 비록 법적으로는 관련 협정에 동의하지 않는 국가들은 이에 참여하지 않으면 되지만, 수용이 어려운 국제규범이 WTO체제내에서 적용됨으로써 발생할 수 있는 제반 선례 또는 파급효과를 감안할 때 채택 단계에서 강력한 반대에 봉착할 소지가 크다. 1995년 WTO체제

---

50 WTO, WT/DS98/R, para.7.38.

51 WT/L/251 및 WT/L/252 참조. 두 협정은 농업협정과 SPS협정으로 그 취지를 달성할 수 있다고 판단됨으로써 폐기되었다.

가 출범한 이래 2010년까지 아직 단 하나의 협정도 복수간 협정으로 공식 채택되지 못한 점은 이러한 구조적 문제점을 시사하고 있다.

법적인 측면에서 복수간 협정의 가장 큰 문제점은 WTO체제에서 가장 중요하게 간주되는 비차별원칙에 예외가 되는 "체제내의 체제" 문제를 초래하게 된다는 점이다. 예를 들어, 정부조달협정의 경우 기본적으로 협정상 의무와 혜택이 체약국들에게로 국한되어 있어 동 협정의 운용은 일관성을 중시하는 WTO체제내에 별도의 규범 체계를 만들고 있다. 자유무역협정들이 기본적으로 시장접근에 관한 특혜적 무역관계를 정당화하는데 반해, 복수간 협정은 통상규범의 측면에서 시장경쟁에 차별적인 요인을 고착화하는 구조적인 문제를 야기하게 된다. 이러한 문제를 다루는 방편으로 체약국간에 합의된 협정상 혜택을 전체 WTO 회원국들에게 적용하는 방안이 검토될 수 있다. 실제로, WTO체제내에서 이러한 방안이 채택된 사례가 있는데 상품 교역 분야에서는 정보통신협정[52], 서비스 교역 분야에서는 금융서비스[53] 및 기본통신협상[54]에서 그러한 방식이 원용되었다. 예를 들어, 정보통신협정에서는 전 세계 정보통신 제품 교역의 90%를 차지하는 WTO 회원국들이 협정을 승인하게 되면 동 협정이 발효되는데 협정상 무관세 교역의 혜택은 모든 회원국들에게 공통적으로 적용되는 것이다.

그러나 상기 방식의 근본적인 문제점은 비체약국들의 무임승차 문제이다. 이러한 협정이 많아지고 참여국들이 많아질수록 무임승차로 인한 혜택은 커지게 되는 바, 구조적으로 무임승차 이익을 확대하는 비합리적인 문제가 초래된다. 또한, 1990년대 중반의 "다자간 철강협정"과 2000년대 초반에 OECD에서 시도되었던 "철강보조금협정"의 사례에서와 같이 특정한 사안에 대해 일부 국가들간에 별도의 규범이 확립되는 경우 WTO체제와의 합치성 문제가 야기될 소지가 크다.[55] 당시 동 협정에서 제기된 다양한 허용보조금 등의

---

52 G. Hufbauer & E. Wada, Unfinished Business: Telecommunications After the Uruguay Round (1997, IIE).

53 Mattoo, A. et al, (2008), A Handbook of International Trade in Services (Oxford Univ. Press).

54 G. Hufbauer & E. Wada, Unfinished Business: Telecommunications After the Uruguay Round (1997, IIE).

55 이윤희, "철강보조금협정의 협상 쟁점 분석과 향후 과제: 1994년 MSA와 2004년 SSA를 중심으로", POSRI 경영 연구 제5권 제2호 (2005); 산업자원부, "OECD 철강보조금협정의 쟁점 및 우리의 대응방안 연구" (2003) 참조.

개념이 WTO 보조금협정에서의 규정과 괴리가 있었는데, 원래 일부 협상국들의 의도대로 WTO체제내로 복수간 협정의 형태로 수용되는 경우 法原理상 일관성 확보에 중대한 문제가 초래될 상황이었다.

■ 다자간 협상을 통한 주기적 규범 개편

GATT체제부터 이어져 온 WTO체제의 특징은 점진적으로 연속적인 시장개방이나 규범개선이 이루어지는 것이 아니라 예외적인 상황을 제외하고는 일반적으로 전체 회원국들이 포함된 다자간 무역협상을 통해 정기적이고 斷續적으로 시장개방과 규범 개편이 이루어진다는 것이다. 이러한 체제상의 특징은 WTO 회원국들이 자발적인 시장개방 필요에도 불구하고 향후 개최될 다자간 협상을 대비한 협상전략상 기존의 제도나 무역장벽들을 고수하려는 유인을 창출하게 된다. 따라서, 무역과 시장개방에 관한 경제원리상 개방체제의 효율성에도 불구하고 GATT/WTO체제에서 협상력 확보를 위한 反시장개방 정서가 확대되는 것이다. 더욱이 다자간 무역협상에 따르면 시장개방체계가 기준년도를 기점으로 적용되므로 시장개방의 충격을 완화하기 위해 가급적 기준년도의 관세나 기타 무역조치의 수준을 높이고자 하는 유인이 증가한다. 이러한 문제를 경감하고자 다자간 무역협상 중간에 회원국에 의해 일방적으로 이루어진 시장개방에 대해 일종의 크레딧을 인정하는 방안이 지속적으로 논의되었으나 아직 일관된 원칙이 합의되지는 못해 사안별로 다루어지는 실정이다.[56]

특히, 이러한 체제상의 협상구조는 불가피하게 회원국들간의 전략적 연대 필요성을 강화함으로써 협상의 진전을 어렵게 하는 이해집단의 발생을 촉발하게 된다. 케네디라운드부터 약 10년 주기로 다자간 무역협상이 개최되면서 매번 협상의 범주와 수준이 전격적으로 확대됨에 따라 회원국들은 자국의 경제이해를 방어하거나 대변하는 차원에서 불

---

[56] 한국의 경우에도 도하협상에서 외환위기 이후 정부가 자발적으로 시행한 시장개방안을 서비스협상에서 인정해 달라는 주장을 고수하였다. 특히, 이와 관련하여 서비스이사회 산하에 작업반을 구성하여 자발적 자유화에 대한 크레딧 인정공식을 만들자고 제안한 바 있다. WTO, S/CSS/W/126(30 Nov. 2001).

가피하게 이해를 공유하는 국가들과 연대를 도모하게 되었다.[57] 도하협상의 경우, 기존의 GATT/WTO협상들과는 다르게 개발도상국들간의 전략적 연계가 두드러지는 특징을 보이고 있으며, 사안별로 전략적 유대관계가 다르게 형성됨으로써 협상의 역학구조가 더욱 복잡해진 양상을 보이고 있다.

이러한 협상구조하에서 斷續적이고 주기적으로 협상이 진행되는 경우 협상타결의 중요성은 다수 회원국들의 입장에서 더욱 커지게 되는데, 다른 한편으로는 협상 타결에 반대하는 이해집단의 협상력도 도리어 비대칭적으로 증가하는 문제가 발생한다. 따라서, 그룹화하여 특정 이해를 공유한 회원국들은 더욱 자신들의 이해를 협상에 반영하고 달성하기 위해 강경한 입장을 고수하게 되는데 이는 전체 협상타결을 상대적으로 어렵게 하는 중요한 원인이 되어 왔다. 특히 2011년 1월 현재 WTO의 회원국이 153개까지 증가된 점을 감안하면 WTO체제하에서 주기적으로 개최되는 다자간 무역협상의 진행구조를 재고할 필요가 있다. 예를 들어, 기존 관행으로 굳어져 있는 시장접근에 관한 양허협상과 무역규범협상을 동시에 진행하는 방식을 재검토하여 다자간 무역균형에 대한 합의가 요구되는 시장접근 관련 양허협상은 다자간 무역협상에서 진행하되, WTO체제 자체의 발전에 직결되는 규범 개편의 문제는 시장접근협상과는 별도로 진행하는 방식이 검토될 수 있다.[58] 규범협상을 양허협상과 분리하게 되는 경우 무역규범의 개선과정에 대해서는 특정한 상업적 이해의 득실을 떠나 보다 객관적이고 합리적인 차원의 규범 설립과 개선 논의가 이루어질 수 있을 것으로 보인다. 또한, 현재 사실상 그 기능이 명실상부한 WTO의 사안별 위원회의 역할을 정상화시킴으로써 분쟁판결상 또는 운영상 문제점이 제기되는 즉시 규범의 보완이 가능하게 될 수 있다.

---

57 예를 들어, 도하협상에서는 수많은 WTO회원국들간의 전략적 연계가 구성되었는데 G-10, G-20, G-33, G-90등의 국가간들 뿐만 아니라 ACP Group, LDC Group, Cairns Group, African Group 등을 통해 협상차원의 연대를 강화하고 있다.

58 무역협상에서 시장접근협상과 규범협상 분리 문제는 이하 4.3(다)절 참조.

■ **분쟁해결제도의 개선**

WTO체제의 가장 대표적인 특징으로 꼽히는 분쟁해결제도는 국제사법기구로서는 매우 특이하게 상소기구를 활용한 2심제가 도입되어 있을 뿐만 아니라 역사상 유례없는 수준으로 활발하게 활용되고 있다. 1995년 출범한 WTO체제의 분쟁해결절차에 2011년 1월 현재 419건의 협의 요청이 제기되었는데 이처럼 회원국들에 의한 공식적인 분쟁해결이 활성화된 국제기구는 전례가 없다.[59] 여기에는 패소국의 판결 불이행시 공식적인 보복승인, 판결의 사실상 자동적인 채택절차 등 우루과이라운드를 통해 도입된 주요한 제도상 개선이 큰 역할을 하고 있다.[60] 그럼에도 불구하고 현재 도하협상에서는 분쟁해결제도의 개선을 위한 규범협상이 전개되고 있으나 아직 구체적인 성과를 내지는 못하고 있다.[61]

• 사법기능 강화의 부작용

한편, 이처럼 대폭 강화된 분쟁해결제도를 통해 WTO협정상 의무의 이행에 사법기능이 한층 강력한 역할을 하게 되었으나 다른 일각에서는 지나치게 강화된 사법기능에 대한 우려의 목소리가 제기되고 있다. 특히 분쟁해결절차에 의한 사법기능과 위원회에서의 정치적 의사결정간에 범주 획정문제가 제기되면서 패널 및 상소기구에 의한 과도한 사법기능 강조 경향에 우려가 제기되는 것이다. 공교롭게 1999년 하순 내려진 두 건의 WTO 패널 판결은 이 문제와 관련한 많은 논란을 촉발하였다.

---

59 국제사법재판소(court of International Justice, 'ICJ')의 경우 동 기간동안 총 51건의 분쟁을 다룬 바 있다. 그 중 1999년도에만 17건의 분쟁이 제기되었는데 세르비아와 몬테네그로의 무력침공에 대한 소송이 주를 이루고 있다. ICJ에 제기된 분쟁 목록은 〈http://www.icj-cij.org/docket/index.php?p1=3&p2=2〉 (visited 14 Dec. 2010) 참조.

60 WTO 분쟁해결제도에 대해서는 박노형, WTO 분쟁해결제도연구(박영사, 1996년), WTO, A Handbook on the WTO Dispute Settlement System(Cambridge Univ. Press, 2004) 참고.

61 분쟁해결제도의 개선에 관한 논의와 연구는 활발하게 진행되고 있는데 본 논문에서는 법규 차원의 개선점에 대한 논의는 다루지 않는다. 이와 관련한 개괄적인 내용의 파악은 R. Yerxa & B. Wilson, eds., Key Issues in WTO Dispute Settlement: The First Ten Years(Cambridge Univ. Press, 2005); D. Georgiev & K. van der Borght, eds., Reform and Development of the WTO Dispute Settlement System(Cameron May, 2006). 원래 분쟁해결제도 개선 문제는 1999년 1월까지로 시한이 정해졌으나 7월말로 연장된 시한도 맞추지 못하자 2001년 도하협상이 출범되면서 협상의제로 포함되었다. 도하협상에서 제기된 분쟁해결제도 개선과 관련된 제안들은 〈http://www.wto.org/english/tratop_e/dispu_e/dispu_e.htm#negotiations〉 (visited 3 Jan. 2011)에서 참조.

첫 번째 관련 분쟁은 India - Quantitative Restrictions on Imports of Agricultural, Textile and Industrial Products (DS90, 이하 'India - QR')로서 당시 국제수지위원회에서 논의될 사안과 분쟁해결기구에 의해 판결을 내릴 수 있는 사안에 대해 논란이 제기되었다.[62] 인도는 당시 GATT 제XVIII조상의 국제수지 방어조항을 발동하여 제반 수입품들에 대한 수량제한조치를 유지하고 있었는데 미국은 1990년대 후반 들면서 인도의 국제수지 조건이 개선된 점을 들어 동 조치의 철폐를 주장했다. 반면 인도는 1990년대 초반의 외환위기 상황 이후 악화된 국제수지 상황이 충분하게 개선되지 않았다고 주장하면서 국제수지 방어조항의 정당성 여부는 국제수지위원회에서 논의될 사안이며 분쟁해결기구가 일방적으로 판결할 수 있는 사안이 아니라고 주장했다. 특히 인도는 분쟁해결을 위해 구성된 패널과 나아가 WTO가 국제수지 문제에 관해서는 전문성이 결여되어 있으므로 분쟁해결로 다룰 수 있는 역량이나 권한이 없다고 주장했다. 이러한 주장들에 대해 당시 패널은 분쟁해결제도상 적절하게 제기된 사안을 패널절차에서 제척할 수 있는 권한이 없다는 점을 지적하면서 국제수지조치의 정당성에 관한 사안에 대해서도 판정할 의무가 있다고 판결했다. 즉, 회원국간에 분쟁사안으로 제기된 문제에 관해서는 상당히 폭넓은 패널의 권한을 인정한 것이다.

유사한 쟁점에 관한 두 번째 관련 분쟁은 Turkey - Restrictions on Imports of Textile and Clothing Products (DS34, 'Turkey - Textile')이다.[63] 동 사건에서는 터키가 해당 분쟁 쟁점이 EU와 관세동맹을 설립하는 차원에서 시행된 조치이므로 이에 대한 타당성 문제는 지역무역협정위원회에서 논의될 사항이며 분쟁해결기구에서 판결될 성격의 사안이 아니라고 주장했다. 주목할 부분은 당시 판결에서 패널은 앞서 India - QR사건에서와는 달리 지역무역협정이 GATT 제XXIV조를 충족하는지 여부는 지역무역협정위원회가 판단할 사안이라고 설명하는 점이다.[64] 따라서, 동 사건의 판결에서 패널은 해당 관세동맹의 GATT 규범 충족 여부는 판단하지 않고 대신 제XXIV조를 충족하는 것으로 가정하고 여타 쟁점에 대해 판결하였다.

---

62 WTO, WT/DS90/R & WT/DS90/AB/R(adopted 22 Sep. 1999).

63 WTO, WT/DS34/R & WT/DS34/AB/R(adopted 19 Nov. 1999).

64 WTO, WT/DS34/R, paras.9.51-9.52.

이러한 패널 판결은 상소기구에 의해 번복되었는데 상소기구는 패널이 그러한 쟁점에 대해서도 명확한 권한을 가지고 있을 뿐만 아니라 그러한 쟁점에 대해 판결할 것이 WTO체제상 기대된다고 다소 광범위한 해석까지 제시한 바 있다.[65]

이처럼 1999년 후반 이미 WTO 상소기구는 분쟁해결제도상 패널과 상소기구에 의한 사법기능의 영역을 분쟁 판례를 통해 대폭 확대하였다. 그러나 이러한 판결상의 분쟁해결기구 역할에 대한 해석은 많은 논란을 야기하였다. 우선, 위원회의 경우 의사결정은 WTO의 기본원칙인 합의를 따르게 되는데 이 과정에는 전체 회원국이 참여하게 되며 합의 도출에 관한 절차적인 시한이나 관련 의무규정이 없다. 반면, 분쟁해결절차로 회부되는 경우 3인으로 구성되는 패널과 상소기구위원들에 의해 법적인 판결이 내려지게 되는데 이러한 사법절차에는 기본적으로 분쟁당사국만이 참여가 허용되며 절차 규정을 충족하는 경우에 한해 제한적으로 제3자 참여가 허용된다. 또한, 분쟁해결양해에 따르면 비교적 엄격한 절차규정이 마련되어 있어 사전에 정해진 일정에 의거하여 판결이 내려지게 된다. 그러므로 기본적으로 회원국들간에 정치적인 의사결정과정을 채택하는 위원회와 사법적 판결을 주관하는 분쟁해결기구간의 영역 구분은 전체 WTO 운영과 관련한 근본적인 문제를 제기하게 된다.[66]현재 이러한 위원회와 분쟁해결기구간의 영역 구분에 대한 명확한 기준이 제시되지 못하고 있는데 앞서 설명한 분쟁사례들에서 상소기구는 상당히 광범위한 사법기구의 영역을 선언함으로써 체제차원의 합리성 문제를 야기하고 있는 것이다. 다소 단순화된 논리에 의하면 지금까지의 분쟁해결기구 입장은 어떠한 분쟁사안이 적법한 절차로 패널에 제기되는 경우 이를 기각할 수 있는 권한이 없는 바, 대부분의 분쟁사안에 대해서는 그 문맥에 상관없이 사법적 판결 절차를 발동하게 된다는 것으로 이해될 수 있다. 실제로 WTO 설립 이후 현재까지 분쟁해결 과정에서 제기된 수많은 법적 쟁점들 중에서 명시적으로 패널이나 상소기구가 법적 해석이 자신의 권한 외라

---

65 WTO, WT/DS34/AB/R, para.59.

66 Frieder Roessler, The Institutional Balance Between the Judicial and Political Organs of the WTO, in New Directions in International Economic Law (M. Bronckers and R. Quick, eds.) (Kluwer Law International), at 325 (2000).

는 사유로 - 즉, 사법기구가 판결할 사안이 아니고 보다 명료한 회원국들간의 합의를 통한 규정의 명확화가 요구된다는 사유로 - 판결을 거부한 예가 한 차례도 없다. 다시 말하여, 우루과이라운드 협상 당시 회원국들간의 합의가 이루어지지 못하여 협상 타결을 위한 고육지책으로서 소위 "constructive ambiguity"를 행사한 다양한 규정들에 대해 명확한 회원국들간의 합의에 기초한 것이 아니라 패널이나 상소기구의 법적 해석으로 해당 규정에 대한 법리와 적용기준을 확립하게 되는 것이다. 이는 보다 엄정한 사법기능의 발휘라는 측면과 WTO협정의 해석에 관한 궁극적인 권한은 회원국들이 가진다는 근본 원리간에 구조적인 괴리를 야기할 뿐만 아니라 WTO체제의 과도한 사법화 경향을 촉발할 수 있어 회원국간의 보다 민주적인 합의절차를 훼손하는 문제가 야기될 수 있다. 특히, WTO 도하협상의 사례에서 볼 수 있듯이 회원국간 합의에 따른 체제 개선이 더욱 어려워지게 되면서 정치적인 합의를 통해 해결되어야 하는 많은 사안들이 사법절차로 회부되는 문제를 심화하게 된다.

이는 한편으로는 WTO체제차원의 민주성이나 합법성 문제를 초래하게 됨으로써 분쟁해결에 관한 전문성이 결여된 대다수의 개발도상국으로부터 반대와 저항을 악화시킬 소지를 키우게 된다. 다른 측면에서는 정치적 합의절차를 통해 해결되어야 할 사안들이 분쟁해결기구로 회부됨으로써 현재 WTO체제하에서 효율적으로 작동하고 있는 WTO 분쟁해결제도에 대해 과중한 부담을 부과하는 문제를 초래한다. 즉, 사법절차로 해결되기 어렵거나 되지 않아야 할 사안들까지 분쟁해결기구가 떠안게 됨으로써 결국 판결 뿐만 아니라 제도 자체의 신뢰성에 손상을 초래하는 것이다.[67] 따라서, 향후 WTO 분쟁해결제도 개선 논의에 있어서는 사법기능이 과도하게 확대되는 것을 방지할 수 있는 기제가 마련되어야 한다.

---

[67] 일례로 세이프가드협정상 FTA회원국에 대한 예외 인정은 동경라운드에서부터 논란이 되어 온 사안일 뿐 아니라 우루과이라운드협상에서도 명확한 결론을 내지 못한 사안이지만 최근의 세이프가드협정 관련 분쟁에서는 거의 예외없이 제기되는 분쟁사안이다. 현재까지의 판결에서 패널과 상소기구는 "parallelism doctrine"을 통해 핵심 쟁점을 피해가고 있으나 조만간 이에 대한 직접적인 판결에 직면하게 될 것으로 보인다. See generally, D. Ahn, "Restructuring the WTO Safeguard System", in The WTO Trade Remedy System: East Asian Perspective, 11-31 (M. Matsushita et al. eds., Camaeron May, 2006).

분쟁해결제도의 구조적인 문제점에 더하여 이행과 관련된 실무차원의 문제점으로는 판결의 불이행이 주로 선진국- 특히, 미국과 유럽연합 -에 의해서 이루어진다는 것이다. 일례로, 2010년 6월 현재까지 분쟁해결기구의 권고를 불이행함에 따라 WTO의 공식 보복 승인이 이루어진 경우는 모두 11차례인데[68], 그 중 브라질과 캐나다에 관한 각기 1건을 제외하면 미국과 유럽연합에 대해 5건과 4건씩의 보복승인이 이루어졌다.[69] 이러한 핵심 회원국들에 의한 분쟁해결기구 권고사항의 불이행 문제는 WTO체제에서 있어 공정성 문제를 야기하는데, 특히 US - Measures Affecting the Cross-Border Supply of Gambling and Betting Services(DS285)사건과 같이 거대 경제권과 약소국간의 분쟁에서는 경제력 격차에 의한 분쟁해결 판정 이행기제의 불균형 문제가 두드러지게 부각된다.[70] 따라서, 향후 WTO체제 운영에 있어 어떠한 회원국들간에 무슨 사안에 대해 불이행 문제가 야기되는지의 문제는 체제의 공정성과 관련하여 지속적으로 주목을 받게 될 것으로 보인다.

또 다른 특이한 최근의 분쟁해결절차상 관행은 은퇴한 상소기구위원의 패널위원 임명이다. 2011년 1월까지 현재까지 분쟁해결기구에 의한 채택절차까지 완료된 분쟁사건 중 총 6건에서 전 상소기구위원이 패널로 선임된 바 있다. 그런데 동 사건들 중 상소기구에 회부된 4건의 사건 중 3건에서 핵심적인 패널의 판결에 대해 상소기구가 판정을 번복함으로써 상소기구 판결의 일관성에 근본적인 문제점을 야기하게 된 것이다[71]. 다시 말하여, 상소심에서는 판결의 일관성 유지를 위해 3명으로 구성되는 "division" 뿐만 아니라 전

---

68 관련된 분쟁사건 횟수는 모두 19차례이나, US - Offset Act(DS217, 234)사건에서와 같이 동일 사안에 대해 여러 분쟁이 제기된 점을 감안하면 별도의 분쟁사안 기준으로 11건의 분쟁에서 공식적인 보복 승인이 이루어졌다.

69 이행을 촉진하기 위해 마련된 보복조치가 제반 구조적 문제점을 초래하는 가운데 최근에는 다른 협정의 사안들간에 보복을 허용하는 교차보복에 관한 유례없는 문제점들이 부각되고 있다. 안덕근 & 이효영, "WTO 분쟁해결제도에서의 교차보복:제도상 문제점 및 적용사례 분석", 통상법률 제92호, 11-42 (2010) 참조.

70 미국의 온라인 도박산업에 대한 규제가 WTO의무 위반이라고 판정이 난 후 미국 의회의 반대로 미국이 제대로 관련 법규를 개정하지 못함에 따라 제소국인 안티구아 바뷰다는 34억불에 달하는 무역보복조치의 승인을 요청하엿으나 분쟁해결기구는 매년 2,100만불에 상당하는 무역보복조치만을 허용한 바있다. WTO, WT/DS285/ARB(adopted 21 Dec. 2007).

71 전 상소기구위원이 패널위원으로 참여한 판결 중 상소기구에 의해 번복된 사건은 DS246, DS332, DS339/340/342이다.

체 상소기구위원들이 참여하여 판결을 논의하는 소위 "Collegiality"원칙이 준수되는 바, 상소기구 판결은 사실상 전체 상소기구위원들의 총체적인 판정이라고 볼 수 있다. 그러나, 전 상소기구위원들의 판정이 이후 새로운 상소기구위원들에 의해 번복됨으로써 상소심에서 다루어지는 법논리의 일관성에 대한 문제점이 초래되는 것이다. 패널위원으로 선임을 할만한 전문성과 경륜을 가진 인사를 확보하는 데 어려움이 있는 것은 사실이나 WTO 법체계의 안정성을 위해서는 전 상소기구위원의 패널선임 관행은 조속히 시정되어야 할 사안으로 판단된다.[72]

■ 회원국 가입확대 및 가입절차

회원국 확대는 세계무역을 관장하는 국제기구로서의 WTO 정당성과 합법성을 제고하는 데 핵심적인 요건이다. 특히, 개발도상국 및 체제전환국 회원국의 확대는 세계무역체제의 안정적 운영에 필수적인 요건이다. 128개 회원국으로 출발한 WTO는 1996년 1월 21일에 가입한 에쿠아도르를 필두로 25개국이 추가로 WTO에 합류하여 2011년 1월 현재 153개 회원국이 참여하고 있다. 신규 가입국들 중에는 네팔, 캄보디아 등과 같이 최빈개도국들도 있는 반면, 중국, 대만, 사우디 아라비아 등 주요 교역국들도 포함됨으로써 WTO의 중요성이 더욱 향상되었다. 더욱이, 현재 러시아를 포함한 다수의 구소련연방국가들을 비롯하여 29개국이 가입협상을 진행중인 바, WTO의 회원국은 더욱 확대될 전망이다.[73]

---

[72] 특히 분쟁당사국 국민은 당사국의 동의가 없는 한 자동적으로 패널위원에서 제외되는 제도는 절차의 객관성 유지에는 기여하나 가장 분쟁사안이 많은 미국과 EU회원국 전문가들을 제외하게 됨으로써 사실상 패널절차의 전문성 약화라는 또 다른 문제점을 야기하고 있다. 이는 현재까지 471개의 패널위원 포지션이 활용되었는데 대다수 분쟁이 미국이나 유럽을 대상으로 함에따라 그 중 최다인 42개의 패널 포지션이 뉴질랜드 출신으로 채워졌으며, 다음으로 39개 호주, 38개 스위스 등의 순으로 패널위원 출신이 분포되고 있다. 보다 상세한 통계자료는 〈http://www.worldtradelaw.net/dsc/database/panelistcountrycount.asp〉(visited 15 Dec. 2010) 참고.

[73] 2010년 6월 현재까지 WTO 가입협상을 종료한 후 아직 실제로 가입이 이루어지지 않은 경우가 있는데 Vanuatu의 가입협상 사례이다. Vanuatu의 경우 1995년 7월 가입 신청을 한 직후 WTO가입작업반이 구성되었는데 2001년 10월 모든 가입문서를 작업반이 승인한 바 있다. 그러나 Vanuatu 의회가 WTO 가입승인을 거부함에 따라 가입작업반 승인에 의해 사실상 WTO차원의 가입절차가 완료된 후 실제 가입이 이루어지지 못한 유일한 사례로 현재 남아 있다. Vanuatu 협상문서는 〈http://www.wto.org/english/thewto_e/acc_e/a1_vanuatu_e.htm〉(visited 12 Dec. 2010) 참조.

한편, 다른 국제기구 가입과는 다르게 WTO의 경우 기존 회원국들과 시장접근에 대한 양허협상을 하게 되는데 이는 사실상 그간 GATT/WTO체제에서 이루어진 다자간 협상에 의한 시장개방 수준에 대한 보상을 요구하는 성격을 가진다. 따라서, 예를 들어 중국과 같이 세계 무역에 경제적 이해가 큰 국가의 경우 가입협상이 매우 어렵게 진행되는데 중국Republic of China은 GATT 창설국이었음에도 불구하고 약 16년에 걸친 가입협상을 거친 후에야 회원국 지위를 확보할 수 있었다.[74]

최근에는 러시아를 비롯한 카자흐스탄, 우즈베키스탄, 아제르바이잔 등 구 소련연방국가들의 가입작업이 진행중인데 이는 WTO체제에서 전례없는 쟁점을 부각하고 있다. 현재 러시아는 1993년 6월, 우즈베키스탄은 1994년 12월, 카자흐스탄은 1996년 1월, 아제르바이잔은 1997년 6월 가입협상을 신청한 후 아직도 협상을 진행중에 있다. 특히, 많은 구 소련연방국가들의 WTO 가입에 직접적인 영향을 미치게 될 러시아의 경우 약 18년의 기간을 이미 소진한 터라 WTO 가입절차에 큰 불만을 토로하고 있는데 2009년에는 푸틴 총리가 러시아, 벨라루스, 카자흐스탄의 관세동맹 출범에 따라 기존의 개별 가입협상을 포기하고 관세동맹으로서의 가입을 추진하겠다고 선언하면서 WTO 회원국들을 긴장시킨 바 있다. 현재 러시아 및 여타 국가들도 기존의 가입협상을 지속하면서 관세동맹 내용을 반영하는 것으로 의견을 조율하고 있으나 러시아의 가입협상과 관련한 논란은 계속 제기될 전망이다.

중국을 위시하여 러시아 및 구 공산권 국가들의 WTO 가입은 WTO체제에 있어서는 순기능과 역기능을 상호모순적으로 제기하고 있다. WTO체제의 회원국 구성이 확대되면서 기존에 국제경제체제의 틀 밖에 있던 공산권 국가들까지 통합된 국제통상규범의 적용을 받게 되어 WTO체제의 일관성이 확대된 점은 중요한 발전이라고 할 수 있다. 최근 급부상하는 중국의 사례를 보더라도 만약 WTO 비회원국 지위를 가지고 WTO회원국들

---

[74] 사실 중국은 ITO 설립협상에 참여하고 잠정의정서를 통해 GATT를 1948년 발효할 당시 참여한 국가로서 GATT 서문에 명기되어 있다. 그러나 중국 본토의 People's Republic of China와 대만에 관련된 무역문제 때문에 당시 대만 정부는 미국과의 협의를 거친 후 GATT로부터 탈퇴 신청을 하였다. 대만의 GATT 탈퇴 신청은 1950년 5월 5일자로 발효되었는데, 현재까지 GATT/WTO체제에서 유일한 공식적인 회원국 지위 탈퇴 사례이다. See generally Henry Gao, "China's Participation in the WTO: A Lawyer's Perspective"11 Singapore Year Book of International Law and Contributors 41 (2007).

과 무역간계를 유지하였더라면 최근의 금융위기 상황에서 수많은 차별적 무역제재조치의 대상이 됨으로써 세계무역체제의 안정성 훼손에 큰 변수가 되었을 것으로 보인다. 이러한 측면에서 러시아를 비롯한 구 소련연방 국가들의 WTO체제 흡수는 향후 국제경제체제 운영에 순기능을 할 수 있는 부분이다.

반면, WTO체제에 대거 구 공산권 국가들이 가입하게 된 점은 무역체제 전체의 일관성과 합법성을 유지하는데 큰 장애요인이 될 소지가 있다. 이는 기본적으로 자유무역을 표방하는 GATT/WTO체제가 시장경제국가들을 바탕으로 기획되고 운영되어 온 체제이기 때문이다. WTO체제가 이전의 GATT체제와는 달리 상품교역에 대해서도 농업보조금을 비롯하여 기술장벽이나 식품검역 등 국내 규제에 직결되는 문제를 다루고 있을 뿐만 아니라, 서비스 교역문제를 포함함으로써 국내의 고유한 경제행위라고 간주되던 제반 서비스 분야가 광범위하게 관여되면서 첨예한 국내규제 및 경제체제 개혁 문제를 야기하고 있다. 더욱이 공산권 국가들에서 사회적으로 매우 민감한 문제인 에너지를 비롯하여 교육, 금융, 통신, 사업 서비스 등의 영역에서 전격적인 체제개혁의제를 WTO 가입협상 단계에서 해결해야 하는 난제를 초래함으로써 가입을 추진하는 국가들의 입장에서는 WTO의 공정성 및 합법성, 민주성의 문제까지 제기하고 있는 실정이다.

그림 6. 미국의 대중국 반덤핑 및 상계조치 부과 추이: 1995-2009

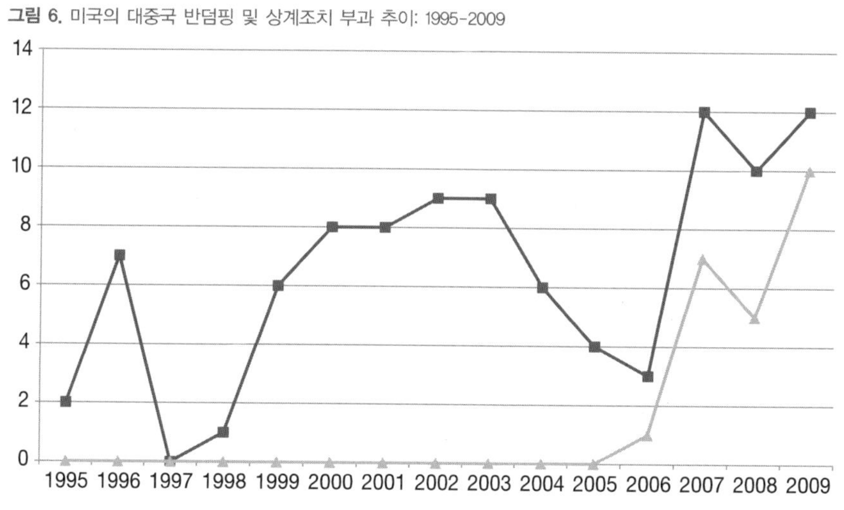

WTO체제의 입장에서는 비록 장기간의 이행기간을 설정하여 WTO가입에 관련된 이행비용을 최소화하는 장치를 마련하고 가입을 유도한다고 하더라도 중국이나, 러시아 등과 같이 거대 경제권의 경우 무역체제에서 제시하는 자유시장개념을 수용하는 수준의 체제개혁을 주어진 이행기간내에 완료하는 것은 매우 어려운 과제이다. 그러므로 이러한 공산권 국가들이 체제내로 흡수되는 경우 결국은 통상규범의 구조적 결함이나 상충에 의해 초래되는 보다 원론적인 문제점들에 WTO체제가 노출될 개연성이 커지는데 이는 종국에는 체제 전체의 안정성을 훼손하는 문제를 야기할 수 있다.

대표적인 예로, 최근 미국의 중국에 대한 상계관세 부과 사례를 들 수 있다. 미국은 1980년대 초반부터 견지해 오던 비시장경제권에 대한 상계관세 비부과원칙을 수정하여 2007년부터 중국에 대해 공격적으로 상계관세를 부과하고 있다. 캐나다도 이미 네 차례 상계관세를 부과한 적이 있으며 현재 EU를 비롯하여 호주 등 여타 국가들도 부과가능성을 검토중이다. 더구나 미국의 경우 거의 예외없이 상계관세에는 반덤핑관세를 추가하여 부과하는데, 여타 국가들과는 다르게 중국에 대한 반덤핑관세에서는 상계관세 부분을 경감해 주지 않아 "二重救濟*double remedy*"의 문제가 심각하게 제기되고 있다. 중국은 이러한 문제점을 WTO에 제소했으나 최근 회람된 패널 판정은 기본적으로 중국이 제기한 보조금협정 규정들에서 이중구제를 금지하는 문안이 없다는 이유로 이를 기각하였다.

우려스러운 부분은 이와 같은 상황이 비단 미국과 중국간의 문제에 국한되는 것이 아니라는 점이다. 실제로 미국은 이미 동일한 논거에 입각하여 베트남에 대해서도 이중구제조치를 발동한 바 있다. 더욱이, 이러한 문제는 향후 러시아를 비롯한 카자흐스탄, 아제르바이잔, 우즈베키스탄 등 CIS국가들이 WTO에 가입하는 경우에도 동일하게 발생할 소지가 크다. 뿐만 아니라, 보조금협정상 규범, 반덤핑협정상의 비시장경제 규정, 농업보조금 축소 문제 등 경제체제의 특성상 불가피하게 초래되는 수많은 무역상 문제점들은 이들 구 공산권 국가들의 WTO 가입으로 인해 무역이 실질적으로 촉진되는 경우 더욱 크게 부각된다. 따라서, 향후 구 공산권 국가들이 가입하게 되는 경우에 WTO체제 차원에서 이들 국가들에 대한 무역규범의 적용을 어느 수준에서 어떠한 방식으로 할 것인지에 대한 재검토가 필요하다. 이러한 문제에 대한 WTO체제 차원의 합의가 도출되지 않는 한, 구 공산권 국가들이 시장경제로의 체제전환을 완결하여 WTO 규범에 따른 국제통상을 온전하게 되기까지 소요되는 장기간동안 불가피하게 무역분쟁과 마찰의 소지가 가중될 것이며 이로 인한 체제의 안정성 저해가 심각해질 가능성이 크다. 특히, WTO가 출범한 이래 신규 가입국들의 대부분은 구 공산권 국가들이라는 점은 주목할 필요가 있으며, 비록 이들 국가들 대부분이 현재 WTO체제에서 강력한 정치 또는 외교적 역량을 발휘하지 못하는 상황이라 구조적 문제점에 대한 불만을 제기하지는 않고 있으나 중장기적으로 WTO체제의 안정성 확보라는 차원에서는 보다 체계적인 대안 마련이 요구된다.

■ 시민사회의 역할 증대와 수용

1948년 출범 이후 소수의 무역 관련 정부기관들의 관심사안으로 국한되던 GATT는 1980년대 후반에 제기된 소위 Tuna-Dolphin사건[75]에서 돌고래 보호를 위해 시행된 미국의 국내 법규가 GATT의무 위반 판정을 받은 이후부터 환경단체를 비롯한 NGO들로부터 집중적인 관심의 대상이 되었다. 이러한 상황을 배경으로 WTO는 설립 당시 NGO와의 협력을 명시적으로 WTO설립협정 제V:2조에 규정하게 된 것이다. 그러한 WTO협정상의 인식에도 불구하고 WTO 출범 이후 최초의 분쟁판결이 내려진 US - Standars for Reformulated and Conventional Gasoline사건[76]과 GATT에서 제기된 Tuna-Dolphin사건의 WTO 버전이라 할 수 있는 US - Import Prohibition of Certain Shrimp and Shrimp Products사건[77]에서 미국의 환경보호 관련 법규와 조치들이 분쟁해결기구에 의해 거듭 위법 판정을 받게 되자 환경단체를 중심으로 한 NGO들의 본격적인 WTO 반대운동을 촉발하게 되었다. 그러나, US - Shrimp사건에서 비록 최종 판결에서는 패소하였으나 시민

---

75 GATT, US - Restrictions on Imports of Tuna, BISD 39S/155(Sep. 1991).

76 WTO, WT/DS2/R & WT/DS2/AB/R(adopted 20 May 1996).

77 WTO, WT/DS58/R & WT/DS58/AB/R(adopted 6 Nov. 1998).

단체들의 입장에서는 1980년대 후반부터 논란이 되어 오던 amicus curiae brief제도를 상소기구가 허용하면서 제도적인 측면에서는 획기적인 진전을 이룬 바 있다.[78]

한편, 시애틀에서 개최된 WTO 각료회의에서는 WTO 출범 후 최초의 다자간 무역협상을 발족할 예정이었으나 시민단체가 주도한 대규모 군중 시위와 회원국들간의 합의 도출 실패로 무산되었다. 이후 도하협상과정에서는 의사들의 NGO인 Medecins Sans Frontieres[MSF79]가 주도하여 TRIPS협상에서 의약품 특허에 관한 유예를 도출해 내기도 하였다.[80] 이처럼 WTO체제의 운영에 시민단체의 직접적인 개입과 역할이 심화되고 있는 상황이다.

WTO는 기본적으로 국가 또는 독립적인 관세영역들간의 국제통상규범을 마련하고 시행하는 기구인 바, 제3자의 입장에 있는 시민단체의 직접적인 개입은 허용될 수 없는 제도적 구조를 가지고 있으며 실제로 50년간의 GATT 역사상 그러한 개입이 용인된 적도 없다. 그럼에도 불구하고 도하협상 뿐만 아니라 향후 다자간 무역협상의 진전과 협상내용이나 합의수준과 관련해서도 시민단체의 영향이 선례가 없는 수준으로 제고되었기 때문이다. 일례로, 2005년 12월 개최된 홍콩 각료회의에는 전 세계에서 830여개의 NGO가 공식적으로 참여하였다.[81]

WTO는 현재 이러한 추세에 대비하기 위해 보다 적극적으로 NGO들과 소통하는 기회를 확대하고 있다. 예를 들어, 1996년 7월에는 "Guidelines for Arrangements on Relations with Non-Governmental Organizations"[82]를 채택하여 공식적으로 NGO들과의 관계 설

---

78 "amicus curiae" 는 "friend of courts"라는 의미로서 WTO 분쟁해결절차상 분쟁당사국으로서의 자격을 갖추지 못한 시민단체 또는 비정부기구의 경우에도 절차적 규정을 충족하는 경우 관련 분쟁사안에 대한 자신들의 의견을 패널이나 상소기구에게 제출할 수 있도록 한 제도이다.

79 흔히 국경없는 의사단체(Doctors Without Borders)로 알려져 있는 조직으로서 1971년에 설립되었으며 1999년 노벨평화상을 수상하였다. 자세한 내용은 〈http://www.msf.org/〉 (visited 15 Dec. 2010) 참고.

80 도하협상에서 AIDS 관련 의약품 특허에 대한 유예의 합의과정은 C. Devereau et al., supra note 20, 76-111.

81 WTO, 〈http://www.wto.org/english/thewto_e/minist_e/min05_e/list_ngo_hk05_e.pdf〉 (2009년 12월 17일 방문). 미국, 캐나다, 일본 등 선진국들 뿐만 아니라 우간다, 콩고, 우크라이나 등 저개발국가들로부터의 비정부기구들도 참여하고 있다.

82 WTO, WT/L/162(23 July 1996).

정을 위한 지침에 합의한 바 있다. 상기 지침에 의거하여 공식적으로 WTO에 의해 접수된 NGO들의 서면의견서들은 WTO 홈페이지에서 확인할 수 있다.[83] 또한, 2001년부터 NGO들과 함께 public symposium형태로 개최해 오던 행사를 2006년부터는 "WTO Public Forum" 시리즈로 개편하여 WTO차원에서 시민단체를 정부, 학계 인사, 기타 전문가들과 함께 초청하여 현안이 되는 주제에 대한 심포지움을 공식적으로 후원하고 있다.[84]

뿐만 아니라 시민단체들의 WTO 분쟁해결절차 참여도 점차 증대되고 있는데, 앞서 설명한 amicus curiae brief의 제출이 증가하고 있을 뿐만 아니라 분쟁해결절차 자체도 개방하는 경우가 확대되고 있다. 법적으로 볼 때, 패널절차의 경우 패널위원들의 심리가 비공개라고 규정되어 있어 공청회의 개방이 비교적 자유로운 반면[85], 상소기구절차에 대해서는 절차 자체가 비공개라고 규정되어 있어 공청회oral hearing의 개방에 대한 법적 논란의 여지가 많다.[86] 그러나, Canada/US - Continued Suspension of Obligations in the EC-Hormones Dispute사건에서 패널은 GATT/WTO 역사상 최초로 공청회를 일반에게 공개한데 이어[87], 동 분쟁사건을 다룬 상소기구는 당시 분쟁 당사국인 캐나다, 미국, EU의 주장을 받아들여 공청회 개방에 동의한 제3자 참여국- 호주, 대만, 뉴질랜드, 노르웨이 -들의 질의 응답과정까지 공개한 바 있다.[88] 당시 상소기구는 DSU 제17.10조의 규정과 관련하여 공청회 절차는 DSU상에 규정된 것이 아니라 상소기구에 의해 마련된 절차이므로 당사국들의 동의가 있는 경우 일반에 공개할 수 있는 권한이 있는 것으로 판결했다.[89] 이후 WTO 분쟁해결절차에서 분쟁당사국들의 동의가 있는 경우 공청회를 공개하는 것이 관행이 되고 있는데 현재까지 2건의 패널절차와 4건의 상소기구절차를 추가적으로 공개한 바 있다.

---

83 WTO, 〈http://www.wto.org/english/forums_e/ngo_e/pospap_e.htm〉 (visited 17 Dec. 2009).

84 2009년의 경우 행사의 주제가 "Global Problems, Global Solutions: Towards Better Global Governance"이다.
  〈http://www.wto.org/english/forums_e/public_forum09_e/public_forum09_e.htm〉 (visited 10 Dec. 2010).

85 DSU Art.14.1은 "Panel deliberations shall be confidential"라고 규정하고 있다.

86 DSU Art.17.10은 "The proceedings of the Appellate Body shall be confidential"라고 규정하고 있다.

87 WTO, WT/320, 321/R, paras.7.17-7.47(adopted 14 Nov. 2008).

88 당시 공청회 개방에 반대한 제3자 참여국-브라질, 중국, 인도, 멕시코-의 질의, 응답절차는 공개하지 않았다.
  WTO, WT/320, 321/AB/R, paras. 31-33 & Annex IV(adopted 14 Nov. 2008).

89 전게서, Annex IV.

분쟁해결절차상 공청회의 개방은 현재 패널이나 상소기구 절차가 진행되는 장소 자체가 개방되는 것이 아니라 분쟁당사국들간의 공청회 과정을 내부 회선을 통해 대형 회의실로 중계하는 형태로 이루어진다.[90] 비록 분쟁당사국이 아닌 시민단체들에게 직접적인 발언권이 주어지는 것은 아니나 과거 GATT체제하에서는 공청회 자체에 대한 접근이 엄격히 제한되었던 점을 감안할 때 괄목할만한 투명성 차원의 발전이라고 할 수 있다.

이러한 일련의 발전에도 불구하고 여전히 시민사회와 WTO의 조화로운 양립을 위해서 어떠한 제도적인 개선이 이루어져야 하는가는 앞으로 중요한 의제로 남을 전망이다. 실질적인 국제통상에 관한 이해관계는 산업계가 가지고 있는 반면 WTO협정의 구조상 WTO차원의 제도 및 기구 운영에는 정부만이 대표성을 가질 수 있기 때문이다. 지금까지 중점을 둔 시민단체 참여에 대한 절차상 발전 뿐만 아니라 WTO체제내에서 실질적으로 비정부기구들의 적합하고 정당한 역할을 제고하기 위한 방안이 논의되어야 할 것으로 보인다.

∷ 맺음말

세계무역체제는 지난 1995년 WTO의 출범과 함께 비약적으로 변화·발전하였다. 내부적으로는 회원국의 지속적인 확대로 구 공산권경제를 대폭 흡수하게 되었으며 개발도상국들의 지위가 전례없이 강화되면서 체제 자체의 민주성과 공정성에 대한 관심이 고조되고 있다. 외부적으로는 다자무역체제의 예외인 FTA가 범람하면서 비차별과 일관성에 기초를 둔 WTO체제가 위협받고 있을 뿐만 아니라 세계화 진전과 함께 부각된 시민사회 역할의 중요성 확대로 말미암아 기본적으로 정부간의 협의체인 WTO체제에 어떤 방식으로

---

90 물리적으로 패널이나 상소기구절차상의 공청회 장소를 NGO들에게 개방하기 어려운 점도 있으나 만일의 사태에 대비하기 위해 내부회선 중계는 수초간의 차이를 두고 대회의장으로 전달이 되고 있어 필요한 경우 비밀유지가 기술적으로 가능하다.

NGO 역할을 수용할 것인지가 난제로 부각되고 있다. 또한, 지속적으로 진행되는 국제통상규범의 확대는 갈수록 많은 여타 국제기구 및 체제들과 WTO체제의 정합성 문제를 초래하고 있는 상황이다. 이러한 상황에서 WTO 거버넌스의 문제점을 되짚어보고 이에 대한 대안이나 개선방안을 숙고해보는 것은 향후 세계통상체제의 신뢰성 제고과 공정성 개선을 위해 절실한 사안이다.

본 연구에서는 그간 WTO체제 운영상의 경험에서 제기된 제반 거버넌스 문제점을 지적하고 나름대로의 대안에 대해 검토하였다. 도하협상이 교착상태에 있는 현 WTO체제의 현실을 감안할 때 조속한 시일내에 그러한 문제점들이 해결되거나 개선되기는 어려울 것으로 보인다. 그럼에도 불구하고 본 연구에서 제기한 체제상의 구조적인 문제점들에 대해 보다 심도있는 학문적인 연구가 이어져 미래에 분명히 제기될 체제 자체의 개선논의에 있어 풍부한 자산으로 활용될 수 있기 바란다.

::: 참고문헌

서진교 외 (2008), "WTO 체제의 개혁 방향과 한국의 대응" 대외경제정책연구원.

안덕근 (2000). "WTO 체제의 분쟁해결제도: 이행." 『통상법률』 통권 제34호.

이윤희 (2005), "철강보조금협정의 협상 쟁점 분석과 향후 과제: 1994년 MSA와 2004년 SSA를 중심으로", POSRI 경영연구 제5권 제2호.

이한영 (2007), 디지털@통상협상 (삼성경제연구소).

한국국제경제법학회, 국제경제법, 서울: 박영사, 2006.

Ahn, D. (2003), "Korea in the GATT/WTO Dispute Settlement System: Legal Battle for Economic Development", Journal of International Economic Law, Vol.6, No.3.

Alqadhafi, Faif Al-Islam (2007). "Reforming the WTO: Toward More Democratic Governance andDecision-Making" Gaddafi Foundation for Development.

Baldwin, R., Berglof, E, Giavazzi, F., and Widgren M. (2001), "Nice Try: Shoud the Treaty of Nice be Ratified?" Monitoring European Integration 11, London, Center for Economic Policy Research (CEPR).

Barton, John H., Judith L. Goldstein, Timothy E. Josling, and Richard H. Steinberg (2006). The Evolution of the Trade Regime: Politics, Law, and Economics of the GATT and the WTO. Princeton, NJ: Princeton University Press.

Bethlehem, D. et al. (2008), The Oxford Handbook of International Trade Law (Oxford Univ. Press).

Bonzon, Yves (2008), 'Institutionalizing Public Participation in WTO Decision Making: Some Conceptual Hurdles and Avenues', 11(4) Journal of International Economic Law 751.

Cottier, Thomas (2006), "Preparing for Structural Reform in the WTO," World Trade Institute.

Cottier, Thomas (2009). "A Two-Tier Approach to WTO Decision-Making," Working Paper No. 2009/06, NCCR Trade.

Croome, J (1998), Reshaping the World Trading System: A Histroy of the Uruguay Round, (2nd, Cambridge Univ. Press).

Devereaux, C. et al. (2006), Case Studies in US Trade Negotiation, Vol. 1 (Institute for International Economics).

Dewatripoint, M., Giavazzi, F., Harden, I., Persson, T., Roland, G., Sapit, A., Tabellini, G., and von Hagen, J. (1995) "Flexible Integration: Towards a More Effective and Democratic Europe," Monitoring European Integration 6, London, Center for Economic Policy Research (CEPR).

Diebold, William (1952), The End of the ITO (Princeton University).

Ehlermann, Claus-Dieter. and Lothar Ehring (2005). "Decision-Making in the World Trade Organization: Is the Consensus Practice of the World Trade Organization Adequate for Making, Revising and Implementing Rules on International Trade?" Journal of International Economic Law Vol. 8 No.1.

Fiorentino, R., et al. (2006), "The Changing Landscape of Regional Trade Agreements: 2006 Update", 21

NGO 역할을 수용할 것인지가 난제로 부각되고 있다. 또한, 지속적으로 진행되는 국제통상규범의 확대는 갈수록 많은 여타 국제기구 및 체제들과 WTO체제의 정합성 문제를 초래하고 있는 상황이다. 이러한 상황에서 WTO 거버넌스의 문제점을 되짚어보고 이에 대한 대안이나 개선방안을 숙고해보는 것은 향후 세계통상체제의 신뢰성 제고과 공정성 개선을 위해 절실한 사안이다.

본 연구에서는 그간 WTO체제 운영상의 경험에서 제기된 제반 거버넌스 문제점을 지적하고 나름대로의 대안에 대해 검토하였다. 도하협상이 교착상태에 있는 현 WTO체제의 현실을 감안할 때 조속한 시일내에 그러한 문제점들이 해결되거나 개선되기는 어려울 것으로 보인다. 그럼에도 불구하고 본 연구에서 제기한 체제상의 구조적인 문제점들에 대해 보다 심도있는 학문적인 연구가 이어져 미래에 분명히 제기될 체제 자체의 개선논의에 있어 풍부한 자산으로 활용될 수 있기 바란다.

::: 참고문헌

서진교 외 (2008), "WTO 체제의 개혁 방향과 한국의 대응" 대외경제정책연구원.

안덕근 (2000). "WTO 체제의 분쟁해결제도: 이행." 『통상법률』통권 제34호.

이윤희 (2005), "철강보조금협정의 협상 쟁점 분석과 향후 과제: 1994년 MSA와 2004년 SSA를 중심으로", POSRI 경영연구 제5권 제2호.

이한영 (2007), 디지털@통상협상 (삼성경제연구소).

한국국제경제법학회, 국제경제법, 서울: 박영사, 2006.

Ahn, D. (2003), "Korea in the GATT/WTO Dispute Settlement System: Legal Battle for Economic Development", Journal of International Economic Law, Vol.6, No.3.

Alqadhafi, Faif Al-Islam (2007). "Reforming the WTO: Toward More Democratic Governance andDecision-Making" Gaddafi Foundation for Development.

Baldwin, R., Berglof, E, Giavazzi, F., and Widgren M. (2001), "Nice Try: Shoud the Treaty of Nice be Ratified?" Monitoring European Integration 11, London, Center for Economic Policy Research (CEPR).

Barton, John H., Judith L. Goldstein, Timothy E. Josling, and Richard H. Steinberg (2006). The Evolution of the Trade Regime: Politics, Law, and Economics of the GATT and the WTO. Princeton, NJ: Princeton University Press.

Bethlehem, D. et al. (2008), The Oxford Handbook of International Trade Law (Oxford Univ. Press).

Bonzon, Yves (2008), 'Institutionalizing Public Participation in WTO Decision Making: Some Conceptual Hurdles and Avenues', 11(4) Journal of International Economic Law 751.

Cottier, Thomas (2006), "Preparing for Structural Reform in the WTO," World Trade Institute.

Cottier, Thomas (2009). "A Two-Tier Approach to WTO Decision-Making," Working Paper No. 2009/06, NCCR Trade.

Croome, J (1998), Reshaping the World Trading System: A Histroy of the Uruguay Round, (2nd, Cambridge Univ. Press).

Devereaux, C. et al. (2006), Case Studies in US Trade Negotiation, Vol. 1 (Institute for International Economics).

Dewatripoint, M., Giavazzi, F., Harden, I., Persson, T., Roland, G., Sapit, A., Tabellini, G., and von Hagen, J. (1995) "Flexible Integration: Towards a More Effective and Democratic Europe," Monitoring European Integration 6, London, Center for Economic Policy Research (CEPR).

Diebold, William (1952), The End of the ITO (Princeton University).

Ehlermann, Claus-Dieter. and Lothar Ehring (2005). "Decision-Making in the World Trade Organization: Is the Consensus Practice of the World Trade Organization Adequate for Making, Revising and Implementing Rules on International Trade?" Journal of International Economic Law Vol. 8 No.1.

Fiorentino, R., et al. (2006), "The Changing Landscape of Regional Trade Agreements: 2006 Update", 21

(WTO Discussion Paper No. 12).

Footer, M. (2006), An Institutional and Normative Analysis of the World Trade Organization.

Gao, H. (2007), "China's Participation in the WTO: A Lawyer's Perspective"11 Singapore Year Book of International Law and Contributors 41.

Grant, Charles (2004), Europe's Blurred Boundaries: Rethinking Enlargement and Neighbourhood Policy.

Harbinson, S. (2009), "The Doha Round: "Death-Defying Agenda" or "Don't Do It Again"?, ECIPE Working Paper No. 10/2009.

Howse, Robert (2005), "WTO Governance and the Doha Round," Global Economy Journal, Vol. 5 (4).

Jackson, John (1995), World Trading System (MIT Press).

Janow, M. et al. (2008), The WTO: Governance, Dispute Settlement and Developing Countries (Juris Publishing).

Lawrence, R. (2006), "Rulemaking amidst Growing Diversity: A Club-of-clubs Approach to WTO Reform and New Issue Selection", Journal of International Economic Law 9(4).

Lisbon Treaty, "Treaty on the Functioning of the European Union and comment" Part 6, Title 1, Article 238

Low, Patrick (2009), "WTO Decision-Making for the Future", Thinking Ahead for International Trade Conference 2009.

McGann, A (2002). "The Tyranny of the Super-Majority: How the Majority Rule Protects Minorities", Paper 02'07, Center for the Study of Democracy, Irvine, University of California.

Pauwelyn, Joost (2005). "The Transformation of World Trade", Michigan Law Review, No. 1

Pedersen, Peter N (2006). "The WTO Decision-Making Process and International Transparency", World Trade Review Vol. 5, No. 1

Roessler, Frieder (2000), The Institutional Balance Between the Judicial and Political Organs of the WTO, in New Directions in International Economic Law (M. Bronckers and R. Quick, eds.) (Kluwer Law International), at 325.

Sampson, Gary P. (2001), The Role of the World Trade Organization in Global Goverance (United Nations University Press).

Sampson, Gary P. (2008), The WTO and Global Governance: Future Directions (United Nations University Press).

Steger, Debra P. (2005) "Commentary on the Doha Round: Institutional Issues," Global Economy Journal, Vol. 5 (4), Article 17.

Steinberg, Richard H. (1995), "Consensus Decision-Making at the GATT and WTO: Linkage and Law in a Neorealist Model of Institutions", UC Berkeley: Berkeley Roundtable on the International Economy Working Paper 72.

Tymes-Lhl. "Consensus and Majority Voting in the WTO" World Trade Review Vol. 8, No. 3 (2009)

Van den Bossche, Peter (2008), 'NGO Involvement in the WTO: A Comparative Perspective', 11(4) Journal of

International Economic Law 717.

VanGrasstek, C., and Sauvé, P (2006). "The Consistency of WTO Rules: Can the Single Undertaking be Squared with Variable Geometry?" Journal of International Economic Law, Vol. 9

Warwick Commission (2007), The Multilateral Trade Regime: Which Way Forward? Warwick, University of Warwick.

Widgren, Mika (2008), "The Impact of Council's Internal Decision-Making Rules on the Future EU," Working Paper No. 2195, Center for Economic Studies and Ifo Institute for Economic Research (CESifo)

Wolfe, Robert (2007), "Can the Trading System be Governed? Institutional Implications of the WTO's Suspended Animation", Working Paper No. 30, The Centre for Governance and Innovation.

WTO (2009), Report(2009) of the Committee on Trade in Civil Aircraft.